U0561638

新民说

成为更好的人

上册

逝去的盛景

宋朝商业文明
的兴盛与落幕

陈季冰 著

GUANGXI NORMALSUNIVERSITY PRES
广西师范大学出版社
·桂林·

逝去的盛景：宋朝商业文明的兴盛与落幕

SHIQU DE SHENGJING:SONGCHAO SHANGYE WENMING DE XINGSHENG YU LUOMU

图书在版编目（CIP）数据

逝去的盛景：宋朝商业文明的兴盛与落幕：上下册 /
陈季冰著. -- 桂林：广西师范大学出版社，2024.11（2025.8 重印）.
ISBN 978-7-5598-7377-4

Ⅰ.F729.44

中国国家版本馆 CIP 数据核字第 2024AE1823 号

广西师范大学出版社出版发行

（广西桂林市九里店路 9 号　邮政编码：541004）
（网址：http://www.bbtpress.com）
出版人：黄轩庄
全国新华书店经销
广西广大印务有限责任公司印刷
（桂林市临桂区秧塘工业园西城大道北侧广西师范大学出版社
集团有限公司创意产业园内　邮政编码：541199）
开本：880 mm ×1 240 mm　1/32
印张：27.375　　插页：1　字数：650 千
2024 年 11 月第 1 版　　2025 年 8 月第 3 次印刷
定价：158.00 元（上下册）

如发现印装质量问题，影响阅读，请与出版社发行部门联系调换。

目录

序言　暗想当年

东南形胜，三吴都会，钱塘自古繁华。烟柳画桥，风帘翠幕，参差十万人家。云树绕堤沙，怒涛卷霜雪，天堑无涯。市列珠玑，户盈罗绮，竞豪奢。

重湖叠巘清嘉。有三秋桂子，十里荷花。羌管弄晴，菱歌泛夜，嬉嬉钓叟莲娃。千骑拥高牙。乘醉听箫鼓，吟赏烟霞。异日图将好景，归去凤池夸。

——柳永《望海潮·东南形胜》

这首《望海潮》是北宋婉约派词人柳永的一曲长调，11世纪初杭州的富庶与秀丽跃然纸上，让千年以后的我们仿佛身临其境。

南宋暮年，大藏书家和目录学家陈振孙如此点评柳永的词："承平气象，形容曲尽……"[①] 我不知道，当他读到这首词时，会不会抚今追昔，无限怅然？

那是一个繁荣的时代，也是一个和平的时代，一个远去的黄金时代。

这首《望海潮》也像风流才子柳七的其他许多曲词一样传唱万里。

[①] 陈振孙：《直斋书录解题》卷二一。

相传，这首词诞生一个多世纪后，当时已据有北方的金主完颜亮一次听到有人歌咏它，当歌者唱到"三秋桂子，十里荷花"时，他对词中的杭州——那时已唤作临安——顿生出无边的艳羡，"遂起投鞭渡江之志"①。

其实，在"奉旨填词柳三变"的时代，杭州还远不是天下最丰饶繁华的都会，在当时的大宋帝国都城东京面前，它充其量只是小家碧玉。今天很多人都欣赏过《清明上河图》，北宋末年的大画家张择端笔下的这幅长卷淋漓尽致地展现了中国古代史上曾经达到过的商业文明高度。

中国古代的圣贤无不将"均富"作为实现"大同"理想社会的主要目标，孔子的名言"不患寡而患不均"警钟长鸣般地回荡于后世的每一个时代。历代统治者也无不视"均富"为长治久安的必要条件。

遗憾的是，古代人大多缺乏如何真正达到"均富"的知识。面对天下那么多令人同情的贫寒者，他们的本能反应是：这是因为少数富者太富造成的。而富者的那些奢侈性消费又总是轻易地激起朴素而强烈的道德义愤。当诗圣杜甫用极富感染力的艺术手法将"朱门酒肉臭，路有冻死骨"的反差呈现在世人面前时，人们又怎能否认，正是这种触目惊心的贫富差距招致了大唐盛世的衰败呢？

于是，人们自然地把"重农抑商"和"抑兼并"当作实现"均富"的前提和必要手段，也就是抬高和扶持农业生产的主导地位，这是当时的"实体经济"；压制不能直接产生物质财富的商贸流通业，这是当时的"虚拟经济"；保护"小农"，打击乃至消灭"大户"……即便少数智者发出过一些深具洞见的不同声音，也总是稍纵即逝，湮灭于浩瀚的历

---

① 罗大经：《鹤林玉露》丙编卷一"十里荷花"。

史长河中。

然而，纵观历史，试图通过"重农抑商"和"抑兼并"来实现"均富"和"长治久安"的努力总是导向反面。这种几乎历朝历代都一以贯之的价值观和政策导向形塑了一个循环往复 2000 多年的小农社会。以今天我们掌握的知识来审视，社会财富的"蛋糕"始终做不大的原因，是不言而喻的。

不用说，对工商业和"兼并"的抑制越是雷厉风行，越是卓有成效，全社会的经济和财富增长就越是停滞不前。其最终结果不是"均富"，而是"均贫"，甚至更坏——富者和贫者在绝对值上都变得更穷了，但相对的贫富差距非但没有缩小，反而进一步拉大，贫者益贫，从而加速（而非如那些道德主义者所期盼的延缓）了一个王朝的覆灭。中国历史上，每一个亡于内乱的王朝末年都经历过这样一个"内卷"阶段的挣扎与痛楚。

柳永身处的有宋一代差一点就摆脱了这个历史周期律。这一缕曙光之前从未看到过，之后也再没有出现过。

自秦始皇建立大一统皇权专制国家，直至辛亥革命的 2000 余年里，宋代差不多居于这段漫长历史的中间。若从经济与文化的角度看，它形成了一个前无古人、后无来者的高峰，是故陈寅恪先生认为："华夏民族之文化，历数千载之演进，造极于赵宋之世。后渐衰微……"[1]

客观地说，人类经济进步和财富增长有一个自然演进的过程。正如马克思主义所强调的，生产力的提高长期来看取决于科学技术进步。但在技术进步的"绝对增长"相对有限的前现代的约束下，市场分工深度

---

[1]　陈寅恪：《邓广铭〈宋史职官志考证〉序》。

与合作广度的扩展程度，就是决定生产力水平和财富增长的奥秘所在。

宋代以 2000 余年王朝史上所能真正控制的相对狭小的国土面积，实现了最快的经济增长和人均财富积累，其最主要的动力就是商业贸易的繁荣，这是中国古代历史上闪现过的从传统农耕社会向现代工商业社会转型的唯一机会。

"暗想当年，节物风流，人情和美，但成怅恨……"[1] 那么，这幅《清明上河图》是如何绘成的？又是如何破灭的？

---

[1]　孟元老：《东京梦华录·序》。

第一章

坊市洞开

三更已尽，汴京城内夜市最盛的州桥和马行街这些地方，吵闹了一整天的酒楼终于渐渐消停下来，店小二忙不迭地打扫，洗刷，收拾……但此时，街上仍有"提瓶卖茶者"，这是为都城中晚归的"公私荣干"之人准备的。

　　到五更天还未亮时，城里开始响起打铁牌子和敲木鱼的声音，这是宋代城市报晓的习俗，也是官府交给寺庙的一项差使。报晓声中，没歇多久的店小二又张罗起新一天的早市生意，酒店点起灯烛，开卖酒水、粥饭、点心；街上也能看到卖洗面水、煎点汤茶药的；城门口传来牲畜的嘈杂声，是赶集市的人带着猪羊在门口排队，依次进城……各色营生中，天就渐渐亮了。

　　这是 12 世纪初开封城里很平常的一天，生活于两宋之交的孟元老在《东京梦华录》里生动细致地记录下这些日常。在当时，中国人地上其他稍大一点的城市也是如此。与孟元老差不多同时代的宫廷画师张择端则以自己的灵动画笔将这样的生活场景在《清明上河图》中栩栩如生地展现出来，让我们得以在千年以后对那个年代的繁华世相一览无余。

　　生活在宋末元初的吴自牧也在《梦粱录》中追忆了 13 世纪临安的清晨：

每日交四更，诸山寺观已鸣钟，庵舍行者头陀，打铁板儿或木鱼儿沿街报晓，各分地方。若晴则曰"天色晴明"，或报"大参"，或报"四参"，或报"常朝"，或言"后殿坐"；阴则曰"天色阴晦"；雨则言"雨"。盖报令诸百官、听公、上番、虞候、上名、衙兵等人，及诸司上番人知之，赶趁往诸处服役耳。虽风雨霜雪，不敢缺此。……御街铺店，闻钟而起，卖早市点心，……早市供膳诸色物件甚多，不能尽举。自内后门至观桥下，大街小巷，在在有之，不论晴雨霜雪皆然也。①

　　真实世界里的这幅《清明上河图》长卷是从中世纪的坊市高墙轰然坍塌展开的，但这个过程是一部历经数百年、跨越几个朝代的漫长的连续剧。

---

① （宋）吴自牧：《梦粱录》卷十三"天晓诸人出市"。

一、城市从时空中突围

宋神宗元丰六年（1083）七月，太学生周邦彦献《汴都赋》一篇。文章以古雅奇瑰的笔调讴歌了大宋都城开封的繁华盛况，还称颂了皇帝正在亲自推动的新法（当时，因变法而饱受争议的王安石已辞相隐居金陵［今江苏南京］多年）。这篇7000多字的大赋在形式上明显模仿汉代的《两都赋》和《二京赋》，当写到贯穿汴梁城的汴河之无可替代的财富价值时，其辞曰：

> 于是自淮而南，邦国之所仰，百姓之所输，金谷财帛，岁时常调，舳舻相衔，千里不绝。越觥吴髓，官艘贾舶，闽讴楚语，风帆雨楫，联翩方载，钲鼓镗铪。人安以舒，国赋应节。

此时，周邦彦刚从家乡杭州来到东京开封没几年。《汴都赋》令神宗圣心大悦，命侍臣当众朗诵，并特地在政事堂召见了周邦彦，封他为太学正。[①] 于是，这位才华横溢的年轻词人兼音乐家随即名动天下。又过了30多年，周邦彦蒙宋徽宗钦点，提举大晟府（徽宗时期创立的掌管音乐的官署），他也成为北宋末年的一代词坛宗师。

多年以后，当张择端描摹东京城内汴河两岸的熙熙攘攘时，不知有没有受到周邦彦这篇赋的启发？

---

① 参见（元）脱脱《宋史》卷四百四十四《周邦彦传》。

日暮，鼓八百声而门闭

无市不成商，四通八达的城市网络以及附着其上的全国性市场是商业的生命线。

中国是世界上最早出现城市的国家之一，与欧洲类似，中国的传统城市也多是依托行政中心或军事据点发展起来的。春秋战国可以说是中国城市的"萌芽期"。诸侯为图生存与霸业，千方百计谋求发展壮大，因而涌现出来一批商业发端、人口众多的城市。像齐国临淄、魏国大梁、赵国邯郸等，都是当时天下之名都大邑。秦汉实现了大一统，社会各方面的管制大大加强，城市由此也被纳入了统治者所希望的轨道，成为等级森严的各级官府治所。汉亡后数百年乱世，中原地区所有名城无一不在战火中变得千疮百孔，长安和洛阳这两座古老都城更是一而再、再而三地遭受洗劫和踩踏。直到隋唐重新统一，城市才逐渐复苏。此后两三百年间，长安和洛阳发展到了史上极盛，而一些新型的工商业城市——其中最突出的如宋州（今河南商丘）和汴州（今河南开封）等——也崭露头角。

城市成为大型工商业聚集地是中古（中古在我国多指魏晋南北朝至隋唐时期，即 3—9 世纪）以后的事，确切地说，就是从宋代开始的。

今天中国 14 亿人口中有一半以上生活在城市。正常情况下，城市里的工厂、商铺、写字楼开设在哪里，几点开张，几点打烊……都只取决于其所有者的成本收益考量，市民的活动也不会受官方规定限制。

然而，绝非自古以来就是如此。

在隋唐以前漫长的历史中，城市一直是政治重地或军事要冲。它们是朝廷和各级官府衙门所在地，或军队驻扎地，而不是像今天这样，除行政功能外，还以生产消费、市场集散和商业交易为其主要功能。拥有固定区域、由坚固高墙围起来的"城"，与特定时间在固定或流动地点进行集中交易的"市"，是性质截然不同的两个事物。而"镇"，从字面意思看就具有鲜明的军事含义（镇守、镇压……），因而往往设在边境或偏僻内陆的不安定之地。

隋唐以后，工商业勃兴，商品经济日益发展，城镇的面貌、形态和性质开始发生重大变化。从文人骚客留下来的诗文中，我们完全能够对那时长安、洛阳、扬州、苏州、杭州的盛况生出许多遐想。

不过，这几个在当时足以傲视寰宇的伟大都市都只是畸形的特例。总的来说，直到唐朝中后期，"九天阊阖开宫殿，万国衣冠拜冕旒"的长安和"二十四桥明月夜，玉人何处教吹箫"的扬州，仍是依附于特定政治权力（朝廷所在地）或独特地理位置（运河与长江交会点）的寄生型消费中心。它们并不是现代的生产型经济中心，更不具备现代城市向外辐射和拉动的强大经济功能。

唐朝的城市管理，延续秦汉以来的坊（里）市制度。坊，是居民区；市，为工商业区。二者严格区隔，各有围墙、街鼓及大门，每日定时启闭。"日暮，鼓八百声而门闭"，次日"五更二点，鼓自内发，诸街鼓承振，坊市门皆启"。① 而日暮至五更则是宵禁时间，禁止商铺营业和居民外出。每城通常设有一二处"市"，个别大城设有数量更多的"市"。唐代法令对"市"有严格限制：

---

① （宋）欧阳修、（宋）宋祁：《新唐书》卷四十九《百官志四（上）》。

景龙元年十一月敕：诸非州县之所，不得置市。其市当以
午时击鼓二百下，而众大会；日入前七刻击钲三百下，散。……
两京市诸行，自有正铺者，不得于铺前更造偏铺，各听用寻常
一样偏厢；诸行以滥物交易者，没官；诸在市及人众中相惊动，
令扰乱者，杖八十。①

　　"坊"在汉代叫作"里"，魏晋以后，"里"与"坊"渐渐混称。"坊"，
最初其实是"防"字的异体。有学者认为，"里"作为一种居民区形态，
早在西周时就有了。另外，在唐代，"里"和"坊"是有一些区别的。
随着城里"坊"的确立，"里"渐多用于乡村。唐代长安的"坊"都是
正方形或长方形，长宽一般在 500—1000 米之间。多数的"坊"，四面
各开一门，坊内设有一条十字形的"街"，把一坊分成 4 个区；每区内
又有十字形的"巷"，进一步把一坊划分为 16 个小区。唐时，"坊"中
的这些"巷"也被称为"曲"。宋代东京仍有少数街巷保留了"曲"的
旧称，如景灵西宫的"南曲"，尚书省西门的"西车子曲"等。唐时坊
街上设有街鼓，天明和日落时，坊门随街鼓声启闭。这种街鼓俗称"冬
冬鼓"，是一个频繁见诸唐五代文献的专门名词。

　　唐代都城里的"市"同样是承袭自秦汉以来的体制。"市"和"坊"一样，
也是方形，四周有围墙。我们在较早期的古代文献中经常能读到"阛""阓"
二字，如西晋文人左思曾令"洛阳纸贵"的《三都赋》中的《吴都赋》
便有："开市朝而普纳，横阛阓而流溢。""阛"和"阓"，指的便是"市"

---

① （宋）王溥：《唐会要》卷八十六"市"。

的围墙和门。通常，"市"的面积比"坊"要大一些，每边各开二门，"市"里的街巷也比"坊"里的要宽阔。按《周礼·考工记》的说法，古代王城"面朝后市"。也就是说，"市"应当设在宫城后面。但这恐怕从来都只是想象中的理想形制，现实中很少能严格遵循。唐代长安城内有"东市"和"西市"两个"市"，分别位于皇城东南和西南两侧，各占二坊之地。两市的市墙内部，东西向和南北向的各两条大街组成一个"井"字，把整个市分割成齐整的九片区域。[①] 官府对市的管理机构设在这个"井"字的中心，所有商家店铺则面朝市街开门，这些店铺也被称为"肆"。

据现代考古勘查，隋唐时期的长安（隋时称"大兴"）城面积约为84平方千米，由宫城、皇城、外郭城组成。外郭城平面呈长方形，东西宽9721米，南北长8651米，周围近37千米。一条超过150米宽的南北向的朱雀大街作为中轴线，将唐代长安城分为东西两半，东边有54个坊以及东市（隋时称"都会市"），西边有55个坊以及西市（隋时称"利民市"），全部109个坊都有正式的坊名。[②] 根据宋敏求《长安志》中的记述推测，唐朝长安最盛时在籍户数达8万，以每户5口计，则至少有40万市民。加上驻军及各色流动人口，开元（713—741）间长安总人口超过60万当是确定无疑的。

考古勘探发现，东都洛阳东南西北城墙分别长7312、7290、6776、6138米。[③]《隋书·地理志》称，隋代东都居民达20余万户。如果这个

---

① 关于唐代坊市规制，可参见杨宽《中国古代都城制度史研究》，上海人民出版社，2016年，第176—177页。
② 参见杨宽《中国古代都城制度史研究》，第175—176页。
③ 参见龙登高《中国传统市场发展史》，人民出版社，1997年，第131页。

数字没有夸大的话，那么洛阳是中国历史上（显然极可能也是世界历史上）第一个人口达到（或至少接近）百万级的超大都市。洛阳城地形不像长安那么规整，被横贯城中的洛水划分为南北两半。北边的西部是内城（包括宫城、皇城、东城等）；东边是"北郭"，有28个坊和1个"北市"（隋时为"通远市"）。南边也分为东西两部分，东边是与"北郭"相对的"南郭"，有39个坊和1个"南市"［此即隋朝时闻名遐迩的"丰都市"，一度是天下最繁荣的市场，唐太宗贞观四年（630）——一说为唐高祖武德四年（621）——时规模有所缩减］；西边是"西郭"，有42个坊和1个"西市"（隋时称"大同市"）。如此，整个洛阳城有109个坊，但学术界也有认为洛阳只有103个坊的。洛阳城的形制与长安高度相似，它们都延续了秦汉以来的基本城市管理制度，但更为方正和周密。唐代洛阳城的面积要比长安小很多，所以城内的坊市面积也相应地比长安的小，坊市内外的街巷也都比长安的窄。①

　　显然，这种高度整齐划一的、静态的、封闭式的城市结构，既是出于古代皇城防卫和治安的现实需要，也十分契合大一统王朝统治之下的礼制。整个城市外有城墙，城市内的坊市又各有围墙，城里的大街实际上就是夹在两边高墙中间的一条条通道。唯有官署和朝廷特赐的皇亲国戚以及三品以上高官府邸才有向街开门的特权，普通居民和店家别说把门窗开在大街上，就连进出东西两市和自己居住的坊，都要被监管。而且如前文所述，并非任何时间都可以自由出入。

　　坊与市各有专门的管理机构和职吏"掌坊门管钥，督察奸非"②，并

---

① 参见杨宽《中国古代都城制度史研究》，第181页。
② （唐）杜佑：《通典》卷三《食货（三）》"乡党"。

每日按时击鼓启闭坊市大门。按唐律，凡擅越、侵坏坊市垣篱者，"杖七十"[1]。坊门关闭后仍在街上的属于"犯夜"，会被负责京城守卫的金吾卫执缚，按律"笞二十"[2]。只有持官府或本坊文牒的特殊人等，例如婚嫁者、丧家以及求医问药的病人等，"犯夜"才能免于处罚。至于市，日落闭门前都要"清市"，市内一般情况下是不能有普通民众居住的，即便在市内经营店肆者也不例外。现代的一些研究者认为，这套坊市管理制度一直较为严格地执行到晚唐时期。史载，似乎有一些已经身居宰相高位的大官，每天也不得不由坊门出入。[3]

唐朝政府对"市"的管理在制度上已非常周密，其中包括：使用官府核定的统一度量衡，价格需明码标注并进行呈报，货品质量需经检验；同类商品经营相对集中，立为专门的"行"，且写明行名；一些比较特殊的商品如奴婢、牛马等，还需经官府立券公验，器具之类则要标明制作工匠的姓名；严厉打击各种欺行霸市、坑蒙拐骗等影响公平交易的行为；此外，"市"内不得擅走车马、喧哗滋事，严禁从事与市场买卖无关的公众活动。[4]

后人如此形容唐代"市"的繁盛："四面立邸，四方珍奇，皆所积集。"[5]洛阳仅南市就有"二千余肆，四壁有四百余店，货贿山积"[6]。关于"邸""店"的含义，本书下一章会有详解。但即便有如此盛况，坊市制下的隋唐市

---

① （唐）长孙无忌等：《唐律疏议》卷八"卫禁"。
② （唐）长孙无忌等：《唐律疏议》卷二十六"杂律"。
③ 杨宽：《中国古代都城制度史研究》，第258—259页。
④ 参见龙登高《中国传统市场发展史》，第143—144页。
⑤ （宋）宋敏求：《长安志》卷八。
⑥ （清）徐松：《唐两京城坊考》卷五。

场相对于当时的城市人口而言，规模依然是很有限的。长安和洛阳都有超过 100 个坊，百万人口，但长安才有东西二市，面积不过占四坊之地，洛阳三个市也不过占四坊之地。两京尚且如此，州县城的市场就更可想而知了。可见，即使在大唐盛世，城市商业经济还是极其弱小的。

不闻街鼓之声，金吾之职废矣

这套看起来严丝合缝的城市管理制度在之后的历史中遭受了强大的冲击。一方面，工商业快速发展，社会流动显著增加，农村人口大量流入城市，封闭的坊市越来越不适应经济社会的新现实；另一方面，经历了"安史之乱"和唐末五代天下分裂之后，北方主要都城如洛阳、开封、长安、太原等的坊市围墙大多毁损。

从唐末开始，延续到整个五代时期，各主要都城内的坊市制度先后被突破。

起先是"市"内的店肆破墙开店，把自己变成临街店面。长安"诸街铺近日多被杂人及百姓诸军诸使官健，起造舍屋，侵占禁街"之类的记载屡见于史册。大历二年（767）有敕令："诸坊市街曲，有侵街打墙、接檐造舍等，先处分一切不许，并令毁拆。"但朝廷禁令根本无法抵挡市场大潮的四面冲击，城市居民"各逐便宜，无所拘限，因循既久，约勒甚难"。[①]

之后，原来只准住人的"坊"，里里外外也出现了许多商业场所。

---

① （宋）王溥：《唐会要》卷八十六"街巷"。

洛阳殖业坊有酒家和客舍，离南市不远的修善坊内多车坊、酒肆，绥福里有名噪一时的小吃店，敦行坊有"里肆"（商店），疏财坊有卖酒为业的郭大娘，等等。据《太平广记》载，清化坊、归德坊、都城门东、中桥附近等都有旅店，长安的许多里坊同样出现了酒肆、酒垆、饼店、旅舍等。据《唐两京城坊考》，至少永崇坊、宣平坊、道政坊、布政坊、崇贤坊、延福坊、长乐坊、新昌坊等八坊内有旅舍；延寿坊有玉器和金银珠宝作坊；颂政坊有一条专卖馄饨的小曲；宜阳坊有采缬铺；胜业坊有卖蒸饼者；宣平坊有卖油者，而且夜间有售；永昌坊有茶肆；等等。有的坊因为特别热闹，当时还被冠以一个特别的名称："要闹坊。"①

再往后，由于人口增长，许多民居和商铺在新建和扩建时不断侵占街道。京城是这样，其他稍大一点的城市也莫不如此，扬州"侨寄衣冠及工商等，多侵衢造宅"②。隋唐政府发布的禁止"侵街打墙""侵街起屋"之类的命令，史书上俯拾皆是，但大多成了一纸空文。

在商品经济与人口流动大潮的持续冲刷之下，矗立了千百年的坊市高墙终于被蚕食、突破。这股时代变迁的力量比军阀混战的刀光剑影更加持久，更加不可逆转。唐末五代后，"天下第一城"开封的崛起便是最具标志意义的事件。

> 先是，大梁城中民侵街衢为舍，通大车者盖寡，上悉命直而广之，广者至三十步；又迁坟墓于标外。上曰："近广京城，

---

① 参见吴承明、陈争平、龙登高《中国市场通史》第 1 卷，第 175 页。
② （后晋）刘昫等：《旧唐书》卷一百四十六《杜亚传》。

于存殁扰动诚多；怨谤之语，朕自当之，他日终为人利。"①

从这条记载可以看出，由于民宅大量侵街，汴梁城内能通大车的街道都已经不多了。为此，后周世宗顶着极大的民怨展开了一项大规模的道路拓宽和拆迁工程，甚而不得已强迁民坟。而在这一次"大梁城改扩建工程"中，朝廷对传统坊市制度的松动采取了默认态度。同年早些时候，周世宗诏曰：

> 东京华夷辐辏，水陆会通，时向隆平，日增繁盛。而都城因旧，制度未恢，诸卫军营，或多窄狭，百司公署，无处兴修。加以坊市之中，邸店有限，工商外至，络绎无穷。僦赁之资，增添不定，贫乏之户，供办实多。而又屋宇交连，街衢湫隘，入夏有暑湿之苦，居常多烟火之忧。将便公私，须广都邑。②

这条诏令让我们看到了当时东京商业扩张之快，以及管理者的无奈。静态的制度束缚就是这样被不断变迁的社会现实一点点撑破的，重要的是，掌握政治权力的统治者是主动顺应还是顽固阻挡时代洪流。

不过，尽管在现实中日益名存实亡，但至少在五代的大部分时间，坊市制作为一种朝廷定制，名义上大体依然保留。这种实行了1000多年的制度正式宣告退出历史舞台，则要留待北宋。

赵宋王朝建立，国家重新统一后，朝廷一度也想重拾传统的坊市制，

---

① （宋）司马光：《资治通鉴》卷二百九十二《后周纪（三）》"世宗显德二年十一月丁未"。
② （宋）王溥：《五代会要》卷二十六"城郭"。

以加强对城市社会的控制。"太宗时，张公泊制坊名，列牌于楼上。按唐马周始建议置鼕鼓，唯两京有之，后北都亦有鼕鼕鼓，是则京师之制也。"① 真宗咸平五年（1002），因"京城衢巷狭隘"而"加以开广"的同时，朝廷仍试图使"衢巷广袤，及禁鼓昏晓，皆复长安旧制"。② 但它很快就发现这根本是行不通的，说到底，坊市制度的解体并非国家分裂、兵荒马乱、社会秩序混乱造成的，而是时代发展的结果，于是朝廷转而调整思路，探索适应新的社会经济现实的管理体制。

突破坊墙后的店铺和作坊在商业利润的驱动下，继续向城市内更加要害的地方蔓延渗透。到北宋中期，东京城内的各处交通要道，甚至御街两旁的御廊，都遍布食馆、酒肆、茶楼和金银珠宝店、香药铺等；保障京师物资供应的运输大动脉汴河两岸的码头和空地上更是建起了大批经营蔬菜、水果、河海鲜、肉类的批发和零售的商铺，以及磨坊、米面作坊等；各主要桥头两侧则店铺林立，摊贩云集，人头攒动。甚至还出现了最具宋代东京特色的"桥市"，即在车来人往的桥上做生意，著名的虹桥和州桥上两侧都有临时性的小摊位，有的是撑起方形的棚，有的是架起圆顶的伞，以至于惊动朝廷专门下诏："在京诸河桥上不得令百姓搭盖铺占栏，有妨车马过往。"③ 这些商家明显是冲着河岸桥头所占的运输便利和客流优势。

管理者渐渐认识到，与其以坊市高墙强行阻隔都市的人流、货流和财流，不如顺水推舟。民间商家前脚聚集到哪里，官府后脚就跟着把税

---

① （宋）江少虞：《宋朝事实类苑》卷三十三《典故沿革·街鼓》。
② （宋）李焘：《续资治通鉴长编》卷五十一"真宗咸平五年二月戊辰"。
③ （清）徐松：《宋会要辑稿·方域》一三之二一。

场设到哪里，划定合法交易区域，与民便利，自己则从中抽取商税获利，而不是徒劳地去禁止。

由于人口日益稠密，旧有的城墙已经容纳不下，从后周世宗起，开封城在100多年里进行了多次大规模扩建。扩建过程中，原来棋盘式整齐排列的坊和市也就水到渠成地退出了历史。按照扩建规划，"今后凡有营葬及兴置宅灶井草市，并须去标帜七里外。其标帜内，候官中擘画，定街巷、军营、仓场、诸司公廨院，务了，即任百姓营造"①。就是说，规划好主要街巷的蓝图后，除了一些官方重地所占地段，城里其余地方，老百姓都可以自由盖房子居住和经商，而且允许各自占有街道十分之一的宽度，用来种树、掘井和搭凉棚。

当封闭的坊市被开放的街市取代，一种新型的城市管理体制——厢坊制，便应运而生了。

历史上，"厢"也是一个军事概念，最初指的是城市驻军防地的基本单元，所以宋代有"厢军""厢兵"之说。入宋以后，"厢"逐步转变为城市的行政区划。宋太宗至道元年（995），开封先在旧城和新城内分设8厢，真宗大中祥符元年（1008）又在城墙外的郊区增设8厢，"特置厢吏，命京府统之"②，此后百年间经过多次分拆、撤并及调整，到神宗熙宁（1068—1077）年间正式定型。至此，整个东京共分19厢（类似于今天城市里的区）；每厢之下又管辖数个到数十个坊（类似于现在的街道），全东京共有136坊；坊之下则有巷（类似于今天的居委会）。厢级机构通常都与军巡结合，设有准军事化的管理官吏，类似于现在的

---

① （宋）王钦若等编：《册府元龟》卷十四"帝王部·都邑"。
② （宋）李焘：《续资治通鉴长编》卷七十"真宗大中祥符元年庚戌"。

公安局及派出所，承担辖区内治安管理、消防管理、审理轻微民事案件及部分社会救济等职能。后来南宋行都临安的核心区则设有 9 厢 85 坊。"厢坊"与过去"坊市"的最大区别在于，它只是一块街区，是为了便于管理而设立的城市行政单元，完全不再有过去"坊市"那种用高墙围起来的物理隔离。

唐末五代时期天下割据，南方地区却因此获得了空前的发展。宋代重新统一后，中原和南方大部分地区又获得了一个多世纪的长期和平，各地工商业得以迅猛成长，新型城市管理体制适应了各地的发展。于是，厢坊制从东京开始，逐渐扩展到全国。地方上的许多城市基本上也都按都城形制建立起完备的厢坊制，只是根据规模大小和城市不同特点，又因地制宜地发展出"厢隅制""厢界街制""里巷制"等不同变体。方志载，嘉兴府澉浦镇有 2 坊 6 巷，上海镇有 4 巷，青龙镇则多至 36 巷；湖州南浔镇有 7 巷；吉州（今江西吉安）永和镇有"坊巷六街三市"。[①]

但不管是"厢坊制"还是"厢隅制"，在宋代城市中，商业区与民居都已完全混杂在一起。"坊"和"市"之类的名称，逐渐变成了纯粹的城市地标，不复有过去的含义。对北宋末年汴京风貌有着细致描述的《东京梦华录》中，经常"坊巷"连称，指代的都是商业街区。根据宋人记载，最迟到宋仁宗末年时，城市中已"不闻街鼓之声，金吾之职废矣"[②]。

① 转引自龙登高《中国传统市场发展史》，第 198 页。
② （宋）宋敏求：《春明退朝录》卷上。关于唐五代至宋都市形态和管理制度的变迁，还可参见马学强、郁鸿胜、王红霞等《中国城市的发展：历程、智慧与理念》，上海三联书店，2008 年，第 39—50 页。

商贾辐辏，市井繁盛，不减大郡

区划级别更低一些的地方上也在悄然发生着深刻变革，从某种意义上说这种变革意义尤为重大。在广阔的农村地区，过去"不得置市"的禁令也被正式废除，"乡落墟市，贸易皆从民便"[1]。

据考证，"镇市"这个词作为一个具有经济意义的新概念，正式出现于北宋的熙宁（1068—1077）、元祐（1086—1094）年间，南宋以后更是常见于官方文书以及地方志中，成了一个专门用语。[2]

作为军事据点设立在边境险要之地的"镇"，是汉末三国时出现的，到唐代已发展成一种完备建制。所谓"藩镇"，即"藩"与"镇"的合称。镇的建制在北宋后被保留下来，但从功能上看，它逐渐变成了县治以下的固定市场所在地，过去那些只有政治军事功能的军镇则被陆续撤废。唐五代时的军镇入宋后一变而成为工商业小城，渐渐具有经济功能。在江南地区，这种变化尤其突出。[3]

宋代镇的数量大量增加，首先是商品经济发展的结果，著名的沙市镇、景德镇等都是在这个阶段出现的。但政府设镇的直接动因是收税，"民聚不成县而有税课者，则为镇"[4]。官府委派监官管理镇内收税等事务。《宋史·职官志》说："诸镇置于管下人烟繁盛处，设监官，管火禁或兼酒

---

① （元）马端临：《文献通考》卷十四《征榷考（一）》。
② 参见王家范《近世经济变迁的曲线》，载《百年颠沛与千年往复》，上海人民出版社，2018年，第224页。
③ 陈国灿主编，张剑光著：《江南城镇通史（六朝隋唐五代卷）》，上海人民出版社，2017年，第41—42页。
④ （宋）高承：《事物纪原》卷七"镇"。

税之事。"① 随着市场的扩展，有一些地理位置优越、产业结构优异的镇产生的税收甚至反超它所属的州县城。以熙宁十年（1077）的记录来看，蕲口、固镇、沙市、安邑、胥口等近十镇的税额超过了它们所属的蕲州、凤州、江陵府、解州、端州等州（府）城。其中税额差距最显著的，池口镇为1.3万多贯，而池州尚不足5000贯；海仓镇为近1.3万贯，而莱州仅6000多贯；固始镇为9000多贯，而光州仅不足5000贯。这些"明星镇"产出的税收均成倍于它们的"上级"州城。② 秀州的乌青镇，在绍兴（1131—1162）末年全盛时期，年额超过4万贯，虽尚不及秀州州城，但在全州所有税场中高居第二位，远超秀州所有县城。③ 时人称它"虽曰镇务，然其井邑之盛，赋入之多，县道所不及也"④。

像乌青这样工商业发达的镇还有很多，在经济实力和人口规模上都不输于它们所属的县城。"洪泽镇市，人烟繁盛，倍于淮阴"，镇富县贫，以致常发生洪泽人欺侮淮阴人的怪事；⑤ 孝宗淳熙四年（1177），著名诗人范成大自四川制置使召还，由成都起程，沿水路东下返临安，行至嘉州，记载苏稽镇和符文镇的面貌，"两镇市井繁遝，类壮县"⑥；据袁辉《通惠桥记》，成都、简州、陵州之间的一些镇，"民阎仅千室，而商贾轮蹄，往来憧憧，不减大郡"，明州奉化县的鲒埼镇，"濒大海，商舶往来，聚而成市，十余年来，日益繁盛，邑人比之临安"⑦，太平州芜湖县的黄池镇，

---

① （元）脱脱等：《宋史》卷一百六十七《职官志（七）》。
② 参见龙登高《中国传统市场发展史》，第200页。
③ 王旭：《论宋代的镇志》，载《史学史研究》2019年第3期。
④ （宋）薛季宣：《浪语集》卷十八《湖州与镇江守黄侍郎书》。
⑤ （宋）徐梦莘：《三朝北盟会编》卷一百二十八。
⑥ （宋）范成大：《吴船录》卷上。
⑦ （宋）胡榘修，罗濬纂：《宝庆四明志》卷十四。

"商贾辐凑，市井繁盛"，甚至有谚云"太平州不如芜湖，芜湖不如黄池"①，这种格局一直延续到元代②；而在潼川府路的怀安军，《方舆胜览》记当地也有"军不如县""县不如镇"③的说法。京东路④密州板桥镇（今山东胶州）则是少数值得一说的北方重镇，这里是当时华北诸路出海口，"广南、福建、淮、浙商旅乘海船贩到香药诸杂税物，乃至京东、河北、河东等路商客般运见钱、丝绵、绫绢往来交易，买卖极为繁盛"⑤。哲宗元祐（1086—1094）年间，朝廷在板桥镇设立了北方地区唯一的市舶司。

　　随着经济的发展和人口的增长，镇在地方行政体系中的地位也提高了。南宋时期，不少巨镇因为税收关系重大，监镇官衔级别提高，"凡监镇兼烟火公事，注知县"，即升为准县级或州府直辖机构。这些巨镇商税收入，大多岁课在3万贯以上。据《吏部条法》等所载，像这样的"特别镇"至少有30多个，其中就包括嘉兴府的青龙镇、澉浦镇，安吉州与嘉兴府合领之乌青镇，饶州（今江西鄱阳县）景德镇等。⑥一些大镇还获得了更多的司法权。宋代刚出现市镇这一行政建制时，朝廷的律令是："凡杖罪以上并解本县，余听决遣。"⑦此时镇官府只对轻微案件有审判权，但此后县级政府不得不向市镇下放更多权力。绍兴年间，湖州的乌墩、梅溪两镇已经获得"断杖罪以下公事"之权，四安镇也获得了

① （宋）周必大：《文忠集》卷一百七十一。
② 参见康熙《太平府志》卷三十七。
③ （宋）祝穆：《方舆胜览》卷六十五"怀安军"。
④ "路"是宋代的地方行政管理单位，脱胎于唐代的"道"，进一步演变发展为明清和现代的"省"。关于宋代的"路制"，可参见周振鹤《中国地方行政制度史》，上海人民出版社，2014年。
⑤ （宋）李焘：《续资治通鉴长编》卷四百九十"哲宗元祐三年三月乙丑"。
⑥ 参见龙登高《中国传统市场发展史》，第201—202页。
⑦ （元）脱脱等：《宋史》卷一百六十七《职官志（七）》。

"断杖一百以下罪"之权。^① 秀州华亭县的青龙镇甚至还设有监狱，^② 说明南宋时的镇官已经被授予了判案处罚权。^③

固定常设的"镇"之下，农村地区还有"草市"，南方也称"墟市"。所谓"村落细民，间日而集，有无相易，苟营朝晡之费"^④。集日，时称"合墟""趁墟"，一般以传统的天干地支纪时来安排。为何称此类集市为"墟"，宋人有很多不同的解释：

> 城邑交易之地，通天下以市言，至村落则不然，约日以合，一阒而退，曰"墟"。^⑤

> 岭南谓村市为"虚"，柳子厚《童区寄传》云："之虚所卖之。"……盖市之所在，有人则满，无人则虚，而岭南村市满时少，虚时多，谓之为虚，不亦宜乎？^⑥

在蜀地，另有"痎（两日一发的疟疾）市"之说：

> 又蜀有痎市，而间日一集，如痎疟之一发，则其俗又以冷热发歇为市喻。^⑦

---

① （清）徐松：《宋会要辑稿·方域》一二之二十。
② 《至元嘉禾志》卷三。
③ 王旭：《论宋代的镇志》，载《史学史研究》2019 年第 3 期。
④ （宋）吕陶：《净德集》卷二十五《著作佐郎李府君墓志铭》。
⑤ （宋）陈郁：《藏一话腴》甲集卷上。
⑥ （宋）吴处厚：《青箱杂记》卷三。
⑦ 同前注。

不管叫什么名字，这些都是指乡村地区自发形成的一种定期集市。它们往往不是设在河津渡口等交通要道，就是设在大城市边上。据日本学者曾我部静雄的研究，草市最晚诞生于六朝，唐朝后期开始大量涌现，由此逐渐突破了原先只能在县城以上设"市"的禁令。[①] 有学者认为，草市的遍地开花是唐代城乡经济版图变迁中最醒目的现象。晚唐大诗人杜牧在担任池州刺史时曾有《上李太尉论江贼书》一文，其中有如下描述：

> 亦有已聚徒党，水劫不便，逢遇草市，泊舟津口，便行陆劫。白昼入市，杀人取财，多亦纵火，唱棹徐去。……凡江淮草市，尽近水际，富室大户，多居其间。自十五年［应指唐宪宗元和十五年（820）］来，江南、江北，凡名草市，劫杀皆遍，只有三年再劫者，无有五年获安者。

这段话传递出以下信息：第一，唐代江淮一带的草市发展势头迅猛，多设在水边，且早已不是那种周期性聚散的集市，而是有大量定居人口的固定镇市；第二，几乎所有草市每隔几年都会遭到江贼劫掠，显然是因为那里富庶而又不设官府建制，管理空虚，是强盗下手的理想对象；第三，草市在遭到暴力洗劫后总能在短期内恢复，说明它们的功能和地位殊为重要，已是一日不可或缺。

到北宋时，已经发展出了接近现代意义的繁荣市镇。元丰（1078—1085）初年，东南沿海经济最发达的两浙路，有草市300多处，平均每

---

① 可参见曾我部静雄《唐宋以前の草市》，载《東亞經濟研究》1932年第4号，第18-28页；曾我部静雄：《唐宋時代の草市》，载《社會經濟史學》1958年第1号，第31-40页。

4000 多户农村人口即有一处草市。位于杭州南郊钱塘江畔的浙江市是两浙路最出名的一个市，熙宁十年（1077）的商税征额高达 2.6 万多贯，不但远超本路其他县城和镇，甚至还是管辖东南地区海外贸易的市舶司驻地明州（今浙江宁波）的 1.3 倍！① 此外，鄂州（今湖北武汉）的南草市、宋州的河市，商税额也都超过了州城。范成大《吴船录》写到鄂州武昌县南草市时称它"沿江数万家，廛闬甚盛，列肆如栉。酒垆楼栏尤壮丽，外郡未见其比。盖川、广、荆、襄、淮、浙贸迁之会，货物之至者无不售，且不问多少，一日可尽，其盛壮如此"。北宋仁宗时，政府在沙市建造布库，装贮川蜀路布帛转运入京。熙宁十年，沙市商税额 9800 多贯，高于所属州城江陵府的 8400 余贯。② 到南宋时，这里已是"四方之商贾辐凑，舟车骈集"③。陆游《荆州歌》云"沙头巷陌三千家"；其《入蜀记》还记："沙市堤上居者大抵皆蜀人，不然，则与蜀人为婚姻者也。"这是一个因商贸而崛起的新兴移民城市。湖南湘潭县楮洲市，位于临安经江西通湘江的水陆干道枢纽点，是舍车就船的中转站，行旅络绎，"故交易甚夥，敌壮县"④，南宋时酒课曾达 20 万缗。⑤

这些镇市在经济上之所以重要，是因为它们是州县城和广袤乡村间的商业流通节点，有了成千上万个这样的节点，区域性乃至全国性的市场网络得以连接起来。而对政府来说，它们就是税场。宋太宗时规定酒课征收地理范围为：东京去城 50 里，西京及诸州去城 20 里，去县镇城

---

① 陈国灿主编，陈国灿、姚建根著：《江南城镇通史（宋元卷）》，上海人民出版社，2017 年，第 158 页。
② 参见龙登高《中国传统市场发展史》，第 200 页。
③ （宋）王象之：《舆地纪胜》卷六十四《荆湖北路·江陵府上》。
④ （宋）范成大：《骖鸾录》。
⑤ 转引自傅宗文《宋代草市镇研究》，福建人民出版社，1989 年，第 138 页。

10 里。^① 据此可知，这样的空间距离大概就是当时朝廷心目中由京城—府州城—县城—镇市构成的理想的四级城镇市场网络体系。

　　总体上看，宋代政府对这些镇市的管理思路相当灵活：一旦集市性质的草市渐渐发展壮大，成了常设的固定市，也就是说有了店铺和居民，不再仅仅是交易集散点，而且规模发展到一定程度，就会升级为镇。湖州乌程县下辖的"南林市"，位于太湖南岸，地处"诸州商旅所聚、水陆冲要之地"，因"市井繁阜，商贾辐凑"，"耕桑之富，甲于浙右"，^② 在宋理宗淳祐十年（1250）前后由草市升格为镇，它就是直到今天依然富甲一方的南浔镇。而这些草市中靠近城市的，往往会逐步发展成为城市的外厢，成为城市的新兴组成部分。一些迅速扩张的镇，也有升格为县制的。当然也有衰落的县降格为镇的，这是为了减轻政府财政负担，同时维持商税收入不废。庆历新政和熙宁变法时，都曾大量省县为镇，而后一时期省县尤多。像这样的升降，都是出于经济考量。

　　可见，从宋代开始，"城""镇""市""街""坊""巷"……这些字眼都被赋予了全新的含义，已与我们现代人的理解非常接近了。

通宵买卖，交晓不绝

　　与城市在空间上的突破具有相同历史性意义的另一个事件是其在时间上的突破：宋代城市中，延续了千年的常规宵禁制度也成为历史。

　　唐代大都市都没有"夜市"，《唐会要》卷八十六"市"条载："开

---

① （清）徐松：《宋会要辑稿·食货》二〇之四。
② （清）陆心源：《吴兴金石记》。

成五年（840）十二月敕，京夜市宜令禁断。"可见夜市在唐代是非法的。坊市制下，只有朝廷特许，方准许坊市夜间开放。例如，为了庆祝上元节，唐玄宗于天宝六载（747）下诏："每至正月，改取十七、十八、十九日夜开坊市门，仍永为常式。"①

中唐以后，这类禁令日渐废弛，"或鼓未动即先开，或夜已深犹未闭"②。各地普遍出现夜市，唐朝诗人留下了大量描写长安、扬州、成都夜市的绚丽笔墨，其中扬州夜市最为文人骚客所津津乐道。事实上，不仅苏州、成都、杭州、汴州等大城市，就连楚州、梓州、象州、湖州等中等城市都有夜市的记载。

到了宋代，东京城里不仅可以随处开店，营业时间也不再受限制。早在北宋初年，东京的夜市已是司空见惯，朝廷起初仍有一些限制，例如规定商家必须在三更以前结束营业，"太祖乾德三年四月十三日，诏开封府令京城夜市至三鼓已来不得禁止"③。但不久后，这样的禁令也不了了之。这是坊市围墙坍塌后的自然延续，没有了高墙大门，开放的城市如何能禁止人们夜间外出活动？

几百年来每天都会在坊市内按时响起的"咚咚"鼓声，此后又在东京上空继续回响了几十年，但那已成为人们对一种古老传统的怀旧和眷恋，不再具有任何实际功用，如同那些依然长久地保存在人们记忆中的"坊"和"市"的名称一样。到南宋时，"后生读唐诗文及'街鼓'者，

---

① （唐）唐玄宗：《令正月夜开坊市门诏》。
② （宋）王溥：《唐会要》卷八十六"街巷"。
③ （清）徐松：《宋会要辑稿·食货》六七之一。

往往茫然不能知"①。于是就有了本章开头时的那一幕。在东京和临安这些繁华大都市里,许多街市的店铺清晨就开门营业,一直经营到后半夜。夜市生意兴隆,甚至通宵达旦的酒楼、茶肆、妓馆、勾栏也不胜其数。东京旧曹门街的北山子茶坊,"士女往往夜游吃茶于彼","高阳正店夜市尤盛"②;"大抵诸酒肆瓦市,不以风雨寒暑,白昼通夜,骈阗如此"③;州桥、马行街"夜市直至三更尽,才五更又复开张。如要闹去处,通晓不绝。……冬月,虽大风雪阴雨,亦有夜市。……至三更,方有提瓶卖茶者,盖都人公私营干,夜深方归也"④。

不再有宵禁后,东京城里逐渐形成了几个著名的夜市。在城市主轴线的御街附近,有两处夜市特别集中之地:一是朱雀门至龙津桥一带;二是州桥附近,该夜市尤为闻名:

> 出朱雀门,直至龙津桥。自州桥南去,当街水饭、爊肉、干脯、玉楼前獾儿、野狐肉、脯鸡,梅家、鹿家鹅鸭鸡兔、肚肺、鳝鱼、包子、鸡皮、腰肾鸡碎,每个不过十五文。曹家从食。

> 至朱雀门,旋煎羊白肠、鲊脯……夏月……沙糖冰雪冷元子、水晶角儿、生淹水木瓜、药木瓜、鸡头穰、沙糖绿豆甘草冰雪凉水、荔枝膏……细料馉饳儿、香糖果子、间道糖荔枝……皆用梅红匣儿盛贮。冬月盘兔、旋炙猪皮肉、野鸭肉、滴酥、

---

① (宋)陆游:《老学庵笔记》卷十。
② (宋)孟元老:《东京梦华录》卷二"潘楼东街巷"。
③ (宋)孟元老:《东京梦华录》卷二"酒楼"。
④ (宋)孟元老:《东京梦华录》卷三"马行街铺席"。

水晶鲙、煎角子、猪脏之类，直至龙津桥须脑子肉止，谓之"杂嚼"，直至三更。①

这不就是小吃一条街吗？但比今天中国大多数城市里的夜排档营业得更晚，而且寒暑不歇，风雪无阻。上述引文略去了原文中一大堆菜肴和点心名称，其中有一些仍然是今天中国人餐桌上的常见之物，另一些就只能在想象中品味一下了，它们的食材大多依然存在，但制作方法已难考。

土市子以北的马行街同样是夜市繁盛之地，这一带鳞次栉比地坐落着很多官员府邸和皇家卫队军营，周边大型酒楼、瓦肆、妓馆、药店和香药铺林立，是一片相对更高档的商圈。②

在后来的临安，"杭城大街，买卖昼夜不绝，夜交三四鼓（更）游人始稀，五鼓钟鸣，卖早市者又开店矣"③，"最是大街一两处面食店及市西坊西食面店，通宵买卖，交晓不绝。缘金吾不禁，公私营干，夜食于此故也"④。

临安夜市上不仅有吃有喝，日用百货、算卦相命、关扑（赌钱）、卖酸文（幽默讽刺段子）、售金石字画……应有尽有。"夜深，天乐直彻人间。御街如绒线、蜜煎、香铺，皆铺设货物，夸多竞好，谓之'歇眼'（中秋节时皇宫附近的夜市）。灯烛华灿，竟夕乃止。"⑤

---

① （宋）孟元老：《东京梦华录》卷二"州桥夜市"。
② （宋）孟元老：《东京梦华录》卷三"马行街铺席"。
③ （宋）吴自牧：《梦粱录》卷十三"夜市"。
④ （宋）吴自牧：《梦粱录》卷十三"天晓诸人出市"。
⑤ （宋）周密：《武林旧事》卷三"中秋"。

这种昼夜喧腾不息的市井景象，哪怕在盛唐时的长安和洛阳也闻所未闻。

20 世纪 70 年代上半叶，英国汉学家伊懋可（Mark Elvin）在《中国的历史之路》（*The Pattern of the Chinese Past*）一书中提出，中国在宋代发生了一场"经济革命"，主要体现在"中世纪市场结构和城市化的革命"上。[①] 美国历史学家施坚雅（G.William Skinner）在伊懋可的基础上进一步提出了中世纪城市革命论。[②] 但有不少学者对这种"（中国）中世纪城市革命"论提出了有力挑战，他们认为，中国历史上存在过的高度封闭的坊市制可能仅见于京城、陪都等极少数"大型规划城市"，没有证据表明它在全国大多数州县城市得到过普遍的推行；[③] 商业活动只能集中于"市"内，是"中世纪城市革命"论城市市场变化的前提，但这也只是一种未经充分论证的推测；此外，很多城镇并非官府规划所建，而是自发形成的，因而"市"须设在县城且"每县一市"的限令，现实中也不太可能严格执行[④]。

这些学者的判断也有很大的合理性，但不管怎么说，由唐五代入宋代，市场的力量日益取代政治权力，成为推动城市滚滚向前的最大动力，使得唐代以前的"传统行政型城市"渐渐朝"新型工商贸易型城市"的方向蜕变。

① 参见［英］伊懋可《中国的历史之路》，王湘云等译，浙江大学出版社，2023 年。
② 参见［美］施坚雅主编《中华帝国晚期的城市》，叶光庭等译，中华书局，2000 年；［美］施坚雅《中国农村的市场和社会结构》，史建云译，中国社会科学出版社，1998 年。
③ 包伟民：《以历史思维看唐宋城市史》，载《光明日报》2017 年 6 月 11 日；包伟民：《"唐宋变革论"：如何"走出"？》，载《北京大学学报（哲学社会科学版）》2022 年第 4 期。
④ 成淑君、王丽：《"中世纪城市革命"论的反思和批判》，中国社会科学网，2023 年 2 月 8 日。

二、第一波城市化浪潮

13、14 世纪之交的欧洲人马可·波罗（Marco Polo）和鄂多立克（Odorico da pordenone）都对当时杭州城的繁华市况有过活灵活现的描述。他们不约而同地认为它是"全世界最大的城市"，马可·波罗还赞美它是"人世间最美丽华贵的天城"。虽说这两个西方古代旅行家对中国的记录有许多夸张之处，但杭州是彼时世界的"第一大都市"，则是毋庸置疑的事实，因为那时候欧洲人口超过 10 万的城市属凤毛麟角。

马可·波罗和鄂多立克所看到的杭州，一定不是它最鼎盛时的景象。因为他们经历的是蒙古人统治的元朝，南宋已经灭亡。在经历了天崩地裂后，劫后余生的杭州在他们眼里依然是无与伦比的。

由唐五代入宋，传统的政治中心城市——其中最典型的是两京（长安和洛阳）——渐趋衰落。一旦突破了空间和时间的束缚，作为新生事物的商业性都会，便如雨后春笋般在这片数千年农耕的土地上蓬勃生长起来。在这一波"前现代城市化"浪潮中，最大的赢家毫无疑问是北宋都城开封和南宋"行在所"临安，这两个超级大都市人口最多时都超过了百万，遥遥领先于同期欧洲规模最大的城市和其后数百年里中国的最大城市。

暖风游人，汴州杭州

开封是一座名城，它的前身是战国时代天下闻名的魏国都城大梁，因汴河穿城而过，唐朝时叫汴州，也叫汴梁，"东京"或"东都"之名

逝去的盛景：宋朝商业文明的兴盛与落幕

始于五代后梁时期。《旧五代史·梁太祖纪》载，开平元年（907），梁太祖朱温下诏："升汴州为开封府，建名东都。"之所以称它为东京，是为了与当时的西京洛阳（洛阳在开封西面。两汉、隋唐时，洛阳才被叫作"东都"，因其在长安以东）相对应。五代时，除后唐把都城设在了洛阳，其他后梁、后晋、后汉和后周四代皆在此建都。北宋陆续设有四京，东京开封府之外，尚有西京河南府（洛阳）、南京应天府（今河南商丘）和北京大名府。

由于商业日益繁茂、人口持续膨胀，东京在160年间历经了多次翻修和改扩建，其中规模最大的有4次，分别在后周显德二年（955）、宋真宗大中祥符九年（1016）、神宗熙宁八年（1075）和徽宗政和六年（1116）。后周显德二年的那次动迁扩建工程奠定了后来东京城的基本格局，形成了一个由宫城、里城、外城三重方形城圈组成的超级大都市，入宋以后的三次改扩建则是在此基础上的进一步完善。这是千年坊市制度退出历史舞台后形成的一种新都城体制，对后世中国的都城规划建设思想产生了深远影响。可以说，元明清三代的京城空间形态都是对北宋东京的复制。

开封最中心的皇城，顾名思义就是皇宫大内，所以也叫"宫城"，它居于整个城市的中央略偏北一点，周围5里①，正方形，原为唐时宣武军节度使治所，后来扩建为皇宫。宫城四面都有城门，以南面正中的宣德门为正门。［仁宗明道元年（1032）改正阳门为宣德门，但民间一直习惯沿用老名字称呼这道皇宫正门②。］

———————————

① 参见（宋）赵令畤《侯鲭录》卷三；（宋）袁褧撰，（宋）袁颐续《枫窗小牍》卷上。
② （宋）佚名：《道山清话》。

第二重是里城，亦称"旧城""阙城""子城""牙城"等，原为唐代州城，周围20里略多[1]，有城门10座。南面正中的朱雀门是正门，正对皇城的宣德门。里城之内也是东京最繁华的黄金商业地段。据张舜民《画墁录》："周世祖展汴京外郭，登朱雀门，使太祖走马，以马力尽处为城也。"

最外一重是外城，亦称"新城""罗城""国城"，周围50里左右[2]，有16座城门。南面正中间的南薰门是正门，正对里城的朱雀门。这个外城是显德二年（955）四月周世宗下诏别筑，于次年正月开始兴筑，"逾年而成"，比原来的州城扩大了4倍。[3]粗略计算，北宋的开封城要稍大于元大都和明代前期的北京城，比明代中后期扩建以后并一直延续到清末、民国的北京城也只是略小一点而已。

里城和外城也接近于正方形，但都是南北比东西略长一点。三重城墙之外都有宽阔的护城河。因为有汴河、蔡河（在城南，亦称惠民河）、五丈河（城东北）、金水河（城西北）四条河流经城区，所以上述所说的城门，既包括用于人行和车马通行的陆门，也包括多个行船的水门。四条河中，最重要的汴河从外城东南角的东水门入城，向西北，经相国寺桥、州桥一直西行，由外城西面的西水门出城。这是东南地区漕运和日用物资运输进京的大动脉，"唯汴水横亘中国，首承大河，漕引江、湖，利尽南海，半天下之财赋，并山泽之百货，悉由此路而进"[4]。河上建桥

---

① 参见赵令畤《侯鲭录》卷三。
② 同前注。
③ 杨宽：《中国古代都城制度史研究》，第290—291页、326—327页。
④ （元）脱脱等：《宋史》卷九十三《河渠志（三）》。

13座，以东水门外七里的虹桥和里城南部中心的州桥最为驰名。汴河、蔡河都是黄河下游的支流，五丈河和金水河是人工开凿，后者引入宫城，以供大内用水。[1] 相传当年宋太祖受禅后不久，吴越国主钱俶特意进呈了一条宝带。太祖说："朕有三条带，与此不同。"钱俶不解，请太祖宣示，太祖哈哈大笑说："汴河一条，惠民河一条，五丈河一条。"说得钱俶又惭愧又叹服。[2] 据此可见流经汴京城内的这几条河在时人心目中的重要性。

东京城内让人流连忘返的去处不胜枚举，除了前面已经提到过的美食夜市，这里只能简单介绍几处游客必到之地。

御街，顾名思义，是天子乘龙辇出行时走的大道。东京共有四条御街：南向，从宣德门，穿过朱雀门，直抵南薰门；往北，从宣德门外向东到土市子，折向北，经封丘门，直抵新封丘门；往东，从州桥向东，经宋门，直至新宋门；往西，从州桥向西，经郑门，直到新郑门。四条御街中最重要的，自然是从宣德门经朱雀门延伸到南薰门的这条笔直的南北向大道，所以人们也称它为"天街"。它的形制成为后世京城中轴线的标准模板。

孟元老非常细致地记录了这条御街的街景：

> 坊巷御街，自宣德楼一直南去，约阔二百余步。两边乃御廊，旧许市人买卖于其间，自政和间官司禁止，各安立黑漆杈子，路心又安朱漆杈子两行，中心御道，不得人马行往，行人皆在

① 关于宋代开封的形制，可参见杨宽《中国古代都城制度史研究》，第326—330页。
② （宋）孔平仲：《孔氏谈苑》卷四"三河为带"。

廊下朱杈子之外，杈子里有砖石甃砌御沟水两道，宣和间尽植莲荷。近岸植桃、李、梨、杏，杂花相间，春夏之间，望之如绣。①

这条御街比今天长安街都要宽很多，中间是皇家专用的御道，其他行人车马均不得通行。两边有御廊供市民通行，政和（1111—1118）以前允许商家在御廊上做生意。禁止在御廊上开设店铺应该是政和六年（1116）那次开封城改扩建工程以后推出的新禁令。宋徽宗极具艺术天分，他一定是想把到处弥漫着市井气的东京城打造得更加符合自己的审美品位。中心御道与两边御廊之间则是砖石砌成的两道御沟。这是一条由路、渠、廊及土植、水生绿化构成的立体式景观大道。

外城正南门南薰门与皇城正门宣德门构成御街笔直相对的南北两端，因此，据孟元老记载："其门寻常士庶殡葬，车舆皆不得经由此门而出，谓正与大内相对。"但他又不无幽默地接着写道："唯民间所宰猪，须从此入京，每日至晚，每群万数，止数十人驱逐，无有乱行者。"②每天都有数十人赶着上万头猪浩浩荡荡、秩序井然地从南面正门进入京城，这是一幅多么壮观的景象！而从如此庞大的猪肉供应量，便可管窥当时东京城内人口之众！

州桥的正式名称叫"天汉桥"，这里之所以重要，是因为它是除北向御街以外其他三条御街的交会点，是东京城最重要的交通枢纽。此地夜市兴旺也就不难理解了。

初来乍到的外地游客一定不能错过的东京观光、娱乐、休闲、购物

---

① （宋）孟元老：《东京梦华录》卷二"御街"。
② （宋）孟元老：《东京梦华录》卷二"朱雀门外街巷"。

胜地，非大相国寺莫属。相信读过《水浒传》等以宋代为背景的古典小说的人，没有不知道这里的。

相国寺在州桥东北，紧挨着天街和汴河大街，在汴河北岸，天街东侧。这里是一个巨大无比的庙市，有些类似近代北京的厂甸和上海的城隍庙，但占地或许更大。每月初一、十五和逢三、逢八的日子开放"万姓交易"。届时各色人等汇聚于此，一时可容纳上万人，从食品水果、日用百货，到衣帽首饰、文房四宝，直至珍禽奇兽、古玩书画……真所谓"技巧百工列肆，罔有不集，四方珍异之物，悉萃其间"。有罢任官员将各地土特产拿来交易的，也有人前来变现赃物，甚至寺庵里的尼姑都来这里兜售绣品。[1]

不过，大相国寺最出名的还是各种民间艺人和算命先生。

据《东斋记事》载，张士逊考中进士后不久，曾与寇准同游相国寺看相，一个相士对他们说："你们俩都能做到宰相。"两人刚要离开，张齐贤与王随也转到了这里，这个相士大吃一惊说："一天之内居然看到四个宰相。"这四人面面相觑，大笑而去，但后来真的先后都官居相位。只是当时周围看热闹的人都骂这个相士为了取悦客人而信口开河，此后再也没人找他算命，以致相士"穷饿以死"。[2] 最有趣的是，就连宋徽宗都在相国寺算过卦。《铁围山丛谈》记载，徽宗尚在端王府时，有一年多有吉兆，于是让扈从拿着自己的生辰八字去相国寺找人算命，有个名叫陈彦的术士见了八字后说："此天子命也。"第二年，徽宗果然即位。

---

① （宋）王得臣：《麈史》卷下"谐谑"；（宋）孟元老：《东京梦华录》卷三"相国寺内万姓交易"。
② （宋）范镇：《东斋记事》卷三。

据说，陈彦后来官至节度使。①

与大相国寺沾得上边的名人轶事可以说上几天几夜。

在大相国寺前摩肩接踵的人群中，你也许能瞥见一个书生气十足的人在摆摊卖书，卖的是自己刊刻的唐人韩愈、柳宗元文集，受到过往的几个读书人刁难后，他怒目而视，说，谁能读韩柳一篇文章而"不失一句"，就当场送他一部书，结果"经年不售"。②你可千万不要笑话此人，他可是开北宋古文运动风气之先的大散文家穆修，尹洙、苏舜钦、欧阳修都视其为师。你也许会迎面遭遇前来买笔墨纸砚的大文豪欧阳修，他曾作过一首诗，抱怨那里买来的笔"……有表曾无实。价高仍费钱，用不过数日"③。假如有一对端庄斯文的青年夫妻与你擦肩而过，在古玩摊前驻足不前，那么他们一定就是金石学家赵明诚和女词人李清照了。当时身为太学生的赵明诚囊中羞涩，每月朔望典当了衣物换 500 文钱，跑来这里淘碑帖……④

你也可能会与一代书画大师米芾不期而遇，他的眼光可比欧阳修要高明多了。他与前宰相富弼的女婿范大珪结伴同游相国寺，在那里以700 金购得一幅"破碎甚古"的王维《雪图》真迹。因随从不在身边，就让范大珪的仆人拿着，但走着走着发觉范大珪和仆人都不见了，第二天去取画，却被告知"已经送去西京装裱了"。头天同游相国寺的另一位朋友气不过，让米芾去告官，答应帮忙作证。米芾苦笑说"范大珪是

---

① （宋）蔡絛：《铁围山丛谈》卷三；事亦见（宋）周辉《清波杂志》卷六"卖卦陈"。

② （宋）朱熹：《五朝名臣言行录》卷十；事亦见（宋）朱弁《曲洧旧闻》卷四。

③ （宋）欧阳修：《欧阳修全集》外集卷四《圣俞惠宣州笔戏书》。

④ （宋）李清照：《金石录后序》。

我老友了"，无可奈何，只好把画送给了他。①当然，爱画如命的米芾自己也不是省油的灯，他也有为一幅宝贝字画耍无赖的时候。据时人叶梦得记，米芾在真州（今江苏仪征）的时候，曾在一艘船上拜访蔡京之子蔡攸。蔡攸拿出自己珍藏的王羲之《王略帖》请他一起欣赏，米芾看了惊叹不已，当即提出拿自己的其他画换这幅字。蔡攸面露难色，米芾竟然说："你若不答应，我也不想活了，就直接投河算了！"一边大呼小叫，一边攀着船舷真要往下跳的样子。蔡攸慌忙之下，只得把这幅王羲之的千古绝笔给了他。不过按米芾自己的说法，叶梦得记得不准确，"《王略帖》八十二字，乃是以钱十五万得之，而《谢安帖》六十五字，则得于翰长蔡公也"②。

如果说北宋都城开封仍然残留着唐朝以前长安、洛阳等依托于政治中心的纯粹消费型城市的痕迹，那么地处当时全国经济最繁荣的江南腹地的南宋行都临安（杭城）就已经具备典型的现代经济中心城市雏形，有着强大的对外辐射功能。

杭城，旧名"钱塘""胥山"，又号"武林"，隋朝开皇十一年（591）设郡筑城，初周围仅36里90步。玄宗以后号称有户10万，"东南名郡，……咽喉吴越，势雄江海。……骈樯二十里，开肆三万室"③，税钱达50万贯。唐末五代十国时期，杭州城历经多次扩建，其中唐昭宗大顺元年（890）和景福二年（893），吴越武肃王钱镠先后两次"发民丁与十三寨军卒增

---

① （宋）米芾：《画史》。

② （宋）叶梦得《石林燕语》卷十，并"考异"；事亦见（宋）曾敏行《独醒杂志》卷二；（宋）周辉《清波杂志》卷五"王右军帖"。

③ （唐）李华：《杭州刺史厅壁记》。

筑罗城"。建成后，周围"七十里许"①，奠定了杭州城后来的大体格局。

南渡后，杭州成为南宋"行在所"，改称"临安"。它东南临钱塘江，西靠西湖，周边多山丘，不似开封那么开阔、平坦、方正，呈南北长、东西短的狭长形，除北边外，东、南、西三边城墙都曲折不直。由于政治上统治的中心宜居高临下，所以皇城建在南部的丘陵地带。因此，临安城是一个坐南朝北的特殊布局，与历代都城的标准形制截然不同。

临安只有内外两城。内城也就是皇城，最初是五代十国时期吴越王国的"子城"，建在凤凰山东麓，南宋皇城就是在它的基础上改建而成。皇城号称"周回九里"，这意味着在皇城和全城的面积上，临安都比旧时东都更大。但顾炎武指出，"皇城九里"似乎是夸大的说法。②临安大内只有南北二门，正门是南门"丽正门"，后门是北门"和宁门"，都不是开在皇城南北两边的正中间。

外城有旱门 13 座，水门 5 座，其中开在南城墙东边的嘉会门是最华丽的。除了它和开在北城墙最西头的余杭门，其他 11 座城门都在东西两面。③ 从这里也看得出临安城之狭长地形。

临安城内最繁华的街道首推纵贯南北的御街，它从大内北门和宁门始，一直往北，经朝天门、寿安坊（官巷），直到观桥一带，"长一万三千五百尺"。临安御街完全照搬东京御街的"御道、御河、御廊"三层立体结构，同样也称"天街"。不同之处就是允许百姓在御街两边的御廊开设店铺，由此临安御街成了全城最繁华的商业街，与北宋末年

---

① （宋）吴自牧：《梦粱录》卷七"杭州"；（清）吴任臣：《十国春秋》卷七十七《吴越一》。
② （清）顾炎武：《历代宅京记》卷十七《宋州 临安》。
③ 杨宽：《中国古代都城制度史研究》，第 381—382 页、385 页。

逝去的盛景：宋朝商业文明的兴盛与落幕

东京"天街"更多呈现的礼仪景观功能有些不同。

这条御街的南段，"自和宁门杈子外，一直至朝天门外清和坊，南至南瓦子北，谓之'界北'"①。这里聚集了不少名牌铺席，特别是饮食店。这一带靠近皇宫，也是朝廷官署最密集之地，官员穿梭往来，这些雅致、洁净、低调的店铺多是做他们的生意的。从朝天门到寿安坊的御街中段是整个临安城最繁华喧闹的去处，大型酒楼、歌肆、妓馆林立，尤其是天下闻名的中瓦子那一片，"谓之'五花儿中心'"②。从寿安坊再往北，御街北段的最大特色是，这里的不少铺席是从东京迁来的昔日老字号，如"厢王家绒线铺（自东京流寓），今于御街开张"③，是一片适宜飘零江南的老汴京遗民伤感怀旧的去处。他们可以聚在这里大发"暖风熏得游人醉，直把杭州作汴州"之类抨击朝野上下苟安成性的悲愤感慨。

《都城纪胜》中如此描写当时临安御街盛况：

> 自大内和宁门外，新路（御街）南北，早间珠玉珍异及花果、时新、海鲜、野味、奇器，天下所无者，悉集于此。以至朝天门、清河坊、中瓦前、灞头、官巷口、棚心、众安桥，食物店铺，人烟浩穰。其夜市，除大内前外，诸处亦然，惟中瓦前最胜，扑卖奇巧器皿、百色物件，与日间无异。其余坊巷市井，买卖关扑，酒楼歌馆，直至四鼓后方静；而五鼓朝马将动，其有趁

---

① （宋）吴自牧：《梦粱录》卷十三"铺席"。
② 同前注。
③ （宋）灌圃耐得翁：《都城纪胜》"铺席"。

卖早市者，复起开张。无论四时皆然。如遇元宵尤盛……①

人烟浩穰，添十数万众不加多

宋代东京和临安的人口究竟有多少？这是中外历史学界探讨多年而难以定论的一个热门课题。

关于东京的最高总人口，我看到过最低的估算是略不足 100 万，而最高的估算则超过 200 万。据一些城市与人口史专家推算，宋真宗天禧（1017—1021）间，东京的户籍常住人口约为 55 万；神宗元丰（1078—1085）间增至 70 万左右；徽宗崇宁（1102—1106）间进一步增至 80 万左右。但这些数字尚不包括皇室、官户等特权阶层和户籍不在京城的流动人口。

东京城有常驻禁军 10 余万，早在北宋初年，宋太宗晚年时就曾说过："东京养甲兵数十万，居人百万，转漕仰给在此一渠水（指汴河）。"②据估算，这些禁军连同其家属，总数当在 35 万人以上。各类学校的学生，加上各地来京赶考羁留的举人贡生，总数 2 万多人。到北宋末年，仅僧尼、道士等宗教人士，总数就超过了 4 万。至于各种应差入京服役的官需工匠，更是数十万计。

实际上，中国历史上总人口第一次超过 1 亿，也是在北宋后期。目前国内外学术界普遍认为，经过北宋前期的快速恢复，仁宗时代全国总人口当在 5500 万—6000 万，到徽宗时代已达到 1 亿—1.2 亿之间，百

---

① （宋）灌圃耐得翁：《都城纪胜》"市井"。
② （宋）李焘：《续资治通鉴长编》卷三十二 "太宗淳化二年六月乙酉"。

年间翻了近 1 倍。

前述，为供应东京城的肉食，每天仅入城屠宰的猪就需上万头；《东京梦华录》还记录，东京城一天需要输入数千担生鱼^①。猪肉和鱼的消费量如此之大，一方面证明了东京城市居民生活水平之优越，另一方面也折射出东京人口之多。漕运记录还显示，汴、蔡河运输江淮米粮，开宝五年（972）才数十万石，太平兴国六年（981）猛增至 350 万石，至道至景德（995—1007）年间已定额为每年 600 万石^②，30 年里翻了好几番。粮食消耗翻倍未必意味着人口也同样翻倍，因为随着生活水平的提高，酿酒、饲养禽畜等的粮食需求也会大幅增长，但说人口有了显著增加则是没问题的。此后天下承平百多年，"以其人烟浩穰，添十数万众不加多，减之不觉少"^③。故而现代学者认为，12 世纪初的开封总人口已达到 150 万，并非不可能。^④

关于临安的人口数量，则更加众说纷纭。我看到最高的一种估算说有 250 万，最低的估算则仅有 75 万人，差距实在太大。这可能是因为南宋以后留下了更多史料，但统计结果却多有不一致。

比较折中的观点是，到南宋末年，宋度宗咸淳（1265—1274）年间，临安人口达到峰值，当在 150 万—160 万之间，很可能超过了东京鼎盛时的人口数量，不过这包括了城墙外的郊区人口。^⑤150 万这个数字，应该已是前现代技术条件下城市基础设施所能支撑的极限人口规模。临安

---

① （宋）孟元老：《东京梦华录》卷四"鱼行"。
② （元）马端临：《文献通考》卷二十五《国用考（一）》。
③ （宋）孟元老：《东京梦华录》卷五"民俗"。
④ 李洁萍编著：《中国历代都城》，黑龙江人民出版社，1994 年，第 259 页。
⑤ 陈国灿主编，陈国灿、姚建根著：《江南城镇通史（宋元卷）》，第 167—170 页。

的户籍人口有近百万，屯军及其家属在 30 万左右，官吏及其家属近 10 万。[1] 如果遇到科试年份，各地前来赶考的士子连同他们的仆从，有时会有 20 万人之多，以至于城中客邸人满为患，各寺院道观都临时供人住宿。[2]

以生活必需的粮食供应来看，临安"细民所食，每日城内外不下一二千余石"[3]，"非三四千石不可以支一日之用"[4]，"京师月须米十四万五千石"[5]；而柴的需求量同样惊人，除了有专门的"柴市"，官府还在城内外官设了 21 个柴场，出售木柴。[6] 可见其人口之众。

现代有学者经过综合研究估算，北宋末年开封城的人口密度在每平方公里 1.2 万—1.3 万人，而南宋末年咸淳年间临安的人口密度甚至有可能高达每平方公里 3 万人！当今世界一线大城市——如纽约、伦敦、巴黎、东京、中国香港等——的城区人口密度平均多在每平方公里 8500 人。21 世纪初，中国人口最密集的城市上海，其密度为每平方公里 2.9 万人多一点，而杭州每平方公里则只有 8357 人。[7]750 年前可没有今天的高层建筑，由此可以想见当时东京和临安居住环境之拥挤。

这就自然带来了另一个新趋势：城市越来越溢出旧有的城墙，向四面八方扩散，城乡界限趋于模糊。这是城市的另一种"空间突围"，某

① 陈国灿主编，陈国灿、姚建根著：《江南城镇通史（宋元卷）》，第 167—170 页。

② 关于临安的人口，还可参见杨宽《中国古代都城制度史研究》，第 452—453 页。

③ （宋）吴自牧：《梦粱录》卷十六"米铺"。

④ （宋）周密：《癸辛杂识续集》卷上"杭城食米"。

⑤ （宋）朱熹：《晦庵先生朱文公文集》卷九十四《敷文阁直学士李公墓志铭》。

⑥ （宋）吴自牧：《梦粱录》卷十八"恩霈军民"。

⑦ 包伟民：《试论宋代城市发展中的新问题》，台北"中央研究院"历史语言研究所《明清的城市文化与生活》演讲稿，2006 年 4 月 24 日。另，刊发于韩国《中国史研究》第 40 辑，2006 年 2 月。

种意义上说，是与坊市制的瓦解具有同等重大意义的历史性突破。

从唐五代到北宋末的数百年内，东京经过了无数次的扩建，但仍远远无法容纳新增人口。因为扩筑新城墙的速度再快，也跟不上人流和物流集聚辐射的速度。于是，原来城墙外的郊区乡村也逐渐开发出来。它们起先是一个个非固定的"草市"，时人称"附郭草市"。这类草市之所以诞生，主要是城郊农民为了逃避官府征税，不愿意入城，而在大城市的城门外设摊兜售农副产品。后来，它们渐渐变成了那些"新市民"的定居地，而且一天天向外蔓延。

北宋时东京外城就已很具规模，后来的临安因为地形狭仄、人口也更密集，所以城市向外发展的趋势和冲动就更大。南宋都城临安府所辖九县中，除钱塘县、仁和县，其余七县均在城外，但后者同样也是镇市绵延不断。这类"附郭草市"不仅存在于东京和临安城外，各地许多城市如建康、明州、太原、成都等都有。苏轼在谈到淮南宿州的情况时说，"诸处似此城小人多，散在城外，谓之草市者甚众"①。有确切记载显示，宿州、真州、汉阳军等地，"附郭草市"的居民甚至比郭内居民多得多！随着城市经济日益溢出城墙，它们便与城市逐渐连为一体，形成了新的街市和居民区，也就是所谓"外城"或"新城"。政府的管理也与时俱进，开封城墙外设 8 厢，特置厢吏以统之；南渡后的临安在城墙外也设有 4 厢，城内外居民待遇相同；建康、饶州、福州等皆有这类"附郭草市"发展演化而来的"外厢"。②

还有一些繁荣的镇市或草市，如著名的鄂州南草市、潭州桥口镇、

---

① （宋）苏轼：《乞罢宿州修城状》。
② 参见龙登高《中国传统市场发展史》，第 203—204 页。

镇江府江口镇、宋州河市，虽然并不与大城市直接连为一体，但都距离不远。它们如众星拱月一般环绕着大城市，有如今天超大城市周边的"卫星城"。东京和临安周边的这类卫星市镇尤多，吴自牧这样写道：

> 柳永咏钱塘词曰："参差十万人家。"此元丰前语也。自高庙车驾由建康幸杭，驻跸几近二百余年，户口蕃息，近百万余家。杭城之外城，南西东北各数十里，人烟生聚，民物阜蕃，市井坊陌，铺席骈盛，数日经行不尽，各可比外路一州郡，足见杭城繁盛矣。[1]

我们从《清明上河图》中也可以看到，汴京城门洞开，毫不设防，人们完全可以自由进出，城墙外也是熙熙攘攘的街市，并非农田或空地。很大程度上，它已完全具备了现代城市的开放性空间布局。

而在京城之外的其他普通城市，城墙的重要性也不断下降，很多州县城的城墙破损毁坏后干脆不再修筑。绍兴二年（1132），宋高宗对臣下说："州郡城壁不比边州，既于百姓不便，具缓修筑，亦无害。"[2] 在江南地区，湖州外郭城墙和子城城墙自太平兴国三年（978）被拆毁后，便再也没有重建过，镇江府城到南宋中期，旧有城墙多已毁坏，而更多县城，要么从来就没有筑过城墙，要么过去的城墙一旦毁损就永不再修筑，最多是植一圈高大树木以标识城界，这也许就是中国最早的"环城绿带"。

城市，不再是由坚固的石头和夯土垒筑起来，用以挡住外界危险的

---

[1] （宋）吴自牧：《梦粱录》卷十九"塌房"。
[2] （清）徐松：《宋会要辑稿·方域》九之二四。

堡垒，而是转变为将原来孤立隔绝的广袤乡村腹地连接起来的一串串财富链条。这是千百年来第一次。

水浮陆行，昧旦永日

城市功能的变化改写了它与乡村及整个国家的关系，但这种新型关系要在经济上真正发挥功效，并不是单个城市就能承担的任务，而需要有一个由规模层次和产业功能各不相同的城市群落构成的四通八达的网络。这是宋代城市经济与前代相比最为根本性的变化。

有研究表明，到北宋末年，居民在 10 万户以上的城市由唐代时的十几个增加到 52 个。[①] 除了汴京和临安这两个人口逾百万的超级大都市，在两宋 319 年间，人口曾经超过 50 万或在 50 万左右的特大城市如江宁（亦称"金陵""建康"，今江苏南京）、苏州、益州（今四川成都）、鄂州、明州（南宋后期亦称"庆元府"）、泉州等，先后不下 10 个；而人口在 10 万以上的大城市如洛阳、大名、太原、福州、广州、洪州（亦称"隆兴"，今江西南昌）、荆州等，多达数十个。其中，除了几个古老的北方都城和地处蜀地的成都，其他大部分新兴大城市都密集地分布在长江中下游，尤其是江南地区。

早在唐代，民间就有"扬一益二"的谚语，足见扬州和益州之兴盛。扬州的兴起得益于大运河的开凿通航，天宝（742—756）年间扬州有 7.7 万户[②]。"安史之乱"后，朝廷仰给全赖东南财赋，扬州成为全国最重要

---

① 史伸文、胡晓林主编：《百卷本中国全史》第五十二卷《中国宋辽金夏经济史》，人民出版社，1994 年。
② 参见龙登高《中国传统市场发展史》，第 138 页。

的经济中心。

成都从战国起就是天下五大城之一,此后 1000 多年里中原屡历兵燹,而成都大都完好无损。左思《三都赋》中就有《蜀都赋》一篇云:"市廛所会,万商之渊。列隧百重,罗肆巨千。贿货山积,纤丽星繁。"唐德宗贞元(785—805)年间,成都做了一次大的扩建。五代以后扬州逐渐衰落,而成都仍在持续发展。

在江南,建康系六朝古都,前引左思《吴都赋》中"水浮陆行,方舟结驷,唱棹转毂,昧旦永日。开市朝而普纳,横阛阓而流溢"描述的正是三国时的建康盛况。《隋书·地理志》称它"市廛列肆,埒于二京"。早在南北朝时建康府就有户口 28 万户,到南宋中后期,人口有 90 万左右。

苏州、绍兴、镇江、明州、温州、台州、饶州、湖州、嘉兴、常州、婺州、信州(今江西上饶)、江州(今江西九江)、郢州(今湖北钟祥)、吉州、抚州、赣州等,多是唐末五代至两宋间兴起的繁华都会,它们的人口规模,多至 50 万左右,少者亦在 10 万以上。[1]

它们当中,位于长江中部的荆州与鄂州二城的此消彼长格外具有典型意义,生动地说明了城市的经济地位是如何压倒政治地位的。荆州古称江陵,北接襄阳,西通岷蜀,政治军事上的战略意义极为突出。此外,它也是商路所聚之地,汉唐时代一直是全国物资转运中心。但入宋以后,荆州下游的鄂州日渐繁荣,很快便超越了千年荆州,这是因为鄂州的地理位置较荆州更优越。官府在此还设有大型籴场,这里很快成为荆湖南北两路的最大粮食市场。东西南北、水陆两路的商旅都将这里作为中转

---

[1] 参见陈国灿主编,陈国灿、姚建根著《江南城镇通史(宋元卷)》,第 170—177 页。

枢纽,所谓"鄂渚最为要地,盖南则潭、衡、永、邵,西则鼎、澧、江陵、安、复、襄阳,数路客旅兴贩,无不辐凑鄂渚"①。陆游《入蜀记》卷四中甚至说,当时鄂州之繁盛丝毫不输于临安和建康,"市邑雄富,列肆繁错,城外南市亦数里,虽钱塘、建康不能过,隐然一大都会"。后世武汉在中国经济地理中的基本格局,在千年前的北宋便已隐然奠定。至于人口在1万—10万的城市,则不会少于100个;规模更小一些的市镇,据《元丰九域志》载,在推行变法的元丰(1078—1085)初年,共有1871个列入朝廷建制。②乡间草市有5000个左右。③另据当代学者统计,有宋一代,至今尚能见于史载的市镇就有3600多个④,实际数量显然更多。反观欧洲,直到南宋灭亡300多年后的16世纪中叶,伦敦的人口才刚达到4万,但在当时的欧洲已算得上一个显赫大城了。

若以工商业规模论,神宗熙宁十年(1077),全国各地城镇商税场务有2000多处,年税额高达850多万贯。其中,税额在万贯以上的城(镇、市)有150多个。⑤当代宋史专家、宋代经济史权威漆侠先生对当年商税记录做了梳理后得出,商税在3万贯以上的城市共44个,它们的商税总额约为225万贯,占全国商税总额的25.6%;商税在2万—3万贯的城市共有27个,总额约为91.2万贯,占全国商税总额的10.4%;所有市镇商税总额约为62.6万贯,占全国商税总额的7.1%。可见大中城市在北宋商业经济中所占的支柱地位。漆侠先生还根据熙宁十年的商税

① (宋)王炎:《双溪类稿》卷二十三《上户部薛侍郎》。
② 转引自陈国灿主编、陈国灿、姚建根著《江南城镇通史(宋元卷)》,第13页。
③ 转引自包伟民、吴铮强《宋朝简史》,浙江人民出版社,2020年,第172页。
④ 参见傅宗文《宋代草市镇研究》,福建人民出版社,1989年,第369—550页。
⑤ 郭正忠:《两宋城乡商品货币经济考略》,经济管理出版社,1997年,第209—210页。

总额与宋代商税税率推测，当时中国已经形成了一个总额接近 2 亿贯的商业贸易市场。[1]

哲宗元祐二年（1087）正月，时任殿中侍御史孙升奏言：

> 城郭、乡村之民交相生养，城郭财有余则百货有所售，乡村力有余则百货无所乏，城郭富则国富矣。……而差役之法，行于乡村而不及于城郭，非不知城郭之人优逸而乡村之民劳苦也。夫平居无事之时，使城郭之人日夜经营不息，流通财货，以售百物，以养乡村，由之而不知，乐之而不倦。[2]

这封上疏的主旨是要求罢停王安石新法中的"免役法"。宋神宗与王安石在此前一年多的时间里相继离世，当时反变法派卷土重来，与变法派的斗争渐趋白热化。撇开它的具体语境不论，这段话将城市与农村在社会经济中的不同功能以及城市工商经济与乡村农业经济的不同性质描述得十分清楚。从中可知，第一，当时许多人对城市在国民经济中的独特地位已有高度自觉的认识，他们还看到了商业对于农业本身的发展也具有不可或缺的促进作用；第二，当时的城市已经从官府治所的行政中心角色转向市场集散的经济中心功能。

以东京及后来的临安为中心，遍布全国各地的大小城镇通过水路和陆路连接，构成了一个四通八达的全国性市场网络。

从分裂隔绝的五代脱胎而来的宋朝，自立国之初便十分自觉地重视

---

[1] 漆侠：《宋代经济史（下）》，南开大学出版社，2019 年，第 1012—1013 页。
[2] （宋）李焘：《续资治通鉴长编》卷三百九十四"哲宗元祐二年正月辛巳"。

交通建设。短短几十年，到北宋中期，四川与关陕、福建与江浙、岭南与中原之间的官道和栈道已经四通八达，全国性的交通网络不但完全恢复，而且质量和功能大大超越前代。宋代的邮传驿路，不唯使得官府政令信息顺畅无阻，商旅亦同享安全便利。据现代学者程民生的研究，宋代道路的营缮，既有驿递铺兵日常养路，也有定期的修桥补路和非常规的修缮。绝大多数官道都经路面硬化处理，彻底告别了千百年来逢雨即泥泞难行的困窘，甚至连接两广与内地的大庾岭道险绝处也有砌砖铺道。宋代官道两旁密植林木，沿路递铺驿舍相望，以供客旅休息补给。大庾岭官道每隔数里置一亭，地广人稀的广南西路，也是每隔二三里置亭舍。在有些人烟稀少的路段，官府会特地迁徙居民临道居住，免其百役，以"具膳饮以利行者"。[1] 而以"难于上青天"闻名的连通四川盆地与关中平原的千年陈仓古栈道，到北宋时已是"阁道平坦，驿舍马铺完备，道店稠密，行旅易得饮食，不为艰苦"[2]。

　　相比于陆路，水运以其运载量大、成本低而具有无可比拟的优势。据沈括记录，北宋运盐之法为：每斤100里，陆运4文，船运1文。[3]南宋按每百斤百里计地里脚钱：陆运100文，水路溯流30文，顺流10文。[4]据此可见，当时水运的平均成本仅有陆路运输的1/5到1/4。[5]北宋时，汴河北接黄河、南入江淮，广济河东通京东、河北，蔡河南入淮南，北方形成了以汴京为中心向四方辐射的水陆网络。一些研究认为，到北

---

① 转引自龙登高《中国传统市场发展史》，第 223 页。
② （清）徐松：《宋会要辑稿·方域》十之三一四。
③ （宋）沈括：《梦溪笔谈》卷十一《官政一》。
④ （宋）谢深甫等纂修：《庆元条法事类》卷三十七。
⑤ 参见龙登高《中国传统市场发展史》，第 222 页。

宋末年，全国建成的水路网络总长度已达到 5 万公里。[①] 而据截至 2022
年底的统计，中国目前内河航道通航里程总数为 12.8 万公里。[②] 要知道，
北宋领土面积最大时都不到 300 万平方公里，不足今日中国的 1/3！仅
是为了保证京城官民的日常供应，每年就有 6000 多艘漕运船只昼夜不息，
穿梭往来于吴越、江淮、荆楚各地与汴京之间，运输着数以百万吨计的
米粮和各色财货。南宋疆域因在淮河以南，水系发达，内河运输只会比
北宋更加繁忙。但宋代（或许还应加上之后的元代）水运最令人吃惊的
是海上运输。可以毫不夸张地说，这一时期中国海运所达到的高度和成
就不但遥遥领先当世，而且一直要到六七百年后的 19 世纪下半叶才在
中国重新恢复。关于这部分内容，本书后面讲到市舶贸易时还会有更详
尽的讨论。

南宋疆域内的人口数量在宋宁宗嘉定（1208—1224）年间抵达峰值，
为 8000 多万，与今日德国差不多，而南宋所拥有的城市数量和城市平
均规模，也都不会比今日德国少和小。当时中国疆域内（也就是包括女
真人、蒙古人控制的北方大部分地区）的总人口，目前国内外学术界估计，
当在 1.1 亿—1.4 亿间。[③]

明清两代，随着人口继续增长和手工业继续发展，万人以下乃至
一三千人以下的专业性、功能性中小型市镇数量大大增加，但具有强大
经济集聚和辐射功能的大中型城市，特别是网络化的都会城镇系统，再

---

① 参见薛凤旋《〈清明上河图〉——北宋繁华记忆》，上海人民出版社，2020 年，第 49 页。
② 《2022 中国可持续交通发展报告》，载《中国水运报》2023 年 9 月 27 日。
③ ［英］安格斯·麦迪森：《中国经济的长期表现——公元 960—2030 年》，伍晓鹰、马德斌译，上海人民出版社，2016 年，第 20 页。

也没有重现宋代的盛况。这也是这两个内向而压抑的朝代之经济政策和经济格局的典型折射。欧洲的城市化程度在 1300 年后，也就是南宋灭亡之后，却突飞猛进，到 1500 年时，它的城市化程度已经超过了当时的明朝。到 1800 年时，欧洲的城市人口比例比 1500 年时翻了一倍，中国则不进反退。[①]

大概一直要到 19 世纪中叶，晚清政府在西方列强的炮舰威逼之下不得不实行"五口通商""门户开放"政策时，中国的城市化水平才重又回升。然而晚清直到民国初年，繁荣的市镇大多集中在东南沿海，无论是地理分布还是产业布局，都远不如宋代那样平衡而合理。这主要是因为这些市镇的交通"以水道为主要，陆道为辅"[②]，大多依水而建，一旦远离河网密集的东南沿海，便难以兴旺。它们还高度依托周边的农业经济特色，例如桑蚕、茶叶、竹木等。若进一步分析，这些后世日益兴盛的专业市镇（尤以江南地区的纺织业市镇为典型）中的大多数，其实也是在两宋时便已肇其端倪。它们在明清两代的成功，不过是其持久生命力的自然延续而已。除了前面已经提到的湖州南浔镇，该州双林镇（北宋时称东林镇，又称商林）、新市镇，南宋时也都已是商贾聚集之地；元代名震天下的上海县乌泥泾镇，是在南宋末年兴起的，它是中国历史上第一个棉布业专门市镇，丝毫不逊于今之绍兴柯桥；吴江县同里镇，"宋元间民物丰阜，商贩骈集，……冠绝一时"[③]；嘉兴县白牛市在北宋时

---

① ［英］安格斯·麦迪森：《中国经济的长期表现——公元 960—2030 年》，伍晓鹰、马德斌译，第 33—34 页。
② 民国《嘉兴新志》上编第一章《地理》"道路"。
③ 嘉庆《同里志》卷一。

第一章　坊市洞开

逐渐繁荣，宋在此置风泾驿，以通秀州，元代易市为镇，就是后来著名的枫泾镇。除此之外，长三角地区的青龙镇、澉浦镇、乌青镇、菱湖镇，福建泉州的石井镇，甚至远至广西昭州的黄姚镇，无不是两宋300年间冒出来的。直到晚清，中国的整体经济格局仍然在吃南宋时留下的老本。与此同时，随着西方工业化、大机器商品大量涌入，传统专业性市镇急剧没落。更令人叹息的是，在明清大部分时期，高层级的服务业与宋时比反而萎缩了，因为这是唯有大型城市才可能发展得起来的。

三、"市民"的诞生

志怪小说集《夷坚志》中有这样的记载："绍熙二年春，金溪民吴廿九将种稻，从其母假所着皂绹袍，曰：'明日插秧，要典钱，与雇夫工食费。'"①

这本是一个讲述不孝子如何遭报应的故事，但它传递出关于宋代经济的三个重要信息：第一，典当业在当时已是相当发达，抚州金溪这样的小地方，用一件袍子典些钱回来似乎是很方便的；第二，雇工在当时是常态，就连农民种地，农忙时都要雇人来帮工；第三，向雇工发放的薪酬主要是钱，而不是粮食之类的实物。

---

① （宋）洪迈：《夷坚志·支志丁》卷四"吴廿九"。

负贩佣工以谋朝夕之赢者

这还是在农村，实际上，城镇里的各类雇工数量和种类更多。北宋东京城内，"倘欲修整屋宇，泥补墙壁，生辰、忌日，欲设斋僧尼、道士，即早辰桥市街巷口，皆有木竹匠人，谓之'杂货工匠'，以至杂作人夫、道士僧人，罗立会聚，候人请唤，谓之'罗斋'。竹木作料，亦有铺席。砖瓦泥匠，随手即就"①。

南宋临安城内沿街的临时工匠，如补锅、修鞋帽、穿珠子、修刀剪、磨镜等匠人，也大多随叫随到，门类多至几十种。②

> 凡顾倩人力及干当人，如解库掌事，贴窗铺席，主管酒肆食店博士、铛头、行菜、过买、外出醫儿、酒家人师公、大伯等人，又有府第宅舍内诸司都知，太尉直殿御药、御带，内监寺厅分，雇觅大夫、书表、司厅子、虞候、押番、门子、直头、轿番小厮儿、厨子、火头、直香灯道人、园丁等人，更有六房院府判提点，五房院承旨太尉，诸内司殿管判司幕士，六部朝奉雇倩私身轿番安童等人，或药铺要当铺郎中、前后作、药生作，下及门面铺席要当铺里主管后作，上门下番当直安童。③

工商服务业聚集的新型城市的崛起，推动了史无前例的大规模人口

---

① （宋）孟元老：《东京梦华录》卷四"修整杂货及斋僧请道"。
② （宋）吴自牧：《梦粱录》卷十三"诸色杂货"。
③ （宋）吴自牧：《梦粱录》卷十九"顾觅人力"。

流动。宋代政策也不像其他朝代那样竭力限制人口在城乡之间的空间流动以及在士农工商之间的身份阶层流动，而是采取放任自流的态度。

农村中失去土地的农民为了糊口，或土地不多而有一技之长者在农闲时为了增加一些收入，纷纷涌向城镇。"今之农与古之农异。秋成之时，百逋丛身，解偿之余，储积无几，往往负贩佣工，以谋朝夕之赢者，比比皆是也。"[1] 他们中有的受雇于作坊和店铺，有的转变成流动手工业者。这些工匠中，有的季节性地往返城乡；有的则干脆背井离乡，长期漂在城里。他们成为新的城市市民。即使是那些以农为主、兼营副业者或亦农亦工者，他们的家庭收入中，"工"的比重也越来越大。

这种向市场"讨生活"的城镇居民，在宋代以前是极少的。之前，唯有朝廷命官和上京赶考的举子及他们的仆人才会远离故土，到他乡生活。

现代中外学者多将宋代评价为一个伟大的变革或转折时代。例如前面提到的，日本史学家内藤湖南在一个多世纪前发表的论文《概括的唐宋时代观》中指出，唐宋之际，政治、经济、社会、文化等几乎所有方面都发生了划时代的变化，是中国"中世"和"近世"的转变期。这种"唐宋变革论"有力地影响了日本和中国史学界几代学人。宫崎市定在《东洋的文艺复兴和西洋的文艺复兴》中对宋代的哲学、文学、艺术和科学等领域作了广泛分析后提出，宋代早于西欧数百年就出现了"文艺复兴"，"宋代（简直）是十足的'东方文艺复兴时代'"。法国汉学家谢和耐（Jacques Gernet）也认为，"公元 1000 年左右，于东亚出现的

---

[1] （宋）王柏：《鲁斋集》卷七《社仓利害书》。

新鲜事物一旦被集中起来，便形成了一个以其严密性和规模而非常感人的整体"，"纵观 11—13 世纪的整个中国社会，大家便会得到一种经济和文化均取得了令人震惊之发展的印象"，以至于宋代有过一次中国式的"文艺复兴"。①而英国人罗伯茨（J. A. G. Roberts）则称，宋代发生了一场"中世纪经济革命"，从而在中国缔造了一个堪与欧洲 18 世纪"工业革命"时代发展水平和性质相近的工商业社会。②当代还有一些人称，宋代是"现代的拂晓时辰"。

　　既然西方人和日本人都对宋代有如此高的评价，受到了鼓舞的现代中国人自然更有理据有意无意地将这种"唐宋变革论"的意义拔得更高。只是这些分析和评论多是以西方为坐标，将中国古代所发生的事件和现象削足适履，以适应从西方历史中抽象出来的所谓"历史规律"和理论框架。我向来不赞成像这样把中国历史与西方历史作生硬的对标，古代中国在政治体制、经济模式、社会结构和文化形态等所有方面，都与欧洲的情况几无任何共同点。因而，这种跨文化比较的意义充其量只是帮助我们开阔一些视野和思路，而很难让我们直截了当地从中"总结"出什么普适的理论模式来。

　　不过，上述所有这些对宋代的积极评论中都关注到和强调了一点，即宋代城镇市民阶层崛起的重大意义，以及其与宋代繁荣的商业经济、相对宽容的政治、活跃的文化学术乃至与横空出世的理学（新儒家）之间的关联。学者们多认为，宋代城市居民享受到前所未有的居住迁徙、

---

① ［法］谢和耐：《中国社会史》，耿昇译，江苏人民出版社，1995 年，第 255 页、302 页。
② J. A. G. Roberts: *A Concise History of China*, Cambridge, Mass.: Harvard University Press, 1999. 转引自薛凤旋《中国城市及其文明的演变》，北京联合出版公司，2019 年，第 203 页。

生产交易和文化娱乐等各方面的自由，这催生了一种与传统农业社会迥然有异的崭新的城市经济和城市文化。而这种"近代景观"在同时期的西北欧、地中海及中东地区都是看不到的，直到 16 世纪，这样的历史演进"新动力"才在欧洲显露端倪。

这个观察的确很值得重视，拿中国自身历史纵向比较亦复如此。现代以前，中国再未有过如此巨大的城市人口比例。据估算，宋神宗元丰（1078—1085）年间，全国大小城镇坊郭户登记在籍者在 200 万户以上，当时全国总户籍为 1600 万户。也就是说，按最保守估算，到北宋后期，城市化率已超过 12.5%。[1] 之所以说是保守估算，是因为显然会有不少登记为乡村户者在城镇生活，而登记为坊郭户者在农村生活的可能性微乎其微，就像今天有大量农村户口的人在城市工作生活，但很少有城镇户口的人常年居住在农村一样。而如果按最高的估计，则北宋末年城市化率可能已高达 30%。[2] 到了南宋，城市化率只会更高。

假如我们将上述提到的北宋城市化率的最低和最高估算值，即 12.5% 和 30%，做一个简单平均的话，当在 20% 左右。有学者研究得出与此非常接近的结论，即南宋时的城市人口达到总人口的 1/5。[3] 还有学者通过实地走访并结合文献记载，对南宋时期环太湖地区的城市化率做过研究，得出的结论是，大致而言，到南宋中后期，该区域城镇人口

① 漆侠：《宋代经济史（下）》，第 933 页。
② 薛凤旋：《〈清明上河图〉——北宋繁华记忆》，第 2 页。
③ Chao, K., *Man and land in Chinese History: An Economic Analysis*, Stanford University Press, 1986. 转引自［英］安格斯·麦迪森《中国经济的长期表现——公元 960—2030 年》，伍晓鹰、马德斌译，第 20 页。

占总人口的 24% 左右。[1] 这与前述 20% 的全国平均估值也是接近的。

由于古代与现代生活形态迥异，又缺乏专业化的国家统计，文献保存也不完整，所以我们现在讲到的城市化率以及本书后面章节中将要陆续出现的诸如工商业经济总值和它们在国家财政收入中的占比等，想要还原十分精确的数据是完全不可能的。另外，这些说到底都是现代社会发明出来的经济概念，套用到古代也未必合适。但得到一个大概的印象，以作比照研究之用，还是有价值的。

宋代 20% 左右的城市化率不但较之唐代以前高，也比宋亡以后数百年里的绝大部分时间都要高得多。有学者认为，到鸦片战争前夜的 1820 年，中国的城市人口下降到了仅占全国总人口的 7%，[2] 也就是仅有宋时最高水平的 1/3。中国的城市化率再一次重新回到南宋时的水平，可能一直要持续到 20 世纪 80 年代初。

像这样让人大吃一惊的事实，我们在本书中还会看到更多。

坊郭户、镇郭户、坊市民……

在宋代，大量"生产性"的新市民在城镇涌现，很快便彻底瓦解了数千年来的静态户籍管理制度。

唐代基本没有单独的城市户籍，普通民户依田产的多寡分为九等纳

---

①　参见陈国灿《中国古代江南城市化研究》，人民出版社，2010 年，第 375 页。
②　Chao, K., *Man and land in Chinese History: An Economic Analysis*, Stanford University Press, 1986. 转引自 [英] 安格斯·麦迪森《中国经济的长期表现——公元 960—2030 年》，伍晓鹰、马德斌译，第 20 页。

户税，因而也称"税户"。唐人所称"客户"，是指离开本地寄居他乡的人，他们须根据贫富程度比照"税户"中的最下三等承担赋役。而在城市的"市"墙内谋生的工匠和在官府服杂役的人则统称为"杂户"，虽有户籍附于州县，但地位仍然较低。这一制度到宋代发生了根本性变化。为了适应城镇工商业迅猛发展的新现实，宋代户籍管理开始实行城乡分治，从广大农村"民户"中分出了单独的城镇户口，称为"坊郭户"。

当然，如同城市中的厢坊制逐步取代坊市制一样，独立的城镇户籍的确立也经历了一个漫长的演变过程，并非一蹴而就。"坊郭户"这个名词较早见诸史籍，当在唐代中后期。唐宪宗元和四年（809）五月敕："厘革诸道州府应征留使、留州钱物色目，并带使州合送省钱，便充留州给用等。……如坊郭户配见钱须多，乡村户配见钱须少，即但都配定见钱，一州数，任刺史于数内看百姓稳便处置。"[①] 五代以后，"坊郭户"这个概念继续出现于朝廷文告中。后周显德二年（955）诏令"限佛"，"其在军镇及偏镇坊郭户及二百户以上者，亦依诸县例指挥"[②]。可见，早在晚唐五代时，就已经出现了"坊郭户"与"乡村户"之间的明确区别。但唐五代时是否已将"坊郭户"与"乡村户"之分正式确立为城乡分立的户籍和税收管理定制，则比较难说。更可能的是，随着城镇居民人口的快速膨胀，这种区分已是大势所趋。毕竟，种地产粮与做买卖赚钱大不相同，拥有一块田产与拥有一爿店铺更是截然不同。官方在努力适应这一趋势，但此时多是采取一事一议、零敲碎打的应对方式，而不是在制度上做出全面调整。

---

① （宋）王溥：《唐会要》卷五十八"户部尚书"。
② （宋）王溥：《五代会要》卷十二"寺"。

逝去的盛景：宋朝商业文明的兴盛与落幕

宋朝承袭了唐五代以来日益将城乡居民区别对待的趋势，开始全面推行"坊郭制"。先是在东京这样的大城市里将居民单独编为坊郭户籍，也叫作"坊市户"，以后又在镇市逐渐推行，称为"镇坊郭"①。最晚不迟于真宗大中祥符四年（1011），州县以上城市已普遍实行"坊郭户"制度。②在国家户口版籍上，镇与州县治所居民都以"坊郭户"登记入册。

　　宋代城镇的"坊郭户"也像"乡村户"一样，分"主户"和"客户"，分别列入户籍。但无论城乡，宋人所谓的"客户"有了根本不同的新含义。它不再像前代那样指寄居他乡的外地人，而是指没有常产的民户。相应地，有常产的民户则称为"主户"。坊郭"主户"按一定的标准分为若干等，一般认为，各地坊郭主户大多分为十等，但划分的标准并不完全一致，视各地情况而有所不同。在古代大多数时期，户籍制度的首要功能与赋役征发紧密结合在一起，不同户等承担的赋役是不同的。依据拥有的财产划分等级，是为了承担不同的田税、役钱、和买、夫役、差役、科配（临时性摊派）等义务。在宋代，围绕城镇坊郭户，形成了不同于乡村的赋税徭役体系。

　　此外，宋代已不再有过去的"番户""杂户"之类，除了享有一定特权的品官之家，也就是"官户"，城市和农村都只有主、客户之分。城里的坊郭"主户"指的是工商业所有者，"客户"则是他们的雇工以及一些自雇小商贩；乡村"主户"是地主，而"客户"则主要是为他们

---

① 五代文献中即有"其京都及诸道州府县镇坊界"及"州县城镇郭下人户"之类的提法，可见"镇坊""镇郭"之说并非宋代才有。但当时是否已是一种有别于乡村的户口制度，则难以考定。
② 陈国灿主编，陈国灿、姚建根著：《江南城镇通史（宋元卷）》，第215页。

种地的佃户。① 在乡村,"主户"与"客户"之间的经济往来都是契约关系,他们的法律身份基本是平等的。②

但关于这个问题,现代中日学术界却存在不小的争议。一派认为,宋代农村客户(佃户)与主户(地主或完全的自耕农)之间是法律地位完全平等的契约关系。另一派则认为,二者之间依然存在人身依附关系,有"主仆之分"。还有人认为,宋代不同地区的情况差别很大。全国大部分地区的佃户是自由身,尤其是在以太湖流域为中心的全国最发达的两浙路,雇工与雇主之间不仅是纯粹的契约关系,不存在任何人身依附,而且传统的实物地租还越来越被货币地租所取代;但西南边陲以及川峡地区的封建依附关系比较明显,夔州路(大致相当于今重庆一带)等少数地方依然存在庄园农奴制。③ 不过以下两点似乎是多数学者的共识——

第一,与唐代相比,宋代农村客户的法律地位要高得多。即便客户在法律地位上或许低于主户,但他们仍拥有基本完整的权利,尤其是有人身自由的权利。这一点,我们能从时人如苏轼、朱熹等的奏章、书信和文章中找到大量例证。从魏晋南北朝直到隋唐,佃农与客户的法律地位都是极低的,大庄主杀死佃户而不受任何惩罚之事比比皆是。但宋代情况已有不同。宋仁宗嘉祐二年(1057),随州一位李姓官员之父殴杀了一个佃客,这位官员请以自己的科举出身及现仕官职换取免其父死罪,

① 北山康夫撰有《宋代的土地所有形态》,分析了宋代户等制和阶级的关系,认为乡村主户中的一、二等户是地主,三等户是自耕农,四、五等户是小自耕农兼佃农,客户是完全的佃农。参见肖黎、李桂海主编《中国古代史导读》,文汇出版社,1991 年,第 278—279 页。

② 白寿彝总主编,陈振分册主编:《中国通史》第七卷《中古时代·五代辽宋夏金时期(上)》,上海人民出版社,1999 年,第 515—516 页、698 页。

③ 漆侠:《宋代经济史(上)》,第 534 页。

逝去的盛景:宋朝商业文明的兴盛与落幕

虽说朝廷最终答应了他的请求，将其父充军，但"在嘉祐法，奏听敕裁，取赦原情，初无减等之例"①。由此可见，在宋代，不要说普通主户，就连享有诸多特权的官户，如果杀死了客户，依法条也是死罪。即便具体执行时或可网开一面，免其一死，但入刑是逃不了的。这件事在《续资治通鉴长编》和《宋史》中皆有载录，说明在当时是一桩引起颇多议论的大案。

不仅如此，宋代对雇主在其仆佣脸上刺字这类较重的身体处罚，都会严格限制。诏令明文规定，这是只有官府才能行使的"国家权力"。

> 五代诸侯跋扈，枉法杀人，主家得自杀其奴仆。太祖建国，首禁臣下不得专杀。至建隆三年三月己巳降诏，郡国断大辟，录案朱书格律断词、收禁月日、官典姓名以闻，取旨行之。自后生杀之权，出于上矣。然主家犹擅黥奴仆之面，以快其忿毒。真宗咸平六年五月，复诏士庶之家奴仆有犯，不得黥面。盖重于戕人肌肤也。②

第二，工商业的生产性质和雇佣关系决定了城镇坊郭户主客之间不可能存在传统的人身依附关系。不论短工、季工还是长工，绝大多数都是契约和交易关系。不管打杂的和雇工的社会地位多么低下，他们都是出卖劳动力者，拥有完全的人身自由，而非主户的财产。

传统上，乡村主户依据所拥有田产和交税的多寡分为五等，没有土

---

① （宋）李心传：《建炎以来系年要录》卷七十五"绍兴四年夏四月丙午"。
② （宋）王栐：《燕翼诒谋录》卷三。

地的会被划入客户。城镇坊郭主户则是那些在城镇上经营商铺、作坊以及其他各类工商服务行业的有产业的民户。等级划分主要根据他们在城镇拥有的资产多寡，其中最重要的就是房产，例如房廊（相当于今天用于出租的商品房，尤其是商用房）、邸店（店铺，与房廊的区别在于，房廊并非全部用来开店，也有当作"写字楼"的）、停塌（也叫"塌房"，即今之仓储用房）等经营性房舍，视这些不动产的价值或营运钱（营业额）规模将坊郭主户划为十等。而坊郭客户，则是那些上无片瓦、下无寸土的城镇"打工人"，有些类似于今天中国城市里租房的农民工。

现存史料显示，与绝大多数朝代相比，宋代的户口记录中存在一个十分令人费解的反常现象：人口数与户数极不相称，平均每户的人口非常少。例如，宋真宗天禧五年（1021），全国总户数是8677677，而总人口数则为19930320，平均每户仅有2.3口都不到；宋仁宗嘉祐八年（1063）的户数是12462317，而人口数为26421651，平均每户人口数进一步下降到2.1多一点。李心传和马端临都曾关注到这个问题，并做了分析讨论。李心传指出："西汉户口至盛之时，率以十户为四十八口有奇。东汉户口率以十户为五十二口，……唐人户口至盛之时，率以十户为五十八口有奇，　自本朝元丰至绍兴户口，率以十户为二十一口，以一家止于两口，则无是理。"汉唐大多数时期，每户在5口以上，宋代骤减至1/2都不到。他认为，造成这一奇怪现象的原因是，"诡名子户漏口者众"[1]。

毫无疑问，我们应该重视李心传提出的这个疑问，也应该同意他做出的"无是理"的判断。2021年5月公布的最新一次全国人口普查数据

---

[1] （宋）李心传：《建炎以来朝野杂记》甲集卷十七。

显示，当下中国家庭户平均人口为 2.62 人 ①，而 2010 年为 3.10 人，这种急剧下降的趋势是家庭小型化、少子化和越来越多人选择独居不婚生活的典型"现代症状"。而在 1000 年前的宋真宗和宋仁宗时代，家庭平均人口比今天更少，这无论如何都是说不通的。

　　李心传对这个问题进行剖析，进而认为时人为了逃避官府的横征暴敛而逃匿、隐瞒，造成人口漏报，这当然也是有道理的。李心传、马端临都是生活在那个时代的人，对当时的社会现实有着比我们多得多的直观体认。嘉祐八年全国总人口仅有不到 2650 万，一望便知遗漏的比统计到的要更多。不过对他们来说，更重要的或许在于，这种解释强有力地契合了中国历代儒家道德主义者一以贯之地要求统治者"轻赋役""宽民力"的劝谕和教诲。到了现在，它又特别便于解释成古代专制王朝对广大老百姓的残酷剥削。然而，像这样的沉重盘剥历朝历代都有，宋代的平均赋役或许的确比较重，但要说比汉唐时重那么多，迫使全国平均每户 2/3 的家庭成员逃匿隐瞒，并成为这种户口不相称现象的单一或主导原因，其说服力恐怕是比较苍白的。

　　于是，我们是不是还可以假设另一种可能性：有大量农户人口离开农村，长期居住在城镇，以工商业为生，以至于乡村政府在做户口统计时漏算了他们？而城镇政府又因为他们在城镇并没有完整家庭——父母妻儿仍旧生活在农村，也不将其计入人口统计。如此，平均每户人口数和全国总人口数自然就大大缩水了。宋代以前，城市人口很少，也不存在专门的坊郭户制度，当然就不会有这种户口统计方面的困难与差错。

---

① 《中国平均每个家庭户人口为 2.62 人 2010 年为 3.10 人》，载《中国青年报》2021 年 5 月 11 日。

如果上述推测属实，那么它实际上揭示的是传统农业社会户籍制度与正处于向工商业社会剧烈转型过程的矛盾。当然，如果的确存在这样的统计问题，而且规模很大，那么当时一定会有官员向朝廷提出这个问题。可惜我尚未找到关于这方面的史料。故此只作一存疑，留待方家解答。

那么多的城镇在从前的田野乡村上生长壮大，那么多的人口拥挤在杂乱喧闹的城镇里，不但改变了经济和社会的结构，也必定会对政治和文化造成前所未有的冲击。在宋代，出现了一个日益发展壮大的新市民群体，他们明显有别于传统士农工商构成的所谓"四民"。据当代宋史专家陈振教授估计，北宋开封城内居民，官吏约占总人口的23%，工商业者占所有就业者的1/3，而其他文教、卫生、演艺等从业者占总就业人口的1/10。[1]

很难说这样一个已经从男耕女织的传统农业生态中独立出来，而且又从事着各种截然不同的营生的庞杂群体，曾经形成过自觉的身份认同和阶级意识，但这样一个规模庞大、富有活力的城镇市民群体的兴起，可以说是宋代有别于中国历史上其他朝代的鲜明特征之一。它也深刻影响了那个时代的政治风格和精神生活，最突出地表现为：世俗化、平民化、大众化的社会大潮彻底扫除了隋唐以后原本就已日趋式微的士族门阀世袭身份等级的最后残余，从而为平民士大夫自觉意识、市井通俗文艺乃至新的思想学术开辟了道路。

---

[1] 转引自薛凤旋《〈清明上河图〉——北宋繁华记忆》，第49页。

第二章　天下熙熙

东京东华门外的景明坊内有一座老字号酒楼，名叫"白矾楼"，不知何故更多人习惯称它"樊楼"。时间久了，便传说它的老板姓樊，其实不然。白矾楼初建于何时已难考证，这一带早年曾是东京城里的矾市，故得此名①，也可能酒楼就是矾行的商人们开的。白矾楼在北宋末年改名"丰乐楼"，是当时开封城里无人不知的超级豪华大酒楼，厨子和跑堂加在一起近百人，常常有千余人同时在此宴饮。②

　　最晚到真宗时，樊楼就已经很出名了。北宋后期僧人文莹所撰的笔记体野史《湘山野录》中记录了一件趣事：大中祥符（1008—1016）年间，有日本人来朝称贡，说"本国之东有祥光现，其国素传中原天子圣明，则此光现"。那段时间正沉迷于各种"天书"祥瑞、忙于东封西祀的真宗异常高兴，他让日本人专门为此建一佛寺，并御赐"神光"二字。朝辞之日，日本使者又请宋朝词臣再为寺庙写一篇记。当时，这种差事一般都交给文笔古雅的张君房。不巧的是，张君房那天恰好不当值，也找不到他。眼看着日本客人在皇宫大殿门口踮着脚干等，宫中再三催促而不得，真宗皇帝大窘。后来才得知，君房当时正"醉饮于樊楼"。这件

---

① （宋）吴曾：《能改斋漫录》卷九"白矾楼"。
② （宋）周密：《齐东野语》卷十一"沈君与"。

　　　　　　　　　　　　　逝去的盛景：宋朝商业文明的兴盛与落幕

事一时传为雅笑，时人有诗云："世上何人号最忙？紫微失却张君房。"①

反正到北宋末年，白矾楼已是一家名副其实的百年老店。

景明坊紧挨着皇宫，位于整个东京最繁华热闹的里城东片。东西向的潘楼街与南北向的马行街相交于附近的"土市子"，相当于现在北京的东单大街或上海南京路。樊楼生意日隆后需要扩建，但那一带房屋异常稠密，所以只能向空中发展。于是，它便成了整个东京城里鹤立鸡群的第一高楼。徽宗宣和（1119—1125）间扩建后，白矾楼成为一个"三层相高，五楼相向，各有飞桥栏槛，明暗相通"②的庞大建筑群。还有一些现代建筑史家认为，宋时习惯所说的三层，是指楼上有三层，也就是今天的四层。

这里顺便指出，我在不止一处看到有现代作者称潘楼就是樊楼，这是不正确的。潘楼是一家比樊楼历史更久远的酒楼，早在五代时就已存在，③想来这也是潘楼街的由来。潘楼距离樊楼很近，在其南略偏东一点。根据今人复原的北宋开封城市地图推测，两家酒楼相距大约半里路。不

---

① （宋）文莹：《湘山野录》卷上"日本国忽梯航称贡"。
② （宋）孟元老：《东京梦华录》卷二"酒楼"。
③ 杨宽：《中国古代都城制度史研究》，第346页。

过到北宋后期,潘楼已不复往时盛况,倒是因其门前的大型集市而闻名。[1]

早年,如果你在白矾楼的西楼最高一层宴饮宾客,那么你和酒友们便可以居高临下将皇宫尽收眼底。在近代以前的中国都城里,最高的屋顶只能属于皇宫;而在欧洲城市里,最高的必须是教堂的尖顶。唯独在宋朝,弥漫着市井俚俗之风和铜臭气的一家酒楼竟然可以建得比皇宫还要高!即便我们不能断言樊楼一定比皇宫中的至高点更高,但它肯定高于皇宫中绝大多数房屋,否则就不可能在此"下视禁中"[2]了。

商业的繁荣模糊了人们之间高低贵贱的等级界限,有时还改写了社会的权力结构。

---

[1] (宋)孟元老:《东京梦华录》卷二"东角楼街巷"。
[2] (宋)孟元老:《东京梦华录》卷二"酒楼"。

一、饮食男女

"无比店"与"有巴楼"

丰乐楼究竟有多高？北宋末年有个名叫王安中^①的官员留下过一首七律《登丰乐楼》，可以为证：

> 日边高拥瑞云深，万井喧阗正下临。
>
> 金碧楼台虽禁籞，烟霞岩洞却山林。
>
> 巍然适构千龄运，仰止常倾四海心。
>
> 此地去天真尺五，九霄歧路不容寻。

丰乐楼的西楼后来"禁人登眺"^②，或许是因为大内中每天一抬头就瞥见丰乐楼上的酒徒朝自己指指点点，感觉到了不安全吧。但另外一个版本的传言更加引人入胜，据《大宋宣和遗事》说，樊楼"上有御座，徽宗时与师师宴饮于此，士民皆不敢登楼"^③。原来这里成了宋徽宗请李师师喝酒吃饭的包场，普通老百姓自然就再没有机会"登眺"了。《大宋宣和遗事》是成书于元代的话本，顾名思义，讲的是宋徽宗宣和年间及南宋初的历史故事，其中很多情节后来被施耐庵拿来作为《水浒传》

---

① 徽宗朝官至中书舍人、翰林学士、尚书右丞。

② （宋）孟元老：《东京梦华录》卷二"酒楼"。

③ 《大宋宣和遗事》利集。

的蓝本。但这类讲史故事的真实性需要大打折扣。

还有人说，前面引述的那首《登丰乐楼》是徽宗于宣和四年（1122）钦命王安中登楼所作，为的是庆祝宫苑艮岳建成。因此，这首诗里的"此地去天真尺五，九霄歧路不容寻"写的不是丰乐楼本身，而是站在丰乐楼上看到的艮岳。[①]艮岳是一座大型园林，里边有精心堆砌的高大假山。它在宫城以外、里城以内的东北一隅，挨着丰乐楼，就在酒楼北边。

不久后，宋徽宗被金人掳去北方苦寒之地，开封也成了大金国的南京，但丰乐楼的余晖却延续了下来，而且延续了很久。宋室南渡后，临安西湖边的丰豫门外南山路（这条路至今仍然叫这个名字）上也有一座丰乐楼，之前还用过"众乐亭""耸翠楼"等名，这座新丰乐楼完全延续了北宋丰乐楼的盛况。又过了100多年，宋理宗淳祐（1241—1252）年间，时任临安府尹嫌它不够气派，且又嘈杂喧闹，配不上此处"千峰连环、一碧万顷"的壮美视野，便下令对它做了大规模重建，并增添了门廊、亭台、月池、花木等装饰。自那以后，临安丰乐楼成了西湖边一处最受游人青睐的聚会地，也是"朝绅同年会拜乡会之地"。其"瑰丽宏特，高接云霄，为湖山壮丽。花木亭榭，映带参错，气象尤奇。缙绅士人，乡饮团拜，多集于此"[②]。

城市的兴起与工商业的繁荣一直是互为因果、相互支持的关系。依托着密集的大小城镇网络，尤其是东京和临安这样的超大城市，宋代的工商业也超越之前和之后的所有朝代，实现了人类跨入现代历史之前的惊人一跃。这样的工商业浪潮在中国大概唯有20世纪下半叶改革开放

① （宋）王明清：《挥麈后录》卷二。
② （宋）吴自牧：《梦粱录》卷十二"西湖"；事亦见（宋）周密《武林旧事》卷五"湖山胜概"。

以后才得以重现。

从最浅表的层面来看，宋代城市工商业中最繁荣的无疑是餐饮业，民以食为天嘛！像任何时代一样，灯红酒绿是繁华都市的门面。

北宋东京城里，除了藏着一大堆典故逸事的白矾楼，还有很多出名酒楼，它们都独具特色：丽景门内有一家酒楼，号称"无比店"，原是仁宗朝枢密使、参知政事、曾与欧阳修同事过的赵槩的宅第。他致仕后回了南京（睢阳）老家，宅子遂被改成酒楼，"材植雄壮，非他可比"，时人都说"酒苑叔平（赵槩字叔平）无比店"。① 朱雀门外大巷口街上的清风楼，也以高大宽敞闻名，很多东京人夏天爱去那里饮酒纳凉。前面说到的潘楼街上不仅有潘楼酒店，还有一家铁屑楼，据考证，它的老板可能是寓居开封的犹太人。"铁屑"，是宋代对 Israel 的音译，金元两代则译为"迭屑"。相传宋徽宗曾临幸过这家富有异国情调的酒楼。马行街上的庄楼，楼下是东京最大的马匹交易市场，可能就是马行商人开的，想来是那些马贩子和军人聚会豪饮之所，后来改称"和乐楼"。马行街上还有杨楼、小货行时楼等多家大酒楼，其中任店就在庄楼以北不远，后来改称"欣乐楼"。此外，牛行街上的看牛楼，宋门外的仁和店、姜店，城西梁门的宜城楼、药张四店、班楼，城北的八仙楼，城南新门里的会仙楼，里城东边旧曹门一带的蛮王家、乳酪张家，外城戴楼门的张八家园宅，郑门的河王家、李七家，景灵宫东墙外的长庆楼，金梁桥下的刘楼，天汉桥（州桥）下的王家酒楼……都是当时很有名气的酒楼。②

我在这里顺便再提出一个问题——东京城里三家顶级大酒楼在徽宗

---

① （宋）彭乘：《墨客挥犀》卷七；事亦见（宋）张师正《倦游杂录》"无比店与有巴楼"。
② 参见（宋）孟元老《东京梦华录》卷二 "朱雀门外街巷""潘楼东街巷""酒楼"。

时差不多同时都改了名字：白矾楼改为"丰乐楼"、庄楼改为"和乐楼"、任店改为"欣乐楼"（亦作"忻乐楼"）。为什么三个新名字结构如此齐整，且中间都有一个"乐"字？除了相互跟风效仿，是不是还有什么不为人知的其他原因？我认为，第一，这三家酒店都是行会商人开的。宋代工商业行会势力雄厚，每一行都有自己的行会，并设有会所。有些会所后来变成对外营业的酒楼茶肆。如前述，白矾楼是矾行开的，庄楼是马行开的，而看牛楼和小货行时楼则分别是牛行和小货行开的，但任店的行会背景就不得而知了。第二，三家酒店的改名是它们所属的行会聚在一起商量过的，一同改名则是为了呼应当时的某个重大事件，而且应该是喜庆之事，例如皇家或朝廷的某个重要庆典，又或者就是宣和年间的那次东京"城市重大美化工程"。第三，之所以用到"丰""和""欣"三个字，再皆加一"乐"字，很可能是从某句重要的话里摘出来的，例如皇帝御笔亲书的封词、赐额、诗句……这个问题或许无关宏旨，但亦可供有兴趣的读者和专家进一步探究，甚或有所发现，这也是历史研究的乐趣之一。

后来南宋临安的名牌酒楼大多仿效昔日汴京的那些老牌店铺，规模和数量也丝毫不逊色于全盛时的汴州酒楼。周密《武林旧事》里就记录了近20家知名酒店的名字，像熙春楼、三元楼、五间楼、赏心楼、严厨、花月楼、银马杓、康沈店、翁厨、任厨、陈厨、周厨、巧张、日新楼、沈厨、郑厨、虼蟆眼、张花……①

这些大酒楼从酒水菜肴到装潢布置都非常奢华讲究，服务也无微不

① （宋）周密：《武林旧事》卷六"酒楼"。

　　　　　　　　　逝去的盛景：宋朝商业文明的兴盛与落幕

至：有一些门前张灯结彩，并设有像皇宫大内门前和中央御街上的那种朱红权子；也都各有数十间包间，众多浓妆艳抹的妓女招徕食客，还设有琵琶管弦洞箫表演；酒器都用银制，茶、酒、菜、小食、正菜、点心，上菜程序一丝不苟；客人用完餐，酒店还会招呼车马接送……①

宋代的酒店，功能比较复杂，它们常常也是酿酒作坊和酒类批发、零售专营店。而平常聚会宴请吃饭的这类餐厅，在宋代又被称作"分茶酒肆"，"大凡食店，大者谓之'分茶'"。② 服务员的分工往往比现在更细，并各有专门称谓：厨子一般被唤作"茶饭量酒博士"或"师公"；跑堂的店小二叫"大伯"；为酒客擦桌子、换汤、斟酒的街坊妇人俗称"焌糟"；一边侍候着客人，一边替客人跑腿买东西、召唤妓女的称"闲汉"；酒店雇用的私妓，随时准备应酒客之召的，称为"卖客"；中途跑来唱歌、献果子、献香药的谓之"厮波"；下等妓女或卖场丫头不呼自来，在酒桌前唱歌卖笑，换取一点零碎钱物的，叫"札客""礼客""擦坐""打酒坐"；有时还会有一些卖药、卖花、卖水果蜜饯之类的，也不问酒客买不买，硬将所卖之物散发给酒客，讨得几文钱，名曰"撒暂"；还有杂耍献艺的"赶趁"、熏炉供香的"香婆"……当然，也有一些讲究的酒楼管理比较严格，像前面提到过的乳酪张家、炭张家等，不放杂人入内，只卖好酒好菜。③ 这些酒楼还形成了一些潜规则，例如，普通食客"如买酒不多，只就楼下散坐，谓之'门床马道'"；有些小地方来

---

① （宋）周密：《武林旧事》卷六"酒楼"。
② （宋）孟元老：《东京梦华录》卷四"食店"。
③ 参见（宋）孟元老《东京梦华录》卷二"饮食果子"；（宋）吴自牧《梦粱录》卷十六"分茶酒店"；（宋）周密《武林旧事》卷六"酒楼"。

的客人没见过世面，轻易登楼而又不懂其中的规矩，就会"被酒家人哂笑"；如果客人叫了妓女来陪酒，酒家会趁势给酒菜加价。[1]

南食多盐，北食多酸

与这些高档酒店相比，平民化的食肆摊档就数不胜数了，供应的花色品种也极多。《东京梦华录》《都城纪胜》《梦粱录》《武林旧事》等几部描述东京、临安风物的宋代笔记里，不厌其烦地列出了几百种菜肴、小吃、点心、果子等，其中有很多当街贩售，随叫随做，特别是在早市和夜市上，很是便捷。从这些食品名称中，我们可以大致窥见宋代饮食业的一些特色。

宋人似乎非常喜爱羊肉类食品，不知道是不是因为他们在300多年里一天也没有停止过与契丹、党项、女真、蒙古等北方游牧民族打交道，被他们的饮食习惯同化了。《清明上河图》中就有一家酒店，位于外城通津门内，门口的酒旗上写着"孙羊店"三个字。看来它的老板姓孙，而羊肉便是其招牌。《水浒传》里写到吃羊肉的场景也特别多，"黑旋风"李逵的最爱便是羊肉。从不少当时和稍后的记载来看，羊肉在宋代似乎比猪肉和牛肉价格都要贵，是比较高档体面的肉食。《水浒传》里还写到一种羊酒，这种酒主要以羊肉入料，窖藏发酵而成。古人认为羊寓意吉祥，所以羊酒常被用于婚聘、贺岁、赐赏等活动。有学者认为，羊肉的流行一直延续到明朝初期，也就是《水浒传》的作者施耐庵生活的时期。

---

[1] （宋）吴自牧：《梦粱录》卷十六"酒肆"。

直到明朝中后期，猪肉才成为国人的主流肉食。①

宋人还很钟情于畜禽的内脏杂碎，用各种烹饪方法将它们制作成风味独具、物美价廉的小吃。

宋人也很喜欢各种羹，东京专以羹为名的食店就不少，如潘楼街上的"徐家瓠羹店"、马行街上著名大酒楼任店（即欣乐楼）对门的马铛家羹店、尚书省西门"西车子曲"上的"史家瓠羹"，等等。②临安钱塘门外有家"宋五嫂湖上鱼羹"，是靖康后从东京迁来的。高宗一次游幸西湖，特地宣唤她家的鱼羹送上御船。可能高宗还在当皇子时就光顾过当时东京的宋五嫂鱼羹店，此时是借一碗鱼羹来排遣对东都故土的缅怀之情。有过皇帝的亲自背书，宋五嫂自然很快发达起来，"人所共趋，遂成富媪"③。按袁裦的说法，这位宋五嫂在东京时曾做过他家的苍头嫂（烧火、做饭、打杂的女佣）。像这样南渡后迁来临安的还有羊肉李七儿、奶房王家、血肚羹宋小巴等好几家。④

宋代都市里还出现了富有地方菜系特色的餐饮，例如专门的面食店，还有迎合南方人口味的"南食店"，受四川人追捧的"川饭分茶"等。这显然是因为当时人口流动显著增多，东京生活着大量南来北往的人。从当时的记载中，我们亦可以稍稍窥见近千年前的川菜特色和南方风味：

更有川饭店，则有插肉面、大燠面、大小抹肉淘、煎燠肉、

---

① 邱俊霖：《〈水浒传〉里的羊肉》，载《中国社会科学报》2022 年 7 月 22 日。
② 参见（宋）孟元老《东京梦华录》卷二"东角楼街巷""潘楼东街巷"、卷三"大内西右掖门外街巷"。
③ （宋）周密：《武林旧事》卷三"西湖游幸（都人游赏）"。
④ （宋）袁裦撰，（宋）袁颐续：《枫窗小牍》卷上。

杂煎事件、生熟烧饭。更有南食店,鱼兜子、桐皮熟脍面、煎鱼饭。①

　　当时川人爱食肉,而南人喜食鱼,和现在两地习俗差不多。前面讲到的那家名气很大的王家酒楼,时人都知道它的老板来自寿州(安徽寿县),想必这是一家专营当地饮食风味的酒楼。当时各地方菜系的大致特点是:"大率南食多盐,北食多酸,四夷及村落人食甘,中州及城市人食淡。"② 看来那个时候的城里人已经很懂健康养生了,知道少盐少糖的益处。"北食则矾楼前李四家、段家爊物、石逢巴子,南食则寺桥金家、九曲子周家,最为屈指。"③ 南食店扎堆的另一处是大相国寺北的甜水巷,那里还是东京出名的"红灯区"④。如果你经常出入东京城里那几家名气最大的川食店,很可能会遇到苏子瞻学士和他的朋友们。但你最好别指望在南食店里邂逅王荆公,或在北食店里一睹司马温公风采,这对政坛冤家、一肚子严肃学问的"拗相公""司马牛",都不是什么有情趣的美食家,可不像东坡先生那样喜欢呼朋唤友,笑谈豪饮。

　　饮茶之风在宋代开始盛行,所以城市里已出现了专门的茶肆。它们往往在墙上张挂名人字画,在花架上陈列奇松异桧,殿堂里还有鼓乐吹弹,依据四时节气供应各种时令茶汤。相比于酒楼,清雅的茶肆更适宜富室子弟弹琴学唱,士大夫期朋约友,艺人会聚切磋……但有些低档茶肆则在楼上包厢安置妓女,以饮茶之名招揽风流客,故"多有吵闹,非

---

① (宋)孟元老:《东京梦华录》卷四"食店"。
② (宋)朱彧:《萍洲可谈》卷二。
③ (宋)孟元老:《东京梦华录》卷三"马行街铺席"。
④ (宋)孟元老:《东京梦华录》卷三"寺东门街巷"。

君子驻足之地也"。还有不少街头流动茶摊，"提茶瓶沿门点茶"，这些茶摊也是底层小吏、兵卒、僧道等混杂之所。[1]

最令人印象深刻的是冷饮，宋时叫作"凉水"，也称"冰雪"，种类非常多。当时没有现代的制冷设备，一般都是在冬季将大块冰块封藏深埋在地窖里，到夏天时取用。《东京梦华录》记录东京州桥夜市出售的"凉水"品种，便有"沙糖冰雪冷元子""沙糖绿豆""甘草冰雪凉水""荔枝膏"等；[2] 旧宋门外有两家店铺的"凉水"特别受欢迎，它们用银质器皿出售沙糖绿豆、水晶皂儿、黄冷团子、鸡头穰冰雪、细料馉饳儿、麻饮鸡皮、细索凉粉之类。[3] 到了南宋，"凉水"又有了更大发展。像椰子酒、鹿梨浆、卤梅水、木瓜汁、雪泡缩皮饮、梅花酒、五苓大顺散、紫苏饮、姜蜜水、沈香水、苦水、金橘团、香薷饮、乳糖真雪、富家散暑药冰水……合计有二三十种之多。[4] 临安还出现了专门的"凉水"店，颇类似今天南方城市的凉茶店。最著名的如中瓦子前的皂儿水、张家豆儿水、杂货场前的甘豆汤，通江桥的雪泡豆儿水、荔枝膏……[5] 这大概是因为临安的气候比东京热得多。《武林旧事》和《西湖老人繁胜录》都把"凉水"列为一种重要的食品门类而单独记录，足见当时临安市民对冷饮的需求量是极大的。《鸡肋编》中记载了这样一段故事：绍兴初年驻扎于镇江的韩世忠特地派军队"兼昼夜牵挽疾驰"，往临安行宫进贡冰块，主要就是因为"二浙旧少冰雪……钱唐无冰可收"。时人戏称韩世忠的军船为"进

---

① （宋）吴自牧：《梦粱录》卷十六"茶肆"。
② （宋）孟元老：《东京梦华录》卷二"州桥夜市"。
③ （宋）孟元老：《东京梦华录》卷八"是月巷陌杂卖"。
④ （宋）周密：《武林旧事》卷六"凉水"；（宋）西湖老人：《西湖老人繁胜录》"诸般水名"。
⑤ （宋）吴自牧：《梦粱录》卷十三"铺席""夜市"。

冰船"。①

由于餐饮业兴旺、店家众多、食客挑剔，东京和临安这样的大城市都形成了一些著名的美食街，与今天大城市的别无二致。东京大相国寺一带、旧封丘门外祆庙斜街、新封丘门大街，后来的临安中瓦子前武林园，都是昼夜喧闹的美食聚集地。对饕餮之徒最有吸引力的，自然莫过于东京最繁华的马行街了，那里的餐馆酒楼密集到了怎样的程度？时人写道：

> 天下苦蚊蚋，都城独马行街无蚊蚋。马行街者，都城之夜
> 市酒楼极繁盛处也。蚊蚋恶油，而马行人物嘈杂，灯火照天，
> 每至四鼓罢，故永绝蚊蚋。②

通宵达旦的油烟味熏得连蚊子都不来光顾！马行街西边的东华门外樊楼那一片相对更高端，新鲜的时令物品都是在那里最先上市。店家服务的另一大特点就是动作格外麻利，价格自然也比较贵，"东华门外，市井最盛，盖禁中买卖在此……诸阁分争以贵价取之"③。因为紧挨着皇宫东门，大内很多人在那里消费。

高、中、低端各种档次的餐饮既多又好，难怪不少东京和临安市民，特别是那些赶时间的生意人，平常干脆直接在外面买了吃："市井经纪之家，往往只于市店旋买饮食，不置家蔬。"④"盖经纪市井之家，往往多

---

① （宋）庄绰：《鸡肋编》卷中。
② （宋）蔡絛：《铁围山丛谈》卷四。
③ （宋）孟元老：《东京梦华录》卷一"大内"。
④ （宋）孟元老：《东京梦华录》卷三"马行街铺席"。

于店舍，旋买见成饮食，此为快便耳。"① 多么像今天那些离不开外卖的"北漂""沪漂"！

有心人对《清明上河图》这幅长卷中出现的所有元素做过量化分析，发现整卷画中共有 122 幢房屋，45 幢用作商业经营，其中有酒旗的酒楼 8 幢，明显是茶馆的 20 多幢，服务业及其他 9 幢，余下的都是餐食店。而身在这些酒楼、茶馆及餐食店里的人物有 130 余人，约占人物总数的 1/6。② 据此可见餐饮在当时东京经济生活中的重要地位。

一郡之政观于酒

酒的酿造和消费是宋代餐饮行业中特别值得一提的，这也是宋代餐馆酒楼如此繁荣甚至有些畸形的重要原因之一。

前文提到《清明上河图》中的那家"孙羊店"，大门口还竖着一块牌子，上书"正店"两个大字，比店名的字还要大。此处所谓"正店"，是宋代酒务的一个专门名词。

酒业经营利润高，中国自古及今都对酒类实行国家专卖制度。相对于其他大多数朝代，宋代的酒类专卖是比较宽松的。政府设有官营酒库，例如南宋临安就有 13 所这样的官营酒库，均属户部点检所下辖。但政府完全垄断的并不是酒的经营本身，而只是酒曲的制造和销售。"京师不榷酤，官置院造曲，增其直出贸，凡酒户定年额斤数占买……"③ 就是说，

---

① （宋）吴自牧：《梦粱录》卷十三"铺席"。
② 转引自薛凤旋《〈清明上河图〉——北宋繁华记忆》，第 49 页。
③ （宋）方勺：《泊宅编》卷六。

官府并不禁止民间私营作坊店铺酿酒和卖酒，而是以许可证制度进行管理。那些获得官方酿酒许可、直属酒务的正规酒店，就称为"正店"。整个东京共有 72 家这样的正店，它们从官营酒库那里获得酒引子，然后自己酿酒和卖酒。这就是所谓"私酒"，而官营酒库卖的自然就是"官酒"了。官营酒库往往也开办自己的酒楼，临安的 13 所酒库里，7 所设有酒楼，《武林旧事》卷六"酒楼"条详细记载了酒库以及它们附设的酒楼名称。所以前文提到过，宋代的大型酒楼往往既是我们现在所说的餐厅，也兼酿酒厂和酒类专卖店。在酒的产业链中，官私之间存在着复杂的合作与竞争关系。

几乎每一家名牌大酒楼都有自己独门秘制的佳酿品牌，宋人张能臣在《酒名记》中记录了许多当时天下名酒的好听名字，像白矾楼的"眉寿""和旨"、任店的"仙醪"、庄楼的"琼浆"、遇仙楼的"玉液"、铁薛楼的"瑶醴"、会仙楼的"玉醑"、班楼的"琼波"、潘楼的"琼液"……顺便再提一下，自产酒的名称都不同，也再次佐证了樊楼与潘楼并非同一家酒楼。"正店"兼营酒类的零售和批发，它们常常还开设好多分店，宋时称"子店"，有如现在的连锁经营。而宋时还有一种"脚店"，不隶属酒务，它们销售的酒需要从官营酒库或"正店"批发。《清明上河图》里可以找到一家"十千脚店"，即属了这类。不用说，"脚店"都是规模较小、经济实力也不是很强的中小型酒店。"脚店"再下一级别的称为"拍户"，从上述"正店"和"脚店"进一些酒在官府指定的销售地界卖，赚些蝇头小利。"大抵酒肆除官库、子库、脚店之外，其余谓之'拍户'，兼卖诸般下酒，食次随意索唤"①，它们显然属于普通大众消费得起的小吃店。

政府从酒业中攫取了巨额收入，宋代非但从不禁酒或限酒，相反还总是不遗余力地想要卖掉更多酒，从中获利丰厚的餐饮业自然也因此蓬勃发展。《都城纪胜》"酒肆"条说："天府诸酒库，每遇寒食节前开沽煮酒，中秋节前后开沽新酒。"《武林旧事》卷三"迎新"条也说："户部点检所十三酒库，例于四月初开煮，九月初开清。"一年中每到这两个官营酒库正式开沽的日子，整个京城比过节还要热闹：主管的衙门会在酒库门前高挂写着库名的"布牌"，搭起布置着仙佛鬼神的"台阁"，又请来杂剧百戏诸般艺伎表演，自然，少不了花枝招展的妓女捧场。② 实际上，每个官营酒库都设有自己的官妓，"其诸库皆有官名角妓，就库设法卖酒"③，"每库设官妓数十人，……饮客登楼，则以名牌点唤侑樽，谓之'点花牌'"④。这些妓女的工作就是想方设法招徕饮客。而在官场上，当地酒业收入的多寡甚至成为朝廷考核地方官员的重要指标，以至于各州县主事纷纷攀比谁的地盘上卖酒更多。南宋宁宗（1194—1224 年在位）时，有一次宫里请艺人在御前表演杂剧。剧情中有三个官老爷，一个临安府尹，即古代所称京兆尹，另一个是常州太守，还有一个衢州太守。三个人争座次，常州太守对京兆尹谦让说："岂宜在我二州之下？"衢州太守却不买账，说："京尹合在我二州之下。"常州太守惊问道："如何有

---

① （宋）吴自牧：《梦粱录》卷十六"酒肆"。
② 参见（宋）吴自牧《梦粱录》卷二"诸库迎煮"；又见周密《武林旧事》卷三"迎新"、卷六"酒楼"。
③ （宋）吴自牧：《梦粱录》卷十"点检所酒库"。
④ （宋）周密：《武林旧事》卷六"酒楼"。

此说？"衢州太守说："他是我二州拍户。"原来，时任临安府尹的袁彦纯十分关心酒政，他从常州宜兴县和衢州龙游县批发当地酿制的酒在临安销售，临安岂不是成了它们的"拍户"？这出杂剧让在场的宁宗也大笑不止。[①]

这个滑稽故事形象地说明了酒务在宋代政治经济中的突出地位，哪个地方出产的酒吃香、销量大，那里的父母官腰杆就格外硬，就好像今日中国的县市长往往需要招商引资一样。同时它还传递给我们这样的信息：宋代的酿酒、售酒生意真可谓无处不在，酒类消耗量也特别大，就连宜兴和龙游这种县级建制的小地方，都有本地特产的佳酿行销京师。估计为了拿到这两个地方官批的"条子"，堂堂行都一把手还得经常赔笑脸。酒务对地方官如此要紧，令时人感叹："一郡之政观于酒，一家之政观于廪。"[②]

《宋会要辑稿》载，早在仁宗朝前期，东京樊楼每年仅销售官酒就达5万斤，此外它还出品两款自产佳酿"眉寿"与"和旨"，酒的销量大到每天上缴酒税至2000钱。后来酒店转手，新老板"大亏本钱，继日积欠，以至荡破家产"。这事居然惊动了官家！天圣四年（1026）八月，仁宗诏三司："白矾楼酒店如有情愿承扑，出办课利，令于在京脚店、酒户内拨定三千户，每日于本店取酒沽卖。"意思是，如果有谁愿意接手白矾楼，承包下它每年的酒税额，朝廷就划拨3000家京城脚店的批发专卖权，让它们从白矾楼拿酒分销。[③]一家酒楼的经营遭遇困难，

---

① （宋）张端义：《贵耳集》卷下。

② （宋）张邦基：《墨庄漫录》卷五。

③ （清）徐松：《宋会要辑稿·食货》二〇之七。

竟劳皇帝亲自费神过问，可见樊楼在行业中的地位，更可见酒业课利在国家财政收入中的惊人地位。而"在京脚店、酒户"一拨就是3000户，还可见开封酒业市场之大。

北宋初年东京最著名的酒业大亨孙赐号，最初的本行是"酒家博士"，因勤勤恳恳、诚实不欺而很受酒店主人喜爱，出借本钱助他开办"脚店"。孙的生意逐渐做大后，不断提高自己酒店的文化品位，"乃置图画于壁间，列书史于几案，为雅戏之具，皆不凡，人竞趋之"。最终他成功跻身堂堂"正店"之列，还建了自己的大酒楼，"渐倾中都"。孙赐号勤劳致富的故事后来传到了当时的天子宋太宗耳朵里，皇帝曾微服私访孙家，对其大加褒赏，还召其女入宫，"宠以正位号"，即封她为妃。[①] 活脱脱一个一步登天的励志故事！而他的成功，靠的就是经营酒业。不知道画于北宋末年的《清明上河图》中那家"孙羊正店"，是否就是孙赐号留下的酒店。如果是的话，那可是传承了两个甲子的著名老字号！

由于樊楼经营上的空前成功，它成了宋时酒楼业的样板。从建筑装修风格、店堂格局布置到经营管理方式，天下所有酒楼但凡有条件的，都争相模仿樊楼。有一出南宋话本《杨思温燕山逢故人》，说到"靖康之变"以后金人在中都（燕京，今北京）建造的一座"秦楼"酒楼，"便似东京白樊楼一般"。到后来，"樊楼"这个品牌竟渐渐成了酒楼的代名词。宋元时期有不少诗词散曲里写到过"樊楼"，说的其实都不是东京东华门外那家"白矾楼"酒店，而是用它来泛指酒楼。樊楼在后来也常出现在宋元明许多话本小说中，不仅在《水浒传》中，在《醒世恒言》里也

---

① （宋）苏象先：《魏公谭训》卷十。

有一回《闹樊楼多情周胜仙》，只是它既写错了樊楼在东京城里的坐落方位，又想当然地说它的老板姓范。

我有时胡思乱想，如果有哪个要开酒店餐馆的老板找我出主意，给他的店取个叫得响的好名字，我多半会脱口而出：樊楼，或丰乐楼。

丰乐楼的长久存在是一个令人难忘的隐喻，仿佛在向世人诉说一段如烟往事：有宋一代，金钱即便不是至上，也能够左右许多事情，就连皇权偶尔也会向金钱低头，甚至国破家亡也不能打断汲汲于营利的烟火酒气。

二、万姓交易

三百六十行，行行出状元

繁盛的餐饮业是一个窗口，呈现出宋代工商业比之前代所独有的令人印象深刻的特征。在宋代，城市手工业和商业已是从农业经济中独立出来的自主的经济产业类别，它是市场导向的，专业化和细分化程度非常高。

沈括在《梦溪笔谈·补笔谈》中记录了一桩怪事。北宋前期名臣张咏在鄂州崇阳县当县令时，政声颇佳。一次他见到当地有个农民花钱在市场上买菜，就很不高兴地把他招来严加训斥：

> 邑居之民，无地种植，且有他业，买菜可也。汝村民，皆有土田，何不自种而费钱买菜？[①]

张咏还因这个农民懒惰而打了他一顿板子。沈括大约是把这当作一件好事来称道的，还说当地人为此十分感念张咏，"自后人皆置圃，至今谓芦菔（萝卜）为'张知县菜'"[②]。

以今天的视野来看，这件事情说明了那个时代的农业向商品化、专业化和市场化方向转变的势头之快。种田的村民自己吃的菜居然要到市场上去买！然而无论是张咏还是几十年后的沈括，他们都没有进一步追问：这个农人为何舍得像"无地种植，且有他业"的"邑居之民"（城里人）那样花钱买菜吃，而不是自己种菜？他买菜的钱又是哪里来的？在崇阳县这种小地方，绝大多数乡下人在不久以前大概都没见过钱这种东西呢！

其实，那一带农民原先以种植茶树为业，他们用经营茶业赚得的钱买菜吃，比自己种菜更划得来。崇阳农人不自己种菜，就像开封一些人不自己做饭，这不都是典型的市场分工的细化吗？此事更详细地记载在北宋末年朱彧的笔下，他记录了更多细节，比如张咏打了那个农人四十板子。朱彧称这是自己客居鄂州一带时亲耳听当地父老说起的，那已是百年以后了。据朱彧说，张咏后来还"遣吏尽伐民间茶园,谕令更种桑柘"，起初，"民失茶利，甚困"。当然，最终还是因朝廷政策的重大变化而得

---

① （宋）沈括：《梦溪笔谈·补笔谈》卷二《官政》。
② 同前注。

了大好处①，崇阳也一跃而成为东南地区蚕丝产业的重镇。想来，这才是事隔那么多年，当地人依然记得和感念张咏的真实原因。

这件事情在沈括同时代人王得臣的笔记小说《麈史》中亦有翔实描述，更可印证其真实性。王得臣还特地评论说："以浅丈夫论之，则为暴政，决无罪人矣。"②意思是说，在见识浅薄之人看来，张咏这种做法属于无端处罚无罪人的暴政。张咏是太宗、真宗两朝功勋卓著的名臣，尤以治蜀而闻名，对世界上第一种纸币——交子的发明有着不可磨灭的直接贡献；沈括更是中国历史上赫赫有名的大人物，被英国人李约瑟誉为"中国科学史上最杰出的人物"，他还是熙丰变法的干将之一。他们俩显然都不是僵化死板的传统官僚，但是就连站在历史潮头上的他们，在观念上都很难说完全跟得上时代变迁的浪潮。

自古以来，中国农村每家每户都会在耕种之余从事一些丝麻纺织、畜禽鱼蜂养殖之类的副业；乡村中也随处可见木匠、泥瓦匠、裁缝、修补打杂的工匠和卖货郎之类的小生意人；镇市上也历来就有各种作坊、店铺、酒肆，这些手工业和小商业毫无疑问都不是宋代才有的。可以说，小农耕作方式的农业与家庭手工业的稳定结合，就是前现代中国社会的支柱性生产模式，也是所有王朝的经济基础。北宋前期的赋税中，除粮食外，绢麻布帛、茶叶、金属、竹木、草制成品等五花八门的实物皆有。这充分说明，当时农村的家庭手工业依然相当活跃，占了农户家庭生产的不小比重。在宋代之前，这些手工业和服务业多数在出于自用之外，服务于一片封闭自足的小农社区的生产和生活，它们都是农业经济的附

---

① （宋）朱彧：《萍洲可谈》卷二。
② （宋）王得臣：《麈史》卷上。

庸和补充。隋唐开始出现了手工业分工趋势，不过至少在唐代前期，官府经营的服务于官的手工业占绝对主导地位。宋代城市的崛起和城市消费者的涌现，让这些市场导向的手工业和服务业在历史上第一次赢得了独立的存在价值。

先是手工业的家庭自制自用与市场商业销售之间分离，后来，农产品本身也商品化了。从人类经济发展史的角度看，这就是所谓产业革命。未经历过这样的产业革命，工商业就只会永远停滞在极低的水平，而不可能在生产规模、交易合作的广度以及专业细分的深度上拓展，也不可能有什么有效竞争，从而带来生产力的大幅度提升。

无行不成市，行业门类的细分和协作决定了经济的兴盛与升级。

工商业的专业细分也不可能是宋朝才开始，隋唐时代长安、洛阳二都的"市"中，就已经出现了可观的行业分类和数量巨大的店肆。唐代长安东市"市内货财二百二十行"，西市"店肆如东市之制"。[1]洛阳丰都市"其内一百二十行，三千余肆，四壁有四百余店（指仓库），货贿山积"[2]。日本学者加藤繁认为，《长安志》里说东市"二百二十行"中的"二"当为"一"字之误，而且无论长安还是洛阳，"一百二十行"都是虚数，用来形容市场和行业之繁盛。此说甚是。[3]

唐朝政府十分注意鼓励商业发展，其商业多以"邸店"为中心而展开。邸店的名称更早以前就有，在唐代，它是批发、转运、仓储、零售一体

---

① （宋）宋敏求：《长安志》卷八、卷十。
② 《元河南志》卷一《京城门坊街隅古迹》"唐南市"。
③ 参见漆侠《宋代经济史（下）》，第723页。

的商业机构,以批发和转运业务为主。"居物之处为邸,沽卖之所为店。"①那些从货物出产地或集散地收购商品,再运往其他地方出售的批发商人,被称为"估客"。"估客"把货物运到"邸店",通过中介与邸店主交易,这类中介被称为"牙人""牙侩""市侩"。邸店主再把从"估客"那里收购来的货物批发给更小的店肆和摊贩,他们自己往往也兼营一些零售业务。②

到了宋代,市场细分和行业种类迎来了爆炸性大发展。

宋时城市工商业一共有多少行业呢?今天有句俗语被我们挂在嘴边:"三百六十行,行行出状元。"这句话最晚在明朝中叶已广为流传,但它很可能源自南宋时的临安。③ 不过"三百六十"这个数字还是低估了当时的真实情况。

由于行业数量繁多,竞争激烈,为了维护市场秩序,保障商户利益,尤其是为了抱团以便更有力地应付官府的"科索"(也叫"科配",是指官府的临时性摊派,在宋时遍及城乡,往往没有固定的时间、品类和数量),宋代几乎每个行业都形成了类似于现代同业公会那样的行业自治组织。因此时人所说的"行",往往也指某一行业的行会组织,又称"团",有时"行团"连用。隶名行籍的商户也被称为"行商""行户""行人",其首领则称"行老""行首""行头"。

宋朝工商户很少不入行会。宋初即有所谓"行户祗应",就是居住在城镇的工商业者除缴纳商税外,还需供应官府所需人工物料。王安石

---

① (唐)长孙无忌等:《唐律疏议》卷四。

② 参见童书业《中国手工业商业发展史》,上海人民出版社,2019年,第110—112页。

③ 参见(明)田汝成辑撰《西湖游览志余》卷二十五《委巷丛谈》。

变法时，朝廷为了推"免行钱"（我们可以将它看作备受争议的"免役法"在城市工商业劳动人口中的延伸和变体，即以缴纳一定数量的钱款来代替行役。从另一个角度看，它也有些相当于现在的工商企业营业税），开始大规模对各行各业进行分类登记。根据最初的"分行"标准，东京市场上缴纳"免行钱"的已有170多行；不愿纳"免行钱"的也有160余行，则"依旧祗应"。到了南宋，工商业的行业分类更加繁多。按照《西湖老人繁胜录》"诸行市"条中所说，当时临安共有414行。

以最基本的日用消费品生产和家庭服务来看，北宋时的行业分类已相当细密，而且因为存在激烈竞争，一般来说服务周全，价格也公道：

> 若养马，则有两人日供切草；养犬，则供饧糟；养猫，则供猫食并小鱼。其铜路、钉铰、箍桶、修整动使、掌鞋、刷腰带、修幞头、帽子、补角冠、日供打香印者，则管定铺席，人家牌额，时节即印施佛像等。

> 其供人家打水者，各有地分坊巷，及有使漆、打钗环、荷大斧斫柴、换扇子柄、供香饼子、炭团，夏月则有洗毡、淘井者，举意皆在目前。[1]

> 若凶事出殡，自上而下，凶肆各有体例。如方相、车舆、结络、彩帛，皆有定价，不须劳力。寻常出街市干事，稍似路远倦行，逐坊巷桥市，自有假赁鞍马者，值不过百钱。[2]

---

① （宋）孟元老：《东京梦华录》卷三"诸色杂卖"。
② （宋）孟元老：《东京梦华录》卷四"杂赁"。

凡民间吉凶筵会，椅卓（桌）陈设，器皿合盘，酒檐动使之类，自有茶酒司管赁。吃食下酒，自有厨司。以至托盘下请书、安排坐次、尊前执事、歌说劝酒，谓之"白席人"，总谓之"四司人"。

欲就园馆、亭榭、寺院游赏、命客之类，举意便办。亦各有地分，承揽排备，自有则例，亦不敢过越取钱。虽百十分，厅馆整肃，主人只出钱而已，不用费力。①

南宋时，这类基本的制造业和服务业种类更多、分行更细。《梦粱录》卷十三"诸色杂货"条中分门别类，从饲养马犬猫鱼到修补家什杂物，从制造锅碗针线到文房四宝，从挑担卖食到提瓶点茶，从装饰鲜花到玩具零食，详细罗列了当时杭州城里的各种行业和手艺，计有 200 多种：

若欲唤锢路钉铰、修补锅铫、箍桶、修鞋、修幞头帽子、补修鱿冠、接梳儿、染红绿牙梳、穿结珠子、修洗鹿胎冠子、修磨刀剪、磨镜，时时有盘街者，便可唤之。且如供香印盘者，各管定铺席人家，每日印香而去，遇月支清香钱而已。供人家食用水者，各有主顾供之。亦有每日扫街盘垃圾者，每支钱犒之。②

《武林旧事》卷六"赁物"中同样罗列了当时临安市面上的近 200 种手艺。其中写道：

---

① （宋）孟元老：《东京梦华录》卷四"筵会假赁"。
② （宋）吴自牧：《梦粱录》卷十三"诸色杂货"。

花檐、酒檐、首饰、衣服、被卧、轿子、布囊、酒器、帏设动用、盘合、丧具。

凡吉凶之事，自有所谓"茶酒厨子"，专任饮食请客宴席之事。凡合用之物，一切赁至，不劳余力。虽广席盛设，亦可咄嗟办也。①

这不就是今天的婚庆和殡葬"一条龙"服务吗？此外，还有上门教童子识字的"馆客"，陪人弹琴、下棋、玩乐的"食客"，专门伺候在富家子弟和官员财主身边代为饮酒、召妓的"闲人"，精通各种游戏杂耍、花鸟鱼虫的"闲汉"，帮忙说合交易、哄抬炒作的"涉儿"。② 总之，只要你愿意花钱，就没有做不到的，而且"可咄嗟办"（立等可办）。

可以不夸张地说，今天中国城市中能见到的日用生活品，从糖果点心、衣服冠帽、家用什物，到笔墨纸砚、建筑材料，直至妇女饰品、儿童玩具，在宋代都有专门的制造作坊和贩售店家，它们当时被称为"作"（手工业性质的作坊的简称，直到20世纪90年代，"作"这个称谓在中国南方许多地区依然广泛使用）、行、铺、店等，有些规模发展得非常大，成为著名的老字号品牌。

"库务场院"与"六司九局"

宋代手工业最发达的是染织、陶瓷、采冶、制茶等行业。经营者一般采取"前店后厂"模式，这就是当时的文献大多将手工业作坊与商业

---

① （宋）周密：《武林旧事》卷六"赁物"。
② （宋）吴自牧：《梦粱录》卷十九"闲人"。

店铺，即工与商混为一谈而不加区分的原因。若按唐时定义，"工作贸易者为工，屠沽兴贩者为商"[①]。凡从事生产制造者，哪怕自产自销，都属于"工"；只有纯粹买进卖出者，才是"商"。这与现代工业和商贸业的概念大不相同。不过，到了宋代，作为现代工厂的前身，作坊与商店分离的趋势已明显出现。

宋代的"行"规模大、分布广，行会不只在东京、临安这样的大城市里存在，还遍布全国所有城镇。这是一个全国性大市场业已形成的显著征兆。宋代的"行"的另一特点是分得极为细密，光水产经营就分鱼行、海鲜行、蟹行等，娱乐业中仅歌舞一项就分歌舞、歌琴、歌棋、歌乐、歌唱等五行。

儒家政治哲学历来强调官府不应"与民争利"，然而纵观古代所有王朝，但凡哪个行业利润特别丰厚，朝廷就会断然采取官营垄断和专卖制度。宋代也是如此，而且由于工商业发展迅猛，宋代官营机构还介入了传统的盐铁酒之类征榷（专卖）之外的许多全新市场，这些领域在之前可能闻所未闻。

宋代官营工商机构通常叫作"库""务""场""局""院"等，以区分于私营的"作"和"铺"，但少数也有叫"作坊"的，大概是因袭陈例。官方最先介入的，自然是军械制造、纸币（交子、会子）印制、酒务、盐业和矿场等事关重大国计民生的商品，而且往往会由国家垄断。此外，官营机构也广泛进入运输、仓储、粮食，甚至纺织等市场。这些官办机构的最大特征是规模大、分工细、技术精良。在它们的带领下，宋代手

---

① （唐）李林甫：《唐六典》卷三"尚书户部"。

工业作坊的规模日趋大型化。

有记录显示，两宋时期已出现了雇工人数高达数千人甚至上万人的大型工场作坊，几乎全都是官办。

据《宋会要辑稿·职官》载："在京日旧额万全兵匠三千七百人，东、西作坊工匠五千人。依指挥，万全工匠以二千人、杂役兵士五百人为额。"

《宋史》卷六十三《五行二上》载："（建隆）二年三月，内酒坊火，燔舍百八十区，酒工死者三十余。"

军器监所辖军械制造作坊，绍兴初雇用匠人 1000 人[1]；后来规模逐步扩大，"（制造御前军器所）在礼部贡院之西，……绍兴间，工匠以二千、杂役兵以五百为额"[2]；到南宋中期，"见役五千七百余人，岁支钱二十九万缗，约米四万余斛"[3]。

南宋孝宗时，朱熹曾知南康军，奉旨设场"打造步人弓箭手铁甲"，"计用皮铁匠一万八千工"[4]。

会子的发行机关会子库，"日以工匠二百有四人，以取于左帑，而印会归库"。造会纸局专门负责会子用纸的制造，初设于徽州，又迁于成都，再迁于临安，"工役经定额，见役者日以一千二百人"[5]。

规模最大的当属官营矿冶工场，行业特性决定了它们所用工匠达到了惊人的数量。如信州铅山以铜、铅开采和钱币铸造为主，绍兴十二年（1142）七月，洪迈上言称"冶铸所仰，莫如信州铅山之铜"，其兴盛时，"常

---

① （宋）李心传：《建炎以来朝野杂记》甲集卷十八。
② （宋）潜说友：《咸淳临安志》卷九《行在所录》。
③ （宋）楼钥：《攻媿集》卷二十六《论军器所冗费》。
④ （宋）朱熹：《晦庵先生朱文公文集》卷二十《与曾左司事目札子》。
⑤ （宋）吴自牧：《梦粱录》卷九"监当诸局"。

募集十余万人昼夜采凿，得铜铅数千万斤，置四监鼓铸，一岁得钱百余万贯"。①

普通的官营作坊，如东京修内司、八作司、广固作坊、后苑作坊、绫锦院、文秀院、内酒坊、酒醋库等，主要服务于宫内和朝廷的需求，雇工人数多在几百人。南宋时，庆元、隆兴、吉州、赣州等地官营船场的工匠一般都有一二百人。

大概是看到了各类都市生活服务业中蕴含的巨大经济收益，又或者兼有便民和平抑市场价格的考量，政府也积极投入。

北宋时，官府曾一度在京城沿河近桥地段设置官营的果子行、面行、肉行、塌场等，甚至还办有官营的猪羊圈和牛圈。官府不仅想要在这些日用品行市中捞一票，而且严格控制民间客商所贩货物的入京方式和堆积场所。从元丰二年（1079）起，规定入京商货要先运到泗州，"官置场堆垛"，再由官船运到京师。② 运到京师以后，按规定也要用官船，私船不得入汴。绍圣四年（1097）八月，曾布与宋哲宗谈道："肉市、面市，皆与细民争利。……然商贾之物悉载以官舟，私船不得入汴，人实患之。"③

北宋时，开封府就设立了为民间吉凶筵会服务的所谓"四司"，例如其中有茶酒司和厨司。南宋临安府又大大扩展了这种服务，专门设立"四司六局"，即帐设司、茶酒司（官名"宾客司"，民间习惯称"茶酒司"）、厨司、台盘司，果子局、蜜煎局、菜蔬局、油烛局、香药局、排办局。④

<hr>

① （清）徐松：《宋会要辑稿·食货》三四之二七。
② （宋）李焘：《续资治通鉴长编》卷三百"神宗元丰二年十月己亥"。
③ （宋）李焘：《续资治通鉴长编》卷四百九十"哲宗绍圣四年八月庚子"。
④ （宋）吴自牧：《梦粱录》卷十九"四司六局筵会假赁"。

所谓"四司六局"，实际上是官营或官府支持的服务企业，专为官府春宴、乡会、鹿鸣宴（招待得中举子的宴会）、同年宴（同科中举者的宴会）及各种节日祝寿公筵提供全套服务，帮着置办酒席，还附带租借应时器物。四司六局的专人"只应惯熟，便省宾主一半力"[1]。不但"顾唤局分人员，俱可完备，凡事毋苟"，如果宴席要在风景区的楼园亭台或西湖画舫中举行，也"指挥局分，立可办集，皆能如仪"。这种外包的另一大好处是，"若有失节者，是祗役人不精故耳"[2]，很大程度上免却了让酒宴主办者失面子的尴尬。

　　或许是生活水平提高了的缘故，宋人格外重视医药养生，东京和临安街头的药铺、诊所多如牛毛。繁华的马行街北段两行都是医铺和药铺，其中有口齿咽喉的专门药店，也有小儿科和产科的专门医铺。景灵西宫南面有丸药铺，旧曹门街又有专门的小儿药铺，牛行街更有七开间门面的刘家药铺，踊路街和西大街上也有许多著名的药铺。[3] 政府也十分重视医学事业的发展和医疗设施的置备，还曾经校正唐代以前的许多医书加以出版。到宋神宗时，又创设了出售成药的官营惠民局，并且颁布了作为处方标准的"方书"。惠民局按方剂制成丸、散膏、丹等成药出售。由于深受居民欢迎，后来惠民局逐渐增加到五局、七局，分布东京城内各处。南宋政府延续北宋旧制，继续设立太平惠民合剂局，在临安分设五局，出售成药。这种国营药房成药的售价通常比市价低三分之一，南

① （元）陶宗仪：《南村辍耕录》卷十九"四司六局"。
② （宋）吴自牧：《梦粱录》卷十九"四司六局筵会假赁"。
③ 参见（宋）孟元老《东京梦华录》卷二"宣德楼前省府宫宇""潘楼东街巷"、卷三"马行街北诸医铺""大内西右掖门外街巷"。

宋时户部每年都要补贴惠民局"缗钱数十万"。

值得一提的是，后来这一举措也是"弊出百端"：一是药物及原材料损耗浪费严重，"内鬼"们甚至明目张胆地调包偷盗；二是它出品的成药，尤其是比较精致高级的，都被朝中权贵人士抢先瓜分了，"所谓惠民者，元未尝分毫及民也"；三是品质把关粗枝大叶，差讹众多，"牛黄清心丸"这个方子本只有八味药而已，而药局竟用药二十九味，多出来的那二十一味"不知缘何误写在此方之后，因循不曾改正"①。

不过，总体上看，有宋一代官营工商业呈现不断收缩的态势。从《东京梦华录》的记述看来，到北宋末年时，大多数官营的行市，如汴河沿岸的磨坊、面行、肉行、塌房都已不复存在。说到底，这些官营的"库、务、局"主要还是为朝廷和官府各部门服务的，它们的产品投放到市场上的并不多，因而商品化程度不高，经济效益想必也不会很好。但官营作坊往往汇聚了当时全国技术最高超的一批工匠，从而使它们成为技术革新的引擎和中心。绝大多数私营作坊采用的先进技术，最初都是从官营机构里流出来的。

相比之下，民营作坊和店铺正好相反，它们规模相对较小而数量众多，市场化程度很高。与前代相比，宋代投身工商业的劳动者无论是绝对数量还是占所有劳动力的相对比例，都大大提高了。城市、镇市和乡村里的手工业作坊、店铺不但门类广、数量多，而且单体的规模也与以前完全不可同日而语。

漆侠先生估算，宋神宗元丰（1078—1085）初年，全国官私手工业

---

① （宋）周密：《癸辛杂识别集》卷上"和剂药局"。

的匠户至少有 80 万户，有可能超过 100 万户，占当时全国总户数 1600 万户的 5%—7%。① 而当时开封城里各色"行户"至少有 1.5 万户，约占东京总人口的 1/10。按周密在《癸辛杂识》中的说法，南宋后期临安每一行有数十户至百户。前文提到，南宋时临安有 414 行，若以平均每行 50 家计算，其总数当有 2 万多家。这些"匠户"和"行户"中的绝大多数，无疑是私营。

由于商品和服务的专业化细分程度很高，上下游工序之间的衔接与协作也相当紧密，周密有些前后矛盾地说：

> 都民骄惰，凡买卖之物，多与作坊行贩已成之物，转求什一之利。或有贫而愿者，凡货物盘架之类，一切取办于作坊，至晚始以所直偿之。虽无分文之储，亦可糊口，此亦风俗之美也。②

从这里我们可以看到，店铺与作坊之间不但合作紧密，甚至赊账进货而无须抵押以及售后销账，在当时也已是常态。这是对自给自足的传统自然经济的否定。周密显然已经意识到其中蕴含的商业和社会进步（"此亦风俗之美也"），只是站在一个儒家士大夫的立场上，面对这种进步，他有些难以适应（"都民骄惰"）。从中也可以看到，那二三百年间商业与社会变迁的场景是多么让人目不暇接。

---

① 漆侠：《宋代经济史（下）》，第 726 页。
② （宋）周密：《武林旧事》卷六"作坊"。

东门菜，西门水，南门柴，北门米

工商业专业化和细分化是纵向的过程，它所带来的横向趋势便是市场的集聚效应。这种集聚效应呈现于三个不同的层次上：首先是大城市里特色商业街市的布局，其次是具有鲜明产业优势的专业城镇的兴起，最后是各具特色的区域市场网络的成型。

百余年间，东京城里逐渐形成了好几片繁华的商业街区，它们各有亮眼的特点。

从宫城正南门宣德门向南经里城正南门朱雀门，直抵外城正南门南熏门的御街，或称"天街"，自州桥"出朱雀门直至龙津桥"，是主要的餐饮业中心之一，尤以夜市闻名。这条"美食带"向北到宣德门拐向东，继续延伸到潘楼街和马行街。前文已详尽叙述的樊楼所在的景明坊一带，就是其中最热闹的地方。当然，这一带不只有餐饮，也是各种奢侈品和高级服务业的聚集地，像潘楼街上鳞次栉比的"真珠、匹帛、香药铺席"，潘楼酒店楼下从早到晚分批聚散的百货集市，"（界身巷）以东，街北曰潘楼酒店。其下每日自五更市合，买卖衣物、书画、珍玩、犀玉"，还有整个京城最大的演艺娱乐中心桑家瓦子，它在潘楼街南，与潘楼酒店隔街对门。[①]

里城的东门（名曹门或望春门）和西门（名梁门或阊阖门）内外，汇聚了贩售调味品、香料的店铺及大量药铺和诊所。如前所述，宋人非常关注健康卫生，当时已经有骨科、小儿科、产科及咽喉齿科等专门医

---

① （宋）孟元老：《东京梦华录》卷二"东角楼街巷"。

逝去的盛景：宋朝商业文明的兴盛与落幕

科分类。里城东边，"马行北去，乃小货行时楼、大骨传药铺，直抵正系旧封丘门。两行金紫医官药铺，如杜金钩家、曹家独胜元、山水李家口齿咽喉药、石鱼儿班防御、银孩儿柏郎中家医小儿、大鞋任家产科。其余香药铺席，……夜市北州桥又盛百倍，车马阗拥，不可驻足，都人谓之'裹头'"[1]。西边建隆观一带，"于道士卖齿药，都人用之"[2]。

大相国寺的庙市几乎无所不有。第一章里已经写到，它是东京商业贸易和市井百态的"名片"，这里不再赘述。"寺东门大街，皆是幞头、腰带、书籍、冠朵铺席，丁家素茶。"[3]这是一条售卖官员士大夫服饰和文化用品的特色街，想来应该比较雅致幽静。从摩肩接踵的相国寺出来，往东走几步路到了这里，游人的观感可能会有天壤之别。

相国寺往南便是滋养整个东京的水上大动脉汴河，河北岸是汴河大街。这条交通运输主干道的沿线，分布着大量码头、官私仓库，供南来北往客商歇脚和交易的客栈、邸店。这一片是全国大宗商品批发交易中心，也是来自四面八方的各色商人的汇聚之地。想要了解最新的商业潮流、打听各种行情信息，这里是最佳去处。史书上大名鼎鼎的"十三间楼"就坐落在此地，它是后周大将周景威在显德（954—960）年间营建的，初为宋门内临汴水十三间"巨楼"，故得名。周景威先是积极怂恿周世宗对开封进行大规模改扩建，并疏浚汴河，随后又率先响应皇帝号召，在汴河流经城市的中心占据有利位置，建起商铺。他不但因此获得了周世宗的"手诏奖谕"和"赐酒"，后来还发了大财，"岁入数万计"，

---

① （宋）孟元老：《东京梦华录》卷三"马行街北医铺"。
② （宋）孟元老：《东京梦华录》卷三"大内西右掖门外街巷"。
③ （宋）孟元老：《东京梦华录》卷三"寺东门街巷"。

真可谓政治资本和商业利润双丰收。① 宋初，周景威还曾官至枢密使，是一位极善钻营的政商大才。他创办的十三间楼在汴河上伫立了两个世纪，看尽了整个北宋的兴亡。

南渡以后，王朝重建，临安取代了昔日汴京的商业中心地位，其热闹与繁华更胜于东京。不用说，临安也有东京那样的特色商业街区。珠子市在融和坊以北，市南坊以南，交易数量巨大，"如遇买卖，动以万数"②。此外，珠子市有不少知名酒楼；太平坊是众多茶肆、面食店聚集之地；新街坊店铺密集，买卖兴盛；市西坊也有很多店铺，这里还有大型娱乐场所，是临安最繁华的闹市区之一；康裕坊里有将作监八作司所属泥作、桐油作等官营手工作坊；后市坊有不少贵戚府第和水果市场；天井坊有楼店务和慈幼局、施药局等官办慈善机构；丰豫坊有临安府学；修义坊分布着众多衣料服装店、书店、药铺和游乐场所，还有全城最大的肉市，是临安又一闹市区；富乐坊和众乐坊最出名的是诸多官营酒库；积善坊和秀义坊的繁华更超过了修义坊，以鲜花市场最为著名；修文坊有监管军火生产的军器监和不少丝绸店铺；里仁坊汇集了诸多漆器铺；定民坊是书铺集中地……③

临安的不少地名，市民日常习惯的称呼与正式名称往往不同，从中可见这些街市的集聚效应之强。由于售卖泥人坑偶的商家多集中在保和坊（俗称"砖街巷"），这里渐渐便被呼作了"孩儿巷"，沿用至今，④ 其

---

① 事见（宋）王辟之《渑水燕谈录》卷九；亦见（宋）文莹《玉壶清话》卷三。
② （宋）吴自牧：《梦粱录》卷十三"铺席"；（宋）灌圃耐得翁：《都城纪胜》"铺席"条同。
③ 参见陈国灿主编，陈国灿、姚建根著《江南城镇通史》（宋元卷），第196—197页。
④ 杨宽：《中国古代都城制度史研究》，第400页。

名声远远盖过了正式名字。一生漂泊的大诗人陆游于孝宗淳熙朝（1174—1189）末年奉召返回临安，曾一度寓居其中。[1] 御街中段的官巷，本名"寿安坊"，是"花市"所在地，此处所谓"花"是指服饰上装饰用的各色花朵、鸟兽图案。有人说，寿安坊之所以得名"官巷"，是因为这里以卖冠子（官帽）著称，所以一开始可能被叫作"冠巷"，后来慢慢演变成了"官巷"。[2]

临安工商业的最大特色是逐渐发展出了一个层次分明、分工细密的综合性及专业性市场网络，它们中有的专营批发，有的批发零售兼营，因而展现出更大的专业细分趋势，对于社会经济所发挥的整体作用也更大。这也就是为什么我在第一章里说临安作为经济中心城市的辐射和带动效应更胜于东京。

南宋末年曾权户部尚书、临安府尹的潜说友撰《咸淳临安志》，其中卷十九《市》列举了当时临安城内16种主要的专业市场，详尽标出了它们所在的地址，并说"已上团市，皆四方物资所聚，姑载其大略，余不悉书"，就是说实际数量还要多。灌圃耐得翁《都城纪胜》"铺席"条也说："至于故楮、羽毛、扇牌，皆有行铺，其余可知矣。"而《西湖老人繁胜录》则说"京都有四百十四行"，并列举了其中140多行。稍后周密的《武林旧事》大概是照抄了《咸淳临安志》这一部分的内容：

> 药市（炭桥）、花市（官巷）、珠子市（融和坊南、官巷）、米市（北关外黑桥头）、肉市（大瓦修义坊）、菜市（新门、东

---

① （清）钱大昕：《陆放翁先生年谱》。

② 参见（宋）吴自牧《梦粱录》卷十三"团行"；（宋）灌圃耐得翁《都城纪胜》"诸行"；（宋）周密《武林旧事》卷六"诸市"；《咸淳临安志》卷十九《疆域四》。

青门霸子头）、鲜鱼行（候潮门外）、鱼行（北关外水冰桥）、南猪行（候潮门外）、北猪行（打猪巷）、布市（便门外横河头）、蟹行（新门外南土门）、花团（官巷口、钱塘门内）、青果团（候潮门内泥路）、柑子团（后市街）、鲞团（便门外浑水闸）、书房（橘园亭）。[①]

对照上文，前述《咸淳临安志》中提到的 16 个专业市场的地理位置，有些与特色商业街市重合，但也有分开的。这是因为，前文讲到的商业街坊主要是零售，而专业市场则以批发为主。每一个这样的专业市场内部，又形成了从产地、运输、批发到零售的完整产业链。例如，集中在城西北余杭门外崇果院黑桥头及湖州市米市桥的米市，以及新开门外草桥下南街的米市，是两处大型粮食批发市场，对外承接来自太湖流域和两淮地区的大批粮食，对内控制着临安城内零售米铺的粮食供应和价格。这两个米市的"行头"颇有一点现代大宗商品期货做市商的味道，对上下游运输物流的管理也井井有条。

> 本州所籴苏、湖、常、秀、淮、广等处客米到米，湖州市米市桥、黑桥，俱是米行，接客出粜。其米有数等，如早米、晚米、新破砻、冬舂、上色白米、中色白米、红莲子、黄芒、上秆粳米、糯米、箭子米、黄籼米、蒸米、红米、黄米、陈米。且言城内外诸铺户，每户专凭行头于米市做价，径发米到各铺出粜。

---

① （宋）周密：《武林旧事》卷六"诸市"。

铺家约定日子，支打米钱。其米市小牙子，亲到各铺支打发客。又有新开门外草桥下南街，亦开米市三四十家，接客打发，分俵铺家。及诸山乡客贩卖，与街市铺户，大有径庭。杭城常顾米船纷纷而来，早夜不绝可也。且叉袋自有赁户，肩驼脚夫亦有甲头管领，船只各有受载舟户，虽米市搬运混杂，皆无争差，故铺家不劳余力而米径自到铺矣。[1]

位于城东南候潮门外和城东东青门外坝子桥的鲜鱼行，城西北余杭门外水冰桥的鱼行，城东崇新门外螺蛳桥和北蔡湖桥的蟹行，东南便门外浑水闸头的鲞行（亦名南海行），是各种水产品和海产品的专业批发市场[2]，来自浙东庆元[3]、绍兴、台州、温州等地的河鱼海鲜都汇聚于这些市场，然后流向城内各家酒肆店铺。"城南浑水闸，有团招客旅，鲞鱼聚集于此。城内外鲞铺，不下一二百余家，皆就此上行。"这条下还列出了七八十种鲞鱼名称，[4] 仅此便可见专业批发市场内部分工之细。

柴市在东南候潮门外下教场门东柴市桥[5]，与城南柴木巷、龙山之麓的交木场，以及城内的羲和坊，构成了最大的竹木、柴木和木炭批发市场，来自钱塘江上游的徽州、严州（浙西山区，今杭州下辖的桐庐、淳安、建德等地）、婺州等地的林木产品多经由这几个市场，分发到大大小小

---

① （宋）吴自牧：《梦粱录》卷十六"米铺"。

② 参见（宋）周密《武林旧事》卷六"诸市"；亦见（宋）吴自牧《梦粱录》卷十三"团行"。

③ 南宋绍熙五年（1194）升明州为庆元府。

④ （宋）吴自牧：《梦粱录》卷十六"鲞铺"。

⑤ （宋）吴自牧：《梦粱录》卷七"倚郭城南桥道"。

的店铺。故当时临安谚语云："东门菜，西门水，南门柴，北门米。"①

位于御街中段后市街的柑子团和候潮门内大街（民间俗称"泥路"）的青果团，亦称青果行，是最著名的水果批发市场，汇集了来自平江②、衢州、温州、绍兴、台州和福建等地的各色水果；位于水巷桥附近的上珠宝巷和下珠宝巷，是珠宝、金银等高档奢侈品的集散地；候潮门外的南猪行、州北打猪巷的北猪行，是大型肉类批发市场；城东南便门外横河头的布行，是重要的布帛批发市场。此外，还有大河北段盐桥的生帛市场，官巷的方梳行、销金行及冠子行，小河中段炭桥（正式名字为"芳润桥"）和羲和坊内的药市，大河北段油蜡桥（亦称"新桥"）西侧橘园亭和西通小河棚桥的文籍书房市场，等等。

《梦粱录》和《西湖老人繁胜录》等书中提到的"行"，还有面行、姜行、菱行、鸡鸭行、骨董（古董）行，以及酒行、食饭行、散儿行（钻珠子）、双线行（做靴鞋）、香水行（浴堂）、象牙玳瑁市、丝锦市、枕冠市、故衣市、衣绢市、卦市、银朱彩色行、金漆卓凳行、青器行、处布行、麻布行、纸扇行、麻线行、笋行，等等。

不只临安这样的大城市，很多州一级的城市也有发达的专业批发市场，像平江府城就有谷、果、鱼、丝、药、醋、铜坊、酒、油、鹅鸭、蟹、胭脂、珍珠、石灰、砖、金银、木柴、竹、花等不下40种市；③湖州有鱼、油、家禽、竹木、漆器、石灰、花、银器、绳等专业市场；绍兴府城有花市等。甚至一部分县级城市都有稳定的批发市场，平江府昆山县城有钉行、

---

① （宋）周必大：《二老堂杂志》卷四"临安四门所出"。
② 北宋政和三年（1113）升苏州为平江府。
③ 王謇：《宋平江城坊考》附录《吴中故市考》，江苏古籍出版社，1986年。

逝去的盛景：宋朝商业文明的兴盛与落幕

菜行、鱼行等；嘉兴府华亭县城有米市等。

这类批发市场连接了城乡零售终端与货物产地，也对商品的生产和消费发挥着举足轻重的引导作用。它们的规模越大、集约化程度越高，整个市场体系的效率也就越高。这是市场分工不断深化的反映，也是市场体系走向成熟的标志。

在此基础上，一大批具有鲜明专业化特征的城镇崛起。

北宋后期哲宗时，有个叫王毅的官员被朝廷派知泽州（今山西晋城），不很称心。王毅是真宗朝名相王旦之孙，以幽默滑稽知名。他去时任宰相章惇处辞别，章惇先说："泽州油衣甚佳。"过良久又说："出饧极妙。"王毅便没好气地说："启相公，待到后，当终日坐地，披著油衣食饧也。"[1]据此可知，泽州这个地方当时以出产上佳的雨衣和饴糖为特色，并闻名京师。

南宋时江南地区的专业镇市尤为繁荣：信州铅山、筠州（今江西高安）上高县清溪市等，是当时全国重要的矿业城镇；两浙路沿海的诸多市镇都是典型的盐业城镇；饶州浮梁县景德镇、吉州庐陵县永和镇、处州（今浙江丽水）龙泉县琉田市、常州宜兴县丁蜀镇等，是远近闻名的制瓷业市镇；嘉兴崇德濮院市、湖州乌程县南浔镇等，是极具影响的丝织业市镇。[2]

这些产业格局单一、作肆密集的专业镇市，彻底打破了过去每一个地区都自给自足的孤立的生产消费格局，将不同地区、不同行业、不同人群之间通过市场交易连接而成的分工合作推上规模更大的层次。

---

[1] （宋）王明清：《玉照新志》卷三。

[2] 陈国灿主编，陈国灿、姚建根著：《江南城镇通史》（宋元卷），第140—148页。

唐朝以前很难说有自成一体的区域市场网络。但按照漆侠先生的观点，最迟到北宋中期，上述这些大、中、小城市与镇市群落就已经构成了当时中国几处独具地区特色的大型区域性市场网络：

一是以汴京为中心的"北方市场"，这是一个消费性主体的市场。华北平原在唐代时是关中以外全国经济最发达的区域，但入宋后，就其垦田数、在籍户数、户口密度、两税额、商税额等各项经济指标而言，都已落后于成都平原和东南地区，而且这种差距往后越拉越大。但纵向比较，宋代华北经济较唐代仍有显著进步。[①] 而且，这里在北宋时是全国的政治中心，维系着数千年来中原故土的特殊文化记忆。

二是最大和最重要的，即以东南六路特别是两浙路和江南诸路为主干、苏杭为中心的"东南市场"。这里是唐宋以降工商贸易发展最为迅猛的地区，还是河网纵横、水路交通条件最好的地区，更是宋代海外贸易中心，真可谓"天下财利出其半"。靖康以后，这片繁荣的地区也顺理成章地成为存续大宋国祚、支撑半壁江山的基石。而更南方的广南地区则是这个东南市场的外围补充。日本学者斯波义信将杭州的商品集散与流通分为三个层次的市场圈。一级市场圈包括其卫星市镇、下属诸县及邻州部分县镇。二级市场圈即中距离商品运送圈，"北以苏州—镇江为界，这是谷物的重要来源；南以明州—严州—徽州为界，这是燃料、油脂、鱼畜及林产品供给地"。三级市场圈则远及北方市场、长江中上游和闽粤等地。由此可见宋代杭州强大的经济中心功能。[②] 以杭州为中心的东南地区大概还是中国历史上最早出现的一个典型而完整的区域一体化市场。

---

① 参见龙登高《中国传统市场发展史》，第 279 页。
② 龙登高：《中国传统市场发展史》，第 288 页。

三是以成都府、梓州（今属四川绵阳）和兴元府（今陕西汉中）为中心的"蜀川诸路区域性市场"，这是一个以农产品交易为主的相对独立的市场。四川自古以来就因其独特的自然地理因素而自成一体，地理上的封闭性使它得以免遭千年来大多数兵火之灾，自汉唐以来能够一直不间断地发展。唐宋以后，成都平原的市场发育程度已远高于其他很多地区。这里是宋代全国人口密度最高的区域，绝大部分时间甚至比两浙路都要高。据今人估算，崇宁（1102—1106）间全国仅有 4 个州府人口密度在每平方公里 35 户以上，全部都在蜀川地区。[①] 土地肥沃、社会安宁和人口稠密让这里很容易地自然发育成为一个独具特色的区域市场。

四是以永兴军（昔日长安）、太原和秦州（今甘肃天水）为支点的"西北市场"，这里在北宋时处于西北边防，是最不安定的极特殊地区，同外族进行边境交易尤其是茶马贸易，是它的特色。此外，这里屯扎了至少 40 万大军，军需物资的供应保障是它的重中之重。[②]

可以说，在宋代以前完全不存在全国性的市场体系。除了少数极特殊的地区和领域（如京师，军队、盐铁等的商品与服务供应），全国每一个地区的生产和生活物资供应，无不是取之本地、用之本地，最远也不过是波及邻近州县。普通商品与劳务，跨州甚至仅仅跨县的长距离流通和交易几乎从不存在。到了宋代，这样的全国性大市场业已初具雏形。例如，一些西方学者研究认为，宋代至少已经有了一个四通八达、运输半径长达千里的全国性的大米市场。而且粮食商品的标准化程度非常高，

---

① 龙登高：《中国传统市场发展史》，第 291—292 页。
② 参见漆侠《宋代经济史（下）》，第 940—947 页。

全国一体化的价格信号机制也相当畅通和灵敏。^①

洛阳牡丹与江州鱼苗

这样一个生机勃勃的全国性市场日益深入地向广袤的农业腹地渗透，终于将千年来一直孤独沉睡着的农村和农民席卷进来，涌现出前现代历史上第一次农业产业化浪潮。

另外，随着农业生产技术的进步，在宋代，新型耕作制度的出现提高了耕地复种指数。在两浙、江南、福建及四川诸路等南方重要农业区，一年两熟的复种制已广泛推行，粮食产量倍增，大量剩余粮食进入商品市场。以长三角地区为例，"苏湖秀三州，号为产米去处，丰年大抵舟车四出"^②。

粮食产量的提高为其他经济作物的广泛种植腾出了更多耕地，以茶叶、甘蔗、桑麻、竹木、水果、蔬菜、花卉、药材等经济作物为主体的商品性种植业迅速扩张，太湖流域、成都平原和福建沿海地区，陆续发展成为富有地方特色的商品化经济作物生产基地。茶农、果农、蔗农、菜农等专业种植户大批涌现，他们的生产都是以市场为导向的。当时地处长三角的湖州、严州、临安等地出现了大批"以蚕桑为岁计"的专业蚕桑户，他们自己不种粮，"谷食不足，仰给他州，惟蚕桑是务"^③。"十口之家养蚕十箔"，可缫丝 25—50 匹，换米 35—70 石，"以此岁计衣食

---

① ［英］安格斯·麦迪森：《中国经济的长期表现——公元 960—2030 年》，伍晓鹰、马德斌译，第 20 页。
② （宋）王炎：《双溪类稿》卷二十一《上赵丞相》。
③ （宋）陈公亮：《严州图经》卷一"风俗"。

逝去的盛景：宋朝商业文明的兴盛与落幕

之给,极有准的也"。^①四川一些地方出产的药材行销天下,据杨天惠《彰明附子记》记述,四川彰明县有 4 个乡,1/5 的耕地 100 余顷用来专门种植附子,年产 16 万斤。"其用工力比它田十倍,然其岁获亦倍称之……大率蜀人人饵附子者少,惟陕辅、闽浙宜之。陕辅之贾才市其下者,闽浙之贾才市其中者,其上品则皆士大夫求之。"夔州路梁山军北 15 里的高都山,"山中地黄壤而腴,其民以种姜为业,衣食取给焉"^②。福建荔枝种植专业户的规模大到"一家之有,至于万株"^③。苏州太湖洞庭山的柑橘不仅大量输出果品,还延伸出陈皮加工产业,但那里的柑苗却是从外地输入,反映出高度的市场化和专业化水平。而在人多地少的南方山区,经济林木是最适宜的产业,位于皖南山区的歙州、徽州、宣州等地,成为当时全国木材供应基地和交易中心。范成大《骖鸾录》载:"(歙州)土人稀作田,多以种杉为业,杉又易生之物,故取之难穷。"

商业性农业的扩展不但为更多人口提供了食物,还为工商业的发展输送了充足的原材料和劳动力。纺织业的进步是最明显的,金华"城中民以织作为生,号称'衣被天下',故尤富"^④;湖州"本郡山乡以蚕桑为岁计,富室育蚕有至数百箔,兼工机织"^⑤。而在纺织这个产业的供应链和产业链内部,从种桑、养蚕到缲丝、纺织,直至印染、销售的分工,也出现了进一步的专业化和细分化。宋代专业化从事丝织的"机户"大量涌现,漆侠先生估计,北宋时各地约有 10 万机户,占全国总户数的

① (宋)陈敷:《农书》卷下。
② (宋)王象之:《舆地纪胜》卷一百七十九《夔州路·梁山军》。
③ (宋)蔡襄:《荔枝谱》。
④ (宋)刘敞:《公是集》卷五十一《先考益州府君行状》。
⑤ (宋)谈钥:《嘉泰吴兴志》卷二十。

0.5%—0.7%。^①

　　若从民间自发和政府少干预的角度来看，原始自然经济与现代市场经济表面上有一些相似之处，然而二者之间的不同却是更为根本的。在自然经济中，生产的目的是满足自我消费，也就是自给自足。而在现代经济中，生产者与消费者是高度分离的，生产是为了利润，而不是为了自己使用。这一本质区别导致了二者之间的许多重大分野，例如，原始自然经济中货币中介用得很少；生产和交易基本上局限于本地，最大也就是区域性的；中介服务类的行业因为缺乏需求而极度不发育，等等。

　　这里所谓市场导向与自给自足的区别，我们举例说明也许会更容易明白。过去，一个勤快手巧的农妇在农闲时养蚕、织布、缝衣，是为了让家人有鞋帽衣服穿戴。即使偶尔拿到集市上去卖些钱，也是为了给家里换回些农具、针、盐之类无法自产的必需品。很可能，上述这些交易压根都不需要用到钱，而完全以实物交换代替。《史记·律书》中所载西汉时"自年六七十翁亦未尝至市井"，是数千年来的常态。但宋代东京、临安城里的织妇可完全不是这样，她们纺纱、织布、缝衣，纯粹是为了赚钱。她们并不知道也不关心自己的劳动成果将会卖到哪里、卖给谁、派什么用场，她们只关心雇用自己的作坊本月（的）会发多少薪水。她们中的很多人常年住在城里，是作坊的专职雇工。她们吃的米、油，甚至穿的衣服，也都是花钱从城里其他作坊、店铺里买来的。正是这种以出售为目的的专门化商品生产，而非农户的副业生产，将宋代的产业与经济层次提升了一大截。我们不能说这已令宋代呈现出"现代经济"

---

① 漆侠：《宋代纺织手工业生产的发展以及纺织手工业生产的各种形式》，载《求实集》，天津人民出版社，1982年，第148页。

特征，但也的确带来了许多与原始自然经济迥然有异的新气象。

崇阳县令张咏所关心的问题，其实也就是今天每一个地方政府首脑责无旁贷的"菜篮子"工程，但这个问题的正确解决方案唯有到市场里去寻找。在宋代，农产品的专业化和市场化是大势所趋。

《水浒传》里写到"菜园子"的地方就不少，鲁智深一度藏身菜园子，张青的绰号就叫"菜园子"等。这类菜园子在宋代确实很多，主要是因为城市对蔬菜的需求量非常大，这类专业面向市场的菜园子便应运而生，有些生意做得非常大。晁补之曾有记载，小小一个祁州（今河北安国），"敛菜圃之课，当入于守者日二千钱"[①]。祁州可算不上什么富庶之地，每天从蔬菜买卖中征收到的税收就有 2000 钱，可见其市场之大。在更大和更富的福州，仅州府官营的菜圃，"岁鬻园蔬收其直，自入常三四十万"[②]。当时蔬菜经营的专业化也是显而易见的。《夷坚志·支志甲》卷五"灌园吴六"条载，南宋光宗绍熙（1190—1194）间，临川有个名叫王明的市民，在街坊间做买卖，有了些积蓄后，"买城西空地为菜园，雇健仆吴六种植培灌，又以其余者俾鬻之"。一个菜园，其所有、生产和销售都是分开的。

古代缺乏有效的食品保鲜技术，蔬菜很难长途运输，这就造成了宋代城乡的一种独特景观：稍大一点的城市往往都被菜田包围。汴京四郊就多菜圃，"大抵都城左近皆是园圃，百里之内，并无闲地"[③]。颍昌府城

---

① （宋）晁补之：《鸡肋集》卷二十九《祁州新修学记》。
② （元）脱脱等：《宋史》卷三百一十九《曾巩传》。
③ （宋）孟元老：《东京梦华录》卷六"收灯都人出城探春"。

东北门内多蔬圃,俗呼"香菜门"①。而临安更加典型,"盖东门绝无民居,弥望皆菜园"②。临安最大的两个蔬菜批发市场因而也集中在城东,一个在崇新门外南土门市,另一个在东青门外菜市桥和坝子桥。

那么,经营菜园子利润究竟有多丰厚呢?汴京近郊有一个名叫"纪生"的老圃,"一锄芘三十口。病笃,呼子孙戒曰:'此二十亩地,便是青铜海也。'"③铜在宋代是极为短缺的,用"青铜海"来形容京郊20亩菜园,可见它的收益有多可观!不过这位纪生确实没有夸张。按漆侠先生的研究,宋代江南高产田大约1亩可以养活1个人;而汴京郊区这样的北方农村,大约3亩才能养活1个人。这区区20亩的菜圃却能够"芘三十口"(养活30个人),足见种菜的单位产出之高。故此,时人有"一亩园,十亩田"的说法④,这就是专业化带来的生产率的提高。

其他农作物也都经历着前现代历史上最波澜壮阔的一轮商品化、专业化和市场化浪潮。其中,江州的鱼苗生产和长途贩运,以及洛阳最负盛名的花卉培育、种植与观赏业尤其具有特殊意义,因为前者是一种生产资料,而后者涉足高端服务消费市场。此外,这两个产业都需要发展出高超的技术才能顺利推进,进而带动很长的上下游产业链。

养鱼的记录最早见于周朝,这是中国农民千百年来农耕之余的传统家庭副业。但在宋代,养鱼第一次变成了一门大生意。宋代的鱼苗产业从广南东路起步,扩展到江南西路,鱼苗也从池塘捕捞扩大到从江湖里

① (宋)庄绰:《鸡肋编》卷上。
② (宋)周必大:《二老堂杂志》卷四"临安四门所出"。
③ (宋)陶穀:《清异录》卷上。
④ 漆侠:《宋代经济史(上)》,第160页。

捕捞。江州位于全国最大淡水湖鄱阳湖注长江的入口处，是天然的鱼苗繁育佳地，而它所辐射的长江中下游地区水网密布、人口稠密、经济富庶，既便于淡水鱼养殖，又拥有广阔的河鲜销路，于是便逐渐发展成为当时全国最大的鱼苗业中心。[①] 这里出产的鱼苗不但供应本地和近邻的建昌军（治所在今江西南城）、衢州、婺州等地，还被贩售至整个江南西路，直至福建路及两浙路的会稽、诸暨等地，最远至千里之遥。时人细致入微地记录了江州等地商人为长途贩运鱼苗而发展出来的绝活：

> 其法作竹器似桶，以竹丝为之，内糊以漆纸，贮鱼种于中，细若针芒，戢戢莫知其数。著水不多，但陆路而行，每遇陂塘，必汲新水，日换数度。别有小篮，制度如前，加其上以盛养鱼之具。又有口圆底尖如罩篱之状，覆之以布，纳器中，去其水之盈者以小碗，又择其稍大而黑鳞者，则去之。不去则伤其众，故去之。终日奔驰，夜亦不得息，或欲少憩，则专以一人时加动摇。盖水不定则鱼洋洋然，无异江湖；反是，则水定鱼死，亦可谓勤矣！至家，用大布兜于广水中，以竹挂其四角，布之四边出水面尺余，尽纵苗鱼于布兜中。其鱼苗时见风波微动则为阵，顺水旋转而游戏焉。养之一月半月，不觉渐大而货之。[②]

其技术之精细、规模之庞大，令今天的读者叹为观止。而鱼苗养殖专业户的岁入所得，据范镇《东斋记事》载："多者数千缗，其少者亦

---

① （宋）罗愿：《新安志》卷二；（宋）施宿等：《嘉泰会稽志》卷十七。
② （宋）周密：《癸辛杂识别集》卷上"鱼苗"。

不减数十百千。"① 来自会稽、诸暨等地的下游鱼塘买家每年春季从这里购买的鱼苗"辄以万计",次年获利至"数十百缗"。②

比起养鱼种树,花卉培植需要的技术含量更高。从存世的唐传奇来看,大约在中唐时便出现了专门的养花人和卖花人。洛阳牡丹也是始见于唐代,但它闻名天下则是宋代的事。这主要是得益于宋代花圃从过去豪门大姓吟诗作画的私家园林变成了面向市场消费者的生财之处。

与菜圃类似,专门养花出售的花圃也是在大城市近郊发展起来的。西京洛阳是当时天下闻名的花都,"牡丹……出洛阳者,今为天下第一"③。不过"天圣间,……欧阳公作《花谱》,才四十余品;至元祐间,……已百余品矣"。半个世纪里人们培育出了成倍的新品种,其中"姚黄"与"魏花"二品"特出诸花之上,故洛人以'姚黄'为王,'魏花'为妃"④。陈州(今河南淮阳)的牡丹,比洛阳更"盛且多","园户植花如种黍粟,动以顷计"⑤。四川也是盛产牡丹的地方,胡元质《牡丹记》载,种植牡丹开始于后蜀之宫廷,后蜀亡于宋,花散落民间,谋利之民精心培育,"每一本或获数万钱"。陆游《天彭牡丹谱》载,北宋末年又从洛阳引植,"花户始盛,皆以接花为业。大家好事者,皆竭其力以养花……花户连畛相望,莫得而姓氏也"。有种植达"千本"者,时人作诗曰:"彭州又曰牡丹乡,花月人称小洛阳"⑥;扬州则以"芍药名于天下","非特以多为夸也,

---

① (宋)范镇:《东斋记事》卷五。
② (宋)施宿等:《嘉泰会稽志》卷十七。
③ (宋)欧阳修:《欧阳修全集》卷七十五《洛阳牡丹记》。
④ (宋)邵伯温:《邵氏闻见录》卷十七。
⑤ (宋)张邦基:《墨庄漫录》卷九。
⑥ (宋)汪元量:《彭州歌(其二)》。

其敷腴盛大，而纤丽巧密，皆他州之所不及"，"与洛阳牡丹俱贵于时"。[1]
苏州的菊花，"城东西卖花者，所植弥望"[2]。南宋时，行都临安对花草盆景的需求量巨大，"东西马塍，在余杭门外，土细，宜花卉，园人工于接种，都城之花皆取焉"[3]；广州则是培育外来奇花异草的地方，城西九里有所谓"花田"，尽栽茉莉及素馨，[4] 广州栽种的很多方外引进花卉为"岭北所无"。

　　如今，种植这些争奇斗艳的名贵花卉不再像以前那样是为了供私家欣赏，而是为了高价卖到市场上去。陈州牡丹种植"动以顷计"，扬州芍药以朱氏之园"最为冠绝，南北二圃所种，几于五六万株"[5]。"种花之家，园舍相望，……不可胜纪，……多者至数万根"，"四方之人，尽皆赍携金帛，市种以归者多矣"，[6] 可见这个新兴产业规模之大。而当时花卉的价格也是惊人的，洛阳牡丹盛开之日，在天王院花园子的花市，园户"毕家于此"交易买卖，"姚黄、魏紫一枝千钱"[7]。"今牡丹岁益滋，而姚魏花愈难得，魏花一枝千钱，姚黄无卖者。"[8] 陈州园户牛家忽然出现了一株变异的牡丹，"人输千钱，乃得入观，十日间，其家数百千"[9]；南宋彭州"花户则多植花以俘利，双头红初出时一本花取直至三十千，祥云初

① （宋）吴曾：《能改斋漫录》卷十五"芍药谱"。
② （宋）范成大：《吴郡志》卷三十。
③ （宋）潜说友：《咸淳临安志》卷三十《塍田埂》。
④ （宋）陈景沂：《全芳备祖》卷二十五引《郑松牕诗注》。
⑤ （宋）王观：《扬州芍药谱》。
⑥ （宋）吴曾：《能改斋漫录》卷十五"芍药谱"。
⑦ （宋）李格非：《洛阳名园记》"天王院花园子"。
⑧ （宋）邵博：《邵氏闻见后录》卷二十五"天王院花园子"。
⑨ （宋）张邦基：《墨庄漫录》卷九。

出亦直七八千，今尚两千"，"花户岁益培接，新特间出，将不特此而已"。①
名贵的花一枝就能卖到"三十千"钱，甚至入园观赏一次就要花费千钱！
真可谓"人人为花狂"。于是乎，那些拥有一技之长的园丁，特别是善
于花卉嫁接的，便成了那个时代的"特殊技术人才"。在洛阳，"接花工
尤著者，谓之'门园子'，豪家无不邀之。姚黄一接头直钱五千，秋时
立契买之，至春见花乃归其直"②。下一年春天才开的名贵嫁接牡丹，上
一年秋天就已经预售，一个"接头"卖到5000钱。"双头红出时，一本
花取直至三十千。祥云初出，亦直七八千。"③扬州芍药极盛时，种花之
家园舍相望，多者至数万根。"四方之人，尽皆赍携金帛，市种以归者
多矣。"④

《梦粱录》中有一段对南宋末年二月暮春杭州城内外鲜花盛开、花
市妖娆的和美景象的描写：

> 是月春光将暮，百花尽开，如牡丹、芍药、棣棠、木香、酴醾、
> 蔷薇、金纱、玉绣球、小牡丹、海棠、锦李、徘徊、月季、粉团、
> 杜鹃、宝相、千叶桃、绯桃、香梅、紫笑、长春、紫荆、金雀儿、
> 笑屬、香兰、水仙、映山红等花，种种奇绝。卖花者以马头竹
> 篮盛之，歌叫于市，买者纷然。当此之时，雕梁燕语，绮槛莺啼，
> 静院明轩，溶溶泄泄。对景行乐，未易以一言尽也。⑤

---

① （宋）陆游：《天彭牡丹谱》。
② （宋）欧阳修：《欧阳修全集》卷七十五《洛阳牡丹记》。
③ （宋）陆游：《天彭牡丹谱》。
④ （宋）吴曾：《能改斋漫录》卷十五。
⑤ （宋）吴自牧：《梦粱录》卷二"暮春"。

这幅美不胜收的景象背后，是一个蒸蒸日上的产业和市场。

与前朝相比，宋代人口总量和人口密度快速增加，这对于全国大市场的孕育形成和持续升级是一个刺激，它尤其提高了农产品的市场化比重。农业生产专业化程度的提高，以及生活水平提高带来的手工业生产的增加，提升了全社会单位的生产率。而生产率的提高又使得相同面积的土地上能够承载更多人口生存，这反过来进一步促进宋代人口以及附着其上的国内消费市场的快速增长，由此构成了一个良性循环。

意义尤为重大的是，这样一种以市场为导向的专业化的全新农业经营大大地刺激了农户的各种消费需求，使他们日益依赖商品市场。千百年来，传统农户需要到市场去购买的大概唯有盐、茶及农具、耕牛等屈指可数的几种无法自产的生活必需品和生产资料。如今，经济作物的专业性生产使各种不可或缺的生产资料——最典型的如鱼苗、染料——的数量和种类也越来越多，它们都需要到市场上去购买。渐渐地，农户还发现，即使过去可以自产的很多生活用品，甚至最基本的口粮、衣服，与其自己花力气种植、制作，不如花钱去买来得更划算。于是便出现了南宋诗人赵蕃在《鬻菜者》里讽刺的那种令人炫目的新异社会现状：

> 早禾未熟晚尤迟，卖菜归来始得炊。
>
> 谷者本从田户出，未滋反取市人嗤。

比张咏看到的种田人花钱买菜吃更令人惊讶的是，宋代农业经济中还首次出现了货币形态的地租，比西欧国家足足早了3个多世纪。所谓"货币地租"，就是租种地主土地的佃户用钱而非该土地上产出的谷物之类农产品实物缴纳地租。虽然这种新生事物在当时还只是少数，传统的实物地租仍然占主导地位，但货币地租在宋代已不是零星的偶发现象，而是一种普遍的新趋势。贯穿两宋300多年，货币地租广泛存在于各种所有制的土地形态中，在"学田制"中发展得最为成熟，而在经济发达的两浙路、福建路、江南西路等地尤为多见。从中我们可以感知，宋代农业被卷入当时的商品市场程度有多深！①

这一系列剧烈变化促进了市场在广度和深度两方面的拓展，也深刻地改变了大多数人的日常生活。它让人们变得更富足，但也不得不直面比以往多得多的不测与风险。

与此同时，越来越多科场失意的穷文人也混迹于市贾间，赖自己粗通一二的笔墨混一口饭吃。东京和临安市面上都有专营卖诗、画扇、代写书信的穷先生，"卖酸文"（讲说各种抖机灵、针砭时弊的幽默段子）的也大受欢迎。在临安的御街两旁，生意最兴隆时，光占卜算卦的术士就汇集了300多人。② 当然，还有更多为各类作坊、店铺充当账房先生、财货出纳之类需要有基本读写能力的工作。

行业的纵向细分与横向集聚日趋明显，中介服务业的大量涌现，以及知识群体的广泛参与，是现代商业文明破茧而出的信号。

---

① 参见漆侠《宋代经济史（上）》，第365页。
② 伊永文：《宋代市民生活》，中国社会出版社，1999年，第227页。

三、产业升级

工商业经营户的数量与日俱增，规模逐渐扩大，沿着市场化、专业化和细分化的方向持续拓展，便孕育了许多之前从未有过、之后也往往重新趋于萎缩甚至完全消亡的服务行业。用今天的经济术语来说，它们就是所谓"高端服务业"，例如各类仓储、租赁、承包、中介、金融借贷、抵押、担保，甚至票据交易业务等。当然还有最具宋代文化特征的、面向市场大众的通俗演艺娱乐行业。稍微懂一些经济学的现代人都知道，没有一个坚实而繁荣的工商业基础，这类高端服务业是不可能发展起来的。

塌房、客栈、牙侩……

《清明上河图》的数百个人物中，最多的是忙忙碌碌赶车拉货的，也就是今天的运输业者，可见当时东京每天的各类货物吞吐量有多大，正所谓"天下熙熙，皆为利来；天下攘攘，皆为利往"。日本著名历史学家宫崎市定在论及小说《水浒传》中神行太保戴宗这个人物时别具匠心地解读，"这种日行千里的速度，正是当时的百姓，尤其是从事商业贸易的居民渴望达到的"，是对当时"东西南北商品流通频繁"的真实社会生活的一种幻想式回应。[1]

---

[1]　转引自虞云国《水浒寻宋》，上海人民出版社，2020 年，第 20 页。

那么，在真实生活中，这么多的财货是如何顺利周转的呢？

关于宋代遍及全境的水陆交通网络，第一章中已有简述。实际上，这个问题还关系到宋代的另一个"造富"行业："停塌"，或称"塌房"，文人在行文中经常沿用"邸店"这种唐时旧称，其实就是货栈，或者今天所说的仓储业。在宋代，这个行业发展到了令人难以置信的规模，因而造就了许多巨贾之家。一代理学宗师朱熹的母家新安祝氏，便出自一个经营"塌房"而致富的商人之家，祝家"世以资力顺善闻于州乡，其邸肆生业几有郡城之半，因号半州祝家"①。"邸肆"（"塌房"）生意能做到一个郡城生计的一半，虽可能有夸张成分，但亦可管窥其中一本万利的营利空间。

《梦粱录》是这样描写临安的沿河"塌房"的：

> 且城郭内北关水门里，有水路周回数里。自梅家桥至白洋湖、方家桥，直到法物库市舶前，有慈元殿及富豪内侍诸司等人家于水次起造塌房数十所，为屋数千间，专以假赁与市郭间铺席宅舍及客旅寄藏物货，并动具等物。四面皆水，不惟可避风烛，亦可免偷盗，极为利便。盖置塌房家，月月取索假赁者管巡廊钱会，顾养人力，遇夜巡警，不致疏虞。②

"塌房"靠收取货物保管费赚钱。临安"塌房"的规模大到平均每一家有数百间房屋，防火、防盗设施齐备，夜间还有专业保安人员巡视。

---

① （宋）朱熹：《晦庵先生朱文公文集》卷九十八。

② （宋）吴自牧：《梦粱录》卷十九"塌房"。

当时的许多"塌房"不仅代为贮存保管客商的金银财货，也可以停放车马，"塌房"会负责照看牲畜，并给它们洗刷投喂。不用说，"塌房"大多建在大城市或商品中转城市的河津码头，特别是串联市舶的那些重要节点城镇。"塌房"赚钱，以至于引来时人眼红和非议："或有邸店房廊，或有营运钞物，初无田亩，坐役乡里，似太优幸。"① 从侧面向我们展示了宋代商品贸易的巨大规模。

与商品货物流通相伴的必然是人员的大规模频繁流动，于是，人货综合的"塌房"之外，专门接待外出行旅之人的旅店业在宋代方兴未艾。"客店""客栈"，是我们在《水浒传》《七侠五义》之类的章回小说中常常读到的词，这的确是前代从未有过的新生事物。不过在宋代，旅馆的名称有很多种，常见的诸如"客栈""客舍""村店"，文人有沿用"邸店"或"村邸"的，老百姓也有称之"灯火店""打火店"的，说的都是一回事。

与其他许多行业一样，宋代旅店业的经营者，官私都有。宋代以前，历朝也有公务住宿接待体系，但基本只为上京、外派、出差等公干的朝廷命官或少量赴县州城、上京赶考的士子提供住宿服务。宋代官营旅舍大大拓展了业务范围，变成了更多以营利为目标的商业性机构。它由设在京城和各大州府城内的邸店及分布于交通干道上的"驿站""递铺"组成一个遍布全国的网络。北宋时管理这类官营旅店的部门叫作"楼店务"或"店宅务"，掌管的客房最多时达到 2.6 万多间。②

但这远远满足不了当时汹涌澎湃的人口流动需求，于是，各种私营的客栈便蓬勃涌现，城乡各地无处不有，殷勤地为宋江、白玉堂们奉上

① （宋）张守：《毗陵集》卷三《论措置民兵利害札子》。
② 虞云国：《水浒寻宋》，第 150 页。

一间间干净客房。北宋末年，州桥之东、相国寺门前的那一段汴河大街，是东京旅店最集中之地。"（保康门瓦子）东去沿城皆客店，南方官员商贾兵级，皆于此安泊。"[1]

我们在《清明上河图》中可以看到"王员外家"和"曹二家"，两家店招牌的最上方都写有"久住"二字，这表示它们不但供应餐食，还是供旅人下榻打尖的旅馆。这些客店官私混杂，竞争激烈，《夷坚志》中说道，建昌军城内官营馆驿前就有富家另"创旅店"，公然与官驿争夺客人。

一些当时的零星记载表明，在南宋中期，东南经济发达的两浙路、福建路等地州府城的一间普通客房，一天的住宿费用为七八十文钱，县城客房一天的房费是 50 文左右。[2]与当今中国的收入和物价综合比较，算是相当便宜的，这也从侧面说明了当时客店这个行业有着较大的竞争。

但即便如此，客栈也像主要从事货物仓储的邸店一样拥有可观的利润，所以它们的投资者多是些有背景和后台的达官豪绅。从宋代文人留下的许多行旅诗文来看，当时的佛道寺观往往也兼营邸店、客店及餐饮服务，它们大多占地广阔，又据有风景名胜之利，开旅馆接待客人很有优势，还能在赋役方面享受优惠。这类客栈通常冠以"某某院"的名称，例如，嘉祐元年（1056）"三苏"父子从老家眉山出发，赴京参加第二年春举行的礼部贡举，抵达京师后借宿的便是"兴国寺浴室老僧德香之院"[3]。

---

① （宋）孟元老：《东京梦华录》卷三"大内前州桥东街巷"。
② 虞云国：《水浒寻宋》，第 154 页。
③ （宋）苏轼：《苏轼文集》卷二十一《兴国寺浴室院六祖画赞（并叙）》。

数量多、交易额大、品类丰富、周转频繁的大市场，还在宋代城市中催生了另一个庞大的服务行业：中介经纪。

被称为"牙人""牙侩""市侩""驵侩"的中间经纪人，早在隋唐时代就活跃于长安、洛阳的"市"内，五代时又有了大发展。据说"牙"原是"互"，"今人谓驵侩为牙，本谓之'互郎'，主互市事也"。因"互"与"牙"二字相似，故穿凿传讹而成。[1] 到宋代，这种经纪人不仅数量激增，还出现了许多新变化。例如，大量妇女涌入城镇劳动力市场，她们中相当大一部分投身的正是经纪行业，因而还获得了专门称谓——"女侩""牙嫂"。在宋代，普通商品之间的经纪人多为专业"牙侩"，为雇主雇工或为劳力介绍工作的则多为一行中之"行老"。"凡雇觅人力、干当人、酒食、作匠之类，各有行老供雇。觅女使，即有引至牙人。"[2]

中介经纪几乎遍布所有行业，在有些特殊行业，他们的影响力甚至足以主导整个市场行情。例如当时正崭露头角的饶州浮梁县景德镇所产的瓷器，"交易之际，牙侩主之"[3]。但"牙人"这碗饭也不是那么容易吃的，他们要承担很大的担保责任。比如雇用劳力，"俱各有行老引领，如有逃闪，将带东西，有元地脚保识人前去跟寻……顾倩脚夫脚从，承揽在途服役，无有失节"[4]。雇工不辞而别、偷窃东家财物，脚夫在旅途中服务不周，中间介绍人都要被追究责任。

---

① （宋）孔平仲：《孔氏谈苑》卷五"驵侩"；亦见（元）陶宗仪《南村辍耕录》卷十一"牙郎"。

② （宋）孟元老：《东京梦华录》卷三"雇觅人力"。

③ 光绪《江西通志》卷九十三《经政略·陶政》引（元）蒋祈《陶记》。

④ （宋）吴自牧：《梦粱录》卷十九"顾觅人力"。

委曲相通，倍称之息

正是依托于这些金额巨大、交易复杂的服务业，世界上第一份商业传单、招商广告、品牌商标……都是在宋朝诞生的。今天很多中国人经常感慨荷兰阿姆斯特丹早在17世纪初就创造性地诞生了股票交易所之类的金融机构，但仔细阅读中国经济史，我们会发现，在更早的中国宋代，很多具有现代金融特征的中介服务业就已涌现或至少萌芽，例如商业担保和期货／预售方式。苏轼在批评王安石的均输法时曾说："夫商贾之事，曲折难行，其买也先期而予钱，其卖也后期而取直，多方相济，委曲相通，倍称之息，由此而得。"[①] 短短数语里，便写到了期货和借贷两种金融服务。

在所有这些现代金融的萌芽中，最令人震撼的事件是人类历史上第一种真正意义上的纸币——交子（会子）的横空出世，以及票据交易的空前活跃。

历代对王安石变法争议最多的是"青苗法"和"免役法"，"青苗法"尤遭诟病。我认为，不管我们对王安石新政本身以及"青苗法"持什么样的立场，先了解一点王安石时代的主导性经济特征，对于我们客观准确地理解"青苗法"出台的背景，会有很大帮助。

与其他朝代相比，宋代经济最突出的特征之一是使用货币，货币在社会生活和政府行为中占据重要地位。造成这一点的原因，前文我们已多次强调过，是城市工商业的勃兴以及经济的商品化和市场化趋势，毕竟以物易物的实物交易在大规模、长距离、多层次、高频度的复杂市场

---

① （元）马端临：《文献通考》卷二十《市籴考（一）》。亦见（宋）苏辙《栾城集》卷三十四《制置三司条例论事状》。

中是寸步难行的。然而，宋代经济中另一个特别显著的问题恰恰是市场流通中的货币短缺。可以说，严重的"钱荒"贯穿两宋始终，直到南宋政权覆灭也没有能够得到解决。这也是纸币之所以出现在宋代的决定性因素。

关于"钱荒"的成因，北宋交子和南宋会子这种"货币创新"与"钱荒"之间的关联，后面会有专门详述，这里先简要讨论宋代无处不在的金额庞大的借贷和票据交易。

钱取代实物和劳务，在市场交易和社会生活的重要性不断提升，与市场上钱的流通量严重短缺之间的巨大矛盾造成一钱难求，或者说，钱本身变得非常值钱，即现在所说的通货紧缩。而这又导致了另一个经济现象：宋代的金融借贷服务业特别兴旺，借贷利息很高。

在宋代，从事货币借贷服务的店铺叫作"质库"或"质肆"，其得名大概是凡借钱都需要质押吧。当时也有叫"解库"的，据说是不同地域称呼不同，"江北人谓以物质钱为解库，江南人谓为质库，然自南朝已如此"[1]。这其实就是旧时的典当行，具有类似今日银行的部分金融服务功能。宋代城市里，大大小小的质库可以说无处不在。不仅临安这样的超大城市，"又有府第富豪之家质库，城内外不下数十处，收解以千万计"[2]；就连偏远小城，像广南西路的化州（今广东化州），"以典质为业者十户"[3]。在广袤的农村，那些租田种的客户和本钱很少的第四五等下户，每年青黄不接之时都需要去质库借钱，否则难以维系正常的生

---

① （宋）吴曾：《能改斋漫录》卷二"以物质钱为解库"。

② （宋）吴自牧：《梦粱录》卷十三"铺席"。

③ （宋）王象之：《舆地纪胜》卷一百十六《广南西路·化州》。

产和生活："下等农民之家，赁耕牛，买谷种，一切出于举债。"①

借钱自然需要抵押，跟今天一样，田契、房廊之类的不动产往往是质库眼里最可靠的抵押物。同样，要想经营质库，就要有雄厚的资本实力。平江府常熟县直塘市米商张三八兼营"典质金帛"，衢州江山县峡口市祝大郎开设"质库"，②似乎都是因为做其他生意发了财。许多成功开办质库的人都有非凡的冒险精神，前述化州小城里的十户质库中，有九户是福建人开的，"闽人奋空拳过岭者往往致富"③。甚至佛家寺庙都插足这一暴利行业，陆游曾生气地写道："今僧寺辄作库质钱取利，谓之'长生库'，至为鄙恶"，他主张对此"设法严绝之"。④

质库的收入和利润，跟今天的银行一样来自利息。宋代因为"钱荒"，利息很高，经营状况良好的质库自然利润率极高。好几部宋人笔记小说都提到过的东京赫赫有名的"大桶张"家，就是做质库生意的。为了压低利息以平息民怨，宋代历朝政府都出台过相关的法令，对放贷者加以限制。太宗太平兴国七年（982）六月，"令富民出息钱不得过倍称，违者没入之"⑤；淳化四年（993）又诏，"贷息不能输倍"⑥；真宗大中祥符九年（1016）九月"诏：民负息钱者，无得逼取其庄土、牛畜以偿"⑦。

然而，现实并不会那么容易被政府律令改变。别说一倍，几倍的利息都有。北宋真宗时，河北转运使李仕衡曾指出："民之泉货，每春取

① （宋）真德秀：《西山先生真文忠公文集》卷六《奏乞蠲阁夏税秋苗》。
② （宋）洪迈：《夷坚志·志补》卷七"直塘风雹""祝家潭"。
③ （宋）王象之：《舆地纪胜》卷一百一十六《广南西路·化州》。
④ （宋）陆游：《老学庵笔记》卷六。
⑤ （宋）李焘：《续资治通鉴长编》卷二十三"太宗太平兴国七年六月丙子"。
⑥ 《宋大诏令集》卷一百九十八。
⑦ （宋）李焘：《续资治通鉴长编》卷八十八"真宗大中祥符九年九月乙巳"。

绢直于豪力，其息必倍。"① 真宗、仁宗之际，欧阳修甚至说，一些借债所"偿之息不两倍则三倍"②。仁宗末到神宗初，"民间出举财物，取息重止一倍"③。哲宗元祐元年（1086），监察御史上官均在奏疏中说："民间之私贷，其利常至于五六，或至倍蓰。"④ 到了南宋，"倍称之息"依然是常态。高宗时，"世俗嗜利子，沓贪无艺，以子贷豪取，牟息倍称"⑤。还有人对各地的借贷利息情况做了如下记述："典质之家至有月息什而取一者；江西有借钱约一年偿还，而作合子立约者，谓借一贯文，约还两贯文；衢之开化借一秤禾而取两秤，浙西上户借一石米而收一石八斗。"⑥ 南宋中后期，"当农事方兴之际，称贷富民，出息数倍"⑦。由此可见，终宋一代，100% 的年利率应该是为市场普遍接受的，在有些时候、有些地方，更高的利率也并不罕见。

了解了这一基本背景，我们便能更好地理解"青苗法"的用意。王安石认为，以半年 20% 的利息贷款给农民，既能压低民间贷款的利率，从而减轻贫苦小民身上的沉重负担，又能打击那些巧取豪夺的巨贾富商，最重要的，还能给朝廷带来一笔诱人的利息收入，是一举多得的良策。但从上述罗列的近 200 年间的利息走势来看，不管是熙丰新法还是朝廷采取的其他办法，在抑制高昂的民间借贷利息方面效果都不明显。

随着金融借贷业的迅速发展，宋朝政府陆续发布和完善了一系列

① （宋）范仲淹：《范文正公文集》卷十三《宋故同州观察使李公神道碑》。
② （宋）欧阳修：《欧阳修全集》卷六十《原弊》。
③ （元）脱脱等：《宋史》卷三百三十一《陈舜俞传》。
④ （宋）李焘：《续资治通鉴长编》卷三百七十八"哲宗元祐元年五月乙酉"。
⑤ （宋）范浚：《香溪集》卷二十二《吴子琳墓志铭》。
⑥ （宋）袁采：《世范》卷三"假贷取息贵得中"。
⑦ （宋）真德秀：《真文忠公文集》卷十《申尚书省乞拨和籴米及回籴马谷状》。

相关法令，特别是严格限制借贷活动中的保人资格等，以期规范借贷关系，保障借贷双方的权益。而这些政府行为，也的确促进了质库的进一步发展。

除了面大量广，宋代金融借贷业的另一个显著特征是政府的高额负债和借贷。财政困难是两宋历朝政府的一个痼疾，也是导致宋代的经济特征甚至政治风格明显有别于其他王朝的最重要原因。早在北宋中期仁宗开创的"盛世"末年，朝廷就已负债累累。到英宗治平二年（1065），朝廷的财政亏空达到了令人震惊的1572万贯，大概已超过当年财政收入的1/8！到了南宋，由于150多年里始终面临空前的战争压力，军事开支巨大，朝廷财政的入不敷出更为严峻，因而更加频繁地征调地方财税以补不足。"二税之入，朝廷尽取以供军，州县无复赢余"[1]，"州郡例皆穷匮，不能支吾"[2]。于是，无论是朝廷还是许多州县官府，都不得不经常举债度日。但政府向民间贷款也是需要抵押和担保的，通常，地方政府采取的是预征未来课税的办法。南宋末年，有些地方政府的税收甚至预征到了六七年以后！这当然不是什么好事，然而如果我们换一个视角来审视，这种百般无奈的财政窘境却在客观上孕育出了类似于现代国债性质的政府借贷。它不仅极大地扩展了全国性的金融借贷市场，也哺育了重人金融创新的可能性。

---

① （元）脱脱等：《宋史》卷一百七十四《食货志上（二）》。

② （元）佚名撰，汪圣铎点校：《宋史全文》卷二十五下"乾道九年六月己巳"。

每一交易，动即千万

从事钱币兑换和各种有价证券、票据交易的"金银交引"业务，便是宋代金融创新的金字塔顶端。

宋代政府因袭前代惯例，对茶、酒、盐等重要的生活必需品实行国家垄断，这就是所谓"征榷"制度。但宋代的大多数征榷并非国家直接垄断经营，而是与私营商人合作，充分调动市场力量，其实质就是国家控制下的特许专卖。于是，为了让盐茶征榷制度在全国范围内顺利运转，便诞生了"茶引"和"盐钞"两种政府信用凭证。主要基于这两种朝廷颁发的有价票据，"金银交引铺"，或直接称"交引铺"，就应运而生了。按照宋代的相关法令，经朝廷特许的私营茶叶经销商须到设在京师的榷货务"入纳"现钱或米粮等政府需要的实物，相当于缴纳保证金、支付货款。榷货务收讫确认后会给他们发放一种特别印制并盖章的凭证，这就是"交引"，它所代表的是相应的货物价值。这些特许商拿着这样的凭证到设在全国各地的榷场，即所谓"六务十三场"等地支领、提取相应的实物，这些榷场自然都设在那些产茶的地方，然后特许商再将茶叶行销至各地。茶的凭证称为"茶引"，而盐的经济和财政地位比茶重要得多，情况也稍微复杂一些，最初采取的是"盐引"，后来逐渐转变成了"盐钞"。据记载，"盐钞"是仁宗朝官员范祥在经略陕西时始创：

> 范祥领制置解盐。始，抄法：初年课一百二十万，末年一百六十五万，以谓抄盐，……以为重载，易之为抄，则数幅纸耳。……边置折博务，张官置吏，买到钱充折斛斗粜。客得钱，不能置远，必来买抄。是用边籴不匮，抄法通行。建至熙

宁，边事稍勤，用抄日增。元丰初年，赈饥亦用，自尔军须国计，无所不资。商贾入京，价折于金部，岁出见钱三千万贯，买抄以摧。①

这就是"茶引盐钞"的由来，有时也统称为"茶盐钞"。

起初，"茶盐钞"是不允许倒卖的，只是作为特许商提取茶盐实物的政府凭证。但不久，情况就发生了根本性的变化。

如前引文中所述，北宋中后期相当长一段时间里，与西夏之间的军情持续吃紧，战事不断，朝廷屯数十万重兵于西北边境，西北粮食和其他各类物资需求量巨大。为了鼓励贸易商把这些军需物资从内地源源不断地运到西北前线，以保证军需供应，朝廷采取了不少措施。其中最重要的就是对"入中粮草"给予"饶润"，意思就是付给他们比内地市场价更高的价钱，这称为"虚估"或者"加拾"，有时甚至会成倍加价。然而，朝廷不愿意向商人预付现钱，而边境上的军队和地方政府又不可能有那么多现钱，没法在收到物资后直接给付。在这样的情况下，朝廷便想出了一个办法：在给这些商人支付时，搭配一定数额的茶引、盐钞。军需货物抵达后，商人凭收到经边境收货官盖章确认的盐钞和茶引，到京师榷货务登记后，便可去朝廷指定的机构支取，谓之"请领"。这实际上是一个程序严密的清算过程。但如此一来，原来应该唯有朝廷特许批准的数量有限的茶商和盐商才有的茶引、盐钞，现在广泛地分散在了经营各种商品的普通商人手里。于是，茶引、盐钞很快就从单纯的领货

---

① （宋）张舜民：《画墁录》。

凭证演变为在市场上频繁转手的有价证券。入中者如果不是熟门熟路的茶（盐）行商，"既不知茶利厚薄，且急于售钱，得券则转鬻于茶商或京师坐贾号交引铺者，获利无几。茶商及交引铺或以券取茶，或收畜贸易以射厚利，繇是虚估之利皆入豪商巨贾"[1]。"其输边粟者，持交引诣京师，有坐贾置铺，隶名榷货务，怀交引者凑之。……若非行商，则铺贾自售之，转鬻与茶贾。"[2]一个金额庞大的、基本集中在北宋东京和南宋临安的证券票据交易市场就此产生。

由于茶引和盐钞具有"硬通货"的价值，后来还经常被直接当作货币用于各种支付场景。"宣和中，吴人沈将仕调官京师。方壮年，携金千万，肆意欢适。……美女七八人，环立聚博。……沈祷曰：'吾随身箧中，适有茶券子，善为吾辞，倘得一饷乐，愿毕矣。'"[3]这个沈将仕就是把"茶券子"（茶引的民间俗称）当作钱来买"一饷乐"（一夜之欢）的。南宋后期，因为纸币会子的币值不稳定，茶引和盐钞在用于支付时反而更吃香，这就更推动了它们在市场上的流通周转。

宋代的茶引一度又曾分为"长引"和"短引"两种，"政和茶法"规定："客贩茶，并于茶务请长、短二引，各指定所诣州县住卖。长引许往他路，短引止于本路兴贩。"长引、短引每引纳钱分别为100贯、20贯，许贩茶额分别为120贯、25贯。[4]这种复杂的制度设计的初衷是为了便于征榷管理，却激发了意想不到的市场创新。长引价格高，长途贩运成本大、

---

① （元）马端临：《文献通考》卷十八《征榷考（五）》。
② （元）脱脱等：《宋史》卷一百八十三《食货下（五）》。
③ （宋）洪迈：《夷坚志·志补》卷八"王朝议"。
④ （清）徐松：《宋会要辑稿·食货》三〇之四〇、三〇之二。

周期长，再加上茶叶市场售价波动的影响，其风险是本钱有限的中小商户难以承受的。于是，大的金融商人开始涉足茶引的批发交易。朝廷后来规定，短引也"许大商带买，前去产茶路分转卖与本路小客，仍别给公凭"①。如此一来，便造就了一个商人众多的多层次债券交易市场。而那些大商人既有专营虚拟的茶引、盐钞的，亦有兼营茶盐实物的，从而又发展出期货交易的雏形。

北宋时似乎尚未有明确以"交引铺"为名的金融交易机构，当时，这类生意称为"金银彩帛交易"，聚集在潘楼街南的"界身巷"。"（潘楼街）南通一巷，谓之'界身'，并是金银彩帛交易之所。屋宇雄壮，门面广阔，望之森然。每一交易，动即千万，骇人闻见。"②从中我们可以清楚地看到，当时这种票据交易的规模已非常惊人，往往每一笔交易都是成千上万钱。这条窄小的界身巷俨然就是今天的华尔街。

到了南宋，这样一个金融市场的交易额获得了几何级数的增长，这与南宋朝廷面临特殊财政困境有直接的关系。临安御街中段"自五间楼北，至官巷南御街，两行多是上户金银钞引交易铺，仅百余家，门列金银及见钱，谓之'看垛钱'，此钱备入纳算请钞引"③。吴自牧对这一地段的金银交引铺和质库也有类似的描述：

> 自五间楼北，至官巷南街，两行多是金银盐钞引交易，铺
> 前列金银器皿及现钱，谓之"看垛钱"，此钱备准榷货务算清盐

---

① （清）徐松：《宋会要辑稿·食货》三二之二。
② （宋）孟元老：《东京梦华录》卷二"东角楼街巷"。
③ （宋）灌圃耐得翁：《都城纪胜》"铺席"。

钞引。……又有府第富豪之家质库，城内外不下数十处，收解以千万计。[1]

吴自牧还列举了临安比较著名的金融交易店铺，比如位于市西坊南、惠民药局前的沈家和张家两家金银交引铺，此外还有刘家、吕家、陈家彩帛铺。从《都城纪胜》到《梦粱录》，相隔至少有50年，看来这些金融交易机构的生意一直很稳定。

除临安外，一些既出产茶、盐，同时也拥有较为发达的工商业的大城市，例如明州，也有交引铺。据《宝庆四明志》记载，明州诸门引铺共有6处，亦可见当地商业贸易的繁荣。

南宋后期，政府经常靠印纸币来应付财政亏空，致使官方发行的纸币——会子——持续贬值，在市场上不被接受，甚至"州县不许民户输纳会子，致在外会子壅滞不行"[2]，这实际上就是公然赖账了，政府信誉荡然无存。然而对于金银交引行业来说，这却是一个从中渔利的绝好机会，他们趁机"低价买会，每贯用钱三四百文，及纳官，却作一贯见钱直使"，同时又"增长旧钞之价，每盐一袋，卖官会百贯以上"[3]。一边以低至三四折的价格到市场上去收购会子，再到官府那里以面额价格兑付；另一边，交易盐钞的时候，又以翻倍的价格收取官会。上下其手，两头牟利，当然，这需要有足够的魄力以及同政府博弈的能力。商贾们"低

① （宋）吴自牧：《梦粱录》卷十三"铺席"。
② （清）毕沅：《续资治通鉴·宋纪》卷一百四十"孝宗乾道三年（金大定七年）春正月庚申"。
③ （清）徐松：《宋会要辑稿·食货》二八之五一。

价收买，辐凑四集，所以六务支取，拥并喧哄"①，意思就是联合起来到财政部门去示威闹事。此时官方发行的纸币会子本身也变成了一种可以交易的有价证券，特点是风险高、波动大，颇有些类似今天证券市场上的"垃圾债券"。

只是此时距离宋朝政权最后灭亡已不远了。

两宋金融业的演化历程基本上是一个悲哀的故事，但纵观人类历史，我们会发现，危机往往孕育着许许多多重大创新的种子。很遗憾，赵宋王朝最终没有能够扛过一轮接一轮的危机而存续下去。于是，那些在危机中孕育，甚至已经有了相当程度的发育的伟大创新，大多随王朝的覆灭而消失了。尤为令人扼腕的是，随着历史的推移，在绝大多数后世中国人心目中，它们越来越成为避之不及的危险教训。

明代以后，随着城市商品经济的再度活跃，出现了所谓"钱铺"，清代时便发展成为我们熟悉的"钱庄"。到清朝中后期，这些钱庄就其资金运营规模和市场覆盖范围来看，显然要比宋代的"质库"和"金银交引铺"大得多、广得多。然而，就其作为金融服务业的功能而言，远未恢复到宋时的深度。明清两代的货币制度都是以白银本位，与制钱并用，民间通常大数用银，小数用钱。早期钱庄（钱铺）的业务主要是从事银两和铜钱兑换，清初的文献中，习惯称钱庄为"卖钱之经纪铺"。后来，这类钱庄的主营业务拓展到了大规模异地通兑，也涉及一些"揽作放款"业务，但它们的主要功能始终不是放贷收息，更无宋代"金银交引"那样的复杂票据交易。

---

① （清）毕沅：《续资治通鉴·宋纪》卷一百四十"孝宗乾道三年（金大定七年）春正月庚申"。

四、"民间社会"兴起

工之子恒工，商之子恒商

熙丰变法那些年里，王安石有一次在与宋神宗讨论新法时，说起过这样一桩事情："臣曾雇一洗濯妇人，自言有儿能作饼，缘行例重，无钱赔费，开张不得。"[①]

王安石家洗衣妇的儿子有一手做饼的手艺，但没钱应付"行例"，便没法开设一家自己的饼店。这条记录向我们传递了宋代工商业社会内部的丰富信息：当时，每个行业都有行会组织，外人要想进入某一行业，就得先加入该行业的行会，而入行又须支付所谓"行例"。至于"行例"究竟是一次性交纳一笔现钱，还是其他什么形式的费用或劳务摊派，如今已比较难考。按王安石的说法，当时的"行例"似乎是以出钱为主，而且应该是比较重的，并非普通老百姓家能拿得出。

用现代经济学术语来说，这实际上就是同业之间通过串通垄断，对新的竞争者设置了很高的市场准入门槛。至于他们是如何能够做到这一点的，想必离不开官府的撑腰。王安石相信，自己推出的市易法和免行钱等新政能够改变这种状况。

其实，这只是宋代城市行会的一个侧面，它们的作为远不止于此。

随着城市工商业的日益繁荣，每个行业的内部竞争都在加剧，行业

---

① （宋）李焘：《续资治通鉴长编》卷二百五十一"神宗熙宁七年三月己未"。

外部与官府、消费者和其他行业打交道也日渐增多，宋代因此诞生了分类细、覆盖面广、组织严密的工商业行业自治组织。不管它们最初是自发孕育形成的还是官府牵头组织的，显然都得到了官府主动热心的支持和推动。官府这么做是为了便于对城市工商业进行监管，因为千百年来习惯于同"士""农"打交道的各级官府从未见识过如此众多、庞杂、分散的工商业者群体，它们希望笼络工商业者内部有权势者帮着一同监督和控制这些自己并不熟悉的人和事。一般来说，这是相对比较开明的传统农耕型政府面对新生事物的本能反应。但越往后，这些行业自治组织的自觉意识就越明显，自我组织能力也越强。对同行间日益激烈的市场竞争进行调节、抱团应对官府的不合理摊派、维护同行业的共同利益，成为它们的主要功能。

我们或许不能轻率地说这些工商业行业自治组织曾经发挥过，或者有可能发挥欧洲同类组织在近现代欧洲社会变革中所发挥的举足轻重的作用。毕竟，这样的变革并未在中国真实发生。然而，可以肯定的是，它们有力地提升了工商业者在宋代社会中的群体和个体地位；它们也以自身力量参与塑造了宋代的政治和文化生活，从而使之呈现出一个与之前和之后大多数朝代都很不相同的面面。

如同我们先前提到过的大多数工商业事物一样，城市行业组织也不是宋朝的发明创造。在大多数经济史家看来，中国的行会制度也许很早就有了，但从现存史料中难以确考它的起源年代。不过，行会开始在政治和社会生活中发挥比较大的作用是在唐代，尤其是"安史之乱"以后。行会能发挥多大的作用，取决于城市和工商业本身发展到什么样的程度，毕竟，有了足够规模的"市"和充分数量的"商"，才会有"行"的快速发展。

这就又带来了一个容易混淆的语义学问题：唐人在使用"行"这个字时，有时指"行业"，有时又是指"行会"，有时甚至只是指某个特定市场或某家店铺；他们使用到"市"这个字的时候，也存在同样的问题，有时"行""市"还会混用，例如"药行"也称"药市"[1]。宋人延续了这种混杂的表述，"内亦有不当行而借名之者，如酒行、食饭行是也"[2]，"其中亦有不当行者，如酒行、食饭行，而借此名"[3]。前文已简单提到，据《西湖老人繁胜录》，南宋行都临安共有 414 行，与其说是当时临安有 414 个行当，不如说是有 414 个行会更准确。

之所以唐朝时行业与行会不分，这与唐时城市工商业的形态有直接关系。在唐朝，行会组织的存在先于行业门类的形成。唐代最早的"行"，似乎是指街市上摊贩和商店排列在一起的"行列"，这在唐传奇中可以找到证据。"市"中的一条条街巷亦称为"行"，因为当时同一条巷子上开设的往往都是同类店铺。[4] 按唐代规定，各行所在街巷的入口处要标明行名。前文提到，隋代洛阳丰都市和唐代长安东西两市内都有 120 行之多，这虽很可能是虚数，但据文献可知，东市有肉行、铁行；西市有麸行、绢行、大衣行、鞦辔行、秤行、药行等。这些"行"或"市"，既是同业商铺街巷的名称，也是同行商人的行会称谓。[5] 由此我们便可以大致梳理出一个源流："行"，一开始是具体的空间位置概念，随后被用来指代同一门类的作坊店铺之间缔结的组织，再往后，渐渐地扩展为

---

① 参见（唐）柳宗元《柳宗元集》卷十七《宋清传》。
② （宋）灌圃耐得翁：《都城纪胜》"诸行"。
③ （宋）吴自牧：《梦粱录》卷十三"团行"。
④ 童书业：《中国手工业商业发展史》，第 97—98 页。
⑤ 杨宽：《中国古代都城制度史研究》，第 286—287 页。

对同一种经济产业和职业身份的定义，从而就突破了特定地理区域和特定人员的限制。

每一行的首领，也就是所谓"行头""行首"，在唐代也已存在，官府或称他们"行人"，亦称他们"肆长"。[①] 不管这些"行头"是官府任命的，还是由行商自己推举产生的（我更倾向于后者），有一点是肯定的：他们的行会首脑身份必须获得官方的认可；而且同作为中介商的"牙人"一样，身为"行首"，他们会有不少特权和利益，但也要承担很大责任。其中首要的就是协助官府对某一"行"进行控制，特别是确保完成官府摊派下来的课税和徭役。

我们现代人略带诙谐地形容一个人的"一身行头"中的"行头"，不知道与唐宋时的"行头"有没有什么关联？

唐代及以前城市工商业行会的最大特征是高度的封建性，这与中世纪西欧的行会组织有不少相似之处。无论官营还是私营的手工业作坊或邸店铺肆，大多数"行"基本上都是封闭性的，通常是子承父业、代代相传，"一入工匠后，不得别入诸色"[②]，不同行之间流动极少。行内的工匠、雇员则多属于所谓"杂户"，官营作坊的雇工常是官户中的奴仆，他们的社会身份比乡间的普通农户更低，一般情况下连参加科举或剃度为僧道的资格都没有，迁徙、嫁娶等各方面的自由均受到不少限制。此外，几乎所有的行市和行会都不得不依附于官府或某些权贵势力，受到它们的庇护和盘剥。[③] 这种封闭和世袭的工商业行业管理制度，实际上从西周

---

① 杨宽：《中国古代都城制度史研究》，第288页。
② （唐）李林甫：《唐六典》卷七"尚书工部"注。
③ 童书业：《中国手工业商业发展史》，第104页。

时就开始了。所谓"工之子恒为工""商之子恒为商"①；"在礼，……民不迁，……工贾不变"②，是周公制定的"礼制"中的一部分。

五代是中国城市和工商业发展史上的一个重要转折时期，政治的分裂与不稳定给社会造成了许多痛苦，却让商人阶层有史以来第一次有了出头之日。一方面，大一统解体，中央政府的控制力大大削弱，各色人等的自由度加大，但各种风险和不确定性也增加了；另一方面，缩小的税基与频繁的战事让各政权在财政上捉襟见肘，金钱的重要性骤然凸显，长期以来地位卑下的商人们便开始有机会利用自己的财富优势介入和影响政治。

宋时城市行会的性质发生了巨大变化。从南宋笔记作者留下的记录来看，此时的行会往往又叫作"团行"，"有名为'团'者，……又有名为'行'者，……更有名为'市'者"③，其首要功能是应付官府的摊派：

> 市肆谓之"行"者，因官府科索而得此名，不以其物小大，但合充用者，皆置为行。④

> 市肆谓之"团行"者，盖因官府回买而立此名，不以物之大小，皆置为团行。⑤

---

① 《国语·齐语》。
② 《左传》"昭公二十六年"。
③ （宋）吴自牧：《梦粱录》卷十三"团行"。
④ （宋）灌圃耐得翁：《都城纪胜》"诸行"。
⑤ （宋）吴自牧：《梦粱录》卷十三"团行"。

《梦粱录》这一段里的"回买"二字，似应为"和买"之误，但也可能是当时临安坊间把"和买"称为"回买"。"和买"制度的来源和演变漫长而复杂，总之到南宋时，它也是"科索"的一种，简单说就是帮助购入官府需要的用品，出售它多余的用品。这些物品最初主要是绢帛，后来也包括了许多其他货品，但这些买卖行为都并非自愿，且基本上总是买高卖低。所以对行商来说，"和买"是亏本买卖，是沉重的负担。总之，这些"科索"都是常规赋役之外的临时性摊派，所以也叫"科配"，有些是缴纳钱物，有些是提供劳务服务。

诸行百户，各有本色

比起唐时的"行"，宋代"团行"的官方色彩大大减弱了，它们越来越变成行商们抱团与官府互动和博弈的自发组织。另一个重大不同是，由于更多是自发性质的，因此宋代"团行"中的成员，无论是作坊、铺席还是个体工匠、摊贩，至少名义上都享有平等地位，也拥有自由加入和退出的权利。而官府之所以容忍其而支持这样的民间自治组织，无非是想借助它们对内容千差万别、性质南辕北辙、数量不计其数、规模大小各异的商户进行有效的监督和管理，尤其是以比较低的行政成本顺利地完成赋役收缴和科配分摊。事实上，这也是"团行"组织得以存在的首要原因。

不过，正因为官府有求于自己，"团行"便也获得了与之博弈的本钱，能够时常抵制官府的一些不合理盘剥。

绍兴二十六年（1156）七月，户部尚书兼权知临安府韩仲通上言："居民日用蔬菜、果实之类，近因牙侩陈献，置团拘卖，克除牙钱太多，致细民难于买卖。……欲乞并行住罢。"高宗"从之"。^①这条记载的意思是说，临安的日用果蔬市场上原本已有菜行、青果团之类的"团行"，但官府为了更便于控制市场，以及从中抽取到更多科配和"牙钱"，又增设牙行，欲行垄断，导致商品流通不畅，最后不得不作罢。我们完全能够推断，主事者临安府之所以会上奏乞罢，显然是因为相关"团行"对他施加了很大的影响甚至压力。从中可以看到两点：第一，宋代官方已几无可能再像前代那样完全操控城市行业组织；第二，由于民间自治"团行"的有力抵制，官府的一些摊派很难强制推行下去。

而在这场博弈的另一端，由于有官府的支持或默认，"团行"获得了对行业内部的巨大支配力。它们发展成为一种严密的组织，制定共同遵守的规约，规定"入行"会员的权利和义务，目的是协调同业之间的利益关系，维护某一市场的秩序，以减少内部竞争。它们通常采取的做法至少有以下几种：

其一，划分入行会员的经营范围。《东京梦华录》中几次提到，同一服务行业"各有地分"^②，显然就是清晰划定生意地盘的意思。临安"街巷小民之家，多无坑厕，只用马桶，每日自有出粪人瀽去，谓之'倾脚头'。各有主顾，不敢侵夺，或有侵夺，粪主必与之争，甚者经府大讼，胜而后已"^③。连出粪人都有各自的营生地界，竟至于为了争夺粪肥之利而把官司打到临安府！

其二，统一原材料采购价和制成品批发价。前文引述过的临安米市

---

① （宋）李心传：《建炎以来系年要录》卷一百七十三"绍兴二十六年七月辛亥"。

② 参见（宋）孟元老《东京梦华录》卷三"诸色杂卖"、卷四"筵会假赁"。

③ （宋）吴自牧：《梦粱录》卷十三"诸色杂货"。

上，"且言城内外诸铺户，每户专凭行头于米市做价，径发米到各铺出粜。铺家约定日子，支打米钱。其米市小牙子，亲到各铺支打发客"①，描述的就是这样的做市定价机制。

其三，对一些牵涉到较大体量物流运输的行业进行统一调度管理。例如"米行"，"接客打发，分俵铺家。……且叉袋自有赁户，肩驮脚夫亦有甲头管领，船只各有受载舟户，虽米市搬运混杂，皆无争差"②。吴自牧所看到的井井有条的搬运分发景象的背后，是"团行"统一对外雇用与调度船只、车马和脚夫，以最大限度提高效率、压低中间物流成本。

这样一来，无论是米市的上游供应商、下游零售店铺，还是中间的舟车脚夫运输者，都有了一个长期稳定的大客户，收益有了保障，哪怕自己在单价上让点利也是很划得来的。更何况，他们还可以提前预收到对方的货物或款项，而完全不必操心资金周转问题。这就是经济的规模效应带来的多赢，最终促进了行业的扩展和升级。

其四，抵制行业外和外方人的进入。前述王安石对宋神宗所诉说的自家濯衣妇母子的苦恼，正是汴京"饼行"试图独占市场份额而设置的准入门槛。

其五，许多行业需要工人时，也都由"行老"统一雇用。"凡雇觅人力、干当人、酒食、作匠之类，各有行老供雇"③，这是为了在劳动力市场上掌握更大的话语权。

由于"团行"变成了同进退的牢固利益共同体，其内部便逐渐形成

---

① （宋）吴自牧：《梦粱录》卷十六"米铺"。
② （宋）吴自牧：《梦粱录》卷十六"米铺"。
③ （宋）孟元老：《东京梦华录》卷三"雇觅人力"。

许多约定俗成的共有习惯和独特标识。其中最明显的便是各行各业的商户雇工都有令外人一目了然的衣着打扮：

> 其士农工商诸行百户衣装，各有本色，不敢越外。谓如香铺裹香人，即顶帽披背；质库掌事，即着皂衫角带，不顶帽之类。街市行人，便认得是何色目。①

> 且如士农工商诸行百户衣巾装着，皆有等差。香铺人顶帽披背子；质库掌事，裹巾着皂衫角带。街市买卖人，各有服色头巾，各可辨认是何名目人。②

不同职业人士的衣着有着醒目的区别，当然是为了让人容易辨认，这种习俗的养成应该与"团行"划分经营地盘有关。说来很是巧合，宋朝金融业高管（质库掌事）的标配服装也是黑色的（皂衫），恰似今天的金融业人士也总是一身笔挺的深色西服一样！

不同行业还有本行的俚语、行话，如买卖七宝者谓之骨董行，钻珠子者名曰散儿行，做靴鞋者名双线行，开浴堂者名香水行。③几百年以后还有人说，杭州"今三百六十行，各有市语，不相通用，仓猝聆之，竟不知为何等语也"④。"市语"的作用与江湖黑话如出一辙，一是强化行

---

① （宋）孟元老：《东京梦华录》卷五"民俗"。
② （宋）吴自牧：《梦粱录》卷十八"民俗"。
③ （宋）吴自牧：《梦粱录》卷十三"团行"。
④ （明）田汝成辑撰：《西湖游览志余》卷二十五《委巷丛谈》。

内人之间"自己人"的情感纽带，二来也是为了在谈及一些他们认为有可能涉及本行商业机密的话题时，不让外行人听懂。这个习俗最初应该是为了共同抵制或警示外地商户的贸然闯入。

甚至不同行业的钱陌折算都有不同：

> 都市钱陌，官用七十七，街市通用七十五，鱼、肉、菜七十二陌，金银七十四，珠珍、雇婢妮、买虫蚁六十八，文字五十六陌，行市各有短长使用。[①]

传统上，所谓"一贯钱"（亦即一缗钱或一吊钱）是指 1000 个铜钱串起来，也就是 1000 文钱。不过，从唐代中后期至整个宋代，"钱荒"是数百年难愈的痼疾。为了让珍稀的铜钱尽可能发挥最大流通和中介效用，人们在日常交易中逐渐减少每一"贯"中铜板的数量。按宋代朝廷的正式法令，官方确认的一贯钱应为 770 枚铜钱，但市场上通用的多为 750 枚。如此一来，人们习惯上用得更多的计量单位，即所谓"百文钱"或"百钱"，按官方定义是 77 个铜板，市场则通行 75 个铜板，故皆称"短陌"（"陌"通"百"）。

东京市场上每一个行业内部通行的钱陌实际上并非不折不扣地执行官方规定或循市场惯例，而是有自发约定的规则。看起来，文化（文字）、娱乐（买虫蚁）行业的买卖双方是最不斤斤计较的，百文钱比街市通用的少了 10 到 20 个铜板，大家也都不介意。到南宋末年，由于铜钱愈发

---

① （宋）孟元老：《东京梦华录》卷三"都市钱陌"。

紧缺，还有更短的钱陌，"元都市钱陌用七十七陌，近来民间减作五十陌行市通使"①。

由于"团行"组织严密、管理良好，又善于同官府打交道，因此"入行"会有很多好处，反之，那些不愿"入行"的散商则往往日子很难过。有些时候，官府甚至会明目张胆地以权力背书，帮着"团行"扶持行商，打压不入行者：

> 其输边粟者，持交引诣京师，有坐贾置铺，隶名榷货务，怀交引者凑之。若行商，则铺贾为保任，诣京师榷务给钱，南州给茶；若非行商，则铺贾自售之，转鬻与茶贾。②

虽同样持有官方发放并担保的"茶引"，但行商与非行商的待遇大不相同。特别是王安石变法以后，募役法基本取代了过去的差役法，成为有宋一代的基础性役法。这使得那些交纳了免行钱的团行商人卸掉了一个无比沉重的包袱，官府若再要差遣他们服役，不仅需要他们自愿，还要按例结钱给他们，如同民间雇工要付工钱一样，甚至比工钱更高。"然虽差役，如官司和雇支给钱米，反胜于民间雇倩工钱，而工役之辈，则欢乐而往也。"③

曾向朝廷呈上触目惊心的《流民图》激烈攻击王安石新法的郑侠，在熙宁六年（1073）有奏议跋云：

---

① （宋）吴自牧：《梦粱录》卷十三"都市钱会"。
② （元）脱脱等：《宋史》卷一百八十三《食货志下（五）》。
③ （宋）吴自牧：《梦粱录》卷十三"团行"。

元不系行之人，不得在街市卖坏钱，纳免行钱人争利，仰各自诣官投充，行人纳免行钱，方得在市卖易，不赴官自投行者有罪，告者有赏。此指挥行，凡十余日之间，京师如街市提瓶者必投充茶行，负水担粥以至麻鞋头髮之属，无敢不投行者。①

这条奏议公然主张取缔那些没有加入行会的工商业者，除非他们在10天内到官府"投行"，目的自然是使科配摊派更容易、更"合理"。另外，按这条记载，商户入行似乎必须到官府登记，说明直到北宋后期，官府对"团行"的直接控制力依然很强。相对而言，南宋的城市行会与北宋时相比不但分类更多、分布更广，而且自我组织得也更好，因而面对政府的博弈能力更强，对社会经济发挥的作用也更大。然而，行会愈强势，未入行的商户就愈凄惨。到南宋后期，政府财政一天比一天紧张，对民间的欠债堆积如山。

嘉定二年正月十四日，臣僚言："辇毂之下，铺户不知其几，近来买到物件，其间小户无力结托，虽有收附，无从得钱。又有不系行铺之物，客到即拘送官，且有使用，方使纳中，而终年守待，不得分文，穷饿号泣，无所赴愬……"②

这些小而散的商户本来就没有足够的实力完成官府"和买"，更有甚者，明明官府已经收货，也出具了收据，但没有强有力的"团行"

---

① （元）马端临：《文献通考》卷二十《市籴考（一）》。
② （清）徐松：《宋会要辑稿·食货》三八之二四。

为他们撑腰，去向官府交涉施压，他们还是一文钱也拿不到，简直走投无路！

此社（会）风流最胜

就这样，在宋代，尤其是南宋以后，数量众多、分类细密的行会组织基本覆盖了当时所有经济领域。教师、苦力、乞丐都分别有属于自己的"教学行""苦力帮""乞儿行"[①]，"虽医卜亦有职，医克择之差，占则与市肆当行同也"[②]。就连妓女也有自己的同业组织。

宋代"团行"沿袭唐代旧制，其首脑也称"行头""行首"，但宋人好像更习惯称他们为"行老"，这是唐代文献中没有出现过的新名称。这些"行老"对内协调本行成员间的利益和分歧；对外则代表整个行业与上下游行业及消费者接洽生意、处理纠纷，当然，最重要的是统一全行业口径，与官府交涉。熙宁六年，"京师供百物有行……肉行徐中正等以为言，因乞出免行役钱，更不以肉供诸处"。这位徐中正显然就是开封肉行的"行老"，他向官府提出纳免行钱，换取不再应差向各处供肉。这次交涉直接促成宋神宗下诏，要求"提举在京市易务及开封府司录司同详定诸行利害以闻"。皇帝还因此责备臣僚"扰民如此，甚非便也"。[③]

宋代"团行"原则上是自愿加入，成员之间地位平等，因此宋代的"行老"与唐代官方色彩很浓的"行首"有所不同。而"行老"之所以在行

---

① 参见童书业《中国手工业商业发展史》，第170页、171页。

② （宋）灌圃耐得翁：《都城纪胜》"诸行"。

③ （宋）李焘：《续资治通鉴长编》卷二百四十四"神宗熙宁六年四月庚辰"。

业内外拥有很大的权力和影响力，主要还是因为他们多是某个行业中屈指可数的大户，本人可能也有较高的声望地位。他们的权力并不来自官府，相反官府有求于他们。按宋末元初人赵素编纂的《为政九要》的建议，每个地方官初来乍到，要想了解本地的真实情况，除了应该"密问三姑六婆"，特别要找到各行各业的"行老"咨询，因为他们对行会中大小事务无所不知。① 可见，"行老"实际上成了沟通官府同某个行业、市场之间的桥梁。

从《梦粱录》和《都城纪胜》等笔记来看，南宋临安的"团行"是有固定办公场所的，它们就是后来"会馆""公所"的前身。临安御街中段，也就是"中瓦子"所在的全城最繁华的那一段街市，也是当时许多"团行"总部汇聚之地。这类办公之所极有可能还是行业同人举行祭祀、庆典、聚会等重大活动的场所。而"行老"们日常开会和协商多在茶馆里，这种惯例一直延续到了清末以至民国时代。"行老"经常聚会的这类茶肆因此还获得了一个特别的名称——"市头"②。另外，《梦粱录》中几处提到"上行"这个词，如"更有儿童戏耍物件，亦有上行之所"③，"城内外鲞铺，不下一二百余家，皆就此上行"④。这里"上行"的表面意思大概是指到货发货，但因为行会有力地控制了大部分商品的上下游供需及中间渠道，所以这些商品在进入零售市场之前，可能必须经"团行"的登记核验，并交纳一笔"行用"。或许王安石对宋神宗所说的"行例"，

① 转引自童书业《中国手工业商业发展史》，第 174 页。
② （宋）吴自牧：《梦粱录》卷十六"茶肆"；亦见（宋）灌圃耐得翁《都城纪胜》"茶坊"。
③ （宋）吴自牧：《梦粱录》卷十三"团行"。
④ （宋）吴自牧：《梦粱录》卷十六"鲞铺"。

逝去的盛景：宋朝商业文明的兴盛与落幕

也包括了这部分管理费。

从今天的视角来看，南宋"团行"最具革命性的一步是它后来逐渐跨越了单纯的工商业，覆盖到城市所有职业，乃至全社会。"行"，缘起于唐代长安、洛阳"市"中店铺摊贩的空间位置排列，经过数百年演变，到南宋中后期，终于发展成为相同职业、身份甚至兴趣爱好者的自由结社，性质上已经十分接近现代的各种协会、社团和俱乐部。

在南宋，"社会"是一个专门名词，意思就是"团行"组织发起举办的各类聚会活动。其中"社"这个字，顾名思义，有着明显的祭祀含义。

在早期经典中，"社"通常指土地神。春秋战国以后，它逐渐作为一种地域性组织而被固定下来，后来成为中国民间社会的基层单元。《左传·昭公二十五年》载："自莒疆以西，请致千社。"杜预注："二十五家社。"更准确地说，当时25家为1"里"，每个"里"中都设有"社"，将户口、田数登记在专门的"策"上，存放在"社"中。可见"社"是一个特定的公共场所。后来，它也往往成为乡村聚居区中村民举行祭祀、问卜、订誓、盟约、裁决、谋事等重大公共活动的中心，其在中国古代社会中的功能有些相当于教会和教堂在古代欧洲社会中的功能。顾颉刚先生在《泣吁循轨室笔记》中说："社是民众精神之所结合，宗教、艺术、风俗等事皆荟萃于此。"[①]

正因为如此，"社"渐渐还延伸出了地域与行业组织守护神的含义。中国各行各业都有自己的行业或职业崇拜，木工宗鲁班，郎中拜扁鹊，酿酒匠敬杜康，鞋匠则不知何故拉来鬼谷子（一说是孙膑）做自己的宗师……

---

① 顾颉刚:《泣吁循轨室笔记》(一)《社》，载《顾颉刚读书笔记》卷二，中华书局，2011年，第126页。

除了这些专业性的特殊崇拜，还有许多共同崇拜的神祇，例如做生意的要迎送财神，出海的要供奉妈祖，等等。宋代"社会"的起源应当就是不同工商业"团行"举行的敬拜庇护神、祭祀本行业宗师的聚会，这类祭祀性的聚会，发展成为一种有别于上古乡村生活的新型的"社"：

> 每遇神圣诞日，诸行市户，俱有社会，迎献不一。如府第内官，以马为社。七宝行献七宝玩具为社，……青果行献时果社，……鱼儿活行以异样龟鱼呈献。①

遇到一年中的重大节日，"团行"也会召集酒宴聚会，举行各种集体娱乐活动，以增强成员之间休戚与共的感情。在中国古代，这类聚会原本多在文人雅士之间开展，这是他们吟诗作词、把酒咏诵的场合。宋代由于士大夫地位抬升，自觉意识高涨，官员和文人间的聚会尤多，特别是科举同年之间，排场也格外大。但传统上，文人聚会虽多，却鲜有组织化的结社，多是私人情谊维系的随机聚合。也许是受到了工商业者"团行"举办的"社会"的影响，南宋出现了大量非商业性的同人组织。"社"这个字渐渐褪去了原来的宗教内涵，演化成了今天我们理解的意思，即"结社""社团"。

《都城纪胜》《西湖老人繁胜录》《梦粱录》《武林旧事》等几部专门描写南宋行都临安市井风貌的笔记都有专门的"社会"条目，名称也极多，足见这些"社会"在当时是非常活跃的。

---

① （宋）吴自牧：《梦粱录》卷十九"社会"。

一般来说，名为"社"的多是娱乐演艺团体，像绯绿社（杂剧）、齐云社（蹴鞠）、遏云社（唱赚）、同文社（要词）、角抵社（相扑）、清音社（清乐）、锦标社（射弩）、锦体社（花绣）、英略社（使棒）、雄辩社（小说）、翠锦社（行院）、绘革社（影戏）、净发社（梳剃）、律华社（吟叫）、云机社（撮弄）、七宝考古社（中外奇珍异货）、马社（豪贵人家赛马）、蹴鞠打球社、川弩射弓社（一作射水弩社）、小女童像生叫声社、傀儡社、台阁社，等等。也有少数称为"斋"的，如讲谜语的南北垕斋、西斋。①而"会"则更多是民间文人创作组织，如永嘉书会、九山书会、古杭书会、武林书会等。那些娱乐演艺性质的"社会"，少则数十人，多则几百人，主要是为了更好地规范演出娱乐市场，协调同行艺人间的利益关系，而不是纯粹的友朋聚会。从一个侧面来说，这也是对宋代市井商业文化蓬勃兴起的回应。相比工商业"团行"，这类"社会"往往更少受到政府的干预②，或许是这类行业的从业者人数有限，能够从他们身上榨取的"油水"也不够多的缘故。

　　后来还有一类无任何商业色彩的民间组织，同样也称为"社会"。例如文士组成的西湖诗社，《梦粱录》和《都城纪胜》都盛赞其"非其他社集之比"；武士则有射弓踏弩社，唯有一身武艺的人才有资格加入。此外还有供养佛法的上天竺寺光明会、尊奉道教的灵宝会，甚至还有穷富赌钱社、十闲社、钱燀社、重囚枷锁社、八仙社、渔父习闲社、神鬼社、奇巧饮食社、花果社之类。而在写到清乐社时，《都城纪胜》特别

---

①　（宋）周密：《武林旧事》卷三"社会"；（宋）灌圃耐得翁：《都城纪胜》"社会"；（宋）吴自牧：《梦粱录》卷十九"社会"。

②　参见陈国灿主编，陈国灿、姚建根著《江南城镇通史》（宋元卷），第191—194 页。

标注："此社风流最胜。"① 也许它举办的活动规模盛大、格调高级、场面奢华，甚或还隐藏着什么惊爆的绯闻故事，令临安城的时髦男女们竞相追逐、趋之若鹜？宋代许多士人讥称江西人"好辩""好讼"，最令人称奇的是，南宋时隶属江西的松阳（今属浙江丽水）竟"有所谓'业觜社'者，亦专以辨捷给利口为能"②。"业觜社"显然就是当时讼师们的行业协会，相当于今天的律师协会兼辩论社。

　　这便是"社会"二字久远而漫长的由来，应该说，宋代的"社会"倒是十分符合现代政治学家或社会学家的定义，即具有共同目标的组织化的群体。这是工商业发展到一定程度后水到渠成的结果。我们或许不应该轻率地把宋代的"团行"与"社会"想象和夸大成当时已经形成了强有力的"民间社会"。然而，宋代商人阶层地位的显著提升，以及士大夫空前绝后的政治参与度和评议政府之风，是不是与这种行业、同人的有机组织有密切的关系呢？

---

① （宋）灌圃耐得翁：《都城纪胜》"社会"。
② （宋）周密：《癸辛杂识续集》卷上"讼学业觜社"。

第三章

千帆市舶

宋孝宗乾道元年（1165），有一位来自真里富国的富商客死明州城下，留下一笔上万缗的巨额钱财。当地官吏主张将这笔无主资产没入官府，时任明州知州充沿海制置使的赵伯圭不同意。他说："远人不幸至此，忍因以为利乎？"下令为这位富商置办棺椁，并嘱托其随从护送回国。

这件事感动了真里富国人。第二年，国王特地派人来朝致谢，并说："吾国贵近亡没，尚籍其家！今见中国仁政，不胜感慕。"于是废除了本国人死后家财籍没充公的惯例。来使还说，那位商人家属捐掉带回去的所有钱财，建了三座佛塔，并画了一幅赵伯圭的画像，为他祈祷。"岛夷传闻，无不感悦。"直到许多年以后，真里富国人带着珍宝来宋朝进贡，仍不忘问候赵伯圭是否安好。①

赵伯圭是孝宗同母兄，曾官至同知枢密院事，参知政事的人文士楼钥在赵伯圭去世后所作的《行状》中称他皇伯祖，是因为当朝皇帝宋宁宗系孝宗之孙。赵伯圭曾长期在台州、明州等东南沿海州郡主政，所到之处，浚湖陂，兴水利，平冤案，打击海盗，安抚小民。他为人谦逊谨慎，从不以天子至亲自居；为政宽和，朝野上下交口称誉。②楼钥把这件事

---

① 参见（宋）楼钥《攻媿集》卷八十六《皇伯祖太师崇宪靖王行状》。
② 参见（元）脱脱等《宋史》卷二百四十四《宗室列传（一）·嗣秀王伯圭》。

逝去的盛景：宋朝商业文明的兴盛与落幕

记录下来，显然也是为了宣扬赵伯圭的仁厚。

　　不过，这件事情还折射出宋朝政府的一条基本国策，即对海外贸易的一贯鼓励和支持。从制度的角度看，这可能比皇帝和官员个体的仁政更为重要。

一、"海上丝绸之路"崛起

招徕远人，阜通货贿

这位真里富国商人受到的待遇并不多么特殊，实际上，宋朝政府对来华蕃商一向十分友善。来华商人的财产和其他权利一般都能得到很好的保护，除此之外，设有市舶司的城市多辟有供"海外诸国人聚居"的蕃坊。

> 广州蕃坊，海外诸国人聚居，置蕃长一人，管勾蕃坊公事，专切招邀蕃商入贡，用蕃官为之，巾袍履笏如华人。蕃人有罪，诣广州鞫实，送蕃坊行遣。……徒以上罪则广州决断。[①]

蕃坊的日常事务由当地官府任命的"蕃官"管理，并享有处置程度较轻的刑事案件的自主权。这样的制度安排显然是为了照顾蕃商的风俗，方便他们在华的经商与生活。

这基本上是延续了唐朝的做法。唐时门户开放，怀着各种目的前来中土的化外侨民不计其数。长安"大蒙之人，西方之国，……薰街充斥"[②]。为了方便管理，专供外国人居住的"蕃坊"在广州等地应运而生，政府在治理上也尽量尊重他们的习俗。"诸化外人，同类自相犯者，各依本

---

① （宋）朱彧：《萍洲可谈》卷二"蕃坊蕃商"。
② （后晋）刘昫等：《旧唐书》卷一百九十八《西戎传》。

俗法；异类相犯者，以法律论。"① 当时有大批西亚人，特别是波斯人居住在中国，不少波斯贵族还在唐朝担任重要官职，例如充当朝廷遣往西方各国的使节等。长安不仅有专供他们居住的街坊，还建有波斯寺。而更多来自波斯、安息和其他西亚国家的普通侨民则在长安西市、洛阳丰都市开设店铺，以经营珠宝业为主，但也有开设食店、酒肆、邸店的，当时统称"波斯邸"。除了长安和洛阳二京，内地中小城市，像饶州、洪州、陈留等，唐朝时也都有蕃商活动的记载。②

宋代不少蕃商在广州等地一住就是十多年。番禺城里有个蒲姓海商，原本是占城的王公贵戚，后来长期定居在中国，凭借海上生意"富盛甲一时"。绍熙（1190—1194）间，有人亲眼见识过他家宅第如何"宏丽奇伟"，平日里如何"挥金如粪土"的。③ 还有蕃商与中国人通婚。元祐（1086—1094）间，广东有个姓刘的蕃商甚至还娶了一个宗室女，后"官至左班殿直"④。另外，从零星记载看，北宋时广州似乎就已经有为数不少的被时人称为"鬼奴"或"昆仑奴"的黑人苦力："广中富人，多畜鬼奴，绝有力，可负数百斤。……色黑如墨，唇红齿白，发鬈而黄。"⑤

就连这些蕃商子女的读书求学问题，政府也考虑到了。程师孟熙宁间知广州，"大修学校，日引诸生讲解，负笈而来者相踵。诸蕃子弟，皆愿入学"⑥。还有蕃商子弟科试中举入仕的，据《铁围山丛谈》载：

① （唐）长孙无忌等：《唐律疏议》卷六。
② 参见（宋）李昉等编《文苑英华》卷三百七十一；（宋）李昉等编《太平广记》卷四百二、卷四百三。
③ （宋）岳珂：《桯史》卷十一"番禺海獠"。
④ （宋）朱彧：《萍洲可谈》卷二"蕃坊人娶宗女"。
⑤ （宋）朱彧：《萍洲可谈》卷二"鬼奴"。
⑥ （宋）龚明之：《中吴纪闻》卷三"程光禄"。

大观政和之间，……广州泉南请建番学，高丽亦遣士就上庠，

及其课养有成，于是天子召而廷试焉。上因策之以《洪范》之义，

用武王访箕子故事。高丽，盖箕子国也。[1]

宋徽宗用"武王访箕子"的故事，廷试来自传说中"箕子之国"朝鲜的学子，堪称一时之美谈。而当蕃商的船舶在海上遇险时，当地官府和老百姓也总是竭尽全力进行援救和安置。[2]宋代官府还特地在广州至滪州（今广东江门）的海岸线上分设了三个"望舶巡检司"，提供海上监护和补给等各项服务，时人称其为"一望""二望""三望"。每当出海商船"还至滪州，则相庆贺，寨兵有酒肉之馈，并防护赴广州"[3]。

欢迎和支持海外贸易，是唐宋政府的一贯立场。其中的原因很简单：海外贸易能够为朝廷带来丰厚的收入，而这对于没有一天不缺钱的宋朝政府诱惑尤大。宋神宗在论及市舶之利时曾说："东南利国之大，舶商亦居其一焉。昔钱、刘窃据浙、广，内足自富，外足抗中国者，亦由笼海商得术也。"在他看来，善于笼络海外商人以获取贸易收入是五代十国时期支撑吴越（钱氏）、南汉（刘氏）政权的重要财利基础。因此他要求臣下"创法讲求，不惟岁获厚利，兼使外藩辐辏中国，亦壮观一事也"[4]。南渡以后，土地人力只剩半壁江山，而北方又面临入军压境，财政更加困难，对海外贸易的依赖进一步增强。宋高宗对臣下的话说得就

---

① （宋）蔡絛：《铁围山丛谈》卷二。

② （宋）朱彧：《萍洲可谈》卷二"舶船航海法"。

③ （宋）朱彧：《萍洲可谈》卷二"广州市舶司泊货抽解官市法"。

④ （清）黄以周等辑：《续资治通鉴长编拾补》卷五"神宗熙宁二年九月壬午"。

更直接了："市舶之利最厚，若措置合宜，所得动以万计，岂不胜取之于民？"① 绍兴十六年（1146）的上谕再次重申："市舶之利颇助国用，宜循旧法以招徕远人，阜通货贿。"②

缘于此，宋代朝廷很注意鼓励地方官府、民间乃至蕃人招诱海外商旅来华。用今天的话来说，就是鼓励进出口招商引资。早在北宋初太宗时，朝廷就曾分四路向周边许多国家派出过官方使团，招徕外商前来贸易，这大概是中国历史上第一次大规模官方海外招商。"雍熙四年五月，遣内侍八人，赍敕书、金帛，分四纲，各往海南诸蕃国勾招进奉，博买香药、犀牙、真珠、龙脑。"③ 仁宗时，因广州蕃舶罕至，天圣六年（1028）专门下诏"令本州与转运司招诱安存之"④。徽宗政和五年（1115），泉州市舶司也专门派人到占城、罗斛两国招诱当地政府和商人来华贸易。⑤ 北宋后期，有个名叫辛押陀罗的阿拉伯商人，长期在中国生活，生意做得特别大，积累家资达数百万缗，为人乐善好施。神宗钦封他为"归德将军"，这项任命的制敕正是大文豪苏轼起草的。⑥ 辛押陀罗于熙宁五年（1072）返国时，皇帝还赠其"白马一匹、鞍辔一副"⑦。辛押陀罗归国后发生了许多变故，后来苏辙也在《龙川略志》中记录了下来。

到了南宋，朝廷更加重视和鼓励对外贸易，将外贸收入作为官员考核指标，并对外贸成就显著的中外商人大力嘉赏，甚至授予官职。绍

---

① （宋）李心传：《建炎以来系年要录》卷一百十六"绍兴七年闰十月辛酉"。
② （清）徐松：《宋会要辑稿·职官》四四之二四。
③ （清）徐松：《宋会要辑稿·职官》四四之二。
④ （清）徐松：《宋会要辑稿·职官》四四之四。
⑤ （清）徐松：《宋会要辑稿·职官》四四之十。
⑥ （宋）苏轼：《辛押陀罗归德将军制》。
⑦ （清）徐松：《宋会要辑稿·蕃夷》四之九二。

兴六年（1136），泉州市舶司上言称，当地有个叫蔡景芳的蕃舶纲首，专事招诱舶商贸易，"贩到物货，自建炎元年至绍兴四年，收净利钱九十八万余缗"，高宗下诏"特与补承信郎"，以示褒奖。[1] 另外两位泉州商人王元懋和浦延秀也因招徕外商有功，分别获封"从义郎"和"中信郎"。朝廷为此还专门制定了规章，将这种奖励制度化：

> 诸市舶纲首能招诱舶舟、抽解物货、累价及五万贯十万贯者，补官有差。大食蕃客啰辛贩乳香直三十万缗，纲首蔡景芳招诱舶货，收息钱九十八万缗，各补承信郎。闽、广舶务监官抽买乳香每及一百万两，转一官；又招商入蕃兴贩，舟还在罢任后，亦依此推赏。[2]

不论是蕃长还是蕃舶纲首，凡是能够"招邀蕃商入贡"的，都可补官；舶务监官的招商达到一定成绩，则可升官。"广南市舶司递年有蕃商，息钱如及额，许补官。"[3] 政府甚至在财政窘迫时强令富商出海贸易。南宋时，泉州市舶司"拘于岁课，每冬津遣富商请验以往，其有不愿者，照籍点发"[4]。

随着海外贸易的发展，蕃商逐渐将自己的生意从沿海向内陆延伸。这种情形也从唐时就已大量存在。唐代允许外国人在中国长期居住，即

---

① （清）徐松：《宋会要辑稿·职官》四四之一九。
② （元）脱脱等：《宋史》卷一百八十五《食货志下（七）》。
③ （清）徐松：《宋会要辑稿·职官》四四之二五。
④ （清）徐松：《宋会要辑稿·刑法》二之一四四。

所谓"入朝听住"政策,法令亦准予蕃商"任于内地兴易",并且开设店铺,只要到地方官府和市舶使处申领签发的公凭,上面会注明蕃商的身份及其携带的钱货种类和数量。[①]

宋代延续了唐朝政策,政府对蕃商进入内地经商基本也不设太多严苛限制,但在唐代的基础上进一步将这种管理制度化。经由广州市舶司呈报,朝廷于崇宁三年(1104)颁行蕃客异地贩货的申请公凭办法,诏:"应蕃国及土生蕃客愿往他州或东京贩易物货者,仰经提举市舶司陈状,本司勘验诣实,给与公凭,前路照会。"[②]即蕃商先提交书面申请;市舶司核验查实后签发"公凭",亦称"公据""公验",有些类似于现在的商务签证;蕃商持"公凭"前往内地。据当时的记载,有从高丽远洋至明州的商人,又沿长江一路上溯抵达千里之遥的洪州。[③]

对国人出海贸易,宋朝政府也基本没有什么限制,办法与蕃商入华差不多。朝廷规定,任何人只需要到市舶司陈牒(也是书面申请的意思)并获得批准,获得市舶司签发的出海"公凭",便可自由出海贸易,但回航时仍须到发航处住泊。对于去什么国家,只要不是辽国、西夏(北宋前期还包括高丽)及后来的金国、蒙古等敌国,朝廷通常不会管。按《萍洲可谈》中的说法,北宋时对国人出海贸易的时间都没有规定,"北人过海外,是岁不还者,谓之'住蕃';诸国人至广州,是岁不归者,谓之'住唐'"。广州当地官府和市舶司对常年居住在海外的中国"住蕃"

---

① 参见敦煌所出 S.1344 号《唐开元户部格残卷》"垂拱元年八月二十八日敕"。转引自刘玉峰《唐代工商业形态研究》,山东大学出版社,2012 年,第 178 页。

② (清)徐松:《宋会要辑稿·职官》四四之八。

③ 参见《宋稗类钞》卷五"俪语第十二"。

商人还有很多优待。"广人举债总一倍，约舶过回偿，住蕃虽十年不归，息亦不增。"① 南宋孝宗隆兴二年（1164）的新规增加了时间方面的鼓励与限制："五月内回舶，与优饶抽税；如满一年内，不在饶税之限；满一年之上，许从本司根究。"② 即出海 5 个月内回国，予以税收优惠；5 个月到 1 年之间回国，不再享受税收减免；超过 1 年不归，则要受到调查和追究。奖惩双管齐下的目的很明显，即驱使出海商人加快贸易流转速度，本质上还是为了鼓励更多海外贸易。世代以海商为业的舶商在户籍上专列一类，称为"舶户"③，这大概是唯有宋代才有的特殊户籍。

互市：从陆路到海上，从朝贡到贸易

中原王朝在陆路方面的贸易与文化交流早在春秋战国时期就已经存在，汉代以后，与西域之间的"互市"已相当频繁且制度化。隋朝以降，在开放政策下，这种陆路上的"互市"贸易空前发展，其在国家政治经济中的地位也变得更为重要。到唐朝前期，"陆上丝绸之路"迎来了它的全盛黄金期。

隋朝初年，突厥"遣使请缘边置市，与中国贸易，诏许之"④。稍后的唐高祖武德八年（625），唐朝政府再次批准了突厥与吐谷浑等西域国家的"互市"请求。日本学者桑原隲藏在《东洋史要》中这样写道："东

---

① （宋）朱彧：《萍洲可谈》卷二"住蕃住唐"。
② （元）马端临：《文献通考》卷二十《市籴考（一）》。
③ 参见（清）徐松《宋会要辑稿·职官》四四之一三、二七。
④ （唐）魏徵等：《隋书》卷八十四《北狄传》。

西陆路之互市，至唐极盛。先是隋炀帝时，武威、张掖、河西诸郡，为东西交易之中枢，西方贾人来集其地者，溢四十四国。唐兴，中央亚细亚天山南路之路开，西方诸国来通东方通商者益众。"①

这种互市对双方来说都是必不可少的。唐朝中期以前，中原地区主要用丝织品从西域换取自己紧缺的牲畜，特别是马匹，故有"绢马贸易"之称。唐朝中后期以后，饮茶之风逐渐兴起，茶在对外贸易中的地位持续上升。"（饮茶习俗）始自中地，流于塞外。往年回鹘入朝，大驱名马市茶而归。"② 于是这种互市贸易便又称"茶马互市"。当时这类"互市"既有双边官方之间的直接交易，也有双边的民间买卖。

隋唐两代，中原朝廷都设有专门机构监管互市贸易。隋代设有"交市监"，唐初沿袭隋制，到唐太宗贞观六年（632）改"交市监"为"互市监"，其功能亦有所扩大，不仅要对互市进行管理，还要负责记录相关的交易信息并上报。"诸互市监，各掌诸蕃交易之事；丞为之贰。凡互市所得马、驼、驴、牛等，各别其色，具齿岁、肤第，以言于所隶州、府。"③ 武周垂拱元年（685），"互市监"一度改称"通市监"，后又复旧。

隋唐时期，西域诸国大多在张掖与中原王朝互市，这里是当时最大的陆上贸易中心。大业五年（609），隋炀帝御驾出巡张掖，西域27国的国王和使臣在此觐见中原天子。第二年，炀帝应胡商之请，在洛阳"丰都市"举办了一场盛大的"中外进出口商品交易会"，从正月十五一直

---

① 转引自商务部国际贸易经济合作研究院编，霍建国主编，钱建初副主编，白明等本卷编著《中国对外贸易史》（上），中国商务出版社，2016年，第53页。
② （唐）封演：《封氏闻见记》卷六"饮茶"。
③ （唐）李林甫：《唐六典》卷二十二"少府军器监"。

持续到正月底。"以诸蕃酋长毕集洛阳，……所费巨万，自是岁以为常。"[①]

唐代前期国势强盛，疆域辽阔，不但宇内一统，而且唐朝军队还掌握着中亚陆上通道，对东南沿海的控制也进一步增强，因而有利于多条对外交通线路的形成——

一方面，陆路的贸易，向西，由长安出发，通过今日新疆南北两条通道，连接中亚、印度次大陆和波斯湾，远至西亚、欧洲；向东北，则从华北地区经东北进入朝鲜半岛北部。

另一方面，海上，向西的线路始于广州，经南洋、马六甲，穿越印度洋，通往波斯湾和阿拉伯地区，进一步抵达东非沿岸；向东一线，南路从扬州、明州或泉州出发，直抵日本；北路由楚州（今江苏淮安）出淮河口，途经山东半岛沿岸抵达朝鲜半岛南部，进而再延伸到日本。

唐朝政府除在北方陆上边境设"互市监"，还在南方沿海设立监管海上贸易的"市舶使"，当时也称"结好使""押蕃舶使"。文献中"市舶使"之名最早见于唐玄宗开元二年（714）的记载，它设在交州（辖地包括今越南中北部和广西），称"安南市舶使"。[②]开元十年（722），"广州市舶使"设立，标志着唐朝市舶贸易进入了一个新的阶段。此后一直到北宋末、南宋前期，广州都是天下最大的贸易港口。既而朝廷又在东部沿海的明州和扬州诸港口设"市舶使"。

唐朝"市舶使"的性质经历了一个变化过程，最初是朝官，后来改由皇帝心腹宦官担任，再后变为监军，其任职也由一开始的不固定演变为后来的相对固定。顾炎武在《天下郡国利病书》中写道："唐始置市舶使，

---

① （宋）司马光：《资治通鉴》卷一百八十一《隋纪（五）》"炀帝大业六年正月丁丑"。

② （后晋）刘昫等：《旧唐书》卷八《玄宗本纪（上）》。

以岭南帅臣监领之。"这是一个品秩虽不高但权力很大的职位，后来逐渐有了专门的机构——"市舶司"。[①]"市舶使"的职能很明确，即与岭南节度使共同掌理市舶贸易，负责收买外来商品，收抽"舶脚"（关税）。据宋元时泉州阿拉伯巨商蒲寿庚记载，唐朝政府规定，市舶贸易的"舶脚"为 30%。[②]

亦有学者认为，唐代"市舶使"的设置，就其初衷而言，是为了加强对海上贸易的控制。但与其说它促进了海上对外贸易，不如说它在客观上限制和束缚了当时蓬勃兴起的民间海上贸易。[③]

不过这一制度到晚唐五代后发生了根本性的变化。

"安史之乱"以后，唐朝中央王权衰落，失去了对西域和整个中亚地区的控制权，陆上西部通道由此阻塞，对外贸易的重心因此逐渐转向东南沿海。五代入宋后，中原王朝疆域进一步大幅收缩，东北和西北两个方向上的大片领土变而为辽国和西夏两个严峻的外部威胁。传统"丝绸之路"上的贸易国已成为遥远的域外之地，与朝鲜半岛的陆上通道也被阻断。与此同时，伴随着中国人口与经济重心的持续南移，对外贸易的重心也进一步转向海路。不过，虽然对外贸易的通路仅剩下了单一的海路，但宋代进出口商品的规模、品种以及通商国家却比前代有了几何级数的增长和扩展，这显然得益于宋代国内经济进步和工商业繁荣。

与之前所有朝代相比，宋代对外贸易在出发点和指导思想上出现了

---

① 黎虎：《唐代的市舶使与市舶管理》，载《历史研究》1998 年第 3 期。

② ［日］桑原隲藏：《蒲寿庚考》，陈裕菁译订，中华书局，2009 年，第 152 页。

③ 商务部国际贸易经济合作研究院编，霍建国主编，钱建初副主编，白明等本卷编著：《中国对外贸易史（上）》，第 61 页。

一个根本性的区别，或者说最大特征，就是"一切向钱看"：朝廷不遗余力地鼓励对外经贸交往，其政治功能微乎其微，几乎纯粹是为了经济利益。缘于此,宋代对汉唐时代深得中原王朝欢心的"朝贡"不但不支持，反而施加了很多限制，因为这在经济上是得不偿失的。宋代政府不再像前朝那样欢迎和款待"万国来朝"的使团。元丰三年（1080）颁布的《市舶法》规定，今后各国朝贡物品不再运送至京师，一律就地变卖成钱上缴朝廷。此时政策的主基调是鼓励发展民间海外贸易，政府则从中攫取更多税收。不仅如此，宋朝对外派出使节的主要目的也不再像以前那样是宣扬中原王朝的强盛与恩威。两宋朝廷向海外传送公函文书、沟通信息很多都是由出海商人代理，以至于时人抱怨说："比年以来，为奉使者，不问贤否，……多是市廛豪富巨商之子，果能不辱君命乎？"[1] 前文中出现过的所谓"纲首"，便是由朝廷特命派遣的商人，同时又兼有外交使臣的使命。这样的安排固然有节省成本的考量，但从中也可窥见宋代外交的着眼点。[2]

据南宋中后期曾提举福建路市舶司（泉州市舶司）的宗室赵汝适所著《诸蕃志》载，当时与宋朝有贸易往来的国家共有 50 多个，宋人出海经商到过的有 20 多个。

除了传统上与中原王朝往来密切的高丽和日本，时人把位于南方海上的国家统称为"海南诸国"，其中包括今东南亚的三佛齐（今印度尼西亚苏门答腊岛，其鼎盛时期势力范围包括马来半岛和巽他群岛）、阇

---

① （宋）李心传：《建炎以来系年要录》卷一百七十一"绍兴二十六年二月丙子"。

② 参见孙玉琴总主编，孙玉琴、常旭著《中国对外贸易通史》（第一卷），对外经济贸易大学出版社，2018 年，第 84—85 页。

婆（今印度尼西亚爪哇岛）、加牙斯（可能位于今马来半岛南部新加坡一带）、渤泥（今印度尼西亚加里曼丹岛）和麻逸（今菲律宾群岛）等国，今中南半岛上的交趾（今越南北部）、占城（今越南中南部）、真腊（今柬埔寨）、真里富和吉兰丹（今马来半岛东海岸有吉兰丹州）诸国。

过马六甲到印度洋，位于印度次大陆及西亚、北非大陆上的，统称为"西天诸国"，包括注辇国（今印度半岛东南部科摩林角东北）、故临国（今印度半岛西南部奎隆一带）、南毗国（今印度西南部马拉巴尔一带）、细兰国（锡兰，即今斯里兰卡）、大食国（阿拉伯帝国）、翁蛮（今阿曼）、大秦（今叙利亚一带）、麻嘉国（麦加）、芦眉（位于小亚细亚半岛）、斯加里野（意大利西西里岛）、木兰皮（西班牙南部），再达非洲东岸的层拔（今坦桑尼亚桑给巴尔）、弼琶啰（今索马里北部的柏培拉）、中理国（今索马里东北沿海）、昆仑层期国（今东非沿岸马达加斯加岛一带）、勿斯里（埃及开罗）、茶弼沙（西北非摩洛哥）、默伽猎（北非阿尔及利亚）和毗舍耶（有人认为在北非突尼斯至利比亚一带）。[1]

其中，三佛齐位于"海南诸国"的中心，也是中国往来"西天诸国"的中转站，繁荣的海上贸易助其一跃成为当时南海地区最强盛的国家。

> 海南诸国，各有酋长，三佛齐最号大国，有文书，善算。商人云，日月蚀亦能预知其时，但华人不晓其书尔。……是国正在海南，西至大食尚远，华人诣大食，至三佛齐修船，转易货物，远贾幅凑，故号最盛。[2]

---

① 参见（宋）周去非《岭外代答》；（宋）赵汝适《诸蕃志》。
② （宋）朱彧：《萍洲可谈》卷二"三佛齐"。

另据现代学者研究，宋代与中国有贸易往来的国家和地区，实际远多于上述赵汝适笔记中所载的 50 多个。其中，在今东亚和东南亚范围的有 37 个，在今印度及孟加拉湾沿岸的有 26 个，在今红海周围及东非沿海的有 15 个，[1] 总计有近 80 个，远胜于汉唐时代。

蕃货海舶征榷贸易之事

宋承唐制，设市舶司管领海商，颁发"公凭引目"[2]，查处漏舶。其职能大致相当于今天的海关，一切海运进出口贸易的文牒办理、关税抽解、征榷货物管理等，均由它负责。这是中国古代历史上对进出口贸易进行监管的最完备制度。但市舶司的权力比海关更大，功能和作用也更积极。"掌蕃货海舶征榷贸易之事，以来远人，通远物。"[3] 这意味着它除了管理职能，还负有招诱海外客商、促进外贸流通的使命。例如，广南市舶司（广州市舶司）每年都要在货船出航时节大摆宴席，由市舶司主要官员亲自出面款待中外客商。"每年发舶月分，支破官钱管设津遣，其蕃汉纲首、作头、梢工等人各令与坐，无不得其欢心。"[4] 另外，按前引朱彧《萍洲可谈》之说，广州蕃商如犯了法，当地市舶司会一同介入审理。故此，到了更加倚重海外贸易的南宋，经常由知州兼任当地市舶司主管，知县兼任市舶司官员。

---

① 陈国灿主编，陈国灿、姚建根著：《江南城镇通史（宋元卷）》，第 137 页。
② （清）徐松：《宋会要辑稿·职官》四四之六。
③ （元）脱脱等：《宋史》卷一百六十七《职官志（七）》。
④ （清）徐松：《宋会要辑稿·职官》四四之一四。

宋代第一个市舶司于宋太祖开宝四年（971）设于广州。这年二月，宋灭南汉，据有了第一块南方沿海领土。六月即于广州设市舶司，以南征统帅、当时同知广州的潘美和尹崇珂兼任市舶使，另以广州通判谢处玭兼市舶司判官。[①] 从设立时间和主管官员人选就可看出宋廷是多么重视海外贸易。

宋太宗太平兴国三年（978），宋再灭吴越、泉漳政权，将整条东南海岸线全数揽入自己的疆域。不久，设两浙路市舶司于杭州。关于这个市舶司设立的具体年份，史料记载颇多歧互，今日中日学术界也因此持有不同观点。据端拱二年（989）五月宋太宗诏："自今商旅出海外蕃国贩易者，须于两浙市舶司陈牒，请官给券以行，违者没入其宝货。"[②] 可见该市舶司的设立时间不会迟于端拱二年。淳化三年（992）四月，两浙路市舶司曾短暂迁往明州定海县，次年又迁回杭州。到宋真宗咸平二年（999），又正式下令在杭州、明州两地各设市舶司。[③]

王安石变法期间，朝廷推行市易法，对各地市舶司做了一些撤并，职能和隶属关系上也有所调整。经过多年的筹划详议，元丰三年（1080），朝廷制定颁行《市舶法》，亦称"市舶条法"，这是中国历史上第一份对外贸易法律。哲宗元祐二年（1087）和三年（1088），再于福建路的泉州和京东路的密州板桥镇增设两处市舶司。[④] 后一处主要是为了方便与日本的海上贸易，但因为此地距离辽国不远，而宋朝政府严禁与契丹的

---

① （清）徐松：《宋会要辑稿·职官》四四之一。
② （清）徐松：《宋会要辑稿·职官》四四之二。
③ （清）徐松：《宋会要辑稿·职官》四四之三。
④ （清）徐松：《宋会要辑稿·职官》四四之八。

民间贸易，所以朝廷很谨慎，这里开港相当晚。后来的事实证明，这种担忧是有道理的。北宋政权灭亡后，在女真人统治的金国时期，板桥镇仍是舟船汇聚之地，并意想不到地成了南宋与金国之间海上走私贸易的主要集散点。

到宋徽宗政和三年（1113）七月，又于秀州华亭县（今上海松江）设立市舶司之下的二级机构"市舶务"。南宋高宗绍兴二年（1132），华亭市舶务一度迁至贸易繁忙的青龙镇（在今上海青浦），同时又于温州设市舶务。绍兴十五年（1145），再在江阴军（今江苏江阴）设市舶务。①上述几处市舶务均隶属于两浙路市舶司，南宋后期撤销，改在澉浦镇（在今嘉兴海盐）设市舶场。②

相比唐代及其之前的朝代，宋朝政府对海外贸易的管理要严格得多，这很明显是海外贸易在政府收税中的比重大大提高了的缘故。对于进口商品，政府采取了分门别类的精细处置。

由于看到海外贸易蕴藏的厚利，宋初，政府对所有进口货物采取榷卖政策，即由官府包办，再向国内市场出售。其意图很明显，就是要垄断这笔利润丰厚的生意。但这么做显然是得不偿失的，看清楚这一点后，朝廷逐渐放松贸易管制，减少禁榷商品，并持续下调关税。太平兴国七年（982），朝廷放宽了市舶贸易榷卖，只对外来商品中的犀牛角、象牙、玳瑁之类的"宝货"（相当于当今的奢侈品）和"香药"（香料）以及军用物品如镔铁等继续实行榷卖，其余进口商品则"听市于民"。③

① （清）徐松：《宋会要辑稿·职官》四四之一一、二五。
② （宋）常棠：《澉水志》。
③ （元）脱脱等：《宋史》卷一百八十六《食货志下（八）》。

宋代市舶抽解（关税）制度相当复杂,且有过很多次变动。据南宋"永嘉学派"中承上启下的著名学者陈傅良记载,"淳化二年（991）,始立抽解二分,然利殊薄"[①]。这个 20% 的关税已较唐代的 30% 减轻了 1/3,但由于当时市舶贸易仍很萧条,因此陈傅良才会说朝廷得利极为有限。于是抽解比例又进一步降低,"大抵海舶至,十先征其一"[②]。就是说,对海外来货先征 10% 的"到岸"关税,另外 10% 待货物实现了销售以后再补征,但大部分可能最终是免征的。

　　从熙丰变法到北宋末,市舶抽解税率和方法又经历了多次改变,最低时一度下降到 1/15,但徽宗时恢复到 10%,而且根据货物的品种又增添了许多分类管理办法。朱彧留下的徽宗朝抽解制度的记载颇为详尽：

　　　　（抽解）以十分为率,真珠龙脑凡细色抽一分,玳瑁苏木凡粗色抽三分,抽外官市各有差,然后商人得为己物。象牙重及三十斤并乳香,抽外尽官市,盖榷货也。商人有象牙稍大者,必截为三斤以下,规免官市。凡官市价微,又准他货与之,多折阅,故商人病之。舶至未经抽解,敢私取物货者,虽一毫皆没其余货,科罪有差,故商人莫敢犯。[③]

　　可以看出,其总的原则是：商品的价值越昂贵,关税税额以及官方强买的比例就越高。但即便官府对此执行得非常严苛,也依然堵不住"上

---

①　（元）马端临：《文献通考》卷二十《市籴考（一）》。
②　（元）脱脱等：《宋史》卷一百八十六《食货志下（八）》。
③　（宋）朱彧：《萍洲可谈》卷二"广州市舶司泊货抽解官市法"。

有政策，下有对策"的钻空子之举。

南宋市舶抽解制度到宋孝宗隆兴二年（1164）以后，大致定型为：

> 抽解旧法，十五取一，其后十取其一。又其后择其良者，谓如犀象十分抽二分，又博买四分，真珠十分抽一分，又博买六分之类。①

这里的"旧法"指的是徽宗以前的制度。这段话的意思是，徽宗时恢复为 10%；到南宋时，对其中犀象之类奢侈品的关税上调到 20%，另加 40% 的"博买"（类似于今之拍卖）；对珍珠类商品虽然仍抽解 10%，但 60% 要拿出来博买。

在宋代，还有一类非常特殊的对外贸易，即北宋时期与辽、夏，南宋时期与金、蒙这些敌对政权之间的边境贸易。这些贸易都受到双边政府的严格管制，被设置了重重禁令，所以总的规模都不大，每岁总额不过数十万贯，但其中有些商品的交易具有不可替代的重要性。

北宋与辽和西夏的贸易，按定例是双方于边境线上置榷场，作为官方许可的互市地点，经特别许可的机构和商人在此售卖对方亟须的货物，其中既有官方交易，也有民间交易。这类贸易称为"榷场贸易"。

辽国立朝早于北宋，宋朝建立后不久，辽就在涿州新城、振武军（在今内蒙古中部）和朔州城南设置榷场与宋朝进行贸易。宋真宗景德二年（1005）"澶渊之盟"后，宋朝方面也在雄州（今河北雄县）、霸州和安

---

① （清）徐松：《宋会要辑稿·职官》四四之二七。

肃军设置榷场，后又于广信军（今河北徐水一带）设置榷场。而宋与西夏之间的榷场贸易始于景德四年（1007），初设于保安军（今陕西志丹）；仁宗庆历四年（1044），宋夏订立和议后，又于镇戎军（今宁夏固原）高平寨增设榷场。[1] 在这类榷场贸易中，辽夏以马、牛、羊、骆驼、皮革、中草药等农牧产品换取宋朝的香药、瓷器、丝织品等手工业商品。[2]

由于双方都很担心己方所拥有的重要战略物资流入对方一边，从而给自己造成不利和威胁，所以榷场贸易受到严厉管控，商品种类不多。北宋政府严禁武器、粮食以及铜铅等可以制造货币的金属出口，而辽夏等国严格限制宋朝特别短缺的马匹（可用作战马）输入宋地。而且，这种榷场贸易还不时因双边战事而中断，很不稳定。

后来南宋与金国之间的贸易在"绍兴和议"之后逐渐展开，大致也遵循了上述基本原则。南宋的榷场主要设在盱眙，楚州的北神镇、杨家寨，淮阴的磨盘，安丰军的水寨、花靥镇，霍邱县的封家渡，信阳军的齐冒镇以及枣阳军和光州等地，以盱眙为中心；金国则主要在泗、寿、颖、蔡、唐、邓、凤翔府、秦州、巩州、洮州及密州胶西县等处设榷场，以泗州为中心。[3] 不过，女真人占领了北方大片地区，其前期的国土面积比仅据有长城以北地区和东北的辽国要大，人口总数也多得多，且大部分是汉人，故而宋金之间榷场贸易的规模要比宋辽、宋夏之间扩大很多，重要性也大大提升。另外，双边贸易的大头商品也有所不同。除了北宋与辽夏间的农牧产品、瓷器、丝织品交易，因金地产盐，宋地产茶，双

---

① 参见孙玉琴总主编，孙玉琴、常旭著《中国对外贸易通史》（第一卷），第108页。
② 参见（元）脱脱等《宋史》卷一百八十六《食货志下（八）》。
③ 参见孙玉琴总主编，孙玉琴、常旭著《中国对外贸易通史》（第一卷），第108页。

方盐茶互市也非常频繁。因此，尽管百年间宋金之间战事不断，榷场也时兴时废，但双边贸易一直很频繁，盱眙和泗州二榷场从未关闭过。

除了与这几个敌对政权的榷场贸易，宋代另一种独具特色的对外贸易，便是与吐蕃（藏）、彝、白、壮等西南边陲政权和部落，以及回鹘（今维吾尔族）等西北民族之间的"茶马交易"。

二、铜钱、瓷器、丝绸、茶叶和香药之路

宋代的出口商品种类繁多，其中瓷器、丝织品和茶叶等很受海外诸国欢迎，瓷器尤其是大宗。不但今日东南亚地区，印度、巴基斯坦、伊朗，远至东非沿海的埃及、肯尼亚、坦桑尼亚，甚至非洲内陆的津巴布韦等地，都不断有宋瓷出土，足见宋代瓷器出口市场之广阔。此外，漆器、伞、扇、席、玩具之类的工艺品和用具，也是宋代出口商品中比较多的。

当时，中国的纸、墨、笔、砚以及书籍等文化用品，在高丽和日本等汉字文化圈内的国家特别有市场，以至于朝鲜等地得以保留一批中国本土因频繁战乱而遗失的古籍善本。南宋后期便有人说："宣和间，有奉使高丽者，其国异书甚富，自先秦以后，晋、唐、隋、梁之书皆有之，不知几千家几千集，盖不经兵火。今中秘所藏，未必如此旁搜而博蓄也。"[1]

---

① （宋）张端义：《贵耳集》卷上。

从中亦可见古代市舶贸易对于当时先进的华夏文明向海外国家传播，起着多么重要的桥梁作用。

此外，粮食输出虽为宋朝政府一再严令禁止，但走私贸易量仍然巨大。

在进口方面，因当时海外各国农、工、商业全面远落后于中原，加之中国地大物博，所以没有什么大宗货品，特别是生活必需用品需要进口。宋代的进口商品主要是珍珠、犀角、象牙、珊瑚、琥珀、玛瑙、水晶、玳瑁、琉璃等奢侈品，加上少量用于制造武器的军用战略物资，如镔铁、硫黄、牛皮筋角等。而沉香、乳香、肉豆蔻、鹿茸、麝香、茯苓等香料和一些特殊药材是其中的大宗，宋人统称其为"香药"。

瓷器的大规模生产和出口从唐代开始，但一直到了宋代以后，它才代替传统的丝绸，成为中国出口的主要商品。因此，宋代的海上丝绸之路经常被海外称为"海上陶瓷之路"。而由于输入中国的商品以香料为主，这条海上丝绸之路也被称为"海上香料之路"。[1]

有学者估计，宋代每年的进出口总额，北宋中期接近1700万缗，北宋后期超过2300万缗，南宋绍兴（1131—1162）后期将近3800万缗。[2]

蕃夷来市，莫不载钱而去

或许会令现代读者大吃一惊的是，在当时所有出口商品中，最被其

---

[1]　商务部国际贸易经济合作研究院编，霍建国主编，钱建初副主编，白明等本卷编著：《中国对外贸易史（上）》，第57页。

[2]　陈国灿主编，陈国灿、姚建根著：《江南城镇通史（宋元卷）》，第132页。

他国家当作宝贝的不是别的货物，而是宋朝的钱。"蕃夷得中国钱，分库藏贮，以为镇国之宝。故入蕃者非铜钱不往，而蕃货亦非铜钱不售。"①各国商人千里迢迢、迎风破浪运来一船船珍奇异宝，最大的期盼就是能换成大宋的铜钱运回自己国家。"自广南、福建、两浙、山东。恣其所往，……莫不载钱而去。"②现代印度、斯里兰卡、波斯湾、沙特阿拉伯，乃至东非海岸线上的肯尼亚、索马里、坦桑尼亚都曾出土过宋代的铜钱。

古代的钱是用金银铜锡等金属打造出来的，需要高昂的成本，很多时候花在铸钱上的成本甚至高过它所代表的币值！这就是大宋钱币那么稀罕的原因。而在南宋的所有贸易国中，日本对宋钱的需求量是最大的。北宋后期正值日本镰仓幕府政权建立，该幕府变之前的闭关自守政策为门户开放，故而从南宋中前期开始，每年都有数量惊人的宋铸铜钱流入日本。南宋晚期的一则记载生动描述了当时日本人对宋钱之渴求：

> 盖倭船自离其国，渡海而来，或未到庆元（明州）之前，预先过温台之境，摊泊海涯。富豪之民公然与之交易。倭所酷好者铜钱，而止海上。民户所贪嗜者，倭船多有珍奇，凡值一百贯文者，止可十贯文得之；凡值千贯文者，止可百贯文得之。似此之类，奸民安得而不乐与之为市？及倭船离四明之后，又或未即归其本国，博易尚有余货，又复回旋于温台之境，低价贱卖，交易如故。所以今年之春，台城一日之间，忽绝无一文

---

① （清）徐松：《宋会要辑稿·刑法》二之一四四。
② （宋）张方平：《乐全集》卷二十六《论钱禁铜法事》。

小钱在市行用。乃知本郡奸民奸弊至此之极，不知前后辗转漏

泄几多不可以数计矣！ ①

　　日本商人竟愿意把从日本运来的商品压低到中国本地市价的 1/10
来抛售，只是为了得到宋朝的铜钱！按常理推断，如果不是因为这些宋
钱运回本国仍有高额利润可以赚取，他们又怎会这么做呢？因此，日本
学者藤家礼之助说，当时的日本被"卷进了汪洋的宋钱经济的旋涡中"②。
宋钱是日本国内最受欢迎、信用度最高的支付货币，也是无可替代的有
效通货。史载，在南宋理宗淳祐二年（1242）七月的一次航海贸易中，
日本货船就一下子输入宋朝铜钱 10 万贯之多！近现代日本各地考古发
掘出来的古代钱币中，绝大部分是宋钱，③ 据此可以推断当时日本市场上
流通货币中宋钱所占的比例。

　　与市舶贸易中的情况一样，在榷场贸易中，辽、夏、金诸国最渴望
获得的宋朝物品也是钱。因此，虽然双方政权都严禁不经榷场的民间私
人贸易，但从整体上看，辽、夏二国，特别是后来的金国，其实是默许
甚至鼓励与宋之间的铜钱走私的，这也成了宋朝政府的困扰之一，南宋
时尤甚。

　　毕竟，当时与宋朝有贸易往来的所有国家，无论是高丽、日本还是
交趾诸国，特别是敌对的辽、夏及后来的金、蒙古，经济文化大多远远
落后于宋朝。它们市场上的货币流通少，铸币水平也都很低劣，有的甚

---

① （宋）包恢：《敝帚稿略》卷一《禁铜钱申省状》。

② 　转引自孙玉琴总主编，孙玉琴、常旭著《中国对外贸易通史》（第一卷），第 112 页。

③ 　彭信威：《中国货币史》，上海人民出版社，2020 年，第 382 页。

至都还没有开始铸造和使用货币，也不愿意费力自己铸币。宋是唯一拥有一套成熟完善的货币体系的国家，当然也是铸币最多的国家。各国都渴望获得大量宋钱，用于国内的市场流通。与南宋对峙的北方金国更是举政府之力有计划、有组织地吸纳宋铸铜钱，以各种办法鼓励和诱使民间将宋钱走私过境到北边。于是，宋朝政府就成了为全世界发行货币的"中央银行"，比今日美联储的渗透性更广、更深。因为美元只是当今国际贸易中的硬通货，而宋钱不仅用于当时的国际贸易，还广泛流转于海外各国的国内市场，甚至是很多国家的主要乃至唯一货币："钱本中国宝货，今乃与四夷共用。"①

然而，古代的钱与现代的钱有着根本性质的不同，宋代朝廷与周边国家的关系也与今日美国政府与全世界的关系截然不同。铜钱源源不断地外流，对于海外诸国的市场流通和经济发展是有莫大好处的，对于宋朝自身却相当不利，它扰乱了宋朝国内货币体系的正常运转。前文提到的台州城内的所有铜钱一天之内被席卷一空，"忽绝无一文小钱在市行用"，其严重后果可想而知。这也是世界上第一种纸币会在宋代诞生的根本动力。

总之，宋代朝廷每隔一段时间都会三令五申，禁止钱币外流，严惩涉事者，历朝官员为此也想了许多办法。无奈如前所述，几倍的暴利之下，这些禁令和政策都收效甚微。严重的"钱荒"从宋朝建立的第一天起便一直伴随它，直至宋朝走进坟墓，也没有能够解决。代宋而起的元代是中国古代海上活动最为频繁的时期，无论是市舶贸易、海上征战还是政

---

① （宋）张方平：《乐全集》卷二十六《论钱禁铜法事》。

府外交与民间文化交流，都达到中国古代历史上的顶峰。但这一段短暂的高峰期过去后，明清两代实行海禁政策，古代海上丝绸之路由此衰落。可以说，明朝以后开始实行海禁政策，很大程度上正是看到了海外贸易中的这些不利因素对宋朝经济和社会稳定造成的负面影响。

一方面，当时的宋朝确实没有重要而紧迫的进口需求，特别是生活必需的大宗物资。贸易线路上的绝大多数国家经济普遍远落后于宋朝，除了一些被正统儒家士大夫视为玩物丧志的稀奇古怪的奢侈品，也没有太多有实用价值的商品可以大规模出口。中世的世界经济是高度割裂的，各国经济自给自足，没有形成今天这样一体化和有机的国际分工体系，所有经济板块都很发达的宋朝很难从海外贸易中获得比较大的和持续的国家整体利益。所以，宋代海外贸易虽然达到了前所未有的高度，但受制于当时的全球经济环境，与国内商业相比，它在经济民生中的重要性要低得多。

另一方面，海外贸易造成的钱币外流又必然会冲击国内市场。宋代很多人都看到了这个问题，也有人主张朝廷应对海外贸易采取限制乃至禁止而不是鼓励的态度。怎奈海外贸易对于朝廷来说意味着一大笔直接收入，是任何一代皇帝和执政大臣都无法忽视的。

明代实行海禁之后，其消极影响远远超过有限的积极意义。尤其令人叹息的是，这种负面影响是宏观和长期的。它阻塞了贸易通路，严重阻碍了原本蒸蒸日上的中国中世晚期商品经济和市场体系的发育，最终关闭了通往下一个时代的大门。即便只看当时，海禁之害也是显而易见的，困扰明代中期相当长一段时间的所谓"倭患"，正是海禁政策结出的恶果。当然，明朝的海禁政策也并非铁板一块，而是经历了反复博弈。即使在朝廷海禁最严格的时候，实际执行中依然漏洞百出，并最终不得不在隆庆（1567—1572）初年开放福建月港，有限度地恢复了海上贸易。

相关专著和文章提到，宋代对外贸易中存在长期和巨大的顺差。我猜想，之所以得出这样的结论，或许是因为宋代行销世界、广受欢迎的主要出口商品是瓷器、丝绸和茶叶等传统"中国制造"，同时宋代缺乏大宗商品进口，进出口商品格局与明清两代非常相似，所以这些作者想当然地认为，宋朝海外贸易与明清两代的性质应当也差不多。关于宋代市舶贸易的入超（逆差）和出超（顺差）问题，我没能在史籍和现代专著及论文中找到相关记载或线索，大概当时人觉得没有太多必要关心这个问题。但根据宋代市舶贸易呈现出来的主要特征可以推测，宋朝处于贸易顺差国的说法是站不住脚的，事实极可能正相反。

与明清两代相比，宋代的手工制造业相对于贸易伙伴的优势更大，或者说，这些贸易伙伴的相对经济实力更弱。这些国家不仅基本没有工商业，农业的规模化程度也非常低，这也意味着它们都是穷国。那么，如果在与宋朝的贸易中保持长期和大规模的逆差，它们拿什么来支付呢？明清两代时的主要贸易伙伴则多为欧洲国家，也都不是穷国，整体经济已领先于中国，它们大多用白银支付来抵消对中国的巨额贸易逆差。所以我们看到，几百年里白银大量单向流入中国。而在宋代，并没有任何记录显示，有黄金、白银等贵金属从贸易国流向中国。事实上，这些国家自己也未曾拥有，因为这些贵金属是15、16世纪之交发现新大陆以后才大量流通于旧世界的。16世纪40年代初，西班牙王室设立秘鲁总督区，随后在上秘鲁的波托西（Potosí）发现了储量丰富的里科山（Cerro Rico）银矿，当时的神圣罗马帝国皇帝兼西班牙国王查理五世亲授铭文"世界财库"。至此，世界经济进入美洲白银狂飙的年代，加拿大学者卜正民（Timothy Brook）将波托西白银所催生的那一波前现代的全球化时代称为"白银世纪"。1545—1810 年，仅波托西一地的官收银税就占全球 265 年内已知银产量的近 1/4。[①]虽说宋代市舶贸易收支数据无稽可考，但中外学者都注意到一个重要的历史事实：中国对外贸易的大规模出超始于明代万历朝，那时正值欧洲殖民者入主美洲近一个世纪，黄金、白银等贵金属从那里源源不断流出。这并非巧合，但那已是南宋灭亡二三百年以后的事了。

事实上，在宋朝 300 多年的市舶贸易中，它一直是单向的金属货币流出国，而非流入国。由此几乎可以断定，在繁荣的市舶贸易中，宋朝是逆差的一方，有些时段逆差甚至还相当大。宋朝的所有贸易国都用珍珠、象牙、犀角、玛瑙、琥珀、香料等价值昂贵的当地特产和自然资源来支付从宋朝进口的瓷器、丝绸、茶叶等手工业制品。而两宋 300 多年间源源不断流出的铜钱，就是宋朝的贸易逆差总额。

贸易至，舶司视香之多少为殿最

同样可能让现代读者想不到的是，宋朝的进口商品中，最重要的竟然是今天看来极为小众和细分的一个商品类型：香料。

在《清明上河图》最显眼的位置，我们可以清晰地看到一家"刘家上色沉檀拣香"的店铺招牌，这应该是经营从印度和南洋进口的沉香、檀香的特色名店。《东京梦华录》中写到汴京最繁华的马行街时有这样的话："其余香药铺席，……不欲遍记。"[②]可见北宋末年的东京城里，香

---

① 　江振鹏：《西属美洲波托西白银推动全球化悖论》，载《中国社会科学报》2022 年 8 月 8 日。
② 　（宋）孟元老：《东京梦华录》卷三"马行街北医铺"。

药店铺实在是鳞次栉比。

香药铺那么多，自然说明宋人已经养成了使用香料的习惯，至少在大城市里，香料的消耗量非常大。可以说，中国人在日常生活中广泛使用香料，正是从宋代开始的。而这种生活习俗的蔚然成风，又与熙熙攘攘的市舶贸易有直接关系。

宋代留下的关于时人爱用香料的记载多如牛毛。仁宗朝名相韩琦就是一位香药行家，据说他在知扬州时传下来一门独特的"魏公香"，以黑角沉、郁金香、麸炒丁香、上等蜡茶、麝香等原料精心制作而成，"香韵不凡，与诸香异，似道家婴香，而清烈过之"。直到六七十年后，扬州当地依然有寺庙僧人依韩琦的配方和流程制作这种香料。[①]

一代名臣韩魏公尚且这般沉迷于香，以奢靡腐化为人唾骂千载的权相蔡京就更是时时离不开名贵香药了。有个叫吴开的从官对人说，他与同列去见蔡京时，蔡京令女童焚香，人未至而香先盈室，"霭若云雾，濛濛满坐，几不相睹"。回去后，吴开衣冠上留香好几天。[②]还有记载说，蔡京每一次焚香的花费要达五六百缗钱[③]，这差不多是当时一个小康之家的全部家财。

不用说，皇宫大内自然是这些价值连城的异域香料的最大客户，宋徽宗就尤喜香药，不吝为此一掷千金。

宣和间，宫中重异香，广南笃耨、龙涎、亚悉、金颜、雪香、

---

① （宋）张邦基：《墨庄漫录》卷二。
② （宋）庄绰：《鸡肋编》卷下。
③ （宋）曾慥：《高斋漫录》。

褐香、软香之类。笃耨有黑白二种，黑者每贡数十斤，白者止三斤，以瓠壶盛之，香性薰渍，破之可烧，号瓠香。白者每两价值八十千，黑者三十千。外廷得之，以为珍异也。[①]

绍兴（1131—1162）中，靖康之乱中被金人掳去的高宗生母韦氏（显仁皇后）获释回到临安。高宗为了让历经磨难、劫后余生的母亲晚年安享荣华，将她的生活环境精心布置成几十年前在开封皇宫时的样子。政和（1111—1118）、宣和（1119–1125）年间，宫中因为以前惯用的河阳花蜡烛无香，"遂用龙涎、沈脑屑灌蜡烛，……焰明而香溢，钧天之所无也"。但南宋朝廷竭尽全力也弄不到太多这样的名贵宫烛，就连太后大寿那天也只能"仅列十数炬"。高宗给母亲敬酒后随口问道："烛颇惬圣意否？"韦太后回答说："你爹爹每夜常设数百枝，诸人阁分亦然。"听起来似乎是嫌儿子的安排太寒酸。高宗趁太后起身更衣，悄声对身边的吴皇后（宪圣皇后）嘟囔了一句："如何比得爹爹富贵？"[②]

另一则故事亦可让我们对宋徽宗之嗜香有所了解。宣和中，苏轼的儿子苏过游京师，寓居于景德寺的僧房。一天突然有人前来向他传旨宣召，随后把他塞进一顶四周遮得严严实实的小轿里，二人抬轿，疾步如飞，行十余里，来到一处宫殿。只见徽宗已坐在那里等他，身边围着不计其数的宫女。因当时"元祐党人"饱受政治迫害，苏轼的名字高居"党籍碑"第二列之首，此时的苏过内心忐忑不安，头也不敢抬。徽宗很客气地说，召你来没有别的意思，听说你是苏轼之子，也像你父亲一样善画窠石（有

---

① （宋）张邦基：《墨庄漫录》卷二。
② 参见（宋）叶绍翁《四朝闻见录》乙集"宣政宫烛"。

许多洞孔凹凸不平的怪石，俗称"鬼脸石"）。这里正好有素墙一面，烦请你作画一幅。苏过听命落笔，须臾而成。皇帝起身观摩，"赏叹再三"，"命宫人捧赐醑酒一钟"，还给了苏过许多赏赐。时值六月盛夏，殿中"积冰如山，喷香若烟雾，……俯仰之间，不可名状"。令苏过觉得就像一场梦，"复如痴也"。①

这样的奢靡风尚，自然会自上而下弥漫到全社会。在城市里，人们熏燃香料以礼佛、祭祀，以清心养神，或熏染衣被；还把香料制作成各种香粉、香囊、香水等，用于化妆、佩戴；更有人将苏合油香、乳香、沉香、丁香、龙脑之类的香料入药或添入食物中，以期医疗保健之效，这也许就是"香"与"药"二字往往被放在一起的原因。有钱的商人以拥有和消费得起上等好香为荣，文人雅士尤其爱好此物，当然它也是稍稍高级一点的青楼妓馆必备之物。渐渐地，香料成了中产之家的日用品，也像茶酒一样，是人们相互馈赠甚至行贿时的佳品。

宋朝民间香料消费急剧增长的主要动力，是政府对市舶贸易厚利的追逐。

香料主要产自热带地区，中国虽有一些麝香之类，但本土原产香料的品种和产量很少。因此，宋人用的香料绝大部分是通过市舶贸易从"海南诸国"和"西天诸国"进口的，来自阿拉伯、印度和中南半岛的尤多。香料贸易是当时所有舶来商品中利润最厚的，从设市舶司第一天起，朝廷就从未放松过对香料的垄断。"太宗时，置榷署于京师，诏诸蕃香药宝货至广州、交趾、两浙、泉州，非出官库者，无得私相贸易。"② 而且，

---

① （宋）王明清：《挥麈第三录》卷二。
② （元）脱脱等：《宋史》卷一百八十六《食货志下（八）》。

　　　　　　　逝去的盛景：宋朝商业文明的兴盛与落幕

与茶、盐、矾等其他专权类型相比，宋代榷香制度又有很大不同。茶、盐、矾等商品虽受政府严格管制，但生产和销售基本都是民间私营，只是他们需要花钱从政府那里获得特许经营牌照。有时官营机构也参与生产销售，但总量有限，主要是服务于宫廷和官府自己，对市场几无影响。因此，宋代的其他征榷，其实就是政府特许下的专营，跟今天的烟酒专卖制度一样。榷香制度则不同，它不但被政府垄断，而且香的原材料还是政府直接经营。"宋之经费，茶、盐、矾之外，惟香之为利博，故以官为市焉。"①"以官为市"这句话准确概括了榷香与其他征榷的根本区别：官府是香料的唯一外贸进口商及国内批发商。宋代的榷香在体制上与榷酒有一定的相似性，但应该比榷酒更严一些。

与珍珠、玛瑙、象牙之类的耐用奢侈品不同，香料是一次性消耗品，它的市场需求稳定而持续，且有旺盛增长的潜力。"以官为市"制度之下，政府当然希望向民间推销更多香料，获得更多收入，这与本书第二章讲到的"设法卖酒"道理一样。而当社会上香料的消费日益增多，反过来又必然刺激海外诸国向中国出口更多的香料产品，这又使政府可以从榷卖中攫取更多垄断利润。于是，香料便成了宋代市舶贸易中被朝廷置于第一位考量的独特商品。"番商贸易至，舶司视香之多少为殿最。"②

以高宗建炎四年（1130）为例，仅泉州市舶司一司就"抽买乳香一十三等，八万六千七百八十斤有奇"③；如果加上广州和明州两司的抽买，总计显然不会少于 20 万斤。当时下等香料 1 斤价值 4 贯钱；上等

---

① （元）脱脱等：《宋史》卷一百八十五《食货志下（七）》。
② （宋）赵汝适：《诸蕃志》卷下"乳香"。
③ （元）脱脱等：《宋史》卷一百八十五《食货志下（七）》。

的像龙涎香，"广州市直，每两不下百千，次等亦五六十千"[1]；前文提到的蔡京使用的白笃耨，"每两值钱二十万"[2]；当然还有更贵的，"大食蕃客啰辛贩乳香直三十万缗"[3]。因此，朝廷每年从市舶务所得的大部分收入都来自香料榷卖，南宋政府每年的财政收入中，单"香钱"一项就达到百万缗以上。以至于有人说，对于宋代官方而言，"香料贸易"就等同于市舶贸易。

另据一些学者估计，当时国内市场上至少有价值上千万贯的香料产品在流通。如此，再按第一章里写到的漆侠对北宋熙宁间国内商业贸易2亿贯市场总量来估算，那么香料的市场规模占到宋代国内商业销售的5%以上。难怪开封城里的香药铺多如牛毛，以至于《东京梦华录》都"不欲遍记"了。即便5%这个数字可能高估了香药在北宋消费品市场所占的份额，但从中亦可一瞥宋代工商业经济繁荣背后的畸形：它还远谈不上是一个自发和自由扩展的市场，政府之手在其中起着翻云覆雨的决定性作用。

耐人寻味的是，宋代市场对香药的追逐以及政府的严苛榷香制度还深刻影响了那些位于"海上丝绸之路"上的香料原产国的市场与经济制度：

> （三佛齐）地多檀香、乳香，以为华货。三佛齐舶赍乳香至
> 中国，所在市舶司以香系榷货，抽分之外，尽官市。近岁三佛

---

① （宋）张世南：《游宦纪闻》卷七。
② （宋）曾慥：《高斋漫录》。
③ （元）脱脱等：《宋史》卷一百八十五《食货志下（七）》。

齐国亦榷檀香，令商就其国主售之，直增数倍，蕃民莫敢私鬻，其政亦有术也。[①]

这就是贸易在制度与文化变迁中的强大塑造力量。

三、贸易改变华夏历史

东南之利，舶商居其一

兴旺的市舶贸易对宋代经济和社会产生了深远影响，这种影响首先直接表现在它大大充实了国家财政收入。

自设置市舶司始，它所收犀象、香药等舶货，"岁约获五十余万斤、条、株、颗"[②]；太宗时，"一岁中果得三十万缗。自是岁有增羡，至五十万"[③]；仁宗天圣（1023—1032）以来，犀象等宝货"充牣府库，尝斥其余以易金帛、刍粟，县官用度实有助焉"；至仁宗皇祐（1049—1054）中，总入为"五十三万有余"；英宗治平（1064—1067）中"又

① （宋）朱彧：《萍洲可谈》卷二"三佛齐"。
② （元）脱脱等：《宋史》卷一百八十六《食货志下（八）》。
③ （元）脱脱等：《宋史》卷二百六十八《张逊传》。

增十万"；^① 到徽宗时，政府从海外贸易中抽解、榷卖和博买等的各种所得总计，"崇宁（1102—1106）置提举九年之间，收置一千万（缗）矣"^②。按此推算，则北宋末年年均超过 100 万贯。

靖康后，朝廷财政较之北宋时更加捉襟见肘，对市舶收入的依赖度进一步提高。顾炎武评论说："南渡后，经费困乏，一切倚办海舶，岁入固不少。"^③ 在这样的情形下，政府自然也更加积极地支持和鼓励海外贸易。宋高宗在绍兴二十九年(1159)说："朕尝问(张)阐市舶司岁入几何，阐奏抽解与和买以岁计之，约得二百万缗。如此，即三路所入固已不少，皆在常赋之外。"^④ 当时政府一年仅从市舶贸易中获得关税与和买收入已达到 200 万贯，是北宋末最高时年均额的两倍。200 万贯这个数字在李心传和马端临两位史家那里都得到了印证："绍兴末，两舶司抽分及和买，岁得息钱二百万缗"^⑤；"抽解与和买岁计之约得二百万缗"^⑥。这或许还不包括政府对一些利润特别丰厚的舶来商品的专营收入。由此可见，政府从市舶贸易中所得，在总的财政收入中占据了相当重要的地位。按时人的说法，南宋征榷收入中，"大率盐钱居十之八，茶居其一，香矾杂收又居其一焉"^⑦。"香矾杂收"中，有一大块便来自市舶的抽解与博买。绍兴二十四年（1154），榷货务在杭州　建康、镇江三处场所收香矾钱近

---

① （元）脱脱等：《宋史》卷一百八十六《食货志下（八）》。
② （元）马端临：《文献通考》卷二十《市籴考（一）》。
③ （清）顾炎武：《天下郡国利病书》卷一百二十《海外诸蕃入贡互市》。
④ （清）徐松：《宋会要辑稿·职官》四四之二六。
⑤ （宋）李心传：《建炎以来朝野杂记》甲集卷十五。
⑥ （元）马端临：《文献通考》卷二十《市籴考（一）》。
⑦ 《皇宋中兴两朝圣政》卷二"绍兴六年八月癸亥"。

110 万缗①，主要就是进口香料的收入。南宋初年，市舶收入一度曾占到政府岁入的 4%—5% 之多。到南宋中叶，朝廷每年 6000 多万缗总收入中，市舶所得约占 3%。② 所以说"东南之利，舶商居其一"③，这也正是宋代历朝政府如此欢迎和重视市舶贸易的直接原因。

市舶贸易给中国引入了大量以前本土没有的物产乃至农作物，从而对中国人的日常生活产生了极大影响。其中有重要的生产资料，如镔铁、沥青、硫黄、紫矿等。硫黄既可入药，又是极为重要的火器生产原料，宋代从日本进口很多；紫矿则是重要的染料，有力地促进了江南各地丝绸织染业的发展；也有一些生活资料，如白番布、花番布、驼毛缎、织金段、高丽毛丝布等各种棉毛纺织品；还有一些宝贵的药材，像红花、茯苓、杏仁、细辛、山茱萸、白附子、甘草、防风等，高丽是宋朝药材进口最多的地方。除此之外，还有很多工艺品和奢侈品等。据《宋元时期的海外贸易》一书统计，"宋代从海外进口的货物应在 410 种以上"④。

前面已述及市舶贸易促使中国人养成使用香料的习俗，但类似的影响远不止于此。

折扇，在今日被许多人认为是一种极好地承载了中华文化的传统工艺品，但大多数读者大概不知道，折扇并非中国发明，而正是宋代时从日本引进的。前面也提到，通过市舶贸易，不少中国本土已失的古代图书典籍失而复得："高丽献书多异本，馆阁所无"⑤；"其国（日本）多中

---

① （清）徐松：《宋会要辑稿·食货》五五之二七、二八。
② 转引自漆侠《宋代经济史（下）》，第 1044 页。
③ （元）脱脱等：《宋史》卷一百八十六《食货志下（八）》。
④ 转引自漆侠《宋代经济史（下）》，第 1045—1046 页。
⑤ （宋）王应麟：《玉海》卷五十二。

国典籍,奄然之来,复得《孝经》一卷、越王《孝经新义》第十五一卷。"[1]

在所有舶来商品中,棉布是对后世中国影响最深远的一种。今日中国是不折不扣的纺织大国,也是棉花种植大国,但棉花种植和棉布纺织都不源自中国。印度人大约在 7000 年前最先开始种植棉花[2],棉花很早就传入西域、交趾等地,可能在战国时期已传入中原,但却一直没有流行开来。中国人在此后 1000 多年里仍然主要以丝和麻来织布。[3] 中原和江南地区大规模种棉和织棉是从宋代开始的。"棉"这个字首见于宋代字书,便是最直接的证据。"木绵,亦布也,只合作此'绵'字,今字书又出一'棉'字,为木棉也。"[4]

中国南方早已有木棉出产,但草棉种植很晚,唐代始有,并且可能已有人用它织出棉布。历史学家童书业先生推测,当时的所谓"桂布"大概就是用草棉织的布。然而直至北宋前期,棉布的流行仍只限于广南、福建三路,时人称棉花为"吉贝"。绍圣至元符间(1094—1100)东坡谪贬儋州时有诗云:"遗我吉贝布,海风今岁寒。"说的是当地一位老樵夫送棉布给自己御寒,这说明北宋末期海南岛上棉布已是寻常之物。一海之隔的雷州也差不多,同期贬居那里的苏辙在《〈和子瞻次韵陶渊明劝农诗〉序》中写道:"其民……衣被吉贝,故艺麻而不绩,生蚕而不织,罗纨布帛,仰于四方之负贩。"从中可见当时棉布已是雷州半岛上的主要织物,传统的丝麻在当地反而很少见。苏辙来自京师繁庶之地,是"元

① (元)马端临:《文献通考》卷三百二十四《四裔考(一)》。
② [美]董洁林:《人类科技创新简史:欲望的力量》,中信出版集团,2019 年,第 103 页。
③ 同前注。
④ (宋)袁文:《瓮牖闲评》卷四。

祐更化"时期的执政大臣。在他眼里，以棉代丝麻显然是落后贫穷的现象，故而他在这组古风盈然的四言诗中劝诫雷州百姓要勤于耕作，"绩麻缲茧，衣则可冀"。在当时福建莆田一带，棉织业似乎尤为兴旺，比苏轼、苏辙兄弟略晚的刘弇有诗云："家家余岁计，吉贝与蒸纱。"[①]不过，从北宋后期到南宋前期人的记载来看，"吉贝"这种东西虽已广为人所知，但时人似乎还搞不太清楚它的原料究竟是什么。北宋末年人方勺在《泊宅编》卷三中就把"吉贝"说成是"海南蛮人"用木棉织成的。彭乘《续墨客挥犀》卷一"吉贝布"条中也说："闽岭以南多木棉，土人多植之，有至数千株者。采其花为布，号'吉贝布'。"南宋前期人周去非所撰《岭外代答》卷六"吉贝"条，对于棉布的原料还不甚清楚。但半个世纪后，到南宋后期，棉花的种植和纺织终于传遍两浙、江南诸路。对于棉布的原料，赵汝适《诸蕃志》卷下"吉贝"条中已有很清晰的记载："吉贝，……南人取其茸絮，……以之为布。"可见南宋中后期是棉纺织业在中国广泛传播的关键时期。

由于棉在种植、生产加工、穿着体感和经济成本等方面均显著优于其他织物原料，所以它很快取代 2000 多年以来中原地区仅有的丝和麻，占据了主导地位。这又带动了染料炼制、印染技术、服装鞋帽缝纫等产业的广泛进步。当然，棉布盛行于神州大地，是元代以后的事了。"近时松江能染青花布，宛如一轴院画，或芦雁花草尤妙。此出于海外倭国，而吴人巧而效之，以木棉布染，盖印也。"[②]说的是从日本引入的棉布印染技艺。到了元代，江南各地已遍地梭织声，水力纺纱机和脚踏织布机

---

① （宋）刘弇：《龙云集》卷七《莆田杂诗二十首（其十四）》。
② （元）孔齐：《至正直记》卷一"松江花布"。

第三章　千帆市舶

193

等先进纺织机器也陆续被发明出来，这得益于当时著名纺织工艺革新家黄道婆对棉纺织技术的创新和传播。元末明初人陶宗仪对此有详细记载：

> 松江府东去五十里许，曰"乌泥泾"。其地土田硗瘠，民食不给，因谋树艺，以资生业。遂觅（棉）种于彼。初无踏车椎弓之制，率用手剖去子，线弦竹弧置按间，振掉成剂，厥功甚艰。国初时，有一妪名黄道婆者，自崖州来，乃教以做造捍弹纺织之具，至于错纱配色，综线挈花，各有其法，以故织成被褥带帨。其上折枝团凤棋局字样，粲然若写。人既受教，竞相作为，转货他郡，家既就殷。未几，妪卒，莫不感恩洒泣而共葬之，又为立祠，岁时享之。[①]

黄道婆于宋理宗淳祐（1241—1252）年间出生于秀州华亭，她的棉纺织技艺正是前半生飘零海南岛时向当地黎族妇女学来的。那个赠棉布给东坡先生的卖柴老人，应该也是黎人土著。但究其源头，棉花种植和棉布纺织是唐、宋两代五六百年间海上贸易带给中国的礼物。

著名的"占城稻"的引进意义或许不逊于棉花。所谓"占城稻"，顾名思义是出产于今越南中部一带的水稻品种，是一种早熟、耐旱的稻种，五代到北宋初由福建海商传入中原。越南素以其优质水稻闻名于世，中国古代文献中即有稻源出交趾的记载。占城稻在真宗时期从交趾引入广南地区，并在福建播种。后来江淮、两浙一带遭遇旱灾，大中祥符五

[①] （元）陶宗仪：《南村辍耕录》卷二十四"黄道婆"。

年（1012）五月，朝廷"遣使就福建取占城稻三万斛分给三路，令择民田之高仰者莳之，盖旱稻也。仍出种法付转运使，揭榜谕民"[①]。占城稻的大面积引种扩大了稻米的种植面积，有效提高了土地利用率，其对宋代农业和粮食生产有着举足轻重的意义。与占城稻同时引入的大概还有绿豆这种今天常见的农作物，它也像棉花一样源自印度。据说，"深念稼穑"的宋真宗曾为这两种外来农作物留下过《占稻》及《西天绿豆》的御诗。[②]

棉花和占城稻的引进或许不能算作狭义的市舶贸易，但它们也是宋代兴盛的海上经济贸易的标志性成就，保障了后世中国普通百姓的温饱。

遥遥领先的宋代造船与航运业

穿梭如织的海上贸易还促进了宋代航海技术的显著进步，这最集中地体现于当时中国遥遥领先的造船业上。

市舶贸易依赖的是远途海运，需要的自然都是载重量大、能够经受海上风浪考验的坚固海船。"海舶大者数百人，小者百余人。"[③] 一般来说，宋代的船舶建造得都非常大。古时中国一般以"料"为单位来衡量船舶的载重量。1 料就是 1 石，宋代的 1 石约为现在的 100 公斤。"且如海商之舰，大小不等，大者五千料，可载五六百人，……余者谓之'钻风'，

① （宋）李焘：《续资治通鉴长编》卷七十七"大中祥符五年五月戊辰朔"。
② （宋）文莹：《湘山野录》卷下"真宗求占城稻种"。
③ （宋）朱彧：《萍洲可谈》卷二"舶船航海法"。

大小八橹或六橹，每船可载百余人。"^①而当时的蕃商则通常以"婆兰"作为船舶载重计量单位，"胡人谓三百斤为一婆兰，凡舶舟最大者曰独樯，载一千婆兰。次者曰牛头，比独樯得三之一。又次曰木舶，曰料河，递得三之一"^②。可见当时大的海船载重量已达到几百吨。

有记载说："元丰元年（1078）春，命安焘、陈陆二学士使高丽，敕明州造万斛船二只，仍赐号，一为'凌虚致远安济舟'，一为'赓飞顺济神舟'，令御书院勒字，明州造碑。"^③此处的"万斛船"可能有不少水分，而宋徽宗宣和（1119—1125）间为派遣使团出访高丽而专门建造的两艘"神舟"，一艘命名为"鼎新利涉怀远康济神舟"，另一艘命名为"循流安逸通济神舟"，"长阔高大，什物器用人数，皆三倍于客舟"。同时招募六艘客舟随行，客舟"长十余丈，深三丈，阔二丈五尺，可载两千斛"。这个纪录应该是确凿可信的。2000斛等于2000料，照此推算，"神舟"长应有近40丈，深为9丈，阔七丈五尺，载重6000料，也就是500多吨。这两艘"神舟""巍如山岳，浮动波上，锦帆鹢首，屈服蛟螭，……丽人迎诏之日，倾国耸观而欢呼嘉叹也"^④。1974年8月，泉州湾后渚港出土了一艘南宋末海船，残长24.2米，残宽9.15米，残深1.98米。复原后总长34.55米，最大船宽9.9米，满载吃水3米，排水量374.4吨。2007年12月广州海域打捞出南宋沉船"南海一号"，船体长30.4米，宽9.8米，载重约800吨，无疑是当时世界上最先进的海船。

---

① （宋）吴自牧：《梦粱录》卷十二"江海船舰"。
② （元）脱脱等：《宋史》卷一百八十六《食货志下（八）》。
③ （宋）张师正：《倦游杂录》。
④ （宋）徐兢：《宣和奉使高丽图经》卷三十四"神舟""客舟"。

考古发现的实物与当时的文献记载十分吻合。

　　宋代海船一般都是采用贯通首尾的龙骨支撑整个船身，甲板平整，底尖如刃，海船"皆以全木巨枋挽叠而成，上平如衡，下侧如刃，贵其可以破浪而行也"①。"其舟大载重，不忧巨浪而忧浅水"②；"不畏风涛，唯惧靠阁，谓之'凑浅'，则不复可脱"③。就是说，当船只建造得够大时，抵御海上风浪的能力会明显增强，但缺点是容易搁浅，且一旦搁浅，脱浅很难。这种"V"字底造型的船大大缩小了底部的接触面积，也就降低了搁浅的风险。

　　为使船只更加坚固，同时也为了应对腐蚀性很强的海水，宋船多用松、杉、樟等优质木材建造，通常舷侧板用三重木板，船壳板用二重木板，海船回航后要定期加固。宋代海船还率先采用有转轴装置的多根桅杆，可以挂帆超过十面，这方便了船帆起倒，使得船只能够在各种风向和风量中灵活自如地航行。"其樯植定而帆侧挂，以一头就樯柱如门扇，……海中不唯使顺风，开岸就岸风皆可使。"④沈括《梦溪笔谈》里对此亦有记载。

　　宋代海船还采用隔舱设计，大大提高了船只的安全性，这是世界海船建造史上的重要创新。客商分在各个舱中，"分占贮货，人得数尺许，下以贮物，夜卧其上"⑤。上述泉州湾出土的宋船，就是以12道隔板分隔了13个船舱。宋船的吃水量、载货量和坚固程度均远胜于当时波斯和

① （宋）徐兢：《宣和奉使高丽图经》卷三十四"客舟"。
② （宋）周去非：《岭外代答》卷六"木兰舟"。
③ （宋）朱彧：《萍洲可谈》卷二"舶船航海法"。
④ （宋）朱彧：《萍洲可谈》卷二"舶船蓄水就风法"。
⑤ （宋）朱彧：《萍洲可谈》卷二"舶船航海法"。

阿拉伯地区的船只，也使宋朝的航海业居于当时全球领先地位。

宋代远洋海运中最了不起的创新，莫过于使用磁石指南针来辨识航线了，它也是中国古代最伟大的技术发明之一。英国著名科技史学家李约瑟在《中国科学技术史》中评论说，指南针的应用把"原始航海时代推到终点，预示计量航海时代的来临"。据说，用天然磁石制成的"司南"，早在战国时期就已发明，它是指南针的前身。宋仁宗庆历（1041—1048）年间出现了以人工磁化方法制作的"指南鱼"。真正意义上的指南针是何时由何人发明，如今已不可考。沈括在《梦溪笔谈》中记录了指南针的制造方法及特性："方家以磁石磨针锋，则能指南，然常微偏东，不全南也。"[1] 而在《梦溪笔谈》写作几十年后，便有记载表明，这项科学发明已广泛应用于航海。宣和（1119–1125）年间去高丽的海船，"若晦冥，则用指南浮针以揆南北"[2]。

这一时期还出现了以量天尺为测星工具的"观星术"，它与指南针配合使用，便可以准确地辨识船舶在海洋中的位置，由此大大提高了航路的可靠性。当时远航阿拉伯地区的广州海船，"舟师识地理，夜则观星，昼则观日，阴晦观指南针"[3]。这也意味着宋代船舶不再只能沿岸航行，而是可以横渡大洋，大大缩短航程。有西方学者指出："12世纪前后，中国船就技术上来讲，已经能够航行到任何船只所能到达的地方了。"[4]

造船技术与航海技术的突飞猛进，使海船航行速度大幅加快。从广

---

① （宋）沈括：《梦溪笔谈》卷二十四《杂志一》。

② （宋）徐兢：《宣和奉使高丽图经》卷三十四《半洋焦》。

③ （宋）朱彧：《萍洲可谈》卷二《舶船航海法》。

④ 转引自孙玉琴总主编，孙玉琴、常旭著《中国对外贸易通史》（第一卷），第82页。

州到爪哇，东晋时需约 50 天，宋代缩短为 30 天；从广州到苏门答腊，东晋时需约 30 天，宋代缩短为 20 天，都节省了 1/3 左右的时间。这又降低了海上运输的经济成本，将许多原来不可能的贸易变成现实。

因为市舶港口都在南方沿海，宋代建造海船的所有造船工场也都在南方诸路。各地建造海船的工艺技术和材料各有特色，但以两浙路的明州和福建路的福州、漳州、泉州建造的海船最为驰名，这些地区是当时世界的造船修船业中心。福州所造船只，后来被专门称为"福船"，因其使用的木材坚致、船形庞大坚固而备受各国旅行家的称许。《三朝北盟会编》称，"海舟以福建为上"。荆湖、江南各路则集中了许多内河航运船只的修造工坊。

前文已经谈到，宋代的造船工场既有官营，也有私营。官府的船场规模较大，雇用的工匠多则 200 多人，少的也有 100 多人，能工巧匠云集。这些官营船场一般每年要出场 300 艘以上的船只，"立定格例，日成一舟"①。正是凭借着当时世界上最先进的造船业和航运技术，南宋建立了一支前现代装备最精良的水军。据陆游记载："建炎中，平江造战船，略计其费四百料。八橹战船长八丈，为钱一千一百五十九贯；四橹海鹘船长四丈五尺，为钱三百二十九贯。"② 它们先是在内河与外海上抵抗金人入侵，后又与蒙古铁骑周旋几十年。直到最后的"崖山时刻"，宋人仍寄希望于依靠海上优势为自己留存最后一线生机。

---

① （清）徐松：《宋会要辑稿·食货》四四之六。

② （宋）陆游：《老学庵笔记》卷一。

东南沿海港口链条形成

唐宋 500 多年的市舶贸易在东南沿海造就了一大批繁荣兴旺的港口城市，它们像一颗颗璀璨的明珠，由南向北、由西向东，把从珠江入海口到长江、淮河入海口的中国南方海岸线串联成一条价值连城的链条。

进入五代后，所有这些港口都被南方割据政权所控制。摆脱中原王朝的大一统，对地方经济贸易的正面和负面影响都很明显。一方面，割据政权必须专心致志地发展本地经济，才能让自己获得尽可能多的财力和资源，以便在残酷的政治军事竞争中存活下去。同时，一个政权统治的版图更狭小，地区经济文化的同质化程度更高，也使得发展更容易实现。但另一方面，政治的不统一导致了市场的高度割裂，更大规模和更深层次的分工与合作难以展开，限制了经济贸易的持续扩展和升级。

总体上看，五代时期东南沿海形成了三片港口群：两广，以广州为中心，钦州、潮州、雷州、琼州（今海口）、合浦等为辅；福建，以泉州为中心，南北连接漳州、福州等；两浙，以杭州、明州为两大主要港口，辐射温州、秀州、江阴军等。这三片港口显然又与当时割据政权的分布直接对应。这一时期的显著特征是，沿海港口城市数量大大增多了，但传统大港如广州和扬州的规模不仅没有扩大，反而因辐射范围的缩小而比前代削弱了。不过这个时期为日后贸易港口的大发展奠定了基础。

入宋以后，天下再度统一，整个东南海岸线及其腹地也重新连成整体，加之对外贸易的重心从西北陆上转向这一片区域，这些港口便赢得了前所未有的协同发展机遇。在两宋 300 多年间，这些港口虽然都取得了长足发展，但相互之间的地位却有所起落转换。宋初，广州、明州和杭州是三个最大的港口，其中广州的贸易规模高居第一，这是汉唐格局的自然延续。但由于杭州距离北宋政治中心更近，且又位于宋代经济最发达的两浙路中心地带，所以它的地位日益提高。南宋初年，杭州作为行在所，其政治经济地位之重要更是无与伦比。不过从南宋中前期开始，由于贸易航路的变化，杭州的重要性逐渐下降。而位于福建路的泉州迅速崛起，不久便超越"千年大港"广州。与此同时，两浙路诸港之间的地位也发生了很大变化，南部明州的地位因地理位置更优而稳步上升，逐渐取代了杭州，成为仅次于泉州的大港。

到南宋后期，明州、泉州、广州成为全国最重要的三大中心港口。从它们在东南海岸线的分布来看，地理空间上也比以前更为合理。当时"三路舶司"并称，即两浙路、福建路和广南东路市舶司。

广州自汉代以降即为传统大港，到唐时尤为兴盛。早在玄宗开元（713—741）间，唐朝政府就在这里设置了市舶司。入宋后百年间，全国市舶收入的十之八九来自广州港。熙宁（1068—1077）间，"明、杭、广州市舶司博到乳香，计三十五万四千四百四十九斤，广州收三十四万八千六百七十三斤"[①]，广州的乳香博买占了"三路舶司"博买总量的98%，足见广州在北宋大半时间里于对外贸易中一枝独秀的地位。元丰八年（1085）之前，广州一直是朝廷指定的唯一可以办理出海公凭的港口，泉州设市舶司之前，福建路的海舶贸易也需到广州办理公凭，接受抽解。此后到北宋末、南宋初，福建、两浙二路的海外贸易迅猛增长，广州的地位相对有所下降，但绝对优势依然稳固。

---

① 《粤海关志》卷三"前代事实"（二）。

广州市舶司旧制：帅臣漕使领提举市舶事，祖宗时谓之"市舶使"。福建路泉州，两浙路明州、杭州，皆傍海，亦有市舶司。崇宁（1102-1106）初，三路各置提举市舶官，三方唯广最盛，官吏或侵渔，则商人就易处，故三方亦迭盛衰。朝廷尝并泉州舶船令就广，商人或不便之。①

直到绍兴二年（1132），广州的市舶收入仍"倍于他路"。广州蕃商中以阿拉伯人居多，他们素以"富盛多宝货"著称，引入许多奇花异草，种植在自己聚居的西园一带。有人认为，广州后来之所以获得"花城"美誉，就与唐宋时期入华的阿拉伯商人有关。

泉州虽然早在北宋初年就已在海外贸易中据有一席之地，但它是宋朝设立市舶司最晚、发展势头最为迅猛的一个大港。到北宋末，泉州的市舶贸易已超越明州，直追广州了。南渡以后，泉州的地位更加凸显，原因有二：其一，南宋建炎（1127—1130）初年，一路南逃的高宗一度避于海上，金兵尾随追迫之下，两浙路诸港遭战火破坏，而位于更南边福建路的泉州港完好无损；其二，也是更重要的，泉州的地理位置居于南宋海岸线的中央，它不仅是远洋贸易大港，还是南宋国内海路运输必经的中转港。因此，泉州后来居上，到南宋中后期已赶上并超越广州，跃升当时中国乃至"世界第一大港"。宋理宗绍定（1228—1233）间，泉州市舶贸易出现停滞。出生于居华阿拉伯巨商世家的蒲寿庚受朝廷之命提举泉州舶司，"擅蕃舶利者三十年"② 间，阿拉伯商人蜂拥而至，泉

① （宋）朱彧：《萍洲可谈》卷二"广泉明杭州皆设市舶司"。
② （元）脱脱等：《宋史》卷四十七《瀛国公纪》。

　　　　　　逝去的盛景：宋朝商业文明的兴盛与落幕

州也因此而赢得了"回半城"之称。由于大量阿拉伯人长期生活在中国，伊斯兰教也成为当时最盛的新兴外来宗教，广州、泉州都修建了不少清真寺。2008年底，福建宁德市霞浦县柏洋乡上万村周围，发现了大量宋元以来的摩尼教文献与文物。摩尼教诞生于公元3世纪时的古波斯，在中国历史上曾被称为明教。宋时流传于福建的摩尼教，显然也是随海上丝绸之路而来。

杭州在唐五代时就已是江南沿海最重要的贸易港口之一，"东眄巨浸，辖闽夷之舟橹；北倚郭邑，通商旅之宝货"[1]。中国现代历史地理学权威谭其骧先生曾引述杜甫诗"商胡离别下扬州，忆上西陵故驿楼"，并指出西陵是当时海舶出入杭州的必经之地，所以杭州必定是唐五代时极为重要的贸易港口。[2] 事实上，这里也是北宋初年所设第二个市舶司——两浙市舶司的最初所在地。

明州（南宋后期改名庆元府）的海外贸易在晚唐到五代时也已相当活跃，北宋第三个市舶司设在这里，使其贸易地位进一步上升。北宋前期，因高丽毗邻辽国并与之关系密切，宋朝政府曾明文禁止与它进行贸易。这条禁令在元丰八年（1085）废除后，明州成为宋朝与日本、高丽官方往来的唯一指定口岸。"诸非广州市舶司辄发过南蕃纲舶船，非明州市舶司而发过日本、高丽者，以违制论。"[3]

南宋初有人游历四明（宁波的别称）昌国县（今舟山群岛）海岛上

---

① （唐）罗隐：《杭州罗城记》。

② 谭其骧：《杭州都市发展之经过》，《长水集》（上），人民出版社，1987年，第420页。

③ （宋）苏轼：《乞禁商旅过外国状》。

的佛寺，见到"寺有钟磬铜物，皆鸡林商贾①所施者，多刻彼国之年号"，寺内墙壁上还有高丽人"留题颇有文采者"。可以遥想当时往返于高丽与明州之间的商船有多么繁忙！那时，舟山是海外商人抵达或启航明州的中途停靠处，"海舶至此，必有祈祷"②。

从一个半世纪后周密在《癸辛杂识》中的记录来看，宋末元初长期生活于明州的日本客商社群也相当庞大。周密的这段描写虽然只有寥寥300字不到，但撇去那些以讹传讹的说法，如"倭妇人体绝臭"之类，还透露出一些很有趣的信息，充分说明当时日本的生活习俗已与中国颇不相同。日本人的房子都是纯木搭建，不似中国的砖木结构："倭人所居，悉以其国所产新罗松为之，即今之罗木也，色白而香，仰尘地板皆是也。"日本人有"聚浴"的风俗，想必此即后来所谓"风吕"。"每聚浴于水，下体无所避，止以草系其势，以为礼。"日本人的装束也与中国人不同，"其衣大袖而短，不用带"，这大概就是"和服"了。日本人很早就会织棉布，领先于当时的中国，"所衣皆布，有极细者"。还有，周密的记录也可证明，精美的折扇的确是日本人发明后传至中国的："其聚扇用倭纸为之，以雕木为骨，作金银花草为饰，或作不肖之画于其上。"③

建炎（1127—1130）间明州曾遭南下金兵劫掠，但不久恢复如初。宁宗庆元（1195—1201）以后，江南各地的市舶机构相继撤销，唯有庆元市舶司一直保留，其职能反而获得进一步强化，"凡中国之贾高丽，

---

① 唐朝时对新罗（当时朝鲜半岛上的一个王国）商人的称呼，语出白居易。
② （宋）张邦基：《墨庄漫录》卷五。
③ （宋）周密：《癸辛杂识续集》卷下"倭人居处"。

与日本诸蕃之至中国者，惟庆元得受而遣焉"①。所以宋人称明州乃"海道辐凑之地，故南则闽、广，……商舶往来，物货丰衍"②。元代以后，明州在与东方贸易方面的优势进一步扩大。

除了上述三个中心口岸，广南西路的钦州港具有与交趾隔海相望的特殊地理优势，每年交趾商人来此贸易"每博易动数千缗"③。琼州则是南路海商往返广州的必经港口，两地都十分繁荣。两浙路的温州、台州、越州以及位于长江下游的江阴军、金陵、润州（今镇江）和常州等城市，在五代到南宋间也都曾先后是十分活跃的对外贸易港口。这些地处江南腹地的城市，受到杭州、明州乃至泉州的辐射，又对它们构成了很好的补充。

市舶贸易不仅惠及州府级的大中城市，还带动了一大批人口规模并不大的市镇蓬勃兴起，这在宋代以前是不可能的事。这些市镇中最出名的当属青龙镇、澉浦镇、上海镇、江湾镇和黄姚镇等，其中大多数集中在秀州，它们在对外贸易方面的成功，孕育了上海这座当代中国第一大都市的原始胎动。

随着南宋时杭州贸易地位的下降，隶属于秀州华亭县的青龙镇大有后来居上之势。华亭本就号称"东南一大县"，这里"富室大家，蛮商舶贾，交错于水陆之道"④。而青龙镇早在北宋中后期已是江南名镇，也是秀州最大的市镇。绍熙《云间志》卷上"镇戍"条载："青龙镇，去县五十四里，

---

② （宋）祝穆：《方舆胜览》卷七"庆元府"。
③ （宋）周去非：《岭外代答》卷五"钦州博易场"。
④ （宋）孙觌：《鸿庆居士集》卷三十四《朱公墓志铭》。

居松江之阴，海商辐辏之所。"熙宁十年（1077），青龙镇商税收入高达近 1.6 万贯，不但远远超过秀州所有县城，包括它所属的华亭县城，甚至与秀州州城的税收也相差不多。① 这样的财政实力明显是得益于它的外贸。因"蕃商舶船辐凑住泊"②，青龙镇一度改名为通惠镇。徽宗政和三年（1113）七月，于华亭县设"市舶务"。而到南宋高宗绍兴二年（1132），华亭市舶务迁至青龙镇。时人这样描述当时青龙镇的繁茂盛况：

> 粤有巨镇，其名青龙。控江而淮浙辐辏，连海而闽楚交
> 通。……市廛杂夷夏之人，宝货当东南之物。③

不过，后来"因青龙江（吴淞江，今苏州河）浦埋塞，少有蕃商舶船前来"④，位于吴淞江上游的青龙镇逐渐丢失了往日的贸易龙头地位。此时，江下游的江湾镇、黄姚镇开始取而代之，政府也在此置场征税。到宁宗嘉定年（1208—1224）时，"黄姚税场，……每月南货商税动以万计"⑤，可知其商贸规模之巨。此后到南宋末年，吴淞江口的上海镇以更猛烈的势头迅速崛起，成为又一重要的贸易口岸。它"襟海带江，舟车辏集，故昔有市舶、有榷场、有酒库、有军隘，官署儒塾、佛仙宫馆、邸廛贾肆，鳞次而栉比"⑥。"迨宋末，人烟浩穰，海舶辐辏，即其地立

① 王旭：《论宋代的镇志》，载《史学史研究》2019 年第 3 期。
② （清）徐松：《宋会要辑稿·职官》四四之一一。
③ （宋）应熙：《青龙赋》，嘉庆《松江府志》卷二。
④ （清）徐松：《宋会要辑稿·职官》四四之一一。
⑤ （清）徐松：《宋会要辑稿·食货》一八之二九。
⑥ 弘治《上海志》卷五《建设志》。

市舶提举司及榷货场，为上海镇。"① 只是上海镇真正的"跨越式"大发展要到元朝时，元世祖至元十四年（1277），朝廷在此设市舶司。至元二十七年（1290），上海镇升格为上海县，属松江府，几百年后的远东第一大都市由此迈出了第一步。

位于杭州湾北岸海盐县的澉浦镇也隶属于秀州，在北宋时还只是一个盐场和渔镇，熙宁十年（1077）的税额尚不足 2000 贯。但得益于毗邻行都杭州，澉浦镇在南宋后得到了空前发展。绍定四年（1231），它的商税额猛增至 3 万贯以上。淳祐十年（1250），朝廷在澉浦港置市舶场。此地居民"不事田产，……惟招接海南诸货，贩运浙西诸邦，网罗海中诸物以养生"，时人说"澉浦为镇，人物繁阜，不啻汉一大县"②。到至元三十年（1293），元代朝廷曾讨论在此设立市舶司，可见其盛况。因为当时官府抽税太急，澉浦镇上曾发生过蕃商在逼压之下忍无可忍，持刀杀死三名市舶司官员的恶性案件。③

市舶贸易加速改写经济地理

海外贸易的兴盛，不仅直接带动了沿海港口城镇的商业繁盛，也对华南腹地的经济产业产生了不可忽视的影响。由于瓷器的大量出口，两浙、福建、两广诸路逐渐形成了上下游产业链完备的瓷器制造和销售体系。南宋时，这些地区分布着数百个窑址，年产瓷器件数以亿计。福建

---

① 嘉靖《上海县志》卷一《总叙》。
② （宋）常棠:《澉水志》卷七。
③ （元）姚桐寿 :《乐郊私语》。

德化、安溪、南安等瓷窑产品在东南亚地区发现甚多，而在国内却很少发现，说明这些瓷窑生产的产品在当时主要供出口。[①] 江南地区的丝绸、茶叶和印刷业的情况同样如此。可以说，宋代中国东南地区因泉州、明州、广州的市舶贸易而深深地融入了当时的世界经济之中。贸易往往直接改变了一镇、一县、一州，乃至一路的产业结构，而港口城镇及其附近的百姓也多直接或间接从事与市舶贸易相关的产业，"唯福建一路，多以海商为业"[②]，其中颇多因海外贸易而致富者。

从更宏观的时空视野来看，唐宋市舶贸易也在一定程度上改写了中国的人口和经济版图。应该说，中国人口和经济重心由黄河流域往南转移，是一个历时近 2000 年的漫长过程。这个过程从魏晋南北朝时期就开始了，直到今天也许仍不能算彻底完成。这样一个长期趋势，并不仅仅是对外贸易甚至经济因素本身造成的，它是历史上统一与分裂、异族入侵与战乱纷争的悲喜剧中的重要剧情之一，但沿海贸易显然是其中不可忽视的动因。而且这个过程还是相互促进和相互增强的：北方的政治动荡推动人口不断往南迁移，大量人口和当时处于优势的先进文化转移到南方，刺激和带动了南方的经济发展，当然也包括海外贸易；南方经济的快速增长又吸引更多北方人口和资源进一步南迁，在和平与统一的时期继续维持这种趋势。

现代中外学者普遍认为，公元 9 世纪初到 13 世纪末的 400 年间，是这种"北南转换"的关键转折点。司马光曾这样描述唐玄宗时期的西北："是时中国盛强，自安远门西尽唐境凡万二千里，间阎相望，桑麻翳野，

---

① 孙玉琴总主编，孙玉琴、常旭著：《中国对外贸易通史》（第一卷），第 104 页。
② （宋）苏轼：《论高丽进奉状》。

天下称富庶者无如陇右。"① 实事求是地说，这段话存在显而易见的夸大。唐代陇右道就是今天河西走廊一带，自先秦以来都算不上富庶，更不可能"天下无如"。那一带只能勉强算得上中原的边缘，纵使1000多年前人口状况和自然条件比现在好很多，又紧挨着当时的政治中心京畿道，且占陆上丝路之利，那也应当是商旅接踵、驼铃声声、牛羊遍野的景象，而绝不会是"闾阎相望，桑麻翳野"。但这段话多多少少印证了"陆上丝绸之路"鼎盛时期中国北方的兴旺。那时是公元8世纪中叶。"天宝之后，中原释耒，辇越而衣，漕吴而食"②。也就是说，中唐以后，中原地区的衣食供应都要仰仗吴越了。大文豪韩愈也曾说过："当今赋出于天下，江南居十九。"③

根据历代户口统计数据，西汉平帝元始二年（2），北方人口是南方人口的3.2倍；到唐玄宗天宝（742—756）初年，北南户口之比为5∶4；而到北宋初，北南户口之比已是2∶3。④海外学者试图做出更精确的估算，他们认为，唐代前期的公元750年前后，居住在长江以南的人口只占全国总人口的24%；但到12世纪末时，这个比例已上升至60%；而到13世纪末时，居住在南方的人口已经占到中国总人口的85%以上。⑤从公元初年到公元1300年，中国北南人口变化几乎呈现一条对称翻转的曲线。其中变化最大的9世纪初到13世纪末，正是五代至两宋时期。

① （宋）司马光：《资治通鉴》卷二百一十六《唐纪三十二》"玄宗天宝十二载八月戊戌"。
② （唐）吕温：《故太子少保赠尚书左仆射京兆韦府君神道碑铭并序》。
③ （唐）韩愈：《送陆歙州诗序》。
④ 周振鹤：《中国地方行政制度史》，第286—287页。
⑤ 转引自［英］安格斯·麦迪森《中国经济的长期表现——公元960—2030年》，伍晓鹰、马德斌译，第19页。

从经济角度说，北宋中后期是一个分水岭。差不多在神宗时，也就是王安石变法时期，南方的经济总量第一次超越北方。根据现在能够查找到的数据，熙宁十年（1077）前，京东东路、京东西路、京西南路、京西北路、河北东路、河北西路、永兴军路、秦凤路、河东路等北方诸路的商税总额合计为 267.3 万贯；而淮南东路、淮南西路、两浙路、江南东路、江南西路、荆湖南路、荆湖北路、福建路、广南东路、广南西路等南方诸路的商税总额合计为 220.2 万贯。北方诸路仍略强于南方诸路。但到熙宁十年，上述北方诸路的商税总额小幅增长至 285 万贯，而上述南方诸路的商税总额则猛增至 325.4 万贯。[①] 格局完全改变了。

其中的最大赢家无疑是江南地区。熙宁十年，两浙路商税额占全国商税总额的 14%，几乎是排第二位的京东东路和第三位的河北东路商税额之和。此后，无论是酒税（第二章中已经提到它在宋代财政中的重要地位）、免役钱还是均输钱等，几乎每一项赋税的征缴，两浙路均高居第一，且遥遥领先于第二位。经济实力相对逊色一些的江南东路，其年商税总额在熙宁十年也上升至全国第六位。[②] 南渡以后，随着北方领土的丢失，政治中心也迁至江南，东南沿海相对于北方地区的经济优势就更明显了。

这里补充一句，经济重心南移是中国古代经济史研究中的一个重大课题。对于南方经济总量是何时超越北方的这个问题，学术界众说纷纭，迄今主要有南北朝、隋唐以及北宋三种不同意见。但将南方超越北方的

---

① 数据源自（清）徐松《宋会要辑稿·食货》一五至一七，参见陈国灿主编，陈国灿、姚建根著《江南城镇通史（宋元卷）》，第 26—27 页。

② 陈国灿主编，陈国灿、姚建根著：《江南城镇通史（宋元卷）》，第 25—26 页。

时间确定在北宋后期之前，一直以来基本无分歧。不过近来也有学者对这一"定论"提出了挑战。例如，程民生在专著《宋代地域经济》中指出："概括而言，北宋南北经济各有特色。经济重心从发展趋势上看正在南移，但从历史现状上看还未完成。东南经济只能与北方经济平分秋色，而不能独占鳌头。"他还认为，在国家财政收入方面，宋神宗时期东南六路（两浙、淮南、江东、江西、湖北、湖南）的两税、商税、盐、酒课、茶税、免役钱等项目所占国家财政收入总额数是北方六路（开封府、京东、京西、河北、陕西、河东）的 80% 都不到。若再按现代衡量社会经济发展水平的人均产值来估算，河北、陕西雄居榜首。程民生依据各地主要赋税指标划分了三个类型的地区。经济发达区：河北、陕西、两浙、淮南、京东、江东、开封府；一般地区：江西、河东、成都府路、湖北、湖南、福建、广东、梓州路、京西；经济落后区：利州路、广西、夔州路。显然，北方诸路的大部分地区居于宋代经济发达区。[①]

由唐代中后期开始，经由五代到宋代，后世中国人口、经济和贸易的基本格局得以奠定。可以说，南宋时形成的这一格局一直延续到了今天。在大幅度改写中国经济文化版图的"唐宋变革"中，市舶贸易发挥了不可替代的作用。

---

① 参见李华瑞《北宋时期经济重心南移了吗？——评程民生〈宋代地域经济〉》，载《平坡遵道集》，凤凰出版社，2022 年，第 13—14 页。

第四章

声色犬马

明星崇拜是当今社会中十分常见的现象，引来不少人的忧虑和不满。实际上，这是一种典型的市场现象，不管喜欢与否，商业繁荣的社会一定会出现演艺偶像以及追捧他们的粉丝群体，古今中外皆然。

今存众多宋人笔记中都提到过"丁仙现"，有的地方也记作"丁先现""丁线见"等。他是北宋神宗年间一位滑稽戏名角，起先在东京的中瓦子作场演出，大概因为才艺优异，宫中的很多人乃至皇帝都成了他的忠实粉丝。据说丁仙现不但擅长谐谑，对杂剧、舞蹈、宫调等也深有研究，所以后来被召去担任教坊使（教坊负责人）。由此，丁仙现也被称为"丁使""丁大使"。那么多文献都写到了这位丁仙现，可见他在当时的名气有多大！

但丁仙现被人记住可能并不全在于其演艺才华，实际上他还是一个非常有骨气的伶人。徽宗时代人蔡絛记录了一段他的事迹：

> 熙宁初，王丞相介甫既当轴处中，而神庙方赫然，一切委听，号令骤出，但于人情适有所离合，于是故臣名士往往力陈其不可，且多被黜降，后来者乃寝结其舌矣。当是时，以君相之威权而不能有所帖服者，独一教坊使丁仙现尔。丁仙现，时俗但呼之

曰"丁使"。丁使遇介甫法制适一行，必因燕设，于戏场中乃便作为嘲诨，肆其诮难，辄有为人笑传。介甫不堪，然无如之何也，因遂发怒，必欲斩之。神庙乃密诏二王，取丁仙现匿诸王邸。二王者，神庙之两爱弟也。故一时谚语，有"台官不如伶官"。①

这条笔记颇有些蹊跷。《铁围山丛谈》的作者蔡絛是蔡京之子，后因父之累而遭流放。而蔡京之弟（也就是蔡絛的叔父蔡卞）又是王安石的女婿，蔡絛却把自己的长辈写得如此不堪。《铁围山丛谈》这部书在别处还有明显讥讽王安石的笔墨，着实令人不解。王安石的个性或许的确固执己见，故有"拗相公"之称，但他并非凶残暴虐之人，说他因为一个伶人在戏台上编排滑稽段子嘲讽自己便骤起杀心，与其一贯为人很不相称。更重要的是，这一点也不符合素以政治宽松、言论自由、强调法治而为人称道的宋代政治逻辑。北宋大部分时候，权力制衡机制是相当完善的，就算王安石真想杀谁，可能也没有这个能力，更何况对方还是受宠于宋神宗的文娱明星。蔡絛的父亲蔡京算得上骄横跋扈、一手遮

① （宋）蔡絛：《铁围山丛谈》卷三。

天了，他对政敌的手段无非就是罢官、贬官、外放而已，甚至连完全禁止他们讲课授徒都不一定能办到。在宋代，纵然贵为天子，要无端杀死一个自己憎恶的人，恐怕都不是一件轻而易举的事。

但不管怎么说，这位丁仙现充分利用自己与皇家的特殊关系，在演出里夹枪带棒，机智幽默地抨击朝政、劝谏官员、为底层民众的疾苦呼吁，应当确有其事。类似的记载还有很多。丁仙现入宫以后，每有演出，"颇议正时事"。还有人说，丁仙现晚年曾在朝堂大门口对着一群朝廷官员说，自己老了，"无补朝廷也"，遭到大臣们的哂笑。[1] 但在老百姓眼里，真的是"台官不如伶官"！

像丁仙现这样的艺人在两宋时期并不少见，他们虽然身在勾栏瓦肆，内心却以士大夫自期，时时不忘朝政国事。因为有这层特殊身份，采用的技巧又"大抵全以故事，务在滑稽唱念，应对通遍。此本是鉴戒，又隐于谏诤"，所以即便有所冒犯，皇帝和官员们也不便放下尊贵身段与他们计较，"于上颜亦无怒也"。虽然这一类伶人在当时得了一个听上去很低贱的称号——"无过虫"[2]，但历史仍然记住了他们的浩然正气。北

---

① （宋）朱彧：《萍洲可谈》卷三。
② （宋）吴自牧：《梦粱录》卷二十"妓乐"。

宋末期著名词人叶梦得称誉道："丁仙现自言及见前朝老乐工，间有优诨及人所不敢言者，不徒为谐谑，往往因以达下情，故仙现亦时时效之，非为优戏，则容貌俨然如士大夫。"[1]

---

[1] （宋）叶梦得：《避暑录话》卷下。

一、勾栏瓦舍

丁仙现这样的出色艺人之所以能够脱颖而出，离不开宋代社会中形成的繁荣的大众文艺演出市场。即使以 21 世纪的眼光来看，宋代的城市生活也处处弥漫着娱戏之风。

专业演出场所的诞生

如果有一类场所最能体现宋代城市特点，非勾栏瓦舍莫属，这是宋代独有的全新事物。

中国从上古起就异常重视音乐、舞蹈等艺术活动，历代儒生士大夫不厌其烦地强调周公"制礼作乐"。"乐"在"六艺"中排第二位，仅次于"礼"。《论语》中有"子在齐闻《韶》，三月不知肉味"和"八佾舞于庭"之类的记录，可见"乐"和"舞"在儒家文化中的重要地位。然而在漫长的古代，它们都是礼制的一部分，完全从属于王道教化的政治功能。即便两汉以后陆续出现了一些关于演艺人才和内容的零星记载，也都是为皇家宫廷和豪门贵族服务的，与普通百姓的日常生活毫不沾边。本来，"礼不下庶人"就是天经地义之事。

有记载的以普通大众为对象的商业性演出最初出现在隋唐，这显然与当时经济进步带来的物质生活改善、闲暇时间增多相关，更重要的是工商业的发展与商品市场的兴起。但唐时不存在用作专门文娱演出的固定房舍，这类戏场大多设在坊市中的空地上或佛道寺观门前的广场上。

当然，它们都是临时性的^①，直到勾栏瓦肆在宋朝城市里大量涌现，迎合了城市经济蓬勃发展和市民阶层广泛崛起所产生的消遣生活与精神享受的日常需求。

"勾栏"，也叫"勾阑""勾肆"，亦有称"叫棚""邀棚""游棚"的，是指市井中百戏杂剧的固定演出场所，差不多就是今天的剧院或游乐场。据说它的得名源自一些街头艺人在城乡集市演出时用栅栏和绳子在空地上圈出一块临时演出场地，便于数人头收钱。这些栅栏的栏杆上往往刻有相互勾连的花纹，故称"勾栏"。起初，这类勾栏即使固定，也多是用一些简易材料搭起来的，所以又被称作"棚"^②，以至于后来所有勾栏的名称都是"某某棚"。随着演出市场的日益扩张，有些勾栏从半开放的简易建筑变成了封闭式的大型正规建筑。《南村辍耕录》中有一条"勾栏压"的笔记，记录了元朝初年松江府一处勾栏倒塌，压死 42 个人的重大事故，"其死者皆碎首折胁，断筋溃髓"。可见那时的很多勾栏不但有门，还有坚固沉重的屋顶。^③

勾栏的内部结构像现在的剧场一样，中央最显眼处是戏台；戏台背后设有观众看不见的后台，称"戏房"；戏台下是观众席，当时叫"腰棚"，大多有座席；此外还有"神楼"之类的装饰性建筑。大多数勾栏场地不是很大，因为那时没有很好的音响条件，当然更没有扩音设备，观众也没有望远镜。但也有少数勾栏，比如东京中瓦子的"莲花棚""牡丹棚"，

---

① 杨宽：《中国古代都城制度史研究》，第 316 页。
② 杨宽：《中国古代都城制度史研究》，第 315 页。
③ （元）陶宗仪：《南村辍耕录》卷二十四"勾栏压"。

里瓦子的"夜叉棚""象棚"可容纳上千观众，堪称大剧场。①

宋代的勾栏经营者也像当今的演出业经理人一样，十分重视宣传营销。所有勾栏门口都贴了"招子"，勾栏内外到处悬挂、张贴着"旗牌""纸榜""帐额""靠背"等。它们其实就是各种形式的宣传广告，上面会写明演出的节目单、时间以及主要艺人的名号。②

"瓦舍"，也叫"瓦肆""瓦市"，一般老百姓多俗称"瓦子"，就是综合性的演艺娱乐兼商业中心，按照南宋人灌圃耐得翁和吴自牧的说法，就是聚得快散得也快的地方："瓦者，野合易散之意也，不知起于何时"③；"瓦舍者，谓其'来时瓦合，出时瓦解'之义，易聚易散也"④。如果按这种解释，那么"瓦肆"或"瓦市"应该就是临时性的集市，未必特指演艺场所。时人的确也有用来形容集市的，例如，"东京相国寺乃瓦市也"⑤；又如"都亭驿……犹是故屋，但西偏已废为瓦子矣"⑥。还有今人考证说，"瓦舍"一词本指僧房，最早见于汉译佛经《鼻奈耶》⑦，又引申为寺院的意思，后来不知怎么渐渐被借用来指娱乐场所。

反正到了宋代，人们讲到"瓦子"，意思是很明确的，即综合性的商业娱乐服务集合场所，有一点像今天城市里的购物商场，但又有很大不同。通常，"瓦中多有货药、卖卦、喝故衣、探博、饮食、剃剪、纸画、

---

① （宋）孟元老：《东京梦华录》卷二"东角楼街巷"。
② 参见李春棠《坊墙倒塌以后》，湖南出版社，1993年，第171页。
③ （宋）灌圃耐得翁：《都城纪胜》"瓦舍众伎"。
④ （宋）吴自牧：《梦粱录》卷十九"瓦舍"。
⑤ （宋）王栐：《燕翼诒谋录》卷二。
⑥ （宋）楼钥：《攻媿集》卷一百十一。
⑦ 康保成：《"瓦舍"、"勾栏"新解》，载《文学遗产》1999年第5期。

令曲之类"^① 各色店铺和服务，但主角一定是勾栏。所以，很多时候人们会把二者连在一起，称为"勾栏瓦舍"或"瓦子勾栏"。也就是说，这是演出和游乐场所，其他商业服务都是为它配套而设。从这点上说，它又有点类似于现在的迪士尼、乐高乐园、环球影城之类的大型游乐场，但内容更为丰富，因为宋代城市里的一个寻常瓦舍内都会有好几座甚至十几座勾栏。单独一座勾栏的极少，大概唯有小城镇上的微型瓦子是这样。坐落于东京潘楼街南侧、与潘楼酒店对门的"桑家瓦子"是当时名气最大一个瓦舍，它的附近还有"中瓦子"和"里瓦子"，3个瓦子加起来共有50多座勾栏；临安众乐桥南的"北瓦子"也有13座勾栏。^②

迟至北宋末年，东京城内共有6个大型瓦舍。除了前面提到潘楼街一带的桑家瓦子、中瓦子和里瓦子，还有城西梁门外的"州西瓦子"、城东旧曹门外的"朱家桥瓦子"和城北旧封丘门外的"州北瓦子"，都坐落于里城城门外的重要街市口上，规模也都很大。^③ 后来临安的瓦舍更多，光城内就有清泠桥以西熙春楼下的"南瓦子"、御街中段市南坊北三元楼前的"中瓦子"、御街中段市西坊北首三桥巷中的"大瓦子"（旧称"上瓦"，亦称"西瓦"）、御街北段众安桥南羊棚楼前的"北瓦子"（又名"下瓦"），以及大河北段盐桥下的"蒲桥瓦子"（亦名"东瓦"）。^④ 其中最热闹繁华的当属中瓦子，是"士大夫必游之地，天下术士皆聚焉"^⑤，而规模最大的则是北瓦子。但与东京不同的是，临安城外还有很多瓦舍，

---

① （宋）孟元老：《东京梦华录》卷二"东角楼街巷"。
② （宋）孟元老：《东京梦华录》卷二"东角楼街巷"；（宋）周密：《武林旧事》卷六"勾栏瓦子"。
③ 参见（宋）孟元老《东京梦华录》卷三"大内西右掖门外街"、卷二"潘楼东街巷"、卷三"马行街铺席"。
④ 参见（宋）吴自牧《梦粱录》卷十九"瓦舍"。
⑤ （宋）张端义：《贵耳集》卷下。

有清楚名字在册的就有十几个。①

　　这些昼夜喧闹不息的勾栏瓦肆不但遍布东京、临安、苏州、成都这样的大都市，就连普通州县城甚至一些比较大的市镇上也有。有记载，北宋时建康、明州都有不止一处瓦子。《水浒传》里写道，宋江生活的郓城县和花荣当过知寨的清风镇上也都有勾栏。到了南宋，在经济繁荣的江南城镇，勾栏瓦肆更是随处可见。据《开庆四明续志》《嘉泰吴兴志》等一些方志和笔记，当时的庆元府、平江府、秀州、温州等地，瓦子不但数量众多，规模也都不小。镇江、平江府、建宁府（今福建建瓯）还有专门的"勾栏巷"。就连小小的湖州乌青镇上也至少有南北两处瓦子。陆游有好几首诗里写到了他的家乡绍兴府镜湖一带乡村草市上的勾栏瓦子。②

说唱舞戏，无所不有

　　勾栏瓦肆在各地城镇大量涌现，标志着大众化、商业化演艺娱乐产业在宋代的发育成熟。与之前的王政礼乐、士大夫高雅文艺或民间山歌礼舞不同的是，这首先是一种市场消费行为，而不是政治教化、文人艺术创作或老百姓抒发情感。在市场力量的推动下，这些演艺活动日趋专门化和细分化。

　　这些瓦子勾栏里每日不停演出的内容，囊括了当时天下可以找到的所有文艺、娱乐和消遣类型，仅《东京梦华录》《都城纪胜》《武林旧事》

---

① 参见《咸淳临安志》《西湖老人繁胜录》《梦粱录》《武林旧事》《南宋市肆记》等。
② 参见陈国灿主编，陈国灿、姚建根著《江南城镇通史（宋元卷）》，第 150—151 页。

《梦粱录》等几部描写东京、临安都市生活的笔记小说里有明确记载的，就已不胜枚举。这里对当时特别受欢迎的演出门类作一简要介绍。

"说话"或"小说""说书"，即讲述各种故事。有人认为，它是从唐代寺院的"俗讲"（用通俗易读的白话讲述佛经中的故事）演化而来的。为了让来自印度的佛教在中土民间扩大影响力，以吸收更多信众，自南北朝起出现了"转读"（诵读佛经）、"梵呗"（用歌赞方式唱诵佛经）和"唱导"（宣唱开导，讲经说法）等灵活多样的艺术化传播手法。在此基础上，后来又发展出了"变文""宝卷"，以及"弹词""鼓词"之类文艺样式。它们在形式上各有特点，简单说就是引入俗语白话，结合散文与韵文、说白与歌唱，通过讲述故事、朗读佛经、唱诵揭语等各种方法来宣扬佛教思想。鲁迅先生指出，"俗文之兴，当由二端，一为娱心，一为劝善，而尤以劝善为大宗……京师图书馆所藏，亦尚有俗文《维摩》《法华》等经及《释迦八相成道记》《目连入地狱故事》也"[1]。唐朝以后，这些佛教文艺形式也越来越多地被引入与宗教无关的其他民间故事中，例如古代神话、历史传说之类，成为老百姓喜闻乐见的文化娱乐形式。时人统称之为"俗讲"，其实就是各种"说书"。"说话者，谓口说古今惊听之事，盖唐时亦已有之……宋都汴，民物康阜，游乐之事甚多，市井间有杂伎艺，其中有'说话'，执此业者曰'说话人'。"[2] 不过，直到北宋时，以演说佛书、讲说佛教故事为主的"谈经""说诨经"，依然是勾栏"说书"中最受喜爱的内容。

"讲史"，也就是讲述历史故事，它其实是"说话"中的一个分支，

---

① 鲁迅：《中国小说史略》，上海古籍出版社，1998年，第71页。
② 鲁迅：《中国小说史略》，第72—73页。

因为格外受追捧而有必要单列出来。鲁迅先生也说，"讲史"是"说话"中影响最大的。宋代"讲史"的取材上至春秋战国、两汉魏晋南北朝，下至隋唐与本朝。总体上看，三国和五代故事在北宋时最热门。"说《三国志》者，在宋已甚盛……在瓦舍，'说三分'为说话之一专科，与'讲《五代史》'并列。金元杂剧亦常用三国时事，如《赤壁鏖兵》《诸葛亮秋风五丈原》《隔江斗智》《连环计》《复夺受禅台》等。"① 到了南宋，则出现了大量以北宋为背景的"讲史"，还有不久前抗金名将的故事。我们今天仍能看到的讲史话本《大宋宣和遗事》，讲述的正是北宋末到高宗驻跸临安那几十年间的故事，其中像宋江等人聚义梁山泊、徽宗宠爱名妓李师师等，在南宋的勾栏瓦子里早已广为流传了。②

其中，发生于宋徽宗宣和（1119—1125）年间的《水浒》故事大概是最为南宋听众所喜闻乐见的。历史上，宋江实有其人，《宋史》中有多处提到过他。还有一些笔记小说讲到宋江等人被朝廷招安后征讨方腊立功赎罪甚至封节度使的事迹，但据考似不可信。总之，南宋以后，关于宋江及梁山泊好汉的各种"奇闻异说，生于民间，辗转繁变，以成故事"，不仅在勾栏瓦肆里经久不衰，"复经好事者掇拾粉饰，而文籍以出"③。据周密记载，元初有个叫龚圣与的宋遗民曾经作《宋江三十六赞并序》，其中，宋江、吴用、卢俊义等 36 名好汉的姓名绰号、大概事迹、性格特征等已相当清晰完备，例如：

---

① 鲁迅：《中国小说史略》，第 85—87 页。
② 关于《大宋宣和遗事》一书内容及考证，参见《中国小说史略》第 79—80 页。
③ 鲁迅：《中国小说史略》，第 94—95 页。

呼保义宋江——不假称王，而呼保义。岂若狂卓，专犯讳忌；

花和尚鲁智深——有飞飞儿，出家尤好。与尔同袍，佛也被恼；

行者武松——汝优婆塞，五戒在身。酒色财气，更要杀人；

黑旋风李逵——风有大小，不辨雌雄。山谷之中，遇尔亦凶；

神行太保戴宗——不疾而速，故神无方。汝行何之，敢离太行。①

　　但《宣和遗事》所载故事与龚圣与的《三十六赞》颇不同，连主人公姓甚名谁都有不少差异，可见当时关于宋江和梁山泊的故事在民间有多个版本。元代杂剧又屡取水浒故事为资材，为施耐庵创作小说《水浒传》提供了基础。而现存南宋话本《大唐三藏取经诗话》，显然也为吴承恩创作《西游记》提供了底本。

　　由此而言，宋代"说话"和"讲史"也是明清白话小说的源头，"三言二拍"中很多故事就取自勾栏里的"说话"故事。"宋一代……市井间，则别有艺文兴起。即以俚语著书，叙述故事，谓之'平话'，即今所谓'白话小说'者是也。""说话之事，虽在说话人各运匠心，随时生发，而仍有底本以作凭依，是为'话本'。""南宋亡，杂剧消歇，说话遂不复行，然话本盖颇有存者，后人目染，仿以为书，虽已非口谈，而犹存曩体，小说者流有《拍案惊奇》《醉醒石》之属，讲史者流有《列国演义》《隋唐演义》之属，惟世间于此二科，渐不复知所严别，遂俱以'小说'为

---

① 参见（宋）周密《癸辛杂识·续集》卷上"宋江三十六赞"。

通名。"① 可以十分有把握地说,中国古代白话小说"四大名著"中,至少《三国演义》《水浒传》《西游记》三部的雏形是在宋代勾栏里诞生的。其他艺术水准和名气稍逊一些的,像《说唐》《说岳》《七侠五义》《小五义》《续小五义》《平妖传》《荡寇志》等,也莫不如此。它们叙述的故事绝大多数发生在宋代,便是一个明证。

除了作为白话小说的源头,宋代勾栏瓦肆里的"说话"和"讲史"艺人还意外地为后世中国贡献了许多丰富的正面形象,例如"关公""杨家将""包青天""岳家军"等。随着时间的推移,他们由传奇英雄圣化为忠勇正义、救苦救难、法力无边的神祇,接受一代又一代中国人的香火供奉。

"说诨话",就是滑稽幽默的故事和话语,常常含有针砭社会、讽刺现实内容的诙谐段子,它可能就是后来相声的萌芽。不过宋代勾栏里还有一种叫作"乔像生"的表演,即以夸张滑稽的动作演绎各种事件,杂以插科打诨,以为笑乐。"乔",是"装扮"的意思,宋代勾栏里大量演艺项目的名称开头都冠有"乔"字,如"乔影戏""乔合生"等。到明清时,"像生"二字渐渐被讹记作"相声"。

按 些宋人说法,"说话"有四家:小说、说经、讲史、合生。"小说"又可细分为"说公案"、"说铁骑儿"(发迹和武侠故事)、"说经"、"说参请"(谈经说禅悟道故事)和"讲史书"。而时人"最畏小说人,盖小说者能以一朝一代故事,顷刻间提破。合生与起令、随令相似,各占一事"②。所谓"乔合生"(亦作"合笙""唱题目")与"起令"(亦作"随令"),

---

① 鲁迅:《中国小说史略》,第71—78 页。
② (宋)灌圃耐得翁:《都城纪胜》"瓦舍众伎"。

是指在表演或行酒令时当场指物赋诗。可见当时那些讲故事、说段子的"说话"艺人经常在演出中尖刻地讽喻时事。宋人留下的这类笔记小说多如牛毛，兹取南宋中后期人张端义《贵耳集》中所录二三例，可供现代读者一窥当时的流行文化。

其一：绍兴初，大将杨存中的军队驻扎于建康府，他的军旗中有一种上面印有双胜交环的图案，称"二圣环"，寓意将徽、钦二宗自北迎还。后来杨存中得了一块美玉，善于拍马屁的他将玉雕琢成二圣环形状，制作了一个帽环，上贡给宋高宗。那天正好有一伶人在旁。高宗指着玉环说，这是杨太尉进贡的，名"二胜环"。伶人脱口而出说："可惜二圣环，且放在脑后。"高宗顿时变了脸色……

其二：孝宗时，有个叫何澹的御史中丞上疏建议朝廷财政将户部（北宋前期为三司）管理的"外库"与直属皇帝的"内库"合并，孝宗同意了，但究竟怎么做，一时商议未定。这天御前有宴会，只见一个杂剧伶人扮作卖二手旧衣的贩子，手里拿了条奇怪的裤子，只有一个裤腿。一个买家凑近了问，一个裤腿的裤子如何穿呀？小贩回答："两脚并做一裤口。"那个买者随即唱和道："裤却并了，只恐行不得。"孝宗看罢杂剧，立刻叫停了这项兴师动众的财政改革。

最后一则大概也是流传最广的：南宋后期著名权相史弥远当政时，有一次宰相府中开宴，请来戏班子演杂剧。只见一个伶人扮作士人念诗："满朝朱紫贵，尽是读书人。"旁边另一个士人马上接口说："非也。满朝朱紫贵，尽是四明人。"史弥远是明州鄞县人，而四明即明州的别称，伶人借此来揭露这位一手遮天、把控朝政近30年的权臣结党营私的勾当。

自那以后，相府宴会 20 年不再用杂剧。^①

就像丁仙现所言，在宋代，优伶不但在演艺市场上活得很滋润，甚至许多人以从事这一历史悠久的职业为豪。

"说唱"，边说边唱、以唱为主；有清口的，亦有配乐的。

"说话"也有"唱"，"说唱"也有"白"。二者之间的最大区别在于："说话"重在讲故事，"说唱"重在抒情。

它又可以进一步分为"嘌唱"、"小唱"、"唱赚"、"陶真"、"崖词"、"吟叫"（也称"叫声""叫果子"）、"鼓子词"、"诸宫调"等不同种类。其中，"嘌唱"是打鼓或敲盏作节奏的令曲小词清唱；"小唱"是执板打击作节奏的清唱，音乐清雅，风格细腻，多为慢曲，歌词就是现在所说的宋词，它比"嘌唱"更重抒情，就是柳永所谓"浅斟低唱"，尽是女声；"唱赚"是用多种乐器（鼓板和笛为多）伴奏、融合多种曲调的大型演唱，前有引子，后有尾声，间有重复，音律丰富，气氛激荡；"陶真"原来是流行于乡村的盲人说唱，歌词多为七字句；"崖词"类似"陶真"，歌词更文雅一些，内容以神怪、公案、女性和历史故事为主；"吟叫"是采集市井卖货郎叫卖不同货物的不同声韵，加工填词而成的歌曲，后来被吸纳进"嘌唱"中；"鼓子词"一般需要多人表演，有说白，有演唱，有时还有伴唱，是南宋时最受大众喜爱的一种形式；"诸宫调"是集合诸多"宫调"组成的许多"短套"，其题材广泛，通常用来演绎篇幅比较长的爱情、传奇、灵怪故事，曲调比"鼓子词"更丰富多样，内容也更完整，已经具备了一些戏剧的成分。

<hr />

① （宋）张端义:《贵耳集》卷下。

"杂剧"，也叫"般杂剧"，"般"即"搬"，演的意思。它是音乐、唱、念、应对、舞蹈等合于一体的综合性表演，也常含有引人发笑，兼以劝诫的内容。"杂剧"与"诸宫调"的较大差别是，它的重点不是音乐和歌唱，而是展现比较完整的故事情节。此外，它有角色分工，宋时杂剧主要有净色（副净）、末泥色（副末色）、装旦（妇女）、装孤（官员）四类角色，形象细腻，个性鲜明。吴自牧《梦粱录》卷二十"妓乐"一条中对当时杂剧的表演流程有详细的记录。

宋代还很流行一种比"杂剧"短小的小戏，称为"杂扮""杂旺""纽元子""技和"，剧情相对简单，逗人喜笑，"乃杂剧之散段"[1]。

实际上，中国戏剧源于宋代是顺理成章的事情。勾栏里的"说书"和"说唱"中，艺人们通过口头、形体和音乐表达，已开始大量赋予"说话"和"说唱"故事以角色意识，并且表现各种故事情境、渲染人物内心活动等。这种表演形式离有人物扮演的戏剧只有一步之遥。

"歌舞"，就是所谓"舞绾百戏"，用舞蹈动作表演情节和故事，所以时人也称之为"哑杂剧"。此类歌舞一般都采自民间，但也有少数从宫廷教坊流传到市井的。临安瓦子里经久不衰的《柘枝舞》便是大型宫廷舞曲，其配乐精美，程序和环节复杂，演员众多。

"商谜"，即聚人一起猜谜，但需要打鼓击板烘托气氛。

"影戏"，或称"乔影戏"，用活动的剪纸或彩皮在灯影下表演各种故事情节。

"傀儡戏"，又分"悬丝傀儡"、"药发傀儡（"药法傀儡"）、"杖头傀儡"、

---

[1]　（宋）灌圃耐得翁：《都城纪胜》"瓦舍众伎"。

"水傀儡"、"肉傀儡"、"法傀儡"等，表演的多是灵怪故事、铁骑公案之类。

除了上述这些，勾栏瓦子里上演的杂耍技艺种类更加繁多，令人眼花缭乱，有"角抵"（相扑）、拳脚刀棒、"打硬"（硬气功）、魔术、口技、烟火、吞火（剑、针）、"踢弄"（现在所说的以绳、索、竿、碗、瓶之类为道具的杂技）、"踏橇"（踩高跷）……①

据周密《武林旧事》记载，至南宋后期理宗年间，临安的勾栏瓦子里，这些大众娱乐表演的种类多至 50 余种。对照今天的表演艺术门类，它们大体上可分为歌舞、说唱、戏剧、杂耍几大类。

因为完全是市场导向，所以不同的瓦子甚至同一座瓦子内的不同勾栏之间存在着激烈的竞争，也形成了各自的鲜明特色。临安规模最大的北瓦子里，就有两座勾栏是全天候专门"讲史"的。像这样直接唱对台戏争夺观众的，在当时叫作"对棚"。它们能够长期共存于同一个瓦子里，可以想见定是各有独门经营绝技和"大咖"艺人。

从路歧人到驻场明星

嘈杂喧闹的勾栏瓦肆竭尽其所能，日复一日满足着宋代平民百姓的世俗欲望，也走出了一代又一代广受追捧的明星伶人和艺伎，丁仙现只是众多佼佼者之一。

在中国古代，特别是科举取士制度确立以后，"士"这个阶层之外的人，不管他们在自己的职业领域取得了多么大的成就，一时多么受人

---

① 以上勾栏瓦子中的表演门类，可参见《东京梦华录》卷五"京瓦伎艺"、《都城纪胜》"瓦舍众伎"、《武林旧事》卷六"诸色伎艺人"、《梦粱录》卷二十"妓乐""小说讲经史"等。

欢迎，都是没有什么机会在正史中留名的。所幸宋人自己留下了关于那个时代的大量野史笔记，给了这些当时红极一时的演艺明星一席之地。

商业演出的职业在唐宋时期也经历了一段明显的演化变迁过程。如前所述，唐时没有专门的固定演出场所，除了宫廷教坊之类的国家艺术机构里的官养演出者，民间艺人无不在街头四处流浪，被唤作"路歧人"，文献记载中经常简化为"路歧"，原意就是岔路口，这是过往路人的交会之地，流浪艺人大概多在此作场表演，吸引路人驻足观看。

宋代有了勾栏瓦肆后，一大批艺人，特别是那些拥有忠实粉丝的明星艺人，便不再跟着流动的戏班子到处巡演，而是成为某一座或某几座勾栏里的驻场演员。前述临安北瓦子里那两座专门讲史的勾栏，其中有个叫"小张四郎"的讲史艺人，他"一世只在北瓦，占一座勾栏说话，不曾去别瓦作场"[①]。这些伶人与勾栏瓦子的关系，就跟今天的演员、剧团、乐队与剧院、音乐厅的关系如出一辙：所有的演出场馆都千方百计地想要受观众追捧的艺人长期驻留；反过来，刚出道的无名小演员又千方百计地想要跻身那些大的演出场馆。这是永恒的市场法则。

如此一来，宋时的"路歧"就不再是"民间艺人"的同义词，而成了未被勾栏瓦子招揽签约的流浪艺人的专门称谓。可以想见，他们可能是技艺比较逊色、没什么名气的三四流艺人。当然，即使到了宋代，这样的"路歧人"依然大量存在，有时他们也会在熙熙攘攘的城市瓦子门外设摊表演。"路歧"通常不像勾栏那样卖门票，而是在表演结束时或演到中途悬念、高潮即将出现的紧要关头卖个关子，向观众讨钱。周密

---

① （宋）西湖老人：《西湖老人繁胜录》。

在写到临安北瓦子时说：

> 北瓦……最盛。或有路歧，不入勾栏，只在要闹宽阔之处
> 做场者，谓之"打野呵"，此又艺之次者。①

"打野呵"，是当时老百姓对路边卖艺的俗称，不少宋人笔记里提到
过这个词。事实上，宋代以后直至近代，像这样"打野呵"的"路歧人"
从未消失过，一直活跃于民间。我至今还记得，20 世纪 70 年代末或 80
年代初，仍有流浪艺人在上海闹市区的空地上表演气功、杂技，甚至还
有十几个人的戏班子演出整场淮剧（上海人通常说的"江北戏"）。

随着勾栏瓦子的出现，艺人群体开始分层，但这一职业的整体经济
收入和社会地位都大大提高了。《东京梦华录》《都城纪胜》《西湖老人
繁胜录》《武林旧事》《梦粱录》等书几乎记录下了每一项演艺中顶尖艺
人的名号。例如，北宋东京城里光舞蹈明星便有张真奴、陈奴哥、俎俎
哥、李伴奴、双奴；而南宋临安的演出市场更是高手如林，名家辈出——
当时最出名的"小说""讲史""说经""说诨话""吟叫""诸宫调""商
谜"艺人，有名有姓的，就查得到上百个；而"相扑""踢弄""傀儡戏"
之类的杂技演员，则更"不可悉数"。看到这些名字，我们还知道，东
京和临安的演艺明星中很多是女性，数量甚至可能不比男性少！是大众
娱乐消费市场的魔力，驱使她们大胆走到街上，抛头露面，一展才艺。

不仅东京、临安这样的大城市，一般热闹一点的市镇，也都有属于

---

① （宋）周密：《武林旧事》卷六"瓦子勾栏"。

当地的明星艺人。

　　根据这些笔记里的记录进行梳理后可以发现：北宋东京艺伎最多时有数千人；而南宋后期理宗时，临安家喻户晓的"一线歌星"就有 36 名，所有 50 多个演出门类中的出众明星加起来有近 500 名。另外，当时宫廷教坊乐部有名字在册的著名艺人也有 469 人。[①] 有一些大型歌舞演出需要多人合作，当时最大的乐伎队伍"多至十余队"[②]，人数已有超过百人的。而在欧洲，直到 600 多年后的 19 世纪末，才出现如此庞大规模的交响乐队。

　　李师师是一个家喻户晓的名字，但很多人大概不知道，这位倾城倾国的一代名妓也是从人头攒动的东京瓦子勾栏里走出来的。

　　李师师，本姓王，开封府人，染局匠之女。她才四岁时父亲就死了，不得已入了娼籍李家。她出道时是东京勾栏里的"露台妓"，因为色艺双绝，很快就成为蜚声天下的名妓。据时人所录：徽宗政和（1111—1118）间，汴京城有李师师和崔念月二位"声名溢于中国"的名妓，而"李生者，门第尤峻"。勾栏瓦子并不是妓院，所谓"露台妓"，应是在勾栏里唱歌跳舞的艺伎，卖艺不卖身。像这样的艺伎传统，直到现在还能在日本看到。不过宋人诗文中经常"妓""伎"二字混用，可能说明了两个问题：其一，在当时大多数人眼里，"戏子"与"娼妓"是一回事，没必要详加区分；其二，卖艺之"伎"的确是很容易转变为卖身之"妓"的。除了色艺双全，李师师还慷慨有侠名，号"飞将军"[③]。徽宗禅位后，

①　（宋）周密：《武林旧事》卷四"乾淳教坊乐部"。
②　（宋）周密：《武林旧事》卷二"舞队"。
③　记载来自（宋）张邦基《汴都平康记》，此书今已佚失，部分录于《说郛》。

她曾献资助饷抗金，并乞为女冠（女道士、道姑）。

"靖康之难"后，"李生流落来浙中，士大夫犹邀之以听其歌，然憔悴无复向来之态矣"[①]。坊间野史杂谈也说，靖康后，有人曾在湖湘一带见到过李师师，早已不复当年风采。[②]南宋初年理学家、朱熹的启蒙老师之一刘子翚还曾有七绝《汴京纪事》记其事：

> 辇毂繁华事可伤，师师垂[③]老过湖湘。
>
> 缕金檀板今无色，一曲当年动帝王。

这些记录虽是道听途说而来，但有一点似乎不假：李师师是一个相当有主见和有骨气的奇女子，至少比那个拜倒在她石榴裙下的皇帝更有须眉气概。

我们不知道宋徽宗与李师师结识的机缘，但宋朝京城勾栏里的名角被皇宫大内和达官贵人召去表演确是常事，这方面的史料记载也很多。由此可见，很多勾栏艺人的专业水平并不逊于宫廷艺人。丁仙现便是从东京的中瓦子里起步，后来做到教坊使的。临安北瓦子的莲花棚常挂着一个"御前杂剧"的戏榜，艺人赵泰等五人登台献技。显然，他们曾为皇帝表演过，这是拿来做广告的绝好招牌。反过来，宫廷教坊裁削下来的艺人，很多也会到市井间的勾栏瓦舍中谋生计，这又将宫中高超的表

---

① （宋）张邦基：《墨庄漫录》卷八。

② （明）梅鼎祚：《青泥莲花记》卷十三"李师师"。

③ 一作"重"。

演技艺带到民间。①

　　除了皇帝和官府征调，普通老百姓家里遇到什么大事，也会雇用勾栏伶人或戏班子上门表演，这其实就是后世的"唱堂会"。在宋代，这些都是钱能解决的事。

　　瓦子勾栏里吃喝玩乐嫖赌，无所不有，因而难免鱼龙混杂，出现治安问题。按照吴自牧的说法，东京原本就是"士庶放荡不羁之所，亦为子弟流连破坏之地"，而临安瓦子的建立，开始是为了满足南渡初年来自西北的将士们的休闲娱乐，风气自然不会很好：

　　　　杭城绍兴间驻跸于此，殿岩（即殿前司统帅）杨和王因军
　　士多西北人，是以城内外创立瓦舍，招集伎乐，以为军卒暇日
　　娱戏之地。今贵家子弟郎君，因此荡游，破坏尤甚于汴都也。②

　　《咸淳临安志》有更详细的记载："故老云，绍兴和议后，杨和王为殿前都指挥使，以军士多西北人，故于诸军寨左右营创瓦舍，招集伎乐，以为暇日娱戏之地；其后修内司又于城中建五瓦，以处游艺。"③ 文中的杨和王，即前文提到的南宋初年抗金名将杨存中。

　　大约是注意到了勾栏瓦肆中的社会风气和治安问题，北宋末年以后，朝廷加强了对京城瓦肆的管理。《东京梦华录》中说，"崇（1102—1106）、

① 黎国韬：《先秦至两宋乐官制度研究》，广东人民出版社，2009 年。
② （宋）吴自牧：《梦粱录》卷十九"瓦舍"。
③ （宋）潜说友：《咸淳临安志》卷十九《疆域四》。

观（1107—1110）以来，在京瓦肆伎艺，有张廷叟、孟子书主张"①。又据徐梦莘《三朝北盟会编》及王明清《挥麈录》等书记载，孟子书是当时的宫廷乐官。可见徽宗崇宁、大观年后，汴京的瓦子也许已被官府接管。而南宋临安的瓦子，如前述，很多本来就是军方建的，"今其屋在城外者，多隶殿前司；城中者，隶修内司"②。

真正之戏剧起于宋代

勾栏瓦舍的诞生，不但活跃和丰富了宋代城市居民的文化娱乐生活，造就了一个面向大众市场的演艺行业和一批专业艺人，还直接推动了民间通俗文艺创作的繁盛。随着勾栏戏棚中演出戏目的不断发展和升级，许多技艺相互交融渗透，渐渐孕育出更为复杂高级的艺术门类。作为一种独立的文学类别与表演艺术的中国戏剧就此登上了历史舞台——上节已有所涉及，宋代勾栏里表演的舞蹈开始出现故事情节，后来又被配上音乐、诗词，以及对白和插科打诨，辅之以各种杂耍技艺，渐渐脱胎而成戏剧的前身，并在随后的元代臻于成型和成熟。

研究文学史的人经常会有这样一个问题：中国文明作为世界上最古老的文明之一，也是最早独立发明文字的文明，但戏剧的出现比古希腊、印度等其他古老文明竟晚了一千多年，甚至比一些远比中国更晚进入文明的社会都要晚很多，为什么？

这是因为中西戏剧的功能从一开始就截然不同。欧洲戏剧，特别是

---

① （宋）孟元老：《东京梦华录》卷五"京瓦伎艺"。
② （宋）潜说友：《咸淳临安志》卷十九《疆域四》。

逝去的盛景：宋朝商业文明的兴盛与落幕

悲剧，在很大程度上具有民族史诗的宏大叙事功能，后来演变成一种纯粹的文学类型。而音乐在欧洲最初完全从属于宗教，歌剧也是从宗教唱诗逐步演变而来。在中华文明发源的上古时期，这些民族史诗和宗教颂歌的功能皆由诗歌和散文承担。中国的戏剧从市井里巷走出来，一开始就是世俗性和商业性的，只是为了服务于市民大众的休闲娱乐需求。这种路径的迥异决定了中西戏剧内容、形式乃至灵魂的根本不同。

中国戏剧，是在宋代摩肩接踵、人声鼎沸的瓦子勾栏里孕育出来的。若仔细考究，中国戏剧的孕育、萌芽亦可谓源远流长。根据王国维先生的观点，歌舞起源于上古之巫，在经历了数千年漫长演化后，直至汉末南北朝时期，才出现将过去各自独立割裂的歌舞、俳优、戏谑等艺术表现手法融为一体的具有故事情节的综合性表演。静安先生认为，中国戏剧的发端是在南北朝时的北齐。虽然最初"顾其事至简，与其谓之戏，不若谓之舞之为当也"，然而它毕竟"合歌舞以演一事者……然后世戏剧之源，实自此始"[1]。辗转到唐代，此类"歌舞戏"就比较多了，现存典籍中留下了其中一些名称，诸如《代面》《拨头》《踏摇娘》《参军戏》《樊哙排君难》等。

然而从南北朝跨越隋唐五代，直至宋初的五六百年，仍然只是中国戏剧的早期萌芽阶段，它真正破壳而出，则是在北宋后期至南宋间。所以王国维还总结说："要之：唐、五代戏剧，或以歌舞为主，而失其自由；或演一事，而不能被以歌舞。其视南宋、金、元之戏剧，尚未可同日而语也。"[2]

---

[1] 王国维：《宋元戏曲史》，上海古籍出版社，1998年，第2—7页。
[2] 王国维：《宋元戏曲史》，第13页。

如前所述，宋代勾栏瓦子里以杂剧为名的演出甚多，它们与元代以后形成的真正意义上的戏剧之间究竟是怎样的关系？这是一个比较复杂的问题。实际上，晚唐时已可见"杂剧"之名，然其当时的特点不详。而中国戏剧史上被称为"杂剧"的演出形式有很多种，其后又有宋杂剧、元杂剧、温州杂剧、南杂剧等分类。今人将它们划归为"北方杂剧"和"南方杂剧"两大类，"又宋、元之际，始有南曲、北曲之分，此二者，亦皆综合宋代各种乐曲而为之者也"①。但迟至北宋末年，这类杂剧似乎仍与真正意义上的戏剧存在着难以逾越的鸿沟。冠之以"杂"字，亦可见其门类繁杂，内容形式多样，难以精确定义，其中有很多也许根本谈不上"剧"。"宋金以前杂剧院本，今无一存。又自其目观之，其结构与后世戏剧迥异，故谓之古剧。古剧者，非尽纯正之剧，而兼有竞技游戏在其中。"② 同样，"戏曲之作，不能言其始于何时……北宋固确有戏曲。然其体裁如何，则不可知。惟《武林旧事》（卷十）所载官本杂剧段数，多至二百八十本。今虽仅存其目，可以窥两宋戏曲之大概焉"③。

　　有人认为，从北宋后期开始，北方杂剧呈现出向后来的戏剧演化的趋势。它们往往有了完整的故事情节，有由特定演员扮演的特定角色，也有独属于这些角色的独白和对话，同时还伴有配乐和舞蹈。当时最受东京市民欢迎的杂剧《目连救母》就是一部内容丰富、演出时间长、情节曲折的大型杂剧。它分成好几个段落，类似后来的"幕"，每个段落都有七八个演员登台。目连，是民间对佛教重要人物目犍连尊者的称呼。

---

① 王国维：《宋元戏曲史》，第14页。
② 王国维：《宋元戏曲史》，第58页。
③ 王国维：《宋元戏曲史》，第45页。

他是释迦牟尼十大弟子之一，善于降妖伏魔，号称"神通第一"。目连救母的故事最早见于《佛说盂兰盆经》，流传极广，是众多文学作品和民间故事的母题。这部杂剧还被各地通俗文人和艺人不断改造、丰富，如"花目连""目连会"等不同形式的综合性娱乐剧目，广泛用于民间祭祀、祝寿、送葬、生子、修谱等重大场合，在娱乐欣赏之外，还发挥着驱邪纳吉、保土平安的祈福功能和教人行善、教子行孝的教化功能。在北宋东京的勾栏里，目连戏的故事被逐渐完善，历经几朝演变后，成为中国历史上最有名、内涵最丰富的佛系戏剧。

　　稍后一些，产生于北宋末年至南宋初年间的南方杂剧，又叫"南戏"或"戏文"，在形式上更加成熟。相对于内容程式化、角色脸谱化的北方杂剧，南戏故事情节更加完整连贯，表现也更灵活自然。北方杂剧的角色模型一般只有生、净、外、末、丑五类，南戏又增加了旦和贴。故事情节围绕生和旦展开，净和丑则更加明确地演变为插科打诨的角色。它的角色分工更加精细，音乐的运用也更为丰富和自由。

　　按王国维的看法，宋代勾栏里最受欢迎的几个类型：滑稽戏、说话（小说）、傀儡戏和影戏，以及"三教""讶鼓""舞队"之类的歌舞；都是后来戏剧的重要来源。傀儡戏和影戏构成戏剧的活动"形象"部分；滑稽戏和说话则是戏剧的"内容"部分，其中小说"以讲演为事"，滑稽戏则"托故事以讽时事"，即故事情节与主题寓意的结合；而歌唱、舞蹈、伴奏则定义了演员在整部戏剧中的特定角色关系，并起到烘托气氛的功能。[①]

---

① 　王国维：《宋元戏曲史》，第27—31页。

当然，真正意义上的中国戏剧的形成是在元代，这是毋庸置疑的。

在电影出现之前，戏剧是所有艺术门类中从形式到内容都最为复杂和综合的一种，它所需要借用的元素最丰富，调动的资源也最多。由于宋代杂剧的表演未能流传下来，所以我们现在已很难确定它与元代戏剧在结构上存在多大的差距。此外，"宋杂剧、金院本二目中，多被以歌曲。当时歌者与演者，果一人否，亦所当考也"①。这些问题都是戏剧史专业需要进一步深入研究的。但正如王国维先生所言，在中国戏剧漫长的发展历程中，宋代是一个具有里程碑意义的阶段：

> 后代之戏剧，必合言语、动作、歌唱，以演一故事，而后戏剧之意义始全。故真戏剧必与戏曲相表里。然则戏曲之为物，果如何发达乎？此不可不先研究宋代之乐曲也。②

我们还可以想象的是，有多少落魄书生为了生计，终日辗转于宋代城市的勾栏瓦肆，为那些演出剧目撰写台词和歌词？而在各色人等的共同参与下，中国历史上最初的商业性大众通俗文艺开始萌芽和兴起。

不只戏剧，所有表演艺术都是"内容"的产业。要演出，就需要有人从事内容创作。勾栏瓦子的诞生和兴旺给一大批底层文人提供了实现自我价值的广阔舞台。《武林旧事》等笔记中也记录了南宋后期临安城内出名的"书会先生"，也就是给各类"说话""歌唱""杂剧"撰写台词、脚本的作者。这类"书会先生"读过书，对经史子集略有所知，也具有

---

① 王国维：《宋元戏曲史》，第61页。
② 王国维：《宋元戏曲史》，第32页。

一定的文学功底，他们长期流落于都市底层，混迹在勾栏瓦子中，对坊巷市井中老百姓的生活与情感有着深刻的认知，加之仕途无望，也不指望能青史留名，故而写作时于纲常礼教的束缚少有顾忌。对他们来说，写作既不是崇高的弘道事业，也不是高雅的文艺创作，更不是政事之需，只是吃饭的家伙。他们也擅长用人人都听得懂的生动口语表现老百姓喜闻乐见的事物和情绪。所有这些，都是成功的通俗文艺作品诞生的先决条件。

传统上，科举应试是宋时读书人唯一的进阶之途，然而科举录取的人数极为有限，就算宋代每一科的进士录取率数十倍乃至上百倍于唐代，这仍是一座逼仄的独木桥。于是，这就催生了一个人数众多的科场落第文人群体，他们常出现在古代戏曲和小说中，因为编写这些故事的人正是他们自己。但现实比这些风花雪月的文艺创作要残酷得多，在"读书－科举－入仕"的单一通道中，一个读书人如果科举落第，就意味着他费钱、耗时、用力之后，却得不到任何可以发挥价值的机会。所以，撇开那些一心向往圣贤的真君子，读书对平常人家来说差不多就是赌博。往好一点说，所谓"落第秀才"，是社会资源的巨大浪费；往坏里说，他们也能成为祸乱之源——中国历史上很多造反的策动者和组织者中都有科场失意、心怀不满的边缘文人。商业消费的市场力量从古至今一直为高雅文人所不齿，但恰恰是宋代弥漫着人欲和铜臭的瓦子勾栏为这个群体提供了一个大展身手的舞台，让落第的读书人获得了入仕当官以外的另一条崭新的生存通道。

二、忍把浮名，换了浅斟低唱

词又何尝不是如此？

只要一提到宋朝，我们都会立刻联想到词——"唐诗宋词"嘛！词，的确是宋代文学和宋代文化的标签，然而它首先是一个典型的商业产物。柳永就是所有宋代词人甚至中国历史上所有伟大诗人中最耀眼的一颗市场明星。也唯有在宋代，才会有柳永这样的诗人存在。

从纯粹的文学批评视角而论，本书开头引用的《望海潮·东南形胜》是柳永众多词作中为数不多的意境明媚、气象雄阔的作品，其他多格调不高，他也因此遭到了很多讥评。但我们在理解这一事实时，应当还原当时的现实语境，从而获得更多有益的启发。

词在宋代并不是印成书给人读的，而是用来歌唱的。宋词中的大部分是当时传唱于教坊、勾栏、青楼、酒肆的流行歌曲，并没有诗那样高贵的出身。如果一首词写得过于古雅文气，百姓很可能根本听不懂，又怎能流行起来呢？

奉旨填词柳三变

关于风流才子柳七的身世与风采，坊间流传的逸事趣闻极多，最为人所道的当数"奉旨填词柳三变"这个古怪名头的由来。

真宗大中祥符元年（1008），20多岁的柳三变从家乡福建崇安赴京应试。自幼饱读诗书、才华横溢的他原以为科举登第即如探囊取物，没想到从大中祥符二年（1009）到天圣二年（1024）的15年间竟四度名落孙山。于是他飘在京华，沉沦于歌楼舞榭之中，渐成声色场中尽人皆知的浪荡文人。这期间，他曾作《鹤冲天》一首，排遣自己心中的愤懑：

　　黄金榜上，偶失龙头望。明代暂遗贤，如何向？未遂风云便，争不恣狂荡。何须论得丧？才子词人，自是白衣卿相。

　　烟花巷陌，依约丹青屏障。幸有意中人，堪寻访。且恁偎红倚翠，风流事，平生畅。青春都一饷。忍把浮名，换了浅斟低唱！

　　这首《鹤冲天》很快传遍了整个汴京城，它所表达的情绪显然在许多科场、官场和名利场失意的士子、商人、歌女心中引发了强烈共鸣。

　　到仁宗初年，据说柳三变在某一年科试中本已顺利通过，然而临到放榜前，仁宗皇帝一眼看到他的名字，不高兴地说："且去浅斟低唱，何要浮名！"[1] 又特地加了句"且去填词"，再一次让他落黜。受此打击，柳永自然更加郁郁不得志，遂"日与猖子纵游娼馆酒楼间，无复检约"。后来他索性自称"奉圣旨填词柳三变"[2]，把当朝天子对他的揶揄当作广告招摇过市。这大概也算是一种无声的抗议吧？另一种说法是，柳永曾经人推荐以一首教坊新曲《醉蓬莱》填词进呈，他自己很是得意，但这首词与御制《真宗挽词》有暗合，惹得仁宗皇帝十分生气，竟至于将它"掷之于地，永自此不复进用"[3]。

---

① （宋）吴曾：《能改斋漫录》卷十六"乐府""柳三变词"。
② （宋）胡仔：《苕溪渔隐丛话·后集》卷三十九"长短句"。
③ （宋）王辟之：《渑水燕谈录》卷八；亦见（宋）叶梦得《避暑录话》卷下。

仁宗景祐元年（1034），混迹妓馆歌肆、漂泊大半生后，浪子柳七再次回东京赴试，并改名"三变"为"永"。他毕竟出身书香门第，其先祖河东柳氏是从南北朝延续到隋唐数百年的大士族。祖父柳崇世居河东，以儒学闻名；父亲柳宜出仕南唐，曾任监察御史，宋灭南唐后改事宋廷，屡迁至国子博士；叔父柳宣、兄弟柳三复、自己的儿子柳涚、侄子柳淇等，皆进士及第，柳永即便再潇洒落拓，也难以真正割舍那份士大夫心结。

那年柳永终于如愿考中进士，但此时的他已过了知天命之年。此后他历任睦州（今浙江淳安）团练推官、余杭县令、晓峰盐监、泗州判官等地方小官，一直到皇祐（1049—1054）初才转京官，任著作郎、太常博士等闲职，不久后以屯田员外郎致仕，所以人们说到他时亦多称"柳屯田"。

柳永的另一个很出名的故事，是他与晏殊之间的一次交锋。

范仲淹当政后发起著名的"庆历新政"，众所周知，"新政"的枢纽是吏治整顿。庆历三年（1043）五月，朝廷下令要求各州府推荐德才兼备且富有经验的地方官员充京朝官。这是柳永十分渴望的，他一直想回到繁华如梦的汴京。此时的他已做了 8 年地方官，年届六旬，得到了州府的举荐，但此事却卡在吏部。于是柳永跑去询问时任宰相的晏殊。稍后人如此记载道：

> 柳三变既以调忤仁庙，吏部不放改官。三变不能堪，诣政府。晏公曰："贤俊作曲子么？"三变曰："只如相公亦作曲子。"公

曰："殊虽作曲子，不曾道'绿线慵拈伴伊坐'。"柳遂退。[1]

按这个说法，似乎晏殊以柳永的词风格调卑下为由，委婉地驳回了他的投诉，让他讨了个没趣。多年以后，晏殊之子、同为北宋杰出词人的晏几道曾为父亲辩护道："先公平日小词虽多，未尝作妇人语也！"这里所说"妇人语"，指的显然是柳永的作品。但这些君子大人对柳三变的贬低是经不起推敲的，实际上，身居宰执高位的晏殊和欧阳修，都作过大量的"妇人语"。这是词的性质决定的，历来有所谓"诗庄词媚曲谐"之说。就拿晏几道自己来说，他的词里明目张胆写到的歌妓舞姬名字就有很多。说穿了，居庙堂之高的晏殊、欧阳修等人只是不如柳永那样商业化和大众化而已。所以就连转录这桩故事的南宋宗室文人赵与时都对晏几道的苍白辩解很不以为然，他举了好几个例子来证明"叔原之言失之"[2]。

但如果换一个角度来看，皇帝和宰相不但对柳永的名字耳熟能详，还能对他的词句脱口而出，可想而知柳词在当时流行到了怎样的程度！叶梦得曾记录自己的见闻：

> 柳永字耆卿，为举子时多游狭邪，善为歌辞。教坊乐工，每得新腔，必求永为辞，始行于世，于是声传一时……余仕丹徒，尝见一西夏归明官云："凡有井水饮处即能歌柳词。"言传之广也。[3]

---

① （宋）张舜民：《画墁录》。
② （宋）赵与时：《宾退录》卷一引《诗眼》。
③ （宋）叶梦得：《避暑录话》卷下。

皇帝和大臣们看不上柳永，但教坊乐工可顾不了这些，创作的新歌若想很快流行起来，就得想方设法找柳三变来填词。这就是市场的巨大力量。

实际上，晏殊与柳永之间的这次对话很可能根本就没有发生过。按叶梦得的说法，柳永那次受睦州知州吕蔚推荐充任京官，却被吏部打回，并非因为皇帝不喜欢他，且时间也不是在庆历年间，而是在景祐中。当时他"到官才月余"，没有任何政绩。尽管他"以歌辞为人所称"，但朝廷考量后认为这样的破格提拔不合常理："祖宗时，选人初任荐举，本不限以成考……"因柳永这件事，朝廷还特地修订了铨选方面的规章制度，"因诏州县官，初任未成考不得举，后遂为法"[①]。叶梦得的时代虽然距柳永已有近百年，但他自己就是一位著名词人，并累迁翰林学士、户部尚书、尚书左丞等高位，应该对北宋词坛典故和官吏选举制度非常熟悉，他的这个说法是可信的。身为天下最出名的歌词作家，柳永自然是东京娱乐圈内炙手可热的明星人物。据时人记载：

> 耆卿居京华，暇日遍游妓馆，所至，妓者爱其有词名，能移宫换羽，一经品题，声价十倍，妓者多以金物资给之。[②]

歌妓与诗人从很早起就是两个相互帮衬的群体。钱穆认为，唐代诗歌盛极一时，"妓女歌唱可能是一大原因"：

---

① （宋）叶梦得：《石林燕语》卷六；亦见《避暑录话》卷下。
② （宋）罗烨：《醉翁谈录》丙集卷二。

唐代官私妓女均盛，凡公私宴集，恒有歌妓娱宾，所唱往往为诗篇，宾主即席吟诗，可能即付她们歌唱，被之管弦。歌妓唱诗，犹如今日大众传播之电台、电视台，以此播之四方，这样诗人易出名，人亦群趋为诗。惟此种风气，不知始于何时？[①]

入宋以后，此种风气就更盛了。一则，宋代娼妓文化较唐代更发达，色艺俱佳的名妓远多于唐时；二则，诗可以作为文学作品独立存在，词则本来就是用来歌唱的，故曰"作诗填词"。

柳永未成名时就很善于与这些声色场中的女子交往，确实是那个时代中深谙自我推销的文人。柳永早期结识过一个名叫孙何的人，孙后来知杭州，柳永过杭州时想去拜访，但州府门禁甚严，柳永欲入而不得，于是就写了那首赞美杭州的《望海潮》，找到当时杭城名妓楚楚，对她说："我想见孙大人，但没有门路。你去赴知府的宴会，当着孙相公的面唱此曲，若他问起这是谁写的，就告诉他是柳七。"果然，楚楚在州府的中秋宴上"宛转歌之"，孙何当场就派人来请柳永。[②]

汴京的妓女若没有听说过柳三变的大名，便会遭到同行耻笑，稍有些名气的，都渴望与柳永结交。许多平日不轻易接客的名妓，都不惜花重金求见柳永一面，但凡能求得他一词半句，必能红遍整个京师。据说当时在这些名妓中流传着这么一首打油诗："不愿穿绫罗，愿依柳七哥；不愿君王召，愿得柳七叫；不愿千黄金，愿中柳七心；不愿神仙见，愿识柳七面。"

---

① 严耕望：《治史三书》，上海人民出版社，2011年，第270页。
② （宋）陈元靓：《岁时广记》卷三十一"借妓歌"。

假如宋仁宗亲自要求在进士及第榜单上划去柳三变的名字确有其事，会不会是因为这些打油诗飘进了他的耳朵里？纵然像仁宗皇帝这样的明君，听到"不愿君王召，愿得柳七叫"这种话，也难免心中不快。再说，那首《鹤冲天》里的"黄金榜上，偶失龙头望""明代暂遗贤，如何向"之类的话语，皇帝看了大概也不会高兴。宋仁宗可能也不过是借黜落柳永来赌赌气、发泄一下罢了，只是未曾料到，自己竟无意间给这位才子词人做了一个广告。

宋代与之前的朝代相比，最大的特征便是：政治上，传统门阀士族彻底瓦解，真正进入平民化时代；经济上，城市与工商业蓬勃兴起，逐渐吞噬昔日的庄园与小农结构；社会上，世俗化与大众化的生活方式将千年来的身份桎梏和清规戒律日益消解。柳词的风靡一时，正是时代剧烈变迁的折射。

皇祐五年（1053），柳永去世。关于他的身后事，宋人笔记中有 3 种不同说法。曾敏行《独醒杂志》称他死后葬在枣阳县（今属湖北）之花山；[1] 祝穆《方舆胜览》则说他葬于襄阳南门外。[2] 这两个地方还算是毗邻。而叶梦得《避暑录话》则说他死于润州的一间僧寺，润州即今镇江，与前二者相去近 2000 里之遥。梳理和对比各方面的材料，润州之说似乎比传说中的襄阳一带更可信。《避暑录话》还称，20 多年后，适王安石之弟王安礼知润州，"求其后不得，乃为出钱葬之"[3]。

3 本笔记中还提到，柳永一生浪荡潦倒，挥金如土，身后萧索，以至"死

---

[1] （宋）曾敏行：《独醒杂志》卷四。
[2] （宋）祝穆：《方舆胜览》卷十一。
[3] （宋）叶梦得：《避暑录话》卷下。

之日，家无余财"，连置办棺椁墓地的钱都没有，亏得一群妓女"合金葬之"。[①] 此后，每至清明日，"远近之人，每遇清明日，多载酒肴，饮于耆卿墓侧，谓之'吊柳会'"[②]，后来竟成当地的一个风俗，所谓"上风流冢"。这些传说故事被明代文人冯梦龙加工成著名话本小说《喻世明言》中的一篇——《众名姬春风吊柳七》，流传至今。其中虽然充斥着道听途说、穿凿附会乃至杜撰臆想的不实成分，却真切地反映了那个时代的气息。

变旧声作新声

在柳永以曼妙的歌词赞美杭州的 100 多年后，自号"幽兰居士"的南渡遗民孟元老用近乎骈文的笔调追忆了 12 世纪初汴京街市上的商业和娱乐景象：

> 仆从先人，宦游南北，崇宁癸未到京师。……正当辇毂之下，太平日久，人物繁阜。垂髫之童，但习鼓舞，斑白之老，不识干戈，时节相次，各有观赏。灯宵月夕，雪际花时；乞巧登高，教池游苑。……新声巧笑于柳陌花衢，按管调弦于茶坊酒肆。……箫鼓喧空，几家夜宴。[③]

从这里，你大概可以窥见词在当时的真正生命源泉，像"说话"和

---

① （宋）祝穆：《方舆胜览》卷十一。
② （宋）曾敏行：《独醒杂志》卷四。
③ （宋）孟元老：《东京梦华录·序》。

杂剧一样，它也是大众娱乐市场需求的产物。

据胡适的说法，词起源于中唐，最早不会早于公元 8 世纪晚期。历来有人以诗仙李白为长短句创始人，乃是无稽之谈。适之先生断言，白居易和刘禹锡之间相互赠和的两首《忆江南》①是有明确记载的史上首例"依调填词"。他总结认为：

> 唐代的乐府歌词先是和乐曲分离的：诗人自作律绝诗，而乐工伶人谱为乐歌。中唐以后，歌词与乐曲渐渐接近：诗人取现成的乐曲，依其曲拍，作为歌词，遂成长短句。②

千余年后，要把词的源头分辨得一清二楚，怕是已经很难。但我们从词的简要沿革史中可以清楚地看到两点：第一，它与音乐互为表里，不可分割，是高度依附于音乐而存在的；第二，它是高度世俗化的，功能就是娱乐大众。

唐朝起宫中设教坊，负责管理"太常雅乐"之外的俗乐、舞蹈，以及百戏的教习、排练、演出等事务。以后宋、金、元、明历代沿袭唐制，均设有教坊，直到清代时与太常寺一起被废。与汉乐府基本采自民间，官方以记录和加工为主的模式不完全相同，唐、五代和宋时教坊虽也在民间搜集民歌，但它的重点是创作。当时大量脍炙人口的词牌便是教坊乐工所制，后来逐渐在社会上流传开来的。

入宋百余年间，天下承平日久，京城和各地一片繁庶，歌舞升平。

---

① "江南好，风景旧曾谙……"（白）；"春去也，多谢洛城人……"（刘）。

② 胡适：《词的起原》，载《胡适学术代表作（上卷）》，安徽教育出版社，2007 年，第 253—263 页。

逝去的盛景：宋朝商业文明的兴盛与落幕

方是时，上至天子百官，中及文人士大夫，下达贩夫走卒、妓女市侩，几乎人人都爱唱几句新曲。于是，词这种文艺体裁便迅速红遍大江南北。

柳永之前或同时代不乏杰出词人，仅北宋就有晏殊、欧阳修、张先和宋庠、宋祁兄弟。然而不得不说，无论他们写出了多少传唱千载的词作，都是戴着温庭筠、韦庄等晚唐词人打造好的"镣铐"在跳舞。他们采用的体裁几乎都是小令，没有充分铺陈，说到底更像是诗，但又缺了诗的雄浑与开阔，只剩下绮艳香软的"花间遗韵"。他们间或有所创新与发展，但取得的成就大多局限在文字表达和修辞运用的狭窄范畴之内。

柳永对于词的突出贡献在于，他几乎是以一人之力终结小令一统天下的时代，开创了"长调"（或曰"慢词"）主导的宋词新时代。在他以后，从晚唐、五代延续下来的那种委婉、含蓄、典雅但又脱不了堆砌斧凿和矫揉造作的"花间""阳春"之风为之一变，词的风格开始变得通俗、直白、大胆，充满追求肉体欲望和精神解放的真情流露。柳永词被认为"铺叙委婉，言近意远，森秀幽淡之趣在骨"；"曲处能直，密处能疏，崟处能平，状难状之景，达难达之情，而出之以自然"[①]……当然柳永的词有很多缺点，例如后人评论的，其用词"多近俚俗"[②]，"多杂以鄙语"，"浅近卑俗"[③]；技巧上则"皆是直写，无比兴，亦无寄托……直率无味"[④]；内容"尤工于羁旅悲怨之辞，闺帏淫媟之语"[⑤]等，但这是抽离了时代和社

---

① 王易：《词曲史》，东方出版社，1996年，第145页。

② （宋）黄昇：《花庵词选》。

③ （宋）王灼：《碧鸡漫志》卷二"《乐章集》浅近卑俗"。

④ 吴梅：《词学通论》，复旦大学出版社，2005年，第52页。

⑤ （明）毛晋：《宋六十名家词·乐章集跋》，载柳永撰，薛瑞生校注《乐章集校注》，中华书局，1994年，附录"序跋题识"。

会背景的纯粹文学评论，若置于柳永自己的时代，这些缺点或许恰是柳词的生命力所在——柳永的不少词从一开始就不是精英士大夫的文学创作，而是写给那些知识程度并不高的优伶娼妓的，迎合的是底层市民的审美趣味。

最具讽刺意味的是，柳永身前身后遭受到了数不尽的贬损，但自此之后，很多词人都在潜移默化间受到他的影响。我们甚至可以这么说：直到柳永的时代，宋词才算完全走出了晚唐以来的旧传统，真正走上独立发展之路。之后的词人，无论豪放如苏东坡、辛稼轩，婉约似秦少游、李易安，清雅数周美成、姜白石，都是在他开创的道路上继续探索前行：形式为长调慢词、内容更新颖。

李清照在《词论》一文中写道："有柳屯田永者，变旧声作新声，出《乐章集》，大得声称于世，虽协音律，而词语尘下。"她看到了柳永对于宋词的开拓性贡献，但因为到她生活的年代，词的性质已发生了深刻变化，像她这样的典型文人对词的文学境界有着很高追求，故而评论柳永"词语尘下"。即便如此，词的歌唱功能依然是极为重要的。李清照对苏轼词评价不高，原因即在于她认为苏轼"以诗为词"，他的词"不协音律"，是"句读不葺之诗"，简单说就是无法很流畅地歌唱，因而也谈不上是词了。[1]

北宋末、南宋初人徐度在《却扫编》中记录过一桩趣事：

> 柳永耆卿以歌词显名于仁宗朝，官为屯田员外郎，故世号"柳

---

[1] （宋）李清照：《重辑李清照集》卷四《词论》。

屯田"。其词虽极工致，然多杂以鄙语，故流俗人尤喜道之。其后欧、苏诸公继出，文格一变，至为歌词，体制高雅，柳氏之作殆不复称于文士之口，然流俗好之自若也。刘季高侍郎宣和间尝饭于相国寺之智海院，因谈歌词，力诋柳氏，旁若无人者。有老宦者闻之，默然而起，徐取纸笔，跪于季高之前请曰："子以柳词为不佳者，盍自为一篇示我乎？"刘默然无以应。[①]

这则记载印证了北宋中后期词坛发生的显著分化：自苏轼等人的崭新风格出现，"文人词"与"市井歌词"有着明确的界限。但直到北宋末年，甚至比柳永小了五十多岁的苏轼都已不在人世时，柳词在底层大众中的影响依然长盛不衰。粗略推算一下，这件事发生的时候，距离柳三变"才子词人""白衣卿相"的风光时代已经过去了约 100 年。试想一下，从现在再过 50 年、70 年，还会有几个人记得某位流行歌手，还如此激动地为他辩护？

缘于一代代上层士大夫的参与和改造，词才从下里巴人一变而为阳春白雪，成为一种经典文学体裁。这既是幸事，词的艺术审美价值由此获得了极大提升；但也不失为遗憾，抽离了源头活水，就阻断了词的未来可能性。纯粹"文人词"传统在北宋末年周邦彦那里集大成，到南宋中期姜夔和南宋末年吴文英那里得以登峰造极，宋词从过去雅俗共赏的大众流行歌曲渐渐变成了文人的专业创作。它唱的什么，已非普通村夫织妇所能理解。与此同时，词与曲分离，南宋时大多数的词已不用于歌

---

① （宋）徐度：《却扫编》卷下。

唱……词在审美上臻于极工，但它所能反映的内容、承载的情感、阐释的意义也与柳永的时代大大不同了。宋词在大众流行文化中曾经拥有的强大功能，将要让位于元曲和明清小说。

"凡有井水饮处即能歌柳词。"这是柳永为自己赢得的巨大市场成就。以他的才华，或许并非写不出更多《望海潮》那样的好词，只是因为长年浪迹烟柳巷中，"忍把浮名，换了浅斟低唱"的柳永对市场成功比对官场地位和文学事业有着更多冲动与渴望。又或者，这才是他对于世界的真正价值。换一个角度看，文人在科举入仕之外能觅得一种施展才华的可能性，也是一种幸运。尤其吊诡的是，恰是"格调卑俗"的柳永为"小词"争得了应有的文学地位，正是他打开的这一片天地，吸引了才华横溢的文学人士，从苏轼、秦观到周邦彦、李清照，从陆游、辛弃疾到姜夔、吴文英，创作出大量脍炙人口的词作，宋词也赢得了重要的历史地位。

即使是苏轼这样天下仰慕的翰林学士、古今冠绝的一代文豪，有时也会嫉妒柳永的成功。南宋末年理宗时人俞文豹记录过一桩逸事：

> 东坡在玉堂，有幕士善讴，因问："我词比柳词何如？"对曰："柳郎中词，只好十七八女孩儿，执红牙拍板，唱'杨柳外晓风残月'。学士词，须关西大汉，执铁板，唱'大江东去'。"公为之绝倒。[1]

此事应该发生在元丰末、元祐初苏轼任职翰林院时。稍早一些，他

---

[1] （宋）俞文豹：《俞文豹集·吹剑续录》。

在熙宁八年（1075）知密州任上的一封信中写道："近却颇作小词，虽无柳七郎风味，亦自是一家。"① 东坡在这封信里向好友鲜于侁介绍了自己很得意的新词《江城子·密州出猎》。后来的文学史家和评论家们大多认为，这首词是苏轼形成豪放词风的标志性作品。但从信中可以看出，此时的东坡也在不知不觉地对标柳永，而世间已无柳屯田二十余载矣！

其实，柳永的粉丝远不止在市井坊巷间，也遍及达官贵人、文人士大夫。王安石早年的好友韩维就特别喜欢酒后咏一首柳永的曲子，其中有一句"多情到了多病"。韩维家里有个老婢，错把"情"当作"晴"字，一听到这句就嘟囔："大官的身子与我们老百姓就是不一样！我是一到风雨天气就浑身不舒坦，难道晴天久了贵人反而会生病？"② 曾与欧阳修、宋祁共修《新唐书》的北宋中期著名史学家、翰林学士范镇，非常欣赏柳永的才华，听说柳七专注于填词，十分惋惜他为什么要把心思"浪费"在这上面。晚年致仕后，范镇眼见亲朋故旧中到处都在唱柳词，不禁感慨万千："仁宗四十二年太平，镇在翰苑十余载，不能出一语歌咏，乃于耆卿词见之。"③ 又过了许多年，南宋后期人陈振孙中肯地评论道："其词格固不高，而音律谐婉，语意妥帖，承平气象形容曲尽。"④

直到千年后的今天，我们仍能强烈地感受得到，当性格豪迈超脱的东坡忍不住说"我词比柳词何如"时，他的内心一定是十分复杂的。同样，当天子说"且去浅斟低唱，何要浮名"，宰相说"殊虽作曲子，不曾道'绿

① （宋）苏轼：《苏轼文集》卷五十三《与鲜于子骏三首》（二）。
② （宋）张耒：《明道杂志》。
③ （宋）祝穆：《方舆胜览》卷十一。
④ （宋）陈振孙：《直斋书录解题》卷二十一《歌词类》。

线慵拈伴伊坐'"的时候，他们的心思也一定是异常微妙的。

但在千年后的我们听来，这恰是一个美好时代的回响。

三、休闲的宋人

松桥叩金鲫，竟日独迟留

现代社会里，不少人有饲养花鸟鱼虫的兴趣爱好，这类爱好的大规模流行正是从宋朝开始的。关于赏花风尚与花卉产业，第二章论及农业的商品化时已经有不少描述，这里不再赘述。那么，鸟、鱼、虫呢？

可能与我们想象的正好相反，宋人豢养宠物的种类可比现在丰富得多。除了我们如今常见的猫狗，东京和临安市民养的有：地上爬的龟、蛇；天上飞的鹦鹉、鸽子、孔雀、鹤；水里游的各种鱼，还有海豹。他们不但喜欢斗鸡、斗蟋蟀，使用的器具也都很讲究，有木头竹子做的、金银丝编的，无所不有，极尽奢华。[①]

当时人将飞禽走兽、昆虫鳞介统称为"虫蚁"，而饲养调教这些动物用来赏玩的行当叫作"教虫蚁"或"弄虫蚁"。这本来也是勾栏瓦肆里深受喜欢的表演项目，但与一般的马戏杂耍不同，"教虫蚁"并不是

---

① 参见伊永文《宋代市民生活》，第125—142页。

纯粹的表演，而是市民广泛参与的大众娱乐，所以宋代城市里各类虫鸟生意异常兴旺。《东京梦华录》中写道，开封城里最繁华的潘楼街上有专门的"鹰店"，"只下贩鹰鹞客"[1]；马行街上则有"鹞儿市"[2]。鹰鹞是猛禽，知道的人比较多。所谓"鹞儿"，是一种小型鸣禽，羽毛赤褐色，略有黑褐色斑点，学名全称"鸲鹆"，俗称"巧妇鸟"，又叫"黄胆鸟""桃雀""桑飞"等。鸲鹆叫声嘹亮，雄鸟好斗。东京的商业地标"土市子"一带有专门的鸲鹆交易市场，可知宋代斗鸲鹆风尚之盛。

关于"弄虫蚁"的表演，陶宗仪有一段惟妙惟肖的描述：

> 余在杭州日，尝见一弄百禽者，蓄龟七枚，大小凡七等。置龟几上，击鼓以使之，则第一等大者先至几心伏定，第二等者从而登其背，直至第七等小者登第六等之背，乃竖身直伸其尾向上，宛如小塔状，谓之"乌龟叠塔"。又见蓄蛤蟆九枚，先置一小墩于席中，其最大者，乃踞坐之，余八小者，左右对列。大者作一声，众亦作一声；大者作数声，众亦作数声。既而小者一一至大者前，点首作声，如作礼状，而退，谓之"蛤蟆说法"。[3]

当时蓄养乌龟和蛤蟆的"弄虫蚁人"的技巧实在是太高超了！这股玩物风尚看来一直延续到了元末明初。而在南宋临安城里，每年蟋蟀上市季，官巷一带便人头攒动：

---

① （宋）孟元老：《东京梦华录》卷二"东角楼街巷"。
② （宋）孟元老：《东京梦华录》卷二"潘楼东街巷"。
③ （元）陶宗仪：《南村辍耕录》卷二十二"禽戏"。

促织盛出，都民好养，或用银丝为笼，或作楼台为笼，或黑退光笼，或瓦盆竹笼，或全漆笼，板笼甚多。每日早晨，多于官巷南北作市，常有三五十火（伙）斗者，乡民争捉入城货卖，斗赢三两个，便望卖一两贯钱。茖生得大，更会斗，便有一两银卖。每日如此。九月尽，天寒方休。[①]

周密在《癸辛杂识·后集》中回忆自己年少时在"故都"（临安）时见识过的各种虫戏，有龟、鳖、鳅、鱼戏水，有驯蛇，还有各种形状、色彩的蟹，"多至百余种"……都是供人玩耍观赏的。[②]

今天，真正的玩主都对《秋虫谱》《鼎新图像虫经》《促织经》《蟋蟀谱》等调教蟋蟀的古书如数家珍。它们无不出自宋人，据说都是南宋末年权相贾似道所辑，可信度似乎不高。但不管如何，这位名声堪比蔡京、秦桧的大奸臣酷爱玩蟋蟀，却是事实。[③]可见宋人对斗蟋蟀痴迷到怎样的程度，以及宋代斗蟋蟀之风在社会上蔓延到怎样的地步！

饲养和观赏金鱼是不少中国家庭的爱好，如今还流传到世界各地。许多人可能不知道，这种闲趣嗜好也是从宋朝兴起并逐渐流行开来的，明代李时珍说：

金鱼有鲤、鲫、鳅、鳖数种，鳅、鳖尤难得，独金鲫耐久，

① （宋）西湖老人：《西湖老人繁胜录》。
② （宋）周密：《癸辛杂识·后集》"故都戏事"。
③ 伊永文：《宋代市民生活》，第125—139页。

前古罕知……自宋始有蓄者，今则处处人家养玩矣。①

清人赵学敏在《本草纲目拾遗》中说："此鱼（金鱼）自宋南渡始有。"②

这么说有些绝对，更准确地说，中国人培育、饲养和观赏金鱼的习俗应该是逐渐形成的，但在宋代发生了根本性质上的转变，成为一种通过市场交易而实现的大众休闲娱乐。

最早的金鱼其实就是野生的鲫鱼，因为基因突变而生就红色鱼鳞。这类红鲫鱼一直存在于自然中，经过几个世纪的人工杂交、培育、选育和提纯，不断演化，体色和形体才逐渐变得像现在这样五彩斑斓、千姿百态。据说目前全世界已有 100 多个金鱼品种。

关于金鱼饲养和观赏的由来，有两种说法。

第一种说法与佛教在中国的传播有关。佛教主张不杀生，汉地佛寺一般都会建放生池，以放生鱼、虾、泥鳅、螺蛳之类水生动物的举动，来展示和弘扬人们的慈悲。中土历史上第一座佛寺——著名的洛阳白马寺，就建有这样的放生池。因为彩色的鱼更容易被人看见，有利于彰显功德，所以寺庙和香客特别愿意收集和放生红鲫鱼、红鲤鱼。渐渐地，这类金鱼在各地寺庙的放生池中也越来越多见。伴随着佛教在中国的传播，金鱼也日益普及。随着时间的推移，它们不再仅限于佛寺放生，而变成了一种大众喜闻乐见的观赏物。

第二种说法更加确定，有具体的人物和时间。据一些史料载，宋初开宝（968—976）年间，天下尚未一统，时任吴越国秀州刺史的丁延赞

---

① （明）李时珍：《本草纲目》卷四十四。
② （清）赵学敏辑：《本草纲目拾遗》卷十。

在州城外的一个水池中意外地发现了金色鳞片的鲫鱼,他称之为"金鱼"。在当时,这被认为是祥瑞吉兆,这个水池因此被称为"金鱼池",后人还在水池边上建了一座金鱼寺和金鱼院。[①]这件事情被记录在《嘉兴府志》中,可能也是史上最早有关金鱼的确凿记载。

上述两种说法中,不管哪一种更确凿可靠,后世多数学者都认为,金鱼杂交、培育的零星尝试可能很早就有,但金鱼观赏和养殖要迟至晚唐、五代才出现。到北宋时,有关金鱼的记载就很多了,苏舜钦和苏轼都有诗写到过杭州西湖里的金鱼:

> 杭之西湖有金鲫鱼,投饼饵则出,然不妄食也。苏子美诗云:"松桥叩金鲫,竟日独迟留。"东坡游西湖诗云:"我识南屏金鲫鱼,重来拊槛散斋余。"皆记其实。[②]

说明红鲫鱼和红鲤鱼这些原本的野生品种,在那时已开始比较成规模地被人工驯化和培育。但许多研究者认为,北宋时仍处在金鱼人工养殖演化的初期,都是在湖泊、鱼塘、荷花池等天然水域养殖。有人说,苏舜钦那首诗写的便是他在六和塔下开化寺中的金鱼池畔竟日等待金鱼现身的情形,诗题即为《六和塔》。所以北宋时欣赏金鱼虽是时髦的雅趣,却也是相当奢侈的事。除了湖泊、花园、寺庙这样的公共场所,要想不出家门就能观赏到金鱼,家里得有足够大的花园,专门挖一个鱼池,这可是达官贵人才有条件做到的。想来这也是被誉为"宋诗开山祖师"的

---

① 《嘉兴府志》卷十四"金鱼池"。
② (宋)吴曾:《能改斋漫录》卷十五"金鲫鱼"。"松桥叩金鲫"亦有作"沿桥待金鲫"者。

苏舜钦为一睹金鲫鱼的风采而愿意等候一整天的原因。当然，有了专门的观赏需求，金鱼培育、养殖和买卖作为一个产业也就呼之欲出。

应该说，南宋才是金鱼真正游进千家万户，从此与国人生活密不可分的历史开端。南宋时观赏金鱼的风气要远比北宋时更加普及，据说宋高宗就是一位金鱼爱好者，天子垂范，上行下效，观赏金鱼的爱好风靡天下，"园亭遍养玩矣"。①

这一时期出现了两个意义重大的新变化。首先，北宋的所谓金鱼养殖，就是将搜集或买来的金鱼或鱼苗投放入鱼池内，之后就基本没有什么管理了，因为缺乏人工繁殖、喂养金鱼的技术，只是任其自生自灭。南宋时出现了专门从事金鲫养殖的完整产业链，时人称这个职业为"鱼儿活"。临安的金鱼养殖业多位于钱塘门外一带：

> 金鱼，有银白、玳瑁色者。东坡曾有诗云："我识南屏金鲫鱼。"又曰："金鲫池边不见君。"则此色鱼旧亦有之。今钱塘门外多畜养之，入城货卖，名"鱼儿活"，豪贵府第宅舍沼池畜之。青芝坞玉泉池中盛有大者，且水清泉涌，巨鱼泛游堪爱。②

经过长期的经验积累，"鱼儿活"们逐渐学会了从天然水域中捞取鱼虫，喂养金鲫，还掌握了金鲫配对、辅助产卵、人工孵化以及鱼苗培养等一系列专业的技术。金鱼从此真正从野生时代进入了人工养殖时代，越来越多更漂亮的金鱼新品种现身市面。故而岳珂评论说：

---

① （清）魏嵲：《钱塘县志》卷八。
② （宋）吴自牧：《梦粱录》卷十八"物产"。

今中都有鬻鱼者，能变鱼以金色，鲫为上，鲤次之。贵游多凿石为池，置之檐庑间，以供玩。……惟杭人能饵蓄之，亦挟以自随。余考苏子美诗曰："松桥扣金鲫，竟日独迟留。"东坡诗亦曰："我识南屏金鲫鱼。"则承平时盖已有之，特不若今之盛多耳。[①]

其次，受时风熏染，稍稍富裕一点的南宋普通民众也对养金鱼产生了很大的热情。但老百姓家里条件有限，没有能力开挖建造鱼池，于是就有人尝试用陶缸养金鲫，这反过来又进一步促进了"鱼儿活"这个产业的技术进步与市场扩展。南宋陶瓷制造业本就非常发达，已经能够生产大型的陶瓷用具。当时制造的专门用于养殖金鱼的鱼缸至今仍有留存，一般都是肚大底小，缸口直径和缸高多在1米以上，缸肚最大的部分周长在3—4米。宋代发明的这种金鱼缸在后世稍有改进，延续到了20世纪，直到玻璃鱼缸的大量出现。

就在本书的写作接近尾声时，我读到2023年12月30日《日经亚洲评论》的一则新闻：日本新潟县是锦鲤养殖中心，当地迄今已有超过100个品种，行销60多个国家和地区，截至2023年3月，新潟县产锦鲤出口总额达到32.4亿日元(约合1.6亿元人民币)。因为经济效益可观，新潟锦鲤被称为"会游泳的宝石"，有"日本国鱼"之誉。而在所有的国外买家中，富裕的中国人尤其热衷购买，愿意为好鱼支付高价。近来因为进出口渠道不畅，一些中国爱好者购买锦鲤后，向日本饲养员支付

---

① （宋）岳珂：《桯史》卷十二"金鲫鱼"。

托管费用，在日本饲养……

蹴鞠与相扑

在宋人变着花样玩的各种乐子中，蹴鞠无疑是最为后人知晓的。借着施耐庵的不朽名著《水浒传》，这种风靡于宋代的竞技类游戏而今举世闻名，以至于许多人甚至拿它来证明现代足球起源于中国。

蹴鞠是一种历史极为悠久、长期流传于中国民间的竞技类游戏，据说它的由来可以追溯到战国时期。在当时天下最富庶的齐国都城临淄，"蹋鞠"便已是人们喜闻乐见的游戏。当然，那时的"蹋鞠"在球的制作材质及比赛规则方面应该与宋时的"蹴鞠"有很大不同，具体情况如今已很难考稽。经过长达千年的发展演变，蹴鞠到唐朝时逐渐成为风行大江南北的游戏，唐玄宗、唐文宗、唐僖宗等都是蹴鞠迷，而大诗人王维、韦应物、白居易、温庭筠等，也都曾在各自的诗文中写到过蹴鞠或踢气球，诗圣杜甫亦有"十年蹴鞠将雏远，万里秋千习俗同"的诗句。唐朝社会风气开放，妇女踢球也丝毫不见怪。此外，从这些记载看，唐时的蹴鞠似乎多与清明、寒食节气有关。

到了宋代，蹴鞠民俗发展成为一种受欢迎的时尚运动。如果拿现代社会中的某一事物做对照的话，蹴鞠竞技在宋代有点像欧洲、美国大众狂热追捧的足球、橄榄球比赛。正如《水浒传》里所描写的，君王带头沉溺于蹴鞠嬉戏，是宋代举国狂热于此的重要推手，所谓"上有所好，下必甚焉"。实际上，不仅宋徽宗，宋太祖和宋太宗都酷爱蹴鞠，^①这大概与他们都是行伍出身有关。宋末元初的画家钱选有一幅《宋太祖蹴鞠图》，画中有宋太祖、宋太宗和大臣赵普等6人蹴鞠的情景。历来被誉为"中兴之主"的皇帝孝宗也曾于淳熙四年（1177）九月"戊午，阅蹴鞠于选德殿"^②。看来他也是一位蹴鞠爱好者。徽宗与他们的不同之处在于，他除了爱观赏蹴鞠竞技，还是一位蹴鞠高手，经常亲自下场。作为一个兴趣爱好广泛、审美天分很高的艺术家，他的可惜之处在于，分不清楚文艺创作鉴赏、游戏娱乐与治国理政之间的根本区别，对蔡京、童贯、高俅之流的信赖与重用充分暴露了这一点。

在宋代，每年春秋圣节三大宴，招待辽、金等国使节的外交仪式和册封亲王之类的典礼上，都少不了蹴鞠献演环节，宫廷教坊里也有专门的蹴鞠艺人。这些在《宋史》的《礼志》《乐志》，以及《续资治通鉴长编》等材料中皆有记载。东京和临安的瓦子里也有蹴鞠表演，《武林旧事》中便记录了临安瓦子里驰名的蹴球艺人，当时还有女球星。

不过这些都应该属于表演性质，演员在王公、贵戚、外宾面前，或在买票入场的市民观众的注视下展示各种高超球技，而不是那种争输赢的对抗性很强的比赛。宫里有时还会召勾栏艺人前去献艺，他们中的不少人虽没有像高俅那样靠着与皇帝的特殊关系而飞黄腾达，但也凭借自己的一身技艺在大众娱乐市场上挣得了荣华富贵。^③

今天大多数学者认为，虽然《水浒传》是一部小说，故事情节的主

---

① （元）脱脱等：《宋史》卷四《太宗本纪（一）》。
② （元）脱脱等：《宋史》卷三十四《孝宗本纪（二）》。
③ 关于宋代的"蹴鞠"，可参见虞云国《水浒寻宋》，第258—276页。

干都是虚构的，但小说中对宋代的社会风尚，尤其是对当时底层民众生活百态的描写则是非常真实的。这一方面是因为施耐庵的时代距离宋代并不算特别远，当时社会上还留存着许多宋时的风俗、习惯和语言；更重要的原因如前述，是这部小说所依据的大量故事底本，原本就来自南宋勾栏里的"说话"。

如果我们还记得这本小说中的更多内容，应该对相扑①也不陌生。同前面说的教虫蚁和蹴鞠相类似，相扑也是瓦肆里的杂技表演项目，但它也不仅限于勾栏，而是一种万众争睹的全民乐事。根据《梦粱录》所载，每当大朝会、圣节、御宴、拜郊、明堂大礼等皇家或朝廷重要活动，都会安排相扑表演，而且这类场合"例用左右军相扑，非市井之徒，名曰'内等子'，隶御前忠佐军头引见司所管，元于殿步诸军选膂力者充应名额，即虎贲郎将耳"。可见这种官方举办的相扑比赛，参与表演者都是军士，而且是军中经选拔和训练过的专业相扑手，有点像今天的仪仗兵或文艺兵。吴自牧还详细记录了这类国家重要活动的"庆典相扑"与民间"瓦市相扑"的人员规模、表演流程、比赛规则以及对优胜者的奖赏等，二者有很大的不同。②

在宋代，这种供观众观赏的竞赛除了有"浪子燕青"这种年轻小伙间的相扑，还有孩童间的"童子相扑"，以及妇人间的"女子相扑"。女子相扑则尤其受到青睐，因为女子相互激烈撕扯，经常会裸露出肩臂甚至腰腹，所以也被时人称为"妇人裸戏"。因为实在太受欢迎，以至于一度竟在宣德门外广场上为皇帝、皇后和市民公开表演，引来万人争睹。

---

① 宋时也叫"角抵"，亦有称"争交"的。

② （宋）吴自牧：《梦粱录》卷二十"角觗"。

此事惊动了大名鼎鼎的司马光，他为此专门上书《论上元令妇人相扑状》，要求朝廷下令，"今后妇人不得于街市以此聚众为戏"①。不过，这种在司马光等人看来伤风败俗的女厮扑并未因此而被取缔，反而在南宋临安愈演愈烈。

因为城市商业经济的繁荣，宋代诞生了中国历史上第一批既有闲钱又有闲暇的市民阶层，他们支撑起开封和临安昼夜不息的喧腾嬉闹。虽然审美情趣远远比不上那些饱读诗书的官僚士大夫，但他们的存在却给那个时代铺上了一层繁荣而自由、富足而多元的底色。

萌芽中的旅游服务业

从商业进步的角度看，宋代市民大众的日常娱乐中，最具划时代意义的一件事，是大多数现代人最容易忽略的商业性旅游业的兴起。

游历名山大川、寄情湖光山色、踏寻古迹名师、酬和文章诗词……这是中国古代文人士大夫的一个悠久传统，也可以说是文化人群体的一种专属雅兴。以至于在文言文里，"游"与"学"二字几乎可以混用。但长久以来，旅行、游览和观光与绝大多数普通老百姓是毫无关系的，他们既无外出远足的经济条件，也没有足够的闲暇时间，更缺乏基本的审美能力。然而入宋以后，具有明显商业性质的旅游市场和旅游服务产业初具雏形——需要着重指出的是，这样的旅游市场的主要对象是新兴的市民大众，而非过去的文人骚客；此时的出游更多是一种休闲娱乐消

---

① （明）黄淮、杨士奇编：《历代名臣奏议》卷一百九十四《戒佚欲》。

费，而不仅仅是精神文化活动。

综观人类经济史，旅游业作为一个产业的诞生之所以相对较晚，是因为它需要的几个必备的基础条件较难同时达成：其一，是最起码的购买力，或曰消费能力，即前面已经说到的，大量普通人既有钱又有闲，这就需要商品经济发展到一定程度；其二，是基础设施的建设，即比较通畅易行的道路、河流交通网络和舟车运输工具，以及客栈、餐饮、娱乐之类的配套商业服务；其三，是消费的意愿，旅游观光不是衣食住行这样的生活必需，甚至也不同于看人演戏、唱歌、跳舞、杂耍这类消闲娱乐。愿意花钱、花时间去旅游观光的，一定是具有一定审美鉴赏能力的人——换言之，也就是社会上有足够多的人拥有一定的文化知识。因此，虽然旅游业可能在一些国家的国民经济和文化事业中并不占有举足轻重的地位，但商业性旅游业的兴起，却是社会经济文化水平进步到较高程度的重要标志之一。

上述这三个条件，在南宋时都已逐步具备，特别是在临安周边的江南地区，无一不是日臻完善和成熟。

现存史料中对北宋汴京街市繁华的描写很多，偶尔也有"都人士女，正月半后，乘车跨马郊野中，为探春之宴"①之类的记载。但普通市民成群结队外出游览、赏玩风景名胜的风尚，在当时显然尚未形成。

到了南宋，这方面的记录明显多了起来。这可能是因为以下几个原因：首先，南宋商业经济比北宋时更发达，临安老百姓的富庶更胜于昔日东都；其次，杭州的风景远比开封秀丽得多，而杭州周边的环太湖乃

---

① （宋）孔平仲：《孔氏谈苑》卷五。

至长三角地区，无论自然景观还是财富实力，都与日趋衰落的中原故土不可同日而语；再次，不仅临安及其周边，整个南宋疆域内的气候条件也比一到冬季就遍地苦寒的北方要好得多，一年四季都适宜外出旅游。

南宋行都杭州从古到今便一直是天下闻名的繁华之地，城内外湖山景色秀美，人文名胜荟萃，古寺宝刹众多，是孕育旅游业的绝佳摇篮，而"杭州胜景，全在西湖，他郡无此"①，"西湖十景"的盛名在南宋时便已鹊起，被许多文人墨客诉诸笔端——

> 近者画家称湖山四时景色最奇者有十：曰苏堤春晓、曲院荷风、平湖秋月、断桥残雪、柳岸闻莺、花港观鱼、雷峰落照、两峰插云、南屏晚钟、三潭印月。春则花柳争妍，夏则荷榴竞放，秋则桂子飘香，冬则梅花破玉，瑞雪飞瑶。四时之景不同，而赏心乐事者亦无穷矣。②

每到春暖花开时节，钱塘门外，"湖山游人，至暮不绝"③。当时西湖上专供游客观山赏湖的游船就分很多等级，种类和数量都比现在多得多："湖中大小船只，不下数百舫。船有一千料者，约长二十余丈，可容百人。五百料者，约长十余丈，亦可容三五十人。亦有二三百料者，亦长数丈，可容三二十人。皆精巧创造，雕栏画栱，行如平地。"④ 这些游船

---

① （宋）吴自牧：《梦粱录》卷一"八日祠山圣诞"。
② （宋）吴自牧：《梦粱录》卷十二"西湖"。
③ （宋）吴自牧：《梦粱录》卷一"八日祠山圣诞"。
④ （宋）吴自牧：《梦粱录》卷十二"湖船"。

各有名目，五花八门，"曰'百花''十样锦''七宝''戗金''金狮子''何船''劣马儿''罗船''金胜''黄船''董船''刘船'，其名甚多，姑言一二"①，都是面向大众出租的公共游船，租船业生意兴隆，价格亦不菲：

> 若四时游玩，大小船只，雇价无虚日。遇大雪亦有富家玩雪船。如二月八及寒食清明，须先指挥船户，雇定船只。若此日分舫船，非二三百券不可雇赁。……船中动用器具，不必带往，但指挥船主一一周备。盖早出登舟，不劳为力，惟支犒钱耳。

而"豪家富宅，自造船只游戏，及贵官内侍，多造采莲船，用青布幕撑起，容一二客坐，装饰尤其精致"。此外还有用香楠木"精巧雕刻创造"的"御舟"、固定不航的"湖舫"等。其中最令人称奇的是"贾秋壑府车船"，"无人撑驾，但用车轮脚踏而行，其速如飞"。②"秋壑"是贾似道的字，这种脚踏船大概是某个能工巧匠发明之后被宰相府拿去专用的。这些私家游船往往有"泛星槎""凌风舸""雪蓬""烟艇"之类好听的"嘉名"，"扁额不一，夷犹闲旷，可想一时风致"。③

一到游湖旺季，西湖上的小货船便穿梭于游船之间，售卖羹汤、菜蔬、点茶、酒水、点心零食、时令水果，也有吹拉弹唱，表演各种节目的，甚至还有一种"小脚船"，专载妓女或投壶、打弹、关扑之类的赌钱玩意，

---

① 同前注。
② 同前注。
③ （宋）周辉：《清波杂志》卷十二"船舫立名"。

"多不呼而自来"，游客若想"不被哂笑"，就"须是出着发放支犒"。①

每年春秋两季，西湖和钱塘江上会举办龙舟赛。时人记载，西湖龙舟竞渡争标的时间在二月初八，地点在丰豫门外的一清堂（后改名为"玉莲堂"），临安军政长官亲自坐镇。来自全国各州府的参赛龙舟②经装饰打扮，领着"十太尉""七圣""二郎神"之类的旗号，在领航小舟的号令和旗语指挥下，按湖中所立标杆奋勇争先，最先绕杆完成全程者为优胜，夺得锦旗、银碗及奖金，其他所有参赛者也都有"钱酒支犒"。龙舟比赛的同时，湖上还有歌舞、杂技表演助兴，这一天"苏堤游人，来往如蚁"；"岸上游人，店舍盈满。路边搭盖浮棚，卖酒食也无坐处，又于赏茶处借坐饮酒。南北高峰诸山寺院僧堂佛殿，游人俱满"；"都人士女，两堤骈集，几于无置足地。水面画楫，栉比如鱼鳞，亦无行舟之路，歌欢箫鼓之声……倾城综观，都人为之罢市"。③

宋代商业性花卉产业的兴起，也为旅游业奉上了绚丽多彩的观赏内容。临安城外的山峰之间坐落着数不尽的园圃苑囿、亭馆台榭，环绕俯瞰西湖，随四时之景不同而妙趣无穷。④每年元宵过后直至清明，游人如织："仲春十五日为花朝节，浙间风俗，以为春序正中，百花争放之时，最堪游赏。""仲春景色明媚，花事方殷，正是公子王孙，五陵年少，赏心乐事之时，讵宜虚度？至如贫者，亦解质借兑，带妻挟子，竟日嬉游，

① （宋）吴自牧：《梦粱录》卷十二"湖船"。
② 不同的宋人笔记中，有说"龙舟六只""龙舟十余"，亦有说"龙船数只"的，数量不一。可能每年参赛龙舟的数量并不统一，所以不同作者所见所记亦不同。
③ 参见（宋）西湖老人《西湖老人繁胜录》;（宋）吴自牧《梦粱录》卷一"八日祠山圣诞";（宋）周密《武林旧事》卷五"西湖游幸"。
④ （宋）吴自牧：《梦粱录》卷十九"园圃";（宋）周密：《武林旧事》卷三"西湖游幸"。

不醉不归。""都人不论贫富，倾城而出，笙歌鼎沸，鼓吹喧天，虽东京金明池未必如此之佳。"①

正所谓"暖风熏得游人醉，直把杭州作汴州"。

不止杭州，环太湖地区的苏州、湖州等城市也都以园林众多著称。它们或隶官府，或属寺院，更多的则为私家所有，其中很多都向游人开放。略远的江州，也就是现在的九江，因为紧挨着庐山，也是南宋时旅游业特别发达的州城之一。

旅游观光客人与日俱增，各地景点为游客提供的住宿、餐饮、娱乐服务业繁荣，甚至还出现了专门为游客安排行程的导游与导览。与此同时，江南一些旅游业发达的州县地方官员对景点的环境整治和配套设施建设很重视，有些地方进而形成了规范市场的相关管理制度，以期吸引更多人前来游赏。②

宋代是否已存在专事接待大型团体旅游和跨省远途旅游的专业服务机构，类似于现在的专业旅行社？从存世史料记载中比较难以判断。但前述宋代旅店行业的蓬勃发展让这类远途旅游有了硬件基础，另外，已有确凿记录证明南宋时有供旅人使用的全国地图。南宋官道驿站的大多数店铺里，都有一种《朝京里程图》在售，时人也称它为"地经"。可以说它同现在的全国旅行导游图并没有什么大的区别——以临安为中心，将南宋境内各地通往临安的道路和里程，以及可供歇脚的旅店、凉亭的位置，标识得一目了然。③

---

① （宋）吴自牧：《梦粱录》卷一"二月望""八日祠山圣诞"、卷二"清明节"。
② 陈国灿主编，陈国灿、姚建根著：《江南城镇通史》（宋元卷），第151—152页。
③ 伊永文：《宋代市民生活》，第247页。

地图测绘是地理学的一部分，如同史学一样，它在中国有着极其悠久的传统。自《尚书·禹贡》开始，历代官方都十分重视对天下疆域和地形地貌图的研究与绘制。《周礼·地官》载："大司徒之职，掌建邦之土地之图。"同书《夏官司马》亦载："职方氏掌天下之图。"世界上现存最早的清晰详细的绘制地图是1973年长沙马王堆三号墓出土的汉代长沙国《地形图》《驻军图》《城邑图》。其中，《地形图》中的地貌、水系、交通线等与实际基本相符，九嶷山地区还采用了等高线的画法。稍后晋朝人裴秀绘制的《禹贡地域图》18幅，无论在地图测绘的理论研究还是实践方法上，都把中国地图学带上了一个新高度。唐代以后，地图学又不断有新的发展和提高，这些成就中也包括了宋代沈括的《天下州县图》和程大昌的《禹贡山川地理图》等。明万历（1573—1620）间，耶稣会传教士利玛窦（Matteo Ricci）等人入华，将当时欧洲最先进的经纬度绘图法传入中国，确立了圆形地球的基准。至此，中国的地图学具备了现代地理科学的雏形。清代所绘地图大多博采中西之长，完成于18世纪初的康熙《皇舆全览图》便聘请了法国传教士协助绘制。继出的乾隆《皇舆全览图》和同治《大清一统舆图》，其准确度和细致精美程度令今人叹为观止。

如果仅以所谓科学性或学术价值来看，宋代之前和之后的这些地图学成就比宋代地经不知要高出多少倍，只是它们基本出于政治需要，偶尔兼带一些学术兴趣，所以举朝廷之力勘绘而成后便束之高阁，鲜有人问津。而宋代市井中买卖的这种粗糙的里程图完全产自民间，为的是满足人们的旅行需求。

这就是那个时代的最大特征，宋人总是忙不迭地把一切东西弄成可以卖钱的，不论是风雅的诗词歌赋还是粗重的种花养鱼。

第五章

世态之变

南宋大思想家、"永康学派"代表人物陈亮不止一次与人说起一个故事，被记录在笔记小说《桯史》中：从前有个穷书生，与一富户毗邻而居，眼望着自己家徒四壁，每每羡慕邻家的快活日子。某天，他穿戴庄重地去邻家拜谒，请教致富之道。邻家富翁对他说："致富不易啊！你回家斋戒三日后再来，我告诉你其中的奥秘。"书生依言照办后再次登门拜谒，富翁"乃命待于屏间，设高几，纳师资之赀，揖而进之，曰：'大凡致富之道，当先去其五贼。五贼不除，富不可致。'"书生问哪五贼？富翁答曰："即世之所谓仁、义、礼、智、信是也。"

　　陈亮每次讲到这儿，都要笑着感慨："吾儒不为五贼所制，当成何等人耶！"翻译成当下的大白话来说："我们读书人要是不被这'五贼'捆住手脚，该成怎样的人啊！"①

　　东阳陈同甫是公认的"资高学奇，跌宕不羁"之人，经常喜欢大言不惭地谈兵论武，还曾因言语冒失而下狱。他嘴里说出这样"狂悖忤逆"的话，的确不足为奇。不过，比陈亮沉稳得多的叶适也曾十分干脆地写道："既无功利，则道义者乃无用之虚语尔。"②

---

① （宋）岳珂：《桯史》卷二"富翁五贼"。
② （宋）叶适：《习学记言》卷二十三。

看来，这是那个时代的风气，只不过陈亮表达得最决绝罢了。

　　在后世大多数中国人心目中，强调"天理—人欲"二元对立的程朱理学，纵然不是宋代思想文化的全部，也是当时占支配地位的意识形态。然而，之所以我们会得到这样的印象，恰是理学兴起对后世中国社会造成的结果。在道学／理学诞生以后相当长一段时间——确切地说，直到南宋末——它只是当时精神文化领域里众多竞争激烈的学说之一，即便到了朱熹的时代，充其量也只能说是影响比较大的一派。而主要在浙东地区讲学和流播的所谓"事功学派"（亦称"功利学派"），同样是当时思想学术舞台上非常活跃的派别，其中影响力最大的当属陈亮所代表的"永康学派"以及郑伯熊、薛季宣、陈傅良等人开创，至叶适而集大成的"永嘉学派"。

　　不同的"事功学派"之间在理论和现实问题上也多有分歧，但它们的共同点都是热心倡导讲实事、究实理、求实效、谋实功的实学风气，反对空谈道德性命之说；都积极崇尚外在的进取，反对一味地主静和内省，认为没有具体的事业成功便谈不上有抽象的善；公开主张"不耻言利"，主张农商并重，"以义和利，不以义抑利"①，"农商一事"，"商借农而立，农赖商而行，求以相补，而非求以相病"②……

　　思想学说就像一面镜子，总是直接或间接地折射出一个时代的现实。至少在南宋中期之前，调和"利义之分"、为商业和财富辩护，甚至赤裸裸地讴歌金钱的声音，已汇聚成一股不容忽视的思潮。浙东"事功学派"就是这股社会思潮在理论思辨层面的结晶，它们都孕育成长于当时的经济中心地带，便是最能说明问题的。在这些学派鼎盛时，就连最博学善思的朱子也感受到了紧迫的挑战。

　　但话说回来，理学又何尝不是对时代大潮刺激的一种回应？只是解决方案更为曲折和复杂而已。正如余英时先生所说："两宋为商人和富民辩护的儒者颇不乏其人，朱熹确不在其中。"③"这是不可否认的事实。不过这是另一层次的问题。卡尔文派和稍后的清教派都有不少敌视商人的议论；他们绝不是资本家的代言人。但这并不妨害新教伦理在一个更高层次上为资本主义的兴起提供了精神的资源。"④

---

① （宋）叶适：《习学记言》卷二十七。
② （宋）陈亮：《龙川文集》卷十一《四弊》。
③ 参见叶坦《富国富民论》，北京出版社，1991年。
④ ［美］田浩：《朱熹的思维世界》，江苏人民出版社，2009年，第5—6页。

一、那么多富人

工商业的空前繁荣带来的远不只是传统小农经济产业格局的瓦解，更是传统的社会结构与财富版图的改写。

货殖之多于古

历史上从来没有过的那么多富人突然间冒了出来。

早在北宋真宗时，在首都汴京，资产"百万者至多，十万而上，比比皆是"①。如果以对大米的购买力作为参照物来约略换算的话，那时的10万贯钱至少相当于今天的几千万元人民币。也就是说，按今天的币值来衡量，北宋前期京城的顶级富豪们已经身价数亿了，而坐拥几千万财富的人，根本排不上号。这些亿万富豪的财富无不是靠做买卖得来的。"豪猾兼并之家，居物逐利，多蓄缗钱至三五十万以上，少者不减三五万。"②

不要说东京、临安这样万商云集的超级大都市，就是在稍大一些的州城甚至富裕的县城，亦不乏家财千金的富商大贾。真宗时，青州有个地主麻氏，其家族曾因犯罪被严惩，后来东山再起，"镇库之钱"即藏有10万贯，号"麻十万家"③；仁宗时，"零陵市户吕绚以钱二十万造一大

---

① （宋）李焘：《续资治通鉴长编》卷八十五"真宗大中祥符八年十一月乙巳"。
② （宋）宋祁：《景文集》卷二十八《乞损豪强优力农札子》。
③ （宋）何薳：《春渚纪闻》卷二"二富室疏财"。

舟"①；徽宗时，京东路兴仁府（今山东省曹县）的坊郭户万延嗣，家业钱达 142000 缗，官府摊派的和买绢就有 1000 多匹，"一路为最"，列于"高强出等户"②；徽宗宣和（1119—1125）末，有个富商，掏出 3 万缗钱来装饰泗洲普照塔，使其"焕然一新"③；南宋孝宗淳熙（1174—1189）初，平江府常熟县直塘市商人张五三以收粜粮食为业，每次收粜动以数百石计；南宋后期，嘉兴府崇德县濮院市大户濮氏开设的当时最大规模的丝织作坊，"机杼之利，日生万金"④。而那些从事长途运输和海外贸易的商人，其财富增值更加惊人："泉州纲首朱纺，舟往三佛齐国，……往返曾不期年，获利百倍"⑤；"建康杨二郎兴贩南海，往来十余年，累资千万"⑥；做香料生意的"泉州杨客为海贾十余年，致资二万万。……度今有四十万缗"⑦。宋末元初"江西诗派"诗人方回在《听航船歌十首》中写道，嘉兴府魏塘镇有个商户一次就从镇上收购 3000 斤漆和 5000 斤蜡，运往楚州销售。⑧那么大的贸易规模，可想其背后的资产。

晚唐、五代以后，新兴工商业阶层凭借其交通天下财货和掌握的财富优势逐渐介入政治事务，以提升自身的社会地位。到了宋代，工商阶层的这种自觉意识更加明显。在大部分承平岁月里，他们主要通过拉拢

① （宋）邹浩：《邹忠公集》卷十二"吕四"。
② （元）脱脱等：《宋史》卷一百七十五《食货志上（三）》。
③ （宋）陆游：《老学庵笔记》卷八。
④ （清）胡琢：《濮镇纪闻·总叙》。
⑤ 莆田《祥应庙碑记》。参见蒋维锬《莆田〈祥应庙记〉碑述略》，载《海交史研究》1994 年第 1 期，第 120 页。
⑥ （宋）佚名：《异闻总录》卷一。
⑦ （宋）洪迈：《夷坚志·丁志》卷六"泉州杨客"。
⑧ （宋）方回：《桐江续集》卷十三。

逝去的盛景：宋朝商业文明的兴盛与落幕

当朝权贵、与士大夫乃至宗室联姻等办法，寻找靠山，保护家族利益，提高社会地位。一旦战乱发生，政府财政拮据，便是他们左右逢源、大显身手的时机。仁宗时与西夏战事频起，朝廷曾"借大姓李氏钱二十余万贯，后与数人京官名目以偿之。顷岁，河东用兵，上等科配，一户至有万缗之费"[①]；北宋末年，恢复幽云十六州的心绪又一次如潮涌动，宋徽宗不计后果地与女真人联合，对辽国发动全面战争，向百姓分摊"免夫钱"以助军饷，怀仁县杨六秀才之妻刘氏，"乞以家财十万缗以免下户之输"[②]；还有"越人黄汝楫，家颇富饶，宣和中方腊犯境，以素积金钱缗钱（可值 200 万）瘗于居室"[③]，后来挖出这笔财宝献给方腊军，才保住性命；南宋高宗建炎（1127—1130）间，湖州王永从"献钱五万缗，以佐国用"[④]；绍兴三十一年（1161），米商张子颜等人从自家仓库中拨出储米 10 万石，以资军粮[⑤]……这些都说明了当时大商人惊人的资产经营规模和纵横捭阖的政治活动能力。

说起来大概并非巧合，在宋代开足马力奔腾向前的所有工商行业中，房产是最容易在短时期内点石成金的"造富神器"。当我梳理史料总结到这一点时，不免感慨，这也许就是人口稠密、土地稀缺的东亚经济结构的天然基因：只要经济有相对长期稳定的增长，投资房产总不会有错！

在宋代，僦赁房舍的收入通常被称为"掠房钱""掠屋钱"，而拥有房舍并专门以此营生者，就被称为"掠房钱人""掠屋钱人"。如"僦屋

① （宋）李焘：《续资治通鉴长编》卷三百八十八"哲宗元祐元年丁丑傅尧俞奏疏"。
② （宋）何薳：《春渚纪闻》卷二"二富室疏财"。
③ （宋）张淏：《宝庆会稽续志》卷七《玉帝赐黄汝楫五子登科》。
④ 《皇宋中兴两朝圣政》卷四。
⑤ （宋）徐梦莘：《三朝北盟会编》卷二百三十七"绍兴三十一年三月二十九日"。

出钱，号曰痴钱，故儌赁取直者，京师人指为'钱井经商'"①；"有掠屋钱人沈垚者，居长生老人桥"②。房产租赁（或许亦包含营造和买卖）这个行当，当时也被称作"庄宅行"。

也许是因为城市化程度毕竟不如今天这么高，从记载来看，宋代的房产还没有像田产那样成为一项主要的长线投资，人们依靠房产赚钱基本都是通过出租商用屋宇，也就是房廊、邸肆、塌房之类收取租金。当时京城有些闹市地段，仅仅一处房产"每月儌直一十八千"③，真是寸土寸金！经营房产最出名的当数徽宗末年的宰辅大臣何执中，他"广殖资产，邸店之多，甲于京师"，有胆大的伶官在皇帝面前揭发这位宰相"日掠百二十贯房钱"④。如果这个数字属实的话，那么这位为人圆滑、极善钻营的宰臣一年的房产租金就能坐收 4 万多贯，相当于当时一个 10 万人口以上的大城市一年的全部商税。说得更直观一点，就好比今天一年的房屋租金就能收到二三千万元人民币，可见这些房产的昂贵！

另据《宋史》载，韦渊是宋高宗生母韦太后之弟，他的"房缗钱日二十千"⑤。明人田汝成记录了南宋末年名臣马光祖不畏贵戚、秉公断案的一个故事：宝祐（1253—1258）中，宋理宗胞弟福王赵与芮府上状告有市民拖欠自己房钱，时任临安府尹的马光祖调查后得知，福王出租的房子漏雨却不加修缮，租客才拒不付钱的。于是他挥毫判道："晴则鸡

① （宋）陶穀：《清异录》卷上。
② （宋）周密：《癸辛杂识·续集》卷下"老张防御沈垚"。
③ （宋）李焘：《续资治通鉴长编》卷四百一十五"哲宗元祐三年十月甲申"。
④ （宋）董弅：《闲燕常谈》。
⑤ （元）脱脱等：《宋史》卷四百六十五《韦渊传》。

逝去的盛景：宋朝商业文明的兴盛与落幕

卵鸭卵，雨则盆满钵满。福王若要房钱，直待光祖任满。"① 可见宋时皇亲国戚经营房产的不在少数。当然，更令我吃惊的是：当朝天子的弟弟竟然会公开与老百姓打官司，而且还打输了！

除了房地产这种坐地生金的行业，其他比较好的生财之道当然是大宗商品交易中间商和质库、交引铺等金融中介服务行业了。"鄂州富商武邦宁，启大肆，货缣帛，交易豪盛，为一郡之豪。"② 邢州（今河北邢台）有一张翁，原是个"接小商布货为业"的普通牙侩，"家资所有不满数万钱"，也就是仅有几贯钱的家财而已。后来因一笔意外之财经手承揽了大宗交易，"张氏因此起富，资至十千万，邢人呼为'布张家'"，一跃而跻身巨富之列。③ 宋孝宗淳熙（1174—1189）中，建康府城"房廊之家，少者日掠钱三二十千。及开解库店业之人家，计有数十万缗者。营运本钱，动是万数"④。

与心学开山鼻祖陆九渊交游相合的宋人吴箕曾写道，《汉书·货殖传》中将拥钱 5000 万的樊嘉称为"高资"，可以想见，他们已是当时凤毛麟角的巨富了。如果不考虑通货变化，5000 万钱就是 5 万贯。这在宋人看来根本就是"不足道"的："中人之家，钱以五万缗计之者甚多，何足传之于史？"⑤ 比吴箕略晚一些的宗室文人赵与时作过更细致的对比：汉元帝时有个叫崔烈的人向朝廷捐钱 5000 缗，得到了司徒的官职（古代最高级别的大官，"三公"之一），"以今助边之数校之，但可得校副尉耳"。

---

① （明）田汝成辑撰：《西湖游览志余》卷二十五《委巷丛谈》。

② （宋）洪迈：《夷坚志·支志庚》卷五《武女异疾》。

③ （宋）洪迈：《夷坚志·乙志》卷七《布张家》。

④ （宋）周应合：《景定建康志》卷四十一《田赋志二·蠲赋杂录》。

⑤ （宋）吴箕：《常谈》。

就是说，在赵与时生活的宋代，捐相同的钱助朝廷开边，只能得到一个七八品的低级武官职务。赵与时把这些写下来，"并发观者一笑"[①]。可见宋代的财富比之秦汉有了多么惊人的增长！

现代读者或许会认为，吴箕和赵与时写作的南宋距司马迁的时代已过去 1200 多年，这样速度的财富增长是不足为奇的，但这是以现代的技术条件推测古代的经济与财富增长。须知在那个时代，人类的技术进步是极为缓慢的，经济增长，特别是财富增长当然也一样。由于破坏性的自然灾难和治乱循环不可避免，社会在大多数时间处于停滞状态，甚至倒退多于进步。我们不难发现，与现代人普遍信仰仿佛是不证自明的"历史进步论"截然相反，在古代中国，占支配地位的是一种普遍的"衰退史观"。那时的人们真诚地相信，上古夏商周"三代"，尤其是尧舜时期，曾经存在过一个"黄金时代"，之后，历史就进入一个持续败坏的下行阶段。放到上千年的时间跨度中审视，这种"衰退史观"或许并不符合真实历史，但它在很大程度上与古人对周遭社会生活的个体观察和切身感受是吻合的。以明清两代的大部分时间而论，由于经济进步跟不上人口增长，中国的人均财富比几百年前的宋代就是明显下降的。

宋人有充分的理由发问：为什么自己的时代一下子比千年前多出了那么多财富？

---

① （宋）赵与时：《宾退录》卷三。

以公侯之贵，牟商贾之利

宋代经济的趋势和结构变了，官员的生财之路也发生了根本性变化。有眼光的官僚不再一味热衷于土地兼并，像何执中这样一只脚站在宦海、另一只脚踏入商海的做法蔚为一时之风。真宗时期，与一代名相寇准同列一朝的丁谓，是个十分善于左右逢源的奸猾之人。仁宗时他被贬到崖州（今海南三亚），还与当地贩夫联手，"辄与数百缗任其货易"①。名臣蔡襄在宋英宗初年曾痛惜地写道，各地官员都有"专为商旅之业者"，他们"兴贩禁物，茶、盐、香草之类，动以舟车，楙（贸）迁往来，日取富足"②。到了南宋，国家财政捉襟见肘，而官吏经商之风却更盛，收成更丰。对当时不少官员来说，他们的主要收入来自私下经商所得，公开的朝廷俸禄反而不是他们很看重的。下至州县小吏，上至皇室宗亲，"托脏腑之亲，为市井之行；以公侯之贵，牟商贾之利"，"甚者发舶舟，招蓄贾，贸易宝货"。③说全民皆商可能是夸张了，但官场更像是生意场，在当时不足为怪：

> 宋南渡诸将，韩世忠封蕲王，杨沂中封和王，张俊封循王，俱享富贵之极。而俊复善治生，其罢兵而归，岁收租米六十万斛，今浙中岂能著此富家也！绍兴间，内宴有优人作善天文者云："世间贵官人，必应星象，我悉能窥之。法当用浑仪，设玉衡，若

---

① （宋）刘延世编：《孙公谈圃》卷下。
② （宋）蔡襄：《蔡襄集》卷二十二《废贪赃》。
③ （元）脱脱等：《宋史》卷三百八十八《陈良祐传》。

对其人窥之，见星而不见其人。玉衡不能卒办，用铜钱一文亦可。"
乃令窥光尧，云："帝星也。"秦师垣，曰："相星也。"韩蕲王，
曰："将星也。"张循王，曰："不见其星。"众皆骇，复令窥之，
曰："中不见星，只见张郡王在钱眼内坐。"殿上大笑。俊最多资，
故讥之。①

　　文中的"光尧"指宋高宗，秦师垣就是秦桧，韩蕲王和张循王分别
是抗金大将韩世忠和张俊。张俊的贪财无度和敛财有道是当时坊间无人
不晓的，所以就连优人都当着皇帝和宰相的面公然讥讽他。得到的反应
是"殿上大笑"，看来所有人都习以为常，见怪不怪了。宋时民间还存
在这样的说法："张循王在日，家多银，每以千两铸一球，目为'没奈何'。"②

　　宋代武臣大多非常富有，与皇室联姻也极多，这是一个十分有趣的
现象。它衍生于宋太祖"杯酒释兵权"的传统，在政治上对武人进行压制，
又许以厚禄作为放弃兵权的补偿。南宋以后，因战争阴云始终笼罩朝野，
武人作用明显增强，在钱财上笼络他们就比北宋尤甚，南宋初年几位战
功赫赫的抗金大将无一不是家财数十万贯的大富豪。清人赵翼搜罗散于
各种史料的记载，专门对当时将帅们所拥有的巨额财产和奢靡生活作了
细致梳理，他评论说："南渡诸将帅之豪侈，又有度越前代者。"③

　　或许武将不如文臣那么头脑灵活，跟得上时代变迁的节拍，他们的
主要财富还是传统的田产。前面说到的那位"在钱眼内坐"的张俊素有

① （明）田汝成辑撰：《西湖游览志余》卷二十一《委巷丛谈》。
② （宋）洪迈：《夷坚志·支志戊》卷四"张拱之银"。
③ （清）赵翼：《陔余丛考》卷十八《南宋将帅之豪富》。

"铁额"①之称，就是南宋将帅中占田最多的一个。在当时，"世谓无廉耻不畏人者为'铁额'也"②。他的田庄遍布当时最富庶的两浙路和江南东路的湖州、秀州、平江府、常州、镇江府、太平州（今安徽马鞍山、当涂、芜湖一带），以及淮南等地，总计有15处。所以前引《西湖志》中说张俊每年的地租收入高达60万斛，并不为虚。后来他的儿子们献给朝廷的田庄就有数万亩。其余的几位名将如韩世忠（他在当时有"铜额"之称）、季显忠、邵宏渊等也无不广占田地、钱倾天下。岳飞大概算是他们中最穷的一个，他被下狱后抄家，"仅金玉犀带数条，及锁铠、兜鍪、南蛮铜弩、镔刀、弓、剑、鞍辔、布绢三千余匹、粟麦五千余斛、钱十余万、书籍数千卷而已"③。岳飞拥有的田产有近20顷。因为他不到40岁就遇害，还没来得及安享"中兴"之后的荣华富贵。

也有少数头脑精明的武将看到了正在蓬勃兴起的工商业大潮中蕴藏着的巨大"钱景"，奋勇下海淘金。精明的张俊不止坐拥田产万顷，还役用军中士兵营造宅第房廊出租，并在杭州建起一座富丽堂皇的"太平楼"大酒肆。因张俊军中士兵腿上都有绣花刺青，故有歌谣唱道："张家寨里没来由，使他花腿抬石头。二圣犹自救不得，行在盖起太平楼。"④后来，张俊还试水利润丰厚的市舶贸易。他曾用50万造船出海，"获利几十倍"⑤。绍兴（1131—1162）间，武臣杨存中和赵密在江南各城镇开设酒坊74处，酿酒售酒，仅在临安盐官等地便有9处酒坊，"岁收息钱

---

① 牙齿暴露不齐之意。
② （宋）庄绰：《鸡肋编》卷下。
③ （宋）袁褧撰，（宋）袁颐续：《枫窗小牍》卷下。
④ （宋）庄绰：《鸡肋编》卷下。
⑤ （宋）罗大经：《鹤林玉露》丙编卷二"老卒回易"。

四十余万贯"，其他 65 处酒坊分布于"人烟繁盛"的市镇，收益肯定也不菲。

南宋这批"中兴名将"聚敛的财富究竟达到了怎样的程度？张端义《贵耳集》中有一则记载可以说再生动不过了：秦桧有一天看到宋高宗闷闷不乐，便凑上去问，何事让圣上烦恼？高宗回答说，一年一度的郊祀大礼马上到了，这笔用度很大，眼下缺了 500 万缗钱。秦桧当即说："臣当为陛下任此事。"过了几天奏请高宗，乞禁中赐御酒四金壶。又过了几天，他约张俊和韩世忠二将一同赴宫中议事，二将到了之后，从大清早一直等到午间，都未得宣谒入内，但见宫内使者突然向他们宣赐御酒，二人心里不由更加七上八下，又疑惑又惊惧。又过了一会，秦桧也来了，一句话也不说，携手二将一起进宫觐见皇帝。然后突然开口说："御前赐酒，同饮一杯。"张韩二位腿肚子都打战了，不敢喝。秦桧自己先取御酒饮了一勺，待二人神情稍稍平复一点后，慢条斯理地说："主上想问二将各借钱一千万缗，以奉郊祀，事情办完后再还给二位。"此时的张韩二人哪还敢说半个不字，纷纷主动上奏表示愿意献金。圣旨回复下来，不需 1000 万缗，只借 500 万即可。①

这真的是名副其实的富可敌国！面对他们的财富，当年的何执中只能算小巫见大巫了。后来杨存中和赵密两人迫于压力，不得不把上述那些酒坊献给朝廷，但尚有"未卖煮酒二十余万瓶"②。前文提到的那位家住杭州长生老人桥的"掠屋钱人"沈垚，以前便是杨府里的下人。他致富后不忘主人恩情，每年一到杨存中忌日，都要设灵位，上书"恩主杨

---

① （宋）张端义：《贵耳集》卷中。
② （清）徐松：《宋会要辑稿·食货》二一之三。

和王"，毕恭毕敬供奉。沈垚逢人就说，我一饭一衣都是杨家给的，永世不能忘。[①]

杨存中即前述引文中的杨沂中，上一章里提到过，临安城内的瓦舍就是他开办的。他是北宋初年大将杨业的六世孙，"沂中"是他的本名。杨业是富有传奇色彩的杨家将故事里杨令公——杨继业的原型。据说宋孝宗见了杨存中，总是非常谦恭地称他"杨郡王"，从不敢直呼其名。几世英烈的杨门后人里出了这样一位长袖善舞的杰出商业人才，不正是从战乱纷争的唐末五代十国走来，走向纸醉金迷的大宋的一段历史缩影吗？

不知以俭为美德

很多人一旦有了钱，就会追求享乐。宋人的纵欲奢靡之风，是最受历代评论者所批评的。这些评论者的观察是正确的，但他们的结论多是朴素的道德直觉，契合的是过去的伦理价值，难以准确反映一个剧烈变迁的时代的精神面貌。

像宋徽宗和蔡京所在金字塔顶端的穷奢极侈，或许是不具有代表性的，而且宋代大多数皇帝并不是贪得无厌、纵情声色之徒，他们待人处世往往也相当谦逊克制。事实上，从待遇优渥的高官士大夫到日进斗金的富商巨贾，甚至是财资窘迫的市井小民，贪图奢华、恋慕虚荣，大概是有宋一代的社会风气。柳永《望海潮》里写到当时的杭州，"市列珠

---

① （宋）周密：《癸辛杂识·续集》卷下"老张防御沈垚"。

玑，户盈罗绮，竞豪奢"；100余年后孟元老回忆彼时的东京，"八荒争凑，万国咸通。集四海之珍奇，皆归市易；会寰区之异味，悉在庖厨。花光满路，何限春游，箫鼓喧空，几家夜宴。伎巧则惊人耳目，侈奢则长人精神"①，可以说一点也不夸张。

其实用不着后人来总结，宋代有思想的人士几乎无不留意到这种弥漫于全社会的奢华风气，并作出过尖锐的反思。

江南地区是当时天下新的经济中心和生产力领先之地，这里的人们自然比其他地方的人更有资格享受奢侈生活。苏东坡曾如此批评杭州人的生活态度："三吴风俗，自古浮薄，而钱塘为甚。虽室宇华好，被服粲然，而家无宿舂之储者，盖十室而九。"②下面这条宋人笔记十分细致地印证了苏轼的观察和评论：

> 熙宁八年，淮浙大旱，米价翔踊，人多殍饿。杭人素轻夸，好美洁，家有百千，必以太（大）半饰门窗，具什器。荒歉既甚，鬻之亦不能售，多斧之为薪，列卖于市，往往是金漆薪。③

修纂于宋神宗元丰七年（1084）的《吴郡图经续记》卷上《风俗》中也讲到吴地人"夸豪好侈"，"顾其民，崇栋宇，丰庖厨，嫁娶丧葬，奢厚逾度，蠲财无益之地，蹶产不急之务者为多"④。

---

① （宋）孟元老：《东京梦华录·序》。
② （宋）苏轼：《苏轼文集》卷四十八《上吕仆射论浙西灾伤书》。
③ （宋）江少虞：《宋朝事实类苑》卷六十《风俗杂志·杭人好饰门窗什器》。
④ （宋）朱长文：《吴郡图经续记》卷上"风俗"。

逝去的盛景：宋朝商业文明的兴盛与落幕

到了南宋，国家的政治中心转移到了江南，皇亲国戚和达官贵人一时云集于此。原本就迷恋富贵生活的人，特别是那些"三世仕宦子孙"，更是竞相攀比——

> 衣不肯着布缕绸绢、衲絮绲敝、浣濯补绽之服，必要绮罗绫縠、绞绡靡丽、新鲜华粲、缔缯绘画、时样奇巧、珍贵殊异，务以夸俗而胜人。食不肯疏食菜羹、粗粝豆麦黍稷、菲薄清淡，必欲精凿稻粱、三蒸九折、鲜白软媚，肉必要珍羞嘉旨、脍炙蒸炮、爽口快意。水陆之品，人为之巧，镂簋雕盘，方丈罗列。①

南宋前期，镇江城有个酒务官，"务以豪侈胜人"，饮食"极于精腆。同官家虽盛具招延，亦不下箸，必取诸其家"；"尝令匠者造十卓（桌），嫌漆色小不佳，持斧击碎，更造焉。啖羊肉，唯嚼汁，悉吐其滓"。②

时人说："士夫一饮之费，至糜十金之产，不惟素官为之，而初仕亦效其尤矣；妇女饰簪之微，至当十万之直，不惟巨室为之，而中产亦强仿之矣。"③许多年以后还有人说："杭民尚淫奢，男子诚厚者十不二三，妇人则多以口腹为事，不习女工。至如日用饮膳，惟尚新出而价贵者，稍贱，便鄙之。纵欲买，又恐贻笑邻里。"④士大夫喝一顿酒要花掉十金，女人置办的首饰价值10万钱。如果只是达官贵人这样也就罢了，

---

① （宋）阳枋：《字溪集》卷九"辨惑"。
② （宋）洪迈：《夷坚志·丁志》卷六《奢侈报》。
③ （宋）王迈：《臞轩集》卷一《丁丑廷对策》。
④ （元）陶宗仪：《南村辍耕录》卷十一"杭人遭难"。

普通中产之家也要效仿。市面上的日常家用和饮食，也务必求新求贵，
买了便宜货唯恐遭邻里耻笑……

还有一条笔记尤为生动形象地描述了当时临安小市民"死要面子活
受罪"的生活状态：

> 行都人多易贫乏者，以其无常产，且夫借钱造屋，弃产作亲。
> 此浙西人之常情，而行都人尤甚。其或借债等得钱，首先饰门户，
> 则有漆器装折，却日逐籴米而食。妻孥皆衣敝衣，跣足而带金
> 银钗钏，夜则赁被。似此者非不知为费，欲其外观之美而甲心
> 乐为之耳。[1]

从当时许多官员和文人士大夫留下的大量奏章、文章、笔记、诗词中，
我们可以发现，他们担忧的最根本问题，倒还不是社会上的这股奢靡享
乐之风会招致什么灾难，而是对那种及时行乐、寅吃卯粮的社会风气表
示忧虑，对于当时很多人一掷千金而毫不思虑积攒财富以备将来的做法
表示十分的不解和生气。淳熙（1174—1189）间临海知县彭仲刚在《续
喻俗五篇》中说的一段话最具代表意义：

> 今世之人，不知以俭为美德，而反以俭相鄙笑，往往纵目
> 下之欲而不恤后来，饰一时之观而不顾实患，亦可谓愚矣。故
> 富饶之家日朘月削，浸以不足；中产之人积逋累欠，浸以贫困。

---

① （宋）张仲文：《白獭髓》。

于是见利忘义，苟求妄取，兼并争夺，放僻邪侈，无所不为。农工商贩之家，朝得百金，暮必尽用，博奕（弈）饮酒，以快一时。一有不继，立见饥冻，于是相攘相诈，甚至盗窃，身陷刑辟，妻子流离。[①]

撇开单纯的道德评论，如果就一个社会的经济整体运行来看，崇尚俭还是奢的不同价值导向其实代表了两种截然不同的经济模式：储蓄型和消费型。某种程度上说，市场经济或现代经济必然是消费型经济，所谓"奢侈带来富足，节俭造就贫穷"是颇有道理的。以近现代为例，市场经济的最主要驱动力是不断升级换代的创新消费，是消费"创造"了生产。当然，我并没有一味赞扬奢靡之风的意思，重点在于，消费型的现代经济还需要有一整套完备的市场制度和社会制度为它保驾护航。我们可以想象，在以农业为基础的传统自然经济时代，一个寅吃卯粮的高消费经济是不可能健康发展和长久维持的。金钱没有能够压倒政治权力，高过皇宫的丰乐楼西楼顶层最终还是禁止市民登楼了；金钱也没有能够解构千百年来"士农工商"的等级秩序，稍有点经济实力和头脑的人依然期望子孙金榜题名；但金钱确实带来了前所未有的变化，它让社会流动变得更多、更频繁，也更多元。

在宋代，经商求财、逐利追富已成为整个时代的炽热欲望。上自达官贵人，下至中产之家、贫寒之人，无不渴望到商海里一试身手。早在北宋初年，陶穀便写道，汴京有个姓刘的钱民（大概是当时对经营质库

---

① （宋）陈耆卿：《嘉定赤城志》卷三十七《风土门·土俗·临海令彭仲刚续喻俗五篇》。

之类的金融借贷生意之人的称呼），大大咧咧地对人宣称，自己的父亲将算账用的算子（古时对算筹的俗称）唤作"长生铁"，"彼日日烧香，祷祝天地三光，要钱生儿绢生孙，金银千百亿化身"。[①] 活脱脱一个贪得无厌的守财奴形象！哲宗年间官至中书舍人的刘攽在谈到江南一带的民风时则说："其民机巧趋利，故多富室，而讼牒亦繁。"[②] 经商的人比种田的农民易致富，打官司也多，这在现在看来是再正常不过的。南渡后，社会上的逐利之风更盛。范成大写道，平江府老百姓"不耕耨而多富足，中家壮子无不贾贩以游"[③]。曾有人批评临安之民"习俗浮泊，趋利而逐末，顾虽有良子弟，或沦于工商释老之业，曾不知师儒之道尊，而仁义之术胜也"[④]，连圣贤书都不愿读，甘愿沦于工商末流之业。时人周密的著书中也有江浙人"多好市井牟利之事"的记录。[⑤]

从群体性心理层面分析，所谓"奢靡之风"本质上是对由金钱标准所定义的新的身份观念的无意识追逐。如果读书、科举、做官依然是实现阶级跨越的唯一通道，那么普遍的炫富与攀比就根本不可能出现。无论是何宰辅、张循王这样的文武大官热衷于下海经商，还是穆修、柳永这样的文人书生混迹于街市青楼，说到底也是对这种由金钱定义的新标准的适应。

① （宋）陶穀：《清异录》卷上。
② （宋）刘攽：《彭城集》卷二十一。
③ （宋）范成大：《吴郡志》卷三十七《县记》。
④ （宋）陈襄：《古灵集》卷二十。
⑤ （宋）周密：《癸辛杂识·别集》卷上"天市垣"。

二、繁华的另一面

宋代是中国历史上人民享有各方面自由相对较多的一个朝代，这种自由带来了许多进步，与当时蓬勃发展的城市化和繁荣兴旺的工商业互为因果。但正因为如此，我们也看到了这种自由在宋代的另一面。

不用说，繁荣的商业和与之相应的多元世俗文化一定会滋生出许多社会丑恶现象，例如黄、赌、偷盗等，甚至黑社会性质的团伙犯罪。

无处不情色

宋徽宗与李师师的故事，对于那些不忘以史为鉴的士大夫来说，是一则元素齐备的经典反面教材；对于听书的百姓来说，是喜闻乐见的谈资；而对于那个时代里的很多人——例如柳永——来说，则是日常生活的一部分。

宋代文献中留下的风姿绰约、才情并茂的名妓，大概比其他朝代的加起来还要多。北宋末风靡汴京的艺妓远不止李师师一个，与她并驾齐驱、"名著一时"的还有一个叫崔念月。她深受"江西诗派"著名诗人晁冲之（晁说之、晁咏之的堂兄弟）喜爱，晁冲之每次宴饮宾客，都会召崔念月侑席，还为她留下过不止一首诗。[1] 到了南宋末年，苏州妓女徐兰"擅名一时"，声名"播于浙右，豪侠少年，无不趋赴……遂为三

---

① （宋）张邦基：《墨庄漫录》卷八。

吴之冠"。此后，还有"富沙之唐媚、魏华、苏翠，京口邢蕊、韩香，越之杨花、缪翠，皆以色艺称"。①

《东京梦华录》总共不足 3 万字，其中提及妓馆、妓女之处将近 20 处。不夸张地说，青楼妓院在东京就如同餐食店一般遍地皆是。在最繁华宽阔的街区市段，像御街东朱雀门外、下桥南、北两斜街等，妓馆尤为集中，是成片的"红灯区"。其中土市子以北，"人烟浩闹"的马行街东西两侧的东、西鸡儿巷，及相国寺北的小甜水巷，堪称全东京妓馆的佳处。②

色欲横流的妓院甚至毫无禁忌地开到了寺庙、尼姑庵、道观的对门，或者干脆与这些清净之地紧挨着，仿佛故意拷问世人：是在欲海沉沦，还是立地解脱？"景德寺在上清宫背。寺前有桃花洞，皆妓馆。"③东京最热闹也最出名的佛寺——大相国寺——简直就陷于妓馆的包围圈中：

（相国）寺南即录事巷妓馆；……北即小甜水巷，……妓馆亦多。向北……又向北曲东税务街……乃脂皮画曲妓馆。④

据相国寺所在位置并结合一些史料可以判断，此处"寺南"应为"寺东"之误。因相国寺南便是汴河及汴河大街，寺西则紧挨着御街，这两边似乎都不可能再有什么街巷。引文中"录事"一词，即妓女之意，乃唐时旧称。陆游《老学庵笔记》中有一条，可引为佐证：

---

① （宋）周密：《癸辛杂识·续集》卷下"吴妓徐兰"。
② （宋）孟元老：《东京梦华录》卷二"潘楼东街巷"、卷三"寺东门街巷"。
③ （宋）孟元老：《东京梦华录》卷三"上清宫"。
④ （宋）孟元老：《东京梦华录》卷三"寺东门街巷"。

苏叔党①政和中至东都，见妓称"录事"，太息语廉宣仲曰："今世一切变古，唐以来旧语尽废，此犹存唐旧为可喜。"前辈谓妓曰"酒纠"，盖谓录事也。相蓝②之东有录事巷，传以为朱梁时名妓崔小红所居。③

《都城纪胜》《西湖老人繁胜录》《梦粱录》《武林旧事》等几部笔记中的临安同样如此。临安人有时也把妓馆雅称为"歌馆"，凡比较热闹的街市上几乎都有，尤以御街中段和大河（盐桥运河）沿岸的闹市最多，其次是小河（市河）沿河的街市。《东京梦华录》中也几次提到"歌馆"，显然也是妓馆的意思。"平康诸坊，如上下抱剑营、漆器墙、沙皮巷、清河坊、融和坊、新街、太平坊、巾子巷、狮子巷、后市街、荐桥，皆群花所聚之地。"④

古往今来，买春狎妓从来都不只限于专门的妓院，酒楼、茶坊、瓦肆是人最多最杂的地方，有的酒楼便以妓女多而著称。东京著名大酒楼任店，一到夜幕降临，"灯烛荧煌，上下相照。浓妆妓女数百，聚于主廊槏面上，以待酒客呼唤，望之宛若神仙"⑤。

临安的娼妓产业花样更为繁多——

诸处茶肆，清乐茶坊、八仙茶坊、珠子茶坊、潘家茶坊、

---

① 苏轼之子苏过。
② 相国寺之省称；蓝，取自梵文，汉文中经常代指佛寺之意。
③ （宋）陆游：《老学庵笔记》卷六。
④ （宋）周密：《武林旧事》卷六"歌馆"。
⑤ （宋）孟元老：《东京梦华录》卷二"酒楼"。

连三茶坊、连二茶坊，及金波桥等两河以至瓦市，各有等差，莫不靓妆迎门，争妍卖笑，朝歌暮弦，摇荡心目。凡初登门，则有提瓶献茗者，虽杯茶亦犒数千，谓之"点花茶"。……或欲更招他妓，则虽对街，亦呼肩舆而至，谓之"过街轿"。①

按宋时法令，官营酒楼茶肆里的妓女只是站着歌唱送酒，"不许私侍寝席"②，比较规矩的"其他大酒店，娼妓只伴坐而已"，都属于卖艺卖笑不卖身，"欲买欢，则多往其居"。但这类纸面上的律令，鲜有人彻底遵守。当时有一种叫作"庵酒店"的，"于酒阁内暗藏卧床"，酒客与应召女郎"可以就欢"。这种酒店门口的栀子灯上"不以晴雨，必用箬簦盖之，以为记认"③。"箬"字的本意，是一种叶子宽大的竹子，此处代指竹编的斗笠。路过的风流客见了酒肆门口栀子灯上盖了一顶斗笠的，便会心照不宣。《清明上河图》中那家"孙羊正店"的门口有两盏栀子灯，但上面都没盖着斗笠，看来它确是一家只卖酒和招待宴席的店。

时人曾估算过，北宋初年，东京仅登记在册、合法从事色情业的户籍，保守说有上万家之多。相信"十年一觉扬州梦，赢得青楼薄幸名"的唐朝大诗人杜牧若有机会到宋时的汴京和临安见识一下，也一定会大开眼界。

但这恐怕还算不上宋代色情业之最，成书于北宋初年的《清异录》中有一节"蜂窠巷陌"，是这样描述广州、汴京等地的烟柳事业的：

---

① （宋）周密：《武林旧事》卷六"歌馆"。
② （明）凌濛初：《二刻拍案惊奇》卷十二。
③ （宋）灌圃耐得翁：《都城纪胜》"酒肆"。

四方指南海为烟月作坊，以言风俗尚淫。今京师鬻色户将及万计，至于男子举体自货，进退怡然，遂成蜂窠巷陌，又不止烟月作坊也。①

可见当时东京的"红灯区"里已经有了男妓，而且人们也颇不以为怪。大约北宋末年时，朱彧在《萍洲可谈》卷二中也专门记有一条"男倡"：

书传载弥子瑕、闳、籍孺以色媚世，至今京师与郡邑无赖男子，用以图衣食。旧未尝正名禁止，政和间始立法告捕，男子为倡，杖一百，告者赏钱五十贯。②

到了南宋，这种风尚在临安更加肆无忌惮：

闻东都盛时，无赖男子亦用此以图衣食。政和中，始立法告捕，男子为娼者杖一百，赏钱五十贯。吴俗此风尤盛，新门外乃其巢穴。皆傅脂粉，盛装饰，善针指，呼谓亦如妇人，以之求食。其为首者号师巫行头。凡官府有不男之讼，则呼使验之。败坏风俗，莫甚于此，然未见有举旧条以禁止之者，岂以其言之丑故耶？③

---

① （宋）陶穀：《清异录》卷上。
② （宋）朱彧：《萍洲可谈》卷三。
③ （宋）周密：《癸辛杂识·后集》"禁男娼"。

后一条笔记所载政和（1111—1118）年间的禁男娼法令很可能是从《萍洲可谈》里传抄来的，但可以看出：到南宋末，男色的生意做得更大了，临安新门外男妓成群结队地出没。北宋末制定的禁男娼之法，到这时也形同虚设。只是不知道他们的顾客都是些什么人？

宋代不仅民间色欲横流，官府也多有蓄妓，是为"官妓"。不过，当时在官府登记在册的所有妓女，也都可称"官妓"，二者经常混淆，确实也差别不大。她们不但可以大方地接客，还经常应差周旋于官府举办的各种公私宴请或重要娱乐场合。除了合法的官妓，宋代城市还存在着大量并未在官府登记注册的"私妓"以及底层"流莺"，干着当街拉客或应召侍酒之类的低贱营生。不用说，她们的皮肉生意背后必然活跃着各种勾结官府、坑蒙拐骗的黑恶势力。

前文讲到，因为财政增收的迫切需要，宋代官方垄断的酒库为了卖出更多酒引和成酒，也采用一般酒楼惯常的伎俩，让花枝招展的妓女招徕客人。临安官办酒库每年煮新酒开卖，都要请妓女出场：

> 自景定以来，诸酒库设法卖酒，官妓及私名妓女数内，拣择上中甲者，委有婷婷秀媚，桃脸樱唇，玉指纤纤，秋波滴溜，歌喉宛转，道得字真韵正，令人侧耳听之不厌。[①]

> 临安府点检所，管城内外诸酒库，每岁清明前开煮，中前卖新迎年，……官私妓女，新丽妆着，差雇社队鼓乐，以荣迎

---

① （宋）吴自牧：《梦粱录》卷二十"妓乐"。

引。……其官私妓女，择为三等，上马先以顶冠花衫子裆裤，次择秀丽有名者，带珠翠朵玉冠儿，销金衫儿、裙儿，各执花斗鼓儿，或捧龙阮琴瑟，后十余辈，着红大衣，带皂时髻，名之"行首"。

盛大的彩妆游行行列里总是妓女率先开道，"妓女之后，专知大公，皆新巾紫衫，乘马随之"。[1] 此处所谓"大公"，指的是那些专业品酒师，他们骑马跟在妓女后面，高声叫唤当年新酒的名称及口味特色，为酒库做广告。

不仅卖酒，两宋几乎所有官私重要活动，都要请妓女参与。"唐宋间，郡守新到，营妓皆出境而迎。"[2] 东坡有《菩萨蛮·杭妓往苏迓新守》《菩萨蛮·西湖席上代诸妓送陈述古》等词，可见官府派妓女迎来送往是当时的惯例。文人士大夫的聚会上就更少不了她们曼妙的身影了。这在当时非但不是什么见不得人的事，反而是风雅情趣的体现。"朝廷御宴，是歌板色承应。如府第富户，多于邪街等处，择其能讴妓女，顾倩祗应。或官府公筵及三学斋会、缙绅同年会、乡会，皆官差诸库角妓祗直。"[3] 就连太学、官学这类读书人聚集之地，也是"燕集必点妓"，而且还光明正大地写下帖子，盖上学校斋舍（相当于今之院系专业）的印章，让受聘的妓女持帖报到。[4] 临安的老百姓甚至连迎亲办婚

---

① （宋）吴自牧：《梦粱录》卷二"诸库迎煮"。
② （明）田汝成辑撰：《西湖游览志余》卷十六《香奁艳语》。
③ （宋）吴自牧：《梦粱录》卷二十"妓乐"。
④ （宋）周密：《癸辛杂识·后集》"学舍燕集"。

事，都要雇用妓女来吹拉弹唱……①

宋人笔记中留下了大量名妓故事，光与苏东坡有关系的就不少。虽说其中很多道听途说和穿凿附会，寄托着时人对于一代才子与绝代佳人之间美好而肤浅的联想，但也不全是无稽之谈。据曾枣庄教授统计，苏轼共留下340多首词，其中直接、间接涉及歌伎姬妾的有180首上下，占了一半还要多②，这还是以"豪放词"著称的苏东坡！那些"婉约派"词人更不用说了，由此可见宋代青楼产业之盛。这些官妓中精通琴棋书画、品位高雅如李师师、温琬者大有人在，正是她们捧红了柳永等人。吴自牧和周密详细记录下了他们所耳闻的临安"前辈名妓"以及目睹过的"当代花魁"，如赛观音、孟家蝉、吴怜儿、金赛兰、范都宜、唐安安、倪都惜、潘称心、梅丑儿、钱保奴、吕作娘、康三娘、桃师姑、沈三如等。

有宋一代，最有出息的一位妓女，则非韩世忠夫人梁红玉莫属。她原在京口（镇江）为娼，一天巧遇当时还只是无名小卒的韩世忠，对他不同凡响的仪表风度一见倾心，便以身相许，还"资以金帛，约为夫妇"。后来韩世忠立下赫赫战功，梁红玉也被册封"两国夫人"（安国夫人和护国夫人）。梁红玉做过的最一鸣惊人的事情，就是上疏弹劾自己的丈夫，指责韩世忠本来完全可以活捉金军主将兀术，却临阵丧失战机，眼睁睁让他逃走。她要求朝廷为此加罪于韩世忠，"举朝为之动色，其明智英伟如此"③。

除了那些名牌官妓，还有私妓如苏州钱三姐、七姐、文字季惜惜、

①　（宋）吴自牧：《梦粱录》卷二十"嫁娶"。
②　曾枣庄：《三苏评传》，上海书店出版社，2016年，第373页。
③　（宋）罗大经：《鹤林玉露》丙编卷二"蕲王夫人"。

鼓板朱一姐、媳妇朱三姐、吕双双、十般大胡怜怜、婺州张七姐、蛮王二姐、搭罗邱三姐、一丈白杨三妈、旧司马二娘、裱褙陈三妈、屐片张三娘、半把伞朱七姐、轿番王四姐、大臂吴三妈、浴堂徐六妈、沈盼盼、普安安、徐双双、彭新……[1]从这些私妓的花名来看，她们所操之业大多离风雅的琴诗书画比较远了，由此可见官妓与私妓之间的格调落差之大。

不过，正如前一章已经提到的，宋人记录中经常"伎""妓"不分。上面这些"妓"当中很可能大多数是艺人，而非纯粹卖身为业，这也折射出古今色情业之差别。

吴自牧有些黯然地写道："后辈虽有歌唱者，比之前辈，终不如也。"[2]看来，随着赵宋王朝一天天走向迟暮，就连艺伎的水准也今不如昔了。

全民关扑

最让宋代城市居民沉溺其中而不能自拔的头一件乐事，大概非关扑莫属了。

所谓"关扑"，说得简单一点就是赌博，一般用钱币为具，掷钱以定输赢。只是比起单纯的赌博，关扑不但是趣味盎然的游戏，还可以是重要的商品交易方式。比如说，市间交易可以用关扑来决定一件商品的归属权；买卖过程中，获胜的一方，亦可按事先讲好的规则折价购物或加价售物。宋代关扑的种类和形式繁多，实际上，几乎所有的买卖与游

---

① （宋）吴自牧：《梦粱录》卷二十"妓乐"。
② 同前注。

戏都可以变成赢钱赌物的关扑，所以它又有一点像现代的拍卖，但并非价高者得，而是要看运气。关扑的这种特点总是令参与者血脉偾张，观赏者兴高采烈。

在北宋开封，上至皇亲国戚，下至扫地跑堂，几乎无人不爱关扑。据说宋仁宗也曾与宫人玩关扑，但手法笨拙，刚出了1000钱，便输得一干二净。他便拿了一半的钱想一走了之，宫人笑话他小气，输了钱还要拿走一半。仁宗只好假惺惺地辩解说，这钱不是他的钱，而是天下百姓的血汗钱，今天已经妄用百姓1000钱了！①

关扑赌钱毕竟不是什么好事，且唐宋律法明文规定赌博入罪："诸博戏赌财物者，各杖一百；举博为例，余戏皆是。赃重者，各依己分，准盗论。输者，亦依己分为从坐。"② 所以关扑在北宋前期曾遭官府严厉禁止，怎奈它实在是受市民欢迎，加之皇帝都参与其中，更别说数不清的高官贵胄了。犯之者众，禁赌的法令便不免沦为一纸空文。于是官府也只能想办法，试图既能灭一灭这股民间的赌风，又能放一些口子来满足市民的欲望。后来开封府下令，一年里在元旦、冬至、寒食这三大节日，放关扑三天。

> 正月一日年节。开封府放关扑三日。士庶自早互相庆贺，坊巷以食物、动使、果实、柴炭之类，歌叫关扑。如马行、潘楼街、州东宋门外、州西梁门外踊路、州北封丘门外及州南一带，皆结彩棚，铺陈冠梳、珠翠、头面、衣着、花朵、领抹、靴鞋、

---

① （宋）施德操：《北窗炙輠录》卷下。
② 《唐律疏义》卷二十六《杂律上》，《宋刑统》卷二十六《杂律》相关条款一字不差照抄唐律。

玩好之类,间列舞场歌馆,车马交驰。向晚,贵家妇女,纵赏关赌,入场观看,入市店饮宴,惯习成风,不相笑讶。至寒食冬至三日亦如此。小民虽贫者,亦须新洁衣服,把酒相酬尔。[①]

于是,每到这三天,东京的市民,无论男女老幼,无不喜气洋洋,久之便成了东京的一个独特风俗,在北宋末年徽宗时达到极盛。

当然也有一些法外之地,不管哪个日子都可以公然关扑。比如:"(金明池)池苑内,除酒家、艺人占外,多以彩幕缴络,铺设珍玉、奇玩、匹帛、动使、茶酒器物关扑。有以一笏扑三十笏者。"金明池是皇家水上园林,五代后期和宋初是用作训练水军的,后来逐渐变成了供皇家观赏各种水上表演的乐园。这里的关扑似乎就不受时间限制,而且"车马、地宅、歌姬、舞女,皆约以价而扑之"[②],其疯狂程度可见一斑。

金明池不是一般人可以随便进出,但关扑原本就是一种并不需要特定场地和设备的赌博游戏,于是便产生了其他专门供关扑的固定场所,实际上就是早期的专业赌场。沿东西向的潘楼径直向东,过了它与南北向的马行街交叉处的"土市子",再往东一点,又有一处十字大街,那里有一家"从行裹角茶坊",但东京人都称它"鬼市子"。这里每天凌晨五更点着灯开市,一到天光大亮就散去,看上去鬼鬼祟祟的。[③]

唐代佚名笔记小说《辇下岁时记》中说长安务本坊闹鬼:"俗说务本坊西门是鬼市,或风雨曛晦,皆闻其喧聚之声。秋冬夜多闻卖干柴,

① （宋）孟元老:《东京梦华录》卷六"正月"。
② （宋）孟元老:《东京梦华录》卷七"池苑内纵人关扑游戏"。
③ （宋）孟元老:《东京梦华录》卷二"潘楼东街巷"。

云是枯柴精也。"①唐人郑熊《番禺杂记》还有载："海边时有鬼市，半夜而合，鸡鸣而散。人从之，多得异物。"②宋人把开封这个独特的夜间集市称为"鬼市子"，大概就是受此启发。《东京梦华录》记载此处"每五更点灯博易"，杨宽先生等据此推测，"鬼市子"实际上是一个拂晓前的赌场，之所以要赶在天明前散去，是为了面子上对官府交代得过去，毕竟寻常日子里公开关扑是犯禁的。③也有人认为，"鬼市子"的得名，是缘于那里的交易充斥着假冒伪劣和坑蒙拐骗，很多商品甚至来路不明，偶尔也会有珍稀文物，但唯有特别有眼光的练家老手才能捡到。

到了南宋时，关扑之风更是百无禁忌。在临安的繁华商业区，从早到晚到处可以看到有人在大呼小叫地关扑。"元旦……街坊以食物、动使、冠梳、领抹、缎匹、花朵、玩具等物沿门歌叫关扑。"④以至于玩心大动的天子也忍不住要试试手气，宋理宗干脆在宫中内苑摆开架势，模仿临安市井关扑的场面，与太监互扑为乐。⑤

现代人若想要比较准确地理解关扑的性质，以及为什么会把宋人挑拨得如此欲痴欲狂，就得深入理解那个时代的典型特征。关扑是一种赌博，但又并非单纯赌博，而是与商品买卖结合在一起，它其实是古老的赌博与宋代城市里方兴未艾的商品交易和大众娱乐的多重融合。关扑的门槛很低，因而参与度极高，传递出整个时代对一夜暴富的炽热渴望。

元朝建立后，一再重申严禁赌博，可能就是冲着当时无所不在的关

---

① （宋）宋敏求：《长安志》卷七。
② （宋）郑熊：《番禺杂记》，录于《说郛三种》卷六十一。
③ 杨宽：《中国古代都城制度史研究》，第365页。
④ （宋）吴自牧：《梦粱录》卷一"正月"。
⑤ （宋）周密：《癸辛杂识·续集》卷上"纯色散钱"。

　　　　　　　　　　　逝去的盛景：宋朝商业文明的兴盛与落幕

扑去的。至元十二年（1275），元世祖忽必烈曾专门下诏"禁民间赌博，犯者流之北地"[1]。此时蒙古人还没有最后攻克临安呢，那是第二年春的事。后来元朝的刑律中，除规定"诸赌博钱物，杖七十七，钱物没官"外，还着重强调了相关连带责任，例如"开张博房之家，罪亦如之""再犯加徒一年""（参与赌博的）有官者罢见任""应捕故纵，笞四十七"[2]，显然是意在督促各级官府严打赌博。由此亦可见当时社会上的赌博之风一定是嚣张至极，让彪悍粗犷的蒙古统治者都看不下去。

缠足的起源

每个民族的传统文化中都有值得骄傲的宝藏，也都有令人羞惭的黑暗面。缠足大概是中国历史上最令人深恶痛绝的陋习之一。

缠足究竟起源于何时，后世众说纷纭。有人说它源于南唐李后主的后宫，也有人说杨贵妃是"缠足第一人"，还有人将它的源头推到六朝甚至更为久远的上古。

有野史说杨玉环死于马嵬坡后，留下了一双纤巧罗袜，还煞有介事地载入了据说是唐玄宗所作的《妃子所遗罗袜铭》，其中有"窄窄弓弓，手中弄初月。又如脱履露纤圆，恰似同衾见时节"之类的香艳句子[3]。但这些恐怕都是无稽之谈，充其量只暴露了后世一些无聊文人的低俗想象。明朝文人沈德符记录，他曾见到过唐人所绘的唐文皇长孙后绣履图

---

① （明）宋濂：《元史》卷八《世祖本纪》。

② （明）宋濂：《元史》卷一〇五《刑法四》。

③ （宋）阮阅：《诗话总龟》卷三十三。

以及武则天皇后的画像，这二位皇后明显都是天足，"与男子无异"。①

入宋后的最初百年里，缠足并未见诸任何史料记载。两宋交替之时的文人张邦基写道：

> 妇人之缠足，起于近世，前世书传皆无所自。《南史》：齐东昏侯为潘贵妃凿金为莲花以帖地，令妃行其上，曰"此步步生莲华"，然亦不言其弓小也。如古乐府、《玉台新咏》，皆六朝词人纤艳之言，类多体状美人容色之殊丽，又言妆饰之华，眉目、唇口、腰肢、手指之类，无一言称缠足者。如唐之杜牧、李白、李商隐之徒，作诗多言闺帏之事，亦无及之者。惟韩偓《香奁集》有《咏屧子诗》云："六寸肤围光致致。"唐尺短，以今校之，亦自小也，而不言其弓。②

陶宗仪对缠足的源流做了一番简单考证，他也像张邦基一样认为，之所以有人说唐朝就有"三寸金莲"，是因为他们不了解，唐朝的"尺"和"寸"与后来不同，拿自己时代的尺寸来推测，唐代女子的脚当然就变小了。"以此知札脚自五代以来方为之。如熙宁、元丰以前人犹为者少，近年则人人相效，以不为者为耻也。"③200多年后的沈德符差不多亦持此论，④今人大多从他们二位的看法，认为缠足最初出现于五代时期，最早

---

① （明）沈德符：《万历野获编》卷二十三。
② （宋）张邦基：《墨庄漫录》卷八。
③ （元）陶宗仪：《南村辍耕录》卷十"缠足"。
④ （明）沈德符：《万历野获编》卷二十三。

逝去的盛景：宋朝商业文明的兴盛与落幕

也不会早于中晚唐，很可能确实是因李后主好之而后宫嫔妃纷纷效仿，在当时应该只是一个鲜为人知的审美怪癖。妇女缠足的大肆风行显然是在北宋中期以后，而在所有汉人妇女中普及，则要到清代中叶。[1]

苏东坡曾作过一首《菩萨蛮·咏足》，活灵活现地描绘了侍妓摇曳生姿的小脚步态：

> 涂香莫惜莲承步，长愁罗袜凌波去。只见舞回风，都无行处踪。
>
> 偷穿宫样稳，并立双趺困。纤妙说应难，须从掌上看。

这首词应该也是作于熙宁、元丰（1068—1085）年间，可见当时缠足之风已渐渐为教坊青楼歌舞女子所效仿。之后几十年里，关于小脚的记载和诗词就多起来了。不但苏门最出名的大词人秦观有"脚上鞋儿四寸罗，唇边朱粉一樱多"的句子，就连哲宗时的宰相章惇都发表过关于"三寸金莲"的议论，据说他曾称"近世有古所不及者三事：洛花、建茶、妇人脚"[2]。还有一则轶事，说有个叫强渊明的官员被派赴长安，他去向自己的政治靠山、时任宰相蔡京辞行。蔡京说，你到了那里怕是只能吃冷茶了。说得他一时摸不着头脑，到长安赴任后才慢慢体会其中之意。原来长安籍的官妓多缠足，走路慢，所以端茶的时间久。[3]蔡京本

---

① ［美］高彦颐：《缠足："金莲崇拜"盛极而衰的演变》，苗延威译，江苏人民出版社，2009年，第144—175页。

② （宋）太平老人：《袖中锦》。

③ （宋）周辉：《清波杂志》卷六"冷茶"。

人早年曾在那里为官，所以深谙当地风土人情。据此可知，到徽宗时期，欣赏女子纤足在当时的京城和北方一些大都会颇为一时风尚。南宋以后，咏足的词就更多了。但总的说来，至少在北宋末，缠足还只流行于有闲阶层的女性中，与广大普通妇女关系很小。

南宋初年，有个被封为"柔福帝姬"的公主的离奇故事传遍临安街巷。帝姬是徽宗的女儿，靖康之难后与父兄一起被金人掳去北方。这是人所共知的事情。建炎四年（1130），一个女子突然来到南宋朝廷，自称就是柔福帝姬，"自虏中潜归"。这段离乱岁月的艰辛磨难让高宗已完全认不出自己这位亲姐妹，于是只好请当年在宫中伺候过的老宫人去辨认。宫人问的很多陈年往事，她似乎都能说得上一二，但她的一双大脚却让人起了疑心，因为柔福帝姬有一双纤纤玉足。女子充满苦楚地说，被金人像牛羊一样驱赶，光着脚走了万里路，怎可能还保全一双过去的小脚？高宗内心悱恻良久，便不再怀疑。过了许多年，绍兴十二年（1142），据说也曾被金人掳走的显仁太后回宫，说公主早就死去，这个弥天大谎才被最终揭破。[①] 但这位冒牌公主的故事似乎可以说明，缠足在当时的宫廷嫔妃和宗室女子中已经相当普遍。

通过这段简述，我们可以推断，北宋中期以前，缠足只存在于宫中，随后由宫廷渐渐传入教坊乐籍，再传遍京城的声色场所，最后在全社会流行开来。中国历史上第一批群体性的缠足者是两类人：皇宫中的嫔妃与都市青楼女子。原因也很简单：为的是迎合权力与金钱的畸形欲望。

《水浒传》里对女性的描写也很好地证明了这一点：这部小说里写

---

① （宋）罗大经：《鹤林玉露》乙编卷五"柔福帝姬"。

到的女性，凡是小脚的，如鲁智深救下的金翠莲、宋江所娶的阎婆惜、京城名妓李师师……要么是不用抛头露面的富家女子，要么就是与风月色艺有关的妇人，其中最著名的当然是潘金莲，看看她的名字！

后来民间还有"杭州脚"的说法："谚言'杭州脚'者，行都妓女，皆穿窄袜弓鞋如良人。言如良人者，南渡流人谓北方旧式。"① 所谓"杭州脚"指临安妓女，她们模仿北方陷落后的南迁女子。能够在兵荒马乱中逃离金人统治而南迁到临安的，不用说绝大多数是高门显贵之家。②

南宋以后，女子缠足逐渐蔚然成风，但这种变态的审美受到了很多士大夫的强烈抵制。直到南宋后期，学者车若水仍困惑而生气地写道："妇人缠脚，不知起于何时，小儿未四五岁，无罪无辜，而使之受无限之苦。缠得小来，不知何用！"③

只是随着时间的流逝，缠足这种丑陋不堪的风尚后来竟演变成了妇道礼教的重要象征，戕害了一代又一代中国妇女。最具讽刺意味的是，据元人笔记所撰，理学宗师程颐家族的后人一直反对妇女缠足，入元后依然顽强持守："伊川六代孙淮……淮之族尚蕃居池阳（今安徽贵池），妇人不缠足，不贯耳，至今守之。"④ 这可以从一个侧面折射出宋代理学正统人士对缠足这一习俗的态度，他们肯定会坚决反对一知半解的现代人让自己为这些所谓"妇道"背锅的牵强说法。

但又据陶宗仪所记，"西浙之人，以草为履，而无跟。名曰靸鞋，

---

① （清）俞正燮：《癸巳类稿》卷十三。

② 参见虞云国《水浒寻宋》，第 378—391 页。

③ （宋）车若水：《脚气集》卷上。

④ （元）白珽：《湛渊静语》卷一。

妇女非缠足者，通曳之"①，也就是说，至迟到元末明初，仍有大量妇女并不缠足。

钱唐游手数万

今天我们形容一个人不务正业、好吃懒做，用得最多的就是"游手好闲"这个成语。"游手"二字也是对没有正当职业的各色人等的统称，如晋代葛洪《抱朴子·诘鲍》："宿卫有徒食之众，百姓养游手之人。"我猜想，或许是因为他们当中小偷小摸者不少，"游手"二字的字面含义可能相当于今人所说"手脚不干净"。

"游手"是宋人笔记中频繁出现的一个词，这说明"游手之人"在当时已是一个相当突出的社会问题。可以毫不夸张地说，宋代城镇居民中，这类游民和流氓无产者已经构成了一个为数庞大的独立阶层。他们有时受雇于人，打些零工，但往往"所得雇直，随手已尽"②；有的四处游荡，乞讨为业，自然也少不了干些坑蒙拐骗的勾当；甚而"肆凶不逞，小则赌博，大则屠牛马、销铜钱，公行不忌。其输钱无以偿，则为穿窬，若党类颇多，则为劫盗纵火，行奸杀人"③。

《水浒传》里写到形形色色的底层人物，其中一大半都是这种游手，后来陆续上了梁山泊的那些人里，老实说也分不太清楚究竟哪些是替天行道的英雄好汉，哪些是偷鸡摸狗的流氓小贼，乃至杀人越货的江洋大盗。

---

① （元）陶宗仪：《南村辍耕录》卷十八"靸鞋"。
② （清）徐松：《宋会要辑稿·选举》六之一四。
③ （宋）王栐：《燕翼诒谋录》卷二。

据宋末元初文人陈世崇记，南宋时"钱唐游手数万，以骗局为业"。他细致地描述了宋末临安游手精心设下的各种形式的骗局：

> 初愿纳交，或称契家，言乡里族属吻合，稍稔，邀至其家，妻妾罗侍，宝玩充案，屋宇华丽。好饮者与之沉酗同席，或王府，或朝士亲属，或太学生，狎戏喧呼，或诈失钱物，诬之倍偿。好游者与之放恣衢陌，或入豪家，与有势者共骗之。好呼者或使之旁观，以金玉质锢，遂易瓦砾，访之，则封门矣。或诈败以诱之，少则合谋倾其囊，或窃彼物为证，索锢其家。变化如神。①

这篇笔记随后还花了一大段笔墨描写临安的诈骗团伙如何数人甚至数十人在光天化日之下的热闹街市合作表演，骗取路人、店家钱财。周密在《武林旧事》里也专门写到了所谓"美人局"（以娼优为姬妾，诱引少年为事）、"柜坊赌局"（以博戏、关扑结党手法骗钱）、"水功德局"（以求官、觅举、恩泽、迁转、讼事、交易等为名，假借声势，脱漏财物）等各种花样的骗局。还有当时临安市民对各类骗子的称呼，如"白日贼"（以小商贩为掩护的骗子，又作"白日鬼"）、"觅贴儿"②（宋时称在闹市剪脱人衣囊环佩窃取财物者）、"打聚"③（专门坑害嫖客）……这些诈骗团伙各有首领，分工严密。明代人田汝成也说，"宋时临安四方辐辏浩穰之区，游手游食，奸黠繁盛"。他也写到当时游手们的各种手法，如"美

---

① （宋）陈世崇：《随隐漫录》卷五。
② （宋）周密：《武林旧事》卷六"游手"。
③ （宋）周密：《癸辛杂识·续集》卷下"打聚"。

人局""柜坊局""水功德局""白日鬼""觅贴儿""打清水网""剪绺"等，①与《武林旧事》等书里记录的大同小异。简单总结就是：先投其所好，利用人人皆有的贪小、好色、好奇、渴望不劳而获的弱点，将受害人一步步诱入预先布置的陷阱，等对方彻底失去防备时原形毕露。采用的手法无非是布置假象、广套近乎、偷梁换柱等，与今天社会上的各色诈骗分子别无二致。

至于临安市面上作恶多端的几伙恶名远播的顽徒则有很多绰号，如"破落户""拦街虎""九条龙"之类，"尤为市井之害"。当时的临安府尹为了严厉打击这股黑恶势力，招募了几千个凶狠精悍的捕快，而"往往皆出群盗"②，可以说是以其人之道还治其人之身。

游手无赖们不止出现在上述题材相对轻松和随意的文人笔记中，还被严谨的史学著述如《续资治通鉴长编》等记录下来。他们欺行霸市，横行乡里，"所在城市，取鬻之利，尽为游手所专，而田里小民皆不得著手……遇有乡民鬻物于市，才不经由其手，则群起而攻之"③。在各地的方志中，有更多关于他们的记载。《咸淳临安志》卷八十九："有号'破落户'者，巧于正昼通衢，窃取人所带之物。"④《宝庆四明志》卷一四《奉化县志·叙县》中有记，庆元府奉化县鲒埼镇，"贫者夺攘斗殴，雄霸一方，动致杀伤"⑤。

游手的大量出现，无疑与宋代城市人口和流动人口的激增有直接联

---

① （明）田汝成辑撰：《西湖游览志余》卷二十五《委巷丛谈》。
② （宋）周密：《武林旧事》卷六"游手"。
③ 《名公书判清明集》卷十四"因争贩鱼而致斗殴"。
④ （宋）潜说友：《咸淳临安志》卷八十九《纪遗一》。
⑤ （宋）胡榘修，罗濬纂：《宝庆四明志》卷十四。

系。中国传统农业社会是典型的封闭宗法社会，绝大多数人一辈子都被束缚在有紧密血缘关系的家族群落中，他们在地域空间和社会阶层中的流动也很小。用现代社会学术语来说，那是一个几乎没有个体独立空间的"熟人社会"。那些没有稳定营生的身份不明之人，自然就难有藏身和活动之所。城市天然就是开放的"陌生人社会"，越大的城市，横向的地域与纵向的阶层流动就越强，社会就越开放，人们之间的关系也越陌生。

城市化和市场化大大增加了社会的自由度，也带来了崭新的风险，这就为游手以及各种不法勾当提供了繁衍的沃土。

三、在义与利之间

在宋代所有社会丑恶现象中，尤令士大夫痛心疾首的，就是一切向钱看的庸俗市侩之风，这股风气也体现在对待婚姻的态度上。

娶妇必问资装，嫁女惟问聘财

与之前大不相同的是，在宋代，人们选择婚姻对象时已不太看重门第是否匹配。"自五季（五代）以来，取士不问家世，婚姻不问阀阅。"①

---

① （宋）郑樵：《通志》卷二十五《氏族略》。

宋代科举发达，在科场取得功名的读书人地位高，时人嫁女择婿，第一选择自然是那些科场骄子，但能够高中的士人毕竟属凤毛麟角。于是，大多数普通人家在嫁娶时首先看对方家里有没有财。

北宋中期，蔡襄忧心忡忡地指出："今之俗，娶其妻不顾门户，直求资财。"[1] 司马光也曾气恼地写道："今世俗之贪鄙者，将娶妇，先问资装之厚薄；将嫁女，先问聘财之多少，至于立契约云某物若干、某物若干以求售某女者。亦有既嫁而复欺给负约者，是乃驵侩鬻奴卖婢之法，岂得谓之士大夫婚姻哉！"[2] 到了南宋，充满铜臭气的金钱婚姻愈演愈烈：

> 而今之世俗……将娶妇，惟问资装之厚薄，不问其女之贤否；将嫁女，惟问聘财之多少，不问其婿之何如。及其成亲而悔之，则事无及矣。又有始者妇家责聘财之少而不还其亲，终也婿家责资装之薄而欲遣其妇。婚姻之家结为仇敌，甚至激阋门之变而破家荡产者有之。[3]

吴自牧笔下的临安——

> 婚娶之法，……男家……将带金银、田土、财产、宅舍、房廊、山园，俱列帖子内。女家回定帖，亦……具列房奁、首饰、金银、

---

① （宋）蔡襄：《蔡襄集》卷三十四《福州五戒文》。
② （宋）司马光：《书仪》卷三《婚仪上》。
③ （宋）应俊辑：《琴堂谕俗编》卷上。

珠翠、宝器、动用、帐幔等物，及随嫁田土、屋业、山园等。[①]

当时临安人议婚时，先要交换"草帖"和"定帖"，男女双方除了写上三代姓名、官职、本人姓名和生辰年月，还要写明彩礼和嫁妆。这就说明它们在一桩婚事中是分量极重的因素，而且赤裸裸地标注价目，也可见当时所有人都视此为理所当然。

这种风气引导之下，彩礼和妆奁若很寒酸，必然直接影响到女婿或媳妇在家庭中的地位，甚而酿成悲剧。大庚县丞陈定国，女儿"嫁乐平人汪季英。汪顾其资送不腆，心殊弗惬。已又诞女，愈嫌之，出游郡庠。陈氏病，遣仆屡促其归，暨抵家，既棺殓矣"[②]。这个汪季英的老丈人好歹也是县官，他却因女方嫁妆不够丰厚，生的又不是儿子，便离家不归，妻子得了重病也不管不顾，眼里真的只有钱了。

个体拗不过一时之风气，很多人为了儿女的幸福，不得不省吃俭用，在彩礼嫁妆上一掷千金。饶州有个名叫张霖的市民，"居德化桥下，贩易陶器，积以成家。生三女，次者嫁小盐商郑大郎第三子，奁具亦二千缗……"[③]景德镇就在饶州下辖的浮梁县，当地做陶瓷买卖的商人估计为数不少。想来这个张霖充其量也不过只是小康之家，价值2000贯的奁装已是一笔沉重的负担了。粗略地说，不下现在的100万元人民币，这还只是一次性拿出去的嫁妆而已！

更有甚者，宋哲宗时，常州江阴县有个寡妇，"家富于财，不止巨万"，

---

① （宋）吴自牧：《梦粱录》卷二十"嫁娶"。

② （宋）洪迈：《夷坚志·三志辛》卷五《汪季英不义》。

③ （宋）洪迈：《夷坚志·支志癸》卷四《郑百三妻》。

时任右朝请郎、秀州知州的王薳因贪其家产，不惜"屈身为赘婿"[1]，这可真是司马光笔下的"驵侩鬻奴卖婢之法"了！

但比起这位让同僚不齿的王薳，另一些婚姻虽然表面上不至于吃相那么难看，本质上却也好不了多少，某种程度上甚至更加丑陋。

按朝廷规制，"宗室袒免婿与三班奉职"[2]，"皇族郡县主出嫁其夫，并白身授殿直"[3]。就是说，皇族宗女，即"赵家女"的夫婿可以获得贵族身份，还能被授予一定的官衔，当然大多是象征性的，不掌实权。于是，许多富商为了给儿孙求得一官半职或者找个靠山，便热衷于投重金与宗室联姻，"近世宗女既多，宗正立官媒数十人掌议婚，初不限阀阅"。另一方面，北宋时禁宗室子弟入朝为官，这一政策执行得很严格，到南宋时才放宽。如此，几代人一过，朝廷给予的待遇和俸禄被摊薄，许多宗室往往家境并不很好，有些甚至相当贫寒，这就给新兴的商业资本与赵家人特殊地位之间的金钱交易创造了一拍即合的绝好机会。早在北宋中叶以后，宗女嫁给无任何官职和功名的富商子弟就不鲜见。"富家多赂宗室求婚，苟求一官，以庇门户，后相引为亲。"[4] 神宗以后，"宗女当嫁，皆富家大姓以货取"[5]；平江府商人朱冲一家因"结姻于帝族，……得至显官者甚众"[6]；最神通广大的莫过于"京师富人如'大桶张'家，至有三十余县主"[7]。靠开质库发家的"大桶张家"是东京鼎鼎大名的富户，

① （宋）李焘：《续资治通鉴长编》卷四百七十一"哲宗元祐七年三月丁酉"。
② （清）徐松：《宋会要辑稿·帝系》四之二三。
③ （明）黄淮、杨士奇编：《历代名臣奏议》卷七十五《内治》。
④ （宋）朱彧：《萍洲可谈》卷一。
⑤ （元）脱脱等：《宋史》卷二百四十四《宗室（一）》。
⑥ （宋）龚明之：《中吴纪闻》卷六"朱氏盛衰"。
⑦ （宋）朱彧：《萍洲可谈》卷一。

这个名字出现在很多宋代笔记史料中，与 30 多个宗室攀上了亲家，大概也算得上是中国历史上的一个奇观了。到后来，越来越多宗室家庭加入这个特殊的婚姻市场，竟至于公开标价售婚，巨商富室则"争市婚为官户"，两下"仅同贸易"①。前文述及，元祐（1086—1094）间，广州有个刘姓蕃坊人士娶了一位宗女，被封官至左班殿直。关于这桩婚事的更多细节，史料阙如，但在那个时代，这位宗女之所以嫁给蕃坊人士，想必也是因为对方很有钱。后来蕃坊人士去世，而宗女又无子嗣，因财产继承问题打官司，引起了朝廷的注意。官方才下令禁止这类婚姻，并规定"三代须一代有官，乃得取宗女"②，但这类规定很可能根本不起作用。

　　这股乌烟瘴气的风潮竟悄悄渗透进了天子的宫廷。宋仁宗皇后郭氏被废，有个叫陈子城的京城茶商大亨，不知用什么手段博得了杨太后的欢心，把女儿送入宫中，"太后尝许以为后矣"。时任勾当御药院的阎士良得知此事后，向仁宗皇帝揭露了实情："子城使，大臣家奴仆官名也。陛下若纳奴仆之女为后，岂不愧公卿大夫耶？"③仁宗赶忙命人把陈女送出宫去，否则，大宋朝就要多一个深谙茶道的陈皇后甚或陈太后了。

　　更早的时候，这位陈子城还曾攀上仁宗养母章献太后。据说他打死了一个磨工，有司一开始悬赏追捕。没过几天，宫中即传旨令不再追究此事。时仁宗刚即位，章献太后临朝，外号"鱼头公"（意思是骨鲠太硬）的宰相鲁宗道在朝堂上直指陈子城把关节通到皇宫大内，得到太后包庇，

① （宋）晁补之：《鸡肋集》卷六十二。
② （宋）朱彧：《萍洲可谈》卷二。
③ （宋）李焘：《续资治通鉴长编》卷一百一十五"仁宗景祐元年八月辛丑"。

令章献太后哑口无言。 [①]

　　陈子城功败垂成，但在他之前的另一位茶商马季良却是春风得意，他仰仗着娶了刘美之女而趾高气扬。 [②] 这个刘美是真宗朝权倾一时的著名外戚，真宗的皇后刘氏也就是上述章献太后，早年就是他携至京城的。

　　商人之女嫁给皇帝，甚至当上皇后，原也说不上多么见不得人，历史上虽不多，但也不是绝无仅有。只是在这桩最终告吹的皇家婚事中，陈子城与杨太后是在公开做买卖，而买卖的筹码则是皇帝。一个茶商如何能够说动久居深宫的皇太后，1000多年后的今天，我们已很难查到谁是穿梭其间的"驵侩"，以及其中藏着怎样有趣的细节了。然而，在泛黄的史书中，新兴的商业资本在政治生活中的巨大力量，以及这些商业精英们火箭般蹿升的社会地位，依然让我们深深震撼。

　　除与皇家宗室联姻外，经商致富的多金之家更多的选择是与官僚士大夫结亲。婚姻是年轻人的事，科举又是王朝时代进入仕途的独木桥，于是就有了独具宋代特色的"榜下择婿"。每至开科取士年份，富商大贾纷纷不吝巨资，与自己看好的士子预订婚姻，时人称此"系捉钱"。这其实就相当于现在做一笔金额较大且有一定履约风险的生意，都要预付定金一样，是买卖双方提前锁定未来收益风险的一种常用手段。到了发榜时，新科登第的进士则竞相明码标价，公开"拍卖"自己的婚姻，许多士人不以为耻，反以自己能够卖到比他人更高的价为荣。时人感叹：

---

① （宋）吴曾：《能改斋漫录》卷十三"真宗书鲁宗道刚直于殿柱"。
② （元）脱脱等：《宋史》卷四百六十三《马季良传》。

本朝贵人家选婿，于科场年，择过省士人，不问阴阳吉凶及其家世，谓之"榜下捉婿"。亦有缗钱，谓之"系捉钱"，盖与婿为京索之费。近岁富商庸俗与厚藏者嫁女，亦于榜下捉婿，厚捉钱以饵士人，使之俯就，一婿至千余缗。①

须知这"千余缗"钱仅仅是预定一婿的定金，尚不包含结婚时的妆奁。当时还有人进一步分辩说，所谓"系捉钱"，并不单指权贵人家在科场择婿时的费用，也涵盖了庶人老百姓高攀贵胄时的开销：

> 綦叔厚云，进士登第，赴燕琼林，结婚之家为办支费，谓之"铺地钱"。至庶姓而攀华胄，则谓之"买门钱"。今通名为"系捉钱"。凡有官者皆然，不论其非榜下也。②

这种风气之盛，终于惊动了朝廷。哲宗元祐（1086—1094）间，大臣丁骘专门上疏指出："近年进士登科，娶妻论财，全乖礼义。……名挂仕版，身被命服，不顾廉耻，自为得计，玷辱恩命，亏损名节，莫甚于此！"他认为，"此等天资卑陋，标置不高，筮仕之初，已为污行，推而从政，贪墨可知"，要求皇帝责成"御史台严行觉察，如有似此之人，以典法从事"③。

古往今来，没有哪个时代、哪个社会中的婚姻是纯洁无瑕的，其中

① （宋）朱彧：《萍洲可谈》卷一。
② （宋）庄绰：《鸡肋编》卷中。
③ （宋）吕祖谦编：《宋文鉴》卷六十一。

必然包含了种种社会因素，也少不了钱权交易，这在地位愈高者中愈司空见惯。但像宋人那样将婚姻明码标价，且蔚然成风的，确实也是不多见。

在宋代，官居宰相、翰林的官宦高门与富商巨贾相与嫁娶者十分寻常。北宋一个名叫凌景阳的官员，"与在京酒店户孙氏"结婚，为欧阳修所不齿，称其不配试馆职。^①欧阳修的思想显然已落伍了。到了南宋，在孝宗、光宗、宁宗三朝做过宰相的留正，就欣然与自己的福建同乡、泉州海运大亨王元懋结了儿女亲家。王元懋还有一位复姓诸葛的亲家，也在朝中任侍郎之职。^②

宋代著名理学家朱熹好像也并不避讳谈婚论钱。史上著名的"庆元党禁"期间，程朱理学被指为"伪学"，理学门徒也被列为"奸党"。受权相韩侂胄支持的监察御史沈继祖上书猛烈攻讦朱熹"有大罪者六"，诸如"不敬于君""不忠于国""玩侮朝廷""为害风教"等，并指责朱熹"男女婚嫁，必择富民，以利其奁聘之多；开门授徒，必引富室子弟，以责其束脩之厚。四方馈赂，鼎来踵至，一岁之间，动以万计……"^③这份奏章中充斥着捕风捉影的不实之词与恶毒中伤。但换个立场来看，如果的确没有商贾富人与朱熹家通婚，朱熹的弟子里也没有富室子弟，他收的学费也确实低廉，他的书院、精舍确实也从不接受赞助，恐怕对方也就不便拿这些来说事了。更耐人寻味的是，这位台臣并没有把这些列入"大罪"，只是历数朱熹的"六大罪状"以后顺带提了一下。这可能是因为这一罪状属于道德作风问题，并未明显触犯朝廷法纪；也可能是

---

① （宋）欧阳修：《欧阳修全集》卷一百六《论凌景阳三人不宜与馆职奏状》。
② （宋）洪迈：《夷坚志·三志己》卷六《王元懋巨恶》。
③ （宋）叶绍翁：《四朝闻见录》丁集"庆元党"。

因为在台臣自己心中，这也算不得什么特别大的事，不能指望靠它来扳倒朱熹。

总之，重利就是那个时代普遍的社会氛围。

精英阶级的皇亲国戚、当朝宰辅、学术领袖都汲汲于婚姻中寻找财富机会，下层百姓就更加百无禁忌了。时人记录了当时民间"婚嫁市场"中许多丑态百出的故事：比如，处州缙云人潘某"少贫"，有一富娼"倾家资济之，不问其出入。潘藉以为商，所至大获，积财逾数十百万"①。这位潘某经商暴富之路上的第一桶金，是靠着一个有钱的妓女才挖到的。

南宋中期，台州天台县知县郑至道在《谕俗七篇·重婚姻》中悲叹：

> 今尔百姓，婚姻之际，多不详审。闺闱之间，恩义甚薄；男女之家，视娶妻如买鸡豚。为妇人者，视夫家如过传舍，偶然而合，忽尔而离，淫奔诱略之风久而愈炽，诚可哀也。②

既然婚姻如生意，媒妁自然也就蜕变成了牙侩，"衣冠之家，随所厚薄，则遣媒妁往返，甚于乞丐，小不如意，弃而之它。市井驵侩，出捐千金，则贸易而来，安以就之"③。这大概还不算最难堪的，一些记录表明，当时不少地方甚至出现了典雇妻妾之类的丑事：

> 两浙妇人皆事服饰口腹，而耻为营生。故小民之家，不能

---

① （宋）洪迈：《夷坚志·甲志》卷十一"潘君龙异"。
② （宋）陈耆卿：《嘉定赤城志》卷三十七《风土门·土俗·天台令郑至道谕俗七篇》。
③ （宋）吕祖谦编：《宋文鉴》卷六十一。

供其费者，皆纵其私通，谓之"贴夫"，公然出入不以为怪。如近寺居人，其所贴者皆僧行者，多至有四五焉。^①

即便这只是少数现象，也依然触目惊心，不只是"视娶妻如买鸡豚"，把婚姻当买卖了，而是突破了最基本的人伦底线。

最好的时代，也是最坏的时代

前文还谈到宋代官场中人以下海经商牟利为能事，我们由此可推知，在这样的官商关系中必然混杂了大量权钱交易、贪污腐败。

买卖官职是古往今来大多数社会中的一个常见现象，有时还作为一种公开的制度存在。财政入不敷出是两宋三百多年间面临的最大的困境，因此，卖官就成了朝廷增加收入的一个渠道。这种现象在仁宗盛世时就有，到骄奢纵欲的徽宗时代则发展到了顶峰，其中既有所得收入归于朝廷的公开出售；亦有蔡京、童贯、王黼之类奸臣私相授受，好处都被"六贼"^②及其党羽拿走了。不过总体来说，宋代职官制度复杂而完备，靠金钱买来的官都是虚职，没有什么实权。卖官鬻爵问题并未对宋代政治造成严重的影响，只是让官户能够享受减免税役等特权。

各级官员的贪腐比买卖官职严重得多，想必这也是范仲淹在庆历新

① （宋）庄绰：《鸡肋编》卷中。
② 即蔡京、王黼、童贯、梁师成、朱勔、李彦六位权倾一时的奸臣。"六贼"之名最早出自太学生陈东在宣和七年的上书："今日之事，蔡京坏乱于前，梁师成阴谋于后，李彦结怨于西北，朱勔结怨于东南，王黼、童贯又结怨于辽、金，创开边隙。宜诛六贼，传首四方，以谢天下。"（元）脱脱等：《宋史》卷四百五十五《陈东传》。

政时要将整顿史治置于中心地位的原因。同样，改革史治也是熙丰变法的重要内容之一，王安石本人早年就曾尖锐地指出："今官大者，往往交赂遗、营资产，以负贪污之毁，官小者，贩鬻乞丐，无所不为。"[1] 就连宋神宗向皇后的父亲向经，也"自来影占行人"[2]，此处的"行人"即第二章说到的商会团行中人，向经这样的权贵收受行人的贿赂作为保护费，帮助他们打点官府、应付科索。

在那样一个物欲横流、唯利是图的时代，权势者将手里的权力套现，赤手空拳的小民想要发达，就只有铤而走险。宋人庄季裕在《鸡肋编》中记录，建炎（1127—1130）后社会上有句广为流传的俚语：

欲得官，杀人放火受招安；

欲得富，赶着行在卖酒醋。[3]

前一句"杀人放火受招安"，指的大约就是梁山泊宋江这样的强人团伙；后一句"赶着行在卖酒醋"，则是生动地反映出当时弥漫于社会的经商之风。

不过，无论是卖官鬻爵、买卖婚姻，还是游手好闲，都只是其中一部分面相，宋人同时也留下了大量关于那个时代良好道德风尚的记载。

《东京梦华录》中写道，肉市上"凡买物不上数钱得者是数"[4]，购买

---

① （宋）王安石：《临川先生文集》卷三十九《上仁宗皇帝言事书》。
② （宋）李焘：《续资治通鉴长编》卷二百五十一"神宗熙宁七年"。
③ （宋）庄绰：《鸡肋编》卷中。
④ （宋）孟元老：《东京梦华录》卷四"肉行"。

肉类时，若钱数上凑不够，可任凭买家随便拿一些添秤。

不仅如此，东京市民也都很有正义感：

加之人情高谊，若见外方之人，为都人凌欺，众必救护之。或见军铺收领到斗争公事，横身劝救，有陪酒食檐，官方救之者，亦无惮也。或有从外新来邻左居住，则相借借动使，献遗汤茶，指引买卖之类。更有提茶瓶之人，每日邻里互相支茶，相问动静。凡百吉凶之家，人皆盈门。其正酒店户，见脚店三两次打酒，便敢借与三五百两银器。以至贫下人家，就店呼酒，亦用银器供送。有连夜饮者，次日取之。诸妓馆只就店呼酒而已，银器供送，亦复如是。其阔略大量，天下无之也。①

《梦粱录》中记录的临安也是这样：

但杭城人皆笃高谊，若见外方人为人所欺，众必为之救解。或有新搬移来居止之人，则邻人争借动事，遗献汤茶，指引买卖之类，则见睦邻之义。又率钱物，安排酒食以为之贺，谓之"暖房"。朔望茶水往来，至于吉凶等事，不特庆吊之礼不废，甚者出力与之扶持，亦睦邻之道者不可不知。②

见义勇为，乐于为弱者挺身而出；对新来的邻里热情相助，主动照应；

---

① （宋）孟元老：《东京梦华录》卷五"民俗"。
② （宋）吴自牧：《梦粱录》卷十八"民俗"。

酒店甚至妓馆对自己并不熟悉的客人也充满信任……这与我们上文提到的那个令正派人感叹"今人无复良心，唯有利耳"的社会似乎有着天壤之别。这大概就是孟元老在《东京梦华录》自序中说的无限回味的"人情和美"吧。

《东京梦华录》第一次正式刊刻是在孝宗淳熙十四年（1187），其时距这本书写成已有40年，距靖康之变已整整一个甲子。这本原来默默无闻的笔记的第一个刊刻出版者赵师侠是宋太祖次子燕王赵德昭七世孙。他在跋语中表达了自己的初衷："祖宗仁厚之德,涵养生灵,几二百年,至宣、政间,太平极矣。礼乐刑政,史册具在,不有传记小说,则一时风俗之华、人物之盛,讵可得而传焉？"[1] 赵师侠是皇家后人，他希望这本浅显通俗的小书可以让人们记住那个美好年代。他的观点或许带有强烈的主观色彩，但日本历史学家宫崎市定在评论《水浒传》里的人事风俗时，却得出一个新奇的结论，他认为，宋徽宗在不可能有大队人马护卫的情况下频繁出入青楼妓院这类鱼龙混杂的地方，充分说明了当时"开封府风气之良好，百姓生活之安乐"[2]。这是对赵师侠所言政和（1111—1118）、宣和（1119—1125）年时天下"太平极矣"的旁证。

吴自牧在记录南宋末年临安社会时还写到过，当时杭城寓居着许多来自外郡的富商巨贾，他们大多是海外贸易做得特别大的，"江商海贾，穿梭巨舶，安行于烟涛渺莽之中，四方百货，不趾而集"。他们当中有很多乐善好施之人，特别热心于"恤孤念苦、敬老怜贫"的慈善事业，每见有人买卖不利，便接济钱物助其渡过难关；出资给无钱安葬的贫苦

---

① （宋）孟元老：《东京梦华录·跋》。
② 转引自虞云国《水浒寻宋》，第20页。

人置办棺椁；大雪天里在路上给穷人发放棉衣棉被；甚至还有富人趁夜间往穷人家的门缝里塞入零碎金银和铜钱，连名字都不留……①

那么，我们到底应该相信哪一种呢？

事实是，哪一种都是事实，但都是他们眼里的部分事实。"这是最好的时代，也是最坏的时代"，取决于我们站在什么样的立场来进行评判。

与王朝时代的其他时期相比，宋代社会的标志性特征就是城市化、商业化、市场化、世俗化和平民化。因为"金钱面前人人平等"，阶层流动的渠道突然宽了许多，人们之间高低贵贱的转换自然也就比以前频繁和偶然得多了，这让很多人得以获利的同时，也让很多人产生了无所适从的迷失感和无力感。王安石于熙宁二年（1069）参知政事，启动变法。神宗首次正式召见他时问："卿所施设，以何为先？"王安石回答："末世风俗，贤者不得行道，不肖者得行无道，贱者不得行礼，贵者得行无礼。变风俗，立法度，正方今之所急也。"② 曾与苏轼在杭州做过同僚的袁毂感叹道：

> 昔之农者，今转而为工；昔之商者，今流而为隶。贫者富而贱者贵，皆交相而盛衰矣。呜呼，世态之变如此！③

在那个时代，各种让人看不惯的"僭越"是家常便饭，最一目了然地体现在服饰和房屋、车马等的规格上。特别是服饰，在王朝时代，它

---

① （宋）吴自牧：《梦粱录》卷十八"恤贫济老"。
② （明）陈邦瞻：《宋史纪事本末》卷三十七。
③ （元）袁毂：《多福院记》，载袁桷等《延祐四明志》卷十九。

的首要功能就是呈现礼制。历朝历代对特定身份的人应该和被允许穿戴何种材质、色彩、式样的服饰是有严格规定的，朝廷也会颁布明确的法令，但在市场和金钱大潮的冲击下，服饰方面堂而皇之的僭越现象屡见不鲜。"今天下之风俗侈矣。宫室高华，僭侈无度，昔尝禁矣，今僭儗之习，连甍而相望也；……后宫朝有服饰，夕行之于民间矣；上方昨有制造，明布之于京师矣。"①昔日孔子曾愤慨地斥责："八佾舞于庭，是可忍也，孰不可忍也？"而此时的朱子只能无奈地感叹："今衣服无章，上下混淆。"②但是，就拿朱熹自己的家族来说，他的父亲朱松是理学大师程颐的三传弟子，却娶了一个商贾之家出身的妻子，虽不能妄言一定是看中她家的钱财，但至少能说明，当时商人的社会地位已远非昔日可比。

尤有甚者，某些严重违反禁令的行为，即便朝廷三令五申也不起作用，即使禁得了一时，很快便又卷土重来。前文多次论及"钱荒"是宋代经济中长期无法克服的顽症之一，历任皇帝和朝廷都严令禁止民间私自囤积金、银、铜等贵金属，或随意将它们打造成各种用具，特别是不具有实用价值的装饰品，除非用于皇亲国戚之类的特权阶层或得到特别的恩赏和批准。例如：

> 咸平、景德以后，粉饰太平，服用浸侈，不惟士大夫家崇
> 尚不已，市井闾里以华靡相胜，议者病之。大中祥符元年二月，
> 诏："金箔、金银线、贴金销金间金甒金线，装贴什器土木玩之物，

① （宋）王迈：《臞轩集》卷一《丁丑廷对策》。
② （宋）黎靖德编：《朱子语类》卷九十一《杂仪》。

并行禁断。非命妇不得以金为首饰。许人纠告,并以违制论……"
四年六月,又诏:"宫院、苑囿等,止用丹白装饰,不得用五彩。
皇亲士庶之家,亦不得用……"八年三月庚子,又诏自中宫以下,
衣服并不得以金为饰,应销金、贴金、缕金、间金、戴金、圈
金、解金、剔金、捻金、陷金、明金、泥金、榜金、背金、影金、
阑金、盘金、织金金线,皆不许造。然上之所好,终不可得而
绝也。仁宗继统,以俭朴躬行,于庆历二年五月戊辰,申严其禁,
上自宫掖,悉皆屏绝,臣庶之家,犯者必置于法。然议者犹有憾,
以为有未至焉。自是而后,此意泯矣。[①]

但具有讽刺意味的是,"销金"这种工艺技术在宋代取得了很大的
进步和发展,自然是因为有广阔的市场需求。所谓"销金",就是将金
银等贵重金属熔解,磨成粉或制成丝线,贴敷或镶嵌在衣装、舟车、房屋、
家具等的表面。宁宗嘉泰(1201—1204)间拜参知政事的袁说友曾奏:

> 销金衣饰,顷岁有司屡行禁止,往往法令稍宽,随即纵弛,
> 自累岁以来,其侈日盛。豪贵之家,固习于此,而下至齐民稍
> 稍有力者,无不竞以销金为饰,盖不止于倡优被服之僭也。今
> 都人以销金为业者不下数十家,货卖充塞,相望于道。[②]

然而朝廷和各级官府对此几乎束手无策,"销金翠羽,蠹耗不赀,

① (宋)王栐:《燕翼诒谋录》卷二。
② (宋)袁说友:《东塘集》卷十《禁戢销金札子》。

昔又尝戢之矣，今销毁之家，列肆而争利也"①。临安的妓院里，"凡酒器、沙锣②、冰盆、火箱、妆合之类，悉以金银为之"③。利之所趋，所向披靡。最重要的是，大多数人都在这样一个逐利时代中得到了好处，其中获利最多的，还是统治者和上层精英阶层。

这种社会变迁的大潮对延续千年的道德价值与思想文化造成了剧烈冲击，旧的规范迅速瓦解，新的规范尚在孕育。商业和金钱的流动，使得许多在阶级意识根深蒂固的传统中国、在其他任何一个时代不可想象的行为，在宋朝都可以无所顾忌地实施。这里当然隐藏着卑鄙与丑陋，但同时也有力地瓦解了过去森严的门第和身份等级观念，形成了一个阶层流动顺畅、清规戒律松弛的繁荣的世俗社会。

那是一个价值重估和价值转换的时代。就拿助人为乐和诚信这两条美德来说，孟元老和吴自牧笔下东京人、临安人的做法是基于普适的契约关系之上的助人为乐和诚信。维系这种契约关系的是市场纽带，也就是金钱交易。这是开放多元的"陌生人社会"里的新型道德，全然有别于封闭的"熟人社会"中那种根植于血缘宗法纽带和固定等级关系的古朴美德。某种程度上说，那个时代人的主流价值观更接近今天发达城市的人际交往。我们前面看到的那些丑恶现象，大概也是一个相对开放和繁荣的社会不得不承受的风险与代价。

宋代是王朝时期工商业最为发达的时代，正是这样一个简单的原因，让宋代与我们的时代似乎更有共通之处。

---

① （宋）王迈：《臞轩集》卷一《丁丑廷对策》。
② 沙锣：一种可兼作盥洗用具的乐器。银制沙锣可用于赏赐，与赏银无二。
③ （宋）周密：《武林旧事》卷六"歌馆"。

明清士人们十分热衷于为宋朝的大人物辩诬，他们会争论说，李清照从未真的改嫁过；著名的《生查子·去年元夜时》是女词人朱淑真写了托名欧阳文忠公的；司马光存世极少的词作中那首香艳味十足的《西江月·宝髻松松挽就》不是他写的等。不是说这些考证和研究都是没有意义的，但在我看来，这一文化现象所折射出来的更为本质的问题，并不是李清照有没有改嫁、欧阳修和司马光有没有写过那两首词，而是明清士大夫根本无法理解宋人的生活和宋代的价值观，他们是在以自己时代的道德规范和审美标准来衡量和塑造宋朝的那些大人物，使其看起来更符合他们自己身处的那个刻板小农社会的理想。

北宋中后期诗词评论家吴处厚曾说：

> 文章纯古，不害其为邪；文章艳丽，亦不害其为正。然世或见人文章铺陈仁义道德，便谓之正人君子；及花草月露，便谓之邪人，兹亦不尽也。……余观近世所谓正人端士者，亦皆有艳丽之词。[1]

他指出了很多例子，比如张咏的《席上赠官妓小英歌》、韩琦的《点绛唇·病起恹恹》以及司马光的好几首诗词，作者都是世所公认的贤臣名相、正人君子，但其诗词"皆艳词也"。在这样的评价标准下，就连被王安石称为"一世之师"的士大夫领袖、宋代第一名臣范文正公亦不能免。景祐（1034—1038）中他在饶州知州任上喜欢上了当地一个官妓

---

[1] （宋）吴处厚：《青箱杂记》卷八。

小鬟，不久后离任，写了首《怀庆朔堂》诗寄给接替自己的魏介：

> 庆朔堂前花自栽，便移官去未曾开。
> 年年长有别离恨，已托春风干当来。[1]

据说，身在京城的他还附赠了一盒胭脂，托魏介转交小鬟，并题诗予她：

> 江南有美人，别后长相忆。
> 何以慰相思，赠汝好颜色。[2]

魏介恰好是范仲淹的科举同年及好友，收到诗后，便花钱把小鬟买下来送给了他。

这是那个时代的风气。

人非利不生

空前活跃的商品经济大潮裹挟着追逐利益、崇尚享乐、攀比炫耀的新风尚，它对数千年以来"重农抑商""重义轻利"的传统生活形态和价值观念造成的冲击是不言而喻的。那个时代的思想者无不对自己亲身经历的这场世态之变作出过严肃的思考。在铺天盖地的哀叹和批判之中，

---

[1] （宋）吴处厚：《青箱杂记》卷八。
[2] （宋）姚宽：《西溪丛语》卷下。

有一个声音始终贯穿其间，那就是试图主动适应时代变化，对传统的"义利关系"加以调和，进而对千年以来一直遭到压抑和贬损的"利"进行重估。

李觏大概是中国历史上第一位公开为财富鼓吹、为富人辩护的思想家，后世有不少人认为，他的思想学说有力地启发了王安石，是熙丰变法的理论先声。李觏也是江西抚州人，与王安石还是同乡。早在北宋中期，李觏就十分明确地主张不必讳言"利"与"欲"的重要性。这位被胡适称为"王安石的先导"的著名学者指出：

> 利可言乎？曰：人非利不生，曷为不可言？欲可言乎？曰：欲者人之情，曷为不可言？言而不以礼，是贪与淫，罪矣。不贪不淫而曰不可言，无乃贼人之生，反人之情？世俗之不喜儒以此。
>
> 孟子谓"何必曰利"，激也。焉有仁义而不利者乎？[1]

为了替利欲正名，李觏竟然敢于批评孟子的"何必曰利"是偏激之词。他十分肯定富人的积极意义："田皆可耕也，桑皆可蚕也，材皆可饬也，货皆可通也，独以是富者，心有所知，力有所勤，夙兴夜寐，攻苦食淡，以趣天时，听上令也。"[2]在他看来，富人是财富最重要的创造者，对国家和社会都有着积极的促进作用。

苏洵也是一个不耻言利的人。王安石评价他"苏明允有战国纵横之

---

① （宋）李觏：《李觏集》卷二十九《原文》。
② （宋）李觏：《李觏集》卷八《国用第十六》。

学"①,贬讽之意溢于言外,但也颇有几分在理。苏洵认为,"利者义之和","即于利则其为力也易,戻于利则其为力也艰。利在则义存,利亡则义丧"。所以,上古圣王如周武王"亦不能以徒义加天下也"②,他只有以下犯上,起兵讨伐无道的商纣王,"解民于倒悬",才谈得上施仁义于天下,如果他伐纣"失利",所谓"义"也就荡然无存了。

他们都指出,世界上并没有"徒义"(能够独立存在的抽象的"义"),抽象之"义"蕴于具体之"利"中。将"义"与"利"对立起来,简单而绝对地要求人们"存义去利",是破坏人的生计,违背人之常情,推行起来也是非常困难的。唯有释放人们天性中的逐利之欲,才谈得上行仁义,做起来也容易。

这些思想无疑都是南宋"事功学派"的先声,也是对时代风向的回应。

无论从哪个角度去看,王安石及其变法都是宋代乃至整个中国历史中绕不过去的一座里程碑,但本书的主题使我们无法涉及太多,此处只能简单讨论一下。正因为"言利"和"理财"的问题,王安石几乎站到了所有士大夫的对立面,还背负了千载骂名,但他是个孤傲执拗之人,并不怕与天下人论战。他总是毫不迟疑地宣称,为国者不但应该勇于言财,而且"言财利"才是真宰相之任。"孟子所言利者,为利吾国";"政事所以理财,理财乃所谓义也";"一部《周礼》,理财居其半,周公岂为利哉"!③不过王安石的"义利观"相对比较复杂,他也像当时大多数正统的儒家士大夫一样不喜欢豪门富户,尤其反感那些靠买进卖出发

---

① (宋)邵博:《邵氏闻见后录》卷十四。
② (宋)苏洵:《嘉祐集》卷八《利者义之和论》。
③ (宋)王安石:《临川先生文集》卷七十三《答曾公立书》。

财的商人。此外，虽然王安石坚信自己的新法能够帮到广大贫穷小民，让他们获利，但从客观的行为来看，即使是王荆公最忠诚的粉丝恐怕也不得不承认，他最关切的依然是政府，当然这也是形势使然。王安石的所谓"言利"和"理财"，为的是"国富"，也就是增加政府财政收入，但这势必会与老百姓的"利"相冲突。王安石的"义利观"中还有一层相当现实的考量，虽然他本人是一个与司马光一样淡泊名利的高洁君子，但他很清楚地认识到，如果官吏俸禄太薄，那么要求他们高效廉洁就只能是一句空话：

> 盖人主于士大夫，能饶之以财，然后可责之以廉耻。方今士大夫所以鲜廉寡耻，其原亦多出于禄赐不足，又以官多员少之故，大抵罢官数年而后复得一官。若罢官而止俸，恐士大夫愈困穷而无廉耻。[1]

减少各级官吏的数量，对他们的德才加以严格的培训和考核，同时增加他们的俸禄，是新法中吏治改革的中心思想。用现在的话来说，就是高薪养廉，高薪养贤，高薪养能。

十分耐人寻味的一点是，反对变法的保守派虽然大肆攻击王安石动辄言利，专讲理财，但他们中的大多数人在价值上又倾向于维护富民，反对变法派试图剥夺富户以济细民的主张，他们激烈抨击朝廷和官府"与民争利"。从他们所要维护的原则来看，这个"民"多指大户富民。对

---

[1] （宋）王安石：《临川先生文集》卷六十二《看详杂议》。

于贫富差距以及富者与贫者的关系问题，反对变法的"急先锋"郑侠阐述得很清楚：

> 贫富大小之家，皆相依倚以成。贫者依富，小者依大，所以养其贫且小。富者亦依贫以成其富，而大者亦依小以成其大。富者大者不过有财帛仓廪之属，小民无田宅皆客于人，其负贩耕耘无非出息以取本于富且大者，而后富者日以富，而以其田宅之客为力。①

这分明就是北宋版的"致富光荣"论，而且还隐含了现代自由主义经济学经常论及的"涓滴效应"，某种程度上也是在强调，要让一部分人先富起来，随后依靠他们带动贫困者共同富裕。虽然这种观点比亚当·斯密早了几百年，但他们就像现代的自由市场论者一样，完全不相信"政府之手"应当和有能力调节贫富差距，实现经济繁荣和财富增长。

到了商品经济更为发达的南宋，毫不遮掩地为财富辩护的声音，甚至于为新兴富裕商人阶层代言的学术派别就不可压抑地喷薄而出了。

如果说认为"仁、义、礼、智、信"是富之所以"不可致"的原因，是向来锋芒毕露的陈亮的一时气话，那么他对于古往今来那些"勤俭以起家"、"铢积寸累"、善于积累财富的人的好感，以及对范蠡、白圭之类长于"抑物阖辟"的成功商人的钦佩，肯定是发自肺腑的。在《东阳郭德麟哀辞》中，陈亮对"东阳郭彦明徒手能致家资巨万，服役至数千人，

---

① （宋）郑侠：《西塘先生文集》卷一《流民》。

又能使其姓名闻十数郡"的行为称羡不已，并赞誉"其智必有过人者"。随之，他又为那些能发家致富但受到官绅压制的"乡间之豪"鸣不平："乡间之豪，虽智过万夫，曾不得自齿于程文熟烂之士。及其以智自营，则又为乡间所雠疾，而每每有身挂宪网之忧，向之所谓士者，常足以扼其喉而制其死命。"①

叶适的思考比陈亮更深，他不单纯弘扬事功的价值，反对"扬义抑利"，推崇商业与致富，还花了很大力气进一步阐释为什么富人对国家社会是一种不可或缺的善的力量：

> 小民之无田者，假田于富人，得田而无以为耕，借资于富人，岁时有急，求于富人；其甚者，庸（佣）作奴婢，归于富人；游手末作、俳优伎艺，传食于富人；而又上当官输，杂出无数，吏常有非时之责，无以应上命，常取具于富人；然则富人者州县之本，上下之所赖也。富人为天子养小民，又供上用，虽厚取赢以自封殖，计其勤劳亦略相当矣！②

叶适的观点可以说与今日最前沿的自由市场论者别无二致，即富人（资本家）既为劳动者创造了就业岗位，又为国家创造了财政税收，他们的高收入与付出的辛劳是相称的。叶适和陈亮等"事功学派"的学者还有一个共同的政治观点，即都对宋代行政、军事和财政制度中过甚的中央集权提出了严厉批评。

---

① （宋）陈亮：《陈亮集》卷三十四《东阳郭德麟哀辞》。
② （宋）叶适：《水心集·别集》卷二《民事下》。

陈亮认为：

> 朝廷立国之势，正患文为之太密，事权之太分，郡县太轻
> 于下而委琐不足恃，兵财太关于上而重迟不易举。①

叶适则指出：

> 国家因唐五代之极弊，收敛藩镇权归于上。一兵之籍，一
> 财之源，一地之守，皆人主自为之也。欲专大利而无受其大害，
> 遂废人而用法。废官而用吏，禁防纤悉，特与古异。②

鼓吹商业的价值，讴歌对财利的追求；反对大政府，尤其是过大的
中央政府；鼓励发扬地方和基层的主动性与积极性，反对过于细致的规
章制度和繁文缛节，都是浙东"事功学派"政治思想中闪烁的现代光芒。

中国近现代启蒙思想家、"西学翻译第一人"严复尝言：

> 古人好读前四史，亦以其文字耳。若研究人心政俗之变，
> 则赵宋一代历史，最宜究心。中国所以成于今日现象者，为善
> 为恶，姑不具论，而为宋人之所造就什八九，可断言也。③

---

① （宋）陈亮：《陈亮集》卷一《上孝宗皇帝第一书》。
② （宋）叶适：《水心集·文集》卷四《始论二》。
③ 王栻主编：《严复集》，《与熊纯如书》五十二。

钱穆先生也断言："论中国古今社会之变，最要在宋代。宋以前，大体可称为古代中国。宋以后，乃为后代中国。"①"唐末五代结束了中世，宋开创了近代。"② 历史学家黄仁宇写道："公元 960 年宋代兴起，中国好像进入了现代，一种物质文化由此展开……行政之重点从抽象原则到脚踏实地，从重农政策到留意商业，从一种被动的形势到争取主动，如是给赵宋王朝产生了一种新观感。"③

　　这的确是一个变革的时代，在这样的时代，政治和社会的适应、转型和进化都需要经历一个很长的过程，可惜历史留给赵宋王朝的时间太少了。宋代开创了一个早熟的"后代中国"或"近代中国"，尚未来得及充分成长便不幸夭折了。

①　钱穆：《理学与艺术》，载宋史座谈会编《宋史研究集》第七辑，第 2 页。
②　钱穆：《宋明理学概述》，载《钱宾四先生全集》(九)，第 1 页。
③　黄仁宇：《中国大历史》，三联书店，1997 年，第 128 页。

第六章 发明创造

对于很多人来说，历史就是挖掘和培养民族自豪感的一座矿山。

即使以这个标准来看，宋代也是中国历史上伟大发明创造诞生最多的一个朝代。这个朝代因其"羸弱""不善战"而很少让现代人引以为豪，但恰是在这样一种并不驱使芸芸众生奔向"伟大"和"永恒"的世俗甚至庸俗的时代氛围中，真正的伟大和永恒却难以抑制地显现出来。英国学者李约瑟敏锐地抓住了这一点，在《中国科学技术史》第一卷《导论》中写道："每当人们研究中国文献科学史或技术史的任何特定问题时，总会发现宋代是主要关键所在。不管在应用科学方面或在纯粹科学方面都是如此。"①

的确是这样。

公允地看，大多数发明创造都不是一蹴而就的，并没有一个清楚的时间。无论是"四大发明"，还是丝绸、陶瓷、茶之类极具中国标签的产品，都经历了漫长的萌芽、孕育、演化和兴盛过程。应该说，它们中的绝大部分都不是在宋朝发明的，却都是在宋朝第一次得到大规模、商业化应用，且获得了长足的发展。

---

① 李约瑟:《中国科学技术史》，科学出版社，1990年，第135页。

让李约瑟观察到这个现象的另一原因是印刷技术与出版事业在宋代的突飞猛进。有赖于此，宋人留下来的各种文献记载比之前所有朝代加起来都多。我们还知道，中国对于人类文明所作出的卓越贡献大多发生在 15 世纪"大航海时代"以前，这就进一步强化了世人的这种印象，似乎中国历史上的伟大创造都是在宋代发生或得到记录的。

　　在比较中国与欧洲科学技术进步的消长关系及各自特点时，李约瑟还提出了一个很具洞见的观点。他认为，宋代没有出现过欧洲 18 世纪科学革命时那种革命性、跨越式的进步，中国历史上的技术进步"表现为一条缓慢上升的曲线"。但他强调，在公元前后至 15 世纪的 1000 多年时间里，"中国的科技发展水平高于欧洲，有时候甚至高出许多"，例如，中国在冶金和造纸领域领先了上千年，在印刷技术上领先了 700 年。

　　相比于卷帙浩繁的《中国科学技术史》，李约瑟的这些论述更清晰和集中地呈现在他的《文明的滴定：东西方的科学与社会》(The Grand Titration) 一书中，该书收录了他在 1946 年至 1966 年间发表的论文。他在书中不止一处指出，在公元 15 世纪以前，"与欧洲文明相比，中华文明在将人类的自然知识应用于实际需求方面的效率更高"；"很明显，中国……在利用自然知识方面要比欧洲……更为有效"。[①]

如果我们仔细比较从公元初到 16 世纪的 1500 年里中国与欧洲的科技进步曲线，有一点是毫无疑问的：唐宋近 700 年，特别是宋代 300 多年，是中欧文明之间整体落差最为巨大的一个时期。

那么，究竟什么原因促成了宋代科技的遥遥领先呢？对于中国中古时代科技进步的"缓慢上升曲线"与欧洲启蒙运动时代火箭发射式的科学革命以及由此触发的工业革命之间的强烈反差，我们又该如何解释呢？

答案可能有很多，但最核心的是：在世俗化的古代中国与宗教神权统治下的古代欧洲，推动科学技术进步的动力是截然不同的。是市场和商业力量唤醒和成就了宋人的巨大创造力，将历史上那些伟大的创新发明从默默记载于书本上的创意或零星流传于民间的手艺变成了与大众生活息息相关的科技现实。而在欧洲进入现代以前，驱使人们从事科学研究和技术发明的是信仰上帝的神圣热忱，宗教禁锢消融后又顺理成章地转换成了为科学而科学的纯粹知性探索。因此，中国科技进步的重点在

---

① 转引自［英］安格斯·麦迪森《中国经济的长期表现——公元 960—2030 年》，伍晓鹰、马德斌译，第 36 页。

于有用，而欧洲的科技进步则着眼于解释和理解现实世界背后的理念，即神的意志或规律。前者是经验性的，必定要经过缓慢的尝试和累积；后者是理论先导的，一旦突破固有范式，便迅速全面腾飞。

当然，这两条起点和动力完全不同的路径本来是有可能殊途同归的。正如欧洲为科学而科学的纯粹理论探索一旦取得重大突破，便造就了实用领域的伟大工业革命一样，中国宋代实用导向的经验技术积累也会与日俱增地滋生出对形而上的理论追索。就此意义上说，理学的横空出世并非偶然，它试图对那个时代日新月异的现实变迁作出理论思辨层面的回应。只是理学的这种真理性探索没能持续下去，它自己也意识形态化了，而后来中欧的政治走向又出现了命运截然不同的分叉，导致了漫长历史浪潮中欧洲的兴起与中国的衰落。

一、重大发明与社会进步

不少现代作者说，"四大发明"中除造纸术的发明有确定的人物和时间，即蔡伦发明于东汉外，其他三大发明都产生于宋代。这种说法既有充分的理由，也有很不准确的地方。

罗盘、珠算与火药

指南针、火药和印刷术第一次出现的准确时间已是一个永远都不可能有答案的问题，说到底也是一个没有意义的问题，因为它们都是在长期的生活实践中由许多默默无闻的人逐渐摸索出来的，谈不上具体由谁，在哪一年发明。

关于指南车、司南、磁勺之类的传说和记载，可以追溯到遥远的上古时代，至少战国时已经存在，此后穿越秦汉直到隋唐。但是，由于缺乏考古出土实物以及确凿可信的史料，这些传说故事里讲到的究竟是不是后来用于指示方位的罗盘，恐怕是存疑的。我们没有看到太多在宋代市舶贸易勃兴之前使用司南指路的可靠记载。按理说，汉唐军队曾北上蒙古草原，西入中亚腹地，甚至远抵伊朗高原，途中必经大片草原、沙漠和戈壁，需要有精确的方向和定位工具，但今人却几乎找不到使用罗盘的记录。因此，也有现代学者怀疑，在宋人之前，尽管古人已经知道磁性物质的指南特性，也确实制造出了诸如司南之类的器具，但当时它们的用途可能是占卜、祭祀或礼仪，简言之，是一种法器或礼器，与宋代的罗盘并不是一回事。

关于罗盘，我们在前文已有叙述，这里不再赘述。有一点是确定的，罗盘到宋代才第一次获得了大显身手的机会，它的设计制造也在宋代取得了飞跃发展，例如，当时已掌握了人工磁化的技术。

在介绍其他发明前，这里先说一说另一项十分值得中国人自豪的古代发明，它在性质上与罗盘有类似之处，而其意义和价值也足堪"第五大发明"，它就是珠算。经典名著《科学史导论》作者、比利时科学史大家乔治·萨顿（George Sarton）认为，珠算盘是中国人独立创造出来的。

使用工具辅助计算的历史源远流长，中国在上古时代便有利用小木条作为运算工具的"筹算"。它最初应该也是用来占卜算卦的，后来逐渐被当作计算之用。"珠算"一词最早见于汉代徐岳撰《数术记遗》，其文有云："珠算，控带四时，经纬三才。"这句只有10个字的简短描述，被许多人认为是珠算源于汉代的明证。不过，在此后千年的时间里，并没有什么确凿史料和文物能够证明时人已经在使用算盘。显然，古时的"筹算"和文献中语焉不详的"珠算"，与我们所理解的真正意义上的珠算间可能存在着差异。经考证，唐代的墓葬里曾经出土过疑似算盘珠的物品，但仅有孤例，也很难证实。

现存许多史料、诗文及图画都显示，作为"古代世界中的计算机及其软件"，算盘的发明和珠算方法是在宋代创立的。考诸当时城市工商业活动的社会状况，晚唐五代以后，计算工具的改良与计算方法的革新也的确有着迫切的现实需求。仅以政府财政事务来看，宋代朝廷需要进行各种庞大而复杂的财务数据处理和计算，这是唐五代以前闻所未闻的。算盘与珠算的发明，可谓应运而生。清代学者梅毂成与凌廷堪十分肯定地说,"今之珠算,盖始于宋"①。李约瑟《中国科学技术史》第三卷《数学》"珠算盘"一节中,也采纳了此说。

《清明上河图》卷末处有一家"赵太丞家中药铺",柜台上有两件长方形器物。20世纪60年代,科学史家严敦杰先生认为,它们极有可能是算盘。后来故宫博物院派专家用放大镜细辨,结论是:"像一只十五档的算盘,但算珠与横梁若有若无,不能辨别清楚。"据中算史家华印椿在《中国珠算史稿》中说,1981年初,中国珠算协会负责人与北京新闻电影制片厂摄影师到故宫博物院考察《清明上河图》,将赵太丞药铺柜上的长方形物件摄影后放大,可以看出,左为算盘,右为水牌。②

当然,算盘与珠算法的定型与成熟,并完全取代流传千年的算筹和筹算法,要迟至明代中后期。文献显示,宋代至少皇宫里仍以算筹为主要计算工具。然而可以有把握地说,算盘和珠算起源于北宋晚期,南宋时已流传于民间,元代之后逐渐普及开来。陶宗仪《南村辍耕录》中就提到过算盘,可知尽管当时的算盘或许还不都是现在这个样子,各地使用的算盘并不统一,珠算法也未达到明朝中叶后的成熟水平,但在他所生活的时代,算盘已经是一种司空见惯的器具了。

不过,关于珠算在中国的起源问题,国际科技史学界是有分歧的。并非所有人都同意乔治·萨顿和李约瑟等人所断言的,即它是中国独立发明的。也有一部分学者推测,算盘可能是经由古代丝绸之路从欧洲传至中国的。因为早在公元前,罗马人就发明了算盘,而现存中国算盘的结构与之又有很多相似之处。但这些学者也都肯定了中国古人对算盘做

---

① (清)凌廷堪:《校礼堂文集》卷三十二《书程宾渠算法统宗后》。
② 参见虞云国《水浒寻宋》,第346—359页。

出的重大改进以及珠算口诀的智慧总结。[①] 换言之，中国就算并非珠算的首创地，也显然是它真正展现价值的地方。

关于火药的传说与指南针如出一辙，也可以追溯到遥远的先秦时代。它的发明或发现，应当与古代道家炼丹和医家制药有密切关系。火药的主要原材料是硝、硫黄和炭，道士和郎中将它们混合炼制，本意大概是为了降低丹药的毒性和挥发性，即"伏火"。但这三种原材料混在一起是很容易爆炸起火的。调整这三种材料的比例，能产生不同强度的爆炸威力，而在配方中混入另一些材料，便可以在爆炸时产生色彩缤纷的光焰。火药的发明显然就是起因于炼丹制药过程中的偶然事故，后经长期实践，积累经验而成。唐朝开始有了一些将火药用于武器的记载，但总的来说，在宋代以前，火药的使用同样很少。宋代无疑是火药大规模投入实践的时期，在当时，火药有三大用处：

首先，宋代采矿冶炼业非常发达，经常需要爆破，这让火药在历史上第一次有了真正的实用价值。过去讨论银铜矿开采技术中使用先进的"火爆法""灰吹法"时，大都依据明代陆容《菽园杂记》所引《龙泉县志》记载，认为这些技术要到明代才普遍运用。但经王菱菱博士考证，陆容所引《龙泉县志》不是明代文献，而是南宋处州人陈百朋撰写，这更有力地证明了宋代已将"火爆法"技术普遍用于采矿业。[②] 与此相呼应的是，采掘业的进步促进了火药原料的生产，冶炼技术的提高则刺激了火药制造工艺的升级，二者反过来又进一步推动了火药的发展。

其次，两宋300余年始终处于北方数个游牧政权的强大武力压迫之

① 参见［美］董洁林《人类科技创新简史：欲望的力量》，第244页。
② 李华瑞：《从矿冶业看宋代经济》，《平坡遵道集》，第17—18页。

下，这使得先进武器的研发成为迫在眉睫的军国重事。唐朝军队还仅仅是将火药绑在箭头上射向敌方，以期提高杀伤力，宋代则已经出现了火炮甚至火枪等真正意义上的"火器"。在仁宗朝时期，北宋名臣、官至宰相的曾公亮与丁度等主持编纂的《武经总要》中，明确载入了制造火药的多种配方，例如"火毬火药""蒺藜火毬火药"和"毒药烟毬火药"等。南宋绍兴二年（1132）可能是中国武器史上具有里程碑意义的一年，有个叫李横的匪首纠集一群叛贼，攻打德安城（今湖北安陆），知府陈规研制出一种管形射击火器抗敌，这就是中国军事史上第一支火枪。宋人逐步改进了这种管形火器，制成较短、较粗、火力更强的"突火枪"。它与另一种赫赫有名的"霹雳炮"都在与金人的战争中投入使用。这些管形火器最初采用的都是竹管，到南宋末年，又出现了金属管形火器，加大了火药的威力。此后，"回回炮"由外传入，经宋人改进后，质量更佳，在与蒙古人的最后战斗中派上了用场。宋人制造的火药质量好，是这种改进的基础。南宋后期名将、曾官至右相兼枢密使的赵葵，在其溧阳私第设了一个火药库，有一天不小心失火爆炸：

> 大声如山崩海啸，倾城骇恐……远至百里外，屋瓦皆震。号火四举……守兵百人皆糜碎无余，楹栋悉寸裂，或为炮风扇至十余里外。平地皆成坑谷，至深丈余，四比居民二百余家，悉罹奇祸……①

---

① （宋）周密：《癸辛杂识前集》"炮祸"。

可见当时的火药已有多么大的爆炸力！当然，女真族和蒙古军队也是使用火器的高手。长年的战争令火药在宋代有了前所未有的用武之地，随着蒙古铁骑风卷残云般地驰骋欧亚大陆，火药和火器也从东亚传播到全世界。①

此外，宋人喜好聚众游乐，逢年过节爱放鞭炮和烟火。王安石便有"爆竹声中一岁除"（《元日》）的著名诗句），辛弃疾词中"东风夜放花千树，更吹落，星如雨"（《青玉案·元夕》），更是形象地展现了南宋时烟花的绚烂多姿。这是火药的另一重要使用场景。所谓"爆竹"，原意是古人燃烧竹子发出爆裂声，以祛魔除怪。宋人发明了用纸包着火药的烟花爆竹，深受老百姓喜爱。宋代市井间还行走着一种专为大户人家燃放烟花爆竹的"火炮班子"，每逢重大节日生意便特别红火。后世遇事喜放炮的习俗，正是从宋代开始的。

此外还有记载表明，最晚在北宋初年，取代火石的新型火柴也已发明：

> 杭人削松木为小片，其薄如纸，熔硫黄涂木片顶分许，名曰发烛，又曰焠儿。盖以发火及代灯烛用也。……宋翰林学士陶公榖《清异录》云："夜有急，苦于作灯之缓。有知者，批杉条，染硫黄，置之待用。一与火遇，得焰穗然。既神之，呼引光奴，今遂有货者，易名火寸。"按此，焠、寸声相近，字之讹也。然引光奴之名为新。②

---

① 参见［美］董洁林《人类科技创新简史：欲望的力量》，第176—178页。
② （元）陶宗仪：《南村辍耕录》卷五"发烛"。

纸张革命

纸的制造和使用与罗盘、火药稍有不同。自蔡伦以后，纸很快就得到了推广和使用，成为各级官府和读书人须臾不可离之物。其实，认为纸是蔡伦个人发明的说法，也是很有问题的。此处需要说明两点：第一，"纸"这个字在蔡伦之前就已存在了，从造字偏旁来看，它含有绢帛成分，这种"纸"大概是用等级比较低的绢帛制造出来，专门用于写字记录的。第二，在蔡伦之前，民间早已有了用树皮、麻、竹、茅草之类原料制造纸张的尝试。目前发现的最早的纸张是汉文帝和汉景帝时期的"放马滩纸"，稍晚还有汉武帝时期的"灞桥纸"和汉宣帝时期的"悬泉置纸"，它们都比"蔡侯纸"早了一二百年，但这些纸的质量差，达不到书写绘画的要求，多用于包装。小黄门（宦官）蔡伦利用自己负责宫中用物制造的便利，筛选、总结、提炼以往的造纸经验，革新了工艺，改进了技术。重要的是，汉廷将他确立的造纸术颁行天下，作为官方造纸的通行之法，即所谓"蔡侯纸"。一直到将近千年后的南宋，蔡伦的故乡仍以纸业制造闻名：

> 盛弘之《荆州记》曰："枣阳县蔡伦宅，其中具存。傍有池，名蔡子池。伦，汉顺帝时人，始以鱼网造纸。县人今犹多能作纸，盖伦之遗业。"[1]

---

[1] 李壁：《王荆文公诗笺注》卷十六《次韵酬微之赠池纸并诗》补注。

蔡伦之后又过了200多年，竹木制作的简牍才正式退出历史舞台。东晋元兴三年（404），德宗皇帝下令停用简牍。学术界一般还认为，造纸术传向世界的时间是在唐玄宗时。天宝十载（751），唐朝军队与阿拉伯帝国军队在今帕米尔高原以北短兵相接，史称"怛罗斯之战"，唐军战败，大批士兵被俘，他们中懂得造纸术的人将它传授给了阿拉伯人。[①]

　　不过，从蔡伦的时代一直到晚唐乃至五代的六七百年里，信息记录和传播基本靠手抄。所以纸虽然得到了长期的使用，但范围仍是很局限的。只是到了宋代，印刷业的普及才让这项人类历史上最了不起的发明之一获得了成百上千倍的迅猛发展。由于需求量大增，入宋以后，造纸技术也比前代极大地改进和提高了。见多识广、自命风雅的乾隆帝有一次拿到一本元祐（1086—1094）间刊刻的司马光著《资治通鉴考异》，立刻判断它是宋代之物。他的依据是："是书字体浑穆，具韩柳笔意，纸质薄如蝉翼而文理坚致，为宋代所制无疑。"[②]可见宋纸之名气，其质量可能比明清时代更好。

　　宋纸使用的原料比前代丰富多了：麻、竹、桑皮、藤、苔、麦茎、稻秆、楮树皮等，都是宋代造纸的原材料。这里要特别强调楮的重要性，因为以它为原料生产出来的纸是当时最经久耐用的。南宋的会子等纸币就是以楮纸印造的，故而时人干脆称之为"楮币"，甚至直接用"楮"字代指纸币。

　　宋代有两大造纸业中心，一是经济发达的东南地区，二是四川。这两个地方的专业造纸作坊与前代造纸大多出自家庭手工相比，已是天壤

[①] 参见［美］董洁林《人类科技创新简史：欲望的力量》，第208—210页。
[②] （清）叶德辉：《书林清话》卷六。

之别。宋时一些有实力的印书者也自造纸张，[①] 颇有些贯通上下游产业的现代集团公司的味道。宋人生产的纸厚薄均匀适中，韧性很强，纸幅往往在一丈以上，是前代的几倍、几十倍，几乎已可以向现代造纸业看齐。现藏于沈阳博物馆的宋徽宗传世珍品《千字文》，一幅纸长有三丈余！纸幅的增长是造纸工业发展过程中的一大显著飞跃，纸幅的大小决定了印刷、装订的质量、效率和成本，而足够大的纸幅背后便是高超的造纸技术和工艺。时人还称，"司马文正平生随用所居之邑纸，王荆公平生只用小竹纸一种"[②]，可见宋代出品的纸张品种之丰富，特色之鲜明。

宋代造纸技术的重大突破产生了两个意义深远的结果——

一是纸张价格的大幅下降。纸，从唐代以前的奢侈品变成了人人都用得起的廉价商品，这也让书籍的价格随之大幅下降，更多人买得起书了。

二是纸的用途更宽泛了。商业服务和大众休闲娱乐业的大规模兴起极大地带动了纸张的消费，纸张的使用不再局限于公文和经典书籍，它被广泛投入各种包装、招贴之用。后世祭奠先人使用冥钞纸钱的传统，便是从宋代开始流行起来的，甚至宋代人穿戴的衣服鞋帽，都有用纸做的。据叶绍翁记，南宋初年有位法名转智的日本僧人，"不御烟火，止食芹蓼，不衣丝绵，常服纸衣，号'纸衣和尚'"。后来，宪圣太后特地"制金缕衣以赐之"。[③]

另一方面，纸张的广泛使用也带动了制墨、制砚、制笔等手工业的

---

① 参见孙毓修《中国雕板源流考》，商务印书馆，1930 年。
② （宋）邵博：《邵氏闻见后录》卷二十八。
③ （宋）叶绍翁：《四朝闻见录》卷一甲集"五丈观音"。

进步。它们之间相互影响、相互促进。仅以制墨业为例，据南宋张邦基记载，"近世墨工多名手"，前有潘谷、陈赡、张谷，后又有"常山张顺""九华朱觐""嘉禾沈珪""金华潘衡"。徽宗宣和、政和年间，关珪、关瑱、梅鼎、张滋、田守元、曾知唯、唐州桐柏山张浩等人，都是驰名京都的制墨工匠。张邦基自己便收藏有古今名墨数百笏，可惜南渡时被误当作金玉珠宝尽数窃走。李清照之父、徽宗朝著名文士李格非便是一位造诣很高的墨鉴赏家，专门著有《破墨癖说》一文。[①] 显然，印刷业居于这个产业链的枢纽位置。如果从信息记载和传播的角度说，人类文明从始至今一共经历过口述、文字（手抄）、印刷、电子和数字几个时代。正是从宋代开始，中华历史从手抄文字纪元中走出，跨越了一大步，走进印刷时代。

开启印刷纪元

提到印刷术，我们会马上想到毕昇。这位中国历史上的伟大发明家如今是家喻户晓的人物。400 多年后，欧洲人约翰内斯·古登堡（Johannes Gutenberg）在活字印刷术的基础上进行改造，使活字印刷术从手工转向机械。

毕昇是仁宗年间开封的一位印刷作坊工匠，据考证是湖北人氏。沈括有一段关于他发明活字印刷术的详尽记载，从中我们似乎能得出毕昇的发明在将近 50 年后沈括写作《梦溪笔谈》时仍有人在使用：

---

① （宋）张邦基：《墨庄漫录》卷六。

庆历中，有布衣毕昇，又为活板。其法：用胶泥刻字，薄如钱唇，每字为一印，火烧令坚；先设一铁板，其上以松脂、蜡和纸灰之类冒之；欲印，则以一铁范置铁板上，乃密布字印，满铁范为一板，持就火炀之；药稍熔，则以一平板按其面，则字平如砥。若止印三二本，未为简易；若印数十百千本，则极为神速。

常作二铁板，一板印刷，一板已自布字，此印者才毕，则第二板已具，更互用之，瞬息可就。每一字皆有数印，如"之""也"等字，每字有二十余印，以备一板内有重复者。

不用，则以纸贴之，每韵为一贴，木格贮之。有奇字素无备者，旋刻之，以草火烧，瞬息可成。不以木为之者，木理有疏密，沾水则高下不平，兼与药相粘不可取；不若燔土，用讫再火令药熔，以手拂之，其印自落，殊不沾污。

昇死，其印为予群从所得，至今宝藏。[①]

遗憾的是，除了《梦溪笔谈》中简单提到毕昇是庆历（1041—1048）中期的一位布衣，史上留传下来的关于他生平事迹的记录阙如。这可能有两个原因——

首先，正如沈括所记，毕昇乃一介平民。古代正史，无论官修还是私修，都不太可能为一位没有任何官场地位的老百姓立传。司马迁和班固的时代，尚有少数出名的商贾、游侠、方士之类有幸入得史家

---

① （宋）沈括：《梦溪笔谈》卷十八《技艺》。

　　　　　　　逝去的盛景：宋朝商业文明的兴盛与落幕

之眼。到隋唐科举取士制度确立以后，未能取得科场功名或被朝廷破格招录的人，哪怕在自己的专业领域取得了非常大的成就，也再没有这样的机会了。

更重要的原因在于，毕昇发明的活字印刷术在当时以及后来数百年里并没有得到大规模的应用。直到晚清时期，传统雕版仍是中国印刷的主流。对此可以有很多解释，也许是毕昇的发明尚比较原始，有很多不尽如人意之处，使用起来并不比雕版更方便和节省成本，因而得不到市场的广泛认可，或许又因为种种原因，没有人对其加以改进。不然的话，无法解释为什么在宋代这样一个私人写作空前繁荣、笔记小说流传无数的年代，私人记载中也很难找到毕昇及其重大发明的故事。

总之，在印刷出版市场高度发达的宋代，活字印刷术被发明出来以后却没有能够转化为真正的生产力和商业价值，是一桩令人费解和惋惜的事。活字印刷术是一项超前于时代的技术，作为人类历史上一项革命性的技术发明，其划时代意义是在后来的历史演进中被重新发现并不断演绎的。仰赖沈括所留下的记载，毕昇本人的名声，在今天也比在他自己的时代要大得多。

印刷术的萌芽、发展和成熟，在中国经历了数百年的进程。人们普遍认为，雕版印刷术是隋唐之际发明的，并且一开始与佛经、佛像等在大众中传播有密切关系。已发现的最早的雕版印刷品，是唐代的梵文《陀罗尼经》单页。五代是中国雕版印刷事业由宗教向世俗、从民间向庙堂传播扩散的关键孕育期，入宋后雕版印刷大步迈向全面开花的成熟期。

如同大多数古代重大发明创造一样，雕版印刷术诞生在何时何地已不可考，但史料记载告诉我们两个重要信息：

最晚不迟于唐朝前期，木板印刷已经出现。台湾地区图书文献学权威昌彼得断言，"雕刻印书之始，至迟也当在盛唐时"①。它最初的主要用途是刻印佛经、佛教故事等宗教读物，其中佛教画像占有不可忽视的比重。历经东汉、魏晋南北朝、隋六七百年间持续不懈地传播，到唐朝中叶，佛教在汉地已是最重要的精神信仰，其影响力甚至更胜于本土的儒学。佛教文献中有大量直译自梵文、巴利文的古印度人名、地名及概念名词，冷僻字很多，又不容易理解，辗转手抄时极易出现讹误。另外，佛教寺庵历来广泛采用各种造像艺术，用图画来讲故事，以便更加生动形象地向大众宣传其教义。手抄绘图是很困难的，这就需要效率和准确性更高的传播方式。这是刺激雕版印刷诞生的直接动力。

然而直到唐朝灭亡，印刷术也只是刚刚起步，其流传并不广，手抄依然在信息传播方式中占主导地位。即便木板印刷在佛教信众中已有使用，也只是在某些局部地区的僧人和信众中有所传播而已，远谈不上普及。终唐朝一代，严肃的朝廷公文和儒家经典都没有接纳过印刷这种新技术。

官方刻印儒家经典的明确记载，始于五代时的蜀地。史称，官至后蜀宰相的毋昭裔好古文，嗜藏书，精于经术。据说他年少"贫贱时，尝借《文选》于交游间，其人有难色，发愤异日若贵，当板以镂之遗学者"②。后来毋昭裔果然出其私财，营建废绝已久的学宫，立印舍，且在征得蜀主孟昶同意后以镂板刻印《九经》。这位在后世名气远不及毕昇的毋昭裔，也因此被认为是"中国印刷出版业第一人"。据《资治通鉴》记载：

① 屈万里、昌彼得：《刻书之始》，载张锦郎等编《图书印刷发展史论文集续编》，台北文史哲出版社，1977年，第43—51页。
② （宋）王明清：《挥麈后录余话》卷二。

自唐末以来，所在学校废绝，蜀毋昭裔出私财百万营学馆，且请刻板印《九经》，蜀主从之。由是蜀中文学复盛。[①]

四川的造纸和印刷业便是从此时发轫，直至宋代成为全国重要的造纸印刷基地。相传，为赵宋平定天下立下过汗马功劳的大将曹彬平定蜀地后班师回汴京，行李中除了衣被，全都是书。"时诸将多取子女玉帛，彬橐中唯图书、衣衾而已。"[②]就连带兵打仗的武将都不忘载书而归，可见当时四川印刷业的名声之大。在此之前，毋昭裔所刊刻的《九经》迅速畅行海内，享誉天下，受到了中原统治精英的关注。五代朝廷的国子监仿效之，将民间已经默默流传了几百年的雕版印刷引入官方学术教育体系。

后唐平蜀，明宗命太学博士李锷书《五经》，仿其制作，刊板于国子监。监中印书之始，今则盛行于天下，蜀中为最。[③]

此处的"明宗"指后唐第二代君主李嗣源，"其"指的是毋昭裔。司马光记曰：

初，唐明宗之世，宰相冯道、李愚请令判国子监田敏校正《九经》，刻板印卖，朝廷从之。丁巳，板成，献之。由是，虽乱世，

① （宋）司马光：《资治通鉴》卷二百九十一《后周记（二）》"后周广顺三年"。
② （元）脱脱等：《宋史》卷二百五十八《曹彬传》。
③ （宋）王明清：《挥麈后录余话》卷二。

《九经》传布甚广。①

稍后一点的沈括和叶梦得也都认为，官方大规模刊刻印书始于五代：

板印书籍，唐人尚未盛为之。自冯瀛王始印《五经》，已后典籍，皆为板本。②

五代时，冯道奏请，始官镂《六经》板印行。③

冯道，五代时著名政客，可以说是中国历史上排名第一的"官场不倒翁"，历经后唐、后晋、后汉、后周4朝10代君王，始终位居将相三公高位，故得"十朝元老"之称。后周显德元年（954）四月，冯道病逝，追封瀛王。冯道为官有方，才干卓著，但德操卑下，深为欧阳修和司马光所不齿。但不管怎么说，冯道主持刊印监本《九经》，这是儒学发展史上的一个里程碑。这项工程应当始于后唐明宗长兴三年（932），自此以后，"虽极乱之世，而经籍之传甚广"④。

由于有了中原朝廷的大力支持，雕版印刷术在五代时期迅速发展。尤为重要的是，印刷业过去只长期流传于民间，制作过程和成品都比较简陋、粗糙。五代国子监刊刻儒家经典是一项异常庄重的事业，它们采

① （宋）司马光：《资治通鉴》卷二百九十一《太祖中》。
② （宋）沈括：《梦溪笔谈》卷十八《技艺》。
③ （宋）叶梦得：《石林燕语》卷八。
④ （宋）邵博：《邵氏闻见后录》卷五。

逝去的盛景：宋朝商业文明的兴盛与落幕

用的多是类似于石经的严谨制作方式。据王国维先生考证，蜀本《九经》即依监本体制，[①]这对印刷技术的提升以及印刷工艺的正规化和标准化起到了巨大的推动作用。

自此以后，雕版印刷代替手抄，在精英阶级中的主导地位逐渐得以确立，中华文明也由此进入了崭新的印刷时代。

雕版印刷术发明以后不久，逐渐从中国传播至世界各地：日本在8世纪下半叶出现了木雕版书籍；印度也很快用它来印制花布；阿拉伯国家在10世纪时出现了用木雕版印的花布和书籍；12世纪传到北非……但据海外学者估计，从唐初雕版印刷术发明一直到明初的700多年里，中国印刷业一直保持着全球的绝对"霸主"地位，这期间中国印刷的书籍比世界其他地方的总和还要多。[②]

到五代后期，经济发展更快、文化事业更繁荣的江南地区超越了蜀地，成为印刷技术更为先进的地区。其中，吴越国都城杭州以其雕版印刷技术水准之高超而一跃成为驰名天下的印刷业中心。叶梦得对北宋时天下印书业有一个概览式的评论：

> 今天下印书，以杭州为上，蜀本次之，福建最下。京师比岁印板，殆不减杭州，但纸不佳；蜀与福建多以柔木刻之，取其易成而速售，故不能工；福建本几遍天下，正以其易成故也。[③]

---

① 参见王国维著，黄爱梅点校《王国维手定观堂集林》卷十七《覆五代刊本尔雅跋》，浙江教育出版社，2014年。
② 参见［美］董洁林《人类科技创新简史：欲望的力量》，第212—215页。
③ （宋）叶梦得：《石林燕语》卷八。

南宋政治家和学者汪应辰在考订《石林燕语》中的讹误时亦云："今天下印书，杭州为上，蜀本次之。"[1] 从中我们可以看到，当时全国的书业市场呈现出一个鲜明的高、中、低端阶梯式格局。杭州印书质量精良，价格肯定也是最贵的，主要服务于政府和上层官宦士大夫；四川出品的图书此时已退居至市场的中端；东京乃当时全国政治、文化中心，不缺好的内容与刻板，但因为纸张产地多在南方，得不到质量上乘的印书用纸；福建印书则属于质次价廉的低端普及化商品，市场需求极大。有个笑话，或可说明福建印书质量之差：哲宗元符（1098—1100）初，一个叫姚祐的杭州州学教授从《易经》中出题考试。因取用的福建刊板舛错，把"釜"字头上两点漏了，被姚祐误读作"金"。这位姚教授一开始还不肯认账，兀自强辩臆解，后来州学生们找来官版经书对照，才让他心服口服。[2]

整个北宋时期，朝廷用书大多在杭州刊印。淳化五年（994），杜镐等人检校《史记》《汉书》《后汉书》等史籍，太宗遣内监裴逾携本赴杭州镂板；咸平四年（1001），真宗令杭州镂刻《七经正义》；嘉祐五年（1060），中书省奉旨在杭州刊刻《新唐书》；第二年，仁宗令三馆秘阁校勘《宋书》《南齐书》等史籍，书写板样，封送杭州雕印；熙宁二年（1069），神宗令以《外台秘要方》交付杭州开板付印……司马光及其助手耗时19年编撰的《资治通鉴》，也是元祐元年（1086）在杭州奉旨首次镂印的。所以王国维先生在《两浙古刊本考》一书序言中说："监本刊于杭者，殆居大半。"

---

① （宋）汪应辰：《石林燕语辨》卷八。
② （宋）朱彧：《萍洲可谈》卷一。

　　逝去的盛景：宋朝商业文明的兴盛与落幕

天下印书，以杭州为上

南渡后，临安的印刷出版更加精益求精。而且，随着民众受教育的程度愈发普及，文化娱乐生活不断丰富，临安的印书也远比北宋时更加市场化和商品化，专营图书出版、印刷、销售的书坊和书铺数量众多，遍布城内外，其中一些经营规模很大，且各具特色。当时它们大多称"经铺""经坊""文字铺""经籍铺"等。

弥教坊一带是临安城内书铺最集中的文化用品特色市场。因为南宋朝廷立宗学于此，所以这里又称睦亲坊，当地百姓也直呼它为宗学巷，后世又俗称狗儿山巷。

这些大书肆中有两个姓陈的老板名气尤大：一位叫陈起，宁宗时杭州解元，即乡试第一名，自称"陈道人"，能诗，广交江湖文人，曾因作讽刺诗得罪权相史弥远而遭流配。他开的书铺名为"陈道人书籍铺"或"陈宅经籍铺"，人称"陈解元宅"。陈道人所刊书题记多标注地名，如"临安府棚北（或作棚前，或作棚北大街）睦亲坊南（或作睦亲坊口）"字样，又有"临安洪桥子南河西岸"和"临安鞯鼓桥南河西岸"字样。有人认为，这是因为书铺后来迁到了那一带，但未尝不可能是陈宅经籍铺生意做大了，在西河岸边开设了分店之故。陈道人的书铺偏重文学，所刊唐人诗集甚多，王国维推定"明刊十行十八字本唐人专集、总集，皆出陈宅书籍铺本"，认为"唐人诗集得以流传至今，陈氏刊刻之功为多"。[①] 陈氏编刊的《江湖集》，是自当时数十家诗集选编而成，原刊已佚，

---

① 王国维：《两浙古刊本考》卷上。

幸得《四库全书》曾从《永乐大典》中辑出 95 卷。可见陈道人对于保存南宋文学也作出了重要贡献。

另一位人称"小陈道人"的书铺老板，名叫陈思，曾遭奸相贾似道编管①。王国维先生认为陈起与陈思二人是父子，此说甚当。陈氏书店搜罗刻印过大批古今文集，大量印刷和出售唐宋以来名人诗词文集和笔记小说。因为雕版工致，用材讲究，装帧精美，故而深受读者欢迎，生意兴隆。加之两位陈道人都有不畏权臣的气节，又与天下文人墨客结交，故他们的书店都为当世读书人所推重。②陈宅经籍铺刊印的书籍有珍本保存至今，民国时还曾公开展览过，③绝对称得上是"中国出版社鼻祖"。

包括两位陈道人的书铺在内，当时临安城里印书售书最著名的店铺共有 16 家，计有太庙前尹家书籍铺、众安桥贾官人宅经书铺、修文坊相对王八郎家经铺、钱塘门里车桥南大街郭宅经铺、棚南大街前西经坊王念三郎家、猫儿桥东岸开笺纸马铺钟家、太庙前陆家、钱塘俞宅书塾、杭州沈二郎经坊、钱塘王叔边家、中瓦南街东开印经史书籍荣六郎家等，其中王念三郎家和开笺纸马铺钟家以印刷和出售佛经及佛学书籍为特色，而位于中瓦子南街东边的开印经史书籍荣六郎家是南迁的北宋老字号书铺，靖康之前开设于东京大相国寺东。我们在第二章中已了解到，相国寺东门大街是当时东京城内一条专营官员士大夫衣帽服饰和文房四宝等的文化用品特色街。南渡以后，荣六郎家以出版印刷经史类经典享

---

① 宋代官吏获罪，谪放远方州郡，编入该地户籍，并由地方官吏加以管束，谓之"编管"。这类处罚有时也用于不太严重的罪犯。
② 参见《西湖游览志余》《咸淳临安志》《南宋古迹考》卷下、《西泠怀古集》《鹤山集》等。
③ 参见杨颖立《沿着韭溪到宋代》，上海书店出版社，2019 年。

逝去的盛景：宋朝商业文明的兴盛与落幕

誉当世，它曾重刊原在东京刊行的旧本《抱朴子内篇》。[①]

从这些名字中，我们可以畅想 800 多年前杭州出版印刷业的盛况。事实上，杭州在这一领域的悠久传统历经千余年，一直延续到近现代。

临安之外，南宋时其他江南城市，像嘉兴、台州、庆元、衢州等地的书籍出版业同样也非常繁荣。其中位于浙、赣、皖交界处的内陆州郡婺州是当时仅次于杭州的另一个重要刻印中心，那里出品的书籍一度大批输往海外。而江南西路和江南东路素以造纸业发达著称，像抚州的"茶杉纸"和"牛舌纸"、吉州的"竹纸"、南康军（今江西庐山一带）的"布水纸"、徽州的"龙须纸"等，皆为当时文人雅士所钟爱，刻书业因此也相当活跃。[②]据现代学者研究，今日可考的南宋刻书地点共有 170 处，两浙路的数量最多。[③]

总体上看，宋代的雕版印刷业发展到了中国古代史上几乎难以逾越的高度，不但远胜之前的唐代，也让元明两代无法超越。[④]宋代刊刻数量之多堪称前无古人，成为当时文化、学术、教育"黄金盛世"的助推器。正如元代著名理学家吴澄的由衷赞叹：

> 锓板成市，板本布满乎天下，而中秘所储，莫不家藏而人有……无汉以前耳受之艰，无唐以前手抄之勤，读书事半而功倍，宜矣！[⑤]

---

① 王国维：《两浙古刊本考》卷上。
② 参见陈国灿主编，陈国灿、姚建根著《江南城镇通史》（宋元卷），第 149 页。
③ 张秀民：《南宋刻书地域考》，载《图书馆》1961 年第 3 期。
④ （清）叶德辉：《书林清话》卷六、卷二。
⑤ （元）吴澄：《吴文正集》卷十九《赠鬻书人杨良甫序》。

宋代印刷技术之高超，很可能在西方现代印刷工业引入以前也是无法超越的。明代中后期，浙江湖州地区逐渐形成了雕版印刷、湖笔以及书籍买卖的中心，万历年间当地著名的"万卷堂"重雕宋建安漕司本《东观余论》，因其刻印的油墨和纸张均为上品，清代著名藏书家季锡畴竟看走了眼，误认其为宋本 [①]，足见宋本书籍在后人心目中的无上地位。另外，唐朝和五代只有木板雕印。宋代在对木板雕刻技术进行持续改进的同时，第一次诞生了铜板雕刻，它被用于精确度、清晰度、防伪等各方面要求都更高的纸币印制。这是印刷史上的又一里程碑，是活字印刷投入大规模应用之前最重要的技术进步。直到今天，所谓宋体、仿宋体，依然是我们每天都在用的标准印刷字体。目前发现的最早的金属活字印刷书籍来自朝鲜，这类金属活字印刷版本大约于宋末元初在高丽国出现。

除了朝廷重视，城市与商业发达，印刷本身及造纸、制墨等上下游相关产业的技术进步等原因，市民文学的蓬勃兴起是宋代印书刊刻业盛极一时的重要催化剂。如同当今的全球出版业一样，大众喜闻乐见的通俗读物以及各类实用性图书占了这个市场的大头。宋代艺人们演出的话本小说、戏文、杂剧、流行歌曲等通俗文艺在东京、临安等城市的坊间广为流传，许多人一时难以或者不满足于到勾栏瓦子里去看现场的表演，书商们敏锐地捕捉到了从中衍生出来的商机，大量刻印销售这些通俗文学作品。临安最出名的中瓦子内有一家张官人诸经史子文籍铺，就专门刻印这类话本小说，时人称"张家书铺"。它开在那里，无非是为了更直接地触达自己的目标客户，《西游记》的前身《大唐三藏取经诗话》

---

① 参见杨颖立《沿着苕溪到宋代》。

逝去的盛景：宋朝商业文明的兴盛与落幕

就出自这里。关于本朝宫廷与政坛的各种小道消息和八卦故事，是最受追捧的题材。南宋初年，北国有好事者将宋徽宗北狩时的各种文字集成一帙刻印，拿到金宋榷场中去卖，大受南国买家欢迎，南宋"士大夫皆有之"；"更有《李师师小传》，同行于时……"[①]

宋代许多书商本身就是读书人，他们科场失意，转而到市场上去讨生活，经营印书生意，对当时的文化风尚和阅读市场非常敏感。第一章中写到过，北宋前期著名古文家穆修曾在东京相国寺里摆书摊售卖韩昌黎文集，他是在借市场之力传扬唐代"古文运动"的薪火。前文讲到的南宋第一书商陈起，曾考中乡试解元，故而人称"陈状元"。他不但广交当时的文人士大夫，自己也笔耕不辍，著有《芸居乙稿》一书存世，是典型的儒商。

发达的书籍刊印还带动了社会上普遍的藏书风尚，中国历史上第一批藏书家和藏书楼正是始于宋代。有学者考证，有宋一代，见于史载的藏书家有700余人，是此前历代可考的藏书家总数的3倍，其中藏书万卷以上者有200多人。[②]

北宋承平时，"仕宦稍显者，家必有书数千卷"[③]。而南都戚氏、历阳沈氏、荆南田氏、庐山李氏、九江陈氏、番易吴氏都是闻名遐迩的大藏书家，曾身居宰执高位的王曙、李昉、毕士安、宋绶、钱勰等，以及当时的大文士王洙、曾巩、晁说之和刘羲仲诸人"皆号藏书之富"[④]。他们

---

① （宋）张端义：《贵耳集》卷下。
② 参见范凤书《中国私家藏书史》，大象出版社，2001年。
③ （宋）王明清：《挥麈前录》卷一。
④ （宋）周密：《齐东野语》卷十二"书籍之厄"；亦参见（宋）王明清《挥麈前录》卷一、（宋）张邦基《墨庄漫录》卷五、（宋）魏了翁《遂初堂书目·跋》等。

当中，南都人王钦臣（王洙之子）大概可以称得上是北宋后期天下第一藏书家，许多人提到过他的藏书。徐度说，"予所见藏书之富者，莫如南都王仲至侍郎家。其目至四万三千卷"，其中还不包括《太平广记》之类卷帙浩博的类书，故而"虽（朝廷）秘府之盛，无以逾之"。王钦臣藏书的专业化水平已经达到了今日国家图书馆的程度：他每得到一本书，都要先草录一个备份，然后与其他版本相互参校，"至无差误，乃缮写之"。用的纸张和装帧也极为讲究，"必以鄂州蒲圻县纸为册，以其紧慢厚薄得中也。每册不过三四十页，恐其厚而易坏也"。这还只是供家族中子弟和外来借阅者日常读的，在此之外，从这些藏书中挑选出最珍贵的五千余卷，"又别写一本，尤精好，以绢素背之，号'镇库书'，非己不得见也"。徽宗宣和间，朝廷求书，王家后人献出了这些"镇库书"，"诏特补承务郎，然其副本具在"①。

到了南宋，在藏书传统最浓厚的宋代江南地区，吴县叶梦得，四明王惟潜，吉安陈振孙，宗室赵汝愚，吴兴周密，饶州吴氏，无锡钱氏、尤袤，宗室赵令衿，金华蒋松友等著名官员、文人、学者和藏书家，藏书皆多达3万卷以上。②楼钥、陆游、陈傅良等文中学术大家，同样藏书甚丰。③大词人叶梦得有藏书10万卷，目录学家陈振孙藏书51000余卷，笔记作家周密家累三世而得藏书42000余卷，他们是南宋时江南地区名气最响的几大藏书家。④宋末元初，上海县还有一位名叫庄蓼塘的士人，

① （宋）徐度：《却扫编》卷下。
② 参见祁琛云《宋代私家藏书述略》，载《历史教学》（高校版）2007年第7期。
③ 参见袁同礼《宋代私家藏书概况》，载《图书馆学刊》1928年第2卷第2期。
④ （宋）周密：《齐东野语》卷十二"书籍之厄"。

家有藏书至 7 万卷。[①] 元至正六年（1346），朝廷开局编修宋、辽、金三史，诏求遗书，后又派人来藏书富裕的江南地区选取。庄氏子孙生怕藏书中有违禁内容而招祸上身，干脆将所有遗书付之一炬……[②]

宋代这样的藏书风气不仅流行于书香世家的士大夫阶层，也开始向读过书的平民和殷实的商贾阶层渗透。此后，长三角地区一些著名的藏书楼还逐渐形成了融读书、藏书与刻书为一体的优秀传统。我们从中国现代出版业先驱张元济先生身上，就能看到陈道人的影子。

从这些发明创造在中国古代的命运，我们或许可以窥见这样一个重要启示：人类历史上所有真正突破性的发明、创新和洞见，其发生往往都是偶然的，主要取决于具有罕见天赋的极少数人石破天惊般的神奇际遇。但这些发明、创新和洞见仅仅是种子，要它们生根发芽，进而在现实中结出丰硕果实，而不是藏之名山，竟至湮灭在历史长河中，则需要遇到适宜的社会土壤，商业和市场就是其中最重要的养分。

二、前现代工业革命

人们谈到工业革命在人类文明进程中发挥的无与伦比的推动作用时，通常是聚焦于它在技术层面所取得的突破，也就是以机械取代人力

---

① （元）杨瑀：《山居新语》。
② （元）陶宗仪：《南村辍耕录》卷二十七"庄蓼塘藏书"。

和畜力，大多数人会忽略煤炭和钢铁在其中扮演的重要角色。事实上，如果没有它们为当时的技术进步输送源源不断的动力、装备坚固强韧的内外架构，工业革命的伟大成果也许就要晚许多年才能出现。在更广的范围内，董洁林女士说的一点也不夸张："材料往往是人类最基本、最重要的突破性发明之一，它可能引发整个技术体系的变革，全面提升社会运转效率，甚至可能会改变国家的命运和世界的格局。"[1]

就能源升级与材料革新的意义上说，宋代几乎点燃了工业革命的引信。有一些西方学者，如英国政治思想家、经济学家约翰·霍布森（John Atkinson Hobson）认为，历史上的第一次工业奇迹出现在中国的北宋时期，而不是六七百年后的英国，很多与18世纪英国工业革命相联系的特征在1100年时就已在中国出现了。[2]

此物后必大行于世

中国使用煤炭的历史非常久远。古时对煤有很多不同称谓，如"石炭""乌薪""黑金""燃石"等。按顾炎武的判断，早在两汉时期，就已有人采掘煤了。"今人谓石炭为墨，……《史记·外戚世家》窦少君（窦广国，汉文帝窦皇后之弟）为其主入山作炭，《后汉书·党锢传》夏馥入林虑山中亲突烟炭，皆此物也。"[3]朱熹的叔祖朱弁也曾对此作过考证：

---

① ［美］董洁林：《人类科技创新简史：欲望的力量》，第356页。
② 参见［英］约翰·霍布森《西方文明的东方起源》，山东画报出版社，2009年。
③ （清）顾炎武：《日知录》卷三十二。

石炭不知始何时，熙宁间初到京师，东坡作《石炭行》一首，言以冶铁作兵器甚精，亦不云始于何时也。予观《前汉·地理志》，豫章郡出石，可燃为薪。隋王邵论火事，其中有石炭二字，则知石炭用于世久矣。然今西北处处用之，其为利甚博，而豫章郡不复说也。[①]

三国时，还有曹操在邺县采煤的记载。不过中国古人似乎没有对煤与木炭二者作出过清晰的区分，文献中常常将二者混称为"炭"。因此，若想要弄清楚古籍中写到的"炭"究竟是自然的石炭（煤）还是人为的木炭，需要结合上下文仔细甄别。

但这并不会影响到这样一个事实：中国古人早于西方近千年便开始采掘和使用煤。罗马帝国时代的欧洲人大概谈到过煤这种东西，但随后的千年中世纪，煤便再也没有被提到。一直到18世纪初，欧洲人才重新认识并尝试使用它，而将煤用于冶炼业则要迟至18世纪中期。

宋代对煤的采掘和使用，无论在技术上还是规模上，都达到了空前的高度。直到晚清洋务运动时，煤炭在能源结构中所占的比重仍未见得有宋时的水平。

中国的煤矿基本分布在北方，今天依然如此，所以宋代的煤炭采掘自然也集中于北方诸路。宋代较早发现有煤矿的记载，是在宋仁宗庆历元年(1041)。当时西夏李元昊反叛，连破西北数州县，围攻鄜州和府州(都在今延安)。时兼知鄜州、专管勾鄜府军马公事的张亢为抵御夏人侵扰，

---

① （宋）朱弁：《曲洧旧闻》卷四。

在边境上修筑城堡。"亢以州东焦山有石炭穴，为筑东胜堡；下城旁有蔬畦，为筑金城堡；州北沙坑有水泉，为筑安定堡，置兵守之。"①

此处提到的所谓"石炭穴"，显然就是煤矿矿井。稍后沈括在《梦溪笔谈》中的记载，也印证了北宋时延安一带出产煤炭的事实。

> 鄜延境内有石油，旧说"高奴县出脂水"，即此也。生于水际，沙石与泉水相杂，惘惘而出，土人以雉尾裛之，乃采入缶中。颇似淳漆，燃之如麻，但烟甚浓，所沾帷幕皆黑。予疑其烟可用，试扫其煤以为墨，黑光如漆，松墨不及也，遂大为之，其识文为"延川石液"者是也。此物后必大行于世，自予始为之。盖石油至多，生于地中无穷，不若松木有时而竭。今齐鲁间松林尽矣，渐至太行、京西、江南，松山太半皆童矣。造煤人盖未知石烟之利也。石炭烟亦大，墨人衣。予戏为《延州诗》云："二郎山下雪纷纷，旋卓穹庐学塞人。化尽素衣冬未老，石烟多似洛阳尘。"②

这段笔记的重大意义在于，它不仅明确告诉我们时人已经开始使用煤和石油，还明确写出了"石油"与"煤"这两个现代常用名词。沈括正确地预言了石油在未来生活中将要占据的举足轻重的地位，并且颇为自得地以史上"石油使用第一人"自居。陆游也曾有记："烛出延安，予在南郑（今属陕西汉中）数见之。其坚如石，照席极明。亦有泪如蜡，

---

① （宋）李焘：《续资治通鉴长编》卷一百三十三"仁宗庆历元年九月庚戌"。
② （宋）沈括：《梦溪笔谈》卷二十四《杂志一》。

而烟浓，能熏污帷幕衣服，故西人亦不贵之。"[1]

除了西北边陲，史料中还有不少在京城开封附近发现和开发煤矿的记载，且已为现代考古所证实。当时，河东路的太原府，河北西路的相州（今河南安阳一带）、怀州（今河南焦作）、邢州，以及京东西路的徐州等地都有较丰富的煤矿资源。元丰元年（1078），徐州发现了煤矿，时知徐州的大文豪苏轼欣喜异常，挥毫题写古诗一首，即前述朱弁笔记中的那首《石炭行》：

君不见前年雨雪行人断，城中居民风裂骭。

湿薪半束抱衾裯，日暮敲门无处换。

岂料山中有遗宝，磊落如䃜万车炭。

流膏迸液无人知，阵阵腥风自吹散。

根苗一发浩无际，万人鼓舞千人看。

投泥泼水愈光明，烁玉流金见精悍。

南山栗林渐可息，北山顽矿何劳锻。

为君铸作百炼刀，要斩长鲸为万段。

不过朱弁弄错了苏轼写这首诗的时间和地点：既不在熙宁间，也不在京师，况且东坡初到汴京也不是在熙宁间，而是早在宋仁宗嘉祐元年（1056）春。

1959 年，考古工作者在河南鹤壁（宋时隶属相州）发掘了北宋时期

---

① （宋）陆游：《老学庵笔记》卷五。

的一个大型煤矿遗址。这个矿井深 46 米，有 10 个回采工作面，井下有完整的巷道和排水系统，可知当时已有竖井，并掌握了矿内排水技术。这也是目前发现的人类历史上最早的大型采煤遗址，足见宋代的煤矿采掘技术已达到非常高的水平。[①]

《马可·波罗游记》中也记载了元朝初年中国的煤炭采掘和消费："契丹全境之中，有一种黑石，采自山中，如同脉络，燃烧与薪无异。其火候且较薪为优，……而其价亦贱于木。"所谓"契丹全境"显然是夸大了，但考虑到马可·波罗游历和熟悉的主要是中国北方，他的描述也是合理的，今日内蒙古、华北、西北确实遍布着大大小小的煤矿。

煤的热值密度是寻常木炭的 3 倍，燃烧的温度更高，运输起来也比木炭、柴火更方便。所以，在城市工商业繁荣的宋代，它很快便流传开来，作为柴火等传统家庭燃料的替代物被大量使用。历来见钱眼开的宋朝政府也在第一时间发现了其中的商机，成立官营机构，实行官方特许开采和垄断专卖。以汴京为例，这座超级大都市所用的煤多产自西北，政府实行纲运，沿黄河、汴河等水路运抵京师。故而当时京城所设的 3 个官办炭场，都位于城市西边的大通门外。为了更有效地对进城的煤炭征税，除了这 3 个炭场，另设有税炭场作为分销点。当时相关事务都由主管商事的太府寺管理。到神宗时，东京城内这类煤炭专卖场已有 20 多个，"掌受纳出卖石炭"，"每秤（十五斤）定价六十文"。私营店铺亦大量零售"煤饼""炭团"及"香饼子"等煤燃料制品。当时还有对政府垄断的煤价过高的批评，哲宗元符三年（1100），"尚书省言：'……近官鬻石炭，

---

① 河南省文化局文物工作队：《河南鹤壁市古煤矿遗址调查简报》，载《考古》1960 年第 3 期。

市直（值）遽增，皆不便民。'"①。

到北宋后期，煤已基本取代过去的木炭，成为东京市民的生活燃料。《清明上河图》中不但有一家专卖煤的店铺，还有一支运煤的骡队，甚至还画了3个煤炉，给我们留下了宋人燃煤的真实画面。大约生活于北宋末、南宋初的庄绰写道："昔汴都数百万家，尽仰石炭，无一家然薪者。"②此说或有夸大之嫌，但至少能够说明神宗以后东京城煤炭使用的普及程度。20世纪六七十年代，北京这样的大城市中，仍是这样的场景。不过，或许是因为当时易于开采的浅表层煤矿主要集中在北方，到南宋时，"今驻跸吴越，山林之广，不足以供樵苏"，人们已是"思石炭之利而不可得"③。

作为生活燃料的普及，远远不是煤这种新能源发现和使用的首要意义。煤对于宋代经济的巨大促进作用，主要体现在工业生产领域，特别是金属冶炼业。

煤的热值高，这就为更优质的铁、铜、银、铅、锡等金属冶炼技术的提升和革新提供了可能，而这种冶炼技术的飞速进步又对兵器、货币、陶瓷等许多产品的制造产生了全方位的推动，从而带动宋代手工制造业取得革命性的飞跃。对此，日本学者宫崎市定在《宋代的石炭和铁》一文中认为，燃料问题使西亚的发展陷于停顿，而中国却巧妙地加以解决，在某种意义上可称为"燃料革命"。自唐迄宋，石炭的利用和普及刺激了各方面的生产，成为宋代新文化的基础。④

---

① （元）脱脱等：《宋史》卷一百八十六《食货志下（八）》。
② （宋）庄绰：《鸡肋编》卷中。
③ 同前注。
④ 转引自肖黎、李桂海主编《中国古代史导读》，第294页。

千年前的钢铁冶炼

在中国，铁的开采与冶炼始于春秋时期。李约瑟认为，"常规的铸铁业生产在公元前 4 世纪时就已经在中国出现了"。经过 1000 多年的缓慢发展，伴随着煤炭这种新能源的广泛使用，钢铁这种新金属材料的采掘、冶炼和生产、制造到宋代达到了高峰。宋代冶铁业遥遥领先于当时的世界，直到英国工业革命之前，都没有被超过。

铁矿广泛分布于中国各地，宋代产铁的州府有 30 个左右，与煤的情况类似，主要集中在北方。北宋时，兖、邢、磁、徐诸州都有铁矿，因而成为当时的几大冶铁中心。据统计，宋神宗元丰元年（1078），全国铁课总额为 5501097 斤。其中，北方诸路铁课为 5298989 斤，占总额的 96%。而北方地区仅兖、邢、磁、徐四州，铁课为 3694210 斤，占总额的 67.15%。[①]

此处所说铁课，是指政府从冶铁业中抽取的税收，而非铁的产量。拿宋代铁课与唐代铁课相比，宋时至少是唐时的 3—4 倍，可见宋代冶铁业在产量上远超唐代。

20 世纪 60 年代，美国学者郝若贝（Robert Hartwall）在《北宋时期中国煤铁工业的革命》（《亚洲研究》杂志 1962 年 2 月号）一文中，以宋代武器生产、铁钱铸造和农具使用等方面的原材料消耗为据，估算得出，元丰元年，全国总的铁产量在 7.5 万—15 万吨之间。这一产量是 1640 年英国产业革命起步时的 2.5—5 倍。而到 18 世纪上半叶，欧洲所

---

① 转引自漆侠《宋代经济史（下）》，第 551—552 页。

有国家（包括沙俄）铁产量的总和是 14 万—18 万吨。^① 郝若贝教授进一步推测，从唐宪宗元和元年（806）到元丰元年的近 300 年里，中国的铁产量增长了 9 倍，人均产出增长了 6 倍。1078 年，中国人均铁消费量为 1.4 公斤。1540 年，英格兰和威尔士的人均铁消费量为 3 公斤；1640 年翻了一倍，上升为 6.4 公斤；到 1796 年时，达到 15.4 公斤。不难看出，公元 806 年至 1078 年的 270 多年间中国铁的生产和消费增长曲线，与 1540 年至 1796 年的 250 多年间英国的增长曲线如出一辙。郝若贝教授的结论是：中国 11 世纪的煤铁革命，与英国 1540—1640 年早期工业化时期的煤铁发展历史存在着惊人的相似性。他进一步认为，"在 11 世纪的中国，采矿业和制造业有着引人注目的扩张"，这是宋朝时出现的一次早期工业革命迹象。^②

遗憾的是，再往后，两条曲线的走向便截然不同了。

相比单纯的产量，技术上的进步或许更能体现宋代冶铁业的高度发展。不像 17 世纪英格兰仍以烧木材来炼铁，北宋时不但已经用煤来冶铁，而且利用化学方法，发明了加入药物以分解铜铁的新技术。最为引人注目的是，宋代第一次炼制出了真正的钢：灌钢、百炼钢、淋铜钢等都是

---

① 转引自漆侠《宋代经济史（下）》，第 553 页。

② 转引自［英］安格斯·麦迪森《中国经济的长期表现——公元 960—2030 年》，伍晓鹰、马德斌译，第 36 页。关于宋代的铁产量，以往日本学者多估计为年产量在 5000 吨至 40000 吨之间，而美国学者则高估为年产量在 75000 吨至 150000 吨之间。不久前，中国学者王菱菱博士在《宋代矿冶业研究》中，从两宋时期长期持续铸造铁钱、制造铁兵器和铁成为生产胆铜的原料这三个方面，对铁的需求增长以及制造农具对铁原料的消耗总量进行新的估算，最后得出宋代最高年产铁量应该在 35000 吨至 70000 吨之间。李华瑞教授在《从矿冶业看宋代经济》一文中也认为，这个新结论比过去仅从铁税课额或农具耗铁量来估算年产量要科学严谨得多，因而具有较高的可信度，也更接近实际。

当时的发明,[①] 沈括在《梦溪笔谈》中对宋代的炼钢技术有过记载。冷锻,是宋人发明的早期钢铁机械处理的一项尤为杰出的成就。

钢铁产业之所以历来被认为是工业化和大机器时代的标志,是因为它是所有制造业的基础工业。唯有冶炼出高质量的钢铁,才能进一步生产出各种专门化的优质工业产品,在当时,是更锋利的兵器、效能更强大的农具和各类制造与营建工具,以及更精密的针、钉、箍、索等日用钢铁制品——它们又是构成更为复杂的制造业产品的基础零部件。

比起新兴的钢铁,铜的采掘和冶炼,在宋代获得了更为惊人的发展。

自春秋战国后期,特别是秦汉以降,铜的首要功能一直是铸造货币,在国计民生中占有举足轻重的地位,因此铜的生产也始终受到历代政府的高度关注。事实上,中国人认识和使用铜的历史,至少要上推到3500年前的商朝,青铜时代比铁器时代足足早了1000年。在长期的冶铜实践中,以胆水浸铜的冶炼新技术,即"胆铜法",到宋代日臻成熟。这大大降低了冶铜的成本,成为宋代铜产量实现跃进式增长的催化剂。时人有载:

> 信州铅山,胆水自山下注,势若瀑布,用以浸铜,铸冶是赖。虽干溢系夫旱涝,大抵盛于春夏,微于秋冬。古传一人至水滨,遗匙钥,翌旦得之,已成铜矣。近年水流断续,浸铜颇费日力。凡古坑,有水处曰胆水,无水处曰胆土。胆水浸铜,工省利多。胆土煎铜,工费利薄。水有尽,土无穷。今上林三官,提封九路,

---

① 参见漆侠《宋代经济史(下)》,第551—556页。

检踏无遗。胆水、胆土，其亦兼收其利。[1]

此外，宋人已能熟练地根据矿石质量或种类的不同而采取不同的选矿、熔炼工序。[2]

由于铜是铸币的主要原材料，唐宋时期又长期面临"钱荒"，所以宋代自立国之日起即严厉实行铜禁。民间不得私自制造、贩售，乃至拥有铜制器具，也不得出口铜和铜制物。"民铸铜为佛像、浮图及人物之无用者禁之，铜铁不得阑出蕃界及化外。"[3] "胆铜法"兴起后，铜的冶炼成本急剧降低，产量因而激增，国家为垄断这个利润丰厚的产业，进一步加大了铜禁。绍圣五年（1098），朝廷敕令，严禁"偷盗胆铜与私坏胆水，或坑户私煎胆铜"[4]。为了垄断铜利，应付汹涌持续的铜钱外流，宋代政府在两三百年间针对铜的采掘、冶炼、制造（铸币）以及销售、消费的全过程，制定了一整套相对完备细致的监管制度。但从总体上看，这套制度执行得并不成功。某种程度上甚至可以说，铜禁是持续搅动有宋一代经济政策的重要问题。这部分内容会在下一节谈到宋代的纸币问题时详细讨论。

宋代政府对铜的重视体现在下述事实中：北宋建立以后的100多年里，铜的产量是逐年递增的。王安石变法期间曾一度解除铜禁，开放对外出口，促使宋代的铜业生产攀上了前所未有的顶峰。元丰元年（1078），

---

① （宋）周辉：《清波杂志》卷十二"胆水胆土"。

② 李华瑞：《从矿冶业看宋代经济》，载《平坡遵道集》，第17—18页。

③ （元）脱脱等：《宋史》卷一百八十五《食货志下（七）》。

④ （清）徐松：《宋会要辑稿·食货》三四之二五。

全国铜课总额高达约 1460.6 万斤，这个数字不但是同期铁课的近 3 倍，也是宋初的 3.5 倍，更是唐宪宗元和（806—820）年间的 55 倍！

与煤、铁的分布不同，在中国，铜、银、铅、锡等其他主要金属矿藏多集中于南方。所谓"万宝毕萃，莫东南之与匹"[①]，说的便是宋代铜业格局。在上述元丰元年的铜课总额中，北方诸路占比微乎其微，而南方诸路则高达 1459.9 万斤左右，占比 99.9%。东南诸路中，又以广南东路、荆湖南路和江南西路产铜最丰，"铜课最盛之处，曰韶州岑水场，曰潭州永兴场，曰信州铅山场，号三大场"[②]。

除了铁和铜，其他金属和非金属矿产，无论金、银、铅、锡，还有白垩土等，在宋代的开采、冶炼和生产都大大超越前代，达到了古代历史上的高峰。仁宗"皇祐中，岁得（课）金万五千九十五两，银二十一万九千八百二十九两，……铅九万八千一百五十一斤，锡三十三万六百九十五斤，水银二千二百斤"[③]。可见这些金属矿冶工业在宋代的发达程度。

"五大名瓷"与景德镇

在分析宋代的能源革命和金属冶炼大革新时，或许还应当顺便再提一下中国人引以为豪的瓷器。在许多欧洲语言中，"中国"与"瓷器"是同一个单词，可见瓷器在古代中国出口贸易和对外交流中极其重要的地位。

---

① （宋）洪咨夔：《平斋文集》卷一《大冶赋》。

② （清）徐松：《宋会要辑稿·食货》三四之二一。

③ （元）脱脱等：《宋史》卷一百八十五《食货志下（七）》。

陶瓷在中国的历史极为悠久，可以上溯至史前时期，但它取得显著发展，是隋唐五代以后的事。进入宋朝后，瓷器业开启了全盛时代。宋代陶瓷生产体制的一个新变化，是第一次出现了官窑。它将长久以来一直分散于民间的陶瓷制造业吸纳进官方体系中。这一方面在短期内集聚了大量资源，包括一大批能工巧匠，迅速提升了瓷器的制造技术与工艺；另一方面也阻碍了产业的自由生长与市场扩展，使民窑在资本、技术和市场规模各方面长期停滞。此后，这种体制就一直延续到近代。当然，宋代官窑与后来明清两代的官窑在体制上不尽相同：它们只是制造瓷器的官营窑厂，就像现在的国有企业，其主要功能是为国家赚取更丰厚的利润，并不是特供宫中和官府用瓷的定点瓷器烧制作坊。

著名的"天下瓷都"景德镇便兴起于宋代。当地最初设镇是在东晋时期，唐朝开始渐有瓷器产出。史载，唐高祖武德（618—626）中，有当地人载瓷到关中贩售，时人称为"假玉器"。此后，当地出产的瓷器逐渐受到重视。景德镇得天独厚的优势在于，当地的高岭村一带盛产一种优质瓷土，色白而细腻，具有良好的可塑性和耐火性（耐火度超过1700摄氏度），此即后来闻名天下的"高岭土"，亦称"白云土"。据《天工开物》载："土出婺源、祁门两山。一名高粱山，出粳米土，其性坚硬；一名开化山，出糯米土，其性粢软。两土和合，瓷器方成。"《天工开物》中所说的高粱山，就是"浮梁县东乡之高岭山"，在今景德镇市鹅湖区鹅湖乡高岭村。《南窑笔记》说，"深坑之土，质如蚌粉，其色素白，有银星入水带青色者佳。淘澄做方块晒干，即名高岭，其性硬，以轻松不压手者为上"。由于开采历史悠久，质量好，后世索性以"高岭"代称瓷土。① 唐玄宗天宝元年（742）置"浮梁县"于该地，镇隶于县，并将镇名从初唐时的"昌南镇"改为"浮梁镇"，从而拉开了这片地区辉煌历史的帷幕。

浮梁县地处安徽、江西交界处，距离浙江、福建也很近，周边的黄山、武夷山及浙江山区是中国茶叶种植的中心地带，例如，以出品"祁红"闻名的祁门县就紧挨着浮梁。故而浮梁很快便成为当时全国最大的茶叶交易集散中心，白居易《琵琶行》中即有"商人重利轻别离，前月浮梁买茶去"的名句。瓷器烧制产业的崛起，又进一步提升了这片群山环抱、交通闭塞的内陆地区在当时工商业中的地位。入宋以后，当地瓷器的产量和技术水平突飞猛进。宋真宗景德（1004—1007）年间，这里烧造的青白瓷质薄色润，美誉传至京城，朝廷特命进贡，瓷器底皆书"景德年制"字样，名噪天下，官窑乃设。景德元年（1004）时又以真宗皇帝的年号为名，置景德镇，由浮梁县辖制，其名由此沿用至今。

但在宋代，景德镇虽有名气，还只是全国各驰名瓷器烧造品牌中的一家，它的品牌效应尚不足以压倒其他几家著名官窑。北宋和南宋政府都曾在京城开设专门的官窑，主要产品也都是青瓷。北宋官窑在东京城外，南宋临安也有两处官窑。除了这几处出品的著名瓷器，位于汝州的汝窑、钧州（今河南禹州）的钧窑、龙泉的龙泉窑、定州（今河北定县）的定窑以及处州（今浙江丽水）章姓兄弟的哥窑，也都在宋代脱颖而出。所以，后世享誉世界的钧、汝、官、哥、定"中国五大名窑"，都是在宋代形成的，它们也奠定了以后千年里中国瓷器品牌的基本格局。

---

① 周文英、刘珈珈、罗淦先、谢苍霖：《江西文化》，辽宁教育出版社，1995年，第296页。

　　　　　逝去的盛景：宋朝商业文明的兴盛与落幕

上述这些名窑原多地处北方，距离开封府不远，靖康以后，中原沦陷，瓷器生产的中心往南方转移。南宋时景德镇就曾模仿北宋定窑，烧制出所谓"南方定窑"瓷器。元朝以后，特别是到明清两代，伴随着南方瓷器生产重镇地位的日益凸显，景德镇也逐渐成为中国瓷器的代名词。

南宋人叶寘在《垣斋笔衡》中高度概括了宋代瓷器制造的发展史：

> 陶器自舜时便有，三代迄于秦汉，所谓甓器之也。今土中得者，其质浑厚，不务色泽。末俗尚靡，不贵金玉而贵铜磁，遂有秘色窑器。世言钱氏有国日，越州烧进。不得臣庶用，故云秘色。陆龟蒙诗："九秋风露越窑开，夺得千峰翠色来。如向中霄盛沆瀣，共稽中散斗遗杯。"乃知唐世已有，非始于钱氏。
>
> 本朝以定州白磁器有芒，不堪用，遂命汝州造青窑器，故河北唐邓耀州悉有之，汝窑为魁。江南则处州龙泉县，窑质颇粗厚。政和间，京师自置窑烧造，名曰官窑。中兴渡江，有邵成章提举后苑，号邵局，袭故京遗制，置窑于修内司，造青器，名内窑。澄泥为范，极其精制，油色莹彻，为世所珍。后郊坛下别立新窑，比旧窑大不侔矣。余如乌泥窑、余杭窑、续窑，皆非官窑比。若谓旧越窑，不复见矣。①

瓷器产业的崛起之所以发生在宋代，绝不是偶然的。撇开书法、绘画、器型设计等艺术创造的部分，一件瓷器的品质，说到底取决于瓷土、釉

---

① （元）陶宗仪：《南村辍耕录》卷二十九"窑器"。

色材料以及烧造技术。如前述，宋代发生了一次进入现代之前力度最强、影响最广泛的能源革命和采矿业革新，这两个领域中新材料与新技术的发现、发明和使用，极大地拓宽了瓷土和釉色原料的使用范围，提高了窑炉的燃烧温度与可控性，烧制出比以前好得多的瓷器便是水到渠成的。而宋代快速增长的经济财富、繁荣活跃的城市商业、四通八达的长距离运输能力，又为瓷器这种昂贵、精细而又脆弱的特殊商品提供了广阔的市场舞台。

如果说英国人约翰·霍布森和美国人郝若贝等西方学者对宋代工业革命的评论存在一些夸大溢美的话，那么漆侠先生的评论则是恰如其分的：

> 宋代官私手工业，……都获得了巨大的进步和发展。一些手工业特别是采掘冶炼手工业等，规模扩大了，技术改进了，产量较诸前代成倍地或成若干倍地增长起来。各个手工业生产部门中都出现了富有创造性的新技术、新工艺和新产品。手工业的高度发展，对宋代整个国民经济的发展起了重大的推动作用，使宋代经济文化科学技术的发展居于世界的最前列。[1]

从这些技术在宋代的广泛运用和发扬，可以看出其与社会生产、经济发展的重要联系。除此之外，诸如苏颂主导研制的水运仪象台，是世界上最早的天文钟，可以说开启了近代钟表制造的先河；而李诫编纂的

---

① 漆侠：《宋代经济史（下）》，第 537 页。

《营造法式》则是中国古代最完备的工程建筑技术汇总，从中可以一窥宋代建筑营造业达到的高度。[①] 陶宗仪还留下一段笔记，颇能展现宋人的技术成就：

> 詹成者，宋高宗朝匠人，雕刻精妙无比。尝见所造鸟笼，四面花版，皆于竹片上刻成。宫室人物山水花木禽鸟，纤悉俱备。其细若缕，而且玲珑活动。求之二百余年，无复此一人矣。[②]

雕刻工艺所能达到的高标准，除了要求刻工的高超技艺外，也离不开上乘精细的工具。我们今天可以十分合理地推测，之所以"求之二百余年，无复此一人矣"，并非元朝匠人变得脑笨手拙了，很可能是因为元代较之宋代，在工具制造方面的技术大大地退步了。

三、早夭的纸币探索

与"四大发明"相比，历史上第一种纸币在宋代的横空出世，似乎很少能激发现代中国人的自豪感，原因或许有二。

其一，南宋后期由于对抗蒙古的战事等原因，深陷财政危机而无法

---

① 关于水运仪象台和《营造法式》，可参见（宋）朱弁《曲洧旧闻》和庄绰《鸡肋编》的相关记载。
② （元）陶宗仪：《南村辍耕录》卷五"雕刻精绝"。

自拔，政府滥发纸币，引发通货膨胀，可以说加速了南宋的灭亡。元明清统治者和士大夫因此视纸币为一种极度失败的政策尝试、一个祸国殃民的惨痛教训，对它不是口诛笔伐，便是讳莫如深，也令后世对早期纸币的产生过程日益陌生。

其二，到了现代，国人信仰的是坚船利炮等"硬核科技"，"四大发明"勉强算得上看得见、摸得着的有实际用处的发明创造，而纸币就只是没什么直接价值的"软发明"了。

极简中国古代货币史

综观人类历史，货币的出现伴随着原始经济的一次重大飞跃，而纸币的诞生则往往意味着国家主导下的统一大市场的现代经济雏形的形成。因此，在欧洲，纸币的发明是晚至 17 世纪以后的事了。

作为一种极其复杂的制度性安排，宋代纸币的问世同样根植于当时的社会经济土壤中。

首先是因为货币取代实物和劳务，在市场交易、经济运行和政府行为中日益占据主导地位。在春秋战国以后的一千多年间，小农经济一直是中国经济的主导模式。直到隋代和唐代前半期，封闭割裂、自给自足的实物经济依然是举足轻重的。但这种古代经济模式在唐朝中前期开始被打破。随着城市工商业的大发展，到唐玄宗开元（713—741）、天宝（742—756）间，天下铸钱很多，这说明钱币的应用渐广，实物经济逐渐让位于钱币经济，或者说原始自然经济逐渐被商品经济所渗透瓦解。"安史之乱"后，铸钱有利可图，更被财政紧张的朝廷和各藩镇视为头等大事。此后钱币越来越为人所重，以至于朝廷不得不三令五申，须"钱货兼用,违者准法罪之"①,意即市场交易中不得拒收实物。唐朝中期以后,不但城市中货币经济已完全取代了实物经济,甚至连政府自身的赋税都倾向于收取货币了。②

到了宋代,除非在偏远闭塞的乡村,否则没有钱便是寸步难行。太宗、真宗朝名臣,北宋前期诗文革新运动先驱王禹偁曾如此形容钱币在市场流通中的无可替代:

> 夫百物所聚,必以一物主之。金玉重宝也,滞于流布;粟帛要用也,滥于湿薄;权轻重而利交易者,其唯钱乎?③

苏轼被谪贬儋州,教当地士子作文时,曾十分贴切地以钱与百货来比喻一篇文章中"意"与"辞藻""事实"的关系:

> 譬如市上店肆,诸物无种不有,却有一物可以摄得,曰钱而已。莫易得者是物,莫难得者是钱。今文章、词藻、事实,乃市肆诸物也;意者,钱也。为文若能立意,则古今所有,翕然并起,皆赴吾用。汝若晓得此,便会做文字也。④

据此可知,即便偏远至儋州这样的地方,钱也是须臾不可离之物。

---

① (宋)王溥:《唐会要》卷八十八《杂录》;(唐)杜佑:《通典》卷九。
② 参见童书业《中国手工业商业发展史》,第130—132页。
③ (宋)王禹偁:《小畜集》卷十七《江州广宁监记》。
④ (宋)费衮:《梁溪漫志》卷四"东坡教人作文写字"。

在宋代，金、银、铜、铁都是通货，贵金属的流通较唐代更为广泛，而铜钱是主要货币。元丰(1078—1085)年间铸造铜钱达 500 万贯以上，[①]是唐代的近 20 倍，铜钱年流通总量达 1 亿贯以上。宋铸铜钱不仅在境内和辽、夏、金及周边各族之间流通，也是当时与宋朝有贸易往来的海路上所有国家的"硬通货"。

纸币在宋代得以问世仰赖其独特的经济环境，但纸币的孕育却是从唐朝就开始了。唐中叶后，因市场上对钱币的需求与日俱增，钱币供应严重不足。为缓解"钱荒"，政府一方面反复申令民间交易必须"钱物兼用"，另一方面还禁止私人存积现钱，禁止钱币出境，甚至禁用铜器。唐武宗时期下令拆毁全国佛寺，没收佛寺所有田产，除眼热佛教机构聚敛的巨额财富外，销毁佛像以取铜铸钱，亦是这次行动的重要初衷。而在民间，应对钱荒的首要办法是之前提到过的"短陌"，亦称"除陌""省陌""垫陌"等：在市场实际交易中减少一贯的铜钱数量，但名义上仍是一贯。对于这种"民间创新"，政府起初严加禁止，屡禁不止后不得不逐渐妥协，"如闻比来用钱，所在除陌不一。与其禁人之必犯，未若从俗之所宜"[②]。到唐穆宗时，朝廷正式承认"短陌"的合法性并试图加以规范："其内外公私给用钱，从今以后，宜每贯一例除垫八十，以九百二十文成贯。"[③]但随着钱荒的不断加剧，92 文成陌的底线很快便被一再突破：从 85 文减到 80 文，直至 77 文，"遂为常式"[④]。

---

① 参见彭信威《中国货币史》，第 315 页。
② （后晋）刘昫等：《旧唐书》卷四十八《食货志（上）》引长庆元年敕令。
③ （后晋）刘昫等：《旧唐书》卷四十八《食货志（上）》引长庆元年敕令。
④ （宋）薛居正：《旧五代史》卷一百七。

但这些官方的强制命令和民间的无奈举措都无法缓解市面上愈演愈烈的钱币困境。于是,大约在唐宪宗(805—820 在位)时,乃有所谓"飞钱"问世。

"飞钱"亦称"便换",实际上就是一种可以异时、异地汇兑的信用凭证,相当于现在的商业汇票。"时商贾至京师,委钱诸道进奏院及诸军、诸使富家,以轻装趋四方,合券乃取之,号飞钱。"[①] 对于这种新生事物,官府一开始也是习惯性地予以禁止。元和六年(811),朝廷敕令"公私便换见钱,并须禁断"[②]。但仅仅一年后便改弦更张:"许令商人于户部、度支、盐铁三司,任便换见钱。"[③] "飞钱"本身并不具有得到政府支持和市场广泛接受的支付功能,无法用以买卖交易,所以还不是真正意义上的纸币。但唐代"飞钱"的诞生,毕竟促进了纸币在宋代的发明。故《宋史》在述及宋代纸币时开篇就说:"会子、交子之法,盖有取于唐之'飞钱'。"[④]

另外需要看到的是,"飞钱"的应运而生,除了是迫于钱荒,还从一个侧面反映出远距离大规模商业交易的涌现。铜钱这类金属货币体积大、重量沉、购买力低,不便于长途携带。

据中国现代货币史研究专家彭信威先生说,巴比伦早在公元前 9 世纪就出现了类似汇票的工具。古印度也已有了汇票,据说与唐之"飞钱"很相似,有人因此猜测,"飞钱"或许是随佛教一同从印度传入中国的。

---

① (宋)欧阳修、(宋)宋祁:《新唐书》卷五十四《食货志四》。

② (后晋)刘昫等:《旧唐书》卷四十八《食货志上》。

③ (宋)王溥:《唐会要》卷八十九"泉货"。

④ (元)脱脱等:《宋史》卷一百八十一《食货志下(三)》。

此外，欧洲中世纪，犹太人和意大利人也都有使用汇票的记录。相对而言，中国发明汇兑是比较晚的，金钱兑换业务在中国货币史和信用史上所占的地位，也远不如在欧洲那样重要。这主要是因为，欧洲虽然地域不大，国家却有许多，货币种类自然也就非常多。在欧洲各地游走的商人们需要频繁地将一种钱币换成另一种钱币，这就促使欧洲兑换业持续繁荣。而中国地方虽大，却是一个统一的国家，对外贸易在经济中所占的比重一向不大，几乎用不到外国钱币。宋代初年，钱币兑换业有过一段发展期，当时称为"兑坊"或"兑房"。宋上承唐末五代百余年乱世，货币流通也呈现出一种割据的特征，各地区流通的钱币大不相同，便让兑坊有了一席用武之地。[①] 不过，随着国家再度统一以及茶引盐钞和纸币这类更高级的信用手段的出现，单纯的钱币汇兑业很快又衰落了。

宋初，朝廷确实也曾仿行唐代"飞钱"制度，"取唐朝'飞钱'故事，许民入钱京师，于诸处州便换"[②]。宋代金融创新花样繁多，商业贸易中赊账、预售之类较为常见，加之朝廷推行"盐钞茶引"制度，"飞钱"终于逐渐蜕变成了真正意义上的纸币。

但除了这些市场交易需求的内在推动，纸币的诞生还要具备一个不可或缺的外部条件，即要有精良的印刷技术。不像只在少数特定范围内履行大宗交易合同而用到的"飞钱"，真正的纸币被用于市场交易和结算的所有场景中，形态必须高度标准化，有一目了然的辨识度，显然不可能用手抄的。另一方面，但凡货币，必须要有很高的防伪标准，方能顺利发行和通行于世。这两方面的要求都意味着如果没有高超的造纸和

---

① 参见彭信威《中国货币史》，第 309 页、428—429 页。
② （宋）李焘：《续资治通鉴长编》卷八十五"真宗大中祥符八年闰六月丙戌"。

印刷技术，就算有了纸币的灵感，也是无法真正实现的。

正如我们之前已经看到的，到了宋代，这两项重要的技术条件都已具备。如果说北宋纸币因流通数量非常有限，所以尚在萌芽阶段的话，到了南宋，对纸币的印制和发行就有了一整套严密、复杂、精细的管理体制。绍兴三十年（1160）底开始行用的"会子"，是整个南宋时期通行于东南诸路的纸币，发行和流通量相当大，与北宋"交子"完全不可同日而语。"会子"由专门的官营作坊印制，所用纸张也是特制的"会子纸"，以楮树皮为原料，民间称"楮纸"，"会子"因此也常被称为"楮币""楮券""楮"。

北宋时期的交子尝试

世界上第一种纸币——交子，诞生于北宋川峡路一带。促使它出现的直接原因是当地长期以来使用铁钱不便。四川一带相对独立封闭，五代时期受中原战乱影响较小，加之益州在唐朝时就是与扬州齐名的天下大城，所以到北宋重新统一后，这片地区的社会经济状况总体上颇为繁荣。当时川蜀经济堪比东南沿海的江南东路和福建路，仅次于全国最为富庶的两浙路，因此该地商品交易一直很活跃。然而由于蜀地乏铜，交通运输又很不便利，所以市场上流通的铜钱甚少，唐五代以来当地人一直以铁钱交易，因袭至宋。实际上，五代时铁钱在其他一些缺铜的割据地区——例如南唐国——亦有广泛通行。只是这些地方的交通不像川蜀那么封闭，所以北宋统一后，铁钱便因其巨大缺陷很快退出了市场，"然川蜀、陕西用之如故……"① 铁与铜的价值差距很大，就造成了相同的市场价格用铁钱来支付往往需数十倍于铜钱的窘境："江南末年，铁钱十仅直铜钱一……川蜀……铜钱一当十三。"② 按北宋朝廷规定的折换比，"川峡仍以铜钱一当铁钱十"③。如此一来，"川界用铁钱，小钱每十贯重六十五斤，折大钱一贯重十二斤，街市买卖，至三、五贯文，即难以携持"④。在四川，重 65 斤的 10 贯小铁钱的价值，才抵得上内地通用的 5 斤重一贯小铜钱的购买力。只要一次买卖的价格在 3 贯、5 贯铜钱以上的，普通人便不可能有力气背上那么重的铁钱。可以说，交子的出现，一大半是被通行于蜀地的沉重铁钱逼出来的，时人评论道：

> 蜀用铁钱，民苦转贸重，故设法书纸代钱，以便市易。转运使以伪造交子多犯法，欲废不用。甫曰："交子可以伪造，钱亦可以私铸，私铸有犯，钱可废乎？但严治之，不当以小仁废大利。"后卒不能废。⑤

不过，交子的发明和使用，起初却并非官方有意识的政策设计，而纯粹是民间自发而生。它实际上经历了两个阶段，中间还有短暂反复，前后历时 20 多年才正式确定下来。

---

① （宋）王林：《燕翼诒谋录》卷三 "铁钱权铜钱"；参见（宋）曾敏行《独醒杂志》卷二 "国初江西亦有铁钱"。

② （宋）王林：《燕翼诒谋录》卷三 "铁钱权铜钱"。

③ （元）脱脱等：《宋史》卷一百八十《食货志下（二）》。

④ （宋）李攸：《宋朝事实》卷十五 "财用"。

⑤ （元）脱脱等：《宋史》卷二百九十五《孙甫传》。

交子首次出现，当在太宗末期和真宗初年，有人考证认为，极可能是在真宗咸平元年（998）前后：

> 先是，益、邛、嘉、眉等州岁铸钱五十余万贯，自李顺作乱，遂罢铸，民间钱益少，私以交子为市，奸弊百出，狱讼滋多。[1]

原本铁钱就已十分不便，而农民暴动又加剧了当地铁钱铸造业的萎缩，民间迫于钱荒，私下里开始以纸质的交子作交易。因王小波、李顺之乱发生于太宗淳化四年（993），可知交子的诞生当在此后不久。"交子"二字很可能是四川当地方言，"交"即"交易""交换"之意；"子"是宋人口语中常加在名词后面的后缀，如频繁见到的"瓦子""市子""牙子"等，川蜀民间尤多这样的表达，至今犹然。"交子"起初是一种以铁钱为本位的代币券，当时亦有称"钱引"的，因为是民间的自发行为，操作不可能很规范，虽然缓解了市面上金属货币匮乏的窘境，但也乱象丛生。

真宗景德（1004—1007）初年，二度赴川任职的一代名臣张咏，着手对混乱的交子市场展开了一番整顿：

> 真宗时，张咏镇蜀，患蜀人铁钱重，不便贸易，设质剂之法，一交一缗，以三年为一界而换之。六十五年为二十二界，谓之交子，富民十六户主之。[2]

---

① （宋）李焘：《续资治通鉴长编》卷五十九"真宗景德二年二月"。
② （元）脱脱等：《宋史》卷一百八十一《食货志下（三）》。

所谓"质剂之法",就是今天所说的抵押担保。张咏采取的仍是官民合作、私营为主的方式。他让成都府 16 户豪富之家主持交子事务,由他们"连保作交子"①。就是说,官府牵头,由这 16 家联合发行交子,并建立联合保证金制度,其模式与西方现代中央银行制度建立之初如出一辙。②它们发行的交子"同用一色纸印造,印文用屋木人物,铺户押字,各自隐密题号,朱墨间错,以为私记"③。当时的交子形态虽已统一,但各家有各家的编号和防伪印记。经张咏整治后,交子的流通一度比较规范。

> 书填贯,不限多少,收入人户见钱,便给交子,无远近行用,
> 动及万百贯。街市交易,如将交子要取见钱,每贯割落三十文
> 为利。④

交子上印着它所对应的铁钱贯数,既可以在市面上买卖交易,数目动辄几百万贯,也可以兑换现钱。不过若拿交子兑换钱币,每贯要收取 30 文,亦即 3% 的手续费,作为对印制发行交子的成本补偿。

可惜好景不长,从事交子印制发行的油水很大,富有商业头脑的发行户想尽办法牟取额外利润,例如"每岁丝蚕米麦将熟,又印交子一两番,捷如铸钱,收买蓄积",借此大发横财,"广置邸店屋宇园田宝货"。

---

① (宋)李攸:《宋朝事实》卷十五《财用》。
② 世界上第一家中央银行的雏形——17 世纪末成立的英格兰银行,最初也是由 200 多位私商联合发起的。
③ (宋)李攸:《宋朝事实》卷十五《财用》。
④ 同前注。

于是交子的流通量日益增多，伪造的交子也纷纷面世，"兴行词讼不少"，一时间弊端丛生。其中最突出的问题是：随着市面上流通的交子数量越来越多，兑现的压力也与日俱增，交子户们手头的现钱准备金捉襟见肘，由此便经常出现"或人户众来要钱，聚头取索印，关闭门户不出，以至聚众争闹"①。用现在的话来说，就是挤兑事件频发。而且，因为这些交子户本身都是商户，总会遇到经营不善甚至破产倒闭的逆境，兑付就更加困难，"富民资稍衰，不能偿所负，争讼数起"②。即便官府竭力协调，"差官拦约，每一贯多只得七八百，侵欺贫民"③，普通百姓损失惨重。

目睹这些乱象，大中祥符（1008—1016）末，新任知成都府事寇瑊到任之后，便"诱劝交子户王昌懿等，令收闭交子铺，封印卓，更不书放。直至今年春，方始支还人上钱了当。其余外县有交子户，并皆诉纳，将印卓毁弃讫"④。交子业务几乎关张取缔。

又过了几年，到仁宗天圣元年（1023），薛田知成都府事，他清醒地看到，"自住交子后，来市肆经营买卖寥索"，"贸易非便"。他认为，"自来交子之法久为民便"，不能因噎废食。薛田与转运使张若谷商议后提出完善之策，"废私交子，官中置造，甚为稳便"⑤，即由官府完全接管交子事务。当年十一月戊午的皇帝诏书批准了薛田与张若谷的奏议。⑥天圣元年十一月二十八日，即公元 1024 年 1 月 12 日，世界上第一个官方

---

① （宋）李攸：《宋朝事实》卷十五《财用》。
② （宋）李焘：《续资治通鉴长编》卷一百一十"仁宗天圣元年"。
③ （宋）李攸：《宋朝事实》卷十五《财用》。
④ 同前注。
⑤ 同前注。
⑥ （宋）李焘：《续资治通鉴长编》卷一百一十"仁宗天圣元年十一月戊午"。

纸币发行机构"益州交子务"正式发行第一批政府交子。这是一个具有里程碑意义的时刻。

在经历了20多年的民间探索后，为了能够更稳妥地推行交子，益州交子务制定了一整套完备的规章制度，其主要内容包括：

建立严格规范的审核、登记和发行流程；

确保交子持有者能够随时兑换到足量现钱；

设立充足的准备金，以便随时兑换之需，"大凡旧岁造，一界备本钱三十六万"；

建立回收交子销毁、旧账冲销制度和程序；

限定交子发行总量，规定市面上通用交子的"界分"，到期收旧换新；例如，天圣元年十一月二十八日至二年二月二十日，官府所印行的第一界交子为一百二十五万六千三百四十缗。按《宋史》所言，"以三年为一界而换之。六十五年为二十二界"。[1]

关于回收销毁旧交子、印制发行新交子而产生的新旧兑换"界分"问题，中日学术界存在一些争论。上引《宋史·食货志》称，交子一界为三年，《宋史》作者大约是照抄了释文莹《湘山野录》中的相关记载，也可能是误将其与南宋的会子混为一谈了。但从其他更多官私文献，如《神宗宝训》、李心传《建炎以来朝野杂记》以及南宋杨万里、魏了翁等人留下的记载来看，似乎交子的新旧兑换以二年一界为是。[2]彭信威也认为，所谓"三年一界"，正确的表述应为：两年满，第三年始即换界，

---

[1] 以上内容详见（宋）李攸《宋朝事实》卷十五《财用》；（元）脱脱等《宋史》卷一百八十一《食货志下（三）》；（元）马端临《文献通考》卷九《钱币考（二）》；（元）费著《楮币谱》等。

[2] 参见漆侠《宋代经济史（下）》，第1068页。

逝去的盛景：宋朝商业文明的兴盛与落幕

其实就是二年一界。^①

自天圣元年官府接管到宋神宗熙丰变法的 50 年间，益州的交子事务基本没有什么变化，运行得比较平稳，换言之，也没有什么大的发展。加之朝廷大多数时候禁止在川峡路之外使用交子，所以它的影响也仅限于巴蜀一地。官府虽然垄断了交子事务，但无论是朝廷还是地方政府，都对交子这个新生事物抱极为谨慎的态度，也没有动过借此牟利的念头。

就拿天圣元年开始发行时的总额 1256340 贯来说，折合成铜钱不到 12.6 万贯，放在当时全国以千万贯计的货币流通总量中，不过是九牛一毛。即便到神宗时改为两界并行，流通量增加了一倍，仍相当有限。因此，这个时期交子的币值稳定，信用良好，有时甚至还颇紧俏。后人追忆说，"西州之楮币，……用之百年而无弊，贸百金之货，走千里之途，卷而怀之，皆曰铁不如楮便"^②。按苏辙的说法，"旧日蜀人利交子之轻便，一贯有卖一贯一百者"^③。可见它很受欢迎，且长期供应不足，这其实是政府有意为之。交子初创时，面值设为 1 贯至 10 贯，仁宗宝元二年（1039）简化为 5 贯和 10 贯两种，但 10 贯的发行量占 4/5。设置那么大的面值，目的只是为了方便大额交易，同时也在刻意抑制普通街市买卖中的交子使用量，从而人为压低交子的需求量。在某些情况下，拿了益州交子到别的州府去兑换现钱，朝廷也是许可的。^④ 这些都说明，政府的目标仍是让它比肩旧时"飞钱"。

---

① 参见彭信威《中国货币史》，第 338 页。

② （宋）杨冠卿：《客亭类稿》卷九。

③ （宋）苏辙：《栾城集》卷三十四《论蜀茶五害状》。

④ （宋）李焘：《续资治通鉴长编》卷四百五十七"哲宗元祐六年四月甲午"。

到神宗熙宁二年（1069），可能是为了配合王安石"青苗钱"的借贷以及稍后"免役钱""免行钱"等的征收缴纳,交子的面值被大幅度缩减,改为 500 文和 1 贯两种，分别占 2/5 和 3/5。自此以后，市场上交子的使用逐渐频繁起来。这期间，因为河东路和陕西（此二地传统上铜铁钱并行）也像四川一样为铁钱沉重不便而烦恼，朝廷一度在熙宁二年诏置交子务于潞州（今山西长治），四年复行于陕西，① 但不久后皆因运转不灵而废。

熙宁十年（1077）以后，交子开始出现贬值，彭州"第二十七界子卖九百六十"，"第二十六界交子卖九百四十"②。哲宗以后，交子增造日多，价格进一步低落。元祐（1086—1094）时,交子每贯就已"止卖九百以上"了。③

到徽宗时代，维持了 80 年的交子政策发生了重大变化，币值也因此变得非常不稳定。蔡京上台执政后，很快便看到了交子中的"油水"，自崇宁（1102—1106）时开始,便谋划"令诸路更用钱引,准新样印制"④，即把交子改名"钱引"，推广到全国各地。崇宁四年（1105），新的"钱引"发行额定为 26556340 贯,当年实际又增造了 540 万贯。大观元年(1107)，改"四川交子务"为"钱引务"。适逢河湟二度开边，朝廷用兵的费用全仰印行交子来解决。当年发行的"钱引"数额，兼以两界并用，流通额较天圣元年的定额逾 40 倍，结果自然是币值一落千丈。"价愈损，及

① （元）脱脱等：《宋史》卷一百八十一《食货志下（三）》。
② （宋）吕陶：《净德集》卷一《奏为官场买茶亏损园户致有词诉喧闹事状》。
③ （宋）苏辙：《栾城集》卷三十四《论蜀茶五害状》。
④ （元）脱脱等：《宋史》卷一百八十一《食货志下（三）》。

逝去的盛景：宋朝商业文明的兴盛与落幕

更界年，新交子一乃当旧者之四"①，市面上流通的交子贬值到仅值原来的 1/4 价。

大观年间徽宗和蔡京主导的"钱引改革"对"天圣体制"还有一个重大突破，即取消了现钱准备金。"大凡旧岁造一界备本钱三十六万缗，新旧相因，大观中不蓄本钱而增造无艺"②，可谓极不负责任的做法。"钱引"之名本意即代币券，却不设本金，真不知蔡京及徽宗是怎么想的！不过从人类货币发展史的角度来看，它倒是早于西方央行 800 多年就把交子或"钱引"的性质从代币券升级成了真正意义上的"现代法币"，即其价值由政府信用而非贵金属来担保。

钱引的唯一可取之处大概是它的形制要比先前的交子美观得多，宋徽宗曾御笔亲书钱引文。它的雕版也十分精良，后来的纸币设计在艺术性上鲜有能超过它的。

贯穿唐宋数百年的"钱荒"

我们今天看纸币在宋代的诞生，还应当将这一事件置于唐宋时期长期钱荒的宏观历史背景下来审视。

钱荒问题是唐五代以后持续困扰中国经济和财政的一个顽症。进入宋代，铸钱的总量连年高增长。太祖时每年所铸铜钱只有 7 万贯，到太宗至道（995—997）年间增至 80 万贯，真宗景德（1004—1007）年末已超过 180 万贯，仁宗庆历（1041—1048）间进一步增加到 300 万贯，

---

① （元）马端临：《文献通考》卷九《钱币考（二）》。
② 同前注。

到王安石变法时达到峰值,神宗元丰三年（1080）铸铜钱逾 500 万贯（另铸有铁钱近 140 万贯）……100 年间增长了 80 倍！这个数字也是唐玄宗天宝（742—756）年间和唐宪宗元和（806—820）年间铸钱量的近 20 倍和 40 倍，当时分别是 32 万贯和 13.5 万贯左右。[①] 在中国历史上，宋代还是王朝时代铜钱铸造量最高的。以元丰三年的铸钱量计，两年铸钱就超过后来明朝 276 年之总和。宋代矿产业的革命性突破，很大程度上就是为了应付无止境的铸钱之需。然而严重的钱荒问题伴随两宋 300 余年始终，直至南宋灭亡也没能解决。

造成长达五六百年持续钱荒的原因或许有很多，其中最主要的是两个：

第一，还是前面多次论及的，商品经济的发展导致货币在经济活动中取代实物和劳务，流通量骤增。货币本身也是商品，需求成倍增长，自然就出现了供应不足。特别是自唐朝中期开始实行"两税法"（分夏秋两季征收税），并以钱纳税为主代替过去的实物税收为主，钱荒就日益成为一个突出问题。用现代经济学理论来分析，所谓钱荒就是通货紧缩，是货币发行量跟不上流通需求增加的结果。正如沈括敏锐地观察到的，"今天下生齿岁蕃，公私之用日蔓。以日蔓之费，奉岁蕃之民，钱币不足，此无足怪"[②]。到了北宋中后期，王安石变法又进一步强化了这种"赋役货币化"趋势，货币在政府事务中的作用骤然提升。苏轼、苏辙兄弟都曾说过，新法以前，两税仍以谷帛折纳为主，"钱之入官者，惟有茶、盐、酒税杂利而已。然方是时，东南诸郡犹苦乏钱……自熙宁

---

① 参见彭信威《中国货币史》，第 352—353 页。
② （宋）李焘：《续资治通鉴长编》卷二百八十三"熙宁十年六月壬寅"引沈括对奏。

逝去的盛景：宋朝商业文明的兴盛与落幕

以来，民间出钱免役，又出常平息钱，官库之钱贯朽而不可较，民间官钱搜索殆尽"。如此便加剧了钱荒的程度，"两浙中自来号称钱荒，今者尤甚"[1]。当然，新法中很多内容所蕴含的核心政策导向本身也是顺应宋代货币经济的蓬勃发展。货币中介取代了历史上延续千年的实物和劳务，在经济运行中发挥支柱作用，这是商业进步的必然。"交子"和"会子"诞生于宋代，亦可谓生逢其时。

第二个更为显著和直接的原因，是中原钱币的大量外流。辽国、西夏及后来的金国自铸钱币数量极少，它们多以宋朝铜钱作为自己的流通货币；加之当时海外贸易快速增长，每年都有数十万上百万贯计的铜钱流向日本和东南亚诸国，甚至远至中东和东北非。关于当时周边和海外国家对宋钱的贪婪胃口以及铜钱的滚滚外流，第三章讨论市舶贸易时已有描述和剖析。总之，宋钱就是那个时代已知世界的通货。

宋代的货币问题，是一个需要花费很大力气才能讨论清楚的课题。比如，经常听人说，宋朝政府滥发货币，导致了严重的通货膨胀。但又有人说，有宋一代严重的钱荒伴随始终。两种说法看起来是矛盾的，其实是各说了一半事实。此处钱荒中的"钱"，指的是金属货币，在宋代主要是铜钱；通货膨胀中的"通货"，指的是纸币，也就是北宋交子和南宋会子。此二者完全不是一回事，当时人们并不把交子和会子当作货真价实的钱。

另外需要搞清楚的一个重要问题是：若就金属货币而言，大多数时候，古代政府既没有能力垄断货币发行，也没有什么动力超发货币，原

---

① （宋）苏辙：《栾城集》卷三十六；（宋）苏轼：《苏轼文集》卷三十《乞赈济浙西七州状》。

因在于两点：首先，在商品货币时代，即便像宋代这样由官府垄断铸币权、严禁私铸铜钱的制度环境下，仍有大量金、银等贵金属作为货币在市场中交易流通。一些学者认为，白银的"货币化"以及元明清以后逐渐确立的"白银本位"，经历了一个漫长的过程，而北宋即其重要发轫期。宋代史料中已有不少商人在长途大宗交易中携带和支付黄金、白银的记录，而宋代的质库和交引铺往往也兼营金银等贵金属与铜钱之间的兑换业务。[①] 其次，历朝所铸之铜钱也都畅行无阻。例如，我们在一些宋人笔记中看到，当时很多人认为唐朝铸造的"小平钱"含铜成色足，形小易携带，制造工艺精良，比宋制钱更受人追捧。至于政府缺乏铸币冲动的原因则在于，古代商品货币的铸造需要付出高额成本——金、银、铜、铁本身都是有价值的，铸造还需要付出人工成本。这一点，与今日货币的情形也是截然不同的。在宋代绝大多数时间里，官营铸钱业都是一桩赔本买卖，不仅没有什么利润，反而每铸 1000 文钱，平均要亏四五百文！亏损最严重时，"绍兴初，……每铸钱一千，率用本钱二千四百文"[②]，这当然会打击官府铸钱的积极性。

此处顺便提一下，虽然宋钱在成色上或许比不上唐钱，但宋铸的钱币技艺却大大超越前代，宋以后更是不可比拟，这主要体现在宋钱的文字上。[③] 宋代不仅有皇帝"御书钱"，许多著名文人和书法大家也都曾为钱币题过字。据说元丰钱中有一种隶书的，是苏轼的笔迹；元祐钱文亦有司马光和苏轼等人写的；而给人留下最深印象的毫无疑问是宋徽宗瘦

---

① 参见龙登高《中国传统市场发展史》，第 258—260 页。
② （元）脱脱等：《宋史》卷一百八十《食货志下（二）》。
③ 中国古代的钱币不同于欧洲钱币，基本只有文字，没有人物图案或其他装饰。

金体御书的崇宁钱和大观钱，堪称"中国历代最美钱币"，素为收藏家所钟爱。徽宗朝钱币中可能还有一些是蔡京的书法，但今天已无从辨识了。[1] 时人有记：

> "崇宁"钱文，徽宗尝令蔡京书之，笔画从省，"崇"字中以一笔上下相贯，"宁"字中不从"心"。当时识者谓京"有意破宗，无心宁国"。后乃更之。[2]

政府铸钱愈少，市面上流通的铜钱就更紧张；这又进一步加剧了钱荒，使铜钱更值钱。因为有利可图，人们更有动力把铜钱积存起来，使之退出流通领域，或销毁熔铸成各种铜器以销售，或将官制铜钱熔化改铸成质量低劣的伪币以牟利。"销镕十钱，得精铜一两，造作器物，获利五倍"[3]，"铜禁既开，销钱以为器者利至于十倍"[4]。绍兴五年（1135），金部员外郎张成宪和权户部侍郎王俣上言：

> 江浙之民巧伪有素，销毁钱宝习以成风。其最甚者如建康之句容，浙西之苏、湖，浙东之明越，鼓铸器用，供给四方，无有纪极。计一两所费不过千数钱，器成之日，即市百金。奸民竞利，靡所不铸。一岁之间，计所销毁无虑数十万缗，两司

① 参见彭信威《中国货币史》，第315—317页。
② （宋）曾敏行：《独醒杂志》卷三"蔡京书崇宁钱文"。
③ （宋）李焘：《续资治通鉴长编》卷二百六十九"神宗熙宁八年"。
④ （宋）李焘：《续资治通鉴长编》卷二百八十三"神宗熙宁十年六月壬寅"。

所铸未必称是。①

上述句容、苏州、湖州、明越都在江南腹地，并不产铜，却成了当时铜器制造和输出中心。可想而知，其原材料中很大一部分一定是来自官钱销熔。与此同时，当铜钱本身变得更值钱后，辽、夏、金等北方政权及贸易航线上的各国就更有动力想尽一切办法从宋朝攫取铜钱，"四夷皆仰中国之铜币，岁阑出塞外者不赀"，"泄中国之钱于北者，岁不知其几何"。②

这是一个恶性循环：铜愈少，铸钱成本就愈高；铸钱成本愈高，政府铸钱亏损就愈巨；政府铸钱愈少，铜钱就更值钱，市场和外国就更有动力囤积铜钱，使得市场上流通的铜钱愈少。"豪猾兼并之家，居物逐利，多蓄缗钱至三五十万以上，少者不减三五万，滞泉货使不流通。"③这个说法得到了考古实证，今人在一些考古现场发现宋钱窖藏动辄数十万，数量惊人。

针对这个几乎无解的困境，宋代政府尤其是南宋朝廷左支右绌，试图加以缓解。下面这段记载虽然真伪难辨，却是当时政府试图努力解决钱荒的生动写照：

> 京下忽阙见钱，市间颇皇皇。忽一日，秦会之（秦桧）呼一镊工栉发，以五千当二钱犒之，谕云："此钱数日间有旨不使，

① （宋）李心传：《建炎以来系年要录》卷九十六"绍兴五年十二月辛亥"。
② （宋）李焘：《续资治通鉴长编》卷二百八十三"神宗熙宁十年六月壬寅"。
③ （宋）宋祁：《景文集》卷二十八《乞损豪强优力农札子》。

逝去的盛景：宋朝商业文明的兴盛与落幕

早用了。"锱工亲得钧旨，遂与外人言之。不三日间，京下见钱顿出。此宰制天下之小术也。[1]

宋朝政府大多数时候都采取双管齐下的政策：一方面对内对外实施严厉的铜禁，并软硬兼施，促使民间藏铜流向官府；另一方面在铸币过程中逐步降低铜钱中的含铜量。

从绍兴初年起，每隔一段时间，南宋政府都要重申铜禁政策，对民间私铸和买卖铜器采取严刑峻法；同时限令并花钱收买，要求民间将铜器输官；佛道寺观中的铜像之类也都登记在册，多加收购。高宗绍兴二十八年（1158）和宁宗庆元三年（1197），朝廷两次大规模榷铜，分别从民间搜刮到数百万斤铜。[2]

自北宋起，朝廷就对钱币外流下达极为严苛的禁令，"载钱出中国界及一贯文，罪处死"[3]。唯有王安石变法期间曾短暂废除过铜禁，转而鼓励铜业开采和冶炼扩张。[4] 到南宋时，朝廷进一步收紧禁铜外流的政策，但相比北宋时流入辽夏境内的数量，南宋时流入金国的铜钱数以十倍、百倍计。这是因为金国占领了北方大部分地区，其统治人口和经济规模远大于过去的辽国，且金国人口中汉人占绝大多数，无论是市场交易需要还是生活习惯上，对宋币的需求量自然也大得多。南宋政府对与金国的贸易制定了一系列限制性政策和举措，其中最重要的考量便是想

---

① （宋）张端义：《贵耳集》卷中。
② 参见（宋）李心传《建炎以来系年要录》卷一百八十"绍兴二十八年七月乙卯"；（宋）谢深甫等纂修《庆元条法事类》卷二十九；（元）脱脱等《宋史》卷一百八十《食货志下（二）》。
③ （宋）张方平：《乐全集》卷二十六《论钱禁铜法事》。
④ （元）马端临：《文献通考》卷九《钱币考（二）》。

办法不让宋钱流入北地。而在同时代金国人的视野里，我们却看到了这场历时数百年的"宋金（辽）铜钱争夺战"的另一个面相："予在淮阳时，尝闻宋人喜收旧钱，商贾往往以舟载，下江淮贸易。于是钱多入宋矣。"[1] 此外，对铜钱流向交趾等地也设定了诸多防范措施，当时那里也是宋钱外输的"重灾区"。

"钱荒"背后的经济现代化

宋代政府承袭并强化了前代的传统做法，牢牢掌控了铸币大权。据王明清记，徽宗大观丁亥年（1107）他祖父任九江太守时，曾在长江上捕获一群躲在舟船中盗铸私钱的"奸者"。[2] 虽说徽宗朝以后因为货币贬值而"私铸盗贩不可禁"[3]，但盗铸者不得已要藏身江面，亦可见宋代禁私铸铜钱之严苛。

从北宋初年到神宗在位的百年间，朝廷铸造铜钱勉强能做到保持固有的规格标准，即"每千文用铜三斤十两、铅一斤八两、锡八两，成重五斤"；或者"凡铸铜钱，用剂八十八两，得钱千，重八十两。十分其剂，铜居六分，铅锡居三分，皆有奇赢"。[4] 不过若仔细对比，实际上，从宋太祖开宝（968—976）至宋英宗治平（1064—1067）年间，每一贯的总重量和含铜量已缓慢递减，只是缩水尚不显著，偶尔甚或还有反弹。按

---

① （金）刘祁：《归潜志》卷十。
② （宋）王明清：《挥麈后录余话》卷二。
③ （宋）朱彧：《萍洲可谈》卷二"崇宁当十钱改当三钱"。
④ （元）马端临：《文献通考》卷九《钱币考（二）》。

时人庄绰的说法，到他生活的时代，"国朝铸钱料例，凡四次增减"：

> 自咸平五年后来用铜铅锡五斤八两，除火耗，收净五斤。景祐三年，依开通钱料例，每料用五斤三两，收净四斤十三两。庆历四年，依太平钱料例，又减五两半，收净四斤八两。庆历七年，以建州钱轻怯粗弱，遂却依景祐三年料例。至五年，以锡不足，减锡添铅。嘉祐三年，以有铅气方始依旧。嘉祐四年，池州乞减铅锡各三两，添铜六两。治平元年，江东转运司乞依旧减铜添铅锡。提点相度乞且依池州擘画，省部以议论不一，遂依旧法，用五斤八两，收净五斤到今……今依景祐三年料例，据十监岁额二百八十一万贯，合减料八十七万八千余斤，可铸钱一十六万九千余贯。[①]

但到南宋，官铸铜钱就开始出现了触目惊心的大缩水。宋高宗绍兴年间，每贯钱的含铜量减少到了三斤四两，比前述标准少了6两；而到了宋孝宗时代，又比绍兴时减少了12两，含铜量降到了二斤八两，仅有北宋铸钱含铜标准的2/3！[②]

某种程度上说，宋代采矿业的兴旺，其动力也在于满足仿佛无止境的铸币之需。

然而，整个宋代，特别是南宋150余年，下达铜禁也好，减少铸钱中的铜含量也好，都像是扬汤止沸，根本无法缓解日益深重的铜钱

---

① （宋）庄绰：《鸡肋编》卷中。
② 参见漆侠《宋代经济史（下）》，第603—610页。

短缺困境。

其实这个问题也是商品货币时代无法解决的一个内在悖论，20 世纪著名"货币主义"经济学家米尔顿·弗里德曼（Milton Friedman）在《美国货币史（1867—1960）》（*A Monetary History of the United States, 1867–1960*）中对这一问题有过精湛的研究。简言之，不管是上古时的贝币、布币，还是大多数时代和国家通行的金属货币，抑或是拉美等地曾流通过的"烟草币""甜菜币"等，一切商品之所以能够成为货币，就在于它自身有与币值相等的价值。然而这种等值关系并不是静态与恒定的，而是始终都处于上下浮动中。于是，一旦作为货币的商品自身的价值明显超过它所对应的币值时，例如铜钱中所含铜的价格高于铜钱面值时，人们就会将它储存起来，或销毁加工制造成各种器具以牟利，从而造成通货紧缩。反之，当商品货币供应量突然增加，例如发现了一个储量巨大的金矿或铜矿，它们自身的价值就会明显低于它所对应的币值，又会造成严重的通货膨胀，引发市场动荡和经济混乱。

最具讽刺意味的是，宋代朝廷和各级官府也不自觉地充当了造成钱荒的首要推手——他们手里经常储存着巨额钱币而不及时投放市场。元祐元年（1086），户部尚书李常建奏："伏见现今常平、坊场、免役积剩钱共五千余万贯，散在天下州县，贯朽不用，利不及物。"[1] 用今天的话来说，政府让自己在十年里新发行的所有货币都沉睡在了府库里！到了崇宁（1102—1106）初年，"内帑藏钱无算，折阅（亏损之意）万亿计"[2]。如此，市场上的钱何得不荒？可以说，各级政府钱币存量最多之际，也

---

① （宋）李焘：《续资治通鉴长编》卷三百八十四"哲宗元祐元年八月丁亥"。
② （宋）朱彧：《萍洲可谈》卷二"崇宁当十钱改当三钱"。

就是市场上钱荒最烈之时。政府的钱为什么不及时发出去呢？原因很简单：它也有成本和收益的考量。这就充分说明了，看似强有力的政府"有形之手"，也逃脱不了市场规律这只"无形之手"的操控。

古代经济与现代经济的另一重大区别还在于，古代没有现代那么多企业及机构，所以经济活动中雇员身份的人很少。绝大多数人，即使是最穷苦的农民或走街串巷的卖货郎，都兼有生产经营者与市场消费者的双重身份。与现代社会中受雇于机构的劳动者占大多数不同，古代社会的每一个劳动者都必须直面市场。因此，无论通货膨胀还是通货紧缩，都会对他们产生巨大而直接的影响。他们对这种影响不但极为敏感，还与我们现代人面对通货变化时的感受大不相同，呈现出极为复杂的面向。举个最简单的例子，作为农业商品生产者和销售者的农民，也是当时社会中人数最多的一个群体，一般来说往往更愿意面对一定程度的通货膨胀，这就与每月按时从公司领工资的我们大不相同。

由此可见，站在更加宏观的视角来看，贯穿整个宋代的钱荒痼疾，不仅是唐五代时的延续，还是传统自然经济向近现代商品经济转型过程中的"阵痛"。货币的困境折射出宋代的商品经济已到达当时技术和制度条件下的极限。

北宋时一度流行于一些地区的铁钱，便是人们试图沿着传统商品货币旧有路径解决这个问题的早期尝试和摸索。铁钱最初是五代时后蜀、南唐和闽地政权铸行的，其目的要么是为了弥补本地区铜的匮乏，要么是为了控制本地区金、银、铜等贵金属流向其他政权控制地。宋朝统一后，太祖乾德四年（966）便下诏禁止使用除川峡诸路外其他地区的铁钱。后因神宗时对西夏用兵，"移用不足"而在陕西路重新使用，但很快便因为弊端丛生而停铸。徽宗时再度燃起开边雄心，禁用几十年的铁钱又大行其道。20世纪90年代，河北沧州等地曾出土过数以百吨计的"大铁钱"，上有清晰可辨的"崇宁""大观""政和""宣和"等年号。这类铁钱远至青岛胶州板桥镇都曾出土过，可以证明北宋末年铁钱不只流行于川峡路、陕西路，在河东、京东诸路都有使用，甚至可能流至高丽和日本。

但由于铁钱沉重不便，纸质的交子便应运而生。自交子诞生以后，铁钱流通数量显著下降，每年不过20万贯，到南宋时更不复用。这是一个十分自然的演变过程，正如弗里德曼所言，从自由竞争的商品货币向纸币以及进一步由政府垄断的法币过渡，是经济演化升级的必然。众所周知，弗里德曼是一位对政府极不信任的典型的自由主义经济学家，但即便如此，他也认为古代商品货币在现代经济条件下是没有出路的。

综观整个北宋，政府总体上对货币问题处理得还算审慎稳妥，其中比较成功的是有效增加了铜钱的铸造量。因此，纸币虽在北宋早期就已发明，但大部分时间都被严格控制在有限的范围内，既没有出什么乱子，也没有得到过真正的发展。客观地说，交子在北宋时的影响微乎其微。然而，南渡以后，随着一半国土和三分之一人口的丧失，铸钱收益成本倒挂问题日益凸显，南宋官方铸钱量比之北宋出现了极大萎缩，百多年中年均铸钱量一直徘徊在20万贯左右，都不到神宗时的一个零头。如此无奈的情势之下，就唯有通过增加纸币发行来解决通货问题了。于是，北宋时被严格限制在川峡一隅之地的纸币，到南宋时成了遍行于东南广大地区的重要通货。由于发行量和流通量的猛增，在北宋基本算不上是个问题的纸币，在南宋时骤然变成了一个极为重大而严峻的问题。如果说北宋交子只是拾遗补缺，南宋会子在各方面的影响都是巨大的。

会子与南宋纸币体系

南宋政府正式发行会子，始于绍兴三十年（1160）二月，时钱端礼知杭州府事。[①]那时距高宗南渡并驻跸临安已超过 30 年，可见南宋政权一开始对于纸币这种新生事物仍持极其保守的态度，不敢贸然行事。

然而民间交易总是先于政府治理而对经济现实做出反应，早在官印东南会子之前很多年，经济活跃的两浙路就已悄然出现了纸币，时称"便钱会子"，说明它可能仍具有便换的性质。绍兴（1131—1162）初年，"临安之民，复私置'便钱会子'，豪右主之"[②]，与北宋早年益州交子初现时的情形极其相似。不但临安，就连徽州这样的偏僻小郡，也"民间皆是出会子，往来兑使"[③]。朱熹的好友、孝宗淳熙十一年（1184）科试状元，后累官至御史中丞、签书枢密院事兼参知政事的卫泾如此总结会子的起源：

> 虽行于乾道而使胚胎于绍兴之初，……其后绍兴末年，因军兴复置交子务，体仿民间寄附会子，印造官会。[④]

南宋初年，各地战事时断时续，朝廷财力匮乏，中央政府和一些地方主政官员为解燃眉之急，也很早就在尝试推行纸币。早在绍兴元年

---

① 参见［日］加藤繁《南宋初期的见钱关子、交子和会子》，吴杰译，载《中国经济史考证》第二卷，商务印书馆，1963 年，第 80-87 页。
② （宋）李心传：《建炎以来朝野杂记》甲集卷十六。
③ （宋）洪适：《盘洲文集拾遗·户部乞免发见钱札子》。
④ （宋）卫泾：《后乐集》卷十五《知福州日上庙堂论楮币利害札子》。

(1131)，因婺州屯兵，水路不通，运钱不便，朝廷便同意当地发行"关子"，召人出钱领取，可凭关子到杭州、越州（今绍兴）榷货务兑换现钱或茶、盐、香货钞引。[1] 这种被民间称为"见钱关子"的纸币大概是南宋中央政府许可的第一种纸币，不久停用。其实，它说到底还是汇票。绍兴二十九年（1159），淮东路还曾发行过一种"公据关子"，它的名称也表明了其汇票的功能。

绍兴五年（1135），王彦担任荆湖南路安抚使的时候，"仿川钱引法造交子"[2]，并颁行于自己的辖区。绍兴六年（1136），张澄在建康府主管财用时，也令"依四川法造交子，与见（现）缗并行"[3]。

受到上述这些特定用途或地区性尝试的启发，当时财政拮据的南宋朝廷一度在临安府成立"交子务"，计划"印造和籴本钱交子"150万贯，行使于两浙及江南诸路。然而由于没有设充足的准备金，遭到了朝野大多数人的激烈反对。建炎（1127—1130）初年，宰臣李纲、谏官赵需时和翰林学士胡交修等纷纷以史为鉴，力陈这种不设本钱的纸币若行之诸路将会造成灾难性后果。[4] 在一片物议汹汹中，南宋政府首次尝试发行会子的想法便搁浅了。这一停顿就是20多年！

然而这段时间里，铸钱成本水涨船高，"一年所铸不过一十五万贯，而费近二十文之本，方成得一文之利"[5]，钱荒问题愈演愈烈。另一方面，即便官府不参与，民间私印的各种纸币每天都在频繁交易流通中。于是，

---

[1] 参见（清）魏源《圣武记》卷十四。
[2] （宋）李心传：《建炎以来系年要录》卷九十二"绍兴五年"。
[3] （宋）李心传：《建炎以来系年要录》卷十六"财赋三"。
[4] （宋）李心传：《建炎以来系年要录》卷一百一"绍兴六年五月癸未"。
[5] （宋）包恢：《敝帚稿略》卷一《禁铜钱申省状》。

官会的印行问题不得不再次提上日程，便有了前述绍兴三十年钱端礼在临安府的做法。他几乎是照搬了薛田、张若谷对益州交子的改造，将由民间豪富之家操持的便钱会子收归官府垄断，并予以官方背书，许在临安府内"与铜钱并行"。①翌年二月，朝廷正式成立"行在会子务"，这种原本只在临安府使用的官会被推广于东南各路，故而民间又称"东南会子"，不久还被投入当时最吃紧的军需之用。至此，纸币在南宋的大规模流通拉开了帷幕。说起来，"会子"这个名词在北宋时就已经有了，王安石变法前期的得力助手吕惠卿就提到过会子。当时会子与交子似乎是一回事，是人们对交子的另一种称谓。②

与北宋时仅行于川峡路一隅的益州交子相比，东南会子的流通总量和对经济社会的影响要大得多，因此南宋朝廷不久后便对它的印制、发行和规制做出了一系列规范——

官印会子币面值，开始时定为一贯一会，有一贯（1000 文）、二贯（2000文）和三贯（3000 文）三种，孝宗隆兴元年（1163）又增加了 200 文、300 文和 500 文三种，乾道四年（1168）正式确定"三年立为一界，界以一千万贯为额"③。

印制会子使用专门的楮纸，起初由徽州，后改由成都供应，继而又因成都路远难至，④改在杭州附近的赤山湖滨设立规模浩大的"会纸局"，"造纸工徒……今在者一千二百人"⑤。"行在会子务"下专设官营印制工

---

① （宋）李心传：《建炎以来系年要录》卷一百八十七"绍兴三十年十二月乙巳"。
② 参见彭信威《中国货币史》，第 341—342 页。
③ （元）马端临：《文献通考》卷九《钱币考（二）》。
④ （宋）李心传：《建炎以来系年要录》卷一百八十八"绍兴三十一年二月丙辰"。
⑤ （宋）潜说友：《咸淳临安志》卷九《行在所录》。

坊，工匠定额二百零四人；① 拨左藏库钱 10 万缗，作为会子的准备金。因此也可以说，会子是一种以铜钱为本位的代币券，至少一开始是如此。

孝宗时代，可能是为了适应各地不同特点和需求，同时又不想发行太大量的会子，先后批准了一些地区性的纸币，其中包括：蜀川地区的"川引交子"；川陕军中行使的"关外银会子"（这是一种以银为本位的纸币）；行于兴元府、金、洋等州的"铁钱会子"；行于两淮州县的"淮交"；流通于湖广一带的"湖会"（又分"湖北会子"和"湖广会子"，也叫"直便会子"，多用于支付襄阳、郢、复等地大军的军饷）……

这类杂色纸币通常仅限于某一地区或某种特定用途，因而发行量都不大，信用也比较低，有些流通的时间也不长。②

在南宋前期，朝廷对会子的发行相当节制。特别是宋孝宗在位期间，始终以如履薄冰的惶惶心态对待楮币。这位被后世公认为南宋诸帝中最有为的皇帝曾亲口对臣僚说，"朕以会子之故，几乎十年睡不着"③，忧患之情挥之不去。

从绍兴三十一年（1161）起至乾道二年（1166）的 5 年里，"东南会子"总共印造了 2800 余万道，实际流通到社会上的不足 1000 万道，一道就是一贯，数量尚属可控。④ 当年，政府还曾以 100 万两白银来收兑市面上的会子。乾道三年（1167），孝宗又"念其弗便，出内库银二百万两

---

① （宋）潜说友：《咸淳临安志》卷九《行在所录》。
② 参见彭信威《中国货币史》，第 341—344 页；漆侠《宋代经济史（下）》，第 1074—1079 页。
③ （宋）洪迈：《容斋随笔·三笔》卷十四。
④ （元）马端临：《文献通考》卷九《钱币考（二）》；（清）阮元辑《增入名儒讲义皇宋中兴两朝圣政》卷四十六。

售于市，以钱易楮，焚弃之"。① 内库，就是皇帝的私人账户。当时还有"孝庙在宫中积三百万见镪,准备换会"②的记录。到淳熙（1174—1189）年间，会子发行的总值上升到 2400 万贯，深感不安的孝宗又说"会子少则重,多则轻",并令时任宰相叶衡用钱兑换。③ 孝宗经常告诫官员："民间甚贵重楮,不可使散出过多"；"恐二三年后壅并,必不通快。"④ 淳熙初，会子购买力下跌，政府不得不用金银铜钱将其全数收回……这几十年里，不仅君臣忧心忡忡，士大夫对楮币可能酿成灾祸的议论也从未停歇。正因为如此，在孝宗皇帝统治的 20 多年里，每界会子发行量稳定在 1000 万贯，会价也常在每贯 700 文钱之上，总体上还不算贬值太甚。商贾多称其便，"商旅往来贸易，竞用会子。一为免商税，二为省脚乘，三为不复折阅。以此观之，大段流通"⑤。会子作为"轻赍"的各种优势得到了充分体现：

> 会子则公私买卖支给，无往而不用。且自一贯造至二百，
> 则是明以之代见钱矣。又况以尺楮而代数千之铜，贵轻用重，
> 千里之远，数万之缗，一夫之力，克日可到……⑥

直到淳熙末、绍熙（1190—1194）初，社会上流通的会子总额上升

---

① （宋）洪迈：《容斋随笔·三笔》卷十四。

② （宋）张端义：《贵耳集》卷上。

③ （宋）戴埴：《鼠璞·楮券源流》。

④ （宋）吴泳：《鹤林集》卷十五《乾淳讲论会子五事》。

⑤ 《皇宋中兴两朝圣政》卷五十四《孝宗十四》。

⑥ （元）马端临：《文献通考》卷九《钱币考（二）》。

至 6500 多万贯，但一贯会子仍可兑换铜钱 750 文，信用颇佳，在民间，一直是会子流通胜于现钱，有"愚民至指乘舆以造券不多为苦"①。就是说，竟然还有不明事理的人抱怨皇帝发行楮币太少了。

但是，南宋会子说到底仍然是以铜钱为本位的辅币，加之有法定的流通期限，在制度设计上存在着不可克服的内在缺陷。例如，每界会子的价格都会有一个由高而低的不稳定的变动过程，愈临近收废期限，其价愈低；新一界会子的行用会对旧一界会子的价格造成很大冲击，使其骤然下跌。此外，即便在同一时段，会子在各地的价格也不相同，距行在会子务越远，其信用就越低；而楮价愈贱，市场流通自然也就愈稀少。文献显示，1000 文面值的官会，在临安值现钱 700 多文；但到毗邻的湖州、秀州和越州、婺州等地，便只得六百七八十文；一旦远至衢州、信州、江东、福建，则止得 600 以下，"愈远愈轻，愈轻则愈不用"②。而到了数千里之外，按张端义的说法，"二广未尝曾见一新钱……所谓会子，皆视之弃物"③。

人类史上最早的纸币实验以悲剧收场

随着孝宗朝的终结，纸币在中国历史上一闪而过的黄金时代结束了。自宋宁宗庆元（1195—1200）以后，形势更是急转直下。权相韩侂胄掌权，雄心勃勃地谋划对北地用兵，于 1206 年便开启了一场全无把握的

---

① （宋）叶绍翁：《四朝闻见录》乙集"楮券"。
② （明）黄淮、杨士奇编：《历代名臣奏议》卷二百七十二。
③ （宋）张端义：《贵耳集》卷下。

闹剧——开禧北伐。韩侂胄也像蔡京一样打起纸币这种无本生意的主意，企图仰赖印楮来解决沉重的军费开支。自那以后，南宋会子便泛滥成灾，币值和信用一落千丈。

东南会子的发行量到宋宁宗嘉定二年（1209）时增至 1.5 亿—1.6 亿贯，理宗绍定五年（1232）为 3.3 亿贯，淳祐六年（1246）猛增到了 6.5 亿贯……距离绍兴末开始印行会子一个世纪不到，发行量已膨胀 65 倍！淳祐七年（1247），甚至还取消了之前的新旧界分，规定第十七、十八界会子"永远行使"。① 据龙登高教授统计，每道会子的价格，乾道九年（1173）为 800 文，淳熙十二年（1185）为 750 文，庆元元年（1195）跌至 620 文，嘉定三年（1210）再贬为 400—300 文，到绍定六年（1233）只剩下 200 文……一甲子间跌去 3/4！② 再往后，20 贯楮币才勉强相当于孝宗时一贯的购买力③，其贬值至于斯！当时，"楮币轻如毛"④"楮贱如粪土"⑤"市井视之，粪土不如"⑥之类哀叹不绝于耳，甚至于"朝廷给会子数多，……民愈不售，郡县科配，民皆闭门牢避。行旅持券，终日有不获一钱一物者"⑦；"远近之人，赍持旧券，徬徨四顾，无所用之，弃掷燔烧，不复爱惜"⑧，"豪家大姓，至有聚楮而焚于通衢者"⑨。

---

① （元）脱脱等：《宋史》卷一百八十一《食货志下（三）》。

② 参见龙登高《中国传统市场发展史》，第 254 页。

③ （宋）方回：《桐江集》卷六《乙亥前上书本末》。

④ （宋）李昂英：《文溪集》卷七《淳祐丙午十月朔奏札》。

⑤ （宋）刘克庄：《后村先生大全集》卷五一《备对札子（端平元年九月）》。

⑥ （宋）李曾伯：《可斋续稿·后》卷三《救蜀楮密奏》。

⑦ （元）脱脱等：《宋史》卷四百一十五《黄畴若传》。

⑧ （宋）真德秀：《真西山集》卷二《辛未十二月上殿奏札》。

⑨ （宋）吴泳：《鹤林集》卷二十一《缴薛极赠官词头》。

最令人意想不到的是，楮币发行的初衷本来正是为了缓解市场上的钱荒，但它的滥发却反过来进一步加剧了现钱的流通不畅和沉淀：因为"楮日轻"，所以"钱日重"；因为"钱日重"，人们就更有动机将它储存起来。"夫造楮之弊，驱天下之钱，内积于府库，外藏于富室。"① "楮便于运转，故钱废于蛰藏。"② 不仅南宋各级官府现钱堆积如山，许多富商权贵也盈室以藏钱，"多者至累百巨万，而少者亦不下数十万缗"③。于是便陷入了"楮日泛滥，钱日匮乏"④ 的恶性循环，被元代史臣恰如其分地总结为"一世之所共忧也"⑤。

　　到南宋末年，另一位奸相贾似道异想天开地推行了一场自杀式纸币改革。景定五年（1264），趁着理宗驾崩、度宗即位之际，贾似道令"以楮贱作银关，以一准十八界会之三，自制其印文如'贾'字状行之，十七界废不用"⑥，即废除十七界会子，并以新推出的所谓"金银见钱关子"每贯折合十八界会子三贯。然而这种依稀像是印着一个"贾"字的新纸币一经出笼便引发了触目惊心的通货膨胀，"自因颁行之后，诸行百市，物货涌贵，钱陌消折矣"⑦；"十八界二百不足以贸一草履"⑧。

　　此时距离南宋的灭亡只剩下十几年了。几十年以后，《宋史》记录

---

① （宋）叶适：《水心集别集》卷二《财计》。
② （元）脱脱等：《宋史》卷一百八十《食货志下（三）》。
③ （宋）李心传：《建炎以来系年要录》卷一百八十二"绍兴二十九年六月丙申"。
④ （宋）叶适：《水心集别集》卷二《财计》。
⑤ （元）脱脱等：《宋史》卷一百八十《食货志下（三）》。
⑥ （元）脱脱等：《宋史》卷四百七十四《贾似道传》。
⑦ （宋）吴自牧：《梦粱录》卷十三"都市钱会"。
⑧ （宋）方回：《桐江集》卷六《乙亥前上书本末》。

了宋朝名臣袁甫的一句话："楮币蚀其心腹，大敌剥其四支（肢）。"①

总的来看，交子和会子这些宋代纸币的命运与同时代毕昇的活字印刷术差不多。它们在当时尚未赢得广泛使用和充分发展的机会，就随着那段历史的突然中断而被逐渐遗忘，淡出了历史。

当然，这并不是说宋亡以后纸币在中国就不复存在。实际上，元、明、清三代都时断时续地发行过纸币，民间的汇票也长期存在。

至元十七年（1280），也就是蒙古军队攻克临安的第二年，元朝政府宣布废止宋、金铜钱，公私出纳贸易概以所谓"宝钞"为准绳。行用于元朝最初20余年的"至元中统宝钞"堪称中国古代货币史上设计最完善的纸币，它是有宋300年楮币长期演进发展的自然结果。至元宝钞的面额以当时人习惯的铜钱计，分为2贯、1贯、500文、300文、200文、100文、50文、30文、20文、10文、5文等11料。②但它事实上是与银或金相权的，"以银为母，中统为子"，或曰"以银为本，虚实相权"。这同时也意味着，自那以后，铜钱作为中国历史上沿用了两千多年的主流货币，渐渐退居次要位置，贵金属本位的"白银时代"拉开了帷幕。元朝政府后来还发行过"至大银钞"等纸币。不过，纸币在元朝的使用期比宋代更短，很快便陷入"每日印造不可数计"的恶性通胀，并随着元朝的灭亡而被一道埋葬。

在同时代的金国，其货币情况也基本与南宋类似：以铜钱为本位，辅之金国纸币——交钞，后又有"宝券""通货""通宝""宝泉""珍会""珍货"……名目繁多。它也像南宋纸币一样，有全国性与地方性的不同版本，

---

① （元）脱脱等：《宋史》卷四百〇五《袁甫传》。
② （元）陶宗仪：《南村辍耕录》卷二十六"至元钞料"。

并且最终也不免坠入无穷超发的自我毁灭中，"至有交钞一十贯不抵钱十文用者"①。在金国民间，金、银等贵金属货币的流通较之南宋境内更为普及，这为元代白银本位取代铜钱本位的货币制度建立奠定了基础。

明朝建立以后，太祖朱元璋最初也曾欲仿效宋元两代而行钞法，甚至试图禁止民间行用金银，但终告失败。明朝近300年里，朝廷还成功地将纸币限定于单一的"大明宝钞"。但后来这些朝代的纸币流通量及其在经济运行中的重要性可谓微乎其微，再也没有回到过宋代时的水平。尤其令人不解的是，纸币在明清两代的发行量并没有增长，流通范围也没有扩大，反而呈现出日益萎缩乃至消亡的趋势。纸钞逐渐被白银和黄金等贵金属货币排挤出货币流通领域，"银日盛而钞日微，势不两行，灼然易见"②。一直到晚清太平天国运动爆发以后，纸币才重新回到官方视野中，不再是一个可有可无的存在。③

时人和后人在看待和记录纸币这种全新事物时，大多本能地持有儒家政治哲学一贯的泛道德主义立场，有时也加入一种神秘主义宿命论。前者前述已甚多，关于后者，兹录几条如下：

> 真宗忽问陈抟国祚灵长之数，陈奏云："过唐不及汉，纸钱使不得。"二百年前已先知纸钱之谶。④
>
> 乘厓张公帅蜀时，请于朝创用楮币，约以百界。尝见蜀老

---

① （金）刘祁：《归潜志》卷十。
② （清）顾炎武：《日知录》卷十一。
③ 关于南宋末至明代初这百年间中国货币的变迁，可参见龙登高《中国传统市场发展史》，第255—260页。
④ （宋）张端义：《贵耳集》卷中。

儒辈言，谓此是世数所关，七八年前已及九十九界，蜀阃建议，虚百界不造，而更造所谓第一界，行之未久，而蜀遂大坏。时数之论，于是为可信。[①]

世皇（指元世祖忽必烈）尝以钱币问太保刘文贞公秉忠，公曰："钱用于阳，楮用于阴。华夏，阳明之区；沙漠，幽阴之域。今陛下龙兴朔漠，君临中夏，宜用楮币，俾子孙世守之。若用钱，四海且将不靖。"遂绝不用钱。迨武宗，颇用之。不久，辄罢。此虽术数谶纬之学，然验之于今，果如所言。[②]

现代人在评论宋代楮币时，通常认为它推行的失败在于对应的金银铜钱准备严重不足，甚至根本就没有。这其实就是在重复宋代许多有识之士所忧心的楮与钱"子母不能相权"的观点。这种观点不能说错，但它在本质上依然将会子定位于一种代币券或信用凭证。如果放到现代法币的框架中来看，金属本位的准备金根本不成其为问题——法币之所以被接受，是因为它背后的国家信用，而不在于发行它的机构库房里藏着多少黄金白银。正如辛弃疾所认识到的："世俗徒见铜可贵，而楮可贱；不知其寒不可衣，饥不可食，铜、楮其实一也。"[③] 至于货币币值的涨跌，说穿了就是《管子·国蓄》中的那句名言："物多则贱，少则贵。"就算自身有价值的金银铜钱，如果铸得太多，币值也一样会下跌，与楮币超

---

① （宋）张端义：《贵耳集》卷下。
② （元）陶宗仪：《南村辍耕录》卷二"钱币"。
③ （明）黄淮、杨士奇编：《历代名臣奏议》卷二百七十二《理财》。

发的结果并无根本性质上的不同。

宋代的纸币探索或许能够给我们两个深刻的启发：

第一，世界上所有新制度，其诞生都是非常偶然的，并非聪明人的有意识设计，往往是问题和危机刺激了某一制度的诞生，而在随后的历史进程中，这些所谓创新中的大部分都被淘汰了，只有极少一部分因为自我完善得好而得以延续下来，成为一个伟大的基础性制度。

第二，一种制度的施行需要有无数相应的制度来配合，如果缺少了众多辅助性的制度，再好的制度都无法单独生存下来。而且，这个过程中还存在很多偶然性。假设南宋政权最后战胜或击退了蒙古人，国祚延续更久，那么谁又能肯定东南会子不能在一点一点的自我完善中逐渐发展成世界上第一种真正的法币呢？

下册

逝去的盛景

宋朝商业文明
的兴盛与落幕

陈季冰 著

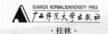
GUANGXI NORMAL UNIVERSITY PRES
广西师范大学出版社
·桂林·

逝去的盛景：宋朝商业文明的兴盛与落幕

SHIQU DE SHENGJING:SONGCHAO SHANGYE WENMING DE XINGSHENG YU LUOMU

图书在版编目（CIP）数据

逝去的盛景：宋朝商业文明的兴盛与落幕：上下册 /
陈季冰著. -- 桂林：广西师范大学出版社，2024.11（2025.8 重印）.
ISBN 978-7-5598-7377-4

Ⅰ. F729.44

中国国家版本馆 CIP 数据核字第 2024AE1823 号

广西师范大学出版社出版发行

（广西桂林市五里店路 9 号　邮政编码：541004）
（网址：http://www.bbtpress.com）
出版人：黄轩庄
全国新华书店经销
广西广大印务有限责任公司印刷
（桂林市临桂区秧塘工业园西城大道北侧广西师范大学出版社
集团有限公司创意产业园内　邮政编码：541199）
开本：880 mm ×1 240 mm　1/32
印张：27.375　　插页：1　　字数：650 千
2024 年 11 月第 1 版　　2025 年 8 月第 3 次印刷
定价：158.00 元（上下册）

如发现印装质量问题，影响阅读，请与出版社发行部门联系调换。

第七章 礼乐教化

南宋时，行在临安的不少酒楼、食肆乃至街边摊贩，都有售卖一种叫作"太学馒头"的点心。它的原材料、制作方法及口味口感，如今已杳不可考。

　　按宋时的语言习惯，太学馒头应该是有肉或菜馅的，也就是如今所说的包子。实际上，直到现在，江南一带依然把包子称为"馒头"。"馒头"之名很早就有，西晋束皙所作《饼赋》一文中即有"馒头"一词，唐人亦有把馒头称作"笼饼"的。[①]"包子"这个名词的出现可能要晚很多，但至少在北宋时也已经有了。宋人王栐《燕翼诒谋录》有记："仁宗皇帝诞生之日……宫中出包子以赐臣下。"[②]《东京梦华录》里也多次提到了包子。不知当时的馒头和包子有何不同？我猜想，馒头可能是当时对有馅的包子和没有馅的馒头的正式统称，而包子是北方对有馅的馒头的俗称。

　　太学馒头的由来确实与太学有直接关系。它本来是北宋时两学公厨（国子学和太学食堂）的一道主食，南宋太学还在冬季考试日用它来给太学生额外加餐，后来也供应给参加科举廷试的举子们，"散题后，驾

---

① 参见（晋）束皙《饼赋》，载《历代赋汇》卷一百"饮食"；（宋）张师正《倦游杂录》。
② （宋）王栐：《燕翼诒谋录》卷三"仁宗诞日赐包子"。

已兴，入内进膳，赐食于士子：太学馒头一枚，羊肉泡饭一盏"①。另有一条南宋笔记记述了太学馒头声名远扬的大致原因——

> 《上庠录》云：两学公厨例于三八课试日设别馔：春秋炊饼，夏冷淘，冬馒头。而馒头尤有名，士人得之，往往转送亲识。询前辈云："元丰初，神庙留神学校，尝恐饮食菲薄，未足以养士。一日，有旨诣学取学生食以进，其日食馒头，神庙尝之曰：'朕以此养士，可无愧矣。'自是饮食稍丰洁，而馒头遂知名。"②

这则笔记告诉我们，至少在元丰（1078—1085）初年，国子学和太学的公厨食谱上就已有了这种馒头。宋神宗以天子之尊，如此牵挂太学生的伙食条件，以至于要亲尝一下，可见宋代对教育的重视和对士人的礼遇。由于得到皇帝的肯定，太学馒头的声誉也就不胫而走，到南宋时，就变成了抢手的馈赠礼品。那时临安城里的普通读书人，有门路弄到一枚两学公厨出品的正宗太学馒头，大概是一件相当有面子的事。商家则

---

① （元）刘一清：《钱塘遗事》卷十"丹墀对策"。
② （宋）胡仔：《苕溪渔隐丛话·后集》卷二十八"东坡三"。

从中看到了商机，把它从高冷的国家最高学府带到了市井里巷。渐渐地，太学馒头成了天下人在平凡生活中寄托美好希望的载体，就像他们后来用"油炸桧"来宣泄胸中的义愤一样。

　　只可惜，油条直到现在依然出现在中国人的早餐中，而太学馒头却已失传了。

一、完备的官学体系

　　许多人喜欢说一句话：商业创造文明。

　　这句话在有宋一代得到了完美的验证——商业的繁荣促进了经济快速增长，经济的增长又显著地推动了社会进步，而社会进步结出的硕果，首推教育的昌明。

　　重视教育是儒家文化中源远流长的传统。平心而论，虽然尊师重教是一种普遍的文化心理和社会氛围，但真正有能力实践重教的只是少数上层精英。在孔子以后2000多年的大部分时间里，中国社会的整体教育水平并不一定比同期世界上其他文明高多少。

谨庠序之教

　　宋代是一个鹤立鸡群的时代。在20世纪以前的数千年华夏历史上，宋代的教育普及程度是空前的。三朝名相富弼说得质朴而感人："又有负担之夫，微乎微者也，日求升合之粟，以活妻儿，尚日那一二钱，令厥子入学，谓之学课。亦欲奖励厥子读书识字，有所进益。"①

　　有了这样深厚的群众基础，宋代涌现出那么多灿若星辰的杰出人物，取得那么多璀璨夺目的文化成就，也就是水到渠成的事了。

　　"兴文教，抑武事"是贯穿整个宋代的立国之道，即便在北方异族

---

① （宋）李焘：《续资治通鉴长编》卷一百五十"仁宗庆历四年六月戊午引富弼条陈"。

大兵压境的南宋，这条原则依然没有改变，历朝天子都积极鼓励办学兴教。宋太宗就特别爱读书，太平兴国（976—984）间诏李昉、扈蒙、徐铉、张洎等人按照门类编群书1000卷，赐名《太平御览》；另撰野史传闻、小说500卷，名《太平广记》；精选前代美文1000卷，名《文苑英华》。太宗"日阅《御览》三卷"，如果当日因事耽搁，之后空暇时必补上，他尝言"开卷有益"，不以读书为劳苦之事，[①] 时人也以读书、教子为"至乐""至要"之事，[②] 宋代社会由此形成了浓郁的读书风气。

除了鼓励和发展教育事业本身，科举制度发展到宋代臻于成熟。与隋唐两代相比，宋代科举考试周期稳定，门槛也大大降低，几乎向所有阶层敞开，取士数量数百倍于前朝，对社会上的读书风气是一个强有力的刺激，也是宋代教育事业昌盛的前提。

然而这一政策能够取得实际成效，归根结底是因为宋代无论是官方还是民间都有着比其他任何朝代都更加雄厚的财力。

大多数时期，受教育一直是普通百姓可望不可即的。昔日孟子教导君主时，将"谨庠序之教，申之以孝悌之义"这句话紧接在"五十者可以衣帛""七十者可以食肉""数口之家可以无饥"之后，[③] 实际上也道出了一个事实：解决了温饱问题，才能谈兴学。

中国古代的官方教育，也就是所谓官学，在先秦时期就已经相当活跃，齐国都城临淄的稷下学宫一度盛况空前便是最好的范例。秦汉天下

---

① （宋）王辟之：《渑水燕谈录》卷六；（宋）李焘：《续资治通鉴长编》卷二十四"太平兴国八年十一月庚辰"同。

② （宋）刘清之：《戒子通录》卷六《教子语》。原文为："人生至乐，无如读书，至要，无如教子。"

③ 《孟子·梁惠王上》。

一统，官方办学第一次有了比较好的政治基础。从西汉中期开始，由中央官学和地方郡学、县学组成的多层次官学架构初显雏形，这无疑与汉武帝推行"罢黜百家，独尊儒术"的思想文化政策有密切关联。不过，一直到六朝时期，官办教育都是时断时续、不成体系的。大多数时候，朝廷层面的国子学和太学都不是很稳定，地方的郡学、县学则更加滞后，经常陷入有始无终、自生自灭的尴尬境地。

隋唐以后，天下再度统一，国力蒸蒸日上，各级官学也较历代显著进步和完善。这个阶段的一个重大变化是科举制度诞生并逐渐定型。由于教育历来与官员选举互为表里，因此官方和民间都有了推动官学进一步发展的动力。隋文帝时曾要求天下州县遍置博士，负责教育。唐朝建立后，朝廷诏令所有州县均应设立官学，并对其建制和教学内容等有过一些明确规定。[①] 由此，许多州学、县学进入了一段办学活跃期，"郡邑庙学大备于唐"[②]。然而，从隋唐到五代，朝廷对官学体系仍然缺乏一整套的制度性安排，加上唐朝中期以后中央权威失落，政局长期不稳定，天下再次四分五裂，各层次和不同地区的官学能办成什么样，说到底取决于一时一地的客观条件和主事者的投入程度，偶然性很大。

宋代在中国历史上第一次真正建立起了近乎全覆盖的完备的官办教育体系，它由不同层次不同种类的学校构成：位于这个体系顶端的，除专供皇族子弟就学的特殊的宗学外，最高层的是国子监管辖下的各类学校，如国子学、四门学、太学、弘文馆（广文馆学）、律学、武学等；次一层是朝廷各部门管理的专业类学校，如隶属于太医寺的医学、隶属

---

① 参见（后晋）刘昫等《旧唐书》卷四十四《职官志（三）》。
② （元）单庆修，徐硕编纂：《至元嘉禾志》卷七《学校》。

于太史局的算学、隶属于翰林院书艺局的书学、隶属于翰林院画图局（后升格为翰林图画院）的画学等。传世名画《清明上河图》的作者张择端，便是供职于翰林图画院的画师，徽宗宣和（1119—1125）年间曾任翰林待诏。上述三种学校都属国家级。在地方这一层级上，则有官办的州(府)学、县学。除此之外，各层次都有专司教导童稚的官办小学，它们多附于太学、州学或县学。

当然，这套堪称王朝时代最齐备的官方教育体系，也经历了很长时间的摸索、尝试和推广，才逐渐形成和完善。仅在北宋160多年间，由官方推动的大规模兴学热潮就有三次。

宋初因循旧制，沿用后周显德二年（955）设立的国子监，从太祖到仁宗初的60多年里，对国子监学舍做了多次增广，并制定实施了国子监的基本教学与考试制度。所谓国子监，既是朝廷负责教育管理的机构名称，"凡学皆隶国子监"，也是国家最高学府本身的名称。国子监里的"国子生"，都是皇亲国戚和朝廷官员的子孙，"以京朝七品以上子孙为之，初无定员，后以二百人为额"。①

立"太学法"，学校遍于四方

北宋第一次全国性的兴学办校热潮始于仁宗朝。"（仁宗）即位初，赐兖州学田，已而命藩辅皆得立学。"②

稍后的"庆历新政"极大地推动了兴教办学的发展。新政虽甫一发

---

① （元）脱脱等：《宋史》卷一百五十七《选举志（三）》。
② 同前注。

动便告失败，完全没有达到它所追求的政治目标，但仍产生了深远的历史影响。一种"以天下为己任"的士大夫自觉意识高扬，这是新政最重要的遗产，伟大政治家范仲淹厥功至伟。不论在朝廷中枢还是在地方州军为政，范仲淹都把兴学视作责无旁贷的使命。当然，兴学本身也是庆历新政的中心议题之一。

新政实施前后，范仲淹曾在广德军、兴化县、睦州、苏州、饶州、润州、延州、邠州等许多地方为官。所到之处，无不设县学、州学，建学宫、书院，还"以先生（指胡瑗）为吴兴学官，继移此邦"，四处延请胡瑗这样名满天下的道学家前往任教。[①] 他在自己的家乡苏州购置一块风水宝地后，首先想到的不是建宅子，而是造校舍，之后"（苏州）郡学既建，养士至百员，亦有自他郡至者……"[②] 在新政的一年间，范仲淹大力推动复设太学及州县学。庆历三年（1043），四门学设立，一年后，宋朝太学正式设立。所谓太学，与国子监的最大不同在于，它的生员多为平民子弟，"以八品以下子弟若庶人之俊异者为之"[③]。"庆历四年，诏诸路州、军、监各令立学，学者二百人以上，许更置县学。自是州郡无不有学。"[④]

按当时的官方规定，凡犯过罪、品行不端和曾经出家为僧道等的九种人不许入官学。[⑤] 也就是说，平民子弟未被拒于官学大门之外。虽然在公开文书中，"工商杂类"子弟也在上述九种之列，但有宋一代，商人、胥吏之子高中进士，成为高官或大学者的不在少数，说明这一条执行得

---

① （宋）龚明之：《中吴纪闻》卷二"安定先生"。

② （宋）龚明之：《中吴纪闻》卷五"王教授祭学生文"。

③ （元）脱脱等：《宋史》卷一百五十七《选举志（三）》。

④ （元）脱脱等：《宋史》卷一百六十七《职官志（七）》。

⑤ 参见（宋）施宿等《嘉泰会稽志》卷一。

并不严格。因此可以说，与之前的所有朝代相比，宋代太学及各级官学除实现了数量上的增长外，性质也发生了深刻变化，实际上已对社会所有阶层敞开大门，所谓广招"远方孤寒之士"①，一定程度上的确践行着"广开来学之路"②、"示国家育才之广"③的官方宣示。而在民间，"读书人人有分"④的理想尽管还没有完全落实，但已成为一种深入人心的观念。

有了办学的"硬件"基础后，范仲淹立即引胡瑗在苏州、湖州等地办学时的学规，定"太学法"。《文献通考》载："瑗在湖学，教法最备。始建太学，有司请下湖学，取瑗之法以为太学法，至今为著令。"⑤所谓"苏湖教法"，其特点是强调对传统儒家经典的自由论说并将之落实到为官和政事上，时人总结为"必以理胜"和"敦尚行实"两条，其亮点是"分斋"的教学法，颇具现代教育分科制之雏形。据《文献通考》载：

> 安定先生胡瑗，自庆历中教学于苏、湖间二十余年，束脩弟子（正式学生）前后以数千计……学中故有经义斋、治事斋。经义斋者，择疏通有器局者居之；治事斋者，人各治一事，又兼一事，如边防、水利之类。⑥

经范仲淹力荐，景祐（1034—1038）中，胡瑗本人以"白衣对崇政

---

① （清）徐松：《宋会要辑稿·职官》二八之四。
② （宋）潜说友：《咸淳临安志》卷十一《行在所录》。
③ （宋）王应麟：《玉海》卷一百十二。
④ （宋）施德操：《北窗炙輠录》卷上。
⑤ （元）马端临：《文献通考》卷四十二《学校考（三）》。
⑥ （元）马端临：《文献通考》卷四十六《学校考（七）》。

殿，授秘书省校书郎"①，皇祐（1049—1054）末，召为国子监讲书。嘉祐元年（1056）又以天章阁侍讲管勾太学，成为执掌太学之人。朝廷又召孙复、石介等知名道学家入国子监。北宋太学从此而兴，生员激增。"瑗既为学官，其徒益众，太学至不能容，取旁官舍处之。礼部所得士，瑗弟子十常居四五。"②

这里的"礼部所得士"，指在科举考试中进士及第者。讽刺的是，胡瑗自己连续七试不第，不惑以后索性放弃了科举之途，可谓典型的科考失意者。正如前引《文献通考》中论及，胡瑗开创"苏湖教法"，强调自由论说、学以致用，其"分斋"教学法将学生编入农桑、水利、国用、边事等实用性科目，常年进行专业性训练、研究和辩论，故而学生在进士科最重的"策论"一项考试中对试题的解题、分析和论述往往比普通士子更容易做到有的放矢，"故天下谓湖学多秀彦，其出而筮仕往往取高第，及为政，多适于世用，若老于吏事者，由讲习有素也"③。

在读书讲习之外，胡瑗还鼓励学生游历名山大川，了解民情，增长见识。他认为，"学者只守一乡，则滞于一曲，隘吝卑陋。必游四方，尽见人情物态，南北风俗，山川气象，以广其闻见，则为有益于学者矣"。他曾率江南弟子远赴数千里外的关中大地，登潼关、眺黄河、望华山……慨然叹曰："此可以言山川矣，学者其可不见之哉！"④因为论辩有素、学能致用，加之视野广博，他培养出来的学生"自后登科为

① （宋）龚明之：《中吴纪闻》卷五"王教授祭学生文"。
② （宋）李焘：《续资治通鉴长编》卷一百八十四"仁宗嘉祐元年十二月乙卯"。
③ （元）马端临：《文献通考》卷四十六《学校考（七）》。
④ （宋）王铚：《默记》。

大儒者，累世不绝"。北宋后期许多叱咤政坛的大人物，如威镇西北边关的滕元发、哲宗朝位至宰相的范纯仁（范仲淹之子）、神宗朝翰林学士钱藻（吴越王钱元瓘之玄孙），还有宋代著名水利专家刘彝等，年轻时都曾从胡瑗学。①

这一全国性办学兴教热潮奠定了宋代乃至后世历代官学的基础，一代伟人范仲淹和理学先驱胡瑗在其中发挥了中流砥柱的作用。宋代官学的出身实际上也决定了它一开始便与理学之间有着千丝万缕的内在联系。

欧阳修在为胡瑗所撰的《胡先生墓表》中写道："庆历四年，天子开天章阁，与大臣讲天下事，始慨然诏州县皆立学。于是建太学于京师，而有司请下湖州，取先生之法以为太学法，至今为著令。"②宋末元初的马端临也提及"至今为著令"，说明以胡瑗"苏湖教法"为蓝本的"太学法"自确立之时起就一直贯彻于太学的教学中，直至南宋灭亡。清人全祖望恰如其分地总结说：

> 会值贤者在朝，安阳韩忠献公（琦）、高平范文正公（仲淹）、乐安欧阳文忠公（修），皆卓然有见于道之大概，左提右挈，于是学校遍于四方，师儒之道以立。③

由于胡瑗在宋代办学兴教中的突出贡献和杰出成就，王安石称赞说

---

① （宋）龚明之：《中吴纪闻》卷二"安定先生"；（宋）曾敏行：《独醒杂志》卷三"刘彝治水"。
② （宋）欧阳修：《欧阳修全集》卷二十五《胡先生墓表》。
③ （清）全祖望：《鲒埼亭集·外编》卷十六。

"先生天下豪杰魁……文章事业望孔孟"①，文天祥更称他是"一代瞻仰，百世钦崇"②。由黄宗羲起笔，黄百家、全祖望等接续完成的《宋元学案》的首卷即《安定学案》，就是记叙和评述胡瑗的生平及其学术的，可见他在宋代学术传承中的崇高地位。

颁"三舍法"，京师至郡县既皆有学

熙宁（1068—1077）、元丰（1078—1085）年间，王安石变法启动，全国范围内掀起第二次办学高潮。当时开始推行的"三舍法"，本身亦是熙丰新法的重要组成部分。

> 元丰二年，颁《学令》：太学置八十斋，斋容三十人。外舍生二千人，内舍生三百人，上舍生百人，总二千四百。月一私试，岁一公试，补内舍生；间岁一舍试，补上舍生。……而上舍试则学官不与考校。公试，外舍生入第一、第二等，参以所书行艺与籍者，升内舍；内舍试入优、平二等，参以行艺，升上舍。上舍分三等：俱优为上，一优一平为中，俱平若一优一否为下。上等命以官，中等免礼部试，下等免解。③

所谓"三舍法"，是新法为太学创设的一种新制度，其核心内容就

---

① （宋）王安石：《临川先生文集》卷十三《寄赠胡先生》。
② （宋）文天祥：《胡瑗赞词》。
③ （元）马端临：《文献通考》卷四十二《学校考（三）》。

是将太学的生员分成"上舍""内舍""外舍"三等，根据定期考试的成绩来决定他们的升降、毕业或淘汰，很有一点现代教学的味道。上舍生顺利通过太学考试的，再分上中下三等，朝廷或直接任命官职，或相应免除其不同等级的考试。此后太学制度虽又屡有变动，但"三舍法"的框架都被保留了下来，成为宋代官学定制。周密《癸辛杂识后集》中有好几条关于宋代太学招生、考试、升降级、奖惩、放假、祭祀、授官以及典礼仪式等制度和风俗的记载，"谩言所知者数则于此"，相当详尽完备。[①]周密是宋末元初人，他不是史家，所以这些应不是转录自前人著述，而是他自己早年在太学的亲历亲闻。从他记录的内容来看，北宋中后期奠定的那套太学制度一直到 200 多年后的南宋末年依然执行得很好。哲宗元符二年（1099），"三舍法"又被推广到所有州学。

如果说庆历"太学法"确定了太学的教学和学术体制的话，熙丰年间的这次大规模教育体制改革则奠定了宋代太学的管理制度，扩大了太学以及诸州县学的规模，并从制度层面为各级官学的办学经费提供了保障。皇帝下诏，每年拨给太学 25000 缗钱，"又益郡县田租、屋课、息钱之类，以为学费"[②]。尤其难能可贵的是，虽然官方大规模增加诸路州府学，但在办学质量方面一点都不松懈。"是时大兴学校，而天下之有教授者只五十三员，盖重师儒之官，不肯轻授滥设故也。观其所用者，既是有出身人，然又必试中而后授，则与入馆阁翰苑者同科，其遴选至

---

① 参见（宋）周密《癸辛杂识后集》"成均旧规""光斋""诸斋祠先辈""学规""太学文变""两学暇日""祠神"。

② （元）马端临：《文献通考》卷四十二《学校考（三）》。

矣"①。就是说，在任用各级官学教授的时候，严格坚持宁缺毋滥原则，学问再好、名气再大的学者也必须待其进士及第并通过专门考试后才能正式被授予"教授"之职。所谓"馆阁翰苑者"，是专门给皇帝和朝廷起草诏书和文告的官员，通常年龄不大，资历也不深，但文采斐然。这些官员虽然品秩不高，但在官场中均享有较高清誉，欧阳修、司马光、王安石、曾巩以及苏轼、苏辙兄弟未入中书要职前都曾被授予过馆阁或翰林之职，这类馆阁职务往往是通往中书和枢密最高执政的重要阶梯。

就连竭力诋毁王安石变法，凡新法皆悖、逢安石必非的元代官修《宋史》，也以赞赏的口吻评价熙丰间的这次兴教办学高潮："神宗尤垂意儒学，自京师至郡县，既皆有学。"②

徽宗崇宁（1102—1106）间掀起了北宋最后一次，也是最大规模的一次办学热潮。崇宁元年八月，蔡京等言，"请天下诸县皆置学"③。同年，在元丰二年大规模扩招的基础上，太学上舍、内舍和外舍各增至 200 人、600 人和 3000 人。至此，太学生数量总计 3800 人④，这也是宋代太学规模达到的峰值。

> 仁宗庆历初，改锡庆院为太学，都下举子稍稍居之，不过数十人……至嘉祐中，孙复、胡瑗领教事……四方学者稍稍臻集。然熙宁之初，犹不上五百人，今乃千数人矣。⑤

---

① （元）马端临：《文献通考》卷四十六《学校考（七）》。
② （元）脱脱等：《宋史》卷一百五十七《选举志（三）》。
③ （清）徐松：《宋会要辑稿·崇儒》二之八。
④ 参见（宋）王栐《燕翼诒谋录》卷五"太学辟雍"。
⑤ （宋）张舜民：《画墁录》。

宋朝太学从仁宗庆历年始创，到徽宗崇宁年大成，一甲子间太学生人数扩招了百倍！"政和中，诏天下州县官皆带提举管勾学事……"[1] 也就是说，各层级地方政府的一把手都必须兼任本地区的教育主管。

经过这一轮兴学热潮，官学也基本上覆盖至全国所有州县。至此，中国历史上第一次建成了遍布京师、州府和县域的全方位、多层次的公办学校网络。

儒学并不是佛教和道教那样的宗教，没有专门的组织体系和神职人员，但为什么许多县城都有孔庙（夫子庙）？因为孔庙在古代是各级官学的一部分，它本是官学内部的祭祀场所。各地孔庙的形制大同小异，通常主殿"大成殿"正前方都有一个半月形水池，叫作"泮池"，系"泮宫之池"之意，是古代官学的标志；"泮池"上有石桥，称为"泮桥"；士子从桥上走过，入大成殿祭拜孔子，称为"入泮"，典出《诗经·泮水》。科举制度终结后，传统官学或废弛或改为新式学校，过去的祭祀功能不再必要，其中保存得比较好的孔庙，就演变成了今天祭祀孔子的场所。

另外，宋代民间私人出资办学校的情况十分普遍。这类"乡校""山学"有时也会被当地人直呼为"夫子庙"，平日里聚士讲学，逢春秋大典时则举办祭祀活动。[2] 承唐末五代之乱，到北宋初年，有些州县有官学却已无孔庙，有些州县则仅残存孔庙而无官学。自范仲淹大力推动州县兴学始，地方官学与孔庙合一的建制正式形成，并一直延续下来。[3]

在崇宁间的这次兴学高潮中，朝廷还对各级官学学生的选拔、考试、

---

① （宋）王明清：《挥麈前录》卷二。

② 参见（宋）龚明之《中吴纪闻》卷三"昆山夫子庙"；（宋）赵与时《宾退录》卷一。

③ 参见（元）俞希鲁纂《至顺镇江志》、（宋）凌万顷《淳祐玉峰志》、（宋）孙应时《琴川志》等。

淘汰等制度做了进一步细化，"三舍考选法乃遍天下。于是……学校之制益详"①。到北宋末年，太学、州、县学达到极盛。徽宗崇宁（1102—1106）、大观（1107—1110）间，全国24路共有各级官学生16.7万人②（一说为21万人或24万余人）③。

这期间还有一段插曲：在权相蔡京主导下，徽宗时代一度罢科举，朝廷用人完全从各级官学生员中选拔。崇宁三年（1104），"令州县学用三舍法升太学""诏取士皆从学校、三舍，废科举法"④。这大概是中国历史上自科举制度正式创立到1905年废除的1000多年里，在承平无事的年代，唯一由官方主动做出的停废决定，从中亦可见宋徽宗的行事风格：虽贵为天子，治国却如此率性！

科举制度毕竟历史悠久且行之有效。专由学校取士则带来了更多弊病：科举这座独木桥换成了学校，稍有点门路的人便想尽办法挤进官学，全国各级官学生员数量激增而学风日下，乃至堂堂太学里竟发生聚众斗殴甚至杀人案件。科举考试虽然教条僵化，但毕竟还有一个相对客观的标准，相比之下，学校取士的主观性强了很多，生员舞弊、官员寻租的空间委实太大了。因此，宣和三年（1121），上述制度被废除，悉数恢复为元丰旧制。

两宋许多有识之士指出，神宗时朝廷花如此大力气办学校，明显有为新法培养后备人才的初衷。太学教学奉王安石"新经"为圭臬，不得

---

① （元）脱脱等：《宋史》卷一百五十七《选举志（三）》。

② （宋）葛胜仲：《丹阳集》卷一。

③ 参见（宋）彭百川《太平治迹统类》卷二七《祖宗科举取人·徽宗》引罗靖《杂记》；（宋）章如愚《群书考索》后集卷二七《士门·学制类》；（清）黄以周等辑《续资治通鉴长编拾补》卷二十四。

④ （元）马端临：《文献通考》卷四十六《学校考（七）》、卷四十二《学校考（三）》。

稍有相异，因而背离了士大夫孜孜以求的自由讲学、广开言路的办学宗旨，而到了徽宗、蔡京时代，官办学校则完全走向了教育和学术的反面，成为利诱学者对当权者歌功颂德、钳制异论甚至打压迫害政治反对派的工具。这种批评或许隐含了一些党派门户之见，但鉴于北宋最后半个世纪党争的激烈程度、学校与选举的关联，学校卷入变法派与保守派之间白热化的政治斗争中也是难免的。马端临评论道：

> 熙宁之立学校，养生徒，上自天庠，下至郡县，其大意不过欲使之习诵新经，附和新法耳。绍圣、崇观而后，群憸用事，丑正益甚，遂立元祐学术之禁，又令郡县置自讼斋以拘诽谤时政之人。士子志于进取，故过有拘忌，盖言"休兵节用"，则恐类元祐之学，言灾、凶、危、乱，则恐涉诽谤之语，所谓转喉触讳者也，则惟有迎逢谄佞而已。[1]

重建南宋官学

宋室南渡后，"建炎初，即行在置国子监，立博士二员，以随幸之士三十六人为监生"，在战事仍炽、政局未稳时，即着手重建官学。[2] 据载，苏轼之孙，即其长子苏迈之子苏符，因能继承家学，被擢为国子监丞。绍兴八年（1138）高宗车驾自建康移抵杭州，又有人上书请求复建太学，被执政大臣以"戎事未暇"、朝廷财政捉襟见肘为由搁置。绍兴十二年

---

① （元）马端临：《文献通考》卷四十六《学校考（七）》。
② （元）脱脱等：《宋史》卷一百五十七《选举志（三）》。

（1142），"绍兴和议"达成，持续十五年的宋金战争终于有望止戈休兵，高宗乃正式下令复建太学，逾年建成。用的是不久前刚刚被杀害的岳飞故宅，位于临安众安桥以北的前洋街[①]，沿袭元丰旧制，"典章文物，悉袭汴京之旧"[②]。

此次建成的南宋太学最初规模远逊于北宋末年时，生员名额只有300人[③]，后增至1000人，到孝宗淳熙（1174—1189）、宁宗开禧（1205—1207）年间，又增至1700多人，其中上舍30人、内舍200人、外舍1400人，另有国子生80人。

关于南宋太学，坊间还有一则流传甚广的故事。据传太学动工兴建之初，每到开饭时间，工地上击鼓为号。一日，有个来自山东、姓刘的老头路过此地，他两眼全瞎，但耳朵特别灵，问道："这是哪里啊？刚才听到鼓声，官气甚旺。"旁人告诉他，这里正在建太学。老头脱口而出："如果这样，那么这里就算不会出宰相，也永无火灾。"太学建成后六七十年里，果然如此。[④]

这个故事还有另一个版本：临安太学选址完成后，有两个无名道士经过。一个先说："好一个去处，将来必出大魁，卿佐接踵，只恐不出

---

① 这条街至今仍存，是被称为"杭州第一大金融街"庆春路的中间一段。
② （元）陈基：《夷白斋稿》卷二十一《西湖书院书目序》。
③ 关于南宋太学最初的生员名额，《建炎以来朝野杂记》的记载为："绍兴中，诏以七百人为额，正舍生三十员，内舍生百员，外舍生五百七十员。"《宋史》里也说，"上舍生三十员，内舍生百员，外舍生五百七十员"，总计正好七百人，似乎因袭了《建炎以来朝野杂记》。我们这里从《咸淳临安志》中的说法，即只有三百人。另，《宋会要辑稿·崇儒》一之三五也有载，临安府奏报："根括到本府城外居民冒占白地钱，月得二千八百余贯，欲充太学养士之费，若以三百人为额，除телесные故外，可以足用。"又，《梦粱录》卷十五"学校"条也说："绍兴年间，太学生员额三百人，后增置一千员，今为额一千七百一十有六员……"后两者都证实了三百之数。
④ 参见《康熙钱塘志》《古今图书集成》。

宰相耳！"另一个笑着说："若向东一处，却大胜此，状元、宰相皆有之。"这话传到朝廷，但当时太学房舍的设计图纸和营建规划都已做好，不可能再更改了，于是便用第二个道士所指的那块地址建了贡院。此后近六十年，历经十八榜科试，从太学出来的进士及第者近两千人，官居一品到两院（中书省和枢密院）执政者不可胜数，宰相却一个也没有，凡太学出身者如有将要提拔成宰相的，临到拜相之际，都会遭遇不测。据说，南宋前期的黄洽、中期的陈自强、后期的郑清之等都曾有过相似的厄运。[①]

这些当然都只是讹传而已，并不可信。事实上，陈自强和郑清之分别于嘉泰三年（1203）和绍定六年（1233）拜相，后者还曾二登相位。此外，由于临安人口密度极大，南宋150余年间火灾频发，仅《宋史》中有记录的即有40多次，其中烧毁上万间房屋的特大火灾也有四五起，在某一场大火中，太学府第中轴线上最重要的棂星门都被焚毁了。[②]

更有人传，临安太学曾占过一卦，卦上说："此非宴游之地，乃是多文之所。"后来太学里从未见到过有燕（宴）子来筑巢，而蚊（文）子却比其他地方都多！[③] 这大概是因为南宋末年奸臣当道，阿谀逢迎的小人充塞朝堂，品学兼优的贤者无处容身，老百姓借燕子和蚊子来表达对高洁之士的惋惜和对那些没有骨气的读书人的鄙夷吧。

撇开这些是是非非不论，经过100多年积淀，到南宋末年，临安太学已是名副其实的天下第一学府。其"规模宏阔，舍宇壮丽……朝家所给学廪，动以万计，日供饮膳，为礼甚丰……于此见朝廷待士之厚，而

① 参见《宋历科状元录》。
② 参见（宋）张端义《贵耳集》卷中。
③ 同前注。

平日教养之功，所以为他日大用之地也"①。宋亡，太学废，元朝以后原址改建为西湖书院，一缕学脉绵延不绝。②

除了由太学、州（府）学和县学构成的综合性官学体系，宋代官方还尝试建立一种前代所无的相对完整的专业性学校体系。

宋初国子监里有专门培养军事人才的武学和培养法律人才的律学（亦称法学），为此设置了教授；仁宗时，因为对西夏用兵频繁而急需军事人才，复置武学，律学也再次设立，但都时兴时辍。神宗熙宁五年（1072），枢密院请建武学，生员以百人为额，并设兵法、弓马、武伎等课程；徽宗崇宁间，各州也纷纷开办武学；熙宁六年（1073），恢复律学，并以额外加分鼓励太学生兼习。医学也是在神宗时期建立的。崇宁三年（1104）以后，又陆续建立算学（包含算术、天文和历法等科目）、书学、画学。不过，律学生员没有定额，而其他杂学则大多废置无常，学生的待遇也比太学"三舍生"相应低一个等级。

这些专业性官办学校在南宋绍兴（1131—1162）间大多得到重建，或许是因为南宋由始至终都比北宋面临更大的军事压力，武学尤其受到重视。绍兴十六年（1146），也就是太学重建后第四年，朝廷下令复建武学，地址就在太学同街东邻，各种学规体例也都照搬太学成制。

宋代官办教育最富特色的是小学和宗学。

从仁宗朝开始，官府就开始兴办小学，专门对8岁至12岁的孩童

---

① （宋）吴自牧：《梦粱录》卷十五"学校"。
② 参见（元）陈基《夷白斋稿》卷二十一《西湖书院目序》。

进行启蒙教育。苏东坡曾自述8岁入小学。①神宗元丰年间推行"三舍法"，太学第一次设立附属小学，并专置小学教授；哲宗时在京城建立独立小学，分"就傅""初筮"两斋；至徽宗朝，全国大多数州县均已设有官办小学；政和四年（1114），京城小学生有近千人，也像太学一样，分十斋授受不同学问。②从文献记载看，有宋一代出过很多神童，王禹偁、孔文仲、黄庭坚等人皆是七八岁即能吟诗作文。朝廷为选拔聪颖的儿童，从太宗朝起便专设童子科。登童子科而被赐出身、授官者，300多年间加在一起至少有四五十人，其中最出名的如杨亿、宋绶、晏殊等，后来都成为一代名臣、大文豪。说到底，这正是宋代大力兴办小学，儿童入学受教育比例高的结果。

所谓宗学，亦称"宗子学"，顾名思义，是专门面向皇族子弟的学校。北宋时，朝廷对宗子管束甚严，限制他们入朝为官，特别是担任实职，代之以优渥的待遇鼓励他们从事各类文化、学术、艺术活动。宗学就是专门培养宗子的学校，它也像武学、律学一样很早就有，但也同样废置无常。早期的宗学更像后来太学和州县学附设的小学，宗室子孙"自八岁至十四岁皆入学"。熙宁十年，正式制定《宗子试法》；崇宁初，东京和南京③皆置敦宗院，负责宗子的学习教育。南渡后，绍兴十四年（1144）建宗学，分"大学"和"小学"两部分，"大学"50人，"小学"40人，职事各5人，总计100人。④

---

① （宋）苏轼：《东坡志林》卷六"道士张易简"。
② 参见（清）徐松《宋会要辑稿·崇儒》二之二二。
③ 即应天府，是北宋安置宗室最多的地方。
④ 参见（元）马端临《文献通考》卷四十二《学校考（三）》、卷四十六《学校考（七）》;（元）脱脱等《宋史》卷一百五十七《选举志（三）》。

临安城内宗学所在的那个街坊，在太学和武学南边一点，北宋时称"官巷"，南宋因设宗学于此，改名为"睦亲坊"，但不知为何民间把它叫作"狗儿山巷"。到了明朝，于宋宗学旧址上建浙江按察使衙署，因大门前有两块牌坊，其一上书"弼教"二字，故这里后又名"弼教坊"。[①]

实际上，真正体现宋代官办教育实力和成就的，并不是这些"国家级"学府，甚至也不是规模宏大的太学，而是遍布全国各州县的地方官学网络——基本盘足够大，顶端才有可能人才辈出。经过北宋中后期100来年的持续努力，整个国家终于建成了一套完备的官方教育体系。

由于有政府大力资助，各级官学的经费多很充裕。太学固不必言，州县学也不遑多让，不但有学舍供学生住宿，还有学田及出租房廊的收入作为学校经费。据北宋大观（1107—1110）年间的统计：全国各州县学共有校舍9.5万余楹；校产中有学田11.6万顷，房廊15.5万余楹；年收入30.6万贯，支出26.8万贯；粮食年收入64万斛，支出33.8万斛。如此优渥的办学条件让宋代官学生丝毫不必操心生计，他们生活、学习的费用全由官府包下来。北宋末年，太学内舍生每人每月总计补钱1300文，外舍生1240文。凡州学上舍生入贡京城太学，差旅食宿开支朝廷也全数报销。州县学的学生补助没有全国统一标准，视各地财力而定。除了这些，官学生还享受豁免徭役的优待。按崇宁二年（1103）的规定，所有州县学生可免除本人徭役，太学内舍生可免除全家户役，上

---

① 参见（宋）李心传《建炎以来朝野杂记》乙集卷十五"宗学博士"；（宋）佚名《两朝纲目备要》；（明）田汝成辑撰《西湖游览志》卷十三《衢巷河桥》。

舍生则享受有在朝品官的"官户"免役待遇。^①

南渡后，江南地区不但继续承担经济中心的使命，还一变为国家的政治中心，教育事业更加兴旺。以当时全国最为富庶的两浙路为例，到南宋中期，不但州（府、军）学早已普及，而且县学"总数达到76所，占全地区80个县的95%"，"不少州县学规制宏大、体制完备"。史载，在临安城外的余杭县，县学生每人每日可得大米2升、钱24文，几乎赶上了太学生待遇，足见地方官府对教书育人的重视。^②

在宋代，天下众多学子第一次圆了"两耳不闻窗外事，一心只读圣贤书"的梦想，而尊师重教的氛围也在经济发达的东南沿海扎根并一直延续至今。

二、天下四大书院

未有州县之学，先有乡党之学

宋代在中国古代教育史上留下了更值得书写的遗产，即私学的大规模兴起和制度化。宋代私学远比州县官学更发达、更普及，也更持久和稳定。

---

① 参见白寿彝总主编，陈振分册主编《中国通史》第七卷《中古时代·五代辽宋夏金时期（上）》，第984—989页。
② 参见陈国灿主编，陈国灿、姚建根著《江南城镇通史（宋元卷）》，第252—255页。

是时未有州县之学，先有乡党之学。盖州县之学，有司奉诏旨所建也，故或作或辍，不免具文；乡党之学，贤士大夫留意斯文者所建也，故前规后随，皆务兴起。后来所至，书院尤多，而其田土之锡，教养之规，往往过于州县学，盖皆欲仿四书院云。[1]

"有司奉诏旨所建"与"贤士大夫留意斯文者所建"的主体性和出发点都不同，所以"乡党之学"往往能够"前规后随"，而"州县之学"总是"或作或辍"。马端临的观察和评论是很到位的。事实上，庆历新政后朝廷和各地官府所兴之官学，有许多原本就是在私学的基础上发展起来的。宋代所确立的私学模式，也成为 19 世纪末西式现代教育体系引入之前中国教育的基石，其影响持续了近千年。

历史上，独立于官府之外的私学可谓源远流长。西周时代，政学一体，官府垄断了一切教育，公卿、士人等贵族阶层之外的庶民几乎不可能有受教育的机会。平王东迁后，天子权威失落，伴随着政治权力越来越多转到诸侯、大夫和士人手里，"天子失官，学在四夷"的新局面出现了。于是，春秋战国开始，诸子百家登场，私学勃兴，"有教无类"渐渐成为新的教学标准。有史以来首个创办私学并取得不朽成就的人，无疑是孔子，所以后人尊称他为"至圣先师"。

因为教化直接关乎礼乐政事，所以经历春秋战国时代的短暂活跃期以后，私学在大一统王朝建立后总是饱受钳制，甚至断续遭禁。但诸子

---

[1]（元）马端临：《文献通考》卷四十六《学校考（七）》。

百家留下的这一光辉传统还是顽强地延续了下来，直到书院这种形式的诞生，把民间私学推向发展和成熟阶段。

唐代以前的私学，都是大家族的门第教育和家学传承，这与两汉魏晋南北朝时代士族门阀主导政治秩序的社会结构相辅相成。那时也有一些私人聚徒讲学，汉代著名经学家马融、郑玄便是这类私学中的翘楚。所以有现代学者认为东汉时开始出现的"精舍"和"精庐"之类聚徒讲学之所，是书院的起源或前身。然而客观地说，隋唐以前，不论是私人讲学还是门阀家学，都只是个体行为，缺少制度性的载体和安排。

"书院"这个名称在历史上首次出现，当是在唐玄宗时。开元六年（718），朝廷设丽正修书院；十三年（725），改称集贤殿书院。不过，唐朝的官办书院只是藏书与修书场所。按《唐六典》所载，其功能应该是"掌刊缉古今之经籍，以辨明邦国之大典，而备顾问应对。凡天下图书之遗逸，贤才之隐滞，则承旨而征求焉"①，其实就是现代的国家图书文献资料馆，可能还带有一些中国科学院的功能。清代文人袁枚在《随园随笔》中所言代表了大多数学者的共识："书院之名起唐玄宗时，丽正书院、集贤书院皆建于朝省，为修书之地，非士子肄业之所也。"②

衡阳石鼓书院由唐宪宗元和（806—820）间衡州（今衡阳）当地一个名叫李宽的处士所建，原来是座道观，李宽在此读书，"乃改道院为学舍，其后因之立学"③。清代洋务派先驱、中国首位驻外使节、湖南人

① （唐）李林甫：《唐六典》卷九"集贤殿书院"。
② （清）袁枚：《随园随笔》卷十四。
③ （清）罗庆芗修，彭玉麟纂：《同治衡阳县志》卷七。

逝去的盛景：宋朝商业文明的兴盛与落幕

郭嵩焘曾说，"书院之始，当唐元和时，而莫及衡州之石鼓"①。李宽，文献中亦有记为"李宽中"的，可能"宽中"是他的字。

到唐代后期，这类私人创办的书院已为数不少。有今人统计，目前可以确定建于唐代的书院共有 34 所②；光《全唐诗》中提到的书院名字就有 11 个③。不过，虽然不能完全排除其中有个别已具备零星的教学功能，但它们绝大部分都还只是个人藏书和攻读治学之所，谈不上是教学机构。

史上第一家真正意义上的书院，是被后世称为"天下第一书院"的庐山白鹿洞书院的前身——"庐山国学"，亦称"白鹿国学""白鹿国庠"，始建于南唐。作为与官学并立的私人学校，书院萌芽于唐末五代，而其真正勃兴是在北宋，完备则要留待南宋。明代东林党领袖之一，与顾宪成、赵南星号为"东林三君"的邹元标总结说："书院，古未有也。有宋诸大儒出，阐明圣绪，如白鹿、鹅湖、石鼓、岳麓皆其过化名区，后踵其迹者，书院遂遍域中，亦仿党庠塾序余意，辅学政之所未逮云。"④

经过唐末五代之乱，官学弛废，规模较大的私学为适应士子求学之需应运而生，书院由是得以迅猛发展。宋初已相继涌现出一批知名的书院，如庐山白鹿洞书院、登封嵩阳书院、应天府睢阳书院、潭州岳麓书院、江宁茅山书院，还有前述衡州石鼓书院等。

这些书院在培养士人和传播学术上声名鹊起，加之宋代统治者厚待

---

① （清）郭嵩焘：《新建金鄂书院记》。
② 白新良：《中国古代书院发展史》，天津大学出版社，1995 年，第 3 页。
③ 朱汉民、李弘祺主编：《中国书院》，湖南教育出版社，1997 年，第 4 页。
④ （明）邹元标：《愿学集》卷五。

文士，希望书院有补于国家政事，私学也因此引起朝廷重视，获得大力扶持和资助。除了赠钱赠物，历朝天子还会向一些名气较大的书院赐书、赐额，偶尔也亲自召见书院山长（相当于现在的校长），这自然又让这些书院名声大噪，引来更多士人的注目。

宋朝初年即赐额于石鼓书院，太宗太平兴国二年（977）又赐敕额；同年，诏赐国子监所藏《九经》于白鹿洞书院；真宗大中祥符二年（1009），诏赐额于应天府民间讲学之所，钦赐名应天府书院；大中祥符八年（1015），又赐额于潭州岳麓书院；仁宗即位之初，先后赐学田于兖州等地。[1]

南宋著名理学家吕祖谦在应朱熹之请而作的《白鹿洞书院记》中写道：

> 国初，斯民新脱五季锋镝之厄，学者尚寡，海内向平，文风日起，儒先往往依山林，即闲旷以讲授，大师多至数十百人。嵩阳、岳麓、睢阳及是洞为尤著，天下所谓四书院者也。祖宗尊右儒术，分之官书，命之禄秩，锡之扁榜，所以宠绥之者甚备。[2]

可见，后世天下闻名的大书院都是宋初在朝廷的直接关心和支持下奠定基业的。"右宋兴之初，天下四书院建置之本末如此。此外则又有西京嵩阳书院，赐额于至道二年；江宁府茅山书院，赐田于天圣二年。"[3]

---

① 参见（元）马端临《文献通考》卷四十六《学校考（七）》。
② （宋）吕祖谦：《东莱集》卷六。
③ （元）马端临：《文献通考》卷四十六《学校考（七）》。

马端临和吕祖谦都提到，宋初天下即有"四书院"之说。这以后，中国古代"四大书院"的美名尽人皆知，延续至今。但若仔细对照，两者列出的"四大书院"是略有些不同的。吕氏的"四书院"是嵩阳、岳麓、睢阳和白鹿洞，而在比他晚了110多年的马氏那里，石鼓书院代替了嵩阳书院。

关于"四大书院"究竟应当谁属这个问题，历代学者从没有停止过争议，直至今日仍众说纷纭。事实上，最早提出"四书院"之说的可能是南宋诗人范成大。在乾道九年（1173）游衡山、瞻仰石鼓书院后作的《石鼓山记》一文中，他写道："天下有书院四：徂徕、金山[①]、岳麓、石鼓。"与吕祖谦和马端临的又不同！吕祖谦《白鹿洞书院记》作于淳熙六年（1179），也就是书院经朱熹重建后重开第二年，距离范成大写《石鼓山记》仅过了六年，可见时人对"天下四大书院"究竟是哪四家，看法一开始就不一致。此外历史上还有"三大"和"五大"之论，明清以后，更有人把东林书院和鹅湖书院纳入"四大"之列。

之所以会出现这样的情况，一个很重要的原因或许在于，靖康后，北方沦陷，地处洛阳的嵩阳书院和地处应天府的睢阳书院已不在宋人控制之下，时间一久，人们的记忆就不再那么亲近。有鉴于此，清代学者全祖望又把"四大书院"进一步区分为"北宋四大书院"和"南宋四大书院"。在他看来，前者当从吕祖谦之说，为嵩阳、岳麓、睢阳、白鹿洞；后者则应是岳麓、白鹿洞、丽泽、象山。[②]他把丽泽书院和象山书院列入"南宋四大书院"，或许是在向吕祖谦和陆九渊两位前辈大学者致敬。

---

① 即马端临所说的江宁府茅山书院。
② （清）全祖望：《鲒埼亭集·外编》卷四十五。

总体上看，吕祖谦的"天下四书院"名单在随后几百年里得到了比较多的响应。1998 年春，国家邮政局发行"四大书院"纪念邮票也是以它为准。

四大书院

　　令很多人不解的是，"四大书院"纪念邮票的首发仪式被安排在了河南商丘，而非蜚声海内外的白鹿洞书院所在地庐山或岳麓书院所在地长沙。这与应天府书院在中国书院制度形成初期的北宋的特殊地位有关。

　　在"四大书院"中，睢阳书院的历史可以追溯到后晋。宋真宗大中祥符二年（1009），正值睢阳书院办学事业蒸蒸日上之时，学院的所有者、当地富人曹诚呈请朝廷，愿将书院献给国家。曹诚之所以这么做，可能是为了呼应当时本地政治地位的提升。

　　商丘古称宋州，春秋时的宋国就在这片地方。宋人是殷商后裔，以精通古老的礼仪典章著称，孔子的祖先实际上就是宋国人，故有"而丘也，殷人也"之自述。宋朝之得名，正源于这个地名中的"宋"字。宋太祖赵匡胤"黄袍加身"之前曾担任后周的归德军节度使，其制所就在宋州。也就是说，这里是大宋"龙兴之地"。帝位传至第三代皇帝真宗时，他觉得宋朝之立是应天顺时之德，于是在景德三年（1006）把这里改名为"应天府"。曹诚献学时，真宗正痴迷于"祥瑞""天书"，甚至年号都改成了"大中祥符"。曹诚的举动自然让皇帝龙颜大悦，真宗于是大力表彰了他，并赐额"应天府书院"。

　　到大中祥符七年（1014），应天府的地位进一步上升，被朝廷正式确定为"南京"，即古老的"东京"开封、"西京"洛阳之外的第三京。

当时洛阳作为西京，设有一些不掌握行政权力的国家机构，仁宗景祐元年（1034），建在洛阳的河南府学"诏改为西京国子监，以为优贤之所"①。应天府既为南京，当然也应有类似的"国字头"学府，因此，到仁宗庆历三年（1043），应天府书院又改为"南京国子监"，同时兼为当地府学，故而后来它也经常被称为"南都学舍""南都学院"。如此，应天府书院便成了宋代所有书院中政治地位最高也最特别的一所，它是中国古代唯一升级为国子监的书院。②"天下庠序，视此而兴"③。

不过，应天府书院得以雄踞"天下书院之首"，靠的不是权力背书，而是过硬的教学和学术实力，它的脱颖而出，离不开一个我们熟知的名字：范仲淹。

范仲淹弱冠之时曾就学于睢阳书院，他在此苦读时，"五年未尝解衣就寝"④。天圣四年（1026），范仲淹因丁母忧而住在商丘，时知应天府的大词人晏殊得知后，立刻延请这位蜚声天下的名士来执掌应天府书院。晏殊后来官居宰相之位，范仲淹一度是他的副手，"终身以门生事之（殊）。后虽名位相亚，亦不敢少变"⑤。晏殊行事明哲保身，但"文章擅天下，尤喜为诗，而多称引后进，一时名士往往出其门"⑥。不只范仲淹，欧阳修、韩琦、富弼（公之婿）、孔道辅（孔子第四十五代孙）、吕公著、王

① （宋）王栐：《燕翼诒谋录》卷五"西京国子监"。
② 参见韦力《书院寻踪（下）》，上海人民出版社，2020年，第512—517页。
③ （宋）范仲淹：《范文正公文集》卷七《南京书院题名记》。关于宋城富人曹诚"捐私钱建书院城中"以及后来真宗赐额"应天府书院"、仁宗朝升其为"南京国子监"的这段事迹，还可参见（宋）徐度《却扫编》卷上、卷中的相关记载。
④ （宋）朱熹：《五朝名臣言行录》卷七。
⑤ （宋）叶梦得：《石林燕语》卷九。
⑥ （宋）陈鹄：《西塘集耆旧续闻》卷九。

安石等许多北宋中期的杰出人物都曾受过晏殊的帮助。近百年后，同为词人的叶梦得推崇晏殊"喜推引士类，前世诸公为第一"①。在范仲淹之前，晏殊已经请来当地名士王洙主持应天府书院，令这里面貌一新，而范仲淹的到来，则将应天府书院提升到了历史性的高度。

在范仲淹的努力下，应天府睢阳书院培养了一大批国家栋梁之材：欧阳修、石介、王安石、曾巩、张载……一颗颗中国历史上的璀璨明星从这里冉冉升起。

与史上那些知名书院一样，坐落于风景秀丽的河南登封太室山麓的嵩阳书院，前身也是佛寺，据说可以追溯到北魏时期，隋唐时又改为道观。五代中后唐清泰（934—936）年间，学者庞式、舒元和道士杨纳等人在此地聚课授徒。后周显德二年（955），周世宗将当时的嵩阳观改建为儒生讲学读书之所，诏名"太乙书院"，这就是嵩阳书院的前身。②

入宋后，至道元年（995）和大中祥符三年（1010），太宗和儿子真宗曾两度颁赐皇家御藏的儒家《九经》和子史诸书，嵩阳书院由此名声大噪。北宋前期一批著名人士如吕蒙正、赵安仁、钱若水、陈尧佐、杨偕、滕子京等，皆出于此。后来，范仲淹、韩维、司马光、程颢和程颐兄弟等都曾担任过书院的讲师，"程朱理学"的宗师程颢亲自为嵩阳书院制定学制、教养、考察等规条。从这里走出来的著名学生还有范纯仁、杨时、邵伯温、吕大临等，他们的成就让嵩阳书院得以跻身"天下四大书院"之列。③

---

① （宋）叶梦得：《石林燕语》卷九。

② 官嵩涛：《嵩阳书院》，当代世界出版社，2001年，第5页。

③ 官嵩涛：《嵩阳书院》，第5—6页。

王安石变法期间，朝野上下最有名望的旧党人士齐聚西京洛阳，其中也包括向宋神宗自求外放修史的司马光，他被当时主持嵩阳书院的程颢邀请前来讲学。据说，《资治通鉴》第9卷至第21卷就是在这里写成的。[①]这段时间，作为当时的学术重地，嵩阳书院一举成为天下瞩目的反变法思想理论和舆论中心。

　　13世纪上半叶蒙金战争期间，嵩阳书院毁于兵火。直到300年后的明朝嘉靖年间，书院才得以重建。

　　在南宋以及后来的理学家心目中，嵩阳书院之所以分外亲切，地位神圣，是因为这里曾是程颢、程颐兄弟讲学的主要场所。二程的老家在洛阳，因而嵩阳书院也是道学特别是洛学（二程之学）发展和传播的基地。元丰（1078—1085）年间，二程在此地讲学时曾亲手栽种多株槐树和柏树，据说有一株古槐迄今依然存活着[②]，象征着穿越千年延续至今的一缕学脉。

　　相比中原故地这两家地位崇高的书院，"四大书院"中位于南方的两家成就和名气要大得多。事实上，现存的著名书院十之八九在南方地区，与两宋之交国家经济文化重心南移的趋势是一致的。

　　如果去长沙，游客一定不会错过岳麓书院。它那扇不算雄阔的大门上高挂了几百年的两行大字——"惟楚有材，于斯为盛"，成为三湘大地上所有人充满骄傲的自我认同。

　　按正史记载，岳麓书院是时任潭州知州的朱洞在宋太祖开宝九年（976）创建的。但从南宋淳祐（1241—1252）年间岳麓书院副山长欧阳

---

①　宫嵩涛：《嵩阳书院》，第7页。
②　宫嵩涛：《嵩阳书院》，第63页。

守道的记述看，书院的起源似乎要更早。这里原来也是一座佛寺，建于唐玄宗开元（713—741）间。到唐末五代时，有智璇等两个僧人深感"湖南编户，风化凌夷，习俗暴恶，思见儒者之道"[1]，于是辟出地方，建造房舍，请来儒生士大夫在这里讲学，并让自己的徒弟远赴京城买来书籍经典，以图更化当地民风。后来朱洞任太守时将二僧所办的学舍改成一家正式的书院，但规模有限，仅有讲堂 5 间，斋舍 52 间。朱洞离任后，书院得不到官府的支持，很快又衰败下去。

宋真宗咸平二年（999），当时的潭州太守李允二度扩建书院。据说，真宗也曾在那时赐书于书院，同意进一步扩大规模，在湘江西岸别建湘西书院。

但岳麓书院真正崭露头角，是在十年后周式主持时，他是岳麓书院史上第一位留下姓名的山长。大中祥符元年（1008），周式得到时任知州刘师道的支持，第三次扩建岳麓书院。在他的努力下，书院进入它在整个北宋时期的高光时刻。周式的办学事迹甚至传到了皇帝那里。大中祥符八年（1015），真宗亲自召见周式，不但大加嘉许，还授他国子监主簿之职，令其留在朝廷，为国家办教育。

北宋初年朝廷曾以嘉许、颁额、赐书、拨田的方式对不少民间书院表示过支持，但皇帝亲自接见书院山长，还对他封官许爵，这样的至高礼遇，唯有岳麓书院享受过。而且，岳麓书院不像距开封很近的应天府书院和嵩阳书院，它远离当时的政治中心，能获得如此嘉许，可见一定办得风生水起，享誉海内。周式对留在皇帝身边当官并无兴趣，坚辞不就，

---

[1] （宋）欧阳守道：《巽斋文集》卷七《赠了敬序》。

真宗无奈之余，感动于他的执着兴教之心，乃向周式赠对衣鞍马和内府书籍，还赐予亲书"岳麓书院"之额。今天书院内还存有一块"岳麓书院"刻石，刻于明代，就是宋真宗的手迹。①

前述史上第一家真正意义上的书院，是位于庐山的白鹿洞书院，它也是今天大多数中国人心目中真正的"天下第一书院"。不过，它的夺魁，主要原因不在于建成时间早，而在后来的成功，尤其是它与理学圣人朱子的关系。

白鹿洞书院的缘起也是在唐朝，唐德宗贞元（785—805）间，洛阳人李涉、李渤兄弟在此隐居读书。凑巧的是，后来李渤担任过江州刺史，江州就是现在的九江，庐山为江州所辖。大诗人白居易出任杭州刺史时，从长安出发，途经江州时在此地逗留，并与时任刺史李渤见面，两人有诗相酬。白居易留下的《再过江州题别遗爱草堂兼呈李十使君》一诗中提到了白鹿洞，这是史上"关于白鹿洞的最早的文献资料之一"。"遗爱草堂"是当年白居易被贬谪为江州司马时的旧居，不朽名篇《琵琶行》正是在这里写下的，李十使君便是李渤。②

只是这里并没有一个山洞，有没有过白鹿也很难说，为什么会被称为"白鹿洞"，各种说法莫衷一是。反正在唐朝时，这里已有"白鹿洞"之名，但还没有一家书院。

南唐升元四年(940)，李氏朝廷相中了这块地方，在此建"庐山国学"，学界普遍认为这才是白鹿洞书院的真正前身。相对而言，南唐是整个五代时期社会稳定、文化事业也最繁荣的地区。庐山是南唐君主李璟的发

---

① 参见陈谷嘉主编《岳麓书院名人传》，湖南大学出版社，1988年，第3—5页。
② 参见李才栋编著《白鹿洞书院史略》，教育科学出版社，1989年，第16页。

迹之地，所以"庐山国学"一开始就是"国家级"的学府，它的地位堪比都城金陵秦淮河畔的南唐国子监。李璟、李煜父子二人是中国历史上赫赫有名的大词人、文学家，在他们的大力倡导下，"庐山国学"一时成为江南地区的文化学术中心，也是五代时期一所天下闻名的学府。

太平兴国二年（977），时任江州知州周述向朝廷汇报了"庐山国学"的办学情况，并请求朝廷赐书于书院，这时距宋灭南唐已近两年。太宗诏赠国子监刻印的《九经》等书籍，"驿送至洞"。白鹿洞书院由此登上历史舞台。

书院遍域中

除了上述"四大书院"，北宋前期比较出名的书院还有石鼓书院，以及华林、稽山等书院，都在南方。

其中，位于江西的华林书院初创于南唐，扩建于宋太宗雍熙（984—987）初年。淳化五年（994），它的主事者、曾在宋初任国子监主簿的胡仲尧派其弟胡仲容来朝向皇帝贺寿，太宗特授其秘书省校书郎，赐袍、笏、犀带，又以御书百轴赐之[1]。华林书院以藏书丰富而著称，是一家以培养文学人才为目标的书院，晏殊、苏轼、杨万里、黄庭坚等北宋大文学家都曾在此讲过课。华林书院还是一家招收女学生的书院[2]，这是1000多年中国书院史上极罕见的。

石鼓书院虽是有史可考的民间第一家书院，但它的真正兴起要晚于

---

① （宋）王禹偁：《小畜集》卷十九《诸朝贤寄题洪州义门胡氏华林书斋序》。
② 参见韦力《书院寻踪（下）》，第465—466页。

上述几家大书院。景祐二年（1035），宋仁宗应衡阳郡守刘沆奏请，向石鼓书院赐额，同时赐学田五顷。此举让它获得了与应天府、嵩阳、岳麓和白鹿洞等书院平起平坐的地位。

位于绍兴的稽山书院，因明代心学大师王阳明曾在此地讲学而出名，王阳明本人就是绍兴人。其实，稽山书院也是宋代建立的。仁宗宝元二年（1039）至康定元年（1040），范仲淹知越州，创建了稽山书院，书院一时十分兴旺。南宋孝宗乾道六年（1170），朱熹也曾来此讲学。

纵观中国中古以后出现的意义重大的新制度、新风俗和新事物，我们会发现一条清晰的脉络：它们大多孕育于魏晋南北朝，诞生于隋唐，嬗变于五代，成长结果于宋代。城市如此，工商业如此，市舶贸易亦如此。科举制度和书院形态则是这些新制度和新事物中最具标志意义的。宋末元初大儒吴澄总结说："书院之名何始乎？肇于唐，盛于宋。"[1] 从这个意义上看，所谓"唐宋变革"期的时间跨度可能需要拉得更长，整个过程也更复杂。我特别想要指出的是，在这个历时近千年的漫长过程中，看似稍纵即逝且混乱不堪的五代是一个不容低估的重要阶段。许多在隋唐时期首次出现的事物，往往经过五代时期的发酵，发生了根本性的改变，最终在宋代绽放并臻于成熟。

书院正是这样。不过总体上说，北宋朝廷将兴教办学的重点放在官学上，迅猛扩张的官学吸纳了大量读书人，因此，即便得到了国家的支持，终北宋一代，书院的发展仍是相当有限的。有人统计，北宋时期建立的

---

[1] （元）吴澄：《吴文正集》卷二十三《鳌溪书院记》。

书院总数共有 37 所。其中规模最大的应天府睢阳书院,在真宗时有房舍 150 间,可容纳学员数百人。

此外还须看到,北宋时期的民间书院在朝廷三次兴学的热潮中有不少被改造而纳入官学系统。最典型的当数应天府书院,既为"南京国子监",显然已是名副其实的官学了。衡州石鼓书院也是在皇帝赐额后的第二年,即"景祐三年,诏许衡州立学。自是为学官,书院因废不别建"[①]。岳麓书院因潭州当地官员采取了变通之法而保持了私学的属性,但也被整合进了官学体系中。熙丰间朝廷力推"三舍法"时,"岳麓书院外,于湘江西岸复建湘西书院。州学生试,积分高等升湘西书院生,又分高等升岳麓书院生"[②],即由官办的州学与民办的湘西书院、岳麓书院组成了一个官民结合的"三舍制"升降级学制。比较有趣的是,两处私家书院在这个"三舍制"体系中的级别反而高于州学,这体现了当地官员对传统与现状的尊重。

这些做法,一方面提高了一部分民办书院的地位,但另一方面也大大抑制了民间教育事业的发展,那些得不到官府扶持的民间书院往往举步维艰,乃至趋于衰落。其中最突出的例子是白鹿洞书院,自太平兴国二年(977)朝廷赐书后的七八十年间,院主明起献地补官离去,书院因无人管理、遭遇兵火等原因,"既乏供馈,学徒日散,室庐隳坏,因而废焉"[③]。至皇祐(1049—1054)末,书院"鞠为茂草"。熙宁(1068—

---

① (宋)廖行之:《省斋集》卷四《石鼓书院田记》。

② (清)赵宁:《岳麓书院志》卷三。

③ (宋)江少虞:《宋朝事实类苑》卷六十一《风俗杂志·白鹿洞藏书》。

1077）间有人来到这里，看到的已是一片瓦砾与茅草。[1]

三、书院大备于南宋

书院遍地开花、硕果累累是在南宋。

靖康之难，山河破碎。官府所办的州县学网络也随之分崩离析。

建炎南渡后，新政权立足未稳，百废待兴之际，不可能把办学校置于军国重事之前。但读书求学对于任何时代的有志之士来说都是须臾不可离之事，于是各地的民间书院纷纷兴起。

为太守，为监司，必须建书院

南宋 150 多年间的书院发展史，大体上也可以分为三个阶段。

第一个阶段也就是高宗时期的 30 多年，是北宋书院体系的恢复期和再孕育期，这与南宋国家政局、社会民生从连年战乱中逐渐稳定和恢复的过程高度重合。二程的高足杨时堪称这一时期民间学术传播和人才培养的巨擘，成语"程门立雪"说的就是他和同门游酢拜见程颐的故事，他讲学的无锡东林书院也是天下知名书院中少数得以留存的。

---

[1]　参见李才栋编著《白鹿洞书院史略》，第 31—32 页。

东林书院早在北宋末就已存在，而且影响不小。宋徽宗政和元年（1111），著名学者杨时来到无锡讲课，当地官员在城南保安寺为他建了一家书院。杨时觉得这里的景致很像自己曾经到过的庐山东林寺，就给它起名"东林书院"。自北宋末至南宋初，杨时在东林书院讲学长达18年，也让它跻身全国重要书院之列。

杨时还曾在常州毗陵书院和无锡昆陵书院讲课授徒，对整个南宋学术思想的影响至大。当年杨时学成辞别程颢回福建老家时，程颢曾十分欣慰地说："吾道南矣！"这就是日后著名的"道南学派"的起源。

东林书院在杨时讲学之时也常被称为"道南书院"，书院遗址内至今尚存有一座"道南祠"。可以说，二程创立的理学在南宋能够大放异彩，杨时起到了承上启下的作用，朱熹的父亲朱松和业师李侗都受到他的学术影响。"东南学者推时为程氏正宗"，朱子之学"得程氏之正，其源委脉络皆出于时"[1]。

南宋书院发展的第二阶段始于孝宗初年，历光宗朝，至宁宗"庆元党禁"止，也经历了30多年。这是宋代乃至整个中国历史上书院与学术发展的高峰期、繁荣期和成熟期。这段时间，南宋半壁江山的政局趋于稳定，社会民生逐渐恢复，商业经济日益繁荣。尤其是向来压制理学的权相秦桧去世后，学禁有所松动，文化学术界一时大师辈出，他们各立书院，聚徒讲学，一时成百家争鸣之态。

岳麓书院与白鹿洞书院的重建与辉煌，是这段时间的标志性事件。

岳麓书院在北宋时要比白鹿洞书院兴旺得多，"靖康之难"时因金

---

① （元）脱脱等：《宋史》卷四百二十八《杨时传》。

兵南侵和杨幺暴动而毁于战火。其时，二程兄弟的另一位高足，也就是杨时的同门师兄弟胡安国，携自己的两个儿子胡寅、胡宏"优游衡山"，聚徒讲学。[1] 父子三人中，"湖湘学派"的创立者、人称"五峰先生"的胡宏是知名道学家，素为朱熹称道。他一生品格高洁，因不愿与秦桧之流为伍而无意仕途，屡拒朝廷征召，但为了恢复岳麓书院，胡宏不惜主动投书秦桧，自求出任山长未果。

孝宗乾道元年（1165），时任荆湖南路安抚使刘珙下令重建岳麓书院，耗时不到一年就建成。刘珙一生重儒，与朱熹、张栻等学者交往密切，他本人还是朱子的启蒙老师刘子羽之子、刘子翚之侄。[2] 书院建成后，刘珙马上请来张栻主持教务。[3] 在张栻领导下，岳麓书院迎来了周式兴教150年以后的第二个高峰。一时群贤毕至，人文荟萃，从学者遍及东南各路，人数达千人之众。这是岳麓书院有史以来从未有过的盛况，同时也奠定了"湖湘学派"的坚实根基。

后来张栻迁官别处，尤其是他去世后，岳麓书院不复往日景象，"比年以来，师道陵夷，讲论废息，士气不振，议者惜之"[4]。绍熙五年（1194）初，朱熹奉召出任荆湖南路安抚使兼知潭州。他更建岳麓书院，并经常

---

① （明）黄宗羲、（清）全祖望等：《宋元学案》卷四十二《五峰学案》。

② （元）脱脱等：《宋史》卷三百八十六《刘珙传》、卷三百七十《刘子羽传》、卷四百三十四《刘子翚传》。

③ （宋）朱熹：《观文殿学士刘公行状》。此文为朱熹在刘珙去世后为他写的行状，文中赞誉说："潭州故有岳麓书院，……公一新之，养士数十人，……属其友广汉张侯栻敬夫时往游焉，与论《大学》次第，以开其学于公私义利之间，闻者风动。"张栻是南宋初年著名政治家张浚之子，抗金名将，后来又称"中兴名相"，也是杰出的理学家，与朱熹、吕祖谦并称"东南三贤"。绍兴末，张栻曾追随胡宏求学，在应邀主持岳麓书院之前，他还在长沙城内妙高峰下创建城南书院。

④ （宋）朱熹：《晦庵先生朱文公文集》卷一百《潭州委教授措置岳麓书院牒》。

去书院执教、督课、检查。① 自此以后，岳麓书院便从"湖湘学派"的学术研究和传播中心，渐渐变成了荆楚大地学术和教育的一座千年标杆。

相比岳麓书院，白鹿洞书院的重建要困难得多，端赖朱熹一人之力。

淳熙五年（1178），朱熹受诏知南康军。到任后，他上庐山瞻仰鼎鼎大名的白鹿洞，看到的却是"沦坏日久，莽为丘墟"②，相反，当地的佛道寺观却香火繁盛，这让一生以原道崇儒、力排释老为己任的朱熹愤愤不平。于是他上书朝廷，并给自己的几个上司和同僚写信，请求修复白鹿洞书院，但没有得到积极回应，一些人还觉得他的想法荒诞不经。但朱熹是个百折不挠的人，得不到朝廷和上级的支持，他就决定自己干。淳熙六年（1179）十月，在白鹿洞书院毁弃整整125年后，朱熹开始募资动工，用了半年时间，在旧址上建起了20多间房舍，随后招来了十几个学生。第二年三月，白鹿洞书院重新开门讲学，作为地方长官的朱熹亲自主持开讲。这是中国古代教育史上的一个闪亮时刻。

除了这两家北宋时就已闻名天下的著名书院，吕祖谦创办的丽泽书院、陆九渊创办的象山精舍（宋理宗绍定［1228—1233］间改名象山书院），以及稍后陈亮讲学的永康五峰书院、刘清之讲学的龙光书院、槐荫精舍、辛弃疾创办的铅山稼轩书院、陈傅良讲学的瑞安城南书社、唐仲友讲学的东阳安田书院、赵汝愚兄弟的余干东山书院等，一大批有大师升堂讲课的书院蓬勃兴起。③

---

① （宋）黎靖德编：《朱子语类》卷一百六。

② （宋）朱熹：《晦庵先生朱文公文集》卷八十六《白鹿洞成告先圣文》。

③ 参见（明）黄宗羲、（清）全祖望等《宋元学案》，以及《同治铅山县志》《道光丰城县志》《同治余干县志》。

南宋学术正是以书院为依托，逐渐形成了相互竞争而又大体上友好共存的众多流派。其荦荦大端者，有朱熹集大成的"理学"、陆九渊兄弟独创的"心学"、吕祖谦领导的"婺学"（又称"金华学派"）、张栻领衔的"湖湘学派"，以及陈亮为首的"永康学派"、叶适完成的"永嘉学派"，一时百花齐放，也奠定了后来几百年里中国学术的基本格局和走向。

其中着力最甚、成就最大、对后世影响也最深远的，毫无疑问是一代理学宗师朱熹。他不仅兴复了白鹿洞书院，更建了岳麓书院，而且还在这几十年间先后创办了云谷、寒泉、武夷、竹林① 诸精舍和书院。他还奔走于全国各大书院间，传播自己的思想，同时也利用自己在文化学术界的巨大影响力提升这些书院的社会地位。他曾为许多书院题词、作记，在书院留居讲学。据今人研究，"朱子一生与24所书院有过关系"②：例如，古老的石鼓书院之所以在南宋后依然广为人知，一个重要原因正是张栻曾在此讲学，但更重要的是，朱熹曾应时任衡州提刑宋若水之请，写过一篇流传很广的《石鼓书院记》，让它美名远播。朱熹一辈子做官的时间很短，"登第五十年，仕于外者仅九考，立朝才四十日"③。他自己也不喜欢官场，像前述绍熙五年（1194）到任荆湖南路安抚使，便是朱熹连续两次力辞不就，后经时任宰相留正竭力推荐，才勉强同意的。但他在任上投入最多心力的一定是兴学办教。他把自己的一生奉献给了教育和学术事业。

① 后更名沧州精舍，淳祐四年（1244），当朝天子宋理宗钦命将其更名为考亭书院，自此延续至今。
② 赖功欧：《书院教育的"对话"精神及其对人格形成的影响——兼论朱子教育思想的自然特性》，载朱汉民、李弘祺主编《中国书院》，第197页。
③ （元）脱脱等：《宋史》卷四百二十九《朱熹传》。

除了这些伟大人物的筚路蓝缕、呕心沥血，书院在南宋时的遍地开花也实赖各级地方政府的大力支持。甚至可以说，如果没有州县官府在其中付出的努力，就不可能有南宋书院的一时盛况。当然，这本身又是以杨时、朱熹、吕祖谦、张栻、陆九渊等为代表的道学家群体持之以恒教书诲人的重要成果之一。这些南宋道学名家的门徒通常数以千计，甚至更多。有人做过统计，尊朱熹为师接受过他指导者，有名可查于史籍的就有 467 位，其中有 131 位，即近 1/3 曾入仕[1]；而能说会道的陆九渊每次演讲，都会吸引成百上千人前来，"听者贵贱老少，溢塞涂巷"。[2] 因此，从中央到地方，许多官员都出自他们门下。到南宋后期，甚至出现了"其为太守，为监司，必须建立书院，立诸贤之祠，或刊注《四书》"[3] 的官场风气和社会风尚，若非如此，这些太守、监司就会被同僚看轻，遭一方士人恶评。

宋宁宗庆元元年（1195），权相韩侂胄执政后不久便发起"庆元党禁"，道学被指为伪学而遭禁，道学家则被目为逆党，被罢官、贬官或外放，南宋书院的发展因此进入了一段压抑期。然而，外部政治压力的加剧反而增进了道学内部的团结，促使他们放下思想理论上的门户之见，在现实中展开更多合作。庆元三年(1197)公布的"党案录"上，按官职顺序，"曾任宰执者四人""曾任待制以上者十三人""余官三十一人""武臣三人""士人八人"，共计 59 人。朱熹被列在 13 名待制之首，实乃尽人皆知的"道

---

① ［美］田浩：《朱熹的思维世界》，第 283—284 页。
② （宋）陆九渊：《象山先生行状》，载《象山先生全集》卷三十三。
③ （宋）周密：《癸辛杂识续集》卷下"道学"。

　　　　　　　　　　　　　逝去的盛景：宋朝商业文明的兴盛与落幕

学党首"。① 庆元六年（1200）春天，朱熹离世，全国各地对朱子的吊唁很快演变成了针对朝廷的公开示威，几乎酿成一场重大政治事端，以至于"党禁"维持六年后不得不草草收场。未几，"开禧北伐"失败，韩侂胄伏诛，另一位亲近理学的权相史弥远当政，史称"嘉定更化"。理学也从奸党伪学一变而为香饽饽，备受朝野推崇，理学家们创立的书院也随之荣宠备至。南宋书院建设由此进入第三个阶段，也就是最后的高潮期。

淳祐元年（1241），宋理宗在驾幸太学时亲书《白鹿洞书院揭示》（亦称《白鹿洞书院教条》），颁于学宫②，这是朱熹在复兴白鹿洞书院时亲自为书院制定的学规。此后，这份由皇帝亲笔书写的学规被摹写刻录在全国各级各地官学、书院和私塾，成为中国教育的准则。理宗对理学推崇备至，在宝庆三年（1227）的一次奏对中，他对朱熹之子朱在说："卿先卿《四书注解》有补于治道，朕读之不释手，恨不与之同时！"③ 他驾崩后的庙号也由此而得。

理宗朝后期曾授予一部分书院山长官职，或者任命朝廷命官出任或兼任一些重要书院的主事者。当时这么做的主要考量或许是表达朝廷对理学的尊崇，提高书院的政治待遇，当年朱熹在重建白鹿洞书院时就曾向朝廷提出过这样的建议。④ 但这种做法也开启了民办书院官学化的趋势，元代以后，特别是明清两朝，书院官学化的趋势日益明显，终成一个弊端。

---

① 参见（明）黄宗羲、（清）全祖望等《宋元学案》卷九十七《庆元党案》。
② （元）脱脱等：《宋史》卷四十二《理宗本纪（二）》。
③ （元）佚名撰，汪圣铎点校：《宋史全文》卷三十一"宝庆三年三月庚戌"。
④ 参见李才栋编著《白鹿洞书院史略》，第81—82页。

"三大事业"与书院制度规范化

与北宋时期相比，南宋书院的数量和规模都有了不可同日而语的大扩张，设施也更为齐备。伴随着历史的演进，书院本身也日益规范化、制度化，成为中古以后中国最重要的教育形态，乃至中国文化最重要的传承、创新和传播载体，不久后远播至日本、朝鲜和中南半岛，深刻影响了古代东亚地区的教育和学术。

书院与唐五代以前的民间私学截然不同，它是有组织的、制度化的教育机构和教育体制。南宋书院的规范化和制度化表现在以下几个主要方面：

首先，南宋私家书院也如官学一样，形成了教学、藏书和祭祀三位一体的完备建制，这就是史家所称书院的"三大事业"。在教、学、政高度一体化的古代信仰、知识和治理体系内，构成一个完备的闭环，并成为后世书院的定制。

北宋时，几家著名书院的规模就已经相当大。例如，规模最大的应天府睢阳书院有"学舍百五十间"[1]；岳麓书院亦有"讲堂五间，斋舍五十二间"[2]；华林书院则"筑室百区……子弟及远方之士肄学者，常数十人"[3]；范阳窦氏书院有屋"四十间"[4]。

但我们前面提过，北宋书院数量相当有限，普及程度很低，因而它

---

① （清）徐松：《宋会要辑稿·崇儒》二之二。
② （宋）王应麟：《玉海》卷一百六十七。
③ （宋）徐铉：《徐文公集》卷二十八《洪州华山胡氏书堂记》。
④ （宋）范仲淹：《范文正公文集·别集》卷四《窦谏议录》。

们的门槛并不比各级官学低，远比现在的所谓贵族学校更加贵族化。对大多数普通学子而言，进大书院求学甚至比入选当地州县学更难。到了南宋，民间书院举目皆是，日趋平民化，成为普通人都可以进入的寻常学校。有人根据各省方志统计得出，两宋存在过的所有书院，十之七八建于南宋。江南地区各种形式和特点的书院更是如雨后春笋般大量涌现：据季啸风主编《中国书院辞典》、白新良著《中国古代书院发展史》等统计，有宋一代，两浙路先后出现的书院见于史载的有近 200 所，江南西路更是多达 250 多所，这两路的书院合计占了全国 700 多所的六成以上。

南宋时很多名不见经传的普通书院，学舍（宿舍）和讲堂（教室）少则几十间，多则上百间，可以容纳数百上千名正式学生同时就学。记得 20 世纪 80 年代后期我上大学时，质量不算很差的普通大学也不过只有三四千名学生，即便在上海这样的大都市，也没有几所二本高校。

更能显示南宋书院实力的是它们的巨量藏书。书院在唐代的缘起就是藏书和修书，藏书本来是书院的首要功能。入宋以后，书院渐渐演变成教学和学术机构，但藏书功能并未因此稍有弱化。

北宋时少数大书院的藏书就已比较丰富，应天府书院"聚书千五百余卷"[1]；范阳窦氏书院"聚书数千卷"[2]；嵩阳书院的藏书楼也很出名，后世还有人将它与常熟铁琴铜剑楼、宁波天一阁、杭州文澜阁等并称为"中国古代十二大藏书楼"。[3]当时天下藏书之最当属华林书院，很多古籍中

---

① （清）徐松：《宋会要辑稿·崇儒》二之二。
② （宋）范仲淹：《范文正公文集·别集》卷四《窦谏议录》。
③ 韦力：《书院寻踪（下）》，第 532 页。

都有记载它"聚书五千卷"①或"聚书万卷"②。据此相互对照可知,华林书院在北宋早期即藏有书籍"万卷",可能不是一个虚词。

以今日任何一家公共图书馆的标准衡量,"万卷"是一个不值一提的数目,甚至不少个人藏书家都能轻易拿出上万本书。然而人类的知识生产是一条呈几何级数增长的曲线,在1000年前的北宋初期,"万卷"书是一个怎样的概念呢? 这里有一个比较具体形象的对比:

据《续资治通鉴长编》《挥麈前录》《玉海》等记载,建隆元年(960),也就是宋朝刚建立时,朝廷"三馆"——昭文馆、史馆、集贤苑所藏之书仅12000余卷。到将近五十年后的景德二年(1005),宋真宗视察国子监,国子监祭酒邢昺回答皇帝垂询时报告说:"国初(书板)不及四千,今十余万。"③天禧(1017—1021)间,名臣龚鼎臣"问三馆秘阁所藏之书,……客有对以所藏之书,今存者,有三万七千卷,其实有万余卷尔"④。由此可见,华林书院的藏书量与当时皇家图书馆、皇家最高学府不相上下。

南宋时拥有万卷藏书的书院俯拾皆是,其中比较出名的,如著名学者及大藏书家魏了翁在四川蒲江所建的鹤山书院,藏书量达到10万卷,远超"三馆"之类朝廷学术机构。⑤

除了教学与藏书,祭祀是书院日常活动中必不可少的重要组成部分。到了南宋,大多数书院都承袭官学传统,设有专门的祭祀场所。但与整齐划一的官学祭祀谱系不同,不同的书院除了供奉历代儒家先圣如孔子

① (宋)徐铉:《徐文公集》卷二十八《洪州华山胡氏书堂记》。
② (宋)王禹偁:《小畜集》卷十九《诸朝贤寄题洪州义门胡氏华林书斋序》。
③ (宋)李焘:《续资治通鉴长编》卷六十"景德二年五月戊申朔"。
④ (宋)龚鼎臣:《东原录》。
⑤ 参见熊明安等主编《四川教育史稿》,四川教育出版社,1993年,第111页。

及其门徒和孟子等人，也会祭祀本书院的创建者和自己尊奉的学术派别宗师。越到后来，书院的祭祀范围就越大，它们纷纷立祠、立碑，供祀对本书院做出过突出贡献的人、本地历史上有名的乡贤名宦等。通过这样庄重的祭祀活动，书院有意识地引导学生传承学术传统，发扬优良学风，传播优秀本地文化。因而有现代学者指出，中国有"学术地理"可以说正是自宋代书院开始的。学术与地方文化相结合，形成了别具地方特色的学术面貌。①

其次，除了这些硬件方面的齐备建制，书院的管理也趋于制度化和规范化。

南宋书院普遍都设有总领其教学及行政管理的负责人，称为"山长"。受聘（邀）担任山长的一般都是德高望重之辈，有些是世所公推的大儒名宿，有些是素享清誉的本乡致仕高官，也有些是兼任此职的在任官员。山长之下，常设有副山长、监院、掌书、助教、讲书、首士等职事人员，每个岗位各司其职，分别管理书院的教学、研究、藏书、考试、祭祀、生活、安保及经费运营等。现代学校的全部制度及建制，书院一应俱全，甚至更为复杂和完备。有趣的是，书院的学生也像现代学校一样参与自治管理。例如，在书院的管理序列中，就有堂长、学长、斋长、引赞之类职务，全都由学生担任。

有些学院还引入官学长期运营中被证明行之有效的一些制度，如"三舍法"等，对学员招生的定额、在院生考试与升降级等加以严格规范。

更重要的是，南宋书院出现了规范教学管理、日常运作和师生纪律

---

① 李弘祺：《中国书院的历史与精神》，载朱汉民、李弘祺主编《中国书院》，第15页。

的条规，从而奠定了书院的制度基础。

其中最为著名的是朱熹于淳熙六年（1179）亲自制定的《白鹿洞书院揭示》，它也成为后世 800 年间中国绝大多数书院的基本制度模板。学规在所列条目后还作出了相应解释，比如今天许多大学生都耳熟能详的"博学之，审问之，慎思之，明辨之，笃行之"等，所体现的都是传统儒家的修身、为学和做人之道。《白鹿洞书院揭示》在宋宁宗嘉定五年（1212）经朝廷下令刊于太学，成为南宋最高官学的学规。淳祐元年（1241）宋理宗亲书学规赐予太学后，它进一步成为全国所有学校共同尊崇的办学方针，不仅影响了后世中国的教育，也传到了日本、朝鲜，乃至整个东亚地区。《揭示》是江户时代日本书院制定学规的统一蓝本，还被日本藩校和乡学引为师生共同遵守的行为准则。[1]

与朱熹同时代的著名理学家吕祖谦在主持丽泽书院时，也制定了《丽泽书院学约》。这个学约不但写明了办学宗旨，还罗列许多学员必须遵守的准则条目，颇类似现代的《学生守则》。《丽泽书院学约》甚至还明确规定什么情况下学生会被书院退学。在宋代，几乎所有的著名学者都亲自撰有学规。据今人统计，目前尚存的历代书院学规有数百种[2]，其中比较有影响的几乎都是宋代留下的。

书院经营专业化

最后，书院在经济上也更加专门化，大多形成了独立的经费管理和

① 韦力：《书院寻踪（下）》，第 416 页。
② 朱荣贵：《学规与书院教育——以宋代书院为例》，载朱汉民、李弘祺主编《中国书院》，第 123 页。

自主的运营机制。南宋许多书院都有相当良性的"自我造血机制",其中有一些拥有很强的经济实力。

由于教学规模和学术研究的显著扩展,用于员工薪资、书院维护、祭祀、图书购置、师生伙食以及其他日常开支的费用日增,南宋大多数书院已不可能单纯靠学生的束脩来维持了。书院需要有稳定的经费来源,一般有两种途径:一是御赐或官拨,即皇帝个人赐予或各级政府特别是地方政府拨给;二是私人或民间团体捐赠。

而这些资产的最常见形式是"学田",书院的日常维持主要依赖学田的田租收入。农业经济时代的学田,就相当于现代大学的基金会。按《续资治通鉴长编》及洪迈《容斋随笔》所言,历史上最先采用"学田制"的书院,是南唐时的庐山国学。到南宋时,绝大多数书院都拥有自己的学田。有些理财有方的书院在御赐、官拨和民捐之外,也会用自身的财务结余到市场上去购置学田。还有一些管理有道的书院会按款项的支出,将学田分门别类,划为各种专门用途,例如专用于发放山长和职事人员薪资的"束脩田"、用于向学员发放膏火费(奖学金)的"膏火田"、用于祭祀支出的"祭祀田"、用于维护修缮的"岁修田",甚至还有专门用于修书院志的"修志田"、用于生徒考课的"考课田"、用于报销师生差旅费的"车马田"和"文德田"、用于节庆花销的"助节田"和"花红田"等,这些专门分类的学田,严格遵守财务纪律,保障专款专用。还有一些学田则根据捐赠者的意愿管理和支出,并接受捐赠者的监督。[①]

南宋书院的经费大多比较稳定和充裕,像闻名遐迩的岳麓书院,有

---

① 高烽煜:《历代书院若干经济问题述评》,载朱汉民、李弘祺主编《中国书院》,第 99 页。

"田至五十顷"，后来还累有增益。[1] 据孙彦民在《宋代书院制度》一书中的统计，宋代书院经费出自官府拨田或捐钱的有 87 所。但更大多数书院的学田主要还是来自私人捐赠，据此也可以看出当时富有的官员、乡绅、商人们普遍的重教风尚。

除了学田田租这种主要收入，宋代书院也有多种经营活动。例如有的书院在市场上出租多余房屋，便有了经营房廊的收入；还有少数书院拥有一些自己的工商业作坊，像磨坊之类。[2]

在书院的所有这些产业中，书籍刊刻是最得天独厚的一项，因而也是普遍涉足的。顾炎武在《日知录》中写道："闻之宋元刻书皆在书院，……书院之刻有三善焉：山长无事而勤于校雠，一也；不惜费而工精，二也；板不贮官而易印行，三也。"[3] 据他所知，宋元时代的出版业几乎都由书院掌控。他认为，书院及其山长的使命便是知识生产，卖书的首要目的不是利润，还不像官府刻书那样对雕版采取垄断，故而是最佳出版商。

如我们此前已了解到的，实际情况并非如此，宋代图书印刷出版行业是高度市场化的，以销售和盈利为主要追求的专业化书店、书肆在城市里十分常见。但我们也完全可以推测，书院在当时学术类书籍出版，也就是高端专业出版市场中，应该占有举足轻重的份额。书院出品的经、史、子部书籍的水准，显然也会赢得比较高的公众认可度。

今天大概很少有人知道，朱熹还是一位很活跃的出版家。他无论在哪里办书院和精舍，聚徒讲课，都会刊刻书籍销售。除了自己的著述，

① （清）李元度：《南岳志》卷十八。
② 高烽煜：《历代书院若干经济问题述评》，载朱汉民、李弘祺主编《中国书院》，第 109 页。
③ （清）顾炎武：《日知录》卷十八。

逝去的盛景：宋朝商业文明的兴盛与落幕

也会出版理学同道们的书，甚至是一些与他的学术并无直接关系的书。朱熹投身出版行业，主要有三个目的：其一，整理周敦颐、张载、程颢、程颐等前辈思想家的著述，以便更好地传播他们和自己的学术思想；其二，为书院的教师和学生提供课本（朱熹是历史上少有的格外善于编写教材的大思想家）；其三，通过卖书赚钱贴补书院的日常用度。

关于最后一点，有张栻给他的信为证："比闻刊小书版以自助，得来谕乃敢信。想是用度大段逼迫。"在张栻看来，这终究不是什么光彩之事，所以他在信中劝朱熹要节省开支，特别是送来迎往的开销不能大手大脚。①

凑巧的是，朱熹的老家建阳正是当时重要的出版地之一，那里刻书业发达，便于雇用书工、刻工；在书版、纸张等原材料的采购上也有优势。故而朱熹在出版事业中还是投入了不少精力，甚至亲自筹划用纸之类的业务细节。②但看起来他的经营业绩不算很理想，也没能通过搞出版赚到什么钱。其中的最大原因或许在于朱子对刻书这件事情委实太过严谨了。那个时代没有版权方面的严格法规，朱熹成了天下仰慕的学术泰斗后，他的著作经常被随意印刷销售，且有些版本实在粗制滥造，错误百出，令他气恼。无可奈何之下，他只能自己再重新刻板，严把校勘关，希望用正版去挤掉市场上的盗版。③朱熹曾说："平日每见朋友轻出其未成之书，使人摹印流传，而不之禁者，未尝不病其自任之不重，而自期之不

① （宋）张栻：《南轩集》卷二十一《答朱元晦》。
② 参见韦力《书院寻踪（下）》，第398—401页。
③ 参见韦力《书院寻踪（下）》，第401页。

远也。"① 用做学问的态度去做市场，就算不亏钱，恐也难赚到钱。

在整个宋代，知名书院几乎都有出版书籍的传统。北宋时嵩阳书院刊刻的书籍，扉页下部统一标有"嵩阳书院校梓"的字样。② 可以想见，这一行字在当时购书人的心目中，就是权威和高品位的免检图章。

谈到宋代的教育，特别是民间私学的普及，必须再次强调印刷术的显著进步在其中发挥的决定性作用。前文已经论及，一种先进技术的大规模社会化运用，归根结底是因为广阔的市场需求。至少在中唐以前，书籍基本上都是靠手抄，这极大地限制了中下层民众读书求学的可能性。宋代商业经济腾飞，民众手里普遍有钱了，书籍市场呈几何级数增长，同时也带动印刷、造纸、制墨等行业的发展，大大降低了书籍的成本，普通百姓得以接触到以前唯有官户或书香门第才买得起的书。景德二年（1005）国子监祭酒邢昺答驾幸国子监的宋真宗说：

> 臣少时业儒，观学徒能具经疏者百无一二，盖传写不给。今板大备，士庶家皆有之，斯乃儒者逢时之幸也。③

苏轼也曾说过：

> 余犹及见老儒先生，自言其少时，欲求《史记》《汉书》而不可得。幸而得之，皆手自书，日夜诵读，惟恐不及。近岁，

---

① （宋）朱熹：《晦庵先生朱文公文集》卷二十六《与杨教授书》。
② 宫嵩涛：《嵩阳书院》，第 20 页。
③ （宋）李焘：《续资治通鉴长编》卷六十"景德二年五月戊申朔"。

市人转相摹刻诸子百家之书，日传万纸。学者之于书，多且易致如此。"①

其实，苏轼自己的诗文和名声广为流传，也正得益于当时蒸蒸日上的印刷业。苏轼曾在与友人的通信中不止一次抱怨过："某方病市人逐利，好刊某拙文"②；"世之蓄轼诗文者多矣，率真伪相半，又多为俗子所改窜，读之使人不平。然亦不足怪，识真者少，盖从古所病"③。可以看到，苏轼在世时就有很多人刊刻贩售他的诗文牟利，其中自然少不了大量粗制滥造的删改甚至伪作，让他很是烦恼，但也毫无办法，只好努力自我排解。崇宁（1102—1106）间蔡京当国，朝廷曾严令禁止"三苏"文集刊刻流布，但民间依旧趋之若鹜：

> 宣和间，申禁东坡文字甚严，有士人窃携坡集出城，为阍者所获，执送有司，见集后有一诗云："文星落处天地泣，此老已亡吾道穷。才力漫超生仲达，功名犹忌死姚崇。人间便觉无清气，海内何曾识古风？平日万篇谁爱惜，六丁收拾上瑶宫。"京尹义其人，且畏累己，因阴纵之。④

相比于自己仰慕的陶渊明和杜子美等人，苏东坡幸运地赶上了印刷

---

① （宋）苏轼：《苏轼文集》卷十一《李氏山房藏书记》。
② （宋）苏轼：《苏轼文集》卷五十三《答陈传道五首》。
③ （宋）苏轼：《苏轼文集》卷四十九《答刘沔都曹书》。
④ （宋）费衮：《梁溪漫志》卷七"禁东坡文"。

时代。到后来，朱熹竟抱怨新兴的印刷业使书籍变得太过容易得到，以至于许多人读书不再像前人那么刻苦："今人所以读书苟简者，缘书皆有印本多了。"[1]

书院制度能够在宋代兴起并经久不衰，一方面是因为一代代学者和教育家们的艰苦努力，另一方面也是由于印刷术普及之后，有能力受教育的普通识字群体大大增加，官学通道无法容纳那么大的社会需求。关于印刷术的发明、普及与思想文化、社会政治变革的关系，有兴趣的读者可以对照古登堡印刷术的发明、普及与欧洲宗教改革运动之间的关系。这是题外话了。这里只是想指出，在宋代，正是商业和经济的进步将中国社会的知识文化普及程度提升到了现代之前从未企及的高度，这就为更高层次的精神性的创造打开了许多可能性。

四、"理学时代"拉开帷幕

书院在南宋普及的最根本动力是越来越多普通人求知的渴望。靖康之后，北宋政府历时百年打造的完备的三级官学体系支离破碎，不论学校数量还是教育质量都远远不能满足民间的求学需求，书院由是而生，填补了这一不足。正如朱熹所言："予惟前代庠序之教不修，士病无所

---

[1] （宋）黎靖德编：《朱子语类》卷十。

于学，往往相与择胜地，立精舍，以为群居讲习之所。"[1] 但大多数民间学子读书受教的直接目的，仍是科举应试。

传道而济斯民，辅学政之所未逮

对于积极创办书院的南宋学者们来说，兴学办教的目的是匡正官学教育和科举制度的种种弊端，从源头上对国民教育展开全面革新。他们的终极目标是用儒家政治伦理来引导和塑造学者，大力倡导"为己之学"，进而为社会培养真正的有用之才。张栻的一番话讲得最为透彻：

> 岂将使子群居族谈，但为决科利禄计乎？抑岂使子习为言
> 语文词之工而已乎？盖欲成就人才，以传斯道而济斯民也。[2]

正是基于对"传斯道而济斯民"的崇高理想的追求，宋代理学家们无不对当时的官学和科举发出过猛烈抨击。程颐曾说，应试举子所读之书"都无用处"[3]。朱熹说，官学教育不以"明人伦为本"，全无"德行道艺之实"[4]；"儒者惟知章句训诂之为事，而不知复求圣人之意，以明夫性命道德之归"[5]；"其师之所以教，弟子之所以学，则皆忘本逐末，怀利去义，而无复先王之意，以故学校之名虽在，而其实不举，其效至于风俗

---

① （宋）朱熹：《晦庵先生朱文公集》卷七十九《衡州石鼓书院记》。

② （宋）张栻：《南轩集》卷十《潭州重修岳麓书院记》。

③ （宋）程颢、程颐：《二程集·河南程氏外书》卷十二《传闻杂记》。

④ （宋）朱熹：《晦庵先生朱文公集》卷六《学校贡举私议》。

⑤ （宋）朱熹：《晦庵先生朱文公集》卷七十五《中庸集解序》。

日敝，人材日衰"①。张栻也说："后世之学校，朝夕所讲，不过缀辑文辞，以为规取利禄之计。"② 天下士子们"争驰乎功利之末"，以"异端空虚之说"为是，而以"事天保民之心"为非，甚而往往斥之为"迂阔迟钝之说"③，吕祖谦、陆九渊、陈亮、叶适等也莫不如此大声疾呼。

朱熹甚至还曾以无比激烈的口吻直斥当时弥漫国家最高学府的不正之风，作为一个"体制内人士"，这是需要很大勇气的：

> 所谓太学者，但为声利之场。而掌其教事者，不过取其善为科举之文，而尝得隽于场屋者耳。士之有志于义理者，既无所求于学。其奔趋辐凑而来者，不过为解额之滥、舍选之私而已。师生相视，漠然如行路之人。④

有鉴于此，有识之士们纷纷避居乡野山林，创办书院学堂，潜心研究学问。他们希望能够通过再造孔孟时代儒学的自由讲学之风，为社会培养人才，进而匡正朝堂政风，矫治社会弊病。

从这个意义上说，书院的兴起，恰是对科举制度的一种反动。正因为书院多是私人创办，离国家权力较远，比官学更注重尊师、重教、爱生的优秀传统，也更能体现教书育人、切磋学问的单纯目的。朱熹在主持书院教学时，对学生要求极严，学生也对他尊崇备至，但他从不强求

---

① （宋）朱熹：《晦庵先生朱文公集》卷七十八《静江府学记》。

② （宋）张栻：《南轩集》卷九《邵州复旧学记》。

③ （宋）张栻：《南轩集》卷二十二《答朱元晦》、卷十《南康军新立濂溪祠记》。

④ （宋）朱熹：《晦庵先生朱文公文集》卷六《学校贡举私议》。

逝去的盛景：宋朝商业文明的兴盛与落幕

学生的观点必须与自己一致，而是循循善诱，与学生平等地交流，彼此之间既讲究师生上下进退之道，又充满了真挚深厚的感情。

尽管朱熹认为科举"弊极矣"，并一再痛心疾首地斥之为利禄诱饵，但他同时又清醒而明智地认识到，当时政治和社会的基本架构是离不开科举制度的。他曾十分无奈地说："居今之世，使孔子复生，也不免应举。"①他有时也认为，科举制度本身并不是问题，其异化才是问题："非是科举累人，自是人累科举。"②朱熹高足陈淳的观点更具代表性："圣贤学问未尝有妨于科举之文。理义明则文字议论益有精神光采。"③他们都没有完全否定以考试来选拔人才的合理性，但对考试选拔的价值准绳提出了挑战。

相比于朱熹及其弟子，南宋其他著名大书院对待科举往往采取更为灵活通达的态度。虽然主持书院的学者们反复申明反对"场屋之学"，但学生"接踵科第"④，说明还是花了不少力气帮助求学者从事"举子文业"的。就连朱熹直接领导的白鹿洞书院，在日常教学中也花费近三分之一课时辅导学员为科试做准备。⑤书院除了教学生应试作文，还采用所谓"策问"的讲学方式，即就儒家经典中的某个理论问题结合当时的政治社会现实展开讨论，并提出政策建议，实际上就是模拟科考中的策论所进行的日常训练。在辅导士子应试方面，吕祖谦和陈傅良尤为成功，他们的学生中科场得意者甚众，以至于吕祖谦的丽泽书院每每因此为理学同道

① （宋）黎靖德编：《朱子语类》卷十三。
② （清）张伯行：《学规类编》卷十九。
③ 同前注。
④ （宋）魏了翁：《重校鹤山先生大全文集》卷九十二《赠王彦正》。
⑤ ［美］田浩：《朱熹的思维世界》，第113页。

所诟病，他也不得不经常自我辩解。

相比元朝以后日益官学化的书院，南宋书院在举业与学术之间保持了很好的平衡。执掌书院的学者们内心都很清楚：没有举业这块"广告招牌"或者说"诱饵"，书院就不会有稳定的生源和经济来源，更不可能有长足发展。但他们的终极目标始终是推行"圣贤之学"，以匡正政治社会之失，在找不到更好的制度性出路的情况下，理学家们唯有把全部的希望和努力寄托于通过改进教育来提升社会精英阶层的整体道德。

南宋思想家群体的努力终究还是结出了累累硕果，至少书院制度本身是大获成功的。因为脱离了官府的掌控，书院获得了前所未有的独立性，在组织建制、师资生源、教学内容、教学方法等各方面的自由度和灵活性都比封闭的州县官学要大得多。

官学生多为官宦子弟，尤其是像国子学，生员清一色由贵胄子弟构成；即便生员面相对宽一些的太学、州县学，平民子弟也需要经过重要人物的推荐或重重考试才有机会进入。而书院是向所有人开放的，即便有一定的入学门槛，至少招生时没有尊卑等级之分，只要品行端正、能正常交学费即可。此外，书院及其师长也可以自行选择学生，确定招收对象的资格、程度、志趣，甚至籍贯、行业和宗族等，这也使不同的书院呈现出各自的鲜明特色。还有一些书院在办学章程中明确规定，必须择优招收一定比例的贫寒子弟，并给予他们充足的"膏火费"或其他经济上的优恤，以使他们能够安心读书。[1] 程颐晚年的高足张绎"本一酒

---

[1] 参见陈谷嘉《书院是私学和官学相结合的产物》，载朱汉民、李弘棋主编《中国书院》，第 30—32 页。

家保",自言"某下贱人,何敢读书？"①朱熹后期的得意门生李燔"少孤，依舅氏"，李燔自己后来的学生也以贫寒子弟居多②；至于"心学"创始人陆九渊，自家便是开药铺出身，其生徒自然也多是普通百姓。③

各地的书院并无全国统一的办学原则和教材，它们的目标和方法相对多元、宽泛。书院讲授的内容通常由山长和主讲教师决定，取决于书院出资人和主持者的学术门派和旨趣，特别是本书院的学术传承。官学的目标很单一，即为朝廷和各级官府培养后备官吏人才，书院则完全可以追求更纯粹的教学目标，践行弘道理想、钻研思想学术、涵养艺文才情等。宋代书院不只有讲求义理之学的，也有重视诗文、讲究考据或偏重制艺帖括的，还有强调经世致用的。同是讲义理的，有的宗朱子，有的专陆象山，亦有不专于一家而调和各门各派的，像元代大学者吴澄曾求学的信州道一书院，就是典型的"朱陆调和派"书院。

私学与官学的另一重大区别是它强烈的开放性与竞争性。因为求学者有充分的选择权，来去自由，就学时间可长可短，毕业者也不会得到朝廷任命的官职或赋予其他特权，所以私学中不乏年龄、门第、名气和社会地位都较高者，私学的教师必须要在道德文章、学问造诣和士林声望各方面有为人称道之处，方能吸引众多追随者。北宋道学先驱石介进士及第并已入仕 5 年后，屈尊拜尚未取得任何科场功名的另一位道学家孙复为师，足见孙复在当时所享有的声誉，亦见石介"闻道不问先后"

---

① （宋）施德操：《北窗炙輠录》卷上。

② （元）脱脱等：《宋史》卷四百三十《李燔传》。

③ 参见（宋）陆九渊《象山先生全集》卷二十八《宋故陆公墓志》；（宋）黎靖德编《朱子语类》卷一百十三。

的诚心。几乎所有知名大书院都倡导自由开放的学术交流，不但讲学者流动频繁，学员也常常相与串门听课，极大地促进了学术的繁荣和多元。这种"为学问而学问"的长期努力，为优秀文化的传承、弘扬和发展作出了不可磨灭的贡献。

在教学方法上，大多数书院虽都设有正课、附课，还包括作诗、作文等的要求，但基本以学生自学为基础，辅之以教师升堂讲授、师生间相互辩难答疑，以及教师的个别指导等，格外重视学员独立思考的能力，类似现代大学中的"导师制"。朱熹特别反对死读书，他鼓励学生"质疑问难"；对于教师教学，他主张采取启发、诱导的方式；对学生求知，他鼓励自由探索，"（教师）只是做个引路底人"；"有疑难处，同商量而已"；"事事都用你自去理会、自去体察、自去涵养，书用你自去读，道理用你自去究索"[①]。按现在的话来说，这就是"以学生为中心"的教育模式。

即便在制定书院的各种规章制度时，朱熹考虑最多的往往也是如何更好地激发学生的自主性，而不是束缚他们。"尝谓学校之政，不患法制之不立，而患理义之不足以悦其心。夫理义不足以悦其心，而区区于法制之末以防之，是犹决湍水注之千仞之壑，而徐翳萧苇以捍其冲流也。亦必不胜矣。"[②] 这就是他一直强调的"为己之学"，也就是说，要想让学生认真学习，关键在于要让他对所学的东西产生兴趣，靠死板的学规来约束甚而处罚学生是不管用的。

朱熹把亲自为白鹿洞书院编制的规章称为"揭示"或"教条"，而不是"学规"，也正蕴含了这层深意。关于这一点，他在《白鹿洞书院

---

① （宋）黎靖德编：《朱子语类》卷十三。
② （宋）朱熹：《晦庵先生朱文公文集》卷七十四《谕诸职事》。

揭示序》中讲得十分明白：

> 有志之士，固当熟读深思而问辨之。苟知其理之当然而责
> 其身以必然。则夫规矩禁防之具，岂待他人设之而后有所持循
> 哉？近世于学有规，其待学者为已浅矣。而其为法又未必古人
> 之意也。故今不复以施于此堂。[1]

无论是道德修养还是学术知识，朱熹在教育中都非常反对外在的强迫。他认为，唯有通过义理的吸引、人格的感召和行为的示范，才能启发引导学生主动追求真知。

而在日常的具体教学中，朱熹最注重的是师生间的切磋、质疑、问难。朱熹提倡书院学生相互诘难："往复诘难、其辨愈详、其义愈精。""不肯相聚讨论，只欲闭门刻读以必其自得，故人自为学，而或不免蔽于一己之私见。"[2]

在长期的书院教学过程中，朱熹逐渐形成了自己独特的读书方法，门人概括为"循序渐进""熟读精思""虚心涵泳""切己体察""著紧用力""居敬持志"六条[3]，140卷的《朱子语类》，便是朱熹的学生将师生间质疑问难的言论记录下来，加以分类编辑而成的，对后世中国的思想学术、教育和士大夫文化都产生了深远的影响。

在教学中，很多书院鼓励学生采用论辩的方式就某一问题展开思考

---

[1] （宋）朱熹：《晦庵先生朱文公文集》卷七十四《白鹿洞书院揭示》。
[2] （宋）朱熹：《晦庵先生朱文公文集》卷四十七《答吕子约》。
[3] （元）程端礼：《程氏家塾读书分年日程》。

和讨论。而且，许多大书院经常还有意识地开展开放性的学术交流，定期邀请其他书院的学者前来讲课，也派出学员去其他书院听课。这便是南宋书院开创的最具现代意味的一种教学形式——"会讲"，亦称"讲会"。所谓"会讲"，即邀请其他书院或全国各地的知名学者就某一主题做公开演讲，书院的所有师生均可前往自由听讲，也可以向演讲者发问，与他切磋辩论。举办这类"会讲"的书院如果有幸请来著名大儒，往往会提前告示，欢迎其他书院的师生前来旁听，不请自来者，书院也不会拒之门外。因此，此类"会讲"有些类似今天大学里的公开课、讲座和讨论会的结合体，但它的范围更广、开放性也更大。

从"朱张会讲"到"鹅湖之辩"

乾道三年（1167）八月，朱熹携弟子范伯崇等一起从福建崇安出发，行3000里，于九月上旬抵达刚刚重建的岳麓书院，拜访他的挚友也即当时的主事张栻。朱熹在岳麓书院留止两月，就"中和""太极""察识持养"等哲学问题与张栻展开了一场公开的讨论，史称"朱张会讲"。其中如"中庸之义"等主题，两人论辩三昼夜不辍，听者多至千人。

"会讲"结束后，张栻偕朱熹、林用中同游南岳，留下唱和诗149首，其中有一首朱张二人的联句，淋漓尽致地抒发了两位杰出理学家高邈的学术理想和深沉的现实关怀：

> 泛舟长沙渚，振策湘山岑。（晦庵）
> 烟云眇变化，宇宙穷高深。（敬夫）
> 怀古壮士志，忧时君子心。（敬夫）

　　　　逝去的盛景：宋朝商业文明的兴盛与落幕

寄言尘中客，莽苍谁能寻。（晦庵）^①

　　"朱张会讲"成为岳麓书院历史上的一桩千古盛事，也奠定了岳麓书院和"湖湘学派"在教育界和学术界的坚实地位。诚如元代理学家吴澄在《岳麓书院重修记》中所言："自此之后，岳麓之为书院，非前之岳麓矣！地以人而重也。"^②此后的元、明、清三代，岳麓书院虽几经兴废，但始终是天下最著名的书院之一。

　　如果说乾道三年（1167）的"朱张会讲"开了南宋书院"会讲"制度之先河的话，那么淳熙二年（1175）朱熹与陆九渊之间的"鹅湖之会"，则把书院"会讲"之风推上了高潮，也因其在中国思想发展史上的里程碑意义而永载史册。

　　"鹅湖之会"是经吕祖谦提议和主持进行的。与几乎无人不知的朱子和陆象山相比，今人听说过吕祖谦的或许不算很多，但在当时，这位"小东莱先生"的名头可不逊于朱熹。吕祖谦是一位著名理学家，家世极为显赫，其八世叔祖吕蒙正、七世祖吕夷简和六世叔祖吕公著都曾在北宋时当过宰相，六世祖吕公弼也官至枢密使。宋代有一个不常见的做法，即对那些德高望重的宰辅大臣授予特殊尊号，以"平章军国重事"优待之。北宋得到过这一殊荣的仅有4人，分别是真宗朝的王旦、仁宗朝的吕夷简以及元祐重臣文彦博和吕公著，吕家占其二！不只官场得意，吕氏一门在学术上也有渊源深厚的家传。《宋元学案》一书中，吕氏7代人里至少有17位学者赫然有学案在列，当然也包括吕祖谦这位南宋理学名家。

---

① （宋）朱熹：《晦庵先生朱文公文集》卷五《登岳麓赫曦台联句》。
② （元）吴澄：《吴文正集》卷二十《岳麓书院重修记》。

《宋史》说:"祖谦之学本之家庭,有中原文献之传。"[1] 余英时先生在《朱熹的历史世界》一书中推断,吕祖谦在世时很可能是当时天下公认的学界领袖,地位人望甚至更在年长他六七岁的朱熹之上。

"鹅湖之会"前不久,朱吕二位刚合作编了一本书,也就是后世儒生的必读教材《近思录》。吕祖谦的初衷显然是想要调和朱陆之间的分歧,以使南宋道学的理论体系重归统一,学术团体内部更趋和谐。或许是受到了与朱熹一同编辑《近思录》的愉快合作经历的启发,吕祖谦希望朱陆之间也能通过公开讨论达成共识。

朱熹、吕祖谦、陆九渊、陆九龄四人相聚一起辩论的消息传开后,武夷山北麓铅山县境内一向偏僻的鹅湖瞬间成了万众瞩目的焦点。人们从各地涌来,当时的知名学者就来了几十个人,自然还有朱、吕、陆三派的门生弟子,他们都不想错过这次顶级的智慧碰撞。

在这场整整持续了3天的激烈辩论中,朱熹和陆九渊二人各执己见,互不相让,双方谁都没有能够说服谁,最终不欢而散。按我个人的解读,"鹅湖之会"之所以在中国思想史上名气那么大,其最大意义应是将后人所总结的"朱陆异同"第一次直观全面地呈现在世人面前。朱陆二人进一步厘清了他们各自秉持的所谓"理学"与"心学"的核心要旨和学术边界,同时也让所有人都真切地认识到,这是两种根本不同的理论。

不过这是一个宏大的哲学史课题,已远远超出本书的主题。

宋理宗绍定元年(1228),有理学门人在鹅湖寺边上建了一座"四贤祠",并在此聚徒讲学。到理宗淳祐十年(1250),也就是"鹅湖之会"

---

[1] (元)脱脱等:《宋史》卷四百三十四《吕祖谦传》。

过去 75 年之后,有官员奏请朝廷在此兴建一座书院,朝廷批准后赐名"文宗书院",这就是著名的"鹅湖书院"的来历。[1]

作为中国哲学史上一场堪称典范的学术讨论会,"鹅湖之会"在当时的意义在于,自它以后,这类"会讲"便成为南宋书院进行日常教学和学术探讨不可或缺的重要形式之一。

淳熙八年(1181)的新年,陆九渊受朱熹之请,来到刚刚重建的白鹿洞书院升堂会讲,他讲课的主题是"君子喻于义,小人喻于利",获得了轰动性的成功。朱熹评价说,陆九渊的讲课"皆有以切中学者隐微深锢(痼)之病,盖听者莫不竦然动心"。[2]朱熹还描述,陆九渊讲课,"说得来痛快,至有流涕者"[3]。朱熹自己也被深深震撼,便请他把讲稿精要整理出来,这就是著名的《白鹿洞书堂讲义》,朱熹亲自题跋。该讲义后被刻石以便久存。这大概是中国历史上第一份正式的教师课堂讲义,与后世使用的讲义也有异曲同工之处。

从存世的《白鹿洞书堂讲义》来看,陆九渊这堂课的要旨是抨击当时读书只为科举,科举只为当官,而当官又只为利禄的恶劣风气。他希望学者以"义"为先,即读书是为了追求真知,当官是为了为老百姓谋福利,进而从根本上端正政风、学风与社会风气。不过,寥寥数百字记录下来的只是这堂课的观点精要,我们如今已很难从中体会到在场听众为什么被感动得流下热泪了。想来,陆九渊在讲课中举了很多时人有深切体会的真实事例,口语表达也特别真挚、有力、动人。

---

① 参见韦力《书院寻踪(下)》,第 441—447 页。
② (宋)朱熹:《晦庵先生朱文公文集》卷八十一《跋金溪陆主簿白鹿洞书堂讲义后》。
③ (宋)黎靖德编:《朱子语类》卷一百十九。

时光又流淌了 800 多年，那块镌刻着陆象山记、朱子跋的《白鹿洞书堂讲义》的石碑依然矗立于庐山白鹿洞书院的北碑廊。它见证了中国历史上两位伟大思想家和而不同的真诚交往，以及他们始终不懈的上下求索。

从中我们还可以看到，当时大多数著名书院在学术上采取"兼容并蓄"的方针，欢迎不同学术流派、不同学术观点的人进行自由论辩。除"会讲"外，一些书院在日常教学中也会聘任持有不同观点的学者前来任教。以白鹿洞书院为例，它与南宋道学三大学派的首要代表人物，即所谓"闽学"派的朱熹、"心学派"的陆九渊、"婺学派"的吕祖谦都有密切的学术联系。岳麓书院尽管总体上以二程理学为宗，但并不因此排斥其他学派，相反，南宋许多重要学派的代表人物都曾在岳麓书院传授自己的学术，学派之间交流来往频繁。道学／理学中闽学、心学派学者都曾在岳麓书院授课，而与理学相对的事功学派、汉学等亦在此登堂讲课。

理学，自南宋书院登上历史舞台

所有这些特征都意味着南宋时代的书院已经具备了现代大学的雏形。

深谙西方大学历史和制度的胡适先生曾说："宋代书院制度，很可研究。……当时书院的程度，犹如今日大学本科。"他特别推崇书院的自由研究精神，盛赞宋代四大书院"不独藏书很多，并且请有学者在院内负指导责任。来兹学者，如有困难疑惑之处，即可向指导者请教；犹如今日道尔顿制的研究室。"胡适感慨："书院之废，实在是吾中国一大不幸事。一千年来学者自动的研究精神，将不复现于今日了。"①

这又让我们思考另一个问题：书院的繁荣与理学（道学）的兴起之间的表里关系。

与古代儒家先师一脉相承，宋代理学家也极度重视教学育人，这也是理学之所以能够在中古以后的中国社会产生如此巨大影响，最终占领官方意识形态制高点的重要原因。张栻曾说过，"学校之事，此为政之所当先也"②；朱熹向宋孝宗谏言时也说，"以为制治之原莫急于讲学"③。

宋代教育的"理学化"趋势，早在"庆历新政"时范仲淹引胡瑗等执掌太学时就开始了。朱熹曾说过："本朝惟范文正公振作士大夫之功为多。"④ 这是对范仲淹非常公允的评价。范仲淹自己并没有形成什么鲜明的学术派别，但当时道学／理学先驱群体中的一大半人物都围绕在他身边或出自他门下，如有"宋初三先生"之称的胡瑗、孙复、石介，以及稍后的张载等。通过范仲淹及其后继者，一代代道学家们将自己的理念无声地渗透到宋代的政治、学术、教育和社会文化中。所以朱熹还曾恰如其分地说过："本朝道学之盛……亦有其渐，自范文正已有好议论。"⑤

"庆历新政"以后，特别是熙丰变法以后，朝堂政治多变；加之蔡京和秦桧当政期间，理学备受压制，理学家被挡在权力之门外，故而教育和学术便成了南宋理学家着力深耕的领域，当然这是现实的无奈，但也是他们有意识的主动选择。两宋的理学家中有不少人身居官位，也有人

---

① 胡适：《书院制史略》，载《胡适学术代表作（中卷）》，安徽教育出版社，2007 年，第 75—79 页。
② （宋）张栻：《南轩集》卷十九《答湖守薛士龙寺正》。
③ （清）王懋竑：《朱子年谱》卷一"孝宗隆兴元年十一月六日奏事垂拱殿条"。
④ （宋）黎靖德编：《朱子语类》卷一百二十九。
⑤ 同前注。

仕途不顺或自己无心入仕，但无一不是成功的教育家。从北宋的张载和程颢、程颐兄弟，到南宋的胡宏、朱熹、陆九渊、吕祖谦、张栻，理学家往往都把聚徒讲学看得比入朝当官更重。朱熹更是其中的典范，对他来说，办学校、兴讲学，始终是远比自己直接参与政事更重要也更长远的事业。

到了南宋，理学家们尤其注重通过创办书院来吸引门徒，进而向更多人传播自己的思想学说。吕祖谦、朱熹、叶适等人都有过相同或相近的观察和评论，他们认为"古之学校"本应该是拥有广泛学术言论自由空间甚至理所应当是公开议论、批评执政者的地方。然而这种教育和学术理想与官方办校的宗旨之间存在着尖锐的对立。或许是囿于党派之见，他们大多将这归咎于王安石变法，认为熙丰新法后大兴学校，将官学带上了一条错误的道路，因此他们倾所有心力于书院，希望通过书院教育的形式将育人的主旨纠正回他们心目中的"上古之道"。

在这个过程中，我们还看到南宋书院的建置和规约，乃至讲会、辩难等研习方法，无不深受佛教寺院的影响，这其实也折射出理学本身与佛学之间复杂而微妙的关系。例如，书院山长的设置显然就是模仿了寺院中住持、方丈的体制。最具书院原初特征的藏书楼，按理说就是现代学校的图书馆，却总是让人联想到佛寺的藏经阁。而在书院制度中，订立学规，采用语录、讲义、会讲及升堂讲说、质疑问难、祭祀先贤宗师等，也都莫不受到佛教传习规制的启发。据说，早年程颢看到禅寺僧人斋饭时的集体礼仪，脱口赞叹道："三代威仪，尽在是矣！"[1]后来朱熹在兴复白鹿洞书院之前，曾专门与陆九龄讨论过仿效佛寺禅院规条，制定书

---

① （宋）吕本中：《童蒙训》卷上。

院规章制度的问题：

> 陆子寿言：古者教小子弟，自能言能食，即有教，以至洒
> 扫应对之类皆有所习。故长大则易语。今人自小即教作对，稍
> 大即教作虚诞之文，皆坏其性质。某尝思欲做一小学规，使人
> 自小教之便有法。如此亦须有益。先生曰：只做《禅苑清规》（北
> 宋末编集的一部禅宗丛林清规）样做亦自好。①

岳麓书院初创时期，在空间布局上采用中开礼殿、讲堂、书楼，左
右序列斋舍以及专祠、山长居处等布置格局，与标准佛寺的格局几乎一
模一样。这主要是因为它的前身便是五代时智璇等二僧创办的，"凡所
营度，多出其手"。后朱洞正式创建书院，又是在二僧所建的学舍基础
上"因袭增拓"而成。如前所述，当时的大多数著名书院也多是从佛道
寺观演变而来的。因此，书院的布局与建制受佛寺影响，是有一条历时
悠久的承袭脉络的。

但更为深层的原因可能还在于理学本身与佛学之间的内在文化联
系。在某种程度上可以说，作为对先秦原始儒学和汉代官方儒学的一种
"更生"，我们今天看到的宋明理学是千余年儒学传统在受到外来的佛学
思潮强大冲击之下的应激和回应。也就是说，理学家们"批判性地研究
佛学"，为的是重新确立儒学本位及其"理论自信"，使之更加牢固地"占
领意识形态主阵地"，因而采取的是吸纳与融合的方法。我喜欢用这样

---

① （宋）黎靖德编：《朱子语类》卷七。

一个比喻来形容理学：一座用佛学砖瓦和佛学营造法砌成的儒学大厦。佛学与理学之间存在着复杂的渗透融合与矛盾紧张关系。我在这里只简要概述佛学无所不在的影响对日后理学发展所产生的后果。

前文提及，宋代书院往往设有专门敬祀儒家先贤的祭拜场所。到了南宋，以朱熹为代表的理学家还特别注重为书院创设一整套仪式和礼节，教师和学员每日洒扫庭除、焚香敬拜先圣。师生应该如何穿着、相互之间怎样打招呼，乃至什么时候饮茶、吃酒，甚至课余时的弹琴、习射、投壶等活动，都"各有仪矩"。例如："寝必后长者。既寝勿言，当昼勿寝"；"勿背所尊"，即站立时不可背向着师长；"虽燕处，不得裸袒露顶"，即使不在学习，独自待着时也不得光膀子或不戴帽子、幞头。

每月两次的"朔望之仪"是在孔子塑像前焚香四拜，学生向师长再拜，学生派代表公开对师长说些感谢的话，最后"诸生以次环立，再拜。退。各就案"。[1]

每天早晚的问安礼节则只用揖，不拜。晨昏之礼的做法是：

> 当日击版如前。再击，诸生升堂序立。俟师长出户，立定，皆揖。次分两序，相揖而退。至夜将寝，击版。会揖如朝礼。会讲，会食，会茶亦击版如前。朝揖，会讲以深衣或凉衫。余以道服褙子。[2]

《朱子语类》中也记载了朱熹门生王过讲述老师开讲时的礼仪：

① （清）张伯行：《学规类编》卷一。
② 同前注。

先生每日早起，子弟在书院，皆先著衫到影堂前击板，俟先生出。既启门，先生升堂，率子弟以次列拜炷香，又拜而退。子弟一人诣土地之祠炷香而拜。随侍登阁，拜先圣像，方坐书院，受早揖，饮汤少坐，或有请问而去。月朔，影堂荐酒果；望日，则荐茶；有时物，荐新而后食。[①]

凭借着这些生活学习中无所不在的礼仪，书院试图将儒家伦理中的礼乐秩序内化为每一个学员内心中自觉遵守的行为规范，进而将他们塑造成为儒家理想中的君子。对于这样的道德人格涵养方式，张栻有一段完备的论述：

而为之则有其序，教之则有其方。故必先使之从事于小学，习乎六艺之节，讲乎为弟为子之职，而躬乎洒扫应对进退之事，周旋乎俎豆羽籥之间，优游乎弦歌诵读之际。有以固其肌肤之会，筋骸之束，齐其耳目，一其心志，所谓大学之道格物致知者，由是可以进焉。[②]

因此，就知行合一的意义来说，书院又与大学、研究院之类现代教育和学术机构有着本质不同，反倒有几分佛教禅寺与欧洲中世纪修道院的气息。

其实这样的传统也是从胡瑗开始的，他的办学方式更像是一种团体

---

① （宋）黎靖德编：《朱子语类》卷一百七。

② （宋）张栻：《南轩集》卷九《邵州复旧学记》。

性的修行。胡瑗在湖州任教时，"科条纤悉备具，以身先之。虽盛暑必公服坐堂上，严师弟子之礼。视诸生如其子弟，诸生亦信爱其如父兄，从之游者常数百人"。如此经年累月的耳濡目染之后，他的门生"随材高下，喜自修饰，衣服容止，往往相类，人遇之，虽不识，皆知其为瑗弟子也"。[①]胡瑗本人是理学先驱，没有他，或许就不会有日后的程颢、程颐兄弟和张载、张戬兄弟。

虽然自周公"制礼作乐"以来，"礼"向来居于儒家文化传统中心地位，但在理学横空出世之前的早期儒学传统中，"礼"更多地体现为一种抽象的秩序原则，而非具体的礼仪规范。即使我们从"四书五经"等经典中读到过一些礼仪规范，也多是用来界定天子、诸侯、大夫、匹夫之间等级关系的政治性规范，而非寻常个体之间的相处之道。像上述这样高度仪式化的日常练习，在理学出现以前是基本不存在的。

到后来，理学门生行走天下，从衣着打扮到言谈举止，都呈现出极高的相似性和辨识度。他们在政治上自觉地同立场、共进退，在科场和官场上相互提携，也喜欢以"吾党""吾侪""同志"之类相互称谓、相互激励，其风格做派与传统儒生迥然有异，一度在朝野上下引发纷纷非议。陈亮就曾对朱熹直言批评理学家们的这种作风是"画界而立，一似结坛"[②]，像一伙秘密结社的教徒。想来理学团体在一般文人士大夫中招致的这种反感情绪，也是后来"庆元党禁"的舆论基础之一。

余英时先生在《朱熹的历史世界》一书中极具洞见地指出，如果说王安石奇迹般地获得了千载难逢的"得君行道"的机会，得以利用国家

---

① （宋）李焘：《续资治通鉴长编》卷一百八十四"仁宗嘉祐元年十二月乙卯"。
② （宋）陈亮：《龙川文集》卷二十《与朱元晦秘书》。

最高权力自上而下地推行自己理想中的政治改革的话，后来的理学家们则试图通过自己在民间士大夫群体中的默默耕耘，自下而上地掀起一场范围更广、程度更深的社会变革。余英时把他们的这种方式称为"觉民行道"。确实，以前的儒生中从未有过一个身份认同意识如此自觉的群体，即使有，其内部也从未有过如此强大的凝聚力。

就理学这种思想学说本身而言，他们取得了惊人的成功。我们甚至可以说，这大概是中国历史上知识阶层唯一一次成功地以自己的主体性和自觉意识对政治产生了影响。当一座又一座由理学家主持的著名书院成为学习、研讨、传播理学（心学）的中心，一代代学子在这里成长并走出，出入朝野，遍及天下，理学也由此一步步登上历史舞台，并彻底更生了传统儒学，成为后世中国和整个东亚的支配性意识形态。

但就理学家所希望达成的终极使命，即改造政治与社会以实现"尧舜之治"而言，他们与前人一样失败，而且这种失败的后果可能更加严重。他们为此所做的努力，无非是让自己的学说取代以前的学说，成为新"官学"，这就导致理学变成了功名利禄的新的敲门砖。当然这是后话了，直到南宋灭亡，理学都没有发展到如此程度。

五步一塾，十步一庠

反过来，理学的兴起和繁荣又进一步带动了民间文化教育事业的发展。

除了层次比较高的书院，宋代还出现了大量初级和中级的私立学校，名曰乡校、家塾、精舍、书会等，不一而足，而城镇、乡村的私立小学更是如雨后春笋般大量涌现。臭名昭著的奸相秦桧早年尚未发迹时，便曾做过私人开办的简易小学的"童子师"。他曾有诗句"若得水田三百亩，这番不做猴狲王"，抒发对身为"孩子王"的困窘处境的无奈与不满。①前面提到苏轼幼时上的小学，很可能就是这类私人办的童蒙学塾。②苏轼的小学在眉山天庆观北极院中，有百十个学生，他在这里念了3年书，启蒙老师是一位名叫张易简的道士。苏轼之弟苏辙也是"幼居乡间，从子瞻读书天庆观"③。

民间教育的空前活跃，除了得益于国家政策的鼓励和引导，更重要的是经济的普遍增长以及随之而来的越来越多普通民众对文化知识的渴求。不仅城市中的识字人口激增，在稍微富裕一点的农村地区，农户子弟利用农闲时间识字念书也是寻常之事。在临安，"乡校、家塾、舍馆、书会，每一里巷须一二所，弦诵之声，往往相闻"④；在历来富庶的苏州一带："师儒之说始于邦，达于乡，至于室，莫不有学"⑤；就连不算发达的南剑州（今福建南平）山区，也是"五步一塾，十步一庠，朝诵暮弦，洋洋盈耳"⑥。宋代科举应试者的人数因此也比前代增加了很多，每到科试季节，汴京和临安都人满为患，甚至因此生出许多特殊的商业服务："此科举试，三年一次，到省士人，不下万余人，骈集都城。铺席买卖如市，

---

① （明）周清原：《西湖二集》卷二十。
② 宋代官办小学刚好始于苏轼出生时的仁宗时代，推算下来，苏轼入小学应是在庆历三年（1043），恰好是朝廷在范仲淹倡议下首设太学的那一年，而太学正式设立附属小学是在三十多年后的元丰年间，因此，那时像四川眉州那样的偏远之地是否已经有了官办小学，还比较难说。
③ （宋）苏辙：《龙川略志》卷一《梦中见老子言杨绾好杀高郢严震皆不杀》。
④ （宋）灌圃耐得翁：《都城纪胜》"三教外地"。
⑤ （宋）吕祖谦：《宋文鉴》卷七十九。
⑥ （清）孙尔准修、陈寿祺纂，程祖洛续修、魏敬中续纂：《重纂福建通志》卷五十七。

俗语云'赶试官生活'，应一时之需耳。"①

　　据福建地区留存的记载，北宋哲宗时，福州一地解试，每次参试者达三千人，南宋孝宗时增至两万人；就连只有三个县的兴化军（今莆田）也达六千人。②我查了一下，整个福建省2022年高考人数不过21.8万人。考虑到当下中国总人口是两宋大部分时候的15倍还要多，即使不能简单类推，亦可以约略窥见宋代教育的普及程度。

　　而在商业更为繁荣、财力更为雄厚的江南地区，许多州府科举解试应试少则数千人，多至上万人。南宋时期每次参加科举的人数，台州有8000人③，衢州有4000人④，温州有8000人⑤，位于内陆山区的严州也有7000人⑥，吉州则"逾万"⑦。

　　从中似乎可以得出结论：宋代的识字率和文化普及率虽不如现代中国，但高层次的人才在人口中的比例却不比现在低！想来这便是宋代士大夫主体性空前高扬的基础。

　　南宋理学家们并不像后世一样只知空言道德性命，他们多重实践，在大力兴学办教时注重孩童的启蒙。朱熹尤其是选编教材的能手，他曾亲编《小学》《论语训蒙口义》《童蒙须知》，意在"受之童蒙，资其讲习"；他的著名弟子陈淳长期在乡间做训童先生，起初自编《训蒙雅言》，

① （宋）吴自牧：《梦粱录》卷二"诸州府得解士人赴省闱"。

② 参见白寿彝总主编，陈振分册主编《中国通史》第七卷《中古时代·五代辽宋夏金时期（上）》，第984页。

③ （宋）陈耆卿：《嘉定赤城志》卷四《公廨门一·贡院》。

④ 《衢州府志》卷十二《艺文志》，李处权《新建贡院记》。

⑤ 《万历温州府志》卷十八"杂志·灾异"。

⑥ 《景定严州续志》卷三"贡举"。

⑦ （宋）周必大：《文忠集》卷二十八。

作为自己儿子的启蒙教材，后又简编成三字一句、朗朗上口的《启蒙初诵》，实为《三字经》的原型；吕本中编《童蒙训》，乃"其家塾训课之本"；吕祖谦亦有《少仪外传》；真德秀则有《教子斋规》……毫不夸张地说，南宋至元代每一位重要的理学家，如黄榦、陈淳、刘清之、魏了翁、真德秀、许衡、刘因、吴澄等，都亲自编写过启蒙书。这类"小儿书"形式上多采用口语儿歌、插图于文，并通过生动的历史故事潜移默化给儿童灌输为人处世的道理。这一时期还出现了这类"小儿书"的汇编集纳。

在学制问题上，朱熹也有缜密和周全的考量。他主张依学生年龄高低，知识掌握的深浅分设小学和大学，一般人 15 岁前上小学，之后才上大学，分别授以程度不同的事和理："小学者学其事；大学者学其小学所学之事之所以。"或者说："小学是事，如事君，事父，事兄，处友等事，只是教他依此规矩做去。大学是发明此事之理。"① 对小学生，"自其能食，能言"② 即需以规矩培养习惯，要读书认字，使之"长大则易语"③。对大学生，则应"讲明义理，以修其身"④。

实际上，包括《三字经》《百家姓》《千家诗》等在内，中国古代教授孩童用的蒙书和识字课本十之八九诞生于两宋。这既是宋代幼儿教育成熟发达的结果，又进一步促进了这种初级教育的发展，成功地让理学思想在全社会生根发芽。

著名历史学家顾颉刚先生说，与以往不同，宋代在中国学术史上留

---

① （宋）黎靖德编：《朱子语类》卷七。
② （明）黄宗羲、（清）全祖望等：《宋元学案》卷六十九《沧州诸儒学案上》。
③ （宋）黎靖德编：《朱子语类》卷七。
④ （宋）朱熹：《晦庵先生朱文公文集》卷七十四《白鹿洞书院揭示》。

下的最富有色彩的一笔，便是大行其道的书院和自成流派的道学之间的相得益彰：

> 有了书院来讲肄传习，学术的流播便得容易推广的机会；有了道学那面大旗做新学阀的标识，自然号召呼应，容易打成一贯的系统。这二者互为因果，便在学术社会大放光明，竟造成六百年——公元 1000 至 1600——的道学天下，笼罩了宋、元、明三朝人士的思想。①

其实，远不止理学，宋代是中国历史上思想学术和科学文化成就出类拔萃的时代：它的文学，主要是古文和诗歌，丝毫不逊色于唐代；它在史学上的成就上追汉代，下开万世所无；而在科学技术上更是遍地开花结果。"一生为故国招魂"的现代历史学家钱穆先生评价说："从各方面综合衡量和估价，宋代文明可说是超越了唐代文明。"这一切都不是偶然的，而是得自宋代在王朝时代绝无仅有的教育水准和普及程度。

---

① 顾颉刚：《宋蒙三百年》，上海人民出版社，2015 年，第 147 页。

第八章

现代拂晓

南宋理宗年间，江南某城有个名叫阿张的坊市民（城里居民）状告当地官府，理由是未给90岁以上的老人发放生活补助。时任江东提刑的刘克庄严肃批评了当地有司，牒令立刻整改。其判词曰：

　　　　高年之人，支给些小钱绢酒米，此朝廷旷荡之泽也，奈何以郡计艰窘之故而废格上恩乎？牒州，限一日取交领申。①

　　这条判词被收入于宋理宗景定（1260—1264）初年编纂的《名公书判清明集》中，此事亦见于刘克庄的《后村先生大全集》。《名公书判清明集》是一本汇集了朱熹、真德秀等一批知名官员对各种案件所作的判词的法学汇编，意在让后世官员学习并援例参考。由于主判官员中理学人士甚多，因而这也是一部集中体现理学法律思想的文献。许多人只知道，刘克庄是辛弃疾之后南宋最杰出的豪放派词人，实际上他还是一位出名的理学家，曾受业于朱熹的再传弟子、南宋第一理学名臣真德秀。

　　可惜这条判词太过疏简，相关背景资料也阙如，故而案子的许多

---

① 《名公书判清明集》卷十四"附录三：坊市阿张状述年九十以上乞支给钱绢事"。

基本信息我们已无从知晓。比如，我们只知道此案应该是发生在刘克庄担任提刑官^①的江南东路，但具体在哪个城市就不得而知了。又如，阿张的诉状以及刘克庄的判词援引的是朝廷哪条法令？该法令又是如何陈述的？

从这个案子及其判词来看，有几点似乎是可以确定的：

第一，对于一定岁数以上的高龄老人，官府会定期给予补助，但我们不清楚多大岁数能享受这种"上恩"，补助的标准又是怎样的。

第二，这应该是一种常态化的法律制度，而非临时性的救济措施。受资助人到了一定的年岁就能自动享受，并不需要如鳏寡、无子女赡养、残疾等其他附加条件。刘克庄的判词中写得很清楚：州郡政府不得以财政困窘为由推诿搪塞，必须在收到判词后一天内予以落实。

第三，南宋时政府对高龄老人的这类补助不薄，不但有钱米，还有绢衣，甚至还得给他们酒喝！待之可谓厚矣！

显然是经济增长和教育文化水平的提高，提升了宋代社会的福利水准。人的生命和价值得到了更多关怀，黎民百姓的存在不再像草芥一样

---

① 全称为"提点刑狱公事"或"提点刑狱使"，主要职能是纠察一路之官员风纪及复核司法判决等。

不名一文。古代圣贤曾憧憬"老吾老，以及人之老，幼吾幼，以及人之幼"和"矜（鳏）寡孤独废疾者，皆有所养"，宋人一度看到过实现这一理想的一线希望。

中国历来都是人口密度极高而天灾人祸不断的社会，于是，赈灾和救济便成了史书中书写最多的政事之一。但在宋朝以前，没有一个朝代曾有志于建立一套常态化、制度性的救助和福利体系。即便在汉唐时期，朝廷也只是设置过一些权益性的救助机构，针对大灾大难做出临时性赈济，例如"常平仓""义仓""惠民仓"等，用以"平谷价""备凶灾"，岁歉则"减价出以惠民"①。一般情况下，大多数百姓一旦遭遇不幸，如果不能获得乡亲宗族或佛道寺观等宗教机构零散的民间慈善救助，就只能接受自生自灭的命运。

唯有宋朝政府认真尝试过建立一个能够基本覆盖所有人的社会救助体系。

---

① （元）脱脱等：《宋史》卷一百七十六《食货志上（四）》。

一、慈幼 居养 安济 漏泽

北宋初期天下渐稳后，历代政府便有意识地建立和完善各种专门用作救助的机构和制度。朝廷首先完善了常平仓、惠民仓等前代已有的救济制度建设。所谓常平仓，有点类似于今天的国家粮食和物资储备体系，通过价低时收储、价高时抛售来调节市场供求关系、平抑市场物价。略不同的是，常平仓还负责给遭受灾害的民众发放赈济钱粮，因此又兼有民政救灾职能。常平仓的思想理论源于春秋战国时期，汉代逐渐形成制度，魏晋南北朝时置废无常，隋唐以后趋于规范化。宋代政府在各地广置常平仓，并完善或创设了功能近似但运作模式不尽相同的惠民仓、广惠仓等，努力提高它们的覆盖面和赈济力度。

> 宋之为治，一本于仁厚，凡振贫恤患之意，视前代尤为切至。诸州岁歉，必发常平、惠民诸仓粟，或平价以粜，或贷以种食，或直以振给之，无分于主客户。不足，则遣使驰传发省仓，或转漕粟于他路；或募富民出钱粟，酬以官爵，劝谕官吏，许书历为课；若举放以济贫之者，秋成，官为理偿。又不足，则出内藏或奉宸库金帛，鬻祠部度僧牒；东南则留发运司岁漕米，或数十万石，或百万石济之。赋租之未入、入未备者，或纵不取，或寡取之，或倚阁以须丰年。[1]

---

① （元）脱脱等：《宋史》卷一百七十八《食货志上（四）》。

简言之，当遇灾荒和歉收时，中央和地方政府频繁地通过直接发放赈济粮、发售平价和低价粮食、调降和延缓税收、加大转移支付、鼓励民间救济等许多办法，来保障受灾饥民的基本生活供应。

太祖建隆三年(962)，"诏州县兴复义仓……贮以备凶歉"。太宗时"又置常平仓，……真宗继之，……推广淳化之制"。仁宗嘉祐二年（1057），"置天下广惠仓……给在城老幼贫乏不能自存者……"[①]且朝廷有明确诏令，常平、广惠、惠民诸仓的钱粮只能专用于救灾，主管财政的"三司"（盐铁司、户部司、度支司），转运司皆不得挪用。历经七十多年的接续建设，"常平、惠民仓殆遍天下矣"。到英宗治平三年（1066），常平仓的运作已达到"入五十万一千四十八石，出四十七万一千一百五十七石"的庞大规模。[②]

南宋时，政府救灾赈济的力度更大，仅在临安府，得到赈济的贫困人口动辄即数十万。淳熙十三年（1186），孝宗下诏"于封椿库、丰储仓支拨钱米，将城内外贫乏老疾之人，措置计口赈济"，知府韩彦质"欲以二十万人为率"；淳熙十六年（1189），孝宗又诏"令封椿库支见钱二十三万贯"，救济临安城"贫乏老疾之人"，知府张构报告说，受赈之人"在城九厢，城南、城北两厢共抄札到二十六万八千余口"[③]。

但这类针对特定灾害的临时性、一次性赈济行动远不是宋代政府救济制度的全部，甚至都谈不上是它着力最甚的部分。宋代政府的长远目标是形成覆盖面广泛的常态化的社会救助网络，尽可能地涵盖社会上所

---

① （宋）李焘：《续资治通鉴长编》卷一百八十六"仁宗嘉祐二年八月丁卯"。

② （元）脱脱等：《宋史》卷一百七十六《食货志上（四）》。

③ （清）徐松：《宋会要辑稿·食货》六八之八四、八九。

有生计窘困的特殊人群。

宋代由政府设立的福利性机构，依其救济对象和功能，大致有三四类：

> 若丐者，育之于居养院；其病也，疗之于安济坊；其死也，葬之于漏泽园，岁以为常。[①]

也就是说，对老无所靠、病无所医、死无所葬的困难群体，都有相应的收容机构。此外，还有另一个非常重要的机构：慈幼局，专门负责收养贫困家庭无力抚养的弃婴。

慈幼局、居养院、安济坊和漏泽园，各掌生老病死，囊括了现代社会中医疗、失业和养老等所有保障内容。当然，它们的探索、建设和完善都经历了百多年的漫长过程。

若丐者，育之于居养院

居养院是北宋政府救助体系的核心，它是在已有广惠仓的基础上进一步延伸、升级和创新的结果。据《宋史》载，宋初，京师设有东、西两所福田院，以收养无法自食其力的无家可归者，即所谓"丐"，以孤寡老人和残疾人居多。但东、西福田院的规模极为有限，"其后给钱粟者才二十四人"[②]。英宗时增设南、北两所福田院，并增扩了原有的东、

---

① （元）脱脱等：《宋史》卷一百七十八《食货志上（六）》。
② 同前注。

西福田院，救助名额增加到 300 人。朝廷每年拨钱 500 万，后来又增至 800 万。平均下来，福田院里每个孤寡老人一年的生活费计 2 万多钱，大致相当于北宋末年东京一户中产之家日常开支的 1/3，这个标准已相当不低。[1]

除这类长期收养者外，福田院也负责在特殊情况下对困窘"丐者"提供临时庇护。神宗熙宁二年（1069），"京师雪寒，诏老幼贫疾无依丐者，听于四福田院额外给钱收养，至春稍暖则止"[2]。第二年再"诏开封府收京城内外贫寒、老疾、孤幼无依乞丐者，分送四福田院，额内人日给钱，候春暖，申中书罢"[3]。到熙宁六年（1073），这种"冬收春放"的季节性庇护措施被正式确立为定制，其额定人数为 1200 人，由开封府每月派官员巡视而定。[4]

但这些举措仍远远满足不了贫困人口的救济需求，于是朝廷开始进一步扩大福田院，并将其模式推广到全国。熙宁九年（1076），在时任太原知府韩绛的建议下，神宗下诏：

> 凡鳏、寡、孤、独、癃老、疾废、贫乏不能自存应居养者，以户绝屋居之；无，则居以官屋，以户绝财产充其费，不限月。依乞丐法给米豆；不足，则给以常平息钱。[5]

---

① （元）脱脱等：《宋史》卷一百七十八《食货志上（六）》。
② 同前注。
③ （宋）李焘：《续资治通鉴长编》卷二百一十八"神宗熙宁三年十二月甲子"。
④ （宋）韩琦：《韩魏公集》卷三十五。
⑤ （元）脱脱等：《宋史》卷一百七十八《食货志上（六）》。

这条诏令的大意是把那些没有子嗣继承的"户绝"财产优先用于社会救济，如果不够，则政府财政来补。它首先解决了社会救助的资金来源问题。接下来，为了更有效地推动福田院体系建设，熙宁十年（1077），朝廷正式颁行"惠养乞丐法"，哲宗元符元年（1098），再颁布"居养法"，对救助的责任主体、救助对象的资格以及救助钱粮标准等事项作出了具体规定。^① 在这两条法律的基础上，宋代的政府济贫救助体系建设从此大规模展开。

徽宗在位时是北宋社会保障体系大发展的一段时间。崇宁（1102—1106）间蔡京当国，京师正式以新设的居养院取代过去的福田院，此后又创设给无力治病的疾患者问诊抓药的安济坊和施药局，以及负责掩埋无主棺柩及暴露街市无人认领的遗骸的漏泽园。诏令还要求地方监、司、守、令，在各州县城市以及1000户以上的城、寨、镇、市设置居养院、安济坊与漏泽园。这些法令的意图很明确，就是要覆盖全天下不能自养者。此外，朝廷又进一步对居养院的管理考核和经费来源等做出明晰规定，这意味着它们不再是临时性救助，而成为一种长期的机制。居养院还比过去的福田院放宽了收容标准，大观元年（1107）的诏令称，凡50岁以上的长者（宣和初提高至60岁以上）以及寡妇、孤儿和弃儿等，皆符合入院条件。朝廷还大幅度提高了收容救助对象的待遇，除基本的食物外，也配给柴火、衣服、床椅、炊具等，有时甚至还会发放一些诸

① （宋）李焘：《续资治通鉴长编》卷二百八十"神宗熙宁十年二月丁酉"、卷五百三"哲宗元符元年十月壬午"；（清）徐松：《宋会要辑稿·食货》六〇之一。

如蚊帐之类的非生活必需品……①总之，比以前"厚至数倍"。但如此一来，似乎也出现了现代国家福利体系"养懒人"的弊端："糜费无艺，不免率敛，贫者乐贫而富者扰矣。"②

在地方上，此类收养机构也有叫"广惠院""实济院""安养院""利济院"等名称的，不一而足，但性质大同小异。

靖康之后，大量北宋遗民追随高宗避难，"中原士民，扶携南渡，不知其几千万人"③。加之与金人的战事激烈、频繁而持续，造成许多伤残，需要得到各方面救助的人进一步增多。于是，临安政权逐渐稳定后，居养院体系的建设步入了新高潮。南宋时，境内每个府州基本上都建有居养院。很多县城、市镇甚至乡村亦设立了类似的贫民收养机构。在相对富庶的江南地区，一些州县的居养机构规模也颇不小。淳熙五年（1178），苏州居养安济院重建时，"为屋六十有五，为楹三百有十，为室三十，长廊置础，对关列序，集癃老之无子妻，妇人无夫亲者分处之。幼失怙恃，皆得舍焉"④。绍兴府居养院也"为屋三十间"，并且"有司先给居养、安济等用度，而兵食顾在其后"⑤，其经费划拨甚至优先于军费！

作为政府主导的社会救济中的支柱，北宋居养院基本依赖国家财政，名称、功能、建制也相对统一。到南宋则出现了许多新特点，最突出的表现是：其一，南宋居养院大部分拥有自己的田产或其他独立财源，有

---

① （清）徐松：《宋会要辑稿·食货》六〇之五至六、六八之一二九至一三二；（元）脱脱等：《宋史》卷一百七十八《食货志上（六）》。

② （元）脱脱等：《宋史》卷一百七十八《食货志上（六）》。

③ （宋）李心传：《建炎以来系年要录》卷八十六"绍兴五年闰二月壬戌"。

④ 曹允源：《民国吴县志》卷二十九《公署二》。

⑤ （宋）施宿等：《嘉泰会稽志》卷十三。

点类似于各类官私学校所有的学田、房廊等；其二，南宋时除了朝廷统一下令或支持设立的居养院，各地官府还自行建立了名目繁多、各具特色的地方性救助机构——台州、严州淳安县有安老坊，江阴军有安济院，平江府昆山县有安怀坊，湖州有利济院，严州有安养院，庆元府有广惠院，建康有实济院，从形式、内容到制度、功能都不完全相同，更符合当地的实际情况。

　　总体上看，北宋中后期逐渐成形的居养制度在南宋得到了进一步的发展。各类大大小小的居养院不仅在行都临安和各州府，就连许多县城乃至比较富庶的市镇和乡村也比比皆是，它们大多得到了很好的维护，一直到南宋灭亡。

其病也，疗之于安济坊

　　除了综合性的居养院，宋代政府还设立针对特定困难人群的专业性救助机构——安济坊，是收治患病贫民并予救助的机构，"以处民之有疾病而无告者"。因为比普通居养院多了医治疾患的功能，安济坊配备专职医生，官府也增加了医药费专项支出，并实行相应的监督管理制度。"医者人给手历，以书所治痊失，岁终考其数为殿最"[1]，意思就是，每个医生都持有医疗登记簿，记录就诊和治愈病患人数，作为年终业绩考核的依据。[2] 洪迈亦曾有云："不幸而有病，家贫不能拯疗，于是有安济坊

① （元）脱脱等：《宋史》卷一百七十八《食货志上（六）》。
② 事亦见（清）徐松《宋会要辑稿·食货》六八之一三一。

使之存处，差医付药，责以十全之效。"①

安济坊的前身是诸路创置的"将理院"，有些地方"所建将理院，宜以病人轻重而异室处之，以防渐染"②，也就是将病人隔离治疗。这种经验后来推广到全国。大文豪苏轼对北宋安济坊的创立做出过重大贡献，元祐四年（1089）东坡知杭州之初，首创"养民之贫病者"的"安乐坊"，颇受到朝廷的重视。

> 先是，守苏文忠公尝于城中创置病坊，曰"安乐"，以僧主之，仍请于朝。三年医愈千人。乞赐紫衣并度牒一道。诏从之。③

到徽宗崇宁元年（1102）八月，朝廷正式颁布"安养法"，始置安济坊，并下令全国"诸郡县并置"④，同时要求各地援苏轼在杭州的做法，将此前的所有"病坊"均改名"安济"。⑤

不过，直到北宋末，安济坊在有些地方仍有"安养坊""安乐寮"等不同名称，南渡后还有称"安乐庐"的。如果说它的功能是治病加收养的医院兼疗养院，功能比较复杂，崇宁二年（1103）以后开始在各路推广的和济局就是一种相对简单的医疗救助机构了，南宋时也称之为"施药局"。它不负责收治病员，只是给看不起病、付不起医药费的病患无

---

① （宋）洪迈：《夷坚志·支志乙》卷四《优伶箴戏》。
② （清）徐松：《宋会要辑稿·食货》六八之一二九。
③ （宋）潜说友 ：《咸淳临安志》卷八十八《恤民》。事亦见（清）徐松《宋会要辑稿·食货》六八之一三〇。
④ （元）脱脱等：《宋史》卷十九《徽宗本纪（一）》。
⑤ （清）徐松：《宋会要辑稿·食货》六八之一二九至一三三 。

偿诊断并发放药品，也就是官营的诊所兼福利性药房：

> 民有疾病，州府置施药局于戒子桥西，委官监督，依方
> 修制丸散哎咀，来者诊视，详其病源，给药医治，朝家拨钱
> 一十万贯下局，令帅府多方措置，行以赏罚，课督医员，月以
> 其数上其州家，备申朝省。或民以病状投局，则畀之药，必奏
> 更生之效。[①]

第二章介绍过神宗朝由政府创办的出售成药的惠民局，社会救济性
质的和济局或施药局通常就是由这类官营药局负责管理和运营的。之所
以称"惠民局"，正是因为朝廷赋予了它兼具商业性与公益性的双重身份。
不过这种双重身份也每每令它定位摇摆，招致不少责难，南渡后似乎有
所改进。

> 神宗朝创置卖药所，初止一所，崇宁二年增为五局，又增
> 和剂二局。第以都城东西南北壁卖药所为名，议者谓失元创药
> 局惠民之意，岁得息钱四十万以助户部经费。今行在所置局，
> 岁课虽视昔有损，意岂在夫美赢，其于拯民瘼、施实惠，亦云
> 博矣。[②]

---

① （宋）吴自牧：《梦梁录》卷十八"恩霈军民"。
② （宋）周辉：《清波杂志》卷十二"惠民局"。

其死也，葬之于漏泽园

漏泽园，专门负责安葬家贫无以葬者以及一些客死他乡的旅人，实际上就是政府提供的免费公共墓地。有学者考证认为，"漏泽"这个词及其在宋时的含义，早在西周时就已出现①，说明这类福利性公墓的历史源远流长。这是有可能的。周朝重礼制，对逝去之人存有特别的敬畏。儒家尊崇的所有礼仪中，祭祀历来是第一位的。而从现存文献看，专门用以掩埋无主尸体或战死兵士的所谓"义冢"（又称义阡），最早大概可以追溯到东汉时期。②只是它们都是偶然和临时为之的结果，缺少制度支持，皆属零星孤例。如果孔孟复生，他们应该欣慰地看到，到宋代，让天下无一具白骨遗于荒野的理想依然遥远，但总算有人在为此努力。

宋代漏泽园的正式创置，也是在徽宗时代蔡京执政时，但它也像居养院制度一样，经历了长期的演化发展过程。《宋史》载，北宋由官方出资掩埋安葬无主尸骨的举措始于真宗末，之后一度中断，到仁宗末又恢复。"天禧中，于京畿近郊佛寺买地，以瘗死之无主者。瘗尸，一棺给钱六百，幼者半之；后不复给，死者暴露于道。嘉祐末，复诏给焉。"③

不过，这项政策在几十年间处于草创阶段，此时的义冢建设既没有稳定的经费拨付，也缺乏健全的制度保障，且基本上仅在京畿地区施

---

① 《汉书》卷六十四上《吾丘寿王传》中有记载，武帝时，光禄大夫侍中吾丘寿王称赞西周"德泽，上昭天，下漏泉"。颜师古注曰："漏，言润泽下沾，如屋之漏。"宋代漏泽园之得名，盖出于此。
② 干宝《搜神记》卷十一中有载：汉安帝时，河南尹周畅"收葬洛阳城旁客死骸骨万余，为立义冢"。范晔《后汉书》卷七《桓帝纪》中亦有记载：建和三年（149）十一月，由于"京师厮舍，死者相枕，郡县阡陌，处处有之"，汉桓帝乃下诏："其有家属而贫无以葬者，给直，人三千，丧主布三匹；若无亲属，可于官墙地葬之，表识姓名，为设祠祭。"
③ （元）脱脱等：《宋史》卷一百七十八《食货志上（六）》。

行。像上面提到的嘉祐七年（1062）仁宗复诏便是："开封府市地于四郊,给钱瘗民之不能葬者。"① 但看得出来,朝廷一直在有意识地积极尝试。神宗即位后,很快加以完善并向全国推广。

据徐度所记,"漏泽园之法,起于元丰间"。当时他的外祖父担任开封府界使者,一次出差夜宿陈留的一间佛寺,看到寺院墙外"积骸蔽野,皆贫无以葬者委骨于此,意恻然哀之",于是就向神宗报告了自己的所见所闻,并建议"斥官地数顷以葬之"。皇帝同意并命他负责落实。那一次"凡得遗骸八万余,每三十为坎,皆沟洫,什伍为曹,序有表,总有图"。公墓一隅还专门规划建造一座佛寺,每年都派一个僧人前来掌管。② 这应该就是北宋第一座漏泽园的由来,只是当时尚未有其名。

另一则记载大同小异：

> 天禧诏收瘗遗骸,并给左藏库钱,厥后无人举行。元丰二年三月,因陈向为提举常平官,诏命主其事。向又乞命僧守护葬,及三千人以上,度僧一人,三年与紫衣,有紫衣师号。③

此处提到的陈向其人,即徐度的外祖父。他尽心竭力推行义冢的事迹,赢得了沈括的美誉："能推朝廷之惠,及于朽骨。"④

其实,早在熙宁元年（1068）,神宗就已诏"诸州军每年春首,令

---

① （元）脱脱等：《宋史》卷十二《仁宗本纪（四）》。
② （宋）徐度：《却扫编》卷下。
③ （宋）朱弁：《曲洧旧闻》卷九。
④ （宋）沈括：《长兴集》卷十八《故朝散大夫知楚州陈君墓志铭》。

诸县告示村耆，遍行检视，应有暴露骸骨无主收认者，并赐官钱埋瘗"①。后又诏"给地葬畿内寄殡之丧，无所归者官瘗之"②。"开封府界僧寺旅寄棺柩，贫不能葬，岁久暴露。其令逐县度官不毛地三五顷，听人安葬。无主者，官为瘗之。民愿得钱者，官出钱贷。每丧毋过二千，勿收息。"③

到崇宁三年（1104）二月，徽宗下诏："收葬枯骨，凡寺观旅槁二十年无亲属及死人之不知姓名及乞丐或遗骸暴露者，令州县命僧主之，择高原不毛之土收葬，名漏泽园。"④

另据《宋史·徽宗本纪》载：崇年三年二月"丁未（三日），置漏泽园"。此事在李埴《皇宋十朝纲要》、王称《东都事略》和陈均《皇朝编年备要》诸书中也有记载。因而可以确认，自此后，漏泽园之名及其制度正式形成。见多识广的顾亭林评论说："漏泽园之设，起于蔡京，不可以其人而废其法。"⑤但从徐度在《却扫编》中记载的那件事来看，更加客观地说，漏泽园模式在蔡京之前就已有人探索过，也已形成了制度框架。苏轼在《惠州祭枯骨文》中提到："朝廷法令，有掩骼之文；监司举行，无吝财之意。"此文写作于哲宗绍圣（1094—1098）年间，就是明证。甚至"漏泽"二字也已经常被使用到，宋神宗曾经表扬一位名叫姚孳的官员，在地方上"居养安，济漏泽，为朕施实德于民"⑥……然而漏泽园作为一个正式机构得名于蔡京主事时，并在他当政期间得到大面积推广。正如清人黄

① （清）徐松：《宋会要辑稿·食货》五九之一。
② （元）脱脱等：《宋史》卷十五《神宗本纪（二）》。
③ （宋）李焘：《续资治通鉴长编》卷二百九十七"神宗元丰二年三月辛未"；亦见（元）脱脱等《宋史》卷一百七十八《食货志上（六）》。
④ （宋）施宿等：《嘉泰会稽志》卷十三。
⑤ （清）顾炎武：《日知录》卷十五。
⑥ （明）黄宗羲、（清）全祖望等：《宋元学案》卷六《士刘诸儒学案》。

汝成在《日知录集释》里补充道："是漏泽之设，不自蔡京始也，特其名或起于京耳。"①

博学善思的赵瓯北也说："是义冢之法，蔡京前已有之，亦不自京始也。盖京特踵其法，遍行州郡以沽誉，并入之课程耳。"②

与神宗朝旧法相比，徽宗朝的漏泽园制度的确要健全得多，这主要表现为两点：其一，对漏泽园的用地保证，墓葬的统一规格设计，维护、祭祀、移葬等事务和程序，中书省都有详尽部署，徽宗批准后"并著为令"③。其二，将原来基本局限于京师的漏泽园之制大力推广到全国各地，落实专人负责其事④，且作为官员升降的重要考核指标。徽宗多次就此下诏，要求"立法，郡县官违戾者、弛慢者、失检察者皆置之法"⑤；"监司守令奉行无忽"⑥……

最具讽刺意味的是，一辈子没做过几桩好事的蔡京在生命的终点竟受惠于自己推动创设的漏泽园！靖康元年（1126），金军南下，大厦将倾。蔡京作为"六贼之首"遭千夫所指，被刚即位的钦宗贬逐岭南，途中客死于潭州。随行扈从将其尸骨以青布包裹，草草葬于当地的一所漏泽园：

> 京之卒，适潭守乃其仇，数日不得殡，随行使臣辈稿葬于漏泽园，人谓得其报。此说止见于《靖康祸胎记》。宣和间，

---

① （清）顾炎武撰，黄汝成集释：《日知录集释》卷十五。
② （清）赵翼：《陔余丛考》卷二十七《养济院》。
③ （清）徐松：《宋会要辑稿·食货》六八之一三〇。
④ 参见朱熹《晦庵先生朱文公文集》卷七十九《江西运司养济院记》。
⑤ （宋）施宿等：《嘉泰会稽志》卷十三。
⑥ （宋）胡榘修，罗濬纂：《宝庆四明志》卷三。

京师染色，有名"太师青"者。迫京之殓，无棺木，乃以青布条裹尸，兹其谶也。①

南宋初年，经历了数十年大规模战乱和社会动荡后，漏泽园制度一度松弛。不少州县的漏泽园或废弛荒芜，或"多为豪猾请佃"②；甚至天子驻跸的临安府漏泽园也"率为官私占佃"③。

漏泽园的恢复起初也如居养院和安济坊一样，多是南宋地方官员的零星举措。"中兴以来，郡县或自以意广朝廷惠泽，至今为利。"④史载，知州翟汝文和通判朱璞于这一时期重建了越州的漏泽园⑤；而知府叶梦得也多方筹措经费，将建康府的漏泽园办得有声有色⑥……

到绍兴十四年（1144）末，在户部员外郎边知白的建议下，朝廷下旨"（临安府及诸郡）复置漏泽园，葬死而无归者"⑦，命令诸路、州、军将过去属于漏泽园的土地全部收回重建。稍后，临安府的上言确定了南宋漏泽园的基本建制："四至丈尺，为藩墙限隔，每处选募僧人二名主管，收拾埋瘗及二百人，核实申朝廷，支降紫衣一道。逐处月支常平钱五贯、米一石，赡给僧人。"高宗下旨，"令诸路州军仿临安府已行事理，一体措置施行，仍令常平司检察"。⑧

① （宋）周辉：《清波杂志》卷二"青布条"。
② （清）徐松：《宋会辑稿·食货》六八之一四〇。
③ （宋）潜说友：《咸淳临安志》卷八十八《恤民》。
④ （宋）施宿等：《嘉泰会稽志》卷十三。
⑤ 同前注。
⑥ （宋）周应合：《景定建康志》卷四十三《风土志二·义冢》。
⑦ （元）脱脱等：《宋史》卷三十《高宗本纪（七）》。
⑧ （清）徐松：《宋会辑稿·食货》六〇之九。

逝去的盛景：宋朝商业文明的兴盛与落幕

此后，在朝廷的一再督促下，漏泽园制度总体上得到了较好的维护。到南宋末年时，数以千计的漏泽园遍布全国各地。据《梦粱录》载，临安府仅包含城区的两县，即钱塘县与仁和县，就"置漏泽园一十二所"。其中规模大者占地三五顷，小者几十亩，官府"月给各支常平钱五贯、米一石"①，"如委有见阙常平钱米去处，于系省钱米内支拨"②。

从现存的一些史料记录看，宋代漏泽园的建设似乎比居养院和安济坊更普及，管理和维护也比后者更有实效。这大概也是因为漏泽园的运营管理相对单一和简单，也得到了更多官员的重视。③

慈幼局，使道路无啼饥之童

慈幼局，"为贫而弃子者设"④，是专门负责收养弃婴的政府救助机构。它的正式设立要到南宋后期：

> （理宗淳祐七年十二月），有旨，令临安府置慈幼局，支给钱米，收养遗弃小儿，仍雇请贫妇乳养。安抚端明赵与筹奉行惟谨，于府治侧建屋，而存养之具纤悉毕备，其有民间愿抱养为子女者，官月给钱米，至三岁住支，所全活不可胜数。⑤

---

① （宋）吴自牧：《梦粱录》卷十八"恩霈军民"。
② （清）徐松：《宋会要辑稿·食货》六〇之十。
③ 参见（清）徐松《宋会要辑稿·食货》六〇之一六；（宋）刘克庄《后村集》卷五十《真公行状》；（元）脱脱等《宋史》卷四百三十七《魏了翁传》等。
④ （元）脱脱等：《宋史》卷四百三十八《黄震传》。
⑤ （宋）施谔：《淳祐临安志》卷七《城府》。

这是宋代中央政府第一次明令创办慈幼机构，且首次以"慈幼局"为名；淳祐九年（1249）正月，朝廷再次下令，"诏给官田五百亩，命临安府创慈幼局，收养道路遗弃初生婴儿"[1]；宝祐四年（1256）十一月，理宗进一步诏令"天下诸州建慈幼局"[2]，正式在全国各地推广这一举措；宝祐五年（1257），再颁诏敦促："朕轸念军民，无异一体，常令天下诸州置慈幼局……必使道路无啼饥之童。"[3]慈幼局制度至此确立，此时距离北宋徽宗时代初设居养院，已经过去150年。

传统伦理强调"不孝有三，无后为大"，民间也期待"多子多福"，加之古代缺乏有效的避孕措施，因此，只要社会相对稳定，生育率一定非常高，但养育孩子与否则取决于一个家庭的经济条件。宋代是中国中古时期人口增长最快的一个朝代，这得益于它显著的经济进步。即便如此，仍有广大贫困百姓无力抚养众多子女，生下孩子后"弃之于野"或"溺之于盆"的现象相当普遍。从北宋中后期的一则笔记来看，当时溺婴问题在人口稠密的地区尤为严重：

> 闽人生子多者，至第四子则率皆不举，为其资产不足以赡也。若女则不待三，往往临蓐以器贮水，才产即溺之，谓之"洗儿"，建、剑尤甚。[4]

---

① （元）脱脱等：《宋史》卷十三《理宗本纪（三）》。

② （宋）吴潜：《开庆四明续志》卷四《广惠院》。

③ （明）王圻：《续文献通考》卷四十一。

④ （宋）王得臣：《麈史》卷上"惠政"。

逝去的盛景：宋朝商业文明的兴盛与落幕

据王得臣说，他的亲家俞伟在当地做县令时曾撰《戒杀子文》，苦口婆心地"谕劝其乡人无得杀子，岁月间活者以千计……"所以那些年里当地很多新生儿的小名里有"俞"字。许多年后，已在异地为官的俞伟回到该县，有几百个孩子赶到城门口迎接他。① 朝廷得知此事后，嘉奖了俞伟，并把他的做法推行到整个福建路。

除了这类正面鼓励，宋代也立法对杀子溺婴进行严厉处罚，"故杀子孙，徒二年""杀子之家，父母邻保与收生之人，皆徒刑编置"。② 天下哪有不疼爱自己骨肉的父母？杀婴弃婴现象说到底是经济问题引起的，美言劝谕和严刑峻法显然都不是真正的解决之道。

政府主导的慈幼机构，便是在这样的背景下出现的。

北宋时没有专业的弃婴救助机构，负责收养无家可归的残疾贫困人口的福田院及后来的居养院同时也承担抚养弃婴的职责。居养院如果收养的是孩童，则养至十五岁放其自立。③ 此外，居养院还有义务安排他们读书受教育，费用也出自常平仓："孤贫小儿可教者，令入小学听读，其衣襕于常平头子钱内给造，仍免入斋之用。"④

或许是因为婴幼儿抚养教育与老弱病残的医治赡养存在着诸多不同的特性，越来越多的人认为也有必要将慈幼机构从一般综合性的居养院中独立出来。到南宋高宗时，专业性慈幼机构的雏形开始出现，起初多是一些地方官员的自发创建。例如赤城（今浙江天台）养济院"内有坊二，

①（宋）王得臣：《麈史》卷上"惠政"。
②（宋）苏轼：《苏轼文集》卷四十九《与朱鄂州书》；（明）黄淮、杨士奇编：《历代名臣奏议》卷一百八《仁民》。
③（清）徐松：《宋会要辑稿·食货》五九之八。
④（元）脱脱等：《宋史》卷一百七十八《食货志上（六）》。

曰安老、慈幼。屋总二十楹"①，也就是说，当地官府在综合性的救济机构内部将养老与育儿分列开来；隆兴二年（1164），知湖州的郑作肃创设专门收养遗弃小儿的"钱米所"，"贫民有生子不举，弃之道路者，募乳妪收养之"②；嘉定十二年（1219），袁甫任湖州通判时又置"婴儿局"，"有弃儿于道者，人得之，诘其所从来，真弃儿也，乃书于籍，使乳母乳之，月给之粟"③；嘉定十年（1217），江东转运使真德秀在建康创建"慈幼局"，专门收养"府城内外诸厢贫民遗弃小儿"④。

到南宋末年，专业性的慈幼局已遍布全国各路、州、军及主要城市。所谓"慈幼局"，其实就是现在的孤儿院。由于婴儿需要哺乳、少年需要受教育，因此，相比养老、医疗、送终等其他救济事业，专业性慈幼机构的日常运营和管理要复杂得多，这是它出现得最晚的重要原因之一，也是南宋政府投入最大的一项社会福利事业。

以真德秀创建的建康慈幼局为例，它对拨给钱粮的标准和年限有清晰规定，并聘有专职乳娘，还有为婴儿准备的医药费用。更令人叹服的是，慈幼局会详细核查弃婴的身份，登记他们的生辰，以备将来之用，充满了人文关怀。膝下无子女的人家可到慈幼庄领养，官府会给领养者一定的钱粮作为资助；慈幼局还与民间广泛合作，如有人家愿意，便把收养的弃婴寄养到这些人家，"每月支钱一贯文，米六斗，至五岁止"⑤。

这可以说是一个制度非常完善的机构了，丝毫不逊于今日的孤儿院，

---

① （宋）陈耆卿：《嘉定赤城志》卷五《公廨门二·州治》。
② （宋）谈钥：《嘉泰吴兴志》卷八。
③ （宋）袁甫：《蒙斋集》卷十二《湖州婴儿局增田记》。
④ （宋）周应合：《景定建康志》卷二十三《城阙志四·庐院·慈幼庄》。
⑤ 同前注。

在某种程度上说，甚至更加灵活和人性化。从吴自牧描述的临安慈幼局来看，后来南宋中央政府诏令各地兴办的慈幼局全面借鉴和总结了这类地方自主创办的经验：

> 局名慈幼，官给钱典雇乳妇，养于局中，如陋巷贫穷之家，或男女幼而失母，或无力抚养，抛弃于街坊，官收归局养之，月给钱米绢布，使其饱暖，养育成人，听其自便生理，官无所拘。若民间之人，愿收养者听。官仍给月钱一贯，米三斗，以三年住支。[①]

有现代学者认为，"在慈幼方面，宋中央和地方政府所做的努力比养老多得多"，而且这些慈幼机构"规划之精、措意之美，极有现代意义"[②]。

据时人记载，有了慈幼局后，即便是灾年，道路上也鲜有被遗弃的孩子，灾民若实在无力抚养，尚能将其抱至慈幼局。南宋灭亡后，慈幼局也随之退出了世人的视野，类似的慈幼机构直到清代才重新设立，但其规模和待遇再也没有回到过宋时的水平。

宋代社会救济体系之"现代特征"

政府救济体系在逐渐扩展和完善发展中呈现出两种截然不同的趋

---

① （宋）吴自牧：《梦粱录》卷十八"恩霈军民"。
② 转引自黄天华《中国财政制度史》，格致出版社，2017年，第1342—1343页。

势：其一是日益细分和专业化，如前所述，除综合性的居养院外，负责收治贫病者的安济坊、无偿施药的施药局、安葬无主尸骨的漏泽园，以及收养弃婴的慈幼局相继出现，覆盖了人生的生老病死。与此同时，从南宋初年开始，还出现了另一类更加综合化的政府救济机构：养济院，将居养、安济乃至慈幼等多种功能合而为一。

南宋时最出名的两所养济院，其一在临安府，另一在建康府。临安府养济院是在北宋居养院和安济坊的基础上改建的，此养济院又分为两处，一处在钱塘县界西石头之北，后移至宝胜院；一处在艮山门外。[①]建康府养济院设立于绍兴七年（1137）："天气寒凛，贫民乞丐，令建康疾速踏逐舍屋，于户部支拨钱米，依临安例支散，候就绪日，申取朝廷指挥，为始收养。"[②]从上文看，两所养济院均由户部直接划拨经费，两府通判还经常躬亲照管。两所养济院的规模都很大，救助标准为："大人日支米一升，钱一十文足，小儿减半。"[③]

令人印象深刻的是，南宋时，行都临安市民还时常有机会获得来自朝廷的各种额外补贴。且这类补贴名目眼花缭乱，赈灾、救寒、防暑……无所不包：

> 若住屋则动蠲公私房赁，或终岁不偿一镪；诸务税息，亦多蠲放，有连年不收一孔者，皆朝廷自行抱认。诸项禀名，恩赏则有"黄榜钱"；雪降则有"雪寒钱"；久雨久晴，则又有赈

---

① （宋）潜说友：《咸淳临安志》卷八十八《恤民》。
② （清）徐松：《宋会要辑稿·食货》六八之一三九。
③ （清）徐松：《宋会要辑稿·食货》六八之一四七。

恤钱米;大家富室,则又随时有所资给;大官拜命,则有所谓"抢
节钱"。①

不仅经常减免房屋租金和税收,遇到粮食歉收、天气寒冷等灾害,
官府都会向市民赈济或提供低于市价的粮食和柴火,领取和认购都十分
方便。如果发生了火灾,受灾之家也会得到补助:

> 或年岁荒歉,米价顿贵,官司置立米场,以官米赈济,或
> 量收价钱,务在实惠及民。更因荧惑为灾,延烧民屋,官司差
> 官吏于火场上,具抄被灾之家,各家老小,随口数分大小给散
> 钱米。官置柴场,城内外各设二十一场,许百司官厅及百姓从
> 便收买,价钱官司量收,与市价大有饶润。②

不过,按周密的说法,"都民素骄,非惟风俗所致,盖生长辇下,
势使之然"③。这些待遇大概都是天子脚下临安人的特权,其他州郡的老
百姓就享受不到了。

除了政府主导的救济,宋代的民间慈善事业也比其他朝代更加繁荣
兴旺。这主要有以下三个原因:

首先,宋代社会中读书人的比例高,士大夫自觉意识高扬。尤其是
理学兴起后,新一代儒学人士以天下为己任,他们除了寄望于"得君行

---

① (宋)周密:《武林旧事》卷六"骄民"。
② (宋)吴自牧:《梦粱录》卷十八"恩霈军民"。
③ (宋)周密:《武林旧事》卷六"骄民"。

道"，在乡野间教化熏陶、"觉民行道"的热情同样高涨。参与民间公益事业，拯贫救饥、助学帮教是他们践行社会理想的重要途径。

其次，宋代释道二教兴盛，尤其是佛教，经过漫长的孕育、发展、传播，至宋时已奠定了广泛的群众基础；而道教则受宋代好几位天子青睐。慈善救助事业是宗教介入社会事务和吸引信众的最主要途径。

最后，如前所述，宋代城市中各行各业的行团组织异常发达和活跃，它们的主要功能是保障同业成员的正当权益、维护行业竞争秩序，为陷入困境中的工商户成员及其家庭提供及时救助。很多时候，这些组织的慈善救助活动还会越出本行业，惠及更广的社会大众。

我有一个姓赵的媒体朋友，据说是有清楚族谱可查的宋朝皇族后裔，属太宗赵光义一系，祖上自南宋末年世居广东阳江。他曾告诉我，直到20世纪上半叶，他们村子里还有一块祖上传下来的学田，产权属于全体族人，产出则专门用于资助族内贫苦人家的孩子读书。民国时，学田曾由族里委托一户寡妇人家租种，每年的收成都用于寡妇家的孩子上大学。

这件事情让我联想到了范仲淹在苏州老家兴办的家族义庄。当然，范氏义庄远不仅有学田一项，其功能更加全面、多样而复杂。为此，范文正公还亲自订立了相关规约。不过究其性质而言，我那位朋友的家族学田与范氏义庄是相似的。千年以来，天命转易，一代又一代人顽强地延续着先祖留传下来的传统。

就其覆盖范围的广度、介入民生的深度以及内容的多样化、方式的复杂性而言，宋代政府救助和社会保障体系建设的成就不但远远超过了汉唐盛世，也令之后的所有朝代都难望其项背。

周密在宋亡后追忆昔日临安风貌时，由衷地感叹生为南宋临安市民的幸运：

病者，则有施药局；童幼不能自育者，则有慈幼局；贫而
无依者，则有养济院；死而无殓者，则有漏泽园。民生何其
幸欤！ ①

纵观两宋 300 多年的救济制度，它所呈现出来的明显有别于王朝时代的鲜明的现代特征，是最令我们印象深刻的。

首先，与前朝不同，宋代救济体系建设的重心并不在于救灾，而在于帮扶社会上的贫弱者。换言之，它所聚焦的目标不是"事"，而是"人"。我们都知道，即便是五谷丰登的年份，也会有人忍饥受冻，人们的贫困并不都是灾害造成的。这也意味着宋代救济体系的运行模式不是一次性、临时性和权宜性的，而是系统化、常态化和制度化的。围绕严寒酷暑、歉收饥荒或洪水大火之类的救灾行动，对于宋朝政府来说只是最基础的事项。

其次，出发点的迥异导致宋代政府的救助对象广泛而多元，救助内容丰富而多样，救助方式复杂而精细——老幼残弱、生老病死都在其救助范围内。所以我们看到，宋代政府施于救助对象的不仅有钱粮和生活必需物资，还有服务，例如婴儿哺乳、孩童教育、病患治疗、死者安葬等。仅就资助的物资一项来说，也比之前用于粗放式救灾的粮食发放复杂得多。

最后，宋代的政府救助体系庞大、功能常态化、运行复杂，如果没有一整套完备的法律制度作为指导、监管和考核标准，势必难以长久维系，甚至弊端丛生。因此，随着救济体系建设的不断推进，加之宋代立国的

---

① （宋）周密：《武林旧事》卷六"骄民"。

基本政治理念即强调法治，宋代朝廷陆续颁布了一系列法令，如安置乞丐流浪人员的"惠养乞丐法"、救助赤贫者的"居养法"、帮助灾荒流民的"灾伤流移法"、资助贫民养育子女的"助民举子法"、医治赤贫患者的"安养法"、收养遗弃婴儿的"慈幼法"等。据南宋人周辉记载，宋代常平仓管理"立法甚严"，对仓米的以陈易新、州郡借兑等，都有很严格的法条规定和督察程序。他的先人在某地为官时，就曾因"坐失于催促拨还"而遭"罪笞"。① 有现代学者评论道："关于养老慈幼之政，自两汉以下再没有比宋代规模之更宏远、计划之更周密、设施之更详尽的了。"②

从上述这些特点可以看出，宋代救助体系具有很强的普适性。就此意义而论，宋代的政府救济已具鲜明的现代国家社会保障体系性质。像这样政府主导的社会福利体系，不但王朝时代的中国再也没有过，在欧洲也一直要到 19 世纪下半叶才出现。从本章开头引述的"坊市阿张状述年九十以上乞支给钱绢事"来看，百姓在遭遇困厄或符合既定标准的情况下理当得到必要的救济和补助，颇具公民权利的意味。

再来看看宋代政府救助体系在具体运行方式上的特点。这一体系鼓励民间社会力量一同参与。前引《宋史》中还提到，政府在救灾时"募富民出钱粟，酬以官爵"③。对乐善好施、为公家之事出力或在某些领域中取得重大成就者授予一些不掌握实权的官职或爵位，是古代朝廷惯用的激励策略，宋代尤其乐于其事。这的确会滋生一些负面后果，例如享受免税、免徭役之类特权的官户增多、冗官膨胀等，但在"官本位"导

---

① （宋）周辉：《清波杂志》卷七"常平"。
② 转引自黄天华《中国财政制度史》，第 1338 页。
③ （元）脱脱等：《宋史》卷一百七十八《食货志上（六）》。

向的中国古代社会，其正面作用也是显而易见的。某种意义上说，它有点类似现代社会中政府给予一些投身慈善捐助的企业和个人减免税收、授予荣誉称号之类的举措。

此外，宋代朝廷和地方政府最乐于与佛道寺观合作。早期的东京福田院便与佛教有关，最初的内部管理便是由僧人主持的。如前所述，居养、安济、漏泽、慈幼四大保障机构中，至少负责医治贫病者的安济坊和负责安葬无主死者的漏泽园，从一开始的制度设计上就是交给僧人来进行日常管理的，甚至有不少直接开在寺庙里。为了调动寺庙的积极性，官府采取的办法通常是颁发荣誉称号和发放更多度牒等。

苏轼知杭州时创办的宋代第一个安乐坊，便是"以僧主之"，并明确规定，"三年医愈千人，与紫衣"①；神宗朝虽尚未有漏泽园之名，然朝廷诏"开封府界僧寺旅寄棺柩，贫不能葬，令畿县各度官不毛地三五顷，听人安厝，命僧主之。葬及三千人以上，度僧一人，三年与紫衣……安济坊亦募僧主之，三年医愈千人，赐紫衣、祠部牒各一道"②；南宋宝祐三年（1255），马光祖以沿江制置使、江南东路安抚使衔出知建康府，于城北门里创置安乐庐一所，也是"择僧看守，命医诊视"③；行在临安府的安济坊也由寺僧主管，"瘥及二百人，官府保明，申朝家给赐紫衣师号赏之"④。事实上，不止安济坊和漏泽园，许多居养院和慈幼局里也同样活跃着僧尼的身影。

---

① （清）徐松：《宋会要辑稿·食货》六〇之四。
② （元）脱脱等：《宋史》卷一百七十八《食货志上（六）》。
③ （宋）周应合：《景定建康志》卷二十三《城阙志四·庐院》。
④ （宋）吴自牧：《梦粱录》卷十八"恩霈军民"。

朝廷颁赐的紫衣、师号和度牒都是重要而稀缺的官凭，在某些时候甚至可以成为价值连城的资产。关于度牒的含义及其在宋代政治经济中产生过的突出影响，会另加详解，此处先备一说。

充分调动民间力量参与政府主导的社会保障体系的建设和运营，是宋代政府对当时社会现实的顺应，既提高了效率，也节省了政府开支。另外，宋代社会保障体系建设的重心在地方。虽然朝廷就此问题不断有诏令，但一般只是推动和督促，并制定一般原则和法度，最终落实结果则要看州郡政府如何发挥各自的优势和长处。因而宋代的社会福利制度各具鲜明的地方特色，南宋时尤其如此。上述两个特点对于现代国家福利制度的设计和运作，依然有着积极的启发意义。

变革时代的迫切呼唤

这一整套看似十分完美的社会救助体系在实际执行中究竟落实到了怎样的程度呢？有学者提醒，我们在看宋代朝廷针对社会救助事业颁布的那么多诏令和法规时，应当保持审慎态度，它们很多并不能视为当时社会保障事业成就的证明，其象征性姿态远大于实际效果，有一些甚至徒具虚文。例如，从绍兴五年（1135）起，朝廷多次下诏助民举子，但到绍兴二十二年（1152），仍见臣僚奏言："顷尝指挥州县，贫乏之家生男女不能赡养者，每人支钱四千，后改支义仓米一石。然近于临安市井穷民，未闻有得斗米千钱者。"[①] 天子脚下的临安尚且如此，其他州府的

---

① （宋）李心传：《建炎以来系年要录》卷一百六十三"绍兴二十二年四月己巳"。

实施情况可想而知。

上面提到了南宋时期各州府独具特色的救助机构，但这只是其中一面，换一个角度或许就能看出这种官方救助体系在体制上的局限和不足。除了开封府和临安府这两处皇城所在地，其他地方——特别是远离当时政治中心的偏远州、军、县——的官方救助机构能够建设到什么程度、运行的好坏，基本取决于当地的经济实力和财政状况，尤其是主政一方的父母官愿意为此付出多大的努力。虽然皇帝的诏令一个接一个，但全国上下未必有统一的硬性考核标准。很多地方的政府救助机构建设往往因人置废、兴衰无常、反复多变，像真德秀这样敢于担当、德才兼备的优秀官员实属凤毛麟角。

陆游曾写道：

> 崇宁间初兴学校，州郡建学，聚学粮，日不暇给。士人入辟雍，皆给券，一日不可缓，缓则谓之害学政，议罚不少贷。已而置居养院、安济坊、漏泽园，所费尤大。朝廷课以为殿最，往往竭州郡之力，仅能枝梧。谚曰："不养健儿，却养乞儿。不管活人，只管死尸。"盖军粮乏，民力穷，皆不问，若安济等有不及，则被罪也。[1]

周煇亦有记：

---

[1]　（宋）陆游：《老学庵笔记》卷二。

或谓以其（蔡京）当轴时，建居养、安济、漏泽，贫有养、病有医、死有葬……其然乎？当是时，有司观望，奉行失当，于居养、安济，皆给衣被器用，专雇乳母及女使之类，资给过厚，常平所入，殆不能支，致侵扰行户。宣和初，复诏裁立中制，未几遂废。①

由此观之，在有责任心的士大夫看来，徽宗朝大力兴办学校，置居养院、安济坊、漏泽园，与他大兴之花石纲、神霄宫事等没有太大的区别，都不是什么善举，而是异想天开、好大喜功、穷奢极侈的弊政。事实上，宋代的大规模社会保障体系建设如同20世纪国家福利建设一样，其引发的如数据弄虚作假、执行敷衍塞责、开支低效浪费、寻租腐败等一系列顽症屡屡见诸各种文献。例如，漏泽园守园僧人"有析骸以应数者"，以冒领紫衣、度牒之类"恩例"②；更有地方官吏"长以无病及已葬人充"③。又如，按朝廷规范，"凡漏泽园收瘗遗骸，并深三尺"，然而一些地方官吏应付差事，"不及三尺而致暴露"……④

有鉴于此，大观（1107—1110）间宰相张商英短暂秉政时，开始大肆裁撤上述福利机构，并严格限制其支出⑤；到宣和二年（1120）六月，徽宗再次下诏，缩减福利开支，杜绝靡费贪渎，还派官员赴各地

---

① （宋）周煇：《清波杂志》卷二"蔡京东明谶"。
② （宋）施宿等：《嘉泰会稽志》卷十三。
③ （清）徐松：《宋会要辑稿·食货》六八之一三一。
④ （清）徐松：《宋会要辑稿·食货》六八之一三二。
⑤ （清）徐松：《宋会要辑稿·食货》六八之一三四。

督察^①，但这些举措收效不大。几乎可以肯定地说，北宋末年的政府福利支出金额巨大，其中相当一部分是低效的，加剧了本已不可救药的官场贪腐问题。

然而，在更为宏观的层面，我们也应该看到，宋代的社会保障体系在维护社会稳定方面的作用。入宋以后，伴随着城市工商业的大规模兴起，一方面是迅猛的经济增长和财富积累，另一方面贫困化也在加剧，特别是到南宋，社会的两极分化现象日趋严重。但宋代社会相当稳定，农民暴动和地方叛乱等大规模社会冲突也比较少；北方异族大军压境之下，在偏安一隅、看似朝不保夕的南宋，这类社会动荡甚至比相对承平安乐的北宋时更少。我在这里还想要提醒读者一个很少人会留意到的事实：宋朝是中国历史上极少数并非亡于内乱的王朝。我们不得不承认，这套完备的社会保障体系对缓和社会矛盾起到了重要作用，发挥了应有的效果。

各地的零星记载留下了一些有价值的信息，例如《中吴纪闻》中有记：

> 崇宁中，有旨：州县置居养院以存老者；安济坊以养病者；漏泽园以葬死者。吴江邑小而地狭，遂即县学之东隙地，以次而为之。时以诸生在学，而数者相为比邻，谓之"生老病死"。^②

这说明，至少苏州这类相对富庶的州府当时已建成比较完备的社

---

① （元）脱脱等：《宋史》卷一百七十八《食货志上（六）》；（清）徐松：《宋会要辑稿·食货》六八之一三六至一三七。

② （宋）龚明之：《中吴纪闻》卷五"生老病死"。

会保障网络，并且下沉到了县域层级。20 世纪 90 年代末，考古人员在河南三门峡（北宋时隶永兴军路陕州）发掘出一座规模不小的漏泽园，内葬有北宋京西贫民及战死士兵。[1] 这些事例说明，不管这套社会保障体系存在多少缺陷和弊端，它还是将政府的福利送到了一部分贫弱群体手里。

这就让我们面对另一个问题：为什么宋代统治者如此热心于编织这样一张颇具现代意义的社会保障网？

或许可以反过来问：为什么其他朝代的统治阶层都没有宋朝皇帝和士大夫那样的愿望，去构建一个社会保障体系？

将政治事务伦理化，是儒家政治哲学的基本特征。当然，在把青史当作统治阶级的教材和镜子的古代儒家语境中，这样的处理或许是有其合理性的。因此，所谓"宋之治本于仁义"之类的说法目的是劝诫后世帝王，让他们多多为善。客观地说，从天子到朝廷，宋代政治文化的自由与宽仁也的确是王朝史上绝无仅有的。此外，宋代大力推动社会救助体系建设，也不能排除个别皇帝好大喜功和权臣沽名钓誉的主观动机。

不过，在现代专业的学术语境中，历史学是一门阐释性的学问，它所追求的是弄清楚真实发生过的事情，并对它们做出合理解释，而不是用它来宣传固有的价值理念。因此，我们应该将宋代政府为何如此努力地试图建立一套覆盖全社会的保障体系这个问题，置于当时的经济社会结构中去审视。简言之，是当时客观的社会需要，而非统治者的主观愿望，促进了宋代社会救济事业的巨大进步。

---

① 转引自［英］崔瑞德、［美］史乐民编《剑桥中国宋代史》（上卷），李永等译，中国社会科学出版社，2020 年，第 545 页。

　　　　　　　　　　逝去的盛景：宋朝商业文明的兴盛与落幕

与其他朝代相比，宋代经济社会的最显著特征在于两点：城市化的兴起和工商业的繁荣。前者的结果是城市人口绝对数量及其占总人口比例成倍增长，后者则带来了激烈的市场竞争，留给社会一大批"失败者"，进而导致贫富差距拉大，社会分化加剧。在我看来，宋代政府对社会保障事业的建设正是对当时这种经济社会趋势的主动适应。

　　在传统小农宗法社会中，土地和世代聚居的大家族是所有人最有效的保障。宋代工商业的兴起和城市化的扩张，急速地瓦解了这种千百年来最可靠的社会保障。相比于有一些田地产出和家族依靠的农村人口，许多城里人可以说"上无片瓦，下无寸土"，甚至无立锥之地。城市生活切断了大家族的血缘网络，城市生活的形态决定了它的绝大多数居民只能是小家庭的居住模式。城镇工商业人口虽然总体上比农村人口富裕得多，但也脆弱得多，一旦遭遇厄运，就难以自保。此时，政府不得不出面。

　　历史记录证明了这一点：宋代几乎所有的官办救助机构在朝廷诏令兴办时，名义上都是面向城乡所有居民的，但实际执行过程中基本局限于城市，或至少以城市为重点。绍兴六年（1136）二月，右谏议大夫赵沛便指出："自来官中赈济，多止在城郭而不及乡村。"[1]

　　另一个事实可能更能说明问题：如果赈灾救助的主要动力出自最高统治者主观的仁义之心，那就无法解释为什么宋代社会保障体系建设并没有发生在素以仁厚爱人著称的宋仁宗时期，而是从短暂的英宗时代开始，其高潮期出现的神宗和徽宗时代，主政者更是被后世儒生批评为热

---

[1]　（清）徐松：《宋会要辑稿·食货》五九之二六。

衷于"聚敛""刻剥"。

仁宗朝是宋代经济社会至关重要的转折点，这是中国古代历史上人口增长最快的时期之一，开创了北宋最长的一段和平期，加之政策得当，工商业得到了迅猛发展，城市人口猛增。然而宋仁宗自己还来不及强烈感受到这种历史转折所带来的压力和挑战，他的后继者们从他那里继承了繁荣，也接过了包袱。

从北宋前期开始，经过一个多世纪零敲碎打式的摸索，朝廷日益将教育、健康、养老和其他许多公共福利视作自己的天职，并试图创立一套复杂的中央化管理制度，通过国家干预，推动财富再分配，以建成圣人理想中的王道乐土。

无论是居养、安济，还是漏泽、慈幼，在北宋中前期都有过尝试的先例，其基本制度都是在英宗和神宗朝奠定的，但的确是声名狼藉的徽宗朝把它们整合到一个覆盖全社会的体制完备的有机系统之中。不夸张地说，这是 20 世纪末以前中国社会福利事业所达到的巅峰时刻。《剑桥中国宋代史》对此的评论颇引人思索："在徽宗时期的蔡京政府之下，理想主义、宽宏慷慨跟犬儒主义、腐败堕落构成了一种反讽式的冲突。"[1]后人在指责徽宗的聚敛、奢靡和好大喜功时，大多忽略了他在积极提升其子民的健康程度、教育水平和生活质量方面所投入的巨大热忱。这既是他的虚荣心作祟，显然也是那个时代的急切呼唤。

但我不希望读者因此得出这样的结论：是大量贫困化城市人口迫使宋代政府尝试建立覆盖全社会的社会保障体系，所以宋代是贫困化最突

---

① ［英］崔瑞德、［美］史乐民编：《剑桥中国宋代史》（上卷），第 546 页。

出的一个朝代。事实可能正相反，贫困化是王朝时代的普遍现象。宋代是王朝时代最繁荣富庶的一个朝代，富裕人口是最多的，而绝对贫困人口数量是最少的。享受富足生活的士大夫阶层在道德层面对于贫困现象的容忍度越来越低，可能也是宋代政府积极投身于上述社会保障体系建设的重要推动力。区别在于，在一个城市人口占比微乎其微的传统小农社会中，贫困化是一种无差别、均质化的隐性现象，这样的贫困化也是高墙内的统治者和精英阶层不容易看到的。而在工商业发达、城市化程度很高的宋代，贫困化是相对的、严重分化的显性现象，令人触目惊心。

因此，明清两朝政府之所以无意仿效宋朝，并非统治者对天下黎民百姓的死活漠不关心，更不是因为它们更富裕，更好地解决了贫困问题，而是因为它们的城市化率又大幅下降，平均水平甚至有可能降低到了宋代的一半以下，不再有"居养、安济、漏泽、慈幼"的迫切需要。

宋代肯定没有实现共同富裕，但能够看到的是，"朱门酒肉"比前代愈发臭了，而路上"冻死骨"却渐渐少了。在国家治理中，经济问题和财政问题几乎总是应该比道德问题排得更靠前。或者更准确地说，良性的经济结构与财政状况，才是解决道德问题的真正钥匙。

二、生活方式现代化

在由宋人所开创的"后代中国"（钱穆语）或"中国……今日现象"（严复语）中，最一目了然的是生活起居方式的嬗变。衣食住行、生老病死的变迁是精英化的宏大历史叙事中极易被忽略的一部分，但对无缘青史留名的黎民百姓来说，却是最重要的部分。

如果现代人穿越回五代以前，那他一定会寸步难行；但假如他回到的是宋代，那么日常生活中的一切他多能应付自如。不夸张地说，现代中国人过日子的方式，大部分是在宋代确定下来的。

宋人的吃喝

民以食为天，先看看宋人的吃喝。

茶

北宋人王巩《随手杂录》中记录了一段宋哲宗与苏轼之间的故事：

> 子瞻自杭召归，过宋，语余曰：在杭时一日中使至，既行，送之望湖楼上，迟迟不去。时与监司同席，已而曰："某未行，监司莫可先归。"诸人既去，密语子瞻曰："某出京师辞官家，官家曰：'辞了娘娘了来。'某辞太后殿，复到官家处，引某至一柜子旁，出此一角，密语曰：'赐与苏轼，不得令人知。'遂出所赐，乃茶一斤，封题皆御笔。……哲宗眷遇如此。[1]

为报答天子这番特殊眷顾，苏轼作《行香子》词云："共夸君赐，

---

① （宋）王巩：《随手杂录》。

逝去的盛景：宋朝商业文明的兴盛与落幕

初拆臣封。看分香饼，黄金缕，密云龙。"由此世人才知道，少年哲宗偷偷摸摸托朝廷使者给苏轼送去的那一斤茶，是当时位列天下名茶之首的密云龙茶，其名乃哲宗之父神宗钦赐。

那么，神秘的密云龙茶究竟有多珍贵呢？欧阳修《归田录》中的一段记录可以作为参考：

> 茶之品，莫贵于龙凤，谓之团茶，凡八饼重一斤。庆历中蔡君谟为福建路转运使，始造小片龙茶以进，其品绝精，谓之小团。凡二十饼重一斤，其价直金二两。然金可有而茶不可得，每因南郊致斋，中书、枢密院各赐一饼，四人分之。宫人往往缕金花于其上，盖其贵重如此。[1]

当时 1 斤龙凤小团值 2 两黄金，市面上还买不到。朝廷在 3 年一次的南郊祭天大礼时才吝啬地向中书省和枢密院两府合赐一饼，让 4 位一品宰执分。而"元丰间，有旨造'密云龙'，其品又加于'小龙团'之上"[2]，可见它有多珍稀！

《归田录》中另有一则关于茶事的记载，也可以让人一窥当时茶的分类分级之细和储存保鲜之精：

> 腊茶出于剑、建，草茶盛于两浙。两浙之品，"日注"为第一。自景祐已后，洪州"双井白芽"渐盛，近岁制作尤精，囊以红纱，

---

① （宋）欧阳修：《归田录》卷二。
② （清）陆廷灿：《续茶经》附录《茶法》。

不过一二两，以常茶十数斤养之，用辟暑湿之气。其品远出"日
注"上，遂为草茶第一。①

关于龙凤团茶、小团及密云龙的演变故事，叶梦得在其《石林燕语》
中有一段更为详细的描述，宇文绍奕还为此做了考异。当时风靡于朝堂
和士大夫中的品茶时尚，由此可见一斑。

"柴米油盐酱醋茶"中，茶虽叨陪末座，但关于茶的历史记忆已深
深地镌刻在我们的文化基因里。在世界上大多数地方，直到二三十年前，
提到中国，人们的本能反应仍然是茶。茶是中国的名片，中国人的"国饮"。

中国人对茶的认知可谓源远流长，传说第一个接触茶的是华夏农耕
始祖神农氏，他在尝百草时发现茶有解毒的功效。当然，中国人真正形
成饮茶传统要晚得多。关于茶的最早记录首见于西汉，传说当时蜀地有
人种茶饮茶，但细考之实难轻信。真正确凿可信的饮茶记录实际上要晚
至三国时期孙吴政权统治下的江南地区，或许四川的确是茶这种植物的
发源地，饮茶的源头却在江南。六朝以降，佛教僧人和士大夫中渐渐有
人开始饮茶，但即便是喜好吟诗作对、书法丹青的文人雅士，也极少听
说和品尝过茶。

陆羽是唐朝中叶人，出生在复州竟陵，即现在湖北天门一带，自幼
被僧人收养，弱冠以后基本游历于江南，与同时代大书法家颜真卿、怀
素等人交往颇多。他的生命与禅和文很有缘分，由此亦可见中国茶的缘
起与佛学及笔墨丹青有着不一般的关系。一般认为，《茶经》是陆羽晚

---

① （宋）欧阳修：《归田录》卷一。

年隐居湖州时所撰。不过，直到这个时代，茶仍然远谈不上是普及，饮茶只是江南等少数地区文人雅士和寺院僧人中的一种小众嗜好，"南人好饮之，北人初不多饮"①。大多数人并不识茶为何物，即便稍有耳闻，也多将其视作一味利尿解毒的药材。唐朝末年人杨晔在《膳夫经手录》一书中写道："茶，古不闻食之，近晋宋以降，吴人采其叶煮，是为茗粥。至开元、天宝之间，稍稍有茶，至德、大历遂多，建中以后盛矣。"

可见，在陆羽的年轻时代，即开元（713—741）、天宝（742—756）间，也不过"稍稍有茶"。一直要到唐朝中后期，茶在中国人的生活中才逐渐开始扮演重要的角色。北方人也开始仿效后，饮茶渐成风俗，"自邹齐沧棣渐至京邑城市，多开店铺，煎茶卖之。不问道俗，投钱取饮"②。《新唐书·陆羽传》提到，《茶经》出而"天下益知饮茶"，可见其对于推动茶这种新兴饮品在当时知识群体中的流行，确实起到了不小的作用。

可以确定的是，茶在全国范围内的真正普及，最早要到晚唐、五代时期。《旧唐书·李珏传》中记载："茶为食物，无异米盐。于人所资，远近同俗。既祛渴乏，难舍斯须。田间之间，嗜好尤切。"据此可见，在李珏的时代，也就是唐代最后几十年里，饮茶变得普及起来。也是在这一时期，茶叶传至塞外，成为游牧民族的日常必需品。从唐德宗贞元元年（785）开始，中原王朝与回纥、吐蕃等展开茶马互市。处在交易第一线的川蜀地区也因此成为天下产茶重镇，至今不衰。

入宋以后，自开国皇帝太祖始，几乎每一代天子都有饮茶、品茶、鉴茶的嗜好，到徽宗时代臻于极致，这位风雅人君甚至还亲自写了一部

---

① （唐）封演：《封氏闻见记》卷六"饮茶"。
② 同前注。

论茶专著《大观茶论》。在此之前，仁宗朝名臣蔡襄也有《茶录》一文。公允地说，蔡襄是中国茶饮史上仅次于陆羽的第二人。如果就茶在神州大地的推广普及而言，蔡襄之功尤胜于陆羽。前述欧阳修《归田录》中所记庆历年间担任福建路转运使的"蔡君谟"就是蔡襄。

上有所好，下必甚焉。茶从社会上层迅速流传开来，进入老百姓的家庭，如柴米油盐一样成为生活必需品。"君子小人靡不嗜也，富贵贫贱靡不用也。"[①] 王安石曾说："夫茶之为民用，等于米盐，不可一日以无。"[②] 比他晚一代人的刘弈说："（茶）百年已（以）来，极于嗜好，略与饮食埒者。"[③] 这也证明，北宋这 100 多年是茶走入寻常百姓家的关键时期，故而有所谓"茶兴于唐，盛于宋"的共识。

正如我们在《清明上河图》里看到的那样，宋朝的城市已经出现了专供人聚会、喝茶、闲聊的茶馆。又如《东京梦华录》中所记，北宋时许多喝酒吃饭的餐馆往往也冠之以"分茶"之名称，可见当时茶之普及和受人青睐。到南宋时，民间便有了"盖人家每日不可缺者，柴米油盐酱醋茶"[④] 之说，已与今天无异。

宋代产茶州郡有 70 多个，全国种茶的农地面积与陆羽记载的唐代种茶面积相比，扩大了至少 3 倍。[⑤] 考虑到宋代国土面积远小于唐代，且中国的茶产区尽在南方，这也意味着从陆羽生活的唐朝中期到北宋后期的 300 年里，茶的种植已从它的发源地——土地狭仄的江南地区——

---

① （宋）李觏：《李觏集》卷十六《富国策第十》。
② （宋）王安石：《临川先生文集》卷七十《议茶法》。
③ （宋）刘弈：《龙云集》卷二十八《策问中·茶》。
④ （宋）吴自牧：《梦粱录》卷十六"鲞铺"。
⑤ 漆侠：《宋代经济史（下）》，第 746 页。

扩散遍布南方各地，初步奠定了后来中国茶产区的地理格局。当时，"（茶）总为岁课，江南千二十七万余斤，两浙百二十七万九千余斤，荆湖二百四十七万余斤，福建三十九万三千余斤，悉送六榷货务鬻之"[①]。北宋时，江南、两浙、荆湖、福建诸路每年输入朝廷专卖的茶叶，加起来总额高达近 1500 万斤。早在宋真宗景德元年（1004），茶课年收入就高达 569 万贯，是唐代的 10 多倍。[②]

陆羽记录下来的那一套，比起宋人的精致制茶方法，可以说是小巫见大巫了。宋茶有两种：一种叫"散茶"，大致就是现在的散装茶叶；另一种是龙凤、密云龙这样的，称作"片茶"或"团茶"，经过精心挑选烘焙，压制成茶饼。今天我们所饮之茶，无非也就这两种，都是宋代留传下来的。宋代茶叶出产最多的是南方中部的荆湖南北路、东部的江南西路以及川蜀地区的成都府路。福建路出品的茶数量虽不多，却以档次高取胜，价格也最贵。宋哲宗赐给苏轼的密云龙茶便产自武夷山。据一些专家研究，大红袍就是由宋时密云龙传承发展而来的。不过，宋代似乎尚未有发酵茶。

周密《武林旧事》中有描写福建茶的金贵：

> 仲春上旬，福建漕司进第一纲蜡茶，名"北苑试新"。皆方寸小夸。进御止百夸，护以黄罗软盝，藉以青箬，裹以黄罗夹复，臣封朱印，外用朱漆小匣，镀金锁，又以细竹丝织芨贮之，凡数重。此乃雀舌水芽所造，一夸之直四十万，仅可供数瓯之

---

① （元）脱脱等：《宋史》卷一百八十三《食货志下（五）》。
② 龙登高：《中国传统市场发展史》，第 235 页。

啜耳。或以一二赐外邸,则以生线分解,转遗好事,以为奇玩。^①

"夸"字也作"銙"^②,是古代的一种装饰物,此处代指茶饼形状。一小饼"北苑试新"茶,只能泡几壶而已,竟值 40 万钱!看来到南宋时,茶的级别又青出于蓝了。

酒

关于宋代酒业的故事,本书第二章已有很多叙述。酒的历史要比茶悠久得多,甲骨文卜辞中有大量写到酒的地方,可见其至迟在商代已有发明。先秦史料中记载,商朝后期殷人普遍沉溺于酒,酗酒成为一个积重难返的恶习,以致武王克商后,周公特别作《酒诰》,诫令百姓不得"群饮",犯者最重可入死罪。载于《尚书》中的这篇《酒诰》堪称中国历史上第一篇禁酒令,由此可见国人饮酒习俗源远流长。

但在数千年历史长河中,宋代很可能发生了一次革命性的制酒突破。如今中国的嗜酒者大多偏爱白酒,市面上售价相对昂贵的国产高档酒也无一不是白酒。可以说,白酒是"国酒"的招牌,恰如红酒是西方酒类的代表一样。但作为蒸馏酒,白酒在中国出现的时间却不能算很长,有学者认为,蒸馏酒正是在宋朝发明的,最晚当在南宋。^③

自《酒诰》以后,历史上不少朝代都颁布过禁酒令,这并不是出于某种宗教的禁忌或戒律,甚至也谈不上是为了维护良好的社会风气,而

---

① (宋)周密:《武林旧事》卷二"进茶"。

② 《石林燕语》中又作"鞲"。

③ 参见伊永文《宋代市民生活》,第 176 页。

是出于酿酒靡费谷物，引起粮食短缺等的经济考量。经济繁荣、崇尚享乐的宋朝从没有禁过酒，只对酒曲实行朝廷专卖制度；政府也直接经营酒库，从事酿酒和批发业务。这种还算宽松的体制促进了制酒业的发展，酒的品种五花八门。北宋末年张能臣所著《酒名记》中，就列举了当时有清楚名字的 220 多种驰名酒类品牌。南宋末周密《武林旧事》卷六"诸色酒名"中，也罗列了近 100 种酒名。

一些现代研究者认为，《酒名记》中记载的某些酒，从其酿造方法来看已是蒸馏酒。这种推测虽未获得强有力的文献记载和考古实物的支持，却是合乎逻辑的。因为朝廷实行酒类专卖，官酿的酒曲数量有限，品种单一，而社会上酒的需求量又极大，各家酒作、酒肆竞争激烈，为了提高产量并形成自己的品牌，商家不得不绞尽脑汁不断改良酿制工艺。蒸馏酒的呼之欲出也就顺理成章了。

豆腐

如果要推选一种最能代表中国乃至整个东亚地区饮食特色的食物，或许除了稻米，没有比豆腐及其衍生出来的丰富的豆制品更合适的了。

今天大多数人把发明豆腐之功记在汉代淮南王刘安头上。但豆腐发明于汉代之说，迄今尚未得到过文献与实物的证实。

目前能够找到的关于豆腐的最早记载，是生活于五代到宋初的大文士陶穀的《清异录》[1]，书中有青阳县丞时戢"洁已勤民，肉味不给，日市豆腐数个"，而当地百姓"呼豆腐为小宰羊"[2] 的记载。青阳县现隶安

---

[1] 历代一直有人疑《清异录》一书乃他人伪冒陶穀之名，并非其本人所撰。
[2] （宋）陶穀：《清异录》卷上。

徽池州，地处淮南。这说明五代到宋初时，豆腐在那里已是寻常之物。

入宋以后，关于豆腐的记载就非常多了，苏轼和陆游都有咏记豆浆或豆腐的诗文存世，《夷坚志》和《梦粱录》中也有很多关于开豆腐作坊营生的记录。南宋临安城内"豆腐巷""豆腐桥"之类的地名，显然与当地的豆腐买卖有关。从时人记载来看，宋代的豆腐价格非常便宜，几文钱就能买到。宋高宗就曾自称"近日颇杂以豆腐为羹"[1]，以显示自己不愿多杀生和节俭之仁德。[2]

我们虽不能判断豆腐的具体出现时间，但可以十分有把握地说，豆腐是从宋代起广为流传的。唐、五代以前几乎不存在专业的手工业制造作坊，因此，即便已经有人做豆腐来卖，这一定也只是农人的家庭副业。这决定了它从原材料的获得、制作工艺流程以及成品的质量、口感等，都是千差万别的。至于宋代，专业化的手工业作坊、商业店铺和酒楼很可能大大提升了豆腐的制造技术，还将它的制作标准和基本形态固定下来，延传至今。

蔗糖

糖在宋代的发展也是一件很有意义的事情。随着榨糖业在蜀川、两广、福建、两浙等南方诸路逐渐发展起来，食糖的产量迅速提高，价格也随之下降，百姓能品尝到比以前多得多的甜食。而在世界绝大多数地区，包括率先实现现代化的欧洲大部分国家里，一直到19世纪末，糖都像名贵的香料一样，是一种唯有达官贵人才有机会在日常生活中接触

---

[1] （元）佚名撰，汪圣铎点校：《宋史全文》卷二十（上）"绍兴七年二月甲辰"。
[2] 关于宋代豆腐的流传，读者可参阅虞云国《水浒寻宋》，第197—203页。

的奢侈食品。

在中国，以甘蔗榨汁的历史相当久远，有记载应是始于春秋战国时期，当时称为"蔗浆"；到了三国及南北朝，孙吴政权控制下的南方以及后来的东晋、南朝地区又有所谓"蔗饧"，大概就是现在的甘蔗汁，尚未发明炼制固态蔗糖的工艺。在这之前的漫长岁月里，国人的主要甜味剂是"饴"，亦称"饧"，用粮食制作，甜度不高且价格不菲。中国人真正生产蔗糖始于唐代，其最初可能是唐太宗时从西域阿拉伯人那里引进的，但也是在宋代才得以大范围普及。王灼的《糖霜谱》著于绍兴年间，书中记载宋代蔗糖加工业广泛分布于福唐（今福建福清）、四明（今浙江宁波）、番禺、广汉（今隶四川德阳）、遂宁等地，其中遂宁县是当时全国最大的蔗糖产业基地。该县涪江东边有个地方叫伞山，"前后为蔗田者十之四，糖霜户十之三"，构成甘蔗种植和蔗糖炼制相连贯的产业。当地总计有四百余家糖霜户，中"有暴富者"。而涪江西边的凤台镇，糖霜户也有"大率近三百余家，每家多者数十瓮，少者一二瓮"[1]。苏轼和黄庭坚都曾留下过赞美遂宁糖霜的诗句，令其美名远播。

如同豆腐的沿革史所启示的道理一样，当这些副业本身从农业中分离出来，成为独立的工商业并实现商品化——即生产的目的是营利而非自用或调剂，才第一次获得了前所未有的广阔发展空间。正是这样的商品化和市场化，不断地改写着亿万普通人的生活面貌。

---

[1] （宋）王灼：《糖霜谱》。

宋人的坐卧

宋代人的生活还发生了一个对后世国人生活影响巨大但又不常被提及的转变，那就是人们由席地而坐、席地而卧转而使用桌、椅、凳、床等有脚的现代家具。

史载，胡床是在东汉末年从西域传入中原的。相传唐玄宗外出巡幸时，侍从用一种由胡床改进而成的座椅作为临时歇脚之用，它似乎是有脚的。但那仅用于野外行走时，并非固定家具，不能等同于现代意义上的椅子。[①] 而有稽可考的椅子大约是五代时出现的，显然也是从西方或中东传入中原的。大约在公元10世纪前半叶，桌、椅、凳、机（几）子（方凳）、床（有腿的）等高起高坐的新起居习惯逐渐取代延续数千年的席地坐卧。当然这也是有一个过程的。这一重大变化首先发生在民间，历时200年才被上层精英完全接受。在无比重视礼制的古代中国，人的起立坐卧直接关乎礼仪和身份，重大改变的发生自然不易。到仁宗时，椅子、凳子之类的新家具在民间可能已经存在了100多年，但仍未有皇帝在正式场合使用的记载。直到北宋晚期，君臣百姓才开始普遍使用椅子、凳子和桌子。《清明上河图》是徽宗时期绘成的，店铺内的桌子、椅子和凳子已清晰可见。徽宗本人出行时也已改用椅子，因椅有金饰或涂金，故称"金交椅"。那时只有在一些特别庄严的宴会上，还有一部分人是"就地坐"的，说明席地而坐的传统仍没有完全消失。但到了南宋，皇帝设宴

---

① （宋）陶穀：《清异录》卷下。

时，已经见不到有人席地而坐了。^① 很多宋代文人都从礼仪变迁的角度讨论过椅子、杌子的兴起，以及随之而来的时人坐姿的巨大改变，^② 学识渊博的朱熹也专门撰有《跪坐拜说》一文，解释了古今人的不同起居礼法及其成因^③。这些作者绝大多数生于北宋末到南宋前期，由此亦可旁证，官方正式场合中由席地而坐变成高坐高起的重大礼仪改变，必是发生于北宋末年。

还有确凿的史料证实，至迟到南宋初年，已出现了有高靠背和两边扶手的所谓"太师椅"^④，与今日无大异。太师椅的起源，连接着一段与秦桧有关的往事。据张端义在《贵耳集》中说：

> 今之校椅，古之胡床也，自来只有栲栳样，宰执侍从皆用之。因秦师垣在国忌所，偃仰片时坠巾。京伊吴渊奉承时相，出意撰制"荷叶托首"四十柄，载赴国忌所，遣匠者顷刻添上。凡宰执侍从皆有之。遂号"太师样"。^⑤

意思是说，从胡床演变而来的校椅（交椅）最初是没有靠首的，一次秦桧坐在交椅上，仰头时裹在头上的头巾（应该是宋人习惯使用的幞头）掉了。时任临安府尹吴渊为了巴结他，特意让匠人制作了荷叶花样

---

① 参见白寿彝总主编，陈振分册主编《中国通史》第七卷《中古时代·五代辽宋夏金时期（上）》，第 1008—1010 页。
② 参见《鸡肋编》卷下、《老学庵笔记》卷四、《宾退录》卷七、《鹤林玉露》甲编卷四"席地"等。
③ （宋）朱熹：《晦庵先生朱文公文集》卷六十八《跪坐拜说》。
④ 参见白寿彝总主编，陈振分册主编《中国通史》第七卷《中古时代·五代辽宋夏金时期（上）》，第 1008—1010 页。
⑤ （宋）张端义：《贵耳集》卷下。

的"托首"装在他坐的交椅上。因当时秦桧身居太师高位，所以这种经过改进的交椅式样就被人称为"太师样"，这种有靠首和扶手的高大椅子渐渐被叫成了"太师椅"。

岳飞之孙岳珂则记录了一段绍兴年间几位教坊优伶不畏强权，冒死讥讽当朝皇帝和宰相的故事：

> 秦桧以绍兴十五年四月丙子朔，赐第望仙桥。丁丑，赐银绢万匹两，钱千万，彩千缣，有诏就第赐燕，假以教坊优伶，宰执咸与。中席，优长诵致语，退，有参军者前，褒桧功德。一伶以荷叶交倚从之，诙语杂至，宾欢既洽，参军方拱揖谢，将就倚，忽坠其幞头，乃总发为髻，如行伍之巾，后有大巾镮，为双叠胜。伶指而问曰："此何镮？"曰："二胜镮。"遽以朴击其首曰："尔但坐太师交倚，请取银绢例物，此镮掉脑后可也。"一坐失色，桧怒，明日下伶于狱，有死者。于是语禁始益繁。[1]

绍兴十一年（1141）十一月初七，《绍兴和议》订立，并于次年正式生效。绍兴十五年（1145），高宗赐秦桧府第，外加金银、绢缣。在皇帝亲诏的欢宴场合，被请来助兴的艺人竟然在一派歌功颂德声中公然讽刺说：你只管坐在太师交椅上，开开心心收钱收物，至于这"二胜镮"（"二圣还"的谐音），就让它掉脑后吧！这些教坊艺人的气节真令人感佩不已：举座高官士大夫，不如三两戏子！

---

① （宋）岳珂：《桯史》卷七"优伶诙语"。

有意思的是，在中华文化圈内的东亚其他地区，如日本列岛和朝鲜半岛，席地而坐、席地而卧的传统并未随中国本土的改变而一起改变，相反，它延续至 20 世纪才有所松动。这是一个耐人寻味的文化现象，在研究文明传播与接受的语境中颇具标本意义。

我认为，席地而坐的数千年习俗在中国的改变，与那个时代中国社会的高流动性有密切关系。从西晋末年，历隋唐五代，直到辽宋金元，有非常多的西域人，甚至来自更远的中东和欧洲人常年生活在中原。他们的起居习惯深刻影响了当时的中原地区，经过一代又一代的融合，最终彻底改变了中国人的坐卧习俗。相比之下，在高度静态的日本和朝鲜社会中，直至 19 世纪下半叶，只能偶尔接触到中国或东亚儒家文化圈的人，来自这一文化共同体以外的人是不多见的。这使得这两个国家的起居习俗几乎从未受到异质文化的冲击，得以完好无损地保存下来。

三、高城市化率与宋人之死

火葬的普及

火葬，是当代中国殡葬制度中的一项重要内容。在中国历史上，宋代是火葬最盛行的一个朝代。与当下不同的是，那时的火葬完全是老百姓的自主选择，任凭朝廷三令五申严厉禁止也不起作用。

北宋时，河东地区（今山西）有很多人选择火葬。两条相距大约半个世纪的史料，记载了北宋后期民间的火葬习俗：

> 非士大夫之家，中民以下，亲戚丧亡，即焚其尸，纳之缸中，寄放僧寺。①

> 河东人众而地狭，民家有丧事，虽至亲，悉燔爇取骨烬，寄僧舍，以至积久弃捐乃已，习为俗。②

到南宋时，火葬更加普及，尤以江南腹地的两浙路为最。绍兴二十七年（1157），监登闻鼓院范同奏："方今火葬之惨，日益炽甚。"③次年，户部侍郎荣薿上言："臣闻吴越之俗，葬送费广，必积累而后办。至于贫下之家，送终之具唯务从简，是以从来率以火化为便，相习成风，势难遽革。"④ 一百多年后游历到这里的欧洲人马可·波罗也在其游记中细致地描写过元朝初年杭州的火葬场面，宣称是他亲眼所见："蛮子国都行在城人死焚其尸"；"富贵人死，一切亲属男女，皆火粗服，随遗体赴焚尸之所。行时作乐，高声祷告偶像。"

远不止河东与两浙，荆湖路、京东路、永兴军等地在宋代也都有火葬的记载。真德秀《泉州劝孝文》中有云："贫窭之家，委之火化，积习岁久，视以为常。"可见当时福建也风行火葬。据统计，在四川地区现存古代火葬墓中，南宋时期的占总数的 80% 还要多，而又以成都最盛。

---

① （明）黄淮、杨士奇编：《历代名臣奏议》卷一百十六《风俗》。

② （宋）江少虞：《宋朝事实类苑》卷三十二《典故沿革·禁焚尸》。

③ （元）脱脱等：《宋史》卷一百二十五《礼志（二八）》。

④ 同前注。

有研究得出这样的结论：两宋时期，火葬普及率因地而异，在 10% 至 30% 之间。须知直到 20 世纪 90 年代初，中国仍有约 70% 的人采取土葬。[①]

宋代火葬的形式多样，有像现在这样将骨灰置于盒（瓮）中埋葬或直接撒于土中的，但普通贫下之家最普遍的做法似乎是将骨灰撒于特定的水中：一种是找一处地标，通常是一座桥，请僧人念佛经超度，将骨灰撒入河水中；另一种是撒到寺庙内专设的"撒骨池"中。当时两浙路不少佛寺"凿方尺之池，积涔蹄之水，以浸枯骨"[②]。前述范同的上奏中就报告了这种结合了火与水的安葬方式，可见是当时民间通行的："今民俗有所谓火化者……焚而置之水中，识者见之动心。"[③]

火葬需要焚尸，这一举动与传统儒家伦理存在尖锐冲突，因此遭到宋代士大夫的激烈抨击。王安石曾哀叹："父母死，则燔而捐之水中，其不可明也……呜呼！吾是以见先王之道难行也。"[④] 程颐不解地说："古人之法，必犯大恶则焚其尸。今风俗之弊，遂以为礼，虽孝子慈孙，亦不以为异。"[⑤] 理学兴起以后，强调复古崇礼的理学家们无不谴责火葬"惨虐之极，无复人道"[⑥]。二程、朱子等都曾郑重交代过后人和弟子："治丧不用浮屠"，"丧事毋得用佛老教"，不得"用僧道火化"。

对于盛行于民间的火葬风俗，宋代自立国以来，几乎每一朝都会出台或重申相关禁令。

---

① 张邦炜、张敏：《两宋火葬何以蔚然成风》，载《四川师范大学学报》（哲学社会科学版）1995 年第 3 期。
② （宋）周辉：《清波杂志》卷十二"火葬"。
③ （元）脱脱等：《宋史》卷一百二十五《礼志（二八）》。
④ （宋）王安石：《临川先生文集》卷六十九《闵习》。
⑤ （宋）程颢、程颐撰，朱熹辑：《程氏遗书》卷二下《先生语二》。
⑥ （清）顾炎武：《日知录》卷十五。

早在建隆三年（962），宋太祖便诏："王者设棺椁之品，建封树之制，所以厚人伦而一风化也。近代以来，遵用夷法，率多火葬，甚愆典礼，自今宜禁之。"① 这道敕令还被编入了建隆四年（963）颁行的《宋刑统》，该法律卷十八《贼盗律·残害死尸》条款中抄录了《唐律疏议》中禁止火葬的全部规定，如"子孙于祖父母、父母……烧棺椁者流二千里，烧尸者绞"。处罚可谓重矣！此后 300 年里，朝廷对火葬一再申严法禁，而地方官府则频繁发布各种劝谕文和规约，劝说和要求百姓不得再行火葬。从北宋时的韩琦、程颢、范纯仁到南宋的真德秀，许多宋代名臣都曾留下过在地方任职时通过政策疏导，努力阻止火葬，恢复土葬的记载。仁宗朝名相韩琦在河东路动用官钱为当地百姓购置墓葬用地的做法得到了后来许多人的称颂：

> 韩稚珪（主）镇并州，以官锱市田数顷，俾州民骨肉之亡者，有安葬之地。古者，反逆之人，乃有焚如之刑，其士民则有殡殡祔葬之礼。惟胡夷礼泊僧尼，许从夷礼而焚柩。齐民则一皆禁之。今韩公待俗以礼法，真古循吏之事也。②

元祐（1086—1094）间，范仲淹之子范纯仁知太原府，也有过类似的善政。③ 但从当时和后人的大量记载来看，多数诏令和法令形同虚设，

① （宋）王稱：《东都事略》卷二。
② （宋）江少虞：《宋朝事实类苑》卷三十二《典故沿革·禁焚尸》。
③ 事见（宋）周辉《清波杂志》卷十二"火葬"、（宋）朱熹《三朝名臣言行录》卷一《丞相范忠宣公》引《言行录》、（元）脱脱等《宋史》卷三百四十四《范纯仁传》等。

官员的努力也是杯水车薪。南宋时，在江南各地，火葬之风非但未能被压制，反而越来越盛，甚至官至光宗朝参知政事、宁宗朝宰相的京镗，其祖父和父亲两代人"皆火化无坟墓，每寒食，则野祭而已……"① 可以说，上至天子，下达百官，旁及学者，所有人对此都一筹莫展。

这是为什么呢？

火葬与社会的流动性

许多人，特别是理学家们，将这种席卷一时的风俗归罪于佛教在中国的传播发扬。其中以洪迈的话最具代表性："自释氏火化之说起，于是死而焚尸者，所在皆然。"②

应该承认，这种观点是有一定道理的，宋太祖所谓"遵用夷法"也有这层意思。从印度引入的佛教在中原大地历经千年传播和发展，到唐宋以后已深深扎根于中国社会，对社会生活各方面都产生了无比广泛而深远的影响。没有佛教，很可能就不会有中国的火葬习俗，当时火葬也通常由寺院主持。南宋时，临安的"化人亭"便设在西湖东北角的圆觉禅寺和钱塘门外的九曲城菩提院；平江府的"化人亭"设在城外西南的通济寺和齐升院；海盐县在城西五里外的景德禅院设"焚化院"③。前述火葬时请僧人念经超度、骨灰存放于寺院内或投于"撒骨池"，都揭示了火葬与佛教之间密不可分的关联。

---

① （宋）罗大经：《鹤林玉露》丙编卷六"风水"。
② （宋）洪迈：《容斋续笔》卷十三"民俗火葬"。
③ （宋）范成大：《吴郡志》卷三十四《郭外寺》。

问题在于，佛教从东汉初年传入中原地区，到宋代时已有了千年发展历史，况且唐代佛教的兴旺总体上更胜于宋代。为何在五代以前很少看到火葬的记载呢？宋太祖认为"近代以来，遵用夷法，率多火葬"，可见与火葬不同，佛教并不是"近代以来"的新生事物。据此可判断，沙门僧人的火化传统对于宋代民间火葬习俗的起源，是一种重要的触发或启示，但并不是内在的根本动力。后者要到宋代中国经济社会的发展中去寻找。

　　记载显示，民间的火葬习俗起源于五代时的北方地区。显然，这与当时朝代更迭、战乱频发、礼崩乐坏的社会现实有关。在飘零离乱的战争年代，生者都朝不保夕，逝者又如何能安详长眠于地下？魏晋南北朝不也有过一段礼乐秩序的失范时期？政治的混乱造成思想价值的虚无化，给外来文化的发展提供了肥沃土壤。不过同样可以肯定的是，直到五代时，火葬依然没有普及。《清异录》记录了当时社会生活中的各种风尚，其中"丧葬"一节共有九条，未见有一条事涉火葬，便很说明问题。

　　入宋以后，天下承平百余年，经济文化空前繁荣，火葬在民间反而日益流行，其中又另有因由。今人普遍认为，日益突出的人地矛盾是宋代火葬盛行的主要原因，这种观点也是有说服力的：宋代出现了中国中古史上最大的一次人口增长高峰，到北宋末徽宗时期，全国人口首次突破 1 亿，比汉唐时翻了一番。而宋代国土面积又比之收缩了很多，这就意味着宋代人口密度比汉唐时大得多，人均土地拥有量更少。时人总结北宋河东地区火葬盛行的原因："其境土狭民众，惜地不葬。"[1] 其实河东

---

[1] （元）脱脱等：《宋史》卷三百十四《范纯仁传》。

路远不是当时人地矛盾最突出的地区，据研究，北宋各路每平方公里平均 34.31 人，密度最高的两浙路达到 80.53 人，成都府路的人口密度约 3 倍于河东路；就户均耕地面积来说，最少的两浙路和福建路都仅有 10 亩左右。无怪乎这几路都是当时火葬最流行的地方了。如果说圩田、涂田、梯田在宋代的首次出现是人与大自然争地的话，那么火葬的流行则可以理解为活人与死人争地。[①]

时人也确实留下过大量关于人多地狭的记载：

> 鄂州地狭而人众，故少葬埋之所。近城隙地，积骸重叠，多舆棺置其上，负土他处以掩之。贫无力者，或稍经时月，濒于暴露，过者悯恻焉。[②]

实际上，鄂州所在的荆湖北路也不能算南宋时人口密度最大的地区，行在临安所处的江南地区才是。宋亡以后，火葬在全国大部分地方渐渐息迹，唯独江南地区仍存在。这是人地矛盾推动火葬风行的有力证明。

然而，如果将人地矛盾视作主因，则又引出另一个问题：明清两代，中国经历了又一次人口增长高峰，特别是康乾以后，人口总数再次翻番。虽说当时的国土面积比宋代大得多，但除蒙古草原、西域和西藏等地区外，在适合汉人居住的内地核心地区，平均人口密度显然只会比南宋时更高。既然如此，为什么火葬风俗在清代绝大部分地区并没有重新流行？

---

① 张邦炜、张敏：《两宋火葬何以蔚然成风》，载《四川师范大学学报》(哲学社会科学版) 1995 年第 3 期。

② （宋）洪迈：《夷坚志·支志乙》卷九《鄂州遗骸》。

即使有一些，如江南地区，也远未达到宋时那么高的比例？

由此可见，佛教风俗的流播以及人多地少的矛盾都只是宋代火葬盛行的间接因素，直接原因仍然根植于宋代与其他朝代不同的特性，即工商业的繁荣与城市化的普及。

实际上，当时很多有识之士已认识到，火葬之所以难以禁绝，一个重要的原因在于，那个时代的社会流动性很高，客死他乡者甚众。而在1000年前的交通和技术条件下，要把一个死者的灵柩千里迢迢运回故土安葬，是不现实的。理学家吕祖谦便问道："旅宦远方，贫不能致其柩，不焚之，何以致其归葬？"① 司马光也说："世人又有游宦没于远方，子孙火焚其柩，收烬归葬者。"② 连理学大师程颐为其兄程颢而作的《明道先生行状》中亦提到，泽州有郡官的母亲去世，"惮于远致，以投烈火"。

在众多的远行旅人中，域外之人如蕃商及其家属也为数很多，他们可能有着与华夏人民截然不同的宗教、民族习俗。

宋朝法令虽严禁火葬，但还是对特殊情况网开一面："若是远路归葬，及僧尼、蕃人之类，听许焚烧。"③ "其蕃夷人欲烧骨还乡者，听。"④ 就此意义上看，有宋一代始终与契丹、党项、女真、大理、蒙古等政权共处同一片天空之下。这些文明相对落后的民族中，有的一直保存着火化的原始习俗，宋人的火化风尚有一部分显然也是受了它们的影响。⑤ 前述火化习俗最盛的河东路位于宋辽边境，便是极有说服力的证据。

---

① （宋）吕祖谦：《少仪外传》卷下。
② （宋）司马光：《司马氏书仪》卷七《丧仪三》。
③ 《宋刑统》卷十八《贼盗律·残害死尸》。
④ 谢深甫等纂修：《庆元条法事类》卷七十七。
⑤ 参见张邦炜《辽宋西夏金时期少数民族的丧葬习俗》，载《四川大学学报》1997年第4期。

如果进一步研究宋代的殡葬问题，还会发现一个与大多数朝代大不相同的现象：宋人似乎并不十分在乎死后能不能叶落归根。清初士人王士禛就说过："宋人罢官者多居近畿，不归其乡，死即葬焉……如钜野晁氏、东莱吕氏、华阳范氏、梓州苏氏，代居京师。又如欧阳居颍而葬新郑，苏公居许而葬郏。……此二者至明乃无之。"[1] 许多著名的大人物去世后，都没有归葬故乡——合肥人包拯、苏州人范仲淹、吉州人欧阳修、眉山人苏轼兄弟的墓都在汴京周边，也就是今河南一带；江西人王安石的墓也不在老家抚州临川，而在晚年隐居之地金陵。这种不合祖制的现象，实际上也是对流动性日益增强的社会新趋势的适应。

促使宋代火葬盛行的另一个或许也是更重要的直接因素，是城市人口的激增。"人多地狭"只是一个平均现象，大量人口生活在城市中，没有属于自己的寸土之地，才是根本性问题。像今日中国一样，宋代已有不少居民连续几代都生活在城市里，在故乡农村并不拥有任何田产。因此，不仅是"贫下之家……率以火化为便"[2]，富裕人家也"不办蕞尔之土以安厝，亦致焚如"。恰如南宋时人所言："今京城内外，物故者日以百计。若非火化，何所葬埋？"[3]

宋代的基本土地政策不抑兼并，也不鼓励公家屯田，这导致了土地私有化和集中度的加剧，"富者财产满布州域，贫者困穷不免于沟壑"[4]。关于这种土地政策对于宋代经济社会发展产生的重大影响，后面还将详

---

① （清）王士禛：《池北偶谈》卷二十二"族望"。

② （元）脱脱等：《宋史》卷一百二十五《礼志（二八）》。

③ （宋）俞文豹：《俞文豹集·吹剑四录》。

④ （宋）王安石：《临川先生文集》卷六十九《风俗》。

加讨论。

　　以通情达理见称的理学家程颢的态度十分具有代表性，他非常反对火葬，但也承认："其火葬者，出不得已！"[1] 正是由于清醒地认识到了这种无奈现实，许多官员转而采取变通态度。朝廷虽有法令禁止，但在具体执行时并不十分严苛，甚至会资助火葬，这在当时也被视为惠政。绍兴二十八年（1158）户部侍郎荣薿的上疏中就建议："除豪富士族申严禁止外，贫下之民并客旅远方之人，若有死亡，姑从其便。"[2] 这得到了高宗的首肯；绍熙元年（1190），两浙提举常平张体仁在苏州创建齐升院，"拨没官田供院为常住，贫民死而家不能津送者，则与之棺，后焚瘗焉"[3]；南宋中期，江东转运副使真德秀在建康创建南北义阡，规定"义阡葬地如已遍满，即申本司支钱，取掘焚化"[4]，"地满之日，支钱焚化"[5]；浙东提举常平使李大性在绍兴府城设置义冢，"其有徇浮图火化者，助之缗钱姑从其私"[6]。尤有甚者，隆兴元年（1163）四月，几十万宋军分两路出击，大举北伐，可惜先胜后败，无功而返。北伐失利后，如何处理战场上大批将士的尸骨是一个棘手的问题。孝宗不得已于隆兴二年（1164）十二月下诏："曾经残破州县，战阵去处，见有遗骸，令帅、漕司召人埋瘗或焚化。"[7]

　　由于得到了官府支持，到南宋后期，很多州城乃至县城都设有专门

① （宋）程颢、程颐：《二程文集》卷十一《莫莱》。
② （元）脱脱等：《宋史》卷一百二十五《礼志（二八）》。
③ （宋）范成大：《吴郡志》卷三十四《郭外寺》。
④ （宋）周应合：《景定建康志》卷四十三《风土志二·义冢》。
⑤ （元）张铉：《至大金陵新志》卷十二下《古迹志·陵墓》。
⑥ （宋）施宿等：《嘉泰会稽志》卷十三。
⑦ （清）徐松：《宋会要辑稿·食货》六八之一二五至一二六。

的火葬场。除前文提到的临安府、平江府、海盐县外，像衢州、嘉兴等地，都有火葬场的记载。

宋亡 500 年后，大学者顾亭林充满感慨地评论道：

> 火葬之俗盛行于江南，自宋时已有之。……然自宋以来，此风日盛，国家虽有漏泽园之设，而地窄人多，不能遍葬，相率焚烧，名曰火葬，习以成俗……宋以礼教立国，而不能革火葬之俗，于其亡也，乃有杨琏真伽之事。①

这段评论的结尾处涉及一段悲怆的往事：党项人杨琏真迦，堪称中国历史上最恶劣的盗墓贼。至元二十二年（1285），时任江南地区佛教事务主管的他为了窃取珍宝，公然盗掘绍兴的南宋皇陵，随后弃诸帝后尸骨于荒野草莽，甚至将宋理宗头颅"截为饮器"盛酒喝！②

作为中国近古时期最杰出的思想家之一，顾炎武看到了火葬在宋代之所以盛行的一部分经济原因，但他最终还是将其归咎为礼教问题，并与伦常报应联系起来。这或许与他自己身处的时代有分不开的联系：随着宋代的灭亡，中国社会再度退回到低城市化率、低社会流动以及人均土地拥有均质化的传统小农时代。由于绝大多数人口世代生活在农村，拥有或租种一小块土地，生老病死都高度依附于血缘宗族网络，即便全国的平均人口密度比宋朝时更高了，实现充分的土葬也不是什么特别大

---

① （清）顾炎武：《日知录》卷十五。

② 关于绍兴南宋皇陵惨遭盗墓一事之细节和此后绵延发酵的民间传闻，周密《癸辛杂识续集》卷上"杨髡发陵"，陶宗仪《南村辍耕录》卷四"发宋陵寝"、卷五"掘坟贼"等有详细记述，读者可参阅。

的难题。宋代民间火葬盛行与本章之前讲到的宋代政府热衷于社会福利体系建设，是同一个问题的不同侧面。自神宗以降，历朝政府无不大力推动兴建漏泽园。究其根本目的而言，正是试图从经济救助入手，革除民间的火葬习俗。

有宋一代，火葬只是无奈之举，谈不上是社会进步。但火葬的一度流行确实是宋代经济社会的独特性所致，这也是宋代与现代更为接近的又一显著例证。

造纸技术与祭扫传统的形成

相比于火葬，宋人为逝去之人烧纸钱的习俗没有引起过太大争议，并且成了千年来华夏人民祭祀文化中最牢固和独特的传统。

纸钱，又有寓钱、冥钱、冥财、楮钱、纸锭等许多别称。有人说，它起源于汉代到南北朝时期通行的所谓瘗钱，即埋于坟内供死者使用的钱，实际上就是一种随葬品。[1] 至于用纸钱来代替真钱始于何时？唐人封演说："纸钱，魏晋以来始有其事。今自王公逮于匹庶，通行之矣。"[2] 清人赵翼在梳理了史上许多关于纸钱的记载后也断言："纸钱之起于魏、晋无疑也。"[3] 然而，南宋人曾三异在《因话录·纸钱》中却认为："纸

---

① （宋）欧阳修、宋祁：《新唐书》卷一百九《王玙传》；参见张邦炜《宋代丧葬习俗举隅》，载《第二届宋史学术研讨会论文集》，台北中国文化大学 1996 年印行，又载《四川师范大学学报》1997 年第 3 期，题为《两宋时期的丧葬陋俗》。
② （唐）封演：《封氏闻见记》卷六 "纸钱"。
③ （清）赵翼：《陔余丛考》卷三十《纸钱》。

钱起自唐时。"持这种观点的，还有更早的司马光再传弟子孙伟等人①。另有人认为它出现得更晚，例如，在欧阳修看来，"寒食野祭而焚纸钱"是五代礼乐崩坏的明证之一。②

"纸钱"这个词首次明确见诸文献是在唐代，大诗人白居易的《寒食野望吟》和张籍的《北邙行》等都写到过纸钱，可见它在唐朝时已经相当盛行。据此推断，纸钱起于南北朝的可能性比较大。不过，要说纸钱的使用从五代开始真正普及，也没错。入宋后，变得家喻户晓。

而所谓"纸马"，即人们用纸张剪裁黏糊制作成楼阁、牲畜以及各种生活用具如纸碗、纸碟、纸瓶、纸盂等作为明器，在祭祀时焚烧，当时亦称"甲马"。民国时人徐珂对它的来历有一番考证：

> 纸马，即俗所称之甲马也。古时祭祀用牲币，秦俗用马，淫祀浸繁，始用偶马（木马）。唐明皇渎于鬼神，王屿以纸为币。用纸马以祀鬼神，即偶马遗意。后世刻板以五色纸印神佛像出售，焚之神前者，名曰纸马。或谓昔时画神于纸，皆画马其上，以为乘骑之用，故称纸马。③

几乎可以肯定地说，中国人祭祀先人时焚烧纸钱和纸制明器的传统，是从北宋时大规模流行起来的。在宋代，纸马与纸钱相混并用，花色品种也丰富多样。很多史料中都有关于纸马的记载：《续资治通鉴长编》

① （元）孔齐：《至正直记》卷二"楮帛伪物"。
② （宋）欧阳修：《新五代史》卷十七《晋家人传·论》。
③ （清）徐珂：《清稗类钞》"物品类"。

载仁宗生母李宸妃之弟李用和"穷困，凿纸钱为业"；《建炎以来朝野杂记》乙集有这样的一条："盖蜀人鬻神祠所用楮马，皆以青红抹之，署曰吴妆纸马。"可见纸钱、纸马买卖之普及，且当时各地的风俗各有特色，似乎也不完全雷同。

笔记小说中写到烧纸钱的，更是不胜枚举。洪迈《夷坚志》记载：梧州民张元中"买纸钱一束，焚于滄津湖桥下"[①]；建阳王田功的田仆"共买纸钱焚之"[②]；余干山民项明为亡妻胡氏"焚纸锭数百束"[③]；宜黄人邹智明为疠鬼"买楮币，聚焚于庭"[④]……

关于纸马风俗，另有一种说法认为它缘起于后周世宗柴荣。周世宗曾留下遗言："昔吾西征，见唐十八陵无不发掘者，此无它，惟多藏金玉故也。我死，当衣以纸衣，敛以瓦棺。"[⑤]这位五代时期最具雄心的中原政权君主因担心身后被盗墓贼觊觎，希望以纸衣瓦棺简朴安葬。只是，从穿在身上的纸衣到用以焚化的纸马，中间还有过一段演化变迁的过程。

纸钱、纸马之风行，使得宋代城市里到处可见专门的纸马铺。《清明上河图》里就有一家醒目的"王家纸马"店，门口有堆叠得像小山一样高的纸扎用品。《东京梦华录》中也有多处提到当时东京的纸马铺席以及庞大的纸马消费，这些纸马铺似乎大多位于各个城门口，大概是因为这里是人们出城祭扫的必经之地。

① （宋）洪迈：《夷坚志·丙志》卷十一《施三嫂》。
② （宋）洪迈：《夷坚志·丁志》卷五《灵泉鬼魅》。
③ （宋）洪迈：《夷坚志·支志甲》卷四《项明妻》。
④ （宋）洪迈：《夷坚志·支志景》卷二《孔雀逐疠鬼》。
⑤ （宋）司马光：《资治通鉴》卷二百九十一《后周纪（二）》"后周显德元年戊子"。

寒食第三节，即清明日矣……纸马铺，皆于当街用纸衮叠成楼阁之状。①

中元节，先数日，市井卖冥器：靴鞋、幞头、帽子、金犀假带、五彩衣服。以纸糊架子，盘游出卖……挂搭衣服、冥钱，在上焚之。②

（九月）下旬，即卖冥衣、靴鞋、席帽、衣段，以十月朔日烧献故也。③

南宋时，临安比较出名的纸马铺有坐落于市西坊南的"舒家纸扎铺"以及狮子巷口的"徐家纸扎铺"。④每到年底，"纸马铺印钟馗、财马、回头马等，馈与主顾"⑤。可见当时的纸马品种丰富，用途广泛，纸马铺生意兴隆。

北宋士大夫对于烧纸钱、明器也曾有过一些争论，崇尚古制的司马光就视烧纸钱为不合礼法之举，"习礼者羞之"⑥。他还认为烧纸钱不实用、浪费，"今人送纸钱、纸缯作诸伪物，焚为灰烬，何益丧家"⑦。理学家邵

① （宋）孟元老：《东京梦华录》卷七"清明节"。
② （宋）孟元老：《东京梦华录》卷八"中元节"。
③ （宋）孟元老：《东京梦华录》卷八"重阳"。
④ （宋）吴自牧：《梦粱录》卷十三"铺席"。
⑤ （宋）吴自牧：《梦粱录》卷六"十二月"。
⑥ （宋）司马光：《资治通鉴》卷二百十四《唐纪》"玄宗开元二十五年十月辛丑"。
⑦ （宋）司马光：《司马氏书仪》卷五《丧仪一》。

雍与程颐曾因祭祀祖先时该不该烧纸钱而有过一次辩论。[1] 从中也可推知当时大概正是这种风俗在民间大行其道之始。

南宋时祭祀使用纸钱明器已蔚然而成主流。虽然朱熹弟子说"先生每祭不烧纸"，但朱子本人并未反对烧纸钱。他的理由与司马温公正好相反，他认为烧纸钱的时代新风尚比瘗钱的古制要节约。将真钱埋进坟墓里，毕竟只有极少数王公贵胄才负担得起：

> 国初言礼者错看，遂作纸衣冠而不用纸钱，不知纸钱、衣冠有何间别？……鬼神事繁，无许多钱来埋得！[2]

不只士大夫习以为常，就连庙堂也抵挡不住纸制冥钱、冥器的盛行风气。宋孝宗在为驾崩的宋高宗出丧时，就不顾谏官反对，用到了纸钱。[3] 当然，直到元朝时，这类崇古的反对派也没有完全消失。元人孔齐便称："吾祭祀时，……凡冥钱、寓马皆斥去。"[4] 只是这样的声音已极其边缘化。南宋人戴埴说得很在理："以纸寓钱，亦明器也，与涂车、刍灵何以异？"[5] 所谓"涂车"，就是泥制的车；而"刍灵"，即茅草扎成的人和马。他的意思是，纸钱与古代天子公卿殡葬中使用的兵马俑在性质上是一回事。

我们从中所看到的是：在现实社会中，宋人对钱的需求比前代要大

---

① 参见（宋）邵伯温《邵氏闻见录》卷十九。
② （宋）黎靖德编：《朱子语类》卷一百三十八。
③ 参见（宋）袁褧撰，（宋）袁颐续《枫窗小牍》卷下。
④ （元）孔齐：《至正直记》卷二"楮帛伪物"。
⑤ （宋）戴埴：《鼠璞·寓钱》。

得多，所以才那么汲汲于让亡故之人在另一个世界里也有钱可花。孔子有"祭如在"之说，我们可以将这句话理解为：祭祀，就是现世生活的折射。另外，宋代纸钱和纸马的流行，显然与当时造纸技术的进步及由此而来的纸张质量提高、纸张品种增加以及纸张价格大幅度下降有密切关系。自此以后，中国便形成了一项牢不可破的祭扫传统。

四、女性文学高峰背后

南宋和元代勾栏里很受欢迎的讲史话本《大宋宣和遗事》中，有一桩十分有趣的轶事：

北宋中后期，天下承平日久，民间富庶。每年元宵节，宣德门外都张灯结彩，天子与百姓一同赏灯、观看歌舞和百伎表演，以示与民同乐。这天晚上，有些幸运的市民还能喝到皇帝所赐的御酒。

宣和六年（1124）正月十五晚上，皇宫正门外鳌山^①下摩肩接踵的人群中，有个妇人吃了御酒，顺手把盛酒的金杯揣进怀袖里，被光禄寺

① 宋元时风俗，元宵节时用彩灯叠扎起几层楼高的灯架子，木桩上绘有寓意长寿吉祥的巨鳌图形，时人谓之"鳌山"，又称"彩山"。蔡绦有记："国朝上元节烧灯盛于前代，为彩山，峻极而对峙于端门。彩山，故隶开封府，仪曹与仪鸾司共主之。崇宁后有殿中省，因又移隶殿中，与天府同治焉。大观元年，宋乔年尹开封，乃于彩山中间高揭大榜，金字书曰：'大观与民，同乐万寿。'彩山自是为故事，随年号而揭之，盖自宋伊始。"参见（宋）蔡绦《铁围山丛谈》卷一。

的人发现，"内前等子"①将她抓获押到端门下，阁门舍人②把这事奏报给了徽宗皇帝。皇帝问她为何要偷金杯，妇人奏道：自己与夫婿一同到鳌山下看灯，因为人太多了，推搡中与丈夫走散。刚才吃了帝赐御酒，思忖一会儿独自一人回家，又是一身的酒气，怕公婆责怪，故而欲带了金杯归家，好以此作证。妇人还对皇帝说，自己为适才之事作了一首《鹧鸪天》词，上奏天颜：

> 月满蓬壶灿烂灯，与郎携手至端门。贪观鹤降笙箫举，不觉鸳鸯失却群。
>
> 天渐晓，感皇恩。传赐酒，脸生春。归家只恐公婆责，乞赐金杯作照凭。③

徽宗看了这首词，就要把金杯赐给她。一边的教坊大使曹元宠比较细心，他提醒皇帝，说不定是这妇人的夫婿提前作好了这首词，两人合谋来骗陛下的金盏。曹元宠认为应该当面命题，令她撰词，"做得之时赐与金盏，做不得之时明正典刑"。徽宗想想有道理，就令妇人再作一词。妇人请求天子命题，当场以金盏为题，《念奴娇》为调。只见她领了圣旨，从容不迫地口占一词：

> 桂魄澄辉，禁城内，万盏华灯罗列。无限佳人穿绣径，几

---

① 宋时对宫中禁卫的称呼。
② 宋时负责朝会、宴享时礼仪事务的官员，一般由以武举入官者充任。
③ 《大宋宣和遗事》亨集。

逝去的盛景：宋朝商业文明的兴盛与落幕

多妖艳奇绝。凤烛交光，银灯相射，奏箫韶初歇。鸣梢响处，万民瞻仰宫阙。

　　妾自闺门给假，与夫携手，共赏元宵。误到玉皇金殿砌，赐酒金杯满设。量窄从来，红凝粉面，尊见无凭说。假王金盏，免公婆责罚臣妾。[1]

徽宗龙心大悦，当即把金杯赐给了她。

《大宋宣和遗事》这类话本小说讲述的多是假语村言，虚构成分居多，即使以某些真人真事为由头，往往也添油加醋，不能当作严肃史实来看待。不过，它们大多生动逼真地展示了当时的社会风貌和人间百态。上面这个故事向我们传递了这样的信息：在北宋，有相当一部分普通女性念过书，掌握一定的文化知识，而且不惮于在重大场合展现自我。

我有一个专业研究宋代绘画艺术的朋友曾感慨：今人常说"唐宋变革论"，若细究起来，唐宋两个朝代之间本身也存在无比巨大的断裂。我们读唐代文献时，总有十分辽远而陌生的"古代感"，而宋代的许多记录却让我们油然而生一种熟悉而亲近的"共时感"。在某些事上，我们与宋人更有共同语言。

其实这正是内藤湖南所说"唐宋变革期"的真义，他认为，"唐和宋在文化的性质上有显著差异：唐代是中世的结束，而宋代则是近世的开始，其间包含了唐末至五代一段过渡期"[2]。陈寅恪先生也持有类似的

---

① 《大宋宣和遗事》亨集。

② ［日］内藤湖南：《概括的唐宋时代观》，《日本学者研究中国史论著选译》（第一卷），中华书局，1992年，第10页。

看法，他曾说："唐代之史可分前后两期，前期结束南北朝相承之旧局面，后期开启赵宋以降之新局面，关于政治社会经济者如此，关于文化学术者亦莫不如此。"[1] 当然，所谓"唐宋变革论"，涵盖了政治制度、思想文化和社会生活等各个方面的广泛内容，宏大而复杂。内藤湖南将它概括为：在政治层面，体现于贵族政治的式微和君主独裁的出现；在经济层面，反映在宋代货币经济比唐代大大繁盛；在学术文艺层面，表现为对经典的怀疑和重新诠释以及文学艺术的平民趣味。

不夸张地说，宋代社会中出现了中国历史上第一次女性自主意识的觉醒。以今日之视角来看，这也许是那个时代所有社会进步中最石破天惊的一面。

妇人多能诗

如果说古往今来中国最杰出的女性文学家非李清照莫属，恐怕不会有太多异议。在她之前，我们确实也瞥见过卓文君、曹大家、蔡文姬这样的才女名字。尤其是后人所称的曹大家，即班昭，是汉朝大史家班彪之女，《汉书》的作者班固与外交家班超之妹。[2]

然而，她们都没有像李清照那样留下那么多脍炙人口的经典作品。李清照所撰的《词论》一文也表明了她对自己在词坛上的地位自视甚高，

---

[1]　陈寅恪：《论韩愈》，载《历史研究》1954 年第 2 期。

[2]　班昭嫁曹世叔，早寡，后受召入宫，为皇后及诸贵人教师，号曰"大家"。后来，其兄班固因涉外戚窦宪一案，死于狱中，其时《汉书》尚未全部完成，已写成的稿本亦多散乱。受汉廷之命，班昭主持完成了《汉书》的全部编撰工作，并亲笔补齐八篇"表"和一篇《天文志》。她大概是史上第一位有确凿诗文存世的女子。

从李煜、柳永、张先、宋庠与宋祁兄弟到晏殊、欧阳修、苏轼、王安石、曾巩，直至晏几道、贺铸、秦观、黄庭坚……她好像一个都看不上！

李清照是宋朝词人中最闪亮的明星之一，但她不是宋朝唯一的女词人，另一位光彩照人的女词人是朱淑真。不少人认为，那首被记在欧阳修名下的《生查子·元夕》（"去年元月时，花市灯如昼……"）其实出自她的手笔。类似的女词人还有吴淑姬、张玉娘，与李清照、朱淑真并称"宋代四大女词人"。

其中吴淑姬的故事格外富有传奇色彩。她是湖州一个吴姓秀才的女儿，聪慧而能诗词，因貌美家贫，被一富户公子霸占。后来不知何故被人告发与人通奸，因而入狱。时任太守恰好是绍兴二十七年（1157）高宗亲擢的状元王十朋，为人淳朴正直。审理这个案子的郡僚为吴淑姬的风华所倾倒，便在理院摆下酒席，打开枷锁令她侍饮，并对她说："久闻你善填词，不妨作一首自咏的词，把冤情写出来，我们会到太守那里为你申冤。"时值冬末雪消、春意将至，吴淑姬便讨来纸笔，以此情景为题写成一阕《长相思令》：

> 烟霏霏，雪霏霏，雪向梅花枝上堆。春从何处回？
> 醉眼开，睡眼开，疏影横斜安在哉？从教塞管催。

满座赞叹不已，第二天便向太守陈述了她的冤情，王十朋了解情况后将她释放。后来她被一家周姓人家的少爷买去为妾，并取名"淑姬"①。

---

① 参见（宋）洪迈《夷坚志·支志庚》卷十《吴淑姬严蕊》；（明）王世贞《艳异编》卷三十"妓女部（五）"。

也有人称吴淑姬为杨子冶妻[1]，有《阳春白雪词》五卷。

除"四大女词人"外，另有"黄铢母孙道绚"、"方勉之妻许氏"、"郑文妻孙氏"、"清庵鲍氏"、"秀斋方氏"、姑苏女子沈清友、杨娃等人，皆有词作流传。[2]

而北宋末年宰相曾布之妻、大古文家曾巩的弟媳魏夫人之所以未被列入"四大女词人"之列，或许是因为时人对这位一品大员及古文大师家眷的尊讳。魏夫人名玩，字玉汝，后封鲁国夫人，有《魏夫人词集》存世，其中《菩萨蛮》《好事近》《点绛唇》《江城子》《卷珠帘》等作均不俗。朱熹曾说过："本朝妇人能词者，惟李易安、魏夫人二人而已。"[3]后来还有文学评论家说："魏夫人词笔颇有超迈处，虽非易安之敌，然亦未易才也。"[4]由此可见魏夫人的文学成就及其在当时和后世的名声。

至宋亡后，谢太后身边的昭仪王清惠，亦有哀悼亡宋的词作《满江红》等传世[5]。此外，还有"阮逸之女"、"吴城小龙女"、"孙夫人"、"陆氏侍儿"、"武阳令蒋兴祖之女"[6]、"池州崔球之妻"、"宋宫人安康夫人朱

---

① 参见林坤《诚斋杂记》，转引自王易《词曲史》，第132页。

② 参见王易《词曲史》，第133页。

③ （宋）沈雄：《古今词话》卷上。

④ （清）陈廷焯：《白雨斋词话》卷二。

⑤ 其词曰："太液芙蓉，浑不似，旧时颜色。曾记得，春风雨露，玉楼金阙，名播兰簪妃后里。晕潮莲脸君王侧。忽一朝，鼙鼓揭天来，繁华歇。龙虎散，风云灭，千古恨，凭谁说。对山河百二，泪沾襟血。驿馆夜惊尘土梦，宫车晓碾关山月。愿嫦娥、相顾肯从容，随圆缺。"事见陶宗仪《南村辍耕录》卷三"贞烈"，但陶书以"清惠"作"清蕙"；又见徐釚《词苑丛谈》。另一部笔记小说《乐府纪闻》（成书于明末清初，不知何人所撰，原本今已亡佚）中记载，有一南宋宫人名金德淑者，在当时的元大都（今北京）遇到一个姓李的书生，向李生提起一位名叫黄惠清的昭仪及她的诗词，疑与王清惠为同一人，南人发声"王""黄"不分，故有此讹。

⑥ 事见（元）韦居安《梅磵诗话》。

逝去的盛景：宋朝商业文明的兴盛与落幕

氏"、"临海民妇王氏"、"岳州徐君宝妻某氏"①、"方勔之妻许氏"、"郑文之妻孙氏"②……她们连名字都没有留下，却都有义气铮铮的上乘诗词为后人所知，令元代文人陶宗仪感慨万千：

> 噫！使宋之公卿将相贞守一节若此数妇者，则岂有卖降覆国之祸哉！宜乎秦贾之徒为万世之罪人也。③

试想一下，如果她们都是目不识丁的文盲，没有留下自己的文字，我们从哪里去感受她们身上那万古流芳的气节？

宋代出现中国古代唯一的女性文学高峰并非偶然，而是立足在一个扎实的基础上——社会上读过书、有文化的妇女越来越多。前述著名大书院华林书院便有招录女学生的记载。女子没有资格参加科举考试，即使读再多书也不能入仕，她们所受的教育或许会更加纯粹、自由，少了经世致用的追求，更偏重文学艺术熏陶。

如前述魏夫人之弟魏泰的记载："近世妇人多能诗，往往有臻古人者。"他以与自己交往颇多的王安石一家为例，安石之妹、张奎妻封长安县君；安石之女、吴安持（熙宁后期接替王安石出任宰相的吴充之子）妻封蓬莱县君；安石自己的妻子封吴国夫人；安石弟王安国之女、刘天保妻等都有诗文称于世，"皆脱丽可喜也"。其中安石之妹王文淑，"佳

---

① 事见（元）陶宗仪《南村辍耕录》卷三"贞烈"。
② 事见（元）李有《古杭杂记》。
③ （元）陶宗仪：《南村辍耕录》卷三"贞烈"。

句最为多"。① 稍晚一些的张邦基也记录过王安石女儿所写的一首诗，并称"妇人有才思者，可喜也"。不过他搞错了她的封号，称其为"王荆公女适吴丞相之子封长安县君者"。② 王安石有与女儿唱和的诗传世，而且还不止一首，收录于南宋人李壁的《王荆文公诗笺注》，这从侧面印证了魏泰和张邦基的记载。

不用说，像王安石这样的顶层精英，其家族女眷无不受过良好的文化教育；前述魏夫人、陆游的离异妻子唐婉等，都是名传千载的才女。只是在宋代，受过良好教育、能书能诗的女子并不只出自高门。清人厉鹗辑有《宋诗纪事》一百卷，录宋诗作者 3800 余家。其中女性作者多达 106 人，身份不一，贵至皇后，贱至歌妓，无所不有。

大文豪苏洵上推三代"皆不显"，但他的妻子程氏母家是川中巨富，苏洵年轻时屡试不第，中年一度游学四方，程氏就承担起苏轼、苏辙的教导职责，辅导兄弟二人读书。据苏辙《亡兄子瞻端明墓志铭》记：

> 公生十年，而先君宦学四方，太夫人亲授以书。……太夫人尝读东汉史至《范滂传》，慨然太息。公侍侧曰："轼若为滂，夫人亦许之否乎？"太夫人曰："汝能为滂，吾顾不能为滂母耶？"公亦奋厉有当世志。太夫人喜曰："吾有子矣！"③

司马光《苏主簿夫人墓志铭》也说：

---

① （宋）魏泰：《临汉隐居诗话》五七。
② （宋）张邦基：《墨庄漫录》卷五。
③ （宋）苏辙：《栾城集》后集卷二十二《亡兄子瞻端明墓志铭一首》。

夫人喜读书，皆识其大义。轼、辙之幼也，夫人亲教之，常戒曰："汝读书，勿效曹耦①，止欲以书自名而已。"每称引古人名节以励之曰："汝果能死直道，吾无戚焉。"②

按司马光和苏辙所记，程夫人不但能读书，还能对历史人物的忠奸曲直发表自己的见解。她的言传身教，潜移默化地影响了"二苏"后来的立身、处事、为官之道。

苏东坡的原配妻子王弗也出自书香门第，是眉山进士王方之女。宋仁宗至和元年(1054)，16岁的王弗嫁给19岁的苏轼。婚后，苏轼读书时，王弗经常陪着"终日不去"。苏轼有记不得的地方，她往往能从旁提醒。苏轼问到她时，她也"略皆知之"。可惜这段婚姻只维持了11年，王弗年仅27岁就病逝。东坡最著名的词作之一《江城子·乙卯正月二十日夜记梦》就是为悼念亡妻而作。

此外，在苏轼家中，连侍女朝云都是读过书、能吟诗作词的女子。

元明以后，坊间突然冒出来许多关于苏轼那位聪慧机灵的小妹的传奇故事。例如，冯梦龙的《醒世恒言》中便有一回《苏小妹三难新郎》，写的是苏轼之妹与大词人秦观的一段良缘。到了清代，更是有人言之凿凿：

《女史》云：东坡有小妹善词赋，敏慧多辩，其额广而如凸。东坡尝戏之曰："莲步未离香阁下，梅妆先露画屏前。"妹即答

---

① 曹耦，同"曹偶"，意为侪辈、同类，语出《史记·扁鹊仓公列传》，亦见于《汉书·英布传》。
② （宋）司马光：《温国文正司马公文集》卷七十六《苏主簿夫人墓志铭》。

云："欲叩齿牙无觅处。忽闻毛里有声传。"以东坡多须故也。《两山墨谈》所记相戏之语又皆不同，坡戏妹曰："脚踪未出香房内，额头先到画堂前。"以其冲额也。妹答坡云："去年一点相思泪，今日方流到嘴边。"以坡长面戏之。①

这段苏轼与苏小妹斗诗的雅谈，我在孩提时代听父亲不止一次眉飞色舞地讲起过，记忆深刻。

但这一切都是无稽之谈，苏轼并无这样一个妹妹，苏洵与妻程氏共有过三女三子，长女、次女和长子都不到 15 岁就夭折了。传说中苏小妹的原型当是苏洵的幼女，乳名八娘。苏轼在为乳母作的墓志铭中有"乳母任氏，名采莲，眉之眉山人。……乳亡姊八娘与轼"之句②，可见八娘是他的姐姐。八娘比他年长 1 岁，16 岁时嫁给表兄程正辅，但不知为何不见容于程家，婚后不到两年就病死了。她去世那年，秦少游还是一个 4 岁稚童。不过，后人杜撰的故事中有一点没有说错：这位苏八娘也是一个很有文化的女子。苏洵有言，"女幼而好学，慷慨有过人之节，为文亦往往有可喜"。看来她性格豪爽有主见，还能写一手不错的文章。③

妇女皆知爱才

苏轼曾有一首意境高远的《卜算子·黄州定慧院寓居作》：

---

① （清）褚人获：《坚瓠集》卷三"东坡戏妹"。
② （宋）苏轼：《苏轼文集》卷十五《乳母任氏墓志铭》。
③ 参见《苏洵幼女八娘及其〈自尤〉诗》，载曾枣庄《三苏评传》附录三，第 395—398 页。

缺月挂疏桐，漏断人初静。谁见幽人独往来，缥缈孤鸿影。

惊起却回头，有恨无人省。拣尽寒枝不肯栖，寂寞沙洲冷。

  关于这首词的缘起，有很多传闻与猜测。第一种说法是，苏轼谪居黄州（今湖北黄冈）时，邻家有一个贤淑女子，每天晚上在窗下听他读书。后来家中要为她提亲，女子说，要找到像东坡学士这样有学问的才能嫁，最终也没有中意的，竟郁郁而终。苏东坡伤感之余，写下这首词以作纪念。^① 另外两种说法的情节大同小异，但女主角换了，一说是东坡少年时遇到的一位富家邻居之女^②，又一说是东坡后来贬居惠州时当地一位温都监的女儿^③。还有人认为，这首词是写给亡妻王氏的。^④ 不管是哪一种说法，都少不了一个热爱文学、爱慕读书人的奇女子。

  像这样有文化的女子在宋代并不少见。因交通闭塞，川蜀地区得以躲过西晋灭亡以后数百年间反复蹂躏中原的大多数战乱，故而在中唐以后就一直是经济繁荣、文化昌明的地区。到南宋时，就连当地一位驿卒的女儿都曾在墙壁上题下"玉阶蟋蟀闹清夜，金井梧桐辞故枝。一枕凄凉眠不得，呼灯起作感秋诗"的诗句，由此引来旅途中的大诗人陆游的倾慕之情。后来陆游果然纳她为妾。不幸的是，刚半年就被其正妻逐去，妾因此又赋《生查子》一首而别，其词云：

① （宋）袁文：《瓮牖闲评》卷五。

② （宋）李如篪：《东园丛说》卷下。

③ （宋）王楙：《野客丛书》卷二十四。

④ （宋）吴曾：《能改斋漫录》卷十六"东坡卜算子词"。

只知眉上愁，不识愁来路。窗外有芭蕉，阵阵黄昏雨。

晓起理残妆，整顿教愁去。不合画春山，依旧约愁住。①

陆游的一个门客惧内，曾把从蜀地带回的妓女安置在别室，隔几天去和她幽会一次。有段时间门客生病，去得少了，蜀妓疑心自己被遗弃，门客连忙作词解释，妓女便立刻和韵一首《鹊桥仙》：

说盟说誓，说情说意，动便春愁满纸。多应念得脱空经，是那个先生教底？

不茶不饭，不言不语，一味供他憔悴。相思已是不曾闲，又那得功夫咒你？

虽说疑虑已释，但怨气犹存，挖苦之意、诙谐之情跃然纸上。② 或许那时的川蜀妹子像今天一样以泼辣闻名，而且还有很文化。周密因此评论说："蜀娟类能文，盖薛涛之遗风也。"③

自古以来，中国的文人雅士多爱在驿亭、客栈、酒肆和佛道寺观墙壁上题诗作词，抒发家国情怀和离愁别绪，给后人留下了无数情深意切的"徙旅文学作品"。在宋代，这类"驿栈诗词"中破天荒地出现了众多女性作者。早在仁宗天圣（1023—1032）中，就有一位卢姓女郎，随父亲赴汉州（今四川广汉）任县令，归途中在崎岖漫长的蜀道驿站题《凤

---

① （宋）陈世崇：《随隐漫录》卷五。

② 事见（宋）周密《齐东野语》卷十一"蜀娟词"。

③ 同前注。薛涛，少时随父入蜀，为歌妓。唐代著名的女诗人之一。

栖梧》词一阕于壁，令后来途经此地的士人们赞叹不已：

> 蜀道青天烟霭羃。帝里繁华。迢递何时至？回望锦川挥粉
> 泪，凤钗斜弹乌云腻。
> 钿带双垂金缕细，玉佩玎珰，露滴寒如水。从此鸾妆添远意，
> 画眉学得遥山翠。①

地处广东与江西交界的大庾岭，曾长期被士大夫视作中原与"南蛮之地"的分界线。唐宋时谪贬官员，贬到大庾岭以南是最重的处分，不仅意味着政治生命的终结，再无北还的希望，客死岭南也是其中很多人的悲惨宿命。建中靖国元年（1101）正月，苏轼结束了近7年的岭南谪贬生涯，北返经过大庾岭，挥毫在岭上驿亭题下"问翁大庾岭头住，曾见南迁几个回？"但就是在如此凄凉险峻之地，竟也出现了妇人的豪迈笔墨。大庾岭上有佛寺，往来题诗很多，有个女子在那里题过一首诗，并附记说：自己幼年跟随父亲赴英州（今广东英德）任职，归途经大庾岭。父亲遗憾于大庾岭在唐朝时本名"梅岭"，现在却并无梅花，"遂植三十株于道之右，因题诗于壁"。如今自己又随丈夫去端溪（今广东端州），时隔多年二度来到这座佛寺，发现前诗已被岁月冲刷得无法辨认。于是就重新再题一遍，其诗云：

> 英江今日掌刑回，上得梅山不见梅。

---

① （宋）张师正：《倦游杂录》"卢氏凤栖梧词"。

辍俸买将三十本，清香留与雪中开。

再往后，这一段驿道两旁被后人栽满了梅花。[①]

这些故事再一次告诉我们，作诗填词对宋时女子来说，并不是多么稀罕的事。按大庾岭上题诗那位女子的说法，她的那首诗作于"幼年"，放宽些说，最晚也当在及笄之前，也就是十多岁。她在此年纪非但能读书识字，还能作诗，可想而知宋代女性受教育的程度。

前面提到的聪慧的朝云，曾一语道破东坡"一肚皮不合时宜"[②]。她原来是一位钱塘歌妓，后于熙宁（1068—1077）初年被通判杭州的苏轼纳为侍妾。那段时间苏轼与另一位名叫琴操的杭妓也颇有交往。琴操爱咏诗谈禅，曾当着苏轼的面修改秦观《满庭芳·山抹微云》，仅仅增减颠倒几个字，就改了原词的韵脚，却丝毫无损其意境，"东坡闻而称赏之"。她还喜欢与苏轼参禅，终有一日，当东坡以"门前冷落车马稀，老大嫁作商人妇"相戏时，琴操大彻大悟，就削发为尼了。[③]

熙宁末苏轼在徐州知州任上，还曾结交过一个名叫马盼的营妓，"甚慧丽。东坡……甚喜之"。马盼善书，模仿苏轼的字颇能"得其仿佛"。据时人说，宋碑（今已不存，有明代摹刻）苏轼亲书《黄楼赋》中"山川开合"四字其实是马盼写的。苏轼题写这篇赋的时候并非一气呵成，机灵的马盼揣摩他以前的书法风格，趁他停笔的间歇偷偷补了这四字。

① （宋）张师正：《倦游杂录》"妇人题佛塔庙诗"。
② （宋）费衮：《梁溪漫志》卷四"侍儿对东坡语"。
③ （宋）吴曾：《能改斋漫录》卷十六"杭妓琴操"。

东坡发现后哈哈大笑，只是"略为润色，不复易之"①。

宋代歌舞升平的市井生活中，像琴操、马盼、李师师这般风华绝代的名妓是一道亮丽的风景线。她们大多能填词制曲，与文人墨客相酬和，乃至相争胜。宋人的笔记小说中记有不少她们的故事，其真实性存疑，这里仅列举几例。

北宋中后期来自甘棠（今属陕西宝鸡）的名妓温琬尤可谓饱读诗书。温琬本姓郝，6岁开始读书，曾衣着男装入学校，经、史、子无所不通，还能写一手好字，被当地太守赞为"甘棠女状元"。她特别精于钻研《孟子》一书，连一代大儒、宰相司马光都"久知琬"，后来在一次宴会上见到温琬，与她讨论了亚圣的义理。温琬写过500多首诗，自编一集，笔记小说《青琐高议》中尚保存了其中30首。②

南宋宗室文人赵令畤记录过一桩令人神往的雅事：

> 濠守侯德裕侍郎，藏东坡一帖云：杭州营籍周韶，多蓄奇茗。尝与君谟斗，胜之。韶又知作诗，子容过杭，述古饮之，韶泣求落籍。子容曰："可作一绝。"韶援笔立成，曰：
>
> 陇上巢空岁月惊，忍看回首自梳翎。
>
> 开笼若放雪衣女，长念观音般若经。
>
> 韶时有服，衣白，一座嗟叹，遂落籍。同辈皆有诗送之，二人者最善，胡楚云：
>
> 淡妆轻素鹤翎红，移入朱栏便不同。

---

① （宋）张邦基：《墨庄漫录》卷三。

② 参见（宋）刘斧《青琐高议》后集卷七《温琬》、卷八《甘棠遗事后序》。

应笑西园桃与李，强匀颜色待秋风。

龙靓云：

桃花流水本无尘，一落人间几度春。

解佩暂酬交甫意，濯缨还作武陵人。[1]

短短 200 字里，出现了 3 个星光闪耀的人物，而他们竟还都是配角！君谟，即宋代名臣蔡襄；子容，则是主持研发制作水运浑天仪的苏颂，曾在神宗时三度封还词头，拒绝草拟御史李定的任命诏书，哲宗朝拜相。一个营妓，竟能与蔡襄斗茶，在苏颂面前吟诗，与苏轼也交往不浅，可见其才华横溢！重要的是，为她送行唱和的胡楚和龙靓也毫不逊色。

南宋名妓严蕊的身世故事特别具有戏剧性，还与朱熹和岳霖（岳飞之子）有关，尤为引人注目。

严蕊本姓周，小名幼芳，她出身低微，但琴棋书画、诗词歌舞无所不擅，后沦为台州营妓，严蕊是她的艺名。淳熙九年（1182），时任浙东常平使朱熹巡行台州，连上六疏弹劾台州知州唐仲友，罪名中有一条即是唐仲友与台州营妓严蕊的"风化之罪"。朱熹因此下令抓捕严蕊，有司将她先后关押在台州和绍兴，施以杖刑，逼其招供，"两月之间，一再杖，几死"。严蕊宁死不从，并自白说："身为贱妓，纵合与太守有滥，科亦不至死罪；然是非真伪，岂可妄言以污士大夫，虽死不可诬也。"此事震动朝野，孝宗皇帝认为朱熹与唐仲友之间的矛盾是"秀才争闲气"，遂将朱熹调任，转任不久前才获平反的岳飞的儿子岳霖提点浙东刑狱。

---

[1] （宋）赵令畤：《侯鲭录》卷七。

岳霖一到任便释放了严蕊，并判令从良。当岳大人问及将来有何打算时，严蕊当即口占一曲《卜算子》作答：

> 不是爱风尘，似被前身误。花落花开自有时，总赖东君主。
> 去也终须去，住也如何住。若得山花插满头，莫问奴归处。

据说严蕊后来被一位赵宋宗室纳为妾，结局还算不错。可惜她的词作多佚，除了这首《卜算子》，今存仅《如梦令》《鹊桥仙》二首。[①]

前文还提到，宋词中充斥着"妇人语"，亦即描摹刻画妇人的情感，模仿她们的语气来表达女性化的思绪，柳永尤善此道。宋代女性题作的"商旅文学"很多，宋元时期还渐渐出现了一种独特的风尚，即一些好事的文人士子刻意模拟女性情感与口吻，戏作女子诗词，"题之驿亭，以为美谈"[②]。这可以称为男性创作的女性文学。

此外，宋代文人留下的以女子为主角的诗词和传记、纪念文章也比其他朝代要多。像前文提到的，苏子瞻亲笔为乳母撰写墓志铭，他还有一篇《保母杨氏墓志铭》，记述的是弟苏辙的乳母杨金蝉的事迹。实际上，宋代文人士大夫留下的记述和纪念自己及友人之母亲、妻妾、姐妹、女儿的墓志铭极多。仍以苏轼为例，存世的苏轼所撰十多篇墓志铭中，主角是女性的占 1/3。王安石也留下过 22 篇为女性而作的墓志铭，后人编《王文公文集》时将其录于第 98 至第 100 卷。值得一提的是，这 22 位女性墓主中，被王荆公明确写到"好读书，能文章"的便有 8 位。

---

① （宋）周密：《齐东野语》卷二十"台妓严蕊"。
② （元）蒋正子：《山房随笔》。

这也从侧面折射出那个时代女性在社会上的活跃身影以及她们的社会地位和自我意识。

苏东坡的《乳母任氏墓志铭》与他的《祭欧阳文忠公文》以及奉旨而作的《王安石赠太傅制》一样，永远载入青史，仿佛在向后人诉说，那个时代不但拥有过欧阳修和王安石，也生活过一位名叫任采莲的眉山妇人，一生平凡，但"工巧勤俭，至老不衰"①。

离婚改嫁的宋代女性

因为有了更高的审美标准，宋代城市中的人在服饰、发型上不断求新猎奇。按沈括和朱熹的看法，宋代男人的服装已完全"胡化"："中国衣冠，……皆胡服也"②；"今世之服，大抵皆胡服，……先王冠服，扫地尽矣。"③妇人也"巧制新装，竞夸华丽"④。司马光曾注意到，时人"服食器用，往往穷天下之珍怪，极一时之鲜明。惟意所欲，无复分限。以豪华相尚，以俭陋相訾。愈厌而好新，月异而岁殊"⑤。中国古代对官、民和士农工商各等级的服饰质地、造型乃至颜色，都有相当严格的规定，但在宋代，这种追求新奇的风尚驱使人们不断冲破旧时的服饰规约，以至于朝廷为了维护纲常秩序，频繁发布法令，禁止或限制一些奇装异服，据周辉记：

---

① （宋）苏轼：《苏轼文集》卷十五《乳母任氏墓志铭》。
② （宋）沈括：《梦溪笔谈》卷一《故事一》。
③ （宋）黎靖德编：《朱子语类》卷九十一。
④ （宋）吴自牧：《梦粱录》卷一"元宵"。
⑤ （宋）司马光：《温国文正司马公文集》卷二十三《论财利疏》。

皇祐初，诏妇人所服冠，高毋得过七寸，广毋得逾一尺，梳毋得逾尺，以角为之。先是，宫中尚白角冠，人争效之，号"内样冠"，名曰"垂肩""等肩"，至有长三尺者，登车檐皆侧首而入。梳长亦逾尺。议者以为服妖，乃禁止之。

辉自孩提，见妇女装束数岁即一变……首饰亦然。[①]

但从另一些记录来看，这类诏令基本上没有起到什么作用：

汴京闺阁妆抹凡数变。崇宁间，少尝记忆作大鬓方额。政宣之际，又尚急扎垂肩。宣和以后，多梳云尖巧额，鬓撑金凤，小家至为剪纸衬发，膏沐芳香，花靴弓履，穷极金翠，一袜一领，费至千钱。今闻虏中闺饰复尔，如瘦金莲、方莹面丸、遍体香，皆自北传南者。[②]

宋代妇女比历史上任何时代的妇女都更强烈地渴望自我表达和伸张，这还体现在大众婚恋观念的改变上。

在宋代，离婚和改嫁是寻常事。范仲淹的母亲就曾改嫁过，范仲淹原籍吴县，2岁时父亲范墉在徐州任上病故，母亲谢氏将灵柩送回苏州安葬，此后生活困窘。2年后，谢氏改嫁时任吴县推官朱文翰。仲淹随母到了朱家，改名朱说。23岁那年，范仲淹偶然得知了自己的身世，于是辞别朱家和母亲，只身来到南京应天书院求学。范仲淹在这里苦读5

---

① （宋）周辉：《清波杂志》卷八"垂肩冠"。
② （宋）袁褧撰，（宋）袁颐续：《枫窗小牍》卷上。

年，于大中祥符八年（1015）进士及第。天禧元年（1017），朝廷批准了他的上表，他得以正式恢复范姓，名仲淹，字希文。[①] 范仲淹执政后，朝廷追赠其继父朱文翰为太常博士，并荫补朱氏之子为官。清人全祖望对此有些不以为然，认为此举让范仲淹有以权谋私之嫌，"于义未为当，不可以大贤而曲护之"[②]。然而在中国古代，朝廷对有重大成就的大官之祖、父辈追赠官职，母辈追赠封号，荫补其兄弟子孙，是很常见之事。这说明范仲淹的确将朱氏视作自己的父亲，将朱氏子视作自己的兄弟。

范仲淹的长子范纯佑去世后，儿媳也同样再嫁。他还订立规约并多次重申，凡范氏家族中的妇女再嫁者，一律资助钱 30 贯。[③] 王安石的儿子王雱得了重病后，安石夫妇甚至在爱子尚未离世时就让儿媳改嫁。[④] 就连神宗的皇后、哲宗的生母朱氏，其母也改嫁过。朱氏的生父姓崔，早死，母亲带着她改嫁一个叫朱士安的人，故得朱姓。[⑤]

娶再嫁之女对宋人来说是一件并不以为忌的事情。大学者魏了翁女儿的遭遇就格外有喜感：她先是嫁给同为四川人的南宋大臣安丙之子，但丈夫不幸早逝，于是安魏两家谋划让她再嫁。因其夫家和娘家都是名门，乡人竟"争欲得之"，最后她嫁给了刘挚的六世孙刘震孙，后者还因此遭到嫉恨，"以是多啧言"[⑥]。

相比之下，陆游前妻唐婉的际遇则伤感而动人。在她与陆游被拆散

① （元）脱脱等：《宋史》卷三百十四《范仲淹传》。亦见（宋）王辟之《渑水燕谈录》卷七、（宋）龚明之《中吴纪闻》卷二"范文正公复姓"。
② （明）黄宗羲、（清）全祖望等：《宋元学案》卷三《高平学案》。
③ 参见（宋）龚明之《中吴纪闻》卷三"范文正公还乡"。
④ （宋）张师正：《倦游杂录》"生前嫁妇死后休妻"；（宋）孔平仲：《孔氏谈苑》卷一。
⑤ （元）脱脱等：《宋史》卷二百四十三《后妃传（下）》。
⑥ （宋）周密：《癸辛杂识别集》卷上"刘朔斋再娶"。

后，唐婉改嫁同郡一位名叫赵士程的宗室子弟。有一年春游，她与陆游碰巧"相遇于禹迹寺南之沈氏园"。当时赵士程也在场，唐婉介绍两人认识，赵士程大方地叫来酒菜与陆游同饮。分手后，陆游"怅然久之"，在沈园墙壁上题下了那首世人熟知的《钗头凤》：

> 红酥手，黄縢酒，满城春色宫墙柳。东风恶，欢情薄，一怀愁绪，几年离索。错！错！错！
>
> 春如旧，人空瘦，泪痕红浥鲛绡透。桃花落，闲池阁，山盟虽在，锦书难托。莫！莫！莫！

唐婉不久便去世，而陆游活到了85岁高寿。直到那次沈园偶遇过去了四五十年，沈园已三易其主，赵士程也作古二三十年后，陆游仍不断有缠绵悱恻的诗作问世，缅怀那段凄婉爱情。[1]

李清照的婚姻生活，也是宋代女性的一个侧面。赵明诚去世后，辗转逃往临安的李清照在年且五十时再嫁给一位名叫张汝舟的低级官员。张汝舟是武官出身，李清照之所以"忍以桑榆之晚节，配兹驵侩之下才"[2]，除了在颠沛流离之际寻求感情上的慰藉，也是为了更妥善地保护好赵明诚留下的那一堆金石古玩，那可是引无数人觊觎垂涎的无价之宝。然而短短数月之后，张汝舟便原形毕露，原来他也在打这笔财宝的主意。于是李清照果断向官府提起诉状，告发张汝舟之不轨并要求与之离婚。官司的结果是张汝舟被免职，发配到边远的柳州。不过唐宋法律规定，夫

---

① （宋）周密：《齐东野语》卷一"放翁钟情前室"。

妻间若有一方控告对方，无论结果如何，原告也须拘禁两年（这条法令的初衷与所谓"大义灭亲"全然背道而驰，它显然是为了鼓励儒家伦理道德一向提倡的"亲亲相隐"）。李清照也因此被投入监狱，后在翰林学士綦崇礼等人的疏通关照之下重获自由。

一些明清学者对于李清照是否真的改嫁张汝舟一事颇有争议，也有一些为李清照辩污的文章。对于我们来说，重点并非李清照改嫁一事的真伪，而是此事折射出明清社会在女性婚姻方面的主流价值观已经与宋时有了很大的不同。

理学兴起后，皇家及官宦之家礼法日严，女子守节者多起来。但普通百姓家，改嫁、离婚仍是寻常事，而且也有制度的保障：宋朝法令规定，已婚女子，丈夫外出 3 年不归者，听其改嫁；丈夫因罪移于别地管制的，妻子可以提出离婚；[①] 丧夫女子若立志守寡，其祖父母、父母皆可以强令其改嫁。仁宗时参知政事吴育的弟媳丧夫后不肯改嫁，成为同僚弹劾他的罪状之一。[②]

北宋时，一对素不相识的青年男女，只因在东京的一个茶坊逢面，"四目相视，俱各有情"。那女子便以买糖水为由说道："我是不曾嫁的女孩儿。"那男子也以买糖水对答："我不曾娶浑家。"由此差点成就一段姻缘。[③]

南宋时，临安一带的城市里曾时兴媒人带着男女双方亲往相亲的新风尚。如果不满意，可直接回绝。而在更多礼数不严的广大乡村地区，青年男女往往毫无顾忌地在节日外出相会。

---

① 《名公书判清明集》卷九"已成婚而夫离乡编管者听离"。

② （元）脱脱等：《宋史》卷三百三《唐肃传》。

③ 参见（明）冯梦龙《醒世恒言》之《闹樊楼多情周胜仙》。

朱熹早年任职同安县主簿时就批评过当地的婚俗："本县自旧相承，无婚姻之礼，里巷之民贫不能聘，或至奔诱，则谓之引伴为妻，习以成风。其流及于士子富室，亦或为之，无复忌惮。"①尽管这些在他眼里皆属不合礼制，是世风日下的标志，但折射出来的却是时代风尚的变迁。另据《南烬纪闻》等宋代笔记所载，某地，男女"合婚"都是自己选择，"男自负女而归，不烦父母媒妁引也"②。

昆曲《玉簪记》以及由此衍生出来的京剧《思凡》，都是家喻户晓的经典名剧，其剧情源自一桩南宋轶事：女贞观有个尼姑叫陈妙常，20多岁，姿色出众，工于诗文，通晓音律。绍兴二十四年（1154）高中状元的张孝祥刚到临江当县令时，曾借宿观中，倾慕陈妙常美色，"以词调之"，但遭陈妙常拒绝，其回词云：

> 清静堂中不卷帘，景悠然。闲花野草漫连天，莫狂言！
> 独坐洞房谁是伴？一炉烟。闲来窗下理琴弦，小神仙。

不过这个陈妙常也并非冰清玉洁、守身如玉的佛门中人，后来与张孝祥的故友潘法成暗通款曲。潘法成偷偷告诉了张孝祥，后者不但没有因妒成恨，反而想办法让他俩成了婚。③

马光祖为临安府尹时还留下过另一桩逸闻：有个士子翻墙入户偷良家少女事发，马知府查明原委后并不急着判案，却出题：逾墙搂处子。

---

① （宋）朱熹：《晦庵先生朱文公文集》卷二十《申严昏礼状》。
② 转引自伊永文《宋代市民生活》，第321—322页。
③ （清）张宗橚：《词林纪事》卷十九"陈妙常"。

只见风流书生挥笔写下：

> 花柳平生债，风流一段愁。
>
> 逾墙乘兴下，处子有情搂。
>
> 谢砌方潜度，韩香已暗偷。
>
> 有情生爱欲，无语强娇羞。
>
> 不负秦楼约，安知汉狱囚。
>
> 玉颜丽如此，何用读书求。

马光祖见了十分欣赏，当即写下《减字木兰花》一首作为判词：

> 多情多爱，还了平生花柳债。好个檀郎，室女为妻也合当。
>
> 雄才高作，聊赠青蚨三百索。烛影摇红，记取冰人是马公。

"青蚨"代指铜钱，"冰人"就是媒人的意思。马光祖非但不判处书生，反而撮合二人成婚，还给了 300 贯钱。此事一时传为佳话，这篇独特的判词后来还被收入《全宋词》。①

理学贬低了女性地位？

宋代妇女文化程度和社会地位的普遍提高，她们自我意识的觉醒，

---

① 参见（明）田汝成辑撰《西湖游览志余》卷二十五"委巷丛谈"。

对自身权利的伸张，用今天的时髦术语来说，是一个"系统性事件"，是宋代相对宽容的政治氛围、繁荣的经济、昌明的文化教育中开出的美丽花朵。但如果要进一步讨论导致这一社会现象的直接原因，那么我们可以说，它是宋代妇女经济地位特别是经济自主性提高的必然结果。正是城市化、商业化和市场化的大潮，促使很多女子走出家庭，独立谋生。本书第二章里曾写到，宋代妇女从事中间经纪人行业者众多，因而有"女侩"与"牙嫂"之类的专门名词出现。南宋人陈普有一首《古田女》诗，生动形象地刻画出她们在商品市场上的巨大能量：

> 插花作牙侩，城市称雄霸。
> 梳头半列肆，笑语皆机诈。
> 新奇弄浓妆，会合持物价。
> 愚夫与庸奴，低头受凌跨。[①]

此外，在勾栏瓦肆里表演的女艺人也不比男性少，走街串巷的女郎中、女贩客甚至女棋手之类，在宋代亦不鲜见。想要走出家门谋生，不管是经商还是从事其他职业，哪怕只是跟着丈夫外出，至少得粗通文墨才行。这是许多家庭愿意花钱培养女子读书的最直接动力，而它又反过来产生了一系列社会影响：

> 浙西风俗太薄者，有妇女自理生计，直欲与夫相抗，谓之

---

① （清）郑方坤：《全闽诗话》卷五《宋元·陈普》。

私。乃各设掌事之人，不相统属，以致升堂入室，渐为不美之事。或其夫与亲戚乡邻往复馈之，而妻亦如之，谓之梯己问信，以致出游赴宴，渐为淫荡之风，至如母子亦然。浙东间或若是者，盖有之矣……

今浙间妇女虽有夫在，亦如无夫，有子亦如无子，非理处事，习以成风，往往陷于不义……或因夫之酗酗纵博，子之不肖者，固是妇人之不幸，亦当苦谏其夫，严教其子，使改过为善可也；亦不当自拟为男子之事，此乃人家之大不祥也。[1]

忽略作者在这则笔记中的负面评论不提，我们能够从中得出一个客观结论：当时妇女之所以敢于且能够"与夫相抗""自拟为男子之事"，无非是因为她们有能耐"自理生计"。城市工商业有别于传统小农经济的最大特征，就是从业者的人身独立性与社会流动性——他们注定要挣脱特定的土地与宗族的束缚，面向一个完全开放的陌生人市场。这类现象在当时人口最稠密、工商经济最发达的两浙地区非常普遍，是顺理成章的。

洪迈《夷坚志》里写到过一个故事：唐州比阳（今河南泌阳）有个富商王八郎，因为迷恋一个妓女，便要赶走已经共同生活20多年的结发妻子。夫妻二人生了4个女儿，3个已出嫁，最小的才几岁。遭此打击的王妻并没有手足无措、哭哭啼啼，而是暗地里变卖掉所有值钱的东西，见丈夫决然不肯回头后，便把官司打到县衙。王八郎要求将幼女判

---

[1] （元）孔齐：《至正直记》卷二"浙西风俗"。

给自己，王妻有理有据地对县令陈诉，认为为了一个妓女抛弃结发妻子的男人无法抚养女儿。县令认为在理，就把幼女判给了她。此后王妻搬到邻村，开店做起陶瓷瓶罐的生意。有一天王八郎路过她家，大概是出于好意，劝她说，这种小买卖能赚几个钱，不如另图他计吧！结果被王妻骂走："既已决绝，便如路人"，你有什么资格管我家事？"自是不复相闻。"到小女儿长大嫁人之时，王妻"所蓄积已盈十万缗"。而昔日的"江淮大贾"王八郎与妓女混在一起，落了个"客死于淮南"的凄凉境地。又过了几年，王妻也去世了。小女儿在为母亲下葬的时候，念及父亲的尸骨尚在远方，就遣人将其迎回，打算将他们合葬。刚为他们洗漱穿戴整齐，"共卧一榻上"，陪侍的人稍一疏忽，就见两具尸体"已东西相背矣"。女儿起初认为事出偶然，哭着将两具尸骨依原样摆好，怎奈"少顷又如前"……①

　　这则故事堪称宋代女性的一则"独立宣言"，而这位王八郎妻，活脱脱就是一个刚烈果决、自强不息的现代女性。

　　近来对儒家传统的讨论日益升温，经常听到很多人争论程朱理学的是非善恶。我对此不持预设立场，任何开放性的讨论都是值得欢迎的。不过我认为有一个基本的前提需要澄清，即理学家们——特别是早期的理学家们——宣扬那些礼教，其初衷都不是针对芸芸众生。虽然他们中的许多人确实十分自觉地重视社会基层的乡风礼俗建设，余英时先生称之为"觉民行道"，但他们的根本追求是拿这些森严礼教来约束掌握权力的精英阶层。另外，今人对这些礼教教条的理解本身也存在很大偏差。

---

① （宋）洪迈：《夷坚志·丙志》卷十四《王八郎》。

例如，今人耳熟能详的诸如"存天理，灭人欲""饿死事小，失节事大"之类，都是在特定语境下，有具体指向的，并非许多人误以为的那样绝对化。

当代美国学者凯瑟琳·克莱等所著的《世界妇女史》中对宋代的叙述基本承袭了百年来的惯性叙事，即随着新儒学（理学）兴起并占据意识形态主导，中国妇女的社会地位从唐代到宋代逐渐下降，理想的女性道德发生了改变，以致"妇女的家庭角色取代了她们曾在早些朝代里扮演的任何生产的或宗教的角色……妇女受到更多的限制和隔离……宋代社会的这种新发展将妇女从公共生活中排除了出去"。即便如此，学者们也已经认识到："我们能用以建构的宋代中国妇女的经验主要是关于上层妇女的，因为持新儒学思想的作者们很大程度上关注的是上层社会。"①

如果宋代妇女的整体社会地位真的比唐代下降了，特别是从公共生活中被排除了出去，那我们又如何解释宋代受过文化教育的女性大大增多了这一事实呢？

今天的许多人想当然地将"女子无才便是德"的陋见归咎于理学造就的桎梏。其实，陈东原早在 20 世纪 30 年代出版的《中国妇女生活史》中就已做过澄清，这种歧视妇女的陈腐观念一直要到明代末年才形成。②

在宋代，"当时风尚，妇人女子皆知爱才也"③。前述王安石与苏轼两

---

① ［美］凯瑟琳·克莱、钱德里卡·保罗、克里斯蒂娜·塞内卡尔：《世界妇女史（上卷）：从史前至公元 1500 年》，奚昭印、张凯译，格致出版社，2012 年，第 90—120 页。

② 参见陈东原《中国妇女生活史》第七章《元明的妇女生活》，上海商务印书馆，1937 年。

③ （清）赵翼：《陔余丛考》卷四十一《苏东坡秦少游才遇》。

门中的女子，能读书识字甚至填词作诗的很多，这可能与王苏两家门风素来比较开明有关。但如果再看程颢、程颐兄弟家族，我们会发现，程门妇人同样能文。二程的母亲侯氏是"世称名儒"的华阴学者侯可的姐姐。侯氏"好读书史，博知古今……（侯父）每以政事问之，所言雅合其意"，还能作诗，"（侯可）常自谓不如……"①而程颢的女儿、程颐的侄女"发言虑事，远出人意……自通文义……喜闻道义"②。朱熹"尝病《女戒》鄙浅，欲别集古语成一书"，虽未成，但从他已经拟定的篇目来看，其中有"讲学"一章，"盖欲以配小学书"③。也就是说，朱熹曾经计划要专门为女童编写一本启蒙教材。既如此，他无疑也是主张女子应该读书受教的。

宋代只是没有像吕雉、武则天那样叱咤风云的女性政治领导人而已。但以此评判妇女对公共生活的参与度，显然是片面的。慈禧太后在晚清政坛上可谓一手遮天，但当时中国女性的社会地位并未因此而有丝毫提升。实际上，吕后、武后与慈禧太后的涌现，充其量是古代皇权结构的一种非正常表现形式。与那些一厢情愿的现代想象截然相反，宋代没有出现这样的跋扈母后，很可能正是因为它有一个正常稳定的政治结构。

也许还会有人自以为是地指出，宋代理学家们鼓励女子读书，无非是为了向她们灌输"三从四德"的道德伦理。这话不能说全非，它涉及的是教育的内容，事实上，在任何时代和社会里，教育的内容都含有大量特定意识形态的成分。我们讨论的是受教育的权利问题，它是一项典型的"现代"权利，在古今中外大部分社会里，并非人人皆有。

① （宋）程颢、程颐：《二程文集》卷十三《上谷郡君家传》。
② （宋）程颢、程颐：《二程文集》卷十二《孝女程氏墓志》。
③ （宋）罗大经：《鹤林玉露》乙编卷五《女戒》。

儒家伦理道德一贯高度强调长幼尊卑的等级秩序，对"君""士"，与对"民""匹夫"有截然不同的使命期待和道德要求。孔子所谓"民可使由之，不可使知之"，孟子尝言"无恒产而有恒心者，惟士为能。若民，则无恒产，因无恒心"，都表达了类似的理念。宋朝理学家同样持有这样的精英意识。比起向妇女灌输男尊女卑的礼法，理学家们更热心于向帝王灌输尧舜之道，至于他们希望以更严苛的礼教约束统治者行为的努力是否成功，以及他们高扬的这些礼教后来又如何逐渐下沉，成为桎梏平民大众的枷锁，这些多是宋朝理学家身后的历史了，不能说他们完全没有责任，但显然他们不应承担主要责任。

至少在初代理学家身处的宋代，社会道德风气的趋势不是日益僵化封闭，而是越来越奔放开化，这种变化反映在青年男女的婚恋上，"父母之命，媒妁之言"的数千年神圣规训正在被悄悄打破。

第九章

富盛密码

著名历史学家、宋史权威邓广铭先生有过这样的评论："宋代是我国封建社会发展的最高阶段。"①

　　我认为，邓先生意思应当是：宋代是秦汉一统、秦制确立以后2000多年里中华文明演化发展所达到的最高峰。正如他后来更明确地断言，不论宋代究竟是否像一些海外学者描述的那样先于西欧出现过一次文艺复兴，"宋代的文化，在中国封建社会历史时期之内达于顶峰，不但超越了前代，也为其后的元明之所不能及……"②海峡对岸的宋史专家宋晞先生也说过："两宋时代为近世中国的开始，论文化的发达，可以说是居历代之首。"③二者其实都是在重申陈寅恪先生为邓广铭《宋史职官志考证》作序时写下的那段被引用无数次的话："华夏民族之文化，历数千载之演进，造极于赵宋之世。"

　　中国的所谓"封建社会"，在宋亡后又存续了600多年。但如陈先生所言，华夏文明不幸"后渐衰微"了。至于将来能不能如他所盼的那样"终必复振"，有赖于所有人的努力。

---

① 邓广铭：《谈谈有关宋史研究的几个问题》，载《社会科学战线》1986年第2期。

② 邓广铭：《宋代文化的高度发展与宋王朝的文化政策》，载《历史研究》1990年第1期。

③ 宋晞：《宋史研究论文与书籍目录》序。

598　　　　　　　　　　　　逝去的盛景：宋朝商业文明的兴盛与落幕

实际上，并不只是到了现代才有人这样赞美宋代，南宋末年被贾似道秘密羁押于真州馆驿长达 16 年之久的北方大儒郝经，便将汉、唐、宋分别比作夏、商、周三代以下的"后三代"①。在古代儒者的历史视野中，以当世之宋喻 2000 年前之周，是至高的评价了。稍后，身处明清时代的一些有识之士也洞察了这一点。明朝中叶名臣及文士王鏊写道：

　　　　宋民间器物，传至今者皆极精巧。今人卤莽特甚，非特古今之性殊也，盖亦坐贫故耳。观宋人《梦华录》《武林旧事》，民间如此之奢，虽南渡犹然。②

　　这位被王阳明目为"完人"的王鏊先生认识到，宋代的民间器物——可能还有民俗民风——之所以精巧雅致，自己时代的却如此鲁莽粗鄙，主要并不是因为古人与今人的天性有落差，而是因为宋人富有而今人贫穷。许多事情是经济决定的，它是文明的底盘。比王鏊晚一到两代人的藏书名家和学者郎瑛也感慨："今读《梦华录》《梦粱录》《武林旧事》，

---

① 参见（元）郝经《郝文忠公陵川文集》卷三十九《使宋文移·上宋主陈请归国万言书》。
② （明）王鏊：《震泽长语》卷下。

则宋之富盛，过今远矣！"①

　　横向的参照也许更能说明问题。经济史学家安格斯·麦迪森通过核算各国长时期的 GDP，比较了中国和欧洲自公元初年到 1700 年间的经济表现。他发现，宋代以前中国的人均 GDP 长期维持在 450 美元的水平。公元 1 世纪初，也就是欧洲罗马帝国与中国汉代，欧洲的人均 GDP 要略高于中国。但到公元 1000 年，即所谓"黑暗的中世纪"，欧洲的人均收入水平出现了大幅下降。与其相比，正值五代入宋的中国却开始了一段长期的经济扩张。两宋时期人均收入显著提高了约 1/3，达到 600 美元。此后，自宋亡直到 18 世纪初，即欧洲"启蒙时代"拉开帷幕时，中国的人均收入就一直处于停滞状态，而欧洲则翻了一倍还要多。此消彼长之下，到 1700 年，中国的人均 GDP 已经下降到欧洲的 2/3 都不到。②再往后的两个多世纪，启蒙以降的欧洲在科学革命和工业革命的强大助推下，将中国远远抛在了身后。

　　如果做一个更为精确的定量分析，中国的人均 GDP 真正领先于西欧，

① （明）郎瑛：《七修类稿》卷十八。
② ［英］安格斯·麦迪森：《中国经济的长期表现——公元 960—2030 年》，伍晓鹰、马德斌译，第 21 页。

是在公元 10 世纪到 15 世纪。^①令人难以置信的是，历史上，中国人民相对富足的时代并不在汉唐盛世，而在两宋。

缘于此，美国东亚地理和历史学权威学者罗兹·墨菲（Rhoads Murphey）在其《亚洲史》中恰如其分地写道："在许多方面，宋朝在中国都是个最令人激动的时代，……一个政治清明、繁荣和创新的黄金时代。……一个充满自信和创造力的时代。"法国汉学家谢和耐在其《南宋社会生活史》中更是盛赞："十三世纪的中国，其现代化程度是令人吃惊的"，"中国是当时世界上首屈一指的国家。"^②马可·波罗在 13 世纪末的惊讶并不是佯装出来的，谢和耐还用自己的话语方式复述了内藤湖南的"唐宋变革论"：

11—13 世纪期间，在政治、社会或生活诸领域中没有一处不表现出较先前时代的深刻变化。这里不单单是指一种社会现象的变化（人口的增长、生产的全面突飞猛进、内外交流的发展……），而更是指一种质的变化。政治风俗、社会、阶级关系、

① ［英］安格斯·麦迪森：《中国经济的长期表现——公元 960—2030 年》，伍晓鹰、马德斌译，第 1 页。
② 转引自肖黎、李桂海主编《中国古代史导读》，第 293 页。

军队、城乡关系和经济形态均与唐朝贵族的和仍是中世纪中期的帝国完全不同。一个新的社会诞生了，其基本特征可以说已是近代中国特征的端倪了。[①]

作为一个西方人，他甚至夸张地暗示，西欧走出中世纪后第一波现代化的原动力来自对蒙古帝国向西扩张所带来的这笔"东亚遗产"的吸收和反应，而并非西方人一向自认为的那样具有原创性。"直接借鉴或在（宋代）中国技术启发下的发明创造……完全可能是促使西方近代到来的（动力）。"[②]

看来宋代一定是做对了什么。

---

① ［法］谢和耐：《中国社会史》，耿昇译，第257页。
② ［法］谢和耐：《中国社会史》，耿昇译，第302页。

一、宋代做对了什么？

在探究宋代经济成功的奥秘之前，我们先要了解经济增长的不同路径以及由此造成的宋代经济与现代的相似之处。

经济增长模式的古今之异

2021 年 12 月 18 日是王安石诞辰 1000 周年纪念日，那段时间我发表了若干篇文章，分析讨论王安石其人、其时代及其变法的一时得失和长远意义。我对王安石新法中萌动的一些充满现代意味的元素表达了极高的钦佩和敬意，值得突出强调的有两方面：

第一，新法非常重视并着力提升了货币和金融手段在经济运行和政府行为中的作用，这在"免役法""免行法""均输法""市易法"乃至遭到最多攻讦的"青苗法"中都有充分体现，它反过来又一定会有力促进当时国民经济的商品化、市场化和货币化。

第二，王安石试图通过改革制度体系来改进国家治理，而非儒家政治哲学一贯强调的统治精英的自我道德提升。

在稍稍隐蔽一些的程度上，我们还能依稀看到，新法隐含着一种推动政府行政朝专业化转型的努力，与正统儒家将政治事务笼统地化约为"修身—齐家—治国—平天下"的逻辑链条不同。

从这些视角来看，熙丰变法是对时代变迁的努力回应。社会变得与以前如此不同，政治治理从框架模式到具体政策当然也都应当顺时而动。王安石新政的探索闪烁着耀眼的现代性，一度打开了引领中国古代经济与政治走出传统路径依赖，开辟崭新航道的想象空间。

然而，我对于新法中的大部分内容在当时经济社会条件下的实际作用及可见后果，大体上持贬多于褒的立场。

我首先要向读者指出的是，我们不能立足于现代的经济发展常态，想当然地评价古代的经济治理模式。要知道，人类经济发展的规律并非恒定不变，21 世纪的经济与 1000 多年前相比，变化是非常之大的。

如何解决北宋政府迫在眉睫的财政亏空问题，以王安石为首的变法派与以司马光为首的保守派在目标上其实并无实质分歧，只是在实现这一目标的手段方面，双方的意见南辕北辙。

王安石取的是扩张性的思维，他有句名言："因天下之力，以生天下之财；取天下之财，以供天下之费。"[1] 用今天的话来说，就是应当通过发展生产、刺激消费、扩大经济规模来促进增长，也就是时下人们常说的"做大蛋糕"。这样一来，经济不断增长，老百姓能够从中获益，政府能够获得更多财政来源，国家也会更强大。"财费则利兴，利兴则虽费何害？"[2]

他另一句流传更广的话"善理财者，不加赋而国用足"[3]，精准地体现了这种扩张型经济思维。

司马光及其同侪则近乎无意识地默认了儒家政治哲学基于"仁政爱民"原则的一种传统假设：政府越节俭，攫取得越少，民众留存的就越多，老百姓的日子就越好过。针对王安石认为国家财力窘困的根源是缺

① （宋）王安石：《临川先生文集》卷三十九《上仁宗皇帝言事书》。
② （宋）王安石：《临川先生文集》卷六十二《看详杂议》。
③ （元）脱脱等：《宋史》卷三百三十六《司马光传》。

乏理财能手的观点，司马光针锋相对地指出："善理财者，不过头会箕敛，以尽民财。"①

司马光还认为，"天地所生财货百物，不在民，则在官，彼设法夺民，其害乃甚于加赋"②。

因此，司马光所领导的保守派内部尽管也对新法的具体内容存在很大的分歧，但都认为当时的要务是大幅度裁减各种不合理的开支，取的是收缩性的思维。司马光说，"国用不足，在用度大奢"③；王安石青年时代的挚友曾巩说，"节用为理财之要"④；苏辙尚在制置三司条例司（王安石为变法而专门成立的研究咨询机构）任职时就上书宋神宗指出，"所谓丰财者，非求财而益之也，去事之所以害财者而已"，即废除那些"害财"的"冗吏、冗兵、冗费"。⑤ 他们说的其实都是同一个意思。

对于经济增长及政府与人民间的分配关系，王安石持有一种正和博弈的动态思维，司马光则持一种零和博弈的静态思维。前者已是现代经济学的基本概念。正是这一缘故让大多数现代人认为王安石比司马光更懂经济，更加高瞻远瞩。

我不得不指出，如果人们持有这种观点，恰恰说明他们对经济学是一知半解的。这种认识基于现代经济现实，而忽略了古今之别。刻舟求剑固不足取，以今度古也是见识短浅的体现。

在人类经济实践中，单位劳动生产率的快速提升是工业革命以后才

---

① （宋）朱熹：《三朝名臣言行录》卷七《丞相温国司马文正公》。
② （元）脱脱等：《宋史》卷三百三十六《司马光传》。
③ （元）脱脱等：《宋史》卷一百七十九《食货志下（一）》。
④ （元）脱脱等：《宋史》卷三百一十九《曾巩传》。
⑤ （明）丘濬：《大学衍义补》卷二十一《总论理财之道（下）》。

出现的，是技术进步的结果。事实上，工业革命本身正是科学革命在实践领域的延伸。在漫长的农业文明时代，劳动生产率的提升是极为缓慢的，往往一个世纪乃至几个世纪里仅有个位数百分点的增长。这就意味着，那个时候的经济增长主要依靠生产要素的投入。用经济学术语来说，是一种"外延扩张式"的经济增长。

打个比方，以前一个人种 20 亩地，一年产出 1 万斤粮食；现在两个人种 40 亩地，一年产出 2 万斤粮食。"蛋糕"是做大了，但投入的资源以及参与分配的人也增加了，人均产出并没有增长。在这样的模式下，无论生产扩大了多少，社会财富总量增加了多少，人均都不会更富有。政府与百姓之间的分配关系也是恒定的：政府多拿走 1 斤，老百姓就会少留存 1 斤。

这还是"外延扩张式"经济增长中的理想模型，真实情况会更差：在给定疆域内，土地总是有限的，和平年代人口增长又总是快于耕地的开垦，这意味着这种"外延扩张式"的经济增长模式不可能无限延伸。更重要的是，随着易于开垦的肥沃土地日益稀缺，这种简单的生产要素扩张还必然呈现边际效益递减的趋势，新开垦的土地势必不如之前的肥沃：例如新开垦的 20 亩土地相对贫瘠，同样一个人去耕种，一年也许只能产出 8000 斤或 6000 斤粮食，人均粮食产量逐年下降。这就是两千年里中国人民勤劳而不富裕的主要原因之一。随着人口的翻倍增长，清朝中期人均收入和生活水平有可能反而比唐宋时期更低，而不是更高！

著名历史学家蒙文通先生对中国历代粮食单产做过长期研究，王家范教授在他的基础上稍做一些修正和补充后得出一个概要性的结论：在漫长的两千年里，也就是从战国到明清，中国平均粮食单产增长了 4.5 倍。折算成年平均增长率，仅有 0.1%。不出所料的是，两宋时期恰是王朝史上粮食单产增长最快，但也仅比 1000 年前的汉代增长 1.7 倍，比唐代增长 1 倍多一点，年均增长也只有 0.2%。[①] 晚近国内外一些更为精细的计量研究得出结论，认为中国粮食亩产在汉代时约为 110 市斤，隋唐时增至 125 市斤左右，到宋代迅速上升到 140—185 市斤[②]，比蒙文通先生的结论更消极一些。但这已是相当了不起的进步了，这就是前现代经济模式受技术约束的无奈现实。

本章开头提及的"人均 GDP 增长率"，是如今每一个国家都极为关注并视作理所当然的概念。但在工业革命以前，它只有放到数百年、上千年的长时间跨度内审察才有意义，在一个人的个体生命周期中，经济的增长几乎可以忽略不计。即使工业革命以后，人均 GDP 的持续增长最初也只出现在英国等少数几个西欧国家里，全球范围的普遍高增长是"二战"以后才形成的。因此，如果认真研究过人类经济史，就会发现，相比于"积极进取"的王安石，很可能"保守迂腐"的司马光的观点更符合他们身处的时代。

王安石变法收到了立竿见影的效果，国家财政迅速充实。实施一年后，理论上，青苗法、市易法和免役法各应得到 300 万贯、150 万贯和 800 万贯收入，三项叠加，政府收入较前一年猛增 20%。相信这也是宋神宗力排众议，如此信赖王安石的原因，他尝到了新法的甜头。新法一共持续了 16 年，神宗朝始终没有动摇过。然而，我们凭直觉和常识就知道，

---

① 参见《农业经济结构的历史内涵》，载王家范《百年颠沛与千年往复》，上海人民出版社，2018 年，第 172—174 页。

② 赵红军：《中国历史气候变化的政治经济学——基于计量经济史的理论与经验证据》，格致出版社 2019 年，第 37 页。

别说是当时，就是今天的经济水平都不可能让国家收入有如此高的增长。几乎所有的历史记载和后来的研究都证明，新法推行期间老百姓的负担也大大加重了。

垦田增长与人口扩张的无望赛跑

仅就上述"外延扩张式"的经济增长而言，宋代取得了相当大的成功。

传统农业经济时代，土地和劳动力是最重要的两种生产要素。而在前现代的自然与技术条件下，二者本身又存在着互为因果的紧密关联：更多数量的劳动力，才能开垦更大面积的农田；更大面积的耕地，才能养活更多的人口。

政治稳定是人口繁衍的基本前提。中国历史上第一个人口高峰期出现在两汉时期，最高达到过5000多万。历汉亡后数百年乱世，隋唐重新统一，人口数量也有所反弹。到唐朝开元、天宝间，全国人口恢复并超越汉代，出现了史上第二个峰值，至近6000万。这样的人口基数就是缔造"汉唐盛世"的基石。

北宋再度统一，终结了四分五裂、战乱不绝的五代，人口数量也随之增加。当时的户口统计显示，到仁宗朝，全国总户数已从国初的300多万户猛增至1200万户以上，超过汉代，恢复到唐代全盛时的水平。半个世纪以后的徽宗朝总户数已超过了2000万，达到汉唐时代的两倍，人口总数也达到历史上的第三个峰值，并且首次超过1亿。这个纪录一直保持了多年，清朝初年的中国人口总量才恢复到北宋末的数量。北宋160多年中，年均户口增长率达到惊人的1%以上！宋代官员和士大夫一再提到，本朝"生齿之繁"乃前代所未见。

我还有一个推测：北宋人口的迅速增长可能也得益于当时平均寿命的增长。因为那是一段历时百余年的和平稳定年代，老百姓生活安稳，加之经济繁荣，生活水平有了很大改善。这两个因素共同作用之下，宋代——特别是在 11 世纪——平均预期寿命比之前有显著延长，应该是有可能的。

北宋前期耕地面积的扩张勉强能够匹配人口增长。

五代战乱，土地荒芜严重。宋太宗至道二年（996），太常博士、直史馆陈靖上言："今京畿周环二十三州，幅员数千里，地之垦者十才二三，税之入者又十无五六。"[①] 此时距宋朝立国已 30 余年，况且还是环京畿周边郡州。缘于此，宋初，政府大力鼓励民间拓荒垦田。从宋太祖乾德四年（966）、太宗太平兴国七年（982）、至道元年（995）、至道三年（997）、真宗咸平二年（999）到仁宗天圣元年（1023）……朝廷每隔几年、十几年就会专门发布诏令，采用减免租税、徭役，出借或赠与耕牛、农具、种子，乃至无偿授予产权等鼓励手段，或直接号召百姓，或命令地方官府招诱人民，在各地开荒垦辟，恢复和扩大土地耕种。[②]

宋太祖开宝（968—976）末到真宗天禧（1017—1021）末，不过约 50 年间，全国户数即从 300 多万户增至近 870 万户；与此同时，垦田从 295 万顷增至 524 多万顷。而唐代前期，实现相同的人口和垦田增长，用了大约 110 年的时间。[③] 但宋代垦田增长还是跟不上人口扩张。

---

① （元）脱脱等：《宋史》卷一百七十三《食货志上（一）》。

② 参见（清）徐松《宋会要辑稿·食货》一之一六至一七；《宋大诏令集》卷一百八十二；（宋）李焘《续资治通鉴长编》卷三十八"太宗至道元年六月丁酉"；（元）马端临《文献通考》卷四《田赋考（四）》。

③ 参见漆侠《宋代经济史（上）》，第 58—59 页。

各地农民"凿山而田""与水争田",到北宋中后期,不但全国所有平原沃野"旷土尽辟"①,南方很多高原山区和低洼沼泽也纷纷被开发利用,梯田、圩垸等都是在这段时间涌现的。与此同时,许多无法产粮的山地水洼也被开发出来,用以发展林木、茶桑、药材、淡水养殖等产业。

王安石变法期间,朝廷颁布"农田水利法",奖励垦荒之外还鼓励兴修水利设施。熙宁(1068—1077)间,各地疏浚主要河道,兴建近11000个水利工程,改善了约36万顷农田的灌溉。②据漆侠先生推算,到神宗至徽宗间,全国垦田总面积在700—750万顷之间,达到有宋一代最高值。这一规模几乎比唐朝时翻了整整一倍!之前历代从未有过,此后的元明两代也没能再达到过。③不过亦有学者认为,到明洪武(1368—1398)后期,全国垦田总数达到850万顷,明显超过了北宋最高时。④在本书的写作接近完成时,我看到自然资源部公布的最新调查结果,2022年度全国耕地面积为19.14亿亩,也就是1914万顷。兹作参考。

中国人口史是一个宏大课题,无涉本书主旨,故而只粗录几条时人对宋代户(口)数的记载——

与苏轼有过交往的宗室赵令畤援引宋朝《国史》称,北宋总户数:太祖、太宗、真宗、仁宗、英宗和神宗时分别为256万、357万、806万、1909万、1248万和1727万⑤;南宋初人朱弁则说,汉文帝时天下户口繁

---

① (宋)李焘:《续资治通鉴长编》卷一百六十八"皇祐二年六月戊丁度奏疏"。

② (清)徐松:《宋会要辑稿·食货》六一之六八。

③ 参见漆侠《关于宋代人口的几个问题》,载《求实集》,第82页。

④ 参见黄天华《中国财政制度史》,第1842页。

⑤ (宋)赵令畤:《侯鲭录》卷一。

多，达到史上第一个峰值，直到隋文帝开皇年间才被超过，而隋朝创造的新纪录到宋哲宗元祐（1086—1094）年间再次被超越[①]。

另据张邦基的记载，北宋名臣包拯曾应宋仁宗垂询而对历代齐民编户情况做过一次"悉考"：史上第一个户口高峰出现在汉平帝元始二年(2)，为1223.3万户；到南北朝时降到谷底，最少时不足100万户；唐玄宗天宝十三载(754)，也就是安禄山起兵反叛前夕，回升至906.9万户；"安史之乱"后，又骤减至100余万户；经五代之乱，到宋太祖建隆元年（960），为96.7万户；太祖驾崩的开宝九年（976），增至309万户；太宗至道二年（996）为451.4户、真宗天禧五年（1021）为867.7户、仁宗天圣七年（1029）为1016.2户、庆历二年（1042）为1030.7户、庆历八年（1048）为1090.4万户……包公因此称颂，"自三代以降，跨唐越汉，未有若今之盛者"。随后他话锋一转，进言仁宗皇帝要"薄赋敛，宽力役，救荒歉，三者不失……"[②]

又据袁裒、袁颐载，宋朝刚建立时，不算当时尚未统一的南唐、吴越、南汉、蜀、闽等南方割据政权统治之下的人口，共有96.7万户，开宝末增至250.9万户；太宗时天下基本一统，有357.4万户；到徽宗时达到顶峰，为1878万户；南渡后，到南宋中后期，国土面积减少了一半，仍有1170.6万户。[③]

关于耕地，庄绰记曰：唐朝开元年间有户890多万，垦田2430余万顷；至于他生活的时代有户950多万，垦田为1215余万顷。如果减

---

① （宋）朱弁：《曲洧旧闻》卷八。
② （宋）张邦基：《墨庄漫录》卷二。
③ （宋）袁裒撰，（宋）袁颐续：《枫窗小牍》卷上。

去其中不下 30 余万顷"逃废之田",宋代垦田"不及(唐)开元三分之一"。他认为,"田畴不辟"是宋代那么多"游手"的原因。[①]

另据《宋史·食货志》载:"天下垦田:景德中,丁谓著《会计录》云,总得一百八十六万余顷。以是岁七百二十二万余户计之,是四户耕田一顷,繇是而知天下隐田多矣。又川峡、广南之田,顷亩不备,第以五赋约之。至天圣中,国史则云:开宝末,垦田二百九十五万二千三百二十顷六十亩;至道二年,三百一十二万五千二百五十一顷二十五亩;天禧五年,五百二十四万七千五百八十四顷三十二亩。而开宝之数乃倍于景德,则谓之所录,固未得其实。皇祐、治平,三司皆有《会计录》,而皇祐中垦田二百二十八万余顷,治平中四百四十万余顷,其间相去不及二十年,而垦田之数增倍。以治平数视天禧则犹不及,而叙《治平录》者以谓此特计其赋租以知顷亩之数,而赋租所不如者十居其七。率而计之,则天下垦田无虑三千余万顷。是时,累朝相承,重于扰民,未尝穷按,故莫得其实,而废田见于籍者犹四十八万顷。"[②]

宋人记载颇多歧互之处,兹概录于此,供读者参考。

前面已大略讲到,像这样"外延扩张式"的传统增长模式迟早是会触达极限的。宋代以前的汉、唐两代和以后的明代,都经历过 100 多年的农业生产持续扩张期,随后就都陷入停滞乃至衰退。这在很大程度上也是古代王朝治乱兴替的经济根源。有趣的是,这样一段农业生产扩张期的历时,差不多都是汉、唐、明、清等几个国祚相对稳定的大一统王朝寿命的一半。其中又暗藏了怎样的玄机呢?

---

① (宋)庄绰:《鸡肋编》卷下。
② (元)脱脱等:《宋史》卷一百七十三《食货志上(一)》。

宋代的农业经济比上述四个朝代都要成功。300 多年间，包括领土丢失了一半的南宋，农业生产虽有起伏，但一直在增长，直到南宋灭亡也没有出现明显的停滞迹象，不过边际效益递减的情况依然是一目了然的。前述数据已很清晰，即使在垦田面积增长最快的北宋前一百年，它也跟不上人口增长速度，其结果自然是户均耕地逐年下降。据史料推算，北宋户均拥有耕地面积，太祖时为 90 亩出头，太宗时下降到 76 亩，真宗时降到 60 亩多一点，到神宗时仅有 28 亩。许多历史学家认为，仁宗以后土地兼并和隐田漏赋的问题愈演愈烈，大量农田并未登录于籍，因此神宗时的数据是很不可靠的。然而，即使将官方数据上调 50%—60%，神宗时户均土地保有量也不超过 45 亩。也就是说，从国初到神宗朝，户均拥有田地面积下降了一半还要多！而在经济发达、人口稠密的两浙、福建等路，户均有地仅 20 亩左右，到南宋时就更少，人多地少的矛盾日益突出。[①]

有充分的理由假设，随着人口的继续增长，再用不了几十年，就一定会出现清乾隆以后社会经济发展全面停滞的情形。实际上，清朝从入主中原到乾隆盛世落下帷幕，差不多也是一个半世纪，等同于宋代立国到徽宗时人口达到峰值时的时间。因此，如果经济上没有其他出路，北宋就算侥幸躲过了"靖康之变"，结局恐怕也好不到哪里去。

宋代农业经济增长的持续性比汉唐时代更好，有两个主要原因：

其一，在朝廷政策的鼓励与支持下，各地大力兴修水利，推广新式农业技术，包括改进农具、引进及改良农产品品种等，如前述"占城稻"

---

① 参见漆侠《宋代经济史（上）》，第 72—73 页、380 页。

和棉花的大面积播种，亩产得到提高。

其二，宋代人口和经济重心迅速向南转移，越到后来，新增垦田越集中于温暖湿润的南方。南渡后，这种趋势更是无可奈何的政治现实。这使得精耕细作的水田取代北方过去的粗放式旱地，成为粮食种植的主要产区。在宋代南方诸路，一年两季稻（麦）的耕种模式已全面普及。福建路、广南路等地区，一年三熟也已不足为奇。

这些因素让宋代粮食的平均亩产量增长到了近 2 石，这是汉代的近 3 倍、唐代的 2 倍多。一般年景下，土壤和气候条件都比较好的成都平原、湖广、福建等地，粮食亩产可以稳定在 3 石以上；而在环太湖的"鱼米之乡"，甚至可以高达 5—7 石！在工业化时代的化肥、农药及育种、灌溉等先进技术出现以前，这样的产量放到全球农业发展史中也是不多见的。

正因为粮食产量成倍增长，领土面积连唐朝一半都不到的宋代不仅养活了比唐朝多一倍的人口，还能将粮食大量用于酿酒及其他食品加工，并出口海外。这也使更多耕地能够腾出来种植棉花、果蔬、甘蔗等经济作物，饲养羊犬鸡豚，发展桑、麻、茶、楮等产业。这些经济作物以及畜牧、养殖产品既是大众生活消费品，也为城市工商业发展准备了原材料。

跳出历史循环

上述远不是宋代经济成功的全部故事。宋代不但在经济总量上成倍于"汉唐盛世"，人均收入也实现了王朝时代绝无仅有的重大跨越，如前述西方学者的估算，至少增长了 30%，这是秉持"静态财富观"的司马光没有看到的。也就是说，宋代实现了真实的"内涵深化式"的长足经济增长，这是它比中国历史上任何朝代更为富庶，也更富持久活力的真正原因。

而这也正是本书想要揭示的主题。

那么，在没有飞跃式的技术革命的条件下，宋代的这种"内涵深化式"经济增长模式又是怎样实现的呢？这就涉及人类经济增长的另一条路径，即市场广度和深度的持续拓展所带来的劳动生产率增长，其理论基础是经济学中经常提到的一个术语："比较优势"或"相对优势"。

现代经济学奠基人亚当·斯密和大卫·李嘉图都曾花很多笔墨讨论过所谓"比较优势"的问题。这里举一个最简单的例子：

假设有两个工人，因为先天禀赋和后天训练等各不相同，一个善于制钉而逊于制针，另一个长于制针而短于制钉。生产钉子和针，就分别是前者的"比较优势"和"比较劣势"，后者则恰好相反。在给定工具及其他技术条件不变的前提下，第一个工人用一天时间能制造100颗钉子或50根针，第二个工人一天里能制造100根针或50颗钉子。原先，他俩分头花相同时间制造钉子和针，前一个工人能一天制造50颗钉子和25根针，后一个工人一天能制造50根针和25颗钉子，二人合计一天能制造75颗钉子和75根针。现在，如果让前一个工人专门制造钉子，让后一个工人只制造针，那么一天就能得到100颗钉子加100根针。在技术条件并没有任何改变的前提下，这两个工人的平均单位生产效率提高了1/3。原因就在于他们各自的"比较优势"都得到了充分发挥，而"比较劣势"都被明智地回避了。

这就是我们之前不止一次说到的自给自足的传统小农经济模式与商业化、市场化的现代工商经济模式之间的根本分野。即使不存在技术上的突飞猛进，一个社会仍可以通过组织方式、管理模式等的改变和创新，取得单位生产效率的显著进步。其中的秘密就蕴藏在市场不断拓展所推动的产业分工合作的持续细分和深化中。这类"分工—合作"式扩展秩序的前提，是要有一个足够大的市场容量，以达到经济学家所说的"规模效应"。宋代人口的迅猛增长，商品交易的区域乃至全国一体化，恰好满足了这一要求。在一个拥有上亿人口的大国里，即便1000年前完全不存在一个外向型的全球大市场，仅内部的市场拓展、产业细分与合作深化也可以是无穷尽的：钉与针的制造实现了专业分离后，它们的打磨、抛光、包装、销售、运输等，还会进一步细分出来，与社会上的其他产业交叉整合，衍生出新的生意，催生出更多新的市场和机会。在本书的最初几章里，我们就看到了很多这样的例子，许多隋唐五代以前闻所未闻或仅有一点端倪的许多新兴产业，在宋代的纷繁市井中被创造出来、发育成熟。

如果说科学进步与技术创新给劳动生产率带来了绝对的提升的话，上述这种通过市场扩展、产业细分与合作深化而获得的生产效率提升就是相对的。在漫长的经济史中，科学技术的突破说到底取决于灵感的涌现，有很大的偶然性，因此前者通常是间歇性的、浪潮式的，其空间和时间分布都极不均匀，会存在明显的高峰和低谷，正如学者所说："科技创新往往先在较短时间和较小的区域内涌现，形成明显的技术高地，然后慢慢向其他地区传播，一浪接一浪地推动技术的同化和世界经济的发展。而在历史上的大部分时间和大部分区域，都没有什么重大创新或技术革命，日复一日才是生活的常态。"[1] 而后者才是不间断、绵延持续的，

---

① ［美］董洁林：《人类科技创新简史：欲望的力量》，第255页。

逝去的盛景：宋朝商业文明的兴盛与落幕

一旦掌握正确知识，采取正确政策，就可以有意识地主动推进，反过来还能促进实用技术本身的持续改进。而商贸流通行业，则是这种模式下促使生产力提升的催化剂。如果没有一个不断拓展、深度挖掘、繁荣有效的流通市场，不同产业门类之间的分工与合作便不可能展开，经济产业的专业化细分也就失去了依托。

宋代富盛的奥秘正蕴于此。

撇开经济规模的总量增长（大部分是此前已经详细讨论过的"外延扩张式"模式所造就的），可以说，宋代经济的实质性进步主要是在城市工商贸易与服务业领域取得的，相当一部分劳动力和生产要素从传统农业部门转移到了单位经济产出更高的城市工商业部门。这是其他朝代所没有的。宋代农业进步比其他朝代有更好的持续性的原因还在于：它不再孤独、割裂地存在于农村，而是深深地卷入了当时蔚为壮观的城市化和商品化大潮，繁荣的新兴工商业市场反哺了传统农业，大大延缓了它因边际效益递减而终将遇上的停滞和衰退。

像这样依靠分工合作的扩展取得的"内涵深化式"经济增长需要经历一个缓慢而持续的展开过程，不像技术革命那样能够在短期内带来生产效率的极大提升。更重要的是，分工合作极其依赖良好的制度环境和社会土壤：制钉人和造针人能够心无旁骛地抛下千百年来自给自足的生产模式，只专注于做好一件事，是因为供他生产的原材料有保障，制成品也有销售渠道，就算他不自产一粒粮食、一尺布，也能让一家人的生活更富足。经济越发达的社会，所有人的生存就越与其他人紧密地联系在一起。看起来简单的钉和针的生产，需要得到一个瞬息万变、复杂无比的市场体系的支撑。

遗憾的是，在人类历史上，这样一个市场体系从萌芽、发育到成长、扩展的每一个环节，都极容易为政治暴力扼杀。因为这种合作扩展的经济秩序并不是哪个聪明人或明智的政府机构有意识规划、设计出来的，而是无数投身经济实践的人在追逐自身利益最大化时无意识地演化出来的。政府的有意识政策总是很难不对它造成扰动和损害。

在更长的时间轴上，我们能够看到，宋代处于古代历史中一个非常特殊的转折期。我在这里做一下简要总结，这是一个由原始自然经济向现代经济转型，或者说由传统小农经济向新兴工商经济转型的时期。这个特殊的转折期呈现出以下几个鲜明特征：

第一，城市与市镇如雨后春笋般兴起并连接成网络。

第二，工商业从粗放的农村家庭副业中分离出来，不断细分，裂变出新的产业，并在经济结构中占有越来越高的比例。

第三，商品交易从基本局限于本地和短途、小规模转向长距离、大规模，市场从原来本地的和割裂的状态转向区域性乃至全国性、网络状的形态，市场吸纳能力扩大，辐射半径大幅度增加。

第四，人们之间的交易由实物（劳务）为主转向以货币中介为主，直至以物易物的传统被彻底淘汰。

进一步而言，这种经济特点又造就了许多前所未有的新的社会趋势乃至文化面貌，例如城市人口激增，社会流动性大大加强，消费性、商品化的大众文化娱乐生活的兴起等。

所幸有宋一代政府的政策和实际作为总体上大多顺应了这一转折期的变化和趋势，而不是像其他许多朝代那样近乎本能地试图阻挡和扼杀它。中国历史上的大多数朝代没有这样的运气。

不抑工商

如果说宋代做对了什么的话，最显而易见的就是，各级政府一改历代牢不可破的"重农抑商"理念，努力减少对工商业的限制，有意识地鼓励商业发展："当政者们，只经常提及重农的原则，却很少（甚至可以说没有人）再呼喊抑商的口号。"[①]

南宋文人留下的几部描写临安市井生活的笔记中多次出现"买市"这个词，此处摘抄几段：

> 孝宗皇帝孟享回，就观灯买市，帘前排列内侍官帙行，堆垛见钱，宣押市食，歌叫支赐钱物，或有得金银钱者。[②]

> 杭城风俗，凡百货卖饮食之人，多是装饰车担，盘盒器皿新洁精巧，以耀人耳目，盖效学汴京气象，及因高宗南渡后，常宣唤买市，所以不敢苟简，食味亦不敢草率也。[③]

> 隆兴间，德寿宫与六宫并于中瓦相对，令修内司染坊，设着位观，孝宗冬月正月孟享回，且就看灯买市。帘前堆垛见钱数万贯，宣押市食歌叫直一贯者，犒之二贯。[④]

---

① 邓广铭：《宋代文化的高度发展与宋王朝的文化政策——〈北宋文化史述论稿〉序引》，载《历史研究》1990 年第 1 期。

② （宋）灌圃耐得翁：《都城纪胜》"市井"。

③ （宋）吴自牧：《梦粱录》卷十八"民俗"。

④ （宋）周密：《癸辛杂识别集》卷上"德寿买市"。

（元宵之夜）吏魁以大囊贮楮券，凡遇小经纪人，必犒数十，谓之"买市"。至有黠者，以小盘贮梨、藕数片，腾身迭出于稠人之中，支请官钱数次者，亦不禁也。①

所谓"买市"，即官府（一些民间富豪也会参与）在节日的集市上故意出高于市场价数倍的钱购买货物。实际上就是在特殊的日子给商贩发红包，活跃市场交易气氛。引文中的"孟享"，亦作"孟飨"，乃帝王宗庙祭礼，于每年四孟（孟春、孟夏、孟秋、孟冬）举行。

据这几段描述可知，高宗和孝宗在位时，都经常参与"买市"活动，尤其是在每年元宵节；官府在"买市"时出手阔绰，每每令那些小生意人雀跃不已。这是宋代最高权力机关热心鼓励商业发展的典型例子。

繁盛的商业必然催生出人们对财利的追逐以及温饱之外的消费诉求，乃至炫耀性的奢侈消费。我们在第五章中已经看到，宋人争相逐利，不以为耻。殷实平民也常有高消费，在东京和临安这样的大都市里，一顿酒宴花掉几百甚至上千贯钱并非罕见。对于前现代中国历史上高涨的这股商业消费主义浪潮，宋代政府总体上采取了放任自流的政策。作为一个根植于农耕经济和儒家思想的传统王朝，宋代并没有完全抛弃"重农抑商"和"扬俭贬奢"等历来被奉为金科玉律的正统思想，官员士大夫的诗文奏章中充斥着对处处"言利"的社会风气的担忧和抨击，但真正落实到实际操作中，朝廷却从不抑制人们求富的心理，也很少禁止人们践行奢靡享乐的消费观念。

---

① （宋）周密：《武林旧事》卷二"元夕"。

我们可以想见，若社会没有一定数量的富户和资本，很可能是支撑不起这样的商业和消费盛况的。而这样的商业繁荣，又创造了大量崭新的就业机会，带动一大批务农的人脱贫，过上小康生活，甚至飞黄腾达。

尤为重要的是，宋朝官方不但没有将人民固化在士农工商的等级阶层中，营造一个人人各安其命的静态社会，还总是努力为大规模的商业流通创造条件。

宋代是中国古代立法最活跃的一个时期，以至于人们评论，宋之治本于法而非本于人。放在古代，这种评论明显带着贬义。从古至今，所谓"王法"在老百姓心目中都有指向刑律惩处的含义，这也是法家历来如此令人反感的重要原因。"峻法"总是与"严刑"连在一起，高扬"王道仁政"的儒家文化当然要予以坚决抵制。然而仔细留意宋代颁布的法令，我们会发现，这些立法大多涉及民事和经济领域而非刑律。从北宋初年开始，朝廷便研究推出了盐法、酒法、茶法等一系列商业专卖法令，此后这类经济立法贯穿两宋始终。宋代是2000年王朝史上就经济事务立法最多的一个朝代。宋代政府热衷于此，无疑是为了从当时日益兴盛的工商经济中分到更大一杯羹。然而客观地看，这些法令在很大程度上规范了市场活动中政府与人民、人民与人民之间的利益分配问题，稳定了市场参与者的预期。只要照章纳税，所有人都能自由地做生意，各种权益也能得到比较好的保障。久而久之，商人的身份地位也大为提高。

这是宋代商品经济繁荣发展的制度基础。一开始，朝廷和各级官员在试图驾驭这种新的形势时还捉襟见肘，但越到后来制度与市场的磨合就越顺利。

宋仁宗皇祐二年（1050），江南地区发生严重灾荒，饿殍遍地。时任两浙路安抚使的范仲淹坐镇杭州，在救灾中一反常态，采用了许多匪夷所思的举措。他倡议杭州城居民在西湖上搞龙舟赛，自己则率领州府官员在湖上连日大摆宴席欣赏赛事；每日雇用上千民夫新建和翻修官府所属各类房舍，还告谕各佛道寺庙与官府一同大兴土木；官府不但不竭力压低粮价以济民，反而亲自出面，将已经高达每斗 120 钱的谷价加到 180 钱，大量买入以赈饥。

心急如焚的同僚对范大人的"荒唐之举"忍无可忍，向朝廷弹劾他"不恤荒政，游宴兴作，伤财劳民"[1]，但素以"仁政爱民"著称的仁宗皇帝和朝廷很快就看到，因为粮价暴涨，加上各种开支不减反增，逐利的商人从全国各地运来大批粮食及各类生活物资，迅速缓解了当地的物资短缺问题，粮价也很快回落到常态，一大批因为灾情而颗粒无收的贫民受官府、寺庙等的雇用，获得了就业机会和收入，免于被动待救。

这个故事被沈括记录在了《梦溪笔谈》中，他十分公允地评价说："是岁，两浙唯杭州晏然，民不流徙，皆文正之惠也。"[2] 后人进一步阐释了其中隐含的经济学原理："建塔之役……莫非佣此邦之人为之也……是小民藉此以得食，……当此荒岁，惟恐僧之不为塔也。"[3] 这不就是凯恩斯主义的精髓吗？只是范文正公在约翰·梅纳德·凯恩斯（1883—1946）出生前 800 多年就开始践行了。

第二年，范仲淹又领户部侍郎衔知青州。当时青、淄（今淄博）、潍（今潍坊）数州瘟疫流行，又逢灾荒。雪上加霜之际，范仲淹发司农存粟救荒的同时，令官仓翻倍加价收购外地粮食，于是"贸者山积，不五日遂足"；

---

① （宋）罗大经：《鹤林玉露》甲编卷三 "救荒"。

② （宋）沈括：《梦溪笔谈》卷十一《官政一》。

③ （宋）罗大经：《鹤林玉露》甲编卷三 "救荒"。

并再次采用以工代赈的模式，让这一带迅速度过灾荒。青州人民感念他的恩德，"因立像祠焉"。①

熙宁（1068—1077）中，赵抃以资政殿大学士知越州，适逢"两浙旱蝗，米价踊贵，饿死者十五六"，各州官府都张榜于大路，严禁商人涨价。唯独赵抃公开鼓励所有有米的人家随意涨价出售。于是各地米商纷至沓来，"米价更贱，民无饿死者"。②

其实，醉心于科技的沈括对经济事务也有非凡洞见。熙宁十年（1077），他在担任主管财政的权三司使时曾对宋神宗说：

> 钱利于流借，十室之邑，有钱十万，而聚于一人之家，虽百岁故十万也。贸而迁之，使人乡十万之利遍于十室，则利百万矣。迁而不已，钱不可胜计。③

在现代经济学和金融理论中，货币流通率是与货币发行量等量齐观的指标，对于市场的有效运转、通货膨胀以及经济趋势等，都具有极为重要的意义。英国启蒙思想家约翰·洛克（1632—1704）是西方第一个提出这个问题的人。但我们可以看到，沈括对货币流通率已有全面观察和深入思考。故此，货币史专家彭信威先生评论说，沈括的思想比西方人领先了600年。④

---

① （宋）文莹：《湘山野录》卷中"范文正公镇青社"。
② （宋）司马光：《涑水记闻》卷十四。
③ （宋）李焘：《续资治通鉴长编》卷二百八十三"熙宁十年六月壬寅"。
④ 彭信威：《中国货币史》，第408页。

彭信威还另辟蹊径地指出，宋代的文化繁荣与货币经济的发展是有直接联系的：

> 北宋货币经济的飞跃式的发展，……在文化上却发生了巨大的影响。差不多促成了一次文艺复兴。无论在史学、文学、哲学、美术和科技方面，都呈现出少有的活跃，并取得优异的成就。这些成就的总和要超过中国历史上的其他时代，只有战国时期或许要除外。这些成就同铸钱数字大体上表里相应。我们不能说完全是巧合。[①]

这种观点乍看有些牵强，但我们若深入思考就会发现其中蕴含的重大启发价值。

具备一些经济学知识的现代人或许会钦佩范仲淹和沈括在早于亚当·斯密、约翰·洛克和凯恩斯几百年的时代，便如此善用价格机制这只市场调节的"无形之手"，如此深谙货币流转之道，精于通过刺激消费来缓解失业危机……然而从根本上说，并不是他们拥有多么超前于时代的先知先觉，而是因为他们生活于商品交易与货币流转无处不在的时代，是生动的社会现实让才智卓越的他们在思想上表现得似乎离我们现代人很近。

[①] 彭信威：《中国货币史》，第 354 页。

二、宋代的"圈地运动"

如果将王安石变法置于大历史的宏观视野中去审视，就会发现它归根结底也是对这样一个转折时代的努力适应和积极调整。总是对各种新事物怀着强烈兴趣的沈括也是这场变法中的干将。当社会的经济根基正在从古老的家庭小农模式急速转向新兴的城市工商业模式时，政治治理便需要做出相应的框架性的重大调整，以适应时代所提出的迫切要求。

好几位学术界和传媒界的朋友在读到我对王安石变法的评论文章后，基本认同我对古代技术条件约束之下"民"与"国"之间财富分配关系基本恒定的判断，但他们随即提出了另一个看待新法的方向：撇开"民"与"国"的关系，还有"民"自身的多元财富分配关系。可以这么说，在国家这个单一主体与无数的黎民百姓之间，还存在一个数目有限的"中间阶层"，即豪门巨室。他们认为，王安石的变法有助于抑制那些巨贾富商对财富的快速聚敛，从而能够间接地帮助更广大的中下层老百姓。这同时也能增加国家收入。也就是说，尽管全社会人均财富总量是基本恒定的，但国家仍可以通过有效的调控手段来改善其分配结构——蛋糕即便很难做得更大，却可以分得更合理。

这的确是一个好问题，能够启发我们拓展思路，更深入地思考经济增长与国民收入问题，也比"重农抑商"等古老信条更具有当代意义。

但在我看来，这正是熙丰新法指导思想中最有害的地方。

王安石的新法从一开始便包含了打击高门大户、富商巨贾的初衷。某种程度上可以说，这正是变法的目标之一。"摧抑兼并"是王安石在变法过程中喊得最响亮的一句口号，也是他经常强调的变法的目的。

以争议最大的"青苗法"为例,变法前就在许多地方广泛存在的"青苗钱",其初衷是扶助青黄不接的小农,类似于现在的"政策性贷款"。它脱胎于业已存在了上千年的古代常平仓制度,所以"青苗法"的官方正式名称正是"常平法"。但这部分贷款原来的规模和覆盖面是极为有限的。新政推行后,"青苗法"的目标就完全改变了,即把不以营利为目标的"政策性贷款"变为了占市场主导地位的"商业性贷款",而这本来是那些经营放贷业务的"豪民"的丰厚生意。按王安石的说法,行"青苗法"的理由之一便是:"人之困乏,常在新陈不接之际,兼并之家乘其急以邀倍息,而贷者常苦于不得","青苗法"则可"使农人有以赴时趋事,而兼并不得乘其急"。[①]

我们现在已经明白,相比其他朝代,宋代的经济成功恰恰来自城市工商业的空前繁荣。对此,宋代历朝政府总体上采取了明智的顺应和鼓励政策,为当时蓬勃发展的新兴工商经济营造了良好的制度环境。不过这并不是工商业得以兴旺进步的根本动力,古今中外亲商的政府并不少见,成功的经济社会却并不多见。工商业的大规模兴起需要一系列基础条件,其中最重要的就是资本的积累。除了长达千余年的小农经济缓慢发展而渐渐滋生出来的内在变迁动力,土地制度的重大变迁才是"唐宋变革"期工商业强劲崛起的首要推手。因为在农业经济依然占主导地位的中古时代,土地是最重要的资本。

---

① (清)徐松:《宋会要辑稿·食货》四之一六。

逝去的盛景:宋朝商业文明的兴盛与落幕

从"井田"到"均田"

作为一项关乎国本的根本经济制度，中国的土地制度在历史上经历过数次堪称"革命性"的重大调整。

历代儒家士大夫无限憧憬的"井田制"，是传说中夏商周时代的基本田制，它实际上是一种原始的土地公有制。由于文献中描述的"井田制"过于理想化，在最简单的地形地貌方面都完全不可能与现实中的农田相匹配，所以后世在渴望重回"井田制"的同时，也有人质疑它是否真实存在过。比较合乎逻辑的一种猜想是，"井田制"应该是一种部落时代的旧制遗迹，夏商周的统治阶层大约也希望维持这一古老制度，且它在局部范围内——例如王权能够直接有效统治的地方——的确得到了执行。否则，我们将无法解释先秦文献中那么多关于"井田制"的言之凿凿的记载，它们显然不可能尽是凭空杜撰出来的。但同样可以推断的是，历史上真实存在过的"井田制"的形态一定不会那么简单和理想化，史料对它有很多美化和简化，塞入了诸子百家与后世儒生的世界观。而且，它也不太可能获得过大范围内的普遍推行，这是世上一切缺乏弹性的理想化制度的内在缺陷所注定的。总之，"井田制"极大概率确实存在过，但与文献记载以及后人的想象相去甚远。

不管历史上究竟有没有过"井田制"，最晚从西周末、春秋初开始，原始的土地公有制便趋于瓦解。到战国后期，土地私有化已成普遍趋势。当时，政治权力衰落的不仅是天子，还有封建世袭的各国公卿大夫，内部统一而集权的"国家"雏形日渐清晰。正是从那个时代开始，以拥有小块土地和基本人身权利的自耕农为广泛基础的土地私有制成为后世中国最牢固的经济模式。客观地说，与欧洲同时代拥有大片庄园的贵族奴隶主驱使奴隶劳动的"奴隶制"相比，中国的这种小农经济模式在很长一段时间内具有毋庸置疑的先进性。只是到了1000多年后的中古时代后期，它才日益显现出难以适应近代化浪潮的落后性。

伴随土地私有制而来的，是一个贯穿2000多年王朝史而无法攻克的"顽症"：兼并和由此产生的贫富分化。为了匡正和缓和这种不公及其可能孕育的不稳定，历代有志之士和有为政府从没有放弃过恢复"井田制"。打着"复古"旗号的"王莽篡汉"，就是史上最著名的一次企图全面恢复"井田制"的政治实践。也正是因为有了这次失败教训，后代有头脑的统治者和士大夫认识到，依靠行政力量强行调整既有土地所有权格局以恢复"井田制"，是不切实际的空想，于是他们转而提出更加务实的替代性方案——后来占正统地位的土地思想："抑兼并""济小民"，即以各种行政手段限制富民和豪强获得、持有大量田产，从而在保持私有制基本制度不变的前提下，尽可能地使土地均等化。

北魏太和九年(485)，孝文帝正式推行"均田令"。此后直到唐代中叶，"均田制"在中国历史上存在了整整3个世纪，在古代土地制度和经济史上打下了深刻的烙印。"均田制"下，土地的分配与占有受到国家严格控制，不存在自由的土地市场交易。以唐代田制为例，田分"永业"(亦称"世业")与"口分"两种，理论上由政府根据每个人的情况授予。人死，"永业田"可传给子孙，"口分田"须交还政府，原则上均不得买卖。我们知道，所谓产权，虽然具有多种功能，但最重要的无疑是自由交易的权利。拥有一种资产却不能买卖，那么产权的价值就大打折扣了，甚至可以说一钱不值。因此，无论土地名义上归谁所有，"均田制"是事实上的土地国有制，其根本目的当然还是在于防止豪户占田过多。但话得说回来，"均田制"能够实行300年，说明它在当时是有一定合理性的，至少与稍后隋唐大一统王朝的政治治理结构，特别是"租庸调"等赋税制度是相契合的。① 后来，它也一直被认为是"井田制"的替代。

北魏至隋朝间，"均田令"执行得非常严格，除桑田之类极少数特例外，土地一律不准买卖。进入唐代，这一制度有所放宽，唐律规定了"应合卖者"（允许售卖）的几种情况，例如"永业田家贫卖供葬，及口分田卖充宅，及碾硙、邸店之类，狭乡乐迁就宽者"，以及"赐田""勋官永业地"等；同时还限定"买者不得过本制"，即买方可以拥有土地总量的法定上限。若违反上述禁令，卖者"一亩笞十，二十亩加一等……"最高可至"杖一百"；买者"地还本主，财没不追"。② 如此重重限制下，土地的市场流转基本陷于停滞。

"安史之乱"后，"均田令"与其他许多基本法令制度一同被突破。中唐以下，土地买卖的口子越开越大，土地市场日趋活跃。唐德宗建中元年（780），时任宰相杨炎推行中国古代史上影响深远的"两税法"改革，此后赋税征收的原则就由"数人头"改成"计收入"。③ 如此一来，本已

---

① 所谓"租佣调"制，可概述如下：丁年十八以上授田一顷，内八十亩为口分，年老还官；二十亩为永业。授田者丁岁输粟二石，谓之"租"。丁随乡所出，岁输绫、绢、䌷各二丈，布加五之一。输绫、绢、䌷者兼绵三两，输布者麻三斤，谓之"调"。用人之力，岁二十日，闰加五日。不役者日为绢三尺，谓之"庸"。这是一种典型的按人头征发的赋役制度。钱穆先生认为，"租佣调"制为后世称道的优点有三：一是体现了"轻徭薄役"的精神，唐代赋役较之前历代都要轻不少；二是税收项目之列举分明，租佣调制被破坏以后，便再也找不到此种项目分明之征收制度，横征暴敛由此有进无已；第三，也是最重要的一点，租佣调制连带的是一个"为民制产"的指导思想，它让"为民制产"与"为官收租"两事并举。故钱穆说："盛唐时代之富足太平，自贞观到开元一番蓬勃光昌的气运，决非偶然。"参见钱穆《国史大纲》，商务印书馆，1996年，第407—411页。
② （唐）长孙无忌等：《唐律疏议》卷十二之一六三。
③ 所谓"两税法"，可概述如下：户无分主、客，以见居为簿；人无丁、中，以贫富为差。税夏、秋两征（夏输无过六月，秋输无过十一月）。租、庸、杂徭悉省。

名存实亡的"均田制"就彻底失去了继续存在的理由,土地流转不再受限,新田制呼之欲出。

其实,"均田制"之所以不可避免地走向崩溃,根源并不在"安史之乱"和中唐以后藩镇割据造成的中央权力式微。南北朝时天下战乱更频,国家更不统一,"均田令"却得到了有效施行。北宋中期良史、司马光撰写《资治通鉴》时的得力助手刘恕对这个问题看得相当透彻:

> 刘氏恕曰:"后魏均田制度,似今世佃官田,及绝户田出租税,非如三代井田也。魏、齐、周、隋兵革不息,农民少而旷土多,故均田之制存。至唐承平日久,丁口滋众,官无闲田,不复给授,故田制为空文。《唐志》云:'口分、世业之田坏而为兼并。'似指以为井田之比,失之远矣。"①

刘恕指出了两点:其一,"均田制"远不如许多人理想中的上古"井田制"那样美好;其二,随着人口的增长,它注定是不可持续的。

不过,以数人头为基本原则的赋税征收模式完全退出历史舞台,也经过了漫长和反复的过程。在一些受战乱影响较小、人口尚不算稠密的南方地区,它陆续施行到五代末,甚至在入宋后相当长的时间里依然零星存在。例如,钱氏控制下的吴越便有所谓"身丁钱"(亦称"丁壮钱"),规定"人成丁,岁赋钱三百六十"②。但它用钱代替"租庸调"制中的粟、绢、役,显然也是对时代潮流的适应。这是当时江南一带弃婴、出家乃至"至

---

① (宋)王应麟:《困学纪闻》卷十六《历代田制考》。
② (宋)陈师道:《后山谈丛》卷三。

　　　　　　　　　　逝去的盛景:宋朝商业文明的兴盛与落幕

老死而不冠"之类现象特别多的重要原因。^① 直到太宗雍熙（984—987）初，宋朝政府还曾在两浙、荆湖、福建、广南等路向民众征收身丁钱、米。真宗大中祥符（1008—1016）年间先蠲免了丁钱，到仁宗嘉祐（1056—1063）年间又基本废止了丁米。^②

"不抑兼并"与"田制不立"

"均田制"的废弛与对城市居民实施严格管控的"坊市制"的解体类似，都经历了两三百年的渐进过程。所不同的是，宋初，朝廷尽管有心无力，还曾企图重整坊市制度，而对于"均田制"却几乎没有留恋。在宋代的大部分时间里，统治者对土地拥有和流转采取完全放任不管的态度，论者因此贬称宋代"田制不立"。其实，所谓"田制不立"，并不是宋代缺乏土地管理方面的规章制度。正如前面提及的，宋代是王朝时期经济立法最丰富和活跃的一个朝代，制定了为数众多、覆盖面广、内容细致的土地法令，其中很著名的如熙丰变法期间颁行的"农田水利法""方田均税法"和南宋时一度力推的"经界法"等。"田制不立"毋宁是指宋代缺乏之前历朝历代那种严格"抑兼并"的限制性土地制度。

宋代私人之间的土地买卖不受任何限制，只要手续合法即可。具体来说就是，双方把交易土地的田契向当地官府呈报，经官府审核无异后加盖官印，双方缴纳"田契钱"，官府从国家版籍上将交易土地的所有者身份由卖方过录给买方，意味着买者获得了这块土地的所有权益，并

---

① 参见（宋）文莹《湘山野录》卷上"吴越民间尽算丁壮钱"；（宋）陈师道《后山谈丛》卷三。
② （元）脱脱等：《宋史》卷一百七十四《食货志上（二）》。

承担它所产生的田赋。一次土地所有权的转移就完成了，整个手续与今天我们到房地产交易中心去办理房产交易过户别无二致。

有个例子生动地说明了宋代不动产的产权性质是多么复杂和多元，以及政府管理的灵活性：北宋理学家邵雍隐居洛阳时，他住的房子，宅契上的户名是司马光；园契户名是前任宰相富弼；而庄契户名是一位不知其名的王姓致仕郎中。[①] 一块田地与其中的园子和房屋，三者的权利人可以不一，它们的实际承用人（居住人）又可以是其他人！这在唐以前的管理制度下是绝对不可能的。

舒州望江县有个叫陈国瑞的富翁，以炼铁起家，为了葬母，托中间人买下临近村子里一座为张翁所有的山头。那大概是块风水宝地，公道的市场价格值30万钱。狡诈的中间人谎称买山是为了取这里的林木烧炭，用以冶铁，只花了3万钱。陈国瑞得知后向张翁据实以告，主动要求再补30万钱。[②] 平江府有个叫姜八郎的富人，做生意亏本，遭债主逼债，不得已抛妻弃家，隐姓埋名，远遁他乡。后来他在信州山中有一番奇遇，意外发现了一座银矿，"竟以坑冶致大富"。回到平江，双倍偿还了昔日所有债务，还风风光光地迎回了故妻……[③] 时人留下的零星文献记载显示，在宋代，如果一块土地上有森林、湖泊，或土地下发现矿藏，田地主人或发现者似乎能自然地拥有它们的产权。

宋初之所以采取这种放任自流的土地政策，是基于当时的客观现实。唐末五代连年战乱，中原地区人口骤减，耕地荒芜。宋初面临的是人少

① （宋）周辉：《清波杂志》卷十二"司马田宅"。
② （宋）岳珂：《桯史》卷二"望江二翁"。
③ （宋）施德操：《北窗炙輠录》卷下。

逝去的盛景：宋朝商业文明的兴盛与落幕

地旷的形势，所患的根本不是有人"占田过限"，相反是大量荒地得不到垦辟和耕种。如前所述，北宋前期，朝廷千方百计鼓励民间垦辟和拥有更多土地。开国皇帝宋太祖的一番话淋漓尽致地透露了宋初最高统治者对拥有广袤地产的"富室"的由衷欣赏：

> （本朝）不抑兼并，（太祖曰）：富室连我阡陌，为国守财，尔缓急盗贼窃发，边境扰动，兼并之财乐于输纳，皆我之物！①

但随着时间的推移，这种起初或许还只是权宜之策的"不抑兼并"，到后来日益成为难以逆转的路径依赖。一场"圈地运动"就此在宋代展开。

尽管300年间士大夫没有一刻停止过"抑兼并"的呼吁，朝廷偶尔也信誓旦旦地想要有所作为，但直至南宋灭亡，也没能重现昔日的"均田"图景。这是中国历史上最深刻的一次土地制度变革，其特征是从严格管制的国家分配向高度放任的自由市场转变，它引发了一连串始料未及的后果。

在我看来，这是打开宋代经济、政治、社会乃至文化独特性的钥匙。

由于政府大力鼓励垦荒，北宋前期全国耕地面积迅速扩大。又因政府不抑兼并，对土地占有采取自由放任政策，市场上的土地流转十分活跃。不仅如此，原来租种"主户"土地的"客户"通过开垦或购买积攒了若干土地之后，在法律地位上便可自然上升为"主户"。国家对于这样的身份流动不但不加干预，还乐见其成。这保护了耕者的积极性，对

---

① （宋）王明清：《挥麈后录余话》卷一。

发展农业生产是有利的，客观上也鼓励了耕地的集中。在开发越早、经济越发达的地区，"兼并"现象也越明显。

在经历了最初半个多世纪"耕地－产出－人口"齐头并进的高增长后，到北宋第三代皇帝真宗晚年，"四方无事，百姓康乐，户口蕃庶，田野日辟……"[①]人地矛盾变得尖锐起来，臣僚们纷纷奏请"限田"。真宗末、仁宗初，朝廷相继颁布过一些限田之法，例如：

> （仁宗）即位之初……上书者言赋役未均，田制不立，因诏限田：公卿以下毋过三十顷，牙前将吏应复役者毋过十五顷，止一州之内，过是者论如违，制律以田赏告者。[②]

这条诏令没能贯彻下去：

> 既而三司言：限田一州，而卜葬者牵于阴阳之说，至不敢举事。又听数外置墓田五顷。而任事者终以限田不便，未几即废。[③]

"任事者"缘何认为"限田不便"？我们完全可以推想得到：其中关涉的利益太多太大了，很多人的"奶酪"根本动不得！至于墓葬在别州之类，一望便知是与朝廷诏令博弈推诿的借口。不用说，类似在情在

---

① （元）脱脱等：《宋史》卷一百七十三《食货志上（一）》。

② 同前注。

③ 同前注。

理的理由在当时一定还有很多。宋代的第一个"限田令"就这样不了了之了，自此以后，"势官富姓，占田无限，兼并冒伪，习以成俗，重禁莫能止焉"①。

又过了近百年，"天下生齿益蕃，辟田益广"②。到徽宗政和（1111—1118）年间，兼并愈演愈烈，伴随着人口翻倍增长，不拥寸土的老百姓越来越多，朝廷乃再次下诏限田：

> 品官限田，一品百顷，以差降杀，至九品为十顷；限外之数，并同编户差科。七年，又诏：内外宫观舍置田，在京不得过五十顷，在外不得过三十顷，不免科差、徭役、支移。虽奉御笔，许执奏不行。③

然而这次限田令比仁宗初年的那次更没效果，在社会上没有掀起一丝波澜。两宋319年，"抑兼并"和"限田"的推行，基本都是雷声大雨点小，很多时候连虎头蛇尾都谈不上。大概唯有限制佛道寺观买卖土地的禁令，执行得还算比较好。

据漆侠教授估计，到北宋末年，也就是整个两宋时期耕地和人口都达到峰值时，占人口6%—7%的豪民富室（包括乡村地主、官僚士大夫和一部分新兴城镇商人）占有全部土地的60%—70%。而其中占总人口不过4%—5%的"巨室之家"，就拥有全部土地的50%。全部寺院所拥

---

① （元）脱脱等：《宋史》卷一百七十三《食货志上（一）》。
② 同前注。
③ 同前注。

有的土地占 2% 多一点。相反,占总人口 80% 以上的农民("下户"和"佃户")仅拥有全部土地的 30%—40%。其中占总人口 30%—40% 的佃客几无尺寸之地。[1]

南渡以后,领土丢失了一半,人均耕地更少了,土地兼并却反而进一步恶化到无以复加的地步。早在南宋前期孝宗时就有人指出当时富家大量兼并导致良田沃土抛荒而耕夫却无地可耕的尖锐矛盾:

> 今之淮、楚、荆、襄,与夫湖广间,沃野绵亘,不知几千百里。然禾黍之地,鞠为茂草,肥饶之壤,荡为荒秽,耕夫过之掉臂不顾,何耶?意者土未加辟,豪强操契券以攘之。[2]

而到南宋后期,理宗淳祐六年(1246),御史谢方叔指陈:当时有的"贵势之家,租米有及百万石者",意即所拥之地的地租就能收到百万石。若按前述宋代平均亩产 2 石、地租占半计算,这些"贵势之家"占有的土地达 100 万亩。人们每每用"碧波万顷"这个成语来形容湖海之广袤,1 顷即 100 亩,想象一下,万顷良田地是怎样一幅壮丽图景!在经济发达、人口稠密的两浙、江南和福建诸路,这就是 5 万户百姓合计所有的土地!所以这位御史不禁惊呼:"豪强兼并之患,至今日而极。"[3]更早一些的端平元年(1234),时任宗正寺主簿的刘克庄也对理宗说:

---

① 漆侠:《宋代经济史(上)》,第 29 页、338—345 页。
② (宋)杨冠卿:《客亭类稿》卷八。
③ (元)脱脱等:《宋史》卷一百七十三《食货志上(一)》。

逝去的盛景:宋朝商业文明的兴盛与落幕

昔之所谓富贵者，不过聚象犀珠玉之好，穷色耳目之奉，其尤鄙者则多积坞中之金而已。至于吞噬千家之膏腴，连亘数路之阡陌，岁入号百万斛，自开辟以来，未之有也。[①]

　　按他的说法，以前的富人权贵与今时"兼并之家"相比，简直不足挂齿。后者占有的土地不但"岁入号百万斛"[②]，尤为令人震惊的是，已经达到了"连亘数路"的地步，相当于现在横跨好几个省。所以他感叹，这真是闻所未闻啊！

　　不过这些忧时之语一如既往都石沉大海了。

　　漆侠教授研究认为，南宋时，自耕农对土地的占有从北宋时40%左右的最高值下降到了30%以下。[③]

　　宋代的这场"圈地盛宴"还在另一片场域里如火如荼地展开，那就是国有土地的大规模私有化，这是对传说中尽善尽美的上古"公田授受"制度更为彻底的摧毁。

　　春秋战国以降，以土地私有制为基础的小农经济模式得以形成，但此后不管基本土地制度如何变化，历代政府都会控制和保有一定数量的"官田"，即国有土地。在有些朝代，国有土地甚至占大部分。它们的性质和功能多种多样：有些是朝廷设立专门官方机构直接经营或雇募农民耕种的，即所谓"营田"，相当于今天的国有农场，用来种植国家征榷（专营）的特殊农产品，如茶等，又如饲养马匹的"监牧地"之类；有些地

---

① （宋）刘克庄：《后村先生大全集》卷五十一《端平元年备对札子》。
② 唐朝之前，"斛"为民间对"石"的俗称，1斛等于1石，即10斗。宋时改制，1斛等于半石，即5斗。
③ 漆侠：《宋代经济史（上）》，第29页、344页。

处边地前线、内地河川要冲或由原来的沙田、芦场、滩涂、沼泽改良而成，其中以军方"屯田"为多；还有一些是出租给民间耕种并收取田租的，与一般"上户"土地无大异。在有些朝代，特别是明代前期，这类官田在全部农地中所占比例相当之高。简言之，官田可分为两大类："屯田以兵，营田以民。"①

唐代中后期"均田制"崩溃后，国有土地便迅速萎缩衰落了。先是国家用来向人民授受的那部分"公田"陆续变为私有；五代时朝廷控制力减弱，大量原先的官方"营田"也被豪强占为己有；到了宋代，政府更是主动加快了官田的私有化，国家依然控制着的许多土地允许私人开垦耕种，并转为他们的"永业"。到宋仁宗即位时，"天下田畴之半"为"品官形势之家"所有。南宋初年，因战事吃紧、政府财政捉襟见肘，朝廷为筹措军需用度，还有过一段向民间大规模出售官田的过程，孝宗时期卖出官田数量最多。淳熙六年（1179）的一份诏书甚至督促诸路转运使和常平司将所有"没官田、营田、沙田、沙荡之类，复括数卖之"②。

据今人估算，北宋时，各类官田，包括前代留下来的以及本朝所置的"屯田""营田""弓箭手田""监牧地""职田""学田"等，加在一起总计有 32.2 万顷左右，连全国田地总量的 4.6% 都不到；南宋的情况也差不多，各种类型的国有地总计约 20 万顷，只占南宋境内垦田总量的 4% 多一点。③ 由此可以说，在整个两宋 319 年里，国有土地的规模已萎缩到了微乎其微的地步，私有土地居压倒性的优势地位。

① （元）马端临：《文献通考》卷七《田赋考（七）》。
② （元）脱脱等：《宋史》卷一百七十三《食货志上（一）》。
③ 漆侠：《宋代经济史（上）》，第 340 页。

造成宋代国有土地大规模私有化的原因有很多，其中最根本的还是经济考量。古代国有土地的经营管理水平和经济效益是极其低下的。宋代的屯田年均粮食亩产量不过 1 石，仅有当时全国平均亩产的一半。时人算过账，即便在丰年，这些屯田的产出都不足以覆盖屯田司的开支。这些"官田"非但不能让国家从中得到什么收益，反而变成一个日益沉重的累赘；更甚者，还每每演变成常规徭役之外的一项额外劳役摊派，严重扰乱了当地民田的正常生产，侵害了农民的生计。宋代的有识之士看透了这一点，到仁宗朝，就连出于军事目的而设的边地军屯，例如与西夏接境的陕西缘边诸州营田、与辽国接壤的河北屯田等，也被范仲淹、韩琦等名臣一再奏请罢置。

"田制不立"的无奈

针对日甚一日的土地兼并以及所谓"田制不立"，即土地政策问题，宋代的有识之士都做过认真的思考。北宋的李觏、苏洵、张载、程颢、程颐，南宋的朱熹、叶适等一批思想家，以及辛弃疾等人，都曾深入讨论过"抑兼并"和"限田"之事。他们中的绝大多数都像历代虔诚的儒家士大夫一样，热忱地宣扬传说中的"井田制"的优点，还研究它在当代的可行性。

其中最典型的如张载，他是比二程兄弟更早的著名理学家，凭借"为天地立心，为生民立命，为往圣继绝学，为万世开太平"的"横渠四句"（冯友兰语）而享誉千载。他坚决认为恢复井田制是完全行得通的，甚至还想要身体力行，将它付诸实施。他曾与人商议，打算"共买田一方，画为数井，上不失公家之赋役，退以其私正经界，分宅里，立敛法，广储蓄，兴学校，成礼俗，救灾恤患，敦本抑末，足以推先王之遗法，明当今之可行"①。用今天的话来说就是"自费改革"，不问国家要政策、要资源，自己在地方上搞"井田制试点"，但这一愿望终究没能变成现实。

南渡后，高宗建炎三年（1129），有一位名叫林勋的广州州学教授献《本政书》十三篇，历陈"宜仿古井田之制"，并提出一整套具体实施方案。《本政书》原书已佚，《宋史·食货志》列举大概后称"其说甚备"；陈亮则盛赞它"考古验今，思虑周密，世之……所见未有能易勋者"②。可见它在当时似乎反响热烈。不过，林勋的建议也打了水漂，朝廷只是拿一个桂州节度掌书记的官职便把他打发了。③

总的来看，在宋代思想文化精英中占主流地位的观点是，井田制虽好，然时移世易，因为种种客观原因，在当代并不具有切实的可行性。对于"抑兼并"和"限田"的正统意识形态，主流观点虽然都是拥护的，但并不热心，不少人还不无担忧地警告称依靠政府力量强行推动"限田"，可能会招致灾难性的后果。北宋前期，重点大多放在鼓励民间加大开垦和复垦力度，以尽可能扩大耕地面积上。北宋中后期和南宋以后，关注点主要放在了土地的税赋公平问题上。

生活于仁宗时代的李觏被胡适誉为"两宋哲学的一个开山大师"，他是北宋较早研究土地问题的思想家，这与当时日益严峻的兼并形势是高度吻合的。李觏认为，国家要长盛不衰，首先必须"强本"。而所谓"强本"，在当时就是大力发展农业生产，要让"人无遗力，地无遗利，一

---

① （宋）吕大临：《横渠先生行状》。
② （宋）陈亮：《陈亮集》卷二十三《书林勋本政后》。
③ 参见（元）脱脱等《宋史》卷一百七十三《食货上（一）》。

手一足无不耕，一步一亩无不稼"①。然而现实却是《汉书·食货志》中所写的那样："富者田连阡陌，贫者无立锥之地。"这自然是兼并造成的，而它又必然导致"贫者欲耕而或无地，富者有地而或乏人"②的尖锐矛盾。于是，要让"人尽其力""地尽其力"，就需要"平土"，让"耕者有其地"。为此他写下了洋洋洒洒二十章的《平土书》，认为这是"强本"的第一要务，"平土之法，圣人先之"③。

像历代儒生一样，李觏也对井田制推崇备至。但他比那些只知空言的腐儒更加实事求是，他花了很多力气搜罗上古文献中的零散信息，对井田制做了深入细致的"条辨"，甚至还亲自绘制各种图纸，想要弄清楚真实的井田制究竟是如何运作的。李觏与绝大多数传统儒家士大夫的另一个不同是，他推崇井田制的出发点不在于它是通往"均富"之路。作为财富的热情讴歌者、富人的积极辩护士，他的理想从来就不是"均富"。置身于理学大师辈出的有宋一代，李觏之所以为胡适这样的 20 世纪知识分子所推崇，就在于他是中国历史上不多见的重视事功而反对泛道德主义的思想家。李觏相信井田制能更好地避免耕者与土地分离，从而有利于发展生产，这类似于今天我们经常听到的所谓避免经济"脱实向虚"的论调。但李觏也不主张恢复井田制，甚至还肯定了商鞅变法的"除井田"，而对王莽改制的"复王田"持决绝的否定立场，认为"古未易复也"④。

---

① （宋）李觏：《李觏集》卷六《国用第四》。
② 同前注。
③ （宋）李觏：《李觏集》卷十九《平土书》。
④ （宋）李觏：《李觏集》卷三十四《常语下》。

相反，李觏把自己的"平土"方案置于肯定土地私有制已是不可逆转的最有效制度的前提下。他认为，对于业已形成的大田产，绝不能"夺其有"，而应当通过限田来抑制兼并。具体而言，首先，"行抑末之术，以驱游民"①，就是让那些在兼并中失去土地、被迫靠"末作""冗食"（做小买卖、打零工之类"非正规就业"）为生的人回到农业经济中去。然后，限制私人占田的数量，规定上限，"不得过制"②。他认为，只要限田令一下，土地价格就会大幅度下降，而那些被赶回乡村的农民就比较容易买回需要的土地，回归成为有可靠"本业"和正当身份的自耕农，进而就能实现"人尽其力"和"地力可尽"的理想目标。

李觏的"平土"方案主要依靠行政力量，但也包含了一些市场手段。例如他主张，限田的政令当只行于已垦的熟田，荒地则任人开垦，不唯如此，国家还应以赏赐官爵之类的办法奖掖人们踊跃前往，"不限其数"。他觉得，这样一来，富民就必定会"以财役佣，务垦辟"，从而实现"广垦辟"，而不再拿自己的财富去投入有害的兼并了。③ 套用一句我们今天常听到的话，就是"将无序扩张的社会资本引导向国民经济急需的重点开发领域"。

同时代的苏洵对于井田制和限田的观点与李觏类似，只是他的限田方案比李觏更退了一步，即不限现时已有之田，即便已经过限，而只限将来，"使后之人不敢多占田以过吾限"④。换言之，在不"夺其有"的前

---

① （宋）李觏：《李觏集》卷十六《富国策第二》。
② 同前注。
③ 同前注。
④ （宋）苏洵：《嘉祐集》卷五《田制》。

提下，"抑其未有而或将有"。他对自己的远见相当自负，因为一旦今后不能再兼并更多，那么数世之后，"富者之子孙或不能保其地，以复于贫，而彼尝已过吾限者，散而入于他人矣"，又"或者子孙出而分之以为几"，原来的大田产也会随着子孙分家而摊薄。于是，为政者"端坐于朝廷，下令于天下，不惊民，不动众，不用井田之制，而获井田之利，虽周之井田，何以远过于此哉"①。套用一句我们今天常听到的话，苏洵的限田方案是"着眼于长远"，通过"不动存量、改革增量"的办法来达到相同目的。

南渡以后，战事连年吃紧，抵抗金人及后来的蒙古人南侵成为压倒一切的头等大事，加之南宋工商业和外贸更加发达，农业在国民经济与国家财政中所占的比重显著下降了，故而抑制兼并、均等田制之类的话题不再是政治经济事务讨论的重心。这一时期，集"永嘉学派"之大成的叶适对于这个问题的研究和阐述相对而言是最广泛、深入和独特的。

本书第五章在分析宋代关于贫富、俭奢、义利的社会思潮的巨大转变时讲到过，以陈亮、叶适等为代表的浙东"事功学派"的基本立场就是为财富讴歌、为富人正名，叶适的田制观点正是基于这个前提展开的。"保富"在叶适的经济思想中占有极为重要的地位，他因此强烈地反对"抑兼并"和"限田"的主张。

在叶适眼里，"富民"是创造社会财富、保障人民就业生计和国家财政收入的中坚力量，他们的所得与付出也是相当的。

---

① （宋）苏洵：《嘉祐集》卷五《田制》。

> 小民之无田者，假田于富人；得田而无以为耕，借资于富人；岁时有急，求于富人；其甚者，庸作奴婢，归于富人；游手末作，俳优技艺，传食于富人。而又上当官输，杂出无数；吏常有非时之责无以应上命，常取具于富人。然则富人者，州县之本，上下之所赖也。富人为天子养小民，又供上用，虽厚取赢以自封殖，计其勤劳亦略相当矣。①

叶适认为，既然富人的贡献如此之大，那么他们应该越多、越富才越好，自然也就不需要"抑兼并"了。别说是政策，连这样的想法和舆论都不应该有，因为"抑兼并""徒使其客、主相怨，有不安之心，此非善为治者也"②。

至于虚无缥缈的井田制，叶适连在纸面上为它唱几声赞歌都很吝啬，这在中国古代思想史上也是罕见的。叶适认识到，传说中的"井田制"与"三代"的"封建制"是"相待而行"③，一体两面、紧密依存的。既然分封诸侯的先秦封建制早已是陈年往事，大一统的中央集权王朝已确立千余年之久，"井田制"当然也是不可能继续独立存续的，更别说现在要无事生非、劳师动众地推倒由来已久、行之有效的土地私有制，去恢复它了。所以，"儒者复井田之学可罢，而俗吏抑兼并富人之意可损"④。在叶适那里，"复井田"与"抑兼并"几乎就是同一回事，没有什么折

---

① （宋）叶适：《叶适集》卷二《民事下》。
② 同前注。
③ 同前注。
④ 同前注。

中余地。

与同时代的思想者相比，叶适并不预设一个绝对化的理想制度标准，他采取的是动态和相对的视角，终极目标只有一个：让老百姓富裕起来。这是他的深刻和高明之处。在他看来，不同制度匹配不同时代，"故后世之所以为不如三代者，罪在于不能使天下无贫民耳，不在乎田之必为井不为井也。夫已远者不追，已废者难因"①。不同的田制（及经济制度）还要匹配不同的政治制度。井田制须建立在全部土地国有的前提下，"不得天下之田尽在官，则不可以为井"②。而到了"今世"，土地私有制是比井田制更好的制度，它能"使民自养于中"。③ 他还进一步认识到，不同的产权制度下，耕作者的积极性有着天壤之别："为民田者，无所用劝；为官田者，徒劝而不从。"④ 甚至在土地市场的买卖中，百姓也普遍不愿意同官府交易："民乐私自买而不乐与官市。"⑤

换成今天的话来说，私有产权制度有利于激发人的奋斗积极性。

与绝大多数思想家的另一个重大区别是，叶适对于构建一个更加公正的田制几乎毫无兴趣，他的关注点在于如何促进农业生产的发展。这是一种"发展是硬道理"的思维。就土地问题而言，不外乎大力垦辟土地，使"官无遗地，民无遗力"⑥。为实现这个目标，叶适认为，应当制定切实可行的经济法规，鼓励富民垦殖拓荒。⑦

① （宋）叶适：《叶适集》卷二《民事下》。
② 同前注。
③ 同前注。
④ （宋）叶适：《叶适集》卷二《民事上》。
⑤ 同前注。
⑥ 同前注。
⑦ 参见（宋）叶适《叶适集》卷二《民事中》。

变法派的试探与退缩

上述所有人的思想都不如王安石那么重要和影响深远。因为王安石不但提出了一整套"抑兼并"的理论和解决方案，还是唯一有机会将其付诸实践的幸运儿。

可以断言，王安石与历代儒家精英一样强烈反对土地兼并。早在仁宗皇祐五年（1053），30岁出头的他就写过一首不算很有文采却引起很大反响的政论诗《兼并》——

> 三代子百姓，公私无异财。
> 人主擅操柄，如天持斗魁。
> 赋予皆自我，兼并乃奸回。
> 奸回法有诛，势亦无自来。
> 后世始倒持，黔首遂难裁。
> 秦王不知此，更筑怀清台。
> 礼义日已偷，圣经久埋埃。
> 法尚有存者，欲言时所咍。
> 俗吏不知方，掊克乃为材。
> 俗儒不知变，兼并可无摧。
> 利孔至百出，小人私阖开。
> 有司与之争，民愈可怜哉。

这首诗作于舒州（今安徽潜山）通判任上，地方为官的基层经历显然让他了解了不少豪强兼并引起的不幸。同一时期他的其他诗文中也出现过"兼并"与"井田"主题，如《发廪》中便有"先王有经制，颁赉上所行。后世不复古，贫穷主兼并。……我尝不忍此，愿见井地平"。我们至今仍可以从中读出王安石对上古"三代"的"公平"的无限向往、对后世"兼并"之害的强烈愤慨，以及对因此而导致的细民困窭的深切同情。王安石认为，兼并之所以必须加以摧抑，是因为它是造成国穷民困的根源。他曾丝毫不留情面地责备神宗在这方面的失职：

> 今富者兼并百姓，乃至过于王公，贫者或不免转死沟壑，陛下无乃于人主职事有所阙？何以报天下士民为陛下致死！①

耐人寻味的是，熙宁三年（1070），也就是"青苗法"正式推行的第二年，时任河北路安抚使的韩琦上疏，极言"青苗法"不便，是趁老百姓青黄不接之际从中打劫，"与初抑兼并、济困乏之意绝相违戾，欲民信服，不可得也"②。王安石在为自己辩护时宣称，常平收息是上古周公遗法，并对反对派拿桑弘羊来指责自己予以回击："桑弘羊笼天下货财以奉人主私用，乃可谓兴利之臣；今抑兼并，振贫弱，置官理财，非所以佐私欲，安可谓兴利之臣？"③

从这番交锋中可以看出，变法派与保守派都希望抑制土地兼并，扶持小农，区别只在于他们实现这一目标的手段及其可能产生的实际效果。双方就是在这个原则框架内相互指责。

---

① （宋）李焘：《续资治通鉴长编》卷二百四十"熙宁五年十一月戊午"。

② （元）佚名撰，汪圣铎点校：《宋史全文》卷十一"熙宁三年二月壬戌"。

③ （元）脱脱等：《宋史》卷一百七十六《食货志上（四）》。

不过，对于"抑兼并"和"限田"的问题，随着年龄和阅历的增长，特别是所处地位的改变，王安石的思想有一个明显的转变过程。执政之后，他一改年轻时的一腔理想主义，转而变得冷静务实。他和神宗有过一次这样的对话：

> 安石曰："臣见程颢云：'须限民田，令如古井田。'"
>
> 上曰："如此即致乱之道。"
>
> 安石因言王莽名田为王田事，上曰："但设法以利害殴民，使知所趋避，则可。若夺人已有之田为制限，则不可。"
>
> 安石曰："今朝廷治农事未有法，又非古备建农官大防圩埠之类，播种收获，补助不足，待兼并有力之人而后全具者甚众，如何可遽夺其田以赋贫民？此其势固不可行，纵可行，亦未为利。"[①]

从这段对话中可知，力主变法的君臣二人都认为"限田"不可行。神宗认为可以用适当的政策来抑制民众的兼并欲望，而王安石已经意识到，在当时，大地主在农业生产中发挥的资源调配功能是国家没有办法替代的。

长达 16 年的熙丰变法期间陆续推出的新法共有十数条，涉及财政、税收、役法、农事、商业、治安、兵制、学校、选举等，几乎覆盖了国家治理的每一个方面。其中直接关乎田制的有"农田水利法"和"方田

---

① （宋）李焘：《续资治通鉴长编》卷二百十三"熙宁三年七月癸丑"。

均税法"两条，前者在于鼓励各地人民开垦荒地和兴修水利，要旨无非是最大限度地扩大耕地面积，并对现有耕地进行改良；后者是要通过重新丈量和清算土地来确定每户实际占有的耕地面积，作为国家征收税赋的合理依据。

熙丰新法中没有一条是关于均田的。不仅如此，"农田水利法""方田均税法"以及新法的所有其他条目中，也没有一句讲到"限田"。我们可以由此看出王安石执政前后在"催抑兼并"问题上的重大思想转变。他在变法实践中并没有采取过任何直接抑制土地兼并的措施，相反，他似乎总是在刻意回避或拖延这个问题，这在他与神宗的另一次谈话中表现得至为清晰：

> 今百姓占田或连阡陌，顾不可夺之，使如租庸调法授田有限。然世主诚能知天下利害，以其所谓害者制法而加于兼并之人，则人自不敢保过限之田；以其所谓利者制法而加于力耕之人，则人自劝于耕而授田不敢过限。然此须渐乃能成法。①

这段话的核心意思有三层。其一，当下显然不能通过行政手段强行剥夺业已形成的大田产，使国家田制回到唐代以前的那种"均田制"。其二，人们千方百计地进行"兼并"，无非是因为有利可图。如果政策能够让兼并无利且有害，而让"力耕"者受益，那么兼并自然不再成为一个问题。他所说的"害"，无疑是指缴纳更多田赋和免役钱等，这正

---

① （宋）李焘：《续资治通鉴长编》卷二百二十三"熙宁四年五月癸巳"。

是他力推"方田均税法"和"免役法"的初衷。用今天的话来说就是,"让占有更多社会资源的人承担更多社会责任"。其三,这必定是一个漫长的渐进过程,不可能一蹴而就。

当政以后的王安石真正推行的"抑兼并"政策实际上比苏洵的方案更加迂回和保守,这与他年轻时高喊"摧抑兼并"的口号形成了鲜明的反差。甚至可以说,这种保守的措施在客观上是对"兼并之家"的一种温和保护。

当然,我们还必须清楚地注意到,儒家思想文化已牢牢占领意识形态正统地位1000余年,即便在宋代的经济社会现实中,"抑兼并"依然是不容挑战的。像叶适和陈亮等敢于公然反对者终究是极少数,这样的人大概也只能出现在宋代。通常情况下,士大夫精英阶层、官僚集团甚至那些豪门富室,都不会直接反对"复井田""抑兼并"。他们大多以难以执行或扰民为借口来消极抵制,有时也会搬出"与民争利""聚敛"之类同样基于儒家意识形态的大帽子来进行激烈反击,令王安石这样赢得了最高统治者倾力支持的激进改革者都不得不让步。贯穿两宋300多年,"田制不立"在意识形态层面始终是一个贬义词,时不时被人拿出来批判。而"不抑兼并"只是实践层面的一种心照不宣的共识,尽管在统治阶层中相当强韧。它们与光荣、正确的"复井田""抑兼并"宏大叙事之间,一直存在着矛盾。这实质上意味着,"不抑兼并"的政策导向是策略性、权益性的,因而也是不稳定和不牢靠的。一旦政治环境变了,很容易被翻盘,就像我们在宋亡以后看到的那样。

三、流动的盛宴

值得庆幸的是，贯穿两宋 300 余年，这些忧国忧民的仁人志士提出的所有限田主张都落空了。不然的话，我们就看不到本书所呈现的这幅繁华景象了。必须再次强调，并不是宋代统治阶层主观上不想像前朝那样"立田制"，是宋朝建立之初的特殊路径依赖顽固地限制了后代政治家和士大夫的雄心壮志。随着时间的推移，这种路径依赖所造就的日益强大的既得利益，让看起来美好悠久的井田理想越来越遥远。

岂闲著钱在家顿放

纵观古今，这是文人士大夫生活最优渥的时代。然而，让他们得以如此滋润地傲立于世的东西，又令他们有着古往今来最深的挫折感，以至于穿越千年我们依然可以清晰地感受到。

许多年后，戴罪隐居颍昌（今河南许昌）的苏辙对王安石的《兼并》诗作出了严厉的抨击，他晚年所写的《诗病五事》一文将这首诗列为古今"诗祸"之最：

> 王介甫，小丈夫也。不忍贫民而深疾富民，志欲破富民以惠贫民，不知其不可也。方其未得志也，为《兼并》之诗……及其得志，专以此为事，设青苗法以夺富民之利。……至于今日，民遂大病，源其祸出于此诗。盖昔之诗病，未有若此酷

者也。[1]

　　我们现在已无从得知性格老成持重的苏辙上述夸张的言辞，是出于一个坚定的反变法派对王安石的党同伐异，还是他已经敏锐地感知到这个问题的本质。但我们能够从文章的前后关联中得出这样的结论：苏辙说"欲破富民以惠贫民"的做法"不可也"，并非它不可行，而是它的推行导致了灾难性的后果——"至于今日，民遂大病"。

　　这就涉及我们要讨论的核心问题：试图通过"抑兼并"来实现均富的努力几乎总是不可避免地走向反面。

　　以今天我们所掌握的现代经济学知识来看，其中的原理和逻辑是不难理解的。

　　从正面效应来看，有了高门大户和富商巨贾，才会有充足的资本积累和数量庞大、金额巨大的商品交易，长距离运输、触角伸向全国各地、货币主导而非物物交易的大市场也因此产生。同时，有了足够多的富人和富余闲钱，才会滋生出基本生计之外的享受型、精神性乃至奢侈化的多元消费需求。

　　有了上述两者，才会孕育出专业化、细分化的产业分工与合作，进而发育出小农经济时代不可想象的各类大规模制造业和服务业，甚至金融体系。

　　兼并，在道德上也许是令人不愉快的，有时甚至是令人愤怒的，然而兼并却对经济增长、产业升级乃至社会进步有着重要影响。根据马克

---

[1] （宋）苏辙：《栾城集》三集卷八《诗病五事》。

思主义政治经济学我们可以知道，"资本原始积累"是现代资本主义的初始发动机，即便这个过程是"血淋淋的"。正如英国"圈地运动"被普遍认为是英国工业化和现代化的"第一桶金"一样，发生在前现代中国的这场肆无忌惮的土地兼并也意想不到地成了两宋300余年工商业繁荣的第一推动力。"不抑兼并"的本质，就是不限制资本扩张。资本能够自由地流动和积累，会带动社会资源朝具有更高经济效率的地方去配置，从而壮大一个时代中的先进产业门类，最终创造出更高价值和更多财富。在农业经济基础依然占比更重的宋代社会，这些富户和资本从何而来？其初始积累无外乎土地兼并，因为土地就是当时最重要的资本。

老一辈历史学家傅衣凌先生考察了中国古代2000多年经济演进的历程后得出结论：宋代市场的进步"确曾把中国商业资本带到一个新的阶段"。[①] 与现代人无比推崇的"汉唐盛世"相比，宋代商业资本不论是总体规模还是渗透的广度和深度，都可以说全然不在一个层次上。唐代商品经济虽然较前代有所发展壮大，但在均田制和坊市制的城乡基本制度束缚之下，依然是孱弱且低水平的。今人披阅史料时每每会感到疑惑：唐代实力雄厚的大商人非常少，不但远不及春秋战国时代，甚至比汉代都大大退步了，与盛世下的鼎盛国力形成了鲜明的反差。其中或许有文人——特别是官方文书及正史编纂者——的阶层偏见因素，这让他们对商人的成就视而不见。但更主要的原因，是唐代官营工商业居于支配地位，私商涉足的领域被局限于香料、珠玉、象牙之类奢侈品以及新兴的茶市等，因而弱小不起眼。唐朝政府在杨炎"两税法"改革以后才开征

---

① 傅衣凌：《明清时代商人及商业资本》，人民出版社，1956年，第1页。

专门的商税，这一事实本身即说明了私营工商业在当时国民经济中所占的比重微乎其微。官府通过盐酒禁榷、回易、公廨钱等途径垄断了城乡工商业的大部分利润，专门的商税自然征无可征。

宋人熙熙攘攘地下海逐利，信奉的是"人家有钱本，多是停塌解质，舟船往来兴贩，岂肯闲著钱买金在家顿放"①。有钱的达官贵人们或自己直接经商；或将资金委托牙侩之类中间代理商，间接投入市场经营；本钱不够但又有生意头脑的，则通过集资、举债等颇具现代资本市场特性的模式投身商海；甚至官府出资招商，与私营资本合作经营，在宋代也不是什么新鲜事……有学者考证，明清时期兴盛一时的中国三大商帮之一——徽商，即起源于宋代②，其先驱是宋代官府特许茶商。经营塌房致富的朱熹外祖父、有"祝半城"之称的祝确，便是萌芽时代徽商群体中的佼佼者。

商品、劳动力、资本和技术等各种生产要素的大规模自由集聚和流动，是成就一个繁荣经济体的必要条件。田园牧歌般的静态社会是中国古代政治治理的最高理想，宋代与中国历史上所有朝代的最大不同点就在于，它是一场流动的宴席：人、商品、货币、土地、空间、身份、阶层、产业层级，无不处在流动之中。

从负面的效应来看，大户和富豪是自由市场的自然结果。应该承认，自由市场经济的结果很少，或者说从来就不会令人在道德层面感到满意。它的效能是让稀缺的资源得到最有效的配置，从而获得最大的经济产出。因此，如果想要从道德上得到令人满意的结果，或者说"社会公平"，就只能是从市场之外去想一些救济办法。缘于此，慈幼局、居养院、安

---

① （宋）徐梦莘：《三朝北盟会编》卷二十九。
② 龙登高：《中国传统市场发展史》，第 262—263 页。

济坊、漏泽园等，在宋代应运而生。反之，试图以政府行政力量介入市场，以实现所谓"公平"，就必然扭曲市场经济的自发规则，进而导致资源错配，经济效率受损，投入同等资源后经济产出减少。换言之，蛋糕会越做越小。

古田千年八百主，如今一年一换家

"不抑兼并"对商业与城市的促进意义是双重的：一方面在农村造就了拥有广大田产的"大户"以及大资金和高消费；另一方面催生出大量失地农民，他们流向城镇，成为工商业的劳动力和消费对象。

在某些政治经济思维中，大户兼并和无田可耕者都是令统治者心惊肉跳的祸乱之源，而众人趋利、穷奢极欲，以及人的身份阶层紊乱不居，又是世风日下的征兆。然而在宋代，这些反而成了繁荣和富裕的原动力。其中没有什么特别的奥秘，只是因为宋代的统治精英在追逐自身利益的过程中有意无意地采取了放任自流的政策导向，一个自由流动的市场体系就这样孕育出来了。

"不抑兼并"的政策催生出一个活跃的土地交易市场。宋代土地交易流转之频繁空前绝后。土地本身变成了当时最重要的商品，其价值不仅在于能够产出粮食和其他农产品，更在于能够在投资中增值，也就是说，土地资本化了。

如果说这种趋势在北宋还不十分明显的话，到南宋时，土地与金钱几乎就是同义词了。南宋中叶，辛弃疾在《最高楼·吾衰矣》词中唱道："千年田换八百主。"刘克庄在《故宅》中写道："庄田置后频移主。"这类描述在宋代诗文中随处可见，可见当时土地流转之快。南宋末年一首拟人化的打油诗将这种变动刻画得惟妙惟肖：

> 虾蟆，虾蟆，汝本吾田蛙！渴饮吾稻根水，饥食吾禾毽花。
> 池塘雨初霁，篱落月半斜。咽咽又向他人叫，使我惆怅悲无涯！
> 虾蟆对我说：使君休怨嗟，古田千年八百主，如今一年一
> 换家。休怨嗟，休怨嗟，明年此日君见我，不知又是谁田蛙！ [①]

土地所有权转换频率加快，是土地商品化乃至资本化的最显著信号。面对这股强大的经济趋势，宋代政府基本不予干涉。政治力量对新的经济形势的顺应或屈从，是观察宋代"田制不立"的另一个视角。

土地市场的活跃和扩展还产生了另一个对后世影响深远的结果：从宋代开始，中国农村的地权交易日益碎片化。在宋代，"丁口蕃多，衣食有余，稍能买田宅三五亩"[②]，"典张三公田，为钱二十五千"[③]，这类记载不胜枚举。也就是说，三五亩甚至更小规模的田地交易在当时异常活跃，这是此前隋唐庄园经济时代很少见的。这种小块土地买卖，也成为明清以后中国农地产权交易的主流模式，在某种程度上进一步强化了精耕细作的小农经济结构。中国农地市场的这一特征，在人口稠密的南方地区尤其明显。

户口统计显示，两宋300多年里，居民中主户的比例呈现为一条清晰的抛物线：从北宋建立到神宗朝，也就是北宋前3/4的时间里，主户

---

① （宋）罗椅：《涧谷遗集》卷二。
② （宋）胡宏：《五峰集》卷二《与刘信叔》。
③ （宋）洪迈：《夷坚志·三志辛》卷七《张三公作牛》。

在总户数中的比例是持续增长的，拥有自己土地的农户一直在增多。据《太平寰宇记》等史料记载，北宋初，客户约占总户数的40%；到仁宗天圣（1023—1032）初，下降至37.9%；而神宗熙宁五年（1072），下降到30.4%，达到历史最低点。这是北宋政府竭力鼓励拓荒垦田的结果，也与汉、唐、明、清等朝都经历过的长达一百三四十年的农业经济扩张周期吻合。但自从耕地总面积和主户数量在神宗朝双双达到峰值之后，主户占总户数的比例就开始下降。也就是说，没有自己土地的户口又多起来。到高宗绍兴四年(1134)，客户比例已回升至36.2%。整个南宋时期，无地农民约占总户数的45%，远超北宋。[①] 客户比例不断上升的现象，被绝大多数研究者理所当然地视作王朝走向衰败的征兆。前代史家从中看到的是令人忧心的"不均"，现代研究者则从中看到了日益深重的"剥削"，这是他们立足于各自视域观察到的结果。

然而我想在这里提出看待这一现象的另一种视角：一方面，从北宋末年到整个南宋，主户减少和客户比例增加的趋势也意味着主户平均所有的土地面积增加了，土地更加集中，地主的财力更强。这对于提高农业的生产水平和经营集约化水平是有利的，它优化了资源配置。纵观当今世界，农业先进国家无不是大农场、工业化模式。我们甚至可以认为，宋代曾经因土地大规模流转而发生过一场"前现代农业经济革命"。另一方面，无地人口的大量增长之所以是一个严重问题，只是因为它发生在静态的小农时代。时代改变了，它就完全可能从问题转化为动力。宋代的城市化和商业化有效地吸纳了无地人口，这是它没有像其他朝代那

---

① 漆侠：《宋代经济史（上）》，第48—51页。

样出现农业经济衰退的主要原因。

在宋代，土地的资本属性相当明显，这突出表现在以下几个方面：

第一，两宋300多年间土地价格不断增长。北宋平均每亩耕地的价格在两三贯钱，到南宋时至少上涨了三至五倍，达到十贯钱上下，而位于两浙路的"高腴上田"每亩卖到二三十贯钱是家常便饭。按叶适的说法，"吴越闽蜀之田"，"田宅之价十倍于旧，其便利上腴争取而不置者数十百倍于旧"。[①]宋理宗绍定（1228—1233）年间，临安郊外菜圃每亩的价钱竟达八十缗！地价的涨幅远远快于地租涨幅，这是资本化的最明显特征。[②]

第二，如前所述，在宋代，中国历史上第一次出现了稳定的货币形态地租。土地所有者之所以要与租客约定，以金钱而非土地上产出的实物纳租，显然是因为这类地主自己从不参与也不熟悉农业经营。宋代的官僚士大夫与其他朝代不同的是，他们致仕或辞（罢）官后并不回老家乡村生活，而是迁居大城市。王安石的老家在抚州临川县，他辞相后到去世一直生活在千里之外的金陵；苏辙的家乡在四川眉州，但他晚年隐居于3000里之外的颍昌。这意味着他们的生活与家族所拥有的田产是高度分离的。本书第五章讲到过南宋武将普遍富有奢侈，岳飞、张俊、韩世忠等"中兴名将"都在各地拥有众多田产。此外，还有大量土地的所有者本身就是城里的大商人。像这类新型地主都离农业经济很远，很少过问和干预田地上的事，他们只是将土地作为一种生财手段。

第三，正是缘于上面这种地与主高度分离的现实，宋代社会中还破

---

① （宋）叶适：《叶适集》卷二《民事中》。

② 参见漆侠《宋代经济史（上）》，第384—389页。

天荒地涌现出一批"二地主"①，与今日中国房产市场上的"二房东"颇可类比。这些"二地主"从大田产主那里承包下大片土地，但并不像佃户那样自己力耕，而是再把这些承包地规划、分割后转包给专业佃户。他们自己则更像现代农场的职业经理人，吃的是经营管理饭。

第四，与之相应，宋代官方的户等划分基准也渐渐地从拥有土地的数量转向拥有土地的价格，即"产钱"。②

土地兼并历代皆有，但与前朝相比，宋代的土地兼并呈现出一个崭新的特征：过去的主要兼并力量，是皇亲国戚享有的特权和"品官形势之家"手握的权力，这在宋代无疑依然存在，但对宋代兼并发挥决定性和常规性作用的，主要还是土地的市场买卖。有了一个自由的市场，靠金钱交易比靠政治权力强取豪夺要省力得多，某种程度上说，成本和风险也小得多。这一特征延展出另一个新趋势——商人和商业资本取代了过去的官僚与政治权力，成为宋代土地兼并的重要角色，乃至主角。

这种趋势对那些传统官宦世家和老牌地主士绅之家造成了前所未有的冲击，而从世代背朝黄土的贫贱人家走出来的经营有方者则如鱼得水，实现了阶级跨越或角色转换。自魏晋南北朝以降，直到隋唐五代，大的门阀士族或在朝堂之上，或在地方一隅，全方位把持政治、经济和文化权力，往往历几十年、数百年，基业累世不坠。很多时候，改朝换代都丝毫无损于他们在朝野的地位和权力。所谓"旧时王谢堂前燕"，标志的是一个身份等级凝固的时代。宋代的商业资本和金钱力量急速地冲垮了这种各安其分的静态社会，由于土地的易手速度越来越快，贫与富、

---

① 漆侠：《宋代经济史（上）》，第516页。
② 漆侠：《宋代经济史（上）》，第252页。

贱与贵、低与高的转换，人的阶层升降、沉浮也日益频繁而剧烈。时人感叹："今日万钟，明日弃之；今日富贵，明日饥饿。"① "贫富无定势，田宅无定主，有钱则买，无钱则卖！"② 与今天人们变卖不动产的原因一样，宋人频繁转手田地资产，主要也是出于各种不时之需。早在北宋时，就有人说过："民间典卖庄土，多是出于婚姻丧葬之急。"③ 到了南宋，袁采也写道："盖人之卖产，或以阙食，或以负债，或以疾病、死亡、婚嫁、争讼。"④

秦桧家族的故事就是最好的例证。他本人在世时权倾一时，享尽荣华富贵，据说高宗生母显仁皇太后有一次抱怨吃不到个头大的子鱼（鲻鱼的俗称），一旁的秦桧夫人为了拍太后马屁，说自己家里有，愿向宫中进呈百尾，秦桧得知后吓得不轻。⑤ 可见皇宫中没有的珍馐，秦府上皆可轻易罗致。然而仅仅过了几十年，到他的孙辈，就已沦落到了"衰落可念，至屡典质，生产亦薄"，以至于"渐忧生计窘迫"的地步。⑥ 这种历史上从未有过的剧烈变迁把许多人抛进深深的迷惘、无奈与失落中，这种情绪在不少诗文中都有强烈流露：

> 余自识事以来几四十年矣，见乡间之间，曩之富者贫，今之富者，曩之贫者也。⑦

---

① （宋）张载：《张载集·经学理窟·自道》。
② （宋）袁采：《世范》卷三"富家置产当存仁心"。
③ （清）徐松：《宋会要辑稿·食货》一三之二二。
④ （宋）袁采：《世范》卷三"富家置产当存仁心"。
⑤ （宋）罗大经：《鹤林玉露》甲编卷二"进青鱼"。
⑥ （宋）陆游：《入蜀记》卷二。
⑦ （宋）谢逸：《溪堂集》卷九《黄君墓志铭》。

宋人有言："此今之富民，鲜有三世之久者。"[①] 据此可以推断，如今国人常说的"富不过三代"这句话，宋时就已出现了。[②] 更有时谚云："富儿更替做。"[③]

对每个个体来说，这固然是一个难以把捉的动荡不居的时代，但就整体阶层而言，传统地主士族的地位跌落与新兴商业资本的权势上升，是一目了然的整体态势。

在宋代，"富者之子孙或不能保其地，以复于贫"[④]；"有朝为富商，暮为乞丐者"[⑤]……这样的现象固然很多，但靠着勤劳、智慧而由贫至富的励志故事同样很多。洪迈《夷坚志》中的故事大多是虚构的，但也在一定程度上从侧面反映了现实生活：宿松吴十郎"初以织草履自给，渐至卖油。才数岁，资业顿起，殆且巨万"[⑥]；缙云潘姓贫民，后"积财逾数十百万"[⑦]；开封许大郎靠卖面粉而"骎骎致富"[⑧]……

从活跃的私有土地市场中释放出来的巨量资本，大部分流向了城市，进入经济效益更高的新兴产业，这是宋代工商贸易繁荣的主要引擎。繁荣的市场又反过来将过去封闭割裂的广袤农村裹挟进来，反哺了农业经济，大幅提升了宋代的农业生产力。一场史诗级的"财富效应"就这样展开。

① （宋）吕皓：《上邱宪宗卿书》，载曾枣庄、刘琳主编《全宋文》。
② 参见张邦炜《从社会流动看宋代社会的自我调节与活力》，载《光明日报》2017 年 1 月 2 日。
③ （宋）袁采：《世范》卷三"兼并用术非悠久计"。
④ （宋）苏洵：《嘉祐集》卷五《田制》。
⑤ （宋）黎靖德编：《朱子语类》卷一百三十。
⑥ （宋）洪迈：《夷坚志·支志癸》卷三《独脚五通》。
⑦ （宋）洪迈：《夷坚志·甲支》卷十一《潘君龙异》。
⑧ （宋）洪迈：《夷坚志·支志戊》卷七《许大郎》。

朝为富商，暮为乞丐

除了"不抑兼并"外，要编织这样一幅瑰丽壮观的《清明上河图》，资本、劳动、商品三者缺一不可。资本与商品的自由流动，需要有劳动力自由流动相配套，才能激发出更高的生产力。反之，土地兼并在其他朝代之所以是祸乱之源，是因为没有匹配大规模的城市化与人口流动。

尽管宋代政府有着比前代精细得多的户口统计和户籍分类管理制度，但对人口流动几乎没有任何限制，它关心的重点是从每一个老百姓身上征到税，而并不在乎他们是种地还是打工，是生活在城里还是乡村。于是，随着"均田制"下的静态农业社会被打破，土地兼并与土地集中问题日益凸显，主户与佃户之间传统的人身依附关系随之松懈，出现了大批失去土地的"游民"，而且越往后数量越众。之前曾讲到的"游手"便是其中一部分不安分守己的流氓无产者。

经济上的"贫不必不富"还导致了政治上的"贱不必不贵"。[1] 清人沈垚指出："古者四民分，后世四民不分。"[2] 所谓"后世"，即指自宋以降。客观地说，维持了千余年之久的"士农工商"身份等级被打破，社会流动性大大增加，商人经济地位的改变是根本动力，而宋代日益成熟稳定的科举制度则是催化剂。发财致富的工商之家有雄厚的经济条件供子弟读书，大量商人之子经由科举进入官场，摇身一变而为官或士。前文提到出身商人之家的冯京，在神宗朝拜参知政事，便是宋代商人阶层"鲤鱼跳龙门"的典范。反过来看，宋人之所以格外重视读书兴教，也是为

---

① （宋）刘跂：《学易集》卷六《马氏园亭记》。
② （清）沈垚：《落帆楼文集》卷二十四《费席山先生七十双寿序》。

了延续门第，防止家道中落。① 自那以后，"天下之士多出于商"②，由魏晋南北朝一直延续至隋唐的大臣世守禄位、"或父子相继居相位，或累数世而屡显"③的大门阀士族长期把持政治权力的固化结构一去不返。"大臣子孙皆鲜克继祖父之业"④，"朝廷无世臣"⑤，"无百年之家"⑥ 等成为新常态。用明代学者胡应麟的话来总结："五代以还，不崇门阀。"⑦

很多人不能适应这种崭新的形势，直到南宋末年还有人哀叹：

> 本富为上，末富次之，奸富为下。今之富者，大抵皆奸富也，而务本之农，皆为仆妾于奸富之家矣。呜呼，悲夫！⑧

所谓"本富"，当然是指务农致富；而所谓"奸富"，就是经营工商业得来的财富。

有人关注到这个"病症"，并试图开出良方。

北宋思想家李觏敏锐地看到了土地集中与无土游民增多之间的矛盾，在李觏看来，"有田者不自垦，能垦者非其田"，是阻碍强本与富国目标实现的大患。他把当时的游民分为"末"和"冗"两类。"末"指从事工商业但有固定营生的人，靠这些"末作"谋生的人属于"逐末之人"；

① 参见张邦炜《从社会流动看宋代社会的自我调节与活力》，载《光明日报》2017年1月2日。
② （清）沈垚：《落帆楼文集》卷二十四《费席山先生七十双寿序》。
③ （宋）欧阳修、宋祁：《新唐书》卷七十一《表第十一（上）》。
④ （宋）李焘：《续资治通鉴长编》卷二十五"太宗雍熙元年三月乙卯"。
⑤ （宋）程颢、程颐撰，朱熹辑：《程氏遗书》卷十七。
⑥ （宋）程颢、程颐撰，朱熹辑：《程氏遗书》卷十五。
⑦ （明）胡应麟：《少室山房笔丛》卷三十九《华阳博议下》。
⑧ （宋）罗大经：《鹤林玉露》甲编卷二"奸富"。

"冗"则指"不在四民之列"者，即小商小贩、打短工和从事其他非长久或"非正当"职业的人，他称之为"冗食之民"。他认为，一个社会中的"本"是农业，"富民之大本，为国之上务"。工商"末业"应该"有数"，"逐末之人"和"冗食之民"超出了必要的数量，就成了有害的游民。为此，必须"去冗"和"抑末"。他的解决方案是把全部"冗食之民"和过多的"末业之人"驱回到农业中去，这是他"平土"的第一步。那么，如何来确定工商"末业"的合理之"数"呢？李觏的标准是"用物"。所谓"用物"，是指"工之所作，贾之所鬻，商之所资"，即生活必需品及其生产所需的生产资料，大约也就是今日所说的"刚需"。如果生产和流通的不是这些"用物"，而是"作机巧""通珍异"，即奢侈品以及享乐型、炫耀性的消费品，那么这些工商业者就属于有害的游民了。[1]

如果说李觏关注的重点在于不同经济门类之间的劳动力分布不均的话，稍后一些的苏辙则看到了地域之间的不均。在他生活的时代，两浙、江南、福建、川峡诸路人多地狭的矛盾已经非常突出，反观陈、蔡、荆、楚一带，地广人稀，土皆公田，却乏人耕种。苏辙因此主张，政府应当在"凶荒饥馑之岁"组织移民，将吴越巴蜀等地的多余人口移于此。如果"新徙之民"的耕牛、种子、屋室，饮食、器用不备，可由国家提供优惠借贷。[2] 这种主张在南宋初年大约有过一些尝试，当时的枢密院还建议将从北方金地南投宋室的"归正人"中的"贫乏者"安置在这些地方。[3] 又过了一个世纪，南宋思想家叶适重提移民主张。由于北宋末、

---

① 参见赵靖《中国经济思想史述要（上）》，北京大学出版社，1998年，第387—407页。
② （宋）苏辙：《栾城应诏集》卷十《进策五道》。
③ （元）脱脱等：《宋史》卷一百七十三《食货志上（一）》。

南宋初的连年战争，荆楚地区变得更加荒芜。与此同时，随着国家政治、经济重心偏向东南一隅，闽、浙等地却人口益稠，土地之紧缺已到了无可调和的地步。他认为应当"徙民"，即"分闽、浙以实荆、楚"。如此"去狭而就广，田益垦而税益增。其出可以为兵，其居可以为役，财不理而自富，此当今之急务也"。[①] 苏辙与叶适的徙民之策，其实类似如今的调控城市规模和人口流向。

但同样值得庆幸的是，这些看似统筹全局的政策建议都没有得到现实层面的回应，否则，这场宋代的经济革命也很可能将大打折扣。李觏、苏辙、叶适或是其他才智之士都正确地看到了问题，却都没能看到问题背后的原因。他们未及追问一下：在那个时代，"农"的社会地位仅次于"士"，位列"四民"中的上等。为什么依然有那么多人要背井离乡，拼命挤进嘈杂喧嚣、尔虞我诈的城市，宁愿从事工商贸易"末业"，而不愿意安分地守着世代为业的故土耕作？为什么四方之民要千里迢迢奔赴临安、平江、湖州、秀州、明州、泉州等这些拥挤的大城市，宁愿脚下无立锥之地，从事时人眼中的贱业，也不愿意到荆楚一带的千里沃野去筑屋垦殖、安居乐业？

人都是理性的。如果不是东南沿海的城市里蕴藏着更多机会，如果不是这些工商贸易"末作"能让他们过得更好，有谁愿意这样趋之若鹜？只要流动是自由的，不受政府强迫干预，人就一定是往高处走的。这个过程，就是现代经济学里说的劳动力生产要素的最有效配置。它给了这些流动中的生产者温饱和富足，至少比固守在乡土本业中要好得多。这

---

① （宋）叶适：《叶适集》卷二《民事中》。

个过程同时也为社会创造了大量财富，这才是正确的富国良策。如果以行政力量来推动国家所希望的流动，就必然扭曲劳动力要素的有效配置，使它流向经济效率更低的产业和地区，其最终结果自然是更低的社会总产出。它既不会利于民，也不会富于国。

其中的道理虽简单，但即使放到今天，许多人也依然不明白。

从宏观上看，宋代人口的急剧增长和大规模流动，从多方面促进了社会经济的发展。

首先，在农业经济中，人多地少的矛盾以及土地价格的水涨船高迫使人们在越来越金贵的土地上精耕细作，努力增产，同时积极开展经济效益更高的多种经营，如山林砍伐、花卉培育、药材种植、水产养殖等。一大批农户因此从祖辈那种粗放式的耕作中细分出来，成为某一类型的专业生产户。这些都大幅度提高了宋代农业的生产力水平，使之不仅远超前代，也几乎达到了前现代技术条件下的极限。

其次，大量无地可种的人口离开农村，外出经商、打工，他们中既有短期的、季节性的农商（工）兼营者，亦有长期居住在城镇、拥有固定产业和职业者，成为城镇的"新市民"。这一方面给城镇经济社会注入源源不断的活力，大大推动了东南沿海的城市化进程；另一方面也带动了城乡之间商品与资本的流动融通，活跃了农村与城镇的商品市场和原材料供应市场。

毋庸置疑，如此空前的人口流动与人口分布不均也造成了一系列社会问题，有些还相当严重，例如城市居住和卫生环境恶化、社会风气和治安问题、物价大涨大落等。但如果换一个视角看，这些恰恰都是一个社会进入现代的催化剂，或者说是一种刺激：城市环境和治安问题会对政府管理提出新要求，使之从千年不变的农耕政权渐渐朝更加适应城市化社会的现代政府转型；而物价的快速波动以及各地物价的大幅落差恰恰是商贸流通的最大动力，利用不同地区和时段之间的价差从事转手倒卖有利可图，才会滋生出大规模、长距离、高频度的全国性市场网络，乃至预售、期货等新型金融手段。

每个时代都会涌现出新事物，需要面对新形势，因而也会呈现出截然不同的新特征和新问题，关键是解决这些问题的办法：是试图扼杀新事物、阻止新形势，让社会凝固停滞，还是顺势而为，以适应时代变迁的新办法来面对？两种不同的治理思路导致了社会的盛衰。

抑末厚本

同样为了"损有余而补不足"，同样将希望寄托于国家力量的介入，以王安石为代表的变法派采取的是另一种思路。他们看到了新兴的城市工商业中蕴藏的巨大生财能力，因而并不主张把资本和劳动力驱回到传统农业中去；对于调整人口空间布局、使耕者与土地分布更均衡，他们也没有表现出什么兴趣。

若仔细剖析王安石新法，我们会发现，无论"青苗法""市易法"，还是"均输法"，都明显兼具增加国家收入与稳定市场价格的双重目标。而为了实现这一双重目标，王安石的做法主要是以政府直接入市来挤出民营中间商，这个过程明确含有抑制商人通过囤积居奇来牟求高额市场利润的动机。王安石说过，实施"市易法"是仿效"古者通有无，权贵贱，以平物价，所以抑兼并也"①；而"免役法"的目的之一也是要"抑兼并，便趋农"②。"抑兼并"，实际上正是新法在增加国家收入和稳定市场价格之外的第三个目标。王安石还认为，只要上述三个目标得以实现，第四个目标，即扶持小农、惠及天下细民，就是水到渠成的。我毫不怀疑，这是他主观上看得最重的一个目标，某种程度上说也是古代所有儒家士大夫的终极追求。像这样巧妙的一举多得是他最为自得之处，对最上层的皇帝和最下层的平民百姓而言也是最有逻辑说服力的。熙宁四年（1071）初，神宗"患陕西财用不足"，王安石回答：

> 今所以未举事者，凡以财不足，故臣以理财为方今先急。未暇理财，而先举事，则事难济。……又论理财，以农事为急，农以去其疾苦、抑兼并，便趣农为急，此臣所以汲汲于差役之法也。③

这番话，将皇帝最牵挂的为国理财、体现儒家政治正确的"抑兼并"与他自己最放在心上的"去民疾苦"完美地统一到一个逻辑中。从王安石当国后的实际做法可以看到，他对土地兼并其实是持较为宽容的态度的。这既是对当时土地私有化快速发展的现状的无奈妥协，也反映了他的经济思想的重点。王安石所要"摧抑"的主要是商业兼并者。尽管他自诩"善理财者"，但作为传统士大夫，本质上他也像自己的那些保守

---

① （宋）李焘：《续资治通鉴长编》卷二百三十一"熙宁五年三月丙午"。
② （宋）李焘：《续资治通鉴长编》卷二百三十七"熙宁五年八月辛丑"。
③ （宋）李焘：《续资治通鉴长编》卷二百二十"熙宁四年二月庚午"。

派政敌一样蔑视商人。他尤其敌视那些富可敌国的金融借贷商。王安石曾多次对宋神宗说过类似的话：

> 今一州一县，便须有兼并之家，一岁坐收息至数万贯者，此辈除侵牟编户齐民为奢侈外，于国有何功而享以厚奉？[①]

变法派试图把兼并之家从繁盛的市场流通中攫取的利润中的一部分夺下来，转移到国家手中，由此实现不加赋而增长政府收入、稳定市场物价、减轻老百姓负担的多重目标。而在这个过程中，受损的唯有那些为富不仁的高门大户。以王安石看重的役法改革为例，他宣称，变"差役"为"募役"以及在城市中推行"免行钱"，是抑制豪强兼并的重要手段。当新法推行后浙西豪户年出六百贯免役钱的消息传到朝廷，神宗还有所不安，王安石给皇帝打气说："出六百贯者或非情愿，然所以摧兼并，当如此！"[②] 由此我们完全能够推测，当时强大的反变法势力中一定包含了因新法推行而利益受损的城市大商人。而我们之前已经看到，在宋代，城市商业资本正急速取代农村土地资本，成为经济领域中的先进生产力与政治领域中的新贵。变法动了这些新势力的奶酪，造成翻天覆地的朝野撕裂，也就完全可以理解了。

王安石的药方倒不能称之为开倒车，它是一种典型的进步方案。崇拜王安石的梁任公称荆公的政术为"干涉政治，……甚且有近于国家社

---

① （宋）李焘：《续资治通鉴长编》卷二百四十"熙宁五年十一月戊午"。
② （宋）李焘：《续资治通鉴长编》卷二百三十七"熙宁五年八月辛丑"。

会主义"①，是很有一些灼见的。

　　然而，这方案若真能持续地得到落实，其害并不会比开倒车更轻。身处那个时代，有不少人已经看到其中的弊端。在出发点和动机截然不同的各种政治势力混杂的反变法派中，有一个响亮的声音贯穿始终，它坚定地认为，靠从事工商业积累了大量财富的豪户巨室并不是造成国乏民贫的原因，想通过削弱他们来实现国强民富的目标，注定是缘木求鱼。以直言、敢言称闻于世的范镇便上疏反对"青苗法"说：

　　　　贫富之不均久矣，贫者十盖七八，何也？力役科买之数也，非富民之多取也。富者才二三，既榷其利，又责其保任下户，下户逃则于富者取偿，是促富者使贫也。②

　　范镇看到，贫富不均是复杂的社会问题，某种程度上也是市场的自然结果。在当时，小民困窘的首要原因是国家的赋税徭役太重，而非富人的掠夺。此处"榷其利"的意思即依靠国家行政手段来夺取富者在市场中赚取的利润，范镇认为这只能导致"共同贫穷"。

　　南宋浙东"事功学派"虽然比谁都更乐于言利，但他们也清一色反对变法，他们所要辩护和支持的"利"是"民之利"，特别是"富民之利"。陈亮是如此抨击熙宁新法的："青苗之政，惟恐富民之不困也；均输之法，惟恐商贾之不折也。"③叶适一贯旗帜鲜明地反对"抑兼并"，既反对抑制

---

① 梁启超：《王安石传》，上海人民出版社，2016年，第85页。
② （宋）范镇：《再请罢青苗法疏》，载曾枣庄、刘琳主编《全宋文》。
③ （宋）陈亮：《陈亮集》卷一《上孝宗皇帝第一书》。

土地兼并，也反对抑制商业兼并。他批评"青苗法""市易法"的理由与范镇相类，但说得更彻底：

> 今天下之民不齐久矣，开阖、敛散、轻重之权不一出于上，而富人大贾分而有之，不知其几千百年也，而遽夺之可乎？嫉其自利而欲为国利可乎？[1]

在叶适看来，"就利远害"是"众人之同心"[2]，人性天然就是"朝营暮逐，各竞其力，各私其求，虽危而终不惧"[3]。对这种逐利之欲只能顺应，不能抑制和束缚，"其途可通而不可塞，塞则沮天下之望；可广而不可狭，狭则来天下之争"[4]。政府不允许老百姓追求自己的私利，以为这样就能实现国家之利，实际上是断无可能的。因此叶适轻蔑地将那些"欲抑兼并破富人以扶贫弱者"[5] 斥为"俗吏"，不管是王安石还是司马光。

叶适的深刻之处在于，他比同时代人更向前了一步，这让他的经济思想和政府理念闪烁着18世纪欧洲启蒙时代才有的现代光芒。这主要表现为两个方面：

第一，叶适破天荒地喊出了反对"重本抑末"千年教条的大胆呼声，举目望去，这在王朝时代大概还是头一次。不过正如本书第五章中已经提到的，能够公开提出这种思想，其实也是宋代商品经济进步到一定程

---

① （宋）叶适：《叶适集》卷二《财计上》。
② （宋）叶适：《习学记言》卷五。
③ （宋）叶适：《叶适集》卷十《留耕堂记》。
④ （宋）叶适：《叶适集》卷三《官法下》。
⑤ （宋）叶适：《叶适集》卷二《民事下》。

度的体现，思想理论是社会现实的折射。为了论证自己的思想，他不得不求助于儒家经典。按他的说法，《尚书》云："懋（贸）迁有无化居"，周代"讥（稽）而不征"；《春秋》中则有言"通商惠工"。这些都说明，古代圣贤并未强调"重本抑末"，而恰恰是主张"以国家之力扶持商贾，流通货币"①。

在为反对重农抑商寻找到经典依据后，叶适进一步亮明自己的观点："夫四民交致其用而后治化兴，抑末厚本，非正论也。"②也就是说，不同行业都得到自由发展，相互融通，国家才能兴旺发达。在他看来，"抑末厚本"是完全错误的，必定导致"治化不兴"的严重后果。

第二，尤为了不起的是，叶适提出了一种看起来非常不合逻辑甚至匪夷所思的政府治理思想："（政府）财少后富""财愈少而愈治"。这是他的思想中最具划时代意义的。他分析南宋国家财政收支状况后指出，当时朝廷岁入高达八千万缗，"自有天地，而财用之多未有今日之比也"③。然而，如此惊人的政府收入非但没有造就一个令人满意的"治世"，反而问题百出，弊端丛生。"天下有百万之兵，不耕不战而仰食于官；北有强大之虏，以未复之仇而岁取吾重赂，官吏之数日益而不损，而贵臣之员多不省事而坐食厚禄。"④矛盾的是，"财既多而国愈贫"，"赋既加而事愈散"。⑤取之愈多，国家财政却愈加左支右绌，入不敷出，治理能力反而每况愈下。叶适认为，这种矛盾局面的出现，正说明国家财政"以

---

① （宋）叶适：《习学记言》卷十九。
② 同前注。
③ （宋）叶适：《叶适集》卷十一《财总论二》。
④ （宋）叶适：《叶适集》卷二《财计下》。
⑤ （宋）叶适：《叶适集》卷一《札子三》。

多为累"①，由此提出了"财少后富""财少愈治"的全新观念。这些理论依据虽然与反变法派有着天壤之别，但双方的财政理念是合拍的。

对于叶适的观点，有现代研究者认为，这是当时社会各阶层对南宋政权沉重的苛捐杂税压榨的反抗，②这当然是没有问题的。但我认为这些研究者并没有看到重点，"财少后富""财少愈治"的观点不正是几百年后诞生于西方的自由主义经济理论所反复强调的"小政府"或"有限政府"理念吗？叶适的观点尽管还是懵懂的，但他已经意识到了：只有将政府的规模和作为限制在一定的边界之内，人民才会富裕，国家才会繁荣，社会才会兴旺。

终宋一代，唯一真正推行过的大规模限田，是在南宋国祚只剩下十几年的时候。此一时期，距离宋太祖洋洋自得地吹嘘本朝"不抑兼并"已过去了 300 年。景定四年（1263），正当蒙古铁骑在西南和长江中上游形成两面合围、南宋政权摇摇欲坠、朝野上下惶惶不可终日之际，执掌权柄的奸相贾似道却异想天开地推出了令人怨声载道的"景定公田法"。贾似道及其党羽束手无策之下，打起了那些私人田产的主意，妄图高举限田旗号夺取富民手上的这块肥肉，以挽救极度窘迫的政府财政。

"景定公田法"的要旨是购买当时尚在南宋政权控制下的肥沃的两浙及江南东西诸路三分之一的民田以充公田。开始时还是倡导富民将多余的田地出售给政府，很快就变成了强迫征购。"继而敷派，除二百亩以下者免，余各买三分之一"，但实际上"百亩之家亦不免"。③这实际

---

① （宋）叶适：《叶适集》卷十《实谋》。
② 参见赵靖《中国经济思想史述要（下）》，第 433—443 页。
③ （清）毕沅：《续资治通鉴·宋纪》卷一百七十七"理宗景定四年"。

上是一次土地强制国有化，而其征购价格，最初规定"亩起租满石者偿二百贯，九斗者偿一百八十贯"①。也就是说，每亩田租达到 1 石的，国家出 200 贯钱收购；田租 9 斗的，国家出 180 贯，依次递减。具体的偿付方式则是：

> 五千亩以上，以银半分、官告五分、度牒二分、会子二分半；五千亩以下，以银半分、官告三分、度牒二分、会子三分半；千亩以下，度牒、会子各半；五百亩至三百亩全以会子。②

国家强购民田，支付的真金白银却微乎其微，用的基本上全是官告（"官户"身份）、度牒和会子，"民持之不得售"③。快要亡国之时，这类官方凭证已是形同废纸！

"景定公田法"一共执行了十余年，其结果是"害民特甚""六郡骚然"。④ 时人说它"遂使大家破碎，小民无依，米价大翔，饥死相望！"⑤在历来富庶的鱼米之乡常州，竟至发生"民至有本无田而以归并抑买自经者"⑥ 的人间悲剧。到德祐元年（1275），随着贾似道的失势，南宋朝廷正式宣布废除公田法，还田于民。"德祐元年三月诏：公田最为民害，稔怨召祸，十有余年。自今并给佃主，令率其租户为兵。"⑦ 不过"还田

---

① （元）脱脱等：《宋史》卷一百七十三《食货上（一）》
② （元）脱脱等：《宋史》卷一百七十三《食货上（一）》。
③ （清）俞正燮：《癸巳存稿》卷八《宋景定公田说》。
④ （元）脱脱等：《宋史》卷一百七十三《食货上（一）》。
⑤ （宋）高斯得：《耻堂存稿》卷一《彗星应诏封事》。
⑥ （元）脱脱等：《宋史》卷一百七十三《食货志上（一）》。
⑦ 同前注。

之事尚不及行"，蒙古人的战马已经嘶鸣于临安城下了，"而宋祚讫矣"。①

说"景定公田法"加快了本已风雨飘摇的南宋的最后倾覆，是一点也不为过的。宋因"田制不立"而兴，由"景定公田"而亡。

尤为令人哭笑不得的是，它的初衷是给抵抗蒙古人筹措军费，实际的结果却意外地成了献给新入主的征服者的一笔厚礼：元朝初年相当一部分军饷、赏赐和官府用度正是出于这些当时最富庶的"公田"。时人和后人评论说："今宋夺民田以失人心，乃为大元饷军之利"②；"元代之赐田，即南宋之入官田、内府庄田及贾似道创议所买之公田也"③。本来，蒙古人若想要获得这一大笔财富，须得花不少蛮力从江南老百姓身上搜刮劫掠，势必酿出许多伤天害理的流血惨剧。如今，这件吃力又挨骂的恶行，南宋朝廷却抢先替他们办好了。

这是一段多么令人难以接受的过往。

四、时代之门重又关闭

20 世纪 50 年代直到 80、90 年代，中国资本主义萌芽是中国史学界长期思考的中心课题，无数学者投入巨大的时间精力，围绕这个议题展

---

① 同前注。
② （宋）周密：《齐东野语》卷十七《景定行公田》。
③ （清）赵翼：《廿二史札记》卷三十《元代以江南田赐臣下》。

开热烈讨论，也由此产生了很多论文与专著。

多数学者认为，中国的资本主义萌芽发生于明代中后期。他们举着放大镜，从商品经济的发展，手工业的数量、规模及劳动雇佣关系，国家赋役制度的变迁等所有方面竭力寻找资本主义萌芽的蛛丝马迹。从环太湖市镇到徽州商人、山西票号，从景德镇官窑到四川井盐业、美洲农作物引进；从"一条鞭法"到万历（1573—1620）年间"市民运动"、明末"启蒙思想"；许多人甚至从乡村缙绅、耶稣会传教士、《三言二拍》之类白话"市民文学"当中都看到了可比同时代欧洲的资本主义萌芽。

但这是一种机械和教条的思维，无非是为了证明中国社会的演化也必须服从客观历史规律——中国资本主义萌芽发生于明代中后期，在时间上与欧洲资本主义拉开帷幕高度重合，大概并不是巧合。

我不认为不同社会的演化发展会服从相同的历史规律。东西方社会有截然不同的结构、形态、性质以及发展轨迹，因而，所谓资本主义萌芽，是缺乏现实意义的伪问题：先确立一个绝对真理，然后再到浩如烟海的史实中去搜罗证据，以这样的模式，别说明代，就是春秋战国时代，我们也能找到足够多的"资本主义萌芽"。令这种"历史决定论"尴尬的是：既然西欧与中国在 16 世纪都出现了相同或类似的资本主义萌芽，为什么二者后来的社会演进竟如此不同？欧洲很快就顺利进入了资本主义社会，而我们的资本主义因素为何停留于萌芽阶段至数百年之久？

宋代没有做什么？

想要对历史做出正确的理解，进而从中获得一些有益启发，就应当实事求是，努力还原历史真实，进入历史现场，发现其中的意义，而不

逝去的盛景：宋朝商业文明的兴盛与落幕

是用预先设定的"真理"去歪曲历史。

当然，不同民族和不同社会的历史并不存在统一的规律，但这并不妨碍我们从一个民族的历史中总结出一些规律性的东西，对不同社会的历史经验做一些有价值的比较。通过对比可以看到，中国与欧洲历史盛衰曲线的决定性转折点，或者说中国在世界上从领先地位跌落，恰好发生在 15 世纪到 18 世纪，即明代中期到清代中期，也就是所谓"中国资本主义萌芽期"。欧洲在这个时期进入了一日千里的飞速发展阶段，而中国却停滞了，人均收入不但没有增长，反而下降了。作为一个拥有数亿人口的大国，凭借强大的惯性，中国的经济总量在跨入 19 世纪时依然占据全世界的 1/3，在往后的一个多世纪里却落至 1/20，实际人均收入也从世界平均水平的 90% 下滑到 25%。[1] 中国在公元 10 世纪到 13 世纪间引领了人类历史上第一波城市工商业大潮，但到 19 世纪末，农业经济依然占中国 GDP 的 2/3 以上，使用了全部劳动力的 4/5。[2] 此消彼长之下，中国将曾经的领先地位拱手让给了西方。

明清以后，国土面积大有增拓，随着总人口的大幅反弹，中国工商业的绝对数量和规模在许多领域内有进一步增长，然而，与宋时相比，它们在经济总量中的占比仍然大大萎缩了。而且，由于大城市、全国性市场体系和长距离流通模式的衰落，那些唯有依托它们才可能发展得起来的最具现代特征的前沿服务产业，如对外贸易和金融期货等，也都衰落了。明清两代的经济进步主要体现在官窑瓷器、丝绸织锦、茶叶加工等中国拥有长期压倒性优势的产业门类，依靠的是零星的技术提升和工

---

① ［英］安格斯·麦迪森：《中国经济的长期表现——公元 960—2030 年》，伍晓鹰、马德斌译，第 4 页。
② ［英］安格斯·麦迪森：《中国经济的长期表现——公元 960—2030 年》，伍晓鹰、马德斌译，第 22 页。

艺改进。这再一次证明了前文论及的，技术进步是一种"硬进步"，即便遇到不友好的社会制度，也是难以阻挡的。但由市场分工合作的广度与深度的拓展所推动的"软进步"，却极容易被环境扼杀。

在明代中后期寻找所谓资本主义萌芽，不但不符合历史真实，实际上还是拿西方历史当作现代化的普适标准来对中国自己的历史削足适履。这种线性的决定论思维，是对"欧洲中心论"史观的被动迎合，只不过其心理机制更曲折一些而已。我自己更倾向于将宋代的这一波长达三百余年的经济文化繁荣定义为"前现代的现代化"，它完全是中国式的，主动引领的。

经历了元朝较短的统治后，中国的经济结构又回归到宋以前的旧时轨道上。产生于宋朝的现代曙光一闪而过，消退在了历史的暮色中。

有了这样横向和纵向的比较之后，我们现在可以回答本章一开始提出的问题：宋代究竟做对了什么？

答案是：在市场的自发力量面前，宋朝政府什么也没有做，这恰恰是它做得最对的地方！它也曾很想主动做一些什么，但陷于已有的路径依赖、既得利益和各种观念的撕扯博弈，最终几乎一事无成，这令宋代的士大夫精英阶层无比失落。主持《宋史》编纂的元代大儒欧阳玄说过："至若论其（宋）有弊，大概声容盛而武备衰，论建多而成效少。"[1]直到当代，著名历史学家钱穆先生亦断言，宋代"专从政治制度上来看，也是最没有建树的一环"。然而，正因为宋代政府和精英阶层的宏伟抱负大多落空了，芸芸众生才有机会各显所长，施展自己的抱负，为自己想

---

[1]（元）脱脱等：《宋史》附录《进〈宋史〉表》。

要的东西奋斗。这才是宋代经济文化超越以前任何一个朝代，并居于当时世界最前列的真正奥秘。南宋时尤其如此，除了少数几次考虑不周或毫无把握的冒险军事行动之外，大多数时候的朝政是得过且过、了无生气的，然而南宋经济却在很多地方取得了比北宋时更大的进步。

当然，说宋朝什么都没做毕竟有些极端了。总体上看，政府为市场交易和工商业的发展提供了一个基本适应当时形势的基础性框架，它也十分乐意为人们经商排除困苦、疏通梗阻、提供帮助、调停冲突，因为政府终究也会分享到经济繁荣的丰硕果实。

我并不想给读者制造一种误解，认为宋代是一个普遍富裕的理想时代。事实上，我们看到的这幅熙熙攘攘的《清明上河图》描绘的主要是都市和工商业的荣景。宋代仍是一个农业主导的时代，一枝独秀的城市工商业也依然是深根于传统农业经济中的。即便有过 20 世纪后期以前最高的城市化水平，宋代社会中 3/4 以上的人仍是农户，他们中的大多数依然是大字不识一个的穷苦庄稼人。庆历（1041—1048）间官拜枢密副使、参知政事的丁度对仁宗说，约占北宋总人口一半的"下户才有田三五十亩，或五七亩，而赡一家十数口，一不熟即转死沟壑"[1]。他们很可能一辈子都没踏足过邻县，有些人甚至一辈子都没见过钱这种东西。与"三苏"父子交谊深厚，曾官居户部尚书、参知政事的张方平说过："穷乡荒野，下户细民，冬至节腊，荷薪刍，入城市，往来数十里，得五七十钱，买葱茹盐醯，老稚以为甘美，平日何尝识一钱？"[2] 就算在当

① （宋）李焘：《续资治通鉴长编》卷一百六十八"仁宗皇祐二年六月载丁度奏疏"。
② （宋）张方平：《乐全集》卷二十五《论免役钱札子》。

时经济最发达的江南地区,也有农民"终身不入于城市"①。这幅浮华的《清明上河图》里,没有他们的身影,二者仿佛不在同一时空。

这是每一个前现代经济体的必然经历,某种意义上也是一切社会的无奈现实。但引领一个时代的,是最前沿的生产力,而先进的政治制度就是能给前沿生产力提供一片自由生长的土壤,而不是幻想靠遏制它们来实现所谓"均富"。

后世做错了什么?

如果说宋代曾经做对了什么的话,后世又做错了什么呢?

不少人认为,中国近代化的进程是被蒙古铁骑入主中原打断的。若真如此,那改朝换代之后,中国的经济社会为何没能再续辉煌?元朝统治时间较短,且统治者没有任何农耕文化的传统意识形态包袱,也并没有抑制工商业的发展。恰恰相反,由于元朝不断扩张,称霸欧亚大陆,其对外贸易在规模上比偏安一隅的南宋进一步扩大,达到王朝史上的顶点。

因此,我的答案是:后世出于对千余年小农模式传统的强大依赖,对唐宋变革的兴亡盛衰进行了错误的经验总结,导致了明清时期经济发展下行。明清两季,统治者重拾"重本抑末""抑制兼并""扶持小农"的经典"药方",甚而进一步有力执行"禁海封山""官商召买"等政策,终于建成了堪称"理想"的小农社会。

在谈到中国历代得失时,有人说,秦代是官吏的黄金时代,汉代是

---

① (宋)吴渊:《退庵先生遗集》卷上《江东道院赋》。

逝去的盛景:宋朝商业文明的兴盛与落幕

战士的黄金时代，唐代是诗人和军人的黄金时代，宋代是读书人的黄金时代，而清代是农民的黄金时代。这么说有些夸张了，但比较起来看，给上述几个朝代贴上这样的标签是基本合适的。

粗略地说，清雍正朝"摊丁入亩"（或称"摊丁入地""地丁合一"）的农业改革是一个里程碑。在前现代技术条件下，"摊丁入亩"这项改革的成功，确实最大限度地挖掘了农业生产力。它也是所谓"康乾盛世"的真正引擎，进入现代以前，中国历史上最大规模的一次人口膨胀就出现在这一时期。

然而，世界历史此时已经走到了 18 世纪。工业革命的轰鸣声已在欧亚大陆的最西端响起，农业早就不再是决定社会财富和国家竞争力的关键生产力。甚至农业本身也即将大步迈入机器与化工时代，不再依靠劳动力的堆积即可实现大规模增长。在同一片大陆的最东端，无论数以亿计的中国农民耕作积极性多么高涨，也不能改变中国社会将要在一段时间里被世界潮流抛得越来越远的宿命。"康乾盛世"之所以名不副实，就是因为这是一个面朝过去的"盛世"：它是对美好往昔的挽留，结不出下一个时代的果实。更可能的是，这种名不副实的"盛世"影像还营造了一种假象，让沉溺其中的人更难摸准时代的脉动。

随着时间的推移，宋代曾经有过的繁荣的商业与城市生活以及财富积累，逐渐变成了历史上一段应当时刻引以为戒的反面教材。统治者们满意地看到，当所有人不再追逐财利、贪图享受，社会上不再有家财万贯的大户巨贾，水陆要道上不再充斥着繁忙嘈杂的人流与财货，天下也随之太平了。

这是一个"共同贫穷"的"盛世"，距离古代圣贤心目中真正的"黄金时代"越来越远。在当时奔腾汹涌的世界潮流面前，这是一个静止甚至逆行的"盛世"——其外部形同窗户纸，一捅即破；其内部千疮百孔，一击则溃。

因为100多年来晦暗不明的国家记忆，加之受到了现代宣教的洗礼，我们在回望历史时，有一部分人总是倾慕和崇尚那些开疆拓土、威服四夷的大一统朝代，好比强大的"汉唐盛世"，而打心眼里瞧不起疆域最小、国势积弱、兵不善战的宋代。但仍有另一部分人对宋代怀有深深的好感，如严复、陈寅恪、钱穆诸先生莫不如此。

陈先生显然认为，宋代是古往今来华夏文明的"巅峰时刻"，代表了"最好的中国"，但那是"曾经"。而严先生和钱先生则认为，中国之所以成为今日中国，正是宋代成就的。或者说，现代中国人是"宋人"，而非"汉唐人"。虽然都是在强调宋代的重要性，但几位大师的观点有很大不同。应该说，陈先生的看法更接近真相。《清明上河图》描绘的盛极一时的社会，终究还是覆灭了。

在如何看待宋代的问题上，社会大众与知识分子之间的巨大鸿沟无疑是知识结构上的差距造成的，但更为本质的可能还是价值观的分歧，即对何为"好的时代"和"好的社会"有不同的认识。

我自己认为，一个"好的时代"或"好的社会"，应当符合以下几条标准：

第一，有稳定的秩序与安全。叛乱四起、盗贼横行，乃至四分五裂、战火不断、人民的生命财产朝不保夕的时代不可能是好时代。

第二，多数老百姓能够安居乐业、丰衣足食、老有所养、幼有所教、病有所医。

第三，社会上普遍有良好的道德风尚，即"路不拾遗，夜不闭户""老吾老，以及人之老，幼吾幼，以及人之幼"。秩序和安全可以依靠高强度的暴力和恐怖来达到，但敬老爱幼、助人为乐的淳厚民风只可能存在并彰显于好的时代和好的社会。

第四，精神领域的创造性成就。思想学术、科学技术和文学艺术创新不断、硕果累累，各领域的天才人物层出不穷。这样的时代才称得上"盛世"。

在我看来，如果有合适的条件，前三条是可以靠人自身的努力实现的，最后一条则在很大程度上取决于天意，非人力所能把握。人类社会的精神文化创造说到底有赖于天才，而天才什么时候降生，降生在哪里，我们无从知道。坏的时代和坏的社会可以扼杀天才，但好的时代和社会也不能变常人为天才，至多不过为天才提供和创造适宜生发绽放的土壤。

陈寅恪先生认为，在有确凿记载而非神话传说的中国历史中，宋代是空前绝后的一个朝代。宋代政治的自由度，经济的商业化、市场化与城市化，文化的多元化和繁荣程度，社会的流动性及平民化，人民的识字率……无不冠绝两千年王朝史。有些指标，后世再也没有企及过。

即便不考虑宋代的富足经济和璀璨文化，仅仅从政权持续时间长度看，两宋共延续了319年，是自两汉以降国祚持续最久的一个朝代。若以政权与制度的延续性而论，将西汉与东汉视为同一个朝代是十分勉强的，称"前（先）汉"和"后汉"显然更准确，与两宋有天壤之别。总之，那些幅员辽阔、能征善战的伟大王朝都比宋代短命，最根本的原因就在于，宋代社会有着相对而言最为良性、富于可持续性的经济增长和财富结构。

来自历史深处的叹息

对于热衷于"抑兼并""济小农（民）"的历代统治者而言，经济最繁荣的宋代也没有能够培育出多少真正意义上的"大户"和"巨富"。就连深疾"兼并"的王安石本人也清醒地看到了这一点，并反对官府不分青红皂白地"抑兼并"。他早年知鄞县时，在一封给上级同僚的信中这样写道：

> 鄞于州为大邑，某为县于此两年，见所谓大户者，其田多不过百亩，少者至不满百亩。……大抵数口之家，养生送死，皆自田出，州县百须，又出于其家。……今责购而不可得，则其间必有鬻田以应责者。[1]

无独有偶，司马光对于自己熟悉的陕西农村也有过类似的感叹。[2]可见即便他们坚守正统儒家理想，政见截然不同，却都或多或少地认识到这种基于小农模式的经济体系之害。

明亡以后，以黄宗羲、顾炎武、王夫之"三大家"为代表的一批杰出思想家跳出过去局限于评点一朝一代得失的传统学术思路，站在整个华夏文明的高度和数千年历史的长时段跨度，对社会治乱兴衰展开彻底反思，都对用行政手段"抑兼并"和"均田"持明确批判态度，与以往

---

① （宋）王安石：《临川先生文集》卷七十六《上运使孙司谏书》。
② （宋）司马光：《温国文正司马公文集》卷三十八《衙前札子》。参见王家范《农业经济结构的历史内涵》，载《百年颠沛与千年往复》，第189页。

逝去的盛景：宋朝商业文明的兴盛与落幕

占主流地位的正统经济思想截然不同。

黄宗羲的人性论与李觏、叶适等相似，即"自私"和"自利"是人永恒不变的天性。他据此强烈反对西汉以来的限田主张，认为"夺富民之田"是"不义"，政府应当"授田以养民"，而不是夺"民所自有之田"。不仅如此，还应该把授田之外的官田拿出来"听富民之所占"，而不是"为困苦富民之事"。[1] 实际上就是主张尽可能地推进土地私有化，把效率低下、腐败滋生的官田转变成私田。在此基础之上，他要求大幅度减轻田赋，具体来说：对国家授给私人的官田，以"什一为则"征税，而对"自买之田"，即产权属于私有的土地，则"三十取一"或"二十取一"。[2] 他的减赋论据是，"三代"土地国有，授田于民，税率1/10是合理的。后代土地已属私有，税率理应低于先秦，所以汉代的"三十税一"并不算轻，后世税率应依据汉代而不应效法先秦。[3]

在工商业领域，黄宗羲也继承了叶适的思想，提出"工商皆本"论。他认为，对"本"和"末"不应按农业和工商业来划分，而应看一种行业是否有利于社会财富的增长：凡是有利于"生财"的都是本业，耗损、浪费社会财富的则是末业。他将过去那种"重本抑末"的论调痛斥为"世（俗）儒"之"妄议"。[4]

被现代学术界认为最具现代观念的王夫之在这个问题上表达得最为清晰和彻底。对于1000多年来广受称颂的"限田"和"均田"理想，

---

[1] （明）黄宗羲：《明夷待访录·田制二》。
[2] 参见（明）黄宗羲《明夷待访录·田制三》；《破邪论·赋税》。
[3] 参见赵靖《中国经济思想史述要（下）》，第484—490页。
[4] （明）黄宗羲：《明夷待访录·财计三》。

王夫之是这样无情鞭挞的：

> 限也者，均也。均也者，公也。天子无大公之德以立于人
> 之上，独灭裂小民而使之公，是仁义中正为帝王桎梏天下之具，
> 而躬行藏恕为迂远之过计矣。①

在王夫之看来，"兼并"根本就不是什么问题，而"限田"和"均田"
反倒是"桎梏天下"的大害，即使它打着"仁义中正"的旗号。他还在《宋
论》中尖刻地讽刺了上《本政书》的林勋，称"其言之足以杀天下而亡
人之国"②，又专门以洋洋洒洒千余言批判了要求恢复"井田制"的复古论，
将试图依靠"限田"来抑制"兼并"的徒劳形象地比喻为"尤割肥人之
肉置瘠人之身，瘠者不能受之以肥，而肥者毙矣"③。

> 唐之为此者，宇文融也，而唐以乱。宋之季世为此者，贾
> 似道也，而宋以亡。托井地之制于《周官》，假经界之说于《孟
> 子》，师李悝之故智而文之曰利民，袭王莽之狂愚而自矜其复古，
> 贼臣之贼也。④

王夫之的深刻之处在于，他的认识并不止于此，他进一步正确地指

---

① （明）王夫之：《读通鉴论·汉哀帝》。
② （明）王夫之：《宋论》卷十《高宗》。
③ （明）王夫之：《宋论》卷十二《光宗》。在他看来，宋朝通往毁灭的大门，"盖亦自（限田）此启之也"。
④ （明）王夫之：《宋论》卷二《太宗》。

出了所谓"兼并"之根源并不在豪民，而在于有司：

> 兼并者，非豪民之能钳束贫民而强夺之也。赋重而无等，役烦而无艺，有司之威，不可向迩，吏胥之奸，不可致诘。于是均一赋也，豪民输之而轻，弱民输之而重；均一役也，豪民应之而易，弱民应之而难。于是豪民无所畏于多有田，而利有余；弱民苦于仅有之田，而害不能去。有司之鞭笞，吏胥之挫辱，迫于焚溺，自乐输其田于豪民，而若代为之受病；虽有经界，不能域之也。①

因此，政府正确的做法应该是减轻徭役、降低赋税、强化权力约束、保护私有产权等：

> 轻其役，薄其赋，惩有司之贪，宽司农之考，民不畏有田，而强豪无挟以相并，则不待限而兼并自有所止。②

所有这些，无不是现代自由主义经济学所主张的。而对于官府试图通过"劫富济贫"的手段来对社会财富进行再分配，王夫之尤为深恶痛绝：

> 人则未有不自谋其生者也。上之谋之，不如其自谋。上为

---

① （明）王夫之：《宋论》卷十二《光宗》。
② （明）王夫之：《读通鉴论·汉哀帝》。

谋之，且弛其自谋之心，而后生计愈蹙。……（均田制）乃欲
夺人之田以与人，使相倾相怨以成乎大乱哉？故不十年而盗贼
竟起以亡隋。……则为均田之说者，王者所必诛而不赦，明矣。[①]

没有人会否认，明末清初三大思想家都是正宗儒家士大夫。然而，
他们毕竟生于经济发达的南方地区，黄宗羲和顾炎武更是来自富庶开放
的江浙沿海地区，他们深切感受到了时代的脉搏。只是他们的呼吁和呐
喊声实在太微弱了，在日益失去活力和自我调节能力的王朝时代后期中
得不到任何回应。

归根结底，传统中国经济长期停滞不前、社会治理跳不出治乱循环，
根源并不在于土地兼并和贫富分化，也不是因为人们追逐私利、贪图享
乐而造成的道德败坏和政治腐败。某种程度上是因为对私有产权保护不
力、对富贾大户持续压制、对消费升级长期贬抑，致使市场始终得不到
扩展、产业始终不能充分地专业分化和提升。

农业时代已经过去，但这段历史的教训并未过时。在工业时代夕阳
西下、信息时代生机蓬勃的今天，它应该给予当代中国以深刻的警示和
启发。

---

① （明）王夫之：《读通鉴论·隋文帝》。

第十章 何以惟宋

我们的追问仍未结束。

如果上一章中的结论是成立的，即明清两代历史曲线下行的主因是对宋代败亡教训的错误总结，以致对千余年小农经济模式的强势回归，那么又如何解释宋代本身呢？既然这种传统的政治、经济和社会模式如此强大，同样身处于这个大传统中的宋代又何以能从中超脱出来？

我们现在已经知道，经济的繁荣取决于市场自由，即各类生产要素能够自由流动，而不是处处碰壁。当经济自由扩展到一定程度，政治自由度和文化包容度必然随之展开。两宋319年历史，就是对这一理论的绝好注释。但是，为什么宋代统治者能容忍那么多的经济自由乃至政治自由和文化自由？难道我们眼前的这幅摩肩接踵的《清明上河图》只是一个偶然甚或反常的例外吗？

我们之前在反对历史决定论时曾经讨论过，事物的发展从来都不可能被单纯的必然规律所支配，其产生也不可能是纯粹的偶然。所有的偶然性交织在一起，加上人们的主观选择与努力，才构成了历史演进的动力。

虽然我说了宋代很多好话，但并不想说这是因为宋代统治者有意识的正确规划。细心的读者应该已经注意到，我在解释宋代的经济政策时曾不止一次提到"路径依赖"这个概念。每一个民族的历史都有自己的路径依赖，而在这种大的路径依赖之下，每一个朝代又有自己特定的路径依赖，这在很大程度上决定了这个朝代的基本政治逻辑，而这一逻辑往往又基于王朝创建时所面临的客观环境与创建者的主观价值导向。

邓小南教授在其力作《祖宗之法》中开宗明义地提出：

> 有学者认为，政治制度分析的最好出发点，是追寻导致某种政策产生的最早政治选择。这些最早的政治选择以及从中产生的各种活动，决定着以后的政治和政策趋向。假如我们不理解最早的政治和政策，那么，我们也很难理解其发展的逻辑。"祖宗之法"通常被认为反映着宋代"最早的"政治倾向和政策选择，由此入手，使我们有较多的机会去审视宋代——特别是北宋前期——的历史。[1]

此论甚当，但这里需要特别强调的是，历史演化发展中的"路径依赖"与历史决定论者心目中的"历史铁律"不是同一回事。"路径依赖"

---

[1] 邓小南：《祖宗之法——北宋前期政治述略》，三联书店，2014年，第14页。

是指人们受到现实约束，在做决定时可选择的政策空间是有限的，行动时不可能像在一张白纸上作画那样随心所欲，但并不能从中得出任何"必然律"。

宋代立朝时的内外环境或者说"先天不足"，塑造了其三百年间的基本政治逻辑。

全祖望在《宋元学案》中记录了一段宋人对宋代政治的评价：

> 本朝……庙堂之所谋谋者，钱也；刑罚之所重而不赦者，钱也；文移之所急者，钱也。能催科者为贤，不能者为不贤，廉耻尽矣！①

这段话中所包含的批判和鄙夷溢于言表，但忽略掉其中激烈的价值立场来看，它是基本准确的：不顾一切地追逐金钱，正是宋代的基本政治逻辑。通读国史，我自己最深刻的感受是：自从中国形成了大一统王朝，宋以外的朝代，尤其是明清时期，统治者总是时刻提防有人造反，一切

---

① （明）黄宗羲、（清）全祖望等：《宋元学案》卷九十八《荆公新学略》。

政策都以"防乱"为主，近乎本能地希望防微杜渐，掐灭一切不稳定的因素。而宋代统治者却总是汲汲于扩大财源。面对社会上出现的新事物、新形势、新变化，宋廷没有像其他大多数朝代那样急着去压制，或说得更好听一点，而是去引导它们，使之按统治者希望的方向去发展。朝廷和各级官府的第一反应是盘算能不能从中榨出一些油水来，但凡有利于增加政府收入的，他们多乐于大开方便之门。这种基本政治逻辑使宋朝政府在有利可图时，很少采取限制性的思路，而常常顺水推舟。通俗地说，宋代统治者只算经济账，不算政治账；只算小账，不算大账；只算眼前账，不算长远账。

这是一种可鄙的政治理念吗？某种程度上的确是的。但相比其他朝代，它在客观上给予了民间创新活动多得多的孕育生长机会。

钱，是打开宋代的钥匙。

这是为什么呢？为什么宋朝政府对金钱的欲望比其他朝代更加强烈，以至于它为了找钱而不惜收敛了权力的任性？

一、挥之不去的财政梦魇

　　自太祖、太宗二位开国皇帝大致平定天下、真宗"澶渊之盟"与北境的辽国达成和议以后，每一朝天子坐上皇位要烦心的都是同一件事：缺钱。王安石对宋神宗说："今所以未举事者，凡以财不足，故臣以理财为方今先急。未暇理财，而先举事，则事难济……"①真是说到了这位急欲有一番作为的少年天子的心坎上。

　　但凡政府开张着，就不会有不缺钱的时候，这在今天是一个政治常识，但历史上像宋朝政府这样缺钱的委实不多。与其他朝代相比，财政上的捉襟见肘是宋代朝廷从始至终走不出的噩梦。这并不是说其他朝代的财政很宽裕，热衷于对外征战的汉唐都发生过严重的财政危机。汉文帝即位之初和汉武帝晚年，百业凋敝，流民遍地，国家几度陷于破产。而大多数其他朝代在面临财政危机时，统治者对政策做出审慎调整，体恤爱民，节用从俭，休养生息，都能在一个阶段内有效地缓解财政危机。但宋朝不同，有宋319年间，朝廷无时无刻不深陷迫在眉睫的财政困境中。

　　也就是说，宋朝的财政困境不是结构性的，而是与生俱来、贯穿始终的。不唯挥霍无度的徽宗，宽厚节制的仁宗也留下了巨额财政亏空，依靠王安石变法攫取了更多社会财富的神宗朝也无法从根本上走出这个困境。

---

① （宋）李焘：《续资治通鉴长编》卷二百二十"神宗熙宁四年二月戊辰庚午"。

更具讽刺意味的是，因为经济繁荣，宋朝政府征收到了两千年王朝史上最多的赋税收入，若以人均购买力水平来计算，比其他朝代都要高得多。恰如叶适所言，"自有天地，而财用之多未有今日之比也"①。

古代税收与现在有很大不同，不但收钱，还收各种实物，"凡岁赋，谷以石计，钱以缗计，帛以匹计，金银、丝绵以两计，藁秸、薪蒸以围计，他物各以其数计"②。大部分时代的国家税赋中，实物比货币多得多，其中主要是粮食和布帛。因而想要按当下的方式十分精确地计算出古代政府财政收支金额，是非常困难的，我们只能得到一个大体概念。

唐代国力达到巅峰的玄宗天宝（742—756）年间，全国人口总计5000万出头、岁入钱200多万贯、粟近2000万斛、绢740万匹、绵180余万匹、布1035万端。③明太祖在位后期社会趋于稳定，经济逐渐恢复，人口也回升到6000多万。洪武二十六年（1393），全国财政收入米粮3280万石、钱钞4.55万锭、绢29万匹。④

财政"如坐丛猬中"

两宋的大部分时间里，朝廷岁入都要高于上述两个税收高峰。有宋一代，岁入数据显现为一条陡峭的持续上升曲线。

按《宋史·食货志》中的不完全记录，至道（995—997）末、天

---

① （宋）叶适：《叶适集》卷十一《财总论二》。
② （元）脱脱等：《宋史》卷一百七十四《食货志上（二）》。
③ （元）马端临：《文献通考》卷二十三《国用考（一）》。
④ 参见黄天华《中国财政制度史》，第1847页、1850页。

禧（1017—1021）末、景德（1004—1007）中，朝廷岁入分别为7090万、6450万、4920万（贯、石、匹）；仁宗皇祐元年（1049），猛增至1亿2630万（贯、石、匹），"而所出无余"，即没有盈余；而到英宗治平二年（1065），财政总收入1亿1610万（贯、石、匹），总支出1亿2310万（贯、石、匹），另有"非常出者"1150万（贯、石、匹），[1]加起来高达1850万（贯、石、匹）的财政赤字。南渡后政府收入增长得反而比北宋时更快：

孝宗淳熙（1174—1189）年间，岁入即已超过8000万（贯、石、匹），而到理宗宝祐（1253—1258）年间，更是高达令人难以置信的1亿2000万（贯、石、匹）。若统一折算成金额，显然已经超过北宋岁入峰值。

与其他朝代相比，在大部分时间内，货币是宋代财政收入中的大头，这是宋代财政结构最鲜明的特征之一，但这也是有一个过程的：

> 景德五年，知袁州何蒙上言，本州二税请以金折纳。上曰："若是，则尽废耕农矣。"不许。[2]

以现代经济的眼光来看，宋真宗反对统一以钱纳两税的理由实属杞人忧天。而且，在时代大潮面前，这种螳臂当车事实上也无济于事，越到后来，实物在政府收入中所占的比例越是微乎其微。所以，如果做些简化，只计政府收到的钱，不至于会有影响全局的出入，却会有助于我们一目了然地看清楚当时的税收形势。

---

① （元）脱脱等：《宋史》卷一百七十四《食货志上（二）》。
② （元）马端临：《文献通考》卷四《田赋考（四）》。

两宋 300 多年间，政府赋税与日俱增，形成一个非常明显的规律，即只要是和平时期，差不多每隔 20 年，也就是一朝天子的平均在位时间，国家收入都会上一个台阶。太宗太平兴国四年（979），总岁入 1600 余万贯①；将近 20 年后的至道三年（997），增至 2200 多万贯②；又过了 20 多年，到真宗天禧末（1021），进一步增至 2650 多万贯③；仁宗皇祐（1049—1054）中，猛增至 3900 万贯④；又 20 年，英宗治平（1064—1067）中，至 4400 万贯⑤；整个神宗时期，岁入一直维持在 5000—6000 万贯之间⑥；哲宗元祐（1086—1094）年间，略有所下降，至近 4800 万贯⑦；徽宗时代以无以复加的聚敛盘剥著称于史，只是公认记录北宋历史最翔实可靠的《续资治通鉴长编》目前留存部分完全缺失了徽钦二朝记事⑧，所以当时的政府收入数据已难查到，但可以断言徽宗朝的岁入至少不会低于神宗朝；高宗建炎（1127—1130）间，因战火纷飞、国家离乱，社会生活和政府运作很不正常，岁入一度跌到仅千余万贯⑨；但旋即恢复上升，绍

---

① （宋）李心传：《建炎以来朝野杂记》甲集卷十四。

② （元）脱脱等：《宋史》卷一百七十九《食货志下（一）》。

③ （宋）李焘：《续资治通鉴长编》卷九十七"真宗天禧五年十二月"；（宋）李心传：《建炎以来朝野杂记》甲集卷十四。

④ （元）脱脱等：《宋史》卷三百五十五《虞策传》；（宋）周辉：《清波别志》卷中。

⑤ 同前注。

⑥ （宋）陈襄：《古灵先生文集》卷十八《论冗兵札子》；（元）脱脱等：《宋史》卷三百五十五《虞策传》；（宋）李心传：《建炎以来朝野杂记》甲集卷十四；（元）马端临：《文献通考》卷二十四《国用考（二）》。

⑦ （宋）苏辙：《栾城集》后集卷十五《元祐会计录叙》。

⑧ 除徽钦二朝已完全亡佚，《长编》中英宗、神宗、哲宗三朝记事亦有部分缺失。一直有人猜测，这部分内容很可能是经南宋朝廷精心筛选后刻意销毁的，因为北宋最后半个世纪是翻云覆雨的政治斗争白热化时代，期间大量的人和事又与南宋初期政事高度勾连。朝廷担心这部分秘史流传到社会上，会发酵出新的纷争，不利于政权稳定。

⑨ （清）徐松：《宋会要辑稿·食货》五六之六五。

兴（1131—1162）年间，回到 3500 万贯以上[1]；孝宗淳熙末（1189），全国岁入总数一举突破北宋最高值，至 6500 万贯以上[2]；此后光宗、宁宗朝都在 7000 万贯左右[3]；至宁宗开禧二年（1206），终于升至"自有天地……未有"的 8000 多万贯；之后的理宗朝基本维持在这个水平。[4]

从北宋初的 1600 万缗到南宋末的 8000 万缗，近 300 年里，国家税收的货币部分增至 5 倍！如果考虑到南宋仅有北宋的一半领土和七成人口，这种增长就更加惊人。但最令人困扰的是，尽管财政收入增长如此之快，宋朝政府却总是为钱犯愁，因为支出总是比收入增长得更快。

北宋建立初，富庶的南方地区相继平定，财源大为增广，曾有过一段短暂的财政宽裕期。

> 吴、蜀、江南、荆湖、南粤皆号富强，相继降附，太祖、太宗因其蓄藏，守以恭俭简易。天下生齿尚寡，而养兵未甚蕃，任官未甚冗，佛老之徒未甚炽；外无金缯之遗，百姓亦各安其生，不为巧伪放侈，故上下给足，府库羡溢。[5]

此时朝廷注意休养生息，赋税也比较轻。太宗在位期间甚至还想要进一步减免天下税赋：

① （宋）林駉：《新笺决科古今源流至论·后集》卷三。
② （宋）李心传：《建炎以来朝野杂记》甲集卷十四。
③ （清）徐松：《宋会要辑稿·食货》五六之六六。
④ 参见（元）马端临《文献通考》卷四《田赋考（四）》、卷二十四《国用考（二）》；漆侠《宋代经济史（上）》，第 447—450 页
⑤ （元）脱脱等：《宋史》卷一百七十九《食货志下（一）》。

逝去的盛景：宋朝商业文明的兴盛与落幕

太宗初即位，幸左藏库，视其储积，语宰相曰："此金帛如山，用何能尽？先皇居常焦心劳虑，以经费为念，何其过也！"……太宗尝语近臣曰："俟天下无事，当尽蠲百姓租税。"终以多故，不果。[①]

真宗朝之初一度也是府库充盈，以至于掌管财政的大臣担心年富力强的皇帝因钱财太多而生骄奢之心：

陈恕为三司使，上命其以中外钱粮大数以闻，恕诺而不进。久之，上屡趣之，恕终不进。上命执政诘之，恕曰："天子富于春秋，若知府库之充美，恐生侈心，是以不敢进。"上闻而善之。[②]

可好景不长，大约到真宗中后期，财政便开始出现了赤字。景德（1004—1007）中，入不敷出有250多万（贯、石、匹），[③]"承平既久，户口岁增，兵籍益广，吏员益众。佛老、夷狄耗蠹中国，县官之费数倍昔时，百姓亦稍纵侈，而上下始困于财矣"[④]。

宋仁宗在位的40余年，是中国历史上屈指可数的一段黄金岁月。就其在华夏文化中留下的灿烂成就而论，大概唯有大唐开元全盛时期方

---

① （宋）江少虞：《宋朝事实类苑》卷二《祖宗圣训二·太宗皇帝》。

② （宋）司马光：《涑水记闻》卷六。

③ （宋）包拯：《包拯集》卷一《论冗官财用等》；（宋）李焘：《续资治通鉴长编》卷一百六十七"仁宗皇祐元年十二月载"。

④ （元）马端临：《文献通考》卷二十四《国用考（二）》。

能一较。然而宋代第一次严重的财政危机也正出现在这一时期，仁宗朝可以说是整个宋代财政的转折点。叶适在《应诏条奏财总论》中说得相当公允："夫当仁宗四十二年，号为本朝至平极盛之世，而财用始大乏，天下之论扰扰，皆以财为虑矣。"[①] 司马光在仁宗晚年上的札子中曾表达过对这种情况的忧虑："当天下无事之时，遑遑焉专救经费而不足"[②]，"公私财用率皆穷窘，专奉目前经费犹汲汲不足"[③]。稍早一些，大臣贾昌期志忑地算了一笔账：

> 江淮岁运粮六百余万，以一岁之入，仅能充期月之用，三分二在军旅，一在冗食，先所畜聚，不盈数载。天下久无事，而财不藏于国，又不在民，倘有水旱军戎之急，计将安出？[④]

自庆历年（1041—1048）以后，朝廷几乎每年都入不敷出，且差额皆在 300 万缗以上。[⑤] 到英宗治平（1064—1067）间，仅货币收支中的赤字就已扩大到 1600 万余缗，过去正常的夏秋两税正赋早就远远不能应付如此庞大的开支。此后两百多年里，收的税越多，赤字也水涨船高，大宋陷入"财政魔咒"中难以自拔。叶适不无讥讽地说，朝廷自绍兴以来因财政困境，一直"如坐丛蝟中"[⑥]。

---

① （宋）叶适：《叶适集》卷十一《财总论二》。
② （宋）司马光：《温国文正司马公文集》卷二十三《论财利疏》。
③ （宋）司马光：《温国文正司马公文集》卷二十四《上殿札子二道》。
④ （元）马端临：《文献通考》卷二十四《国用考（二）》。
⑤ （宋）张方平：《乐全集》卷二十三《论国计出纳事》。
⑥ （宋）叶适：《习学记言》卷十七。

衰世苟且之法：和买

　　虽然宋代是王朝时代经济最繁荣的，但如果将它列为中国历史上苛捐杂税最重的一个朝代，恐怕并不冤枉。这个观点也是今日历史研究者特别是经济史家普遍认同的。实际上，沉重的税赋在当时已经引起了许多有识之士的强烈不安。南宋著名史家李心传详细梳理了当时名目繁多的各种税费，除了正常的田赋（唐中叶后一直延续至清代的"两税"）、力役、商税、征榷，还有诸如经制钱、总制钱、田契钱、称提钱、月桩钱、版帐钱、折估钱、免行钱、曲引钱、身丁钱、僧道士免丁钱、田四厢钱以及军粮、马草等，计十余种。若将只行于某一特定地区或某一专门用途的税费也包含在内，则至几十种之多！① 他忍不住喟然慨叹：

　　　　唐之庸钱，杨炎已均入二税，而后世差役复不免焉，是力役之征已取其二也；本朝王安石令民输钱以免役，而绍兴以后所谓耆户长保正雇钱复不给焉，是取其三也；合丁钱而论之力役之征，盖取其四也；设一有边事则免夫之令又不得免焉，是取其五也。

　　　　孟子曰："有布缕之征，有粟米之征，有力役之征。用其一，缓其二；用其二而民有殍；用其三而父子离。"今布缕之征有折税、有和预，四川路有激赏，而东南有丁绢，是布缕之征三也；粟米之征有税米、有义仓、有和籴（川路谓之"劝籴"），而斗

---

① （宋）李心传：《建炎以来朝野杂记》甲集卷十五。

面加耗之输不与焉，是粟米之征亦三也。

通力役之征而论之，盖用其十矣！民安得不困乎？①

不止李心传，大多数论者都认为，宋代实际上叠加了前代的各种税赋徭役。北宋末，晁说之便已指出，宋代赋税比汉唐增加了十多倍；到南宋初年，林勋在其所献之《本政书》中说得更精确："宋二税之数，视唐增至七倍。"②对于自己所处时代的这种苛政，朱子的批判就像他对当时其他弊政的无情鞭挞一样，不留任何余地："古者刻剥之法，本朝皆备。"③

其中，"和买"是最具宋朝特色的一种乱摊派，此处简要介绍。

"和买"的本意是官民之间两相情愿的和气交易，据说先秦时就已有之。唐中叶以后，因军需骤增，各类物资的和买日益增多，其中占比最大的是官府向民间购买丝麻之类织物，用以供应禁军装备。但随着时间的推移，它也从公平交易渐渐演变成了变相强征。到了宋代，和买不仅数量极大，还发生了一个显著变化，即与所谓"预买"合而为一。据范镇《东斋记事》载，宋代和买制度的缘起在"太宗时，马元方为三司判官，建言方春民乏绝时，预给官钱贷之，至夏秋令输绢于官。和买绸绢，盖始于此"。不过，这项建议似乎只是一时一地的权宜之计，且究竟在多大程度上落实，甚或可能最终仅停留在纸面，也很难说。④普遍认为，

① （宋）李心传：《建炎以来朝野杂记》甲集卷十五。
② （元）脱脱等：《宋史》卷四百二十二《林勋传》。
③ （宋）黎靖德编：《朱子语类》卷一百一十。
④ （宋）王明清：《挥麈后录》卷二。

逝去的盛景：宋朝商业文明的兴盛与落幕

宋代和买真正开端于真宗大中祥符（1008—1016）初年，时知颍州的王旭（真宗朝名相王旦之弟）在当地推行一种类似于低息贷款的灾民救助机制。

> 祥符中，颍（颖）州饥，当路者奏，出省钱十万缗，以纾艰食之民，令明年蚕事已缗纳缣，谓之"和买"。当是时，一缣之直不满千，民得本钱，经营数月，收什一之息，至期输公，颇优为也。[1]

也就是说，官府在受灾民众青黄不接之时给他们发放一笔钱，名义上是用来向他们购买丝绢的预付款。待到蚕熟时节，老百姓以绢偿还给官府，此时一缣（此处代指一匹）价值不到 1000 钱。通常官府在岁首放钱，百姓则随夏秋两季纳两税时输绢。这实际上可以视作一种专项贷款，王辟之《渑水燕谈录》和文莹《玉壶清话》中也有类似的记载。此后，李士衡等人又将之推广到陕西及河北、京东、京西、淮南、两浙、江南、荆湖、川峡诸路，"民以为便"，于是"行于天下"，成为一种固定制度。[2]

另有一种说法，认为和买始于仁宗景祐（1034—1038）初，是一位名叫王丝的县令最先推行的。王丝据说是王羲之的后人，还是范仲淹的科场同年。他去世后，时任两浙路安抚使范仲淹亲扶其灵柩过钱塘江，葬于其乡萧山，并为他写了墓志铭。王安石秉政后，"仿其法施之天下，

---

[1] （宋）方勺：《泊宅编》卷八。
[2] （宋）王辟之：《渑水燕谈录》卷九。

号为‘和买’”①。

但过了没多久，一方面绢丝价格不断上涨，另一方面各地官府不断减克和买本钱，而且不顾老百姓的意愿一概强行摊派。"人皆以为苦……虽名济乏，实聚敛之术。"②到北宋中后期，和买已演变为一项事实上的税收，数额则各地不完全相同，多依据户等，与常规赋役没什么差别了。熙宁变法时期，王安石器重的京东路转运使王广渊大力推行和买，遭到御史程颢、李常等人的批评；此后，前宰相韩琦也奏请暂停和买绸绢；就连变法派干将、时任两浙路察访使沈括也上书反对发运司进一步增加和买的计划。但王安石不以为然，他对宋神宗说："近方镇监司争以宽恤为事，不计有无，异日国用阙，当复刻剥于民尔。"③

到了南宋，情况变得更为离谱："今世和买，官不支钱而白取，已为可怪。"④"近时，有司往往不复支钱，视物力以输缣……"名义上"预买"的本钱也不再支俵，而绢的价格则已涨到"一缣非六七千不可"。⑤于是，这项最初的善政彻头彻尾蜕变成民众不堪承受的沉重负担。

根据当时户部的统计数据，元丰五年（1082），天下和买总计收帛816万余两、钱346万多缗。到南宋建炎三年（1129），也就是高宗车驾初至杭州那年，仅两浙一路，和买折钱总额就高达350万缗。⑥可见这是一笔多么丰厚的收入！而这种"强配数目，不给价直，鞭笞取足，视

① （宋）王明清：《挥麈前录》卷四。
② （元）脱脱等：《宋史》卷一百七十五《食货志上（三）》。
③ 同前注。
④ （宋）罗大经：《鹤林玉露》乙编卷四"庐陵苗盐"。
⑤ （宋）方勺：《泊宅编》卷八。
⑥ （元）马端临：《文献通考》卷二十《市籴考（一）》。

同常赋"的名义上的"和买"与"和籴",也被马端临愤慨地斥为"极弊":"盖古人恤民之事,后世反藉以厉民!"①

前文一再论及,从实物(劳务)经济向货币经济的演变,是唐宋经济的一大进步。但这样的剧烈变迁注定不会是一片祥和,这个过程对于身在其中的大多数老百姓而言是十分痛苦的。而这种痛苦中很重要的一部分,恰是宋代一些州县官府有意造成的——他们经常拒收稻麦谷物,强令老百姓以钱、银或绢之类硬通货来纳税,这在当时称为"支移"和"折变"。

前述按朝廷成法,农民的两税可以根据自己田地和家庭手工业的产出,缴纳粮、绢、竹木、草等各种物资,也可以折现成缗钱或银两。所谓"非法折变",即无视农民意愿,逼他们"以绢折钱……以钱折麦……辗转增加"。其目的无非是利用农产品的市场价格变动,通过这种无赖手段最大程度地赚取差价,巧取豪夺,而"民无所诉"。② 这从仁宗朝开始就有,"贫弱者尤以为患"③,此后愈演愈烈。南宋光宗绍熙元年(1190),有臣僚痛心地指出,由于这种支移折变的广泛存在,丰收之年往往反成农民大害:

> 古者赋租出于民之所有,不强其所无,如税绢出于蚕,苗
> 米出于耕是也。今一倍折而为钱,再倍折而为银,银愈贵,钱

---

① (元)马端临:《文献通考·自序》。另:北宋时,官府在和买中除了支钱,有些时候和有些地方也有给盐的。关于宋代"和买"制度以及与此相关的"预买""折帛钱"等名目,可详参《文献通考》卷二十《市籴考(一)》、《宋史》卷一百七十五《食货志上(三)》。

② (元)脱脱等:《宋史》卷一百七十四《食货志上(二)》。

③ (元)马端临:《文献通考》卷五《田赋考(五)》。

愈艰得，谷愈不可售，使民贱粜而贵籴，则大熟之岁，反为民害。[①]

　　这年稍后，刚刚奉命从淮河边境迓迎金国使节归来的秘书监杨万里也有类似的奏陈。他认为，当时民众的沉重负担因此而"不知几倍于祖宗之旧，又几倍于汉唐之制乎"，且"此犹东南之赋可知者也，至于蜀赋之额外无名者，不得而知也"。[②]

　　早在北宋时，苏轼就曾猛烈抨击朝廷的这种涸泽而渔的聚敛思路。他在《省费用策》一文中称此为"衰世苟且之法"：

> 　　至于最下而无谋者，量出以为入，用之不给，则取之益多。天下晏然，无大患难，而尽用衰世苟且之法；不知有急，则将何以加之！此所谓不终月之计也。今天下之利，莫不尽取；山陵林麓，莫不有禁；关有征，市有租，盐铁有榷；酒有课，茶有算，则凡衰世苟且之法，莫不尽用矣……然天下之人，方且穷思竭虑，以广求利之门……[③]

　　到了南宋，叶适的总结可谓极其到位：

> 　　今世之民自得罪者，其实无几，而坐盐、茶、榷酤及它比、

① （元）马端临：《文献通考》卷五《田赋考（五）》；（元）脱脱等：《宋史》卷一百七十四《食货志上（二）》。
② （元）马端临：《文献通考》卷五《田赋考（五）》。
③ （宋）苏轼：《苏轼集》卷四十七《策别十三》。

巧法、田役、税赋之不齐以陷于罪者，十分之居六七矣。[1]

意思是：老百姓犯法的，十之六七是经济类，说穿了就是触犯专卖禁令、逃漏国家税赋——就连刑律执法这样的"国之重器"，也掉进了钱眼里！

预借

不仅如此，为了更好地理财，朝廷机构也做了很大调整。北宋前期将管理财政收支的职能从中书省中抽离出来，先设三司使，分为盐铁、户部、度支三个机构，各置一使分领；不久又合并为"三司"，下设盐铁、户部、度支三部。由于三司是一个直接对皇帝负责的独立机构，所以它的地位要比原来隶属于中书省的户部高得多，成为继中书门下、枢密院之外的朝廷第三号实权机构。其负责人称"三司使"或"知三司事"，职位品级相当于副宰相，时称"计相"。当然，三司机构并非宋代首创，也是唐末五代始现的。但宋代大大强化并完善了三司的功能和权力，使它渐渐变成了一个无所不管、无所不在的政府部门。不少著名人物，像包拯、蔡襄、沈括等，都主政过三司。仁宗朝后期，王安石也曾在三司为官，担任度支判官。正是这段不算长的履历深刻地影响和改变了他的思想，十年后他大刀阔斧推行的变法就是以理财为枢纽的。王安石专门为变法而设立的名义上的研究咨询机构叫作"制置三司条例司"，从字

---

① （宋）叶适：《叶适集》卷二《国本下》。

面意思看，便是为三司框定各种政策和条例的机构。从宋代的这些机构设置与变革中，亦可见朝廷对财政问题的极度关切。

元丰改制后，三司被撤销，其职能被重新并入户部，置于宰相领导下。但这恐怕不能视为对财政关切的弱化，因为这次变法的核心目标就是把整个政府打造成一台"理财机器"，如此一来，原本专司理财的三司作为一个独立机构，自然也就完成了历史使命。[①]

但匪夷所思的是，尽管宋朝政府从社会中汲取了如此巨额的财富，却仍时时陷于左支右绌、捉襟见肘的财政困境中。如前述，北宋后期英宗治平（1064—1067）年间，也就是王安石变法前夜，朝廷财政赤字即已高达 1800 多万（贯、石、匹）。而到南宋末年，即理宗宝祐（1253—1258）年间，财政收入高达 1 亿 2000 万（贯、石、匹），赤字却有 1 亿 3000 万（贯、石、匹），收入竟不足以应对花费之半！

为了应对挥之不去的财政梦魇，宋朝各级政府想出了许多财政创新手段，其中值得一说的例如所谓"预借"，即预征未来之税，这倒是颇有点现代政府债券的影子。

地方州县寅吃卯粮是南宋财政的最大特征，盖因南渡后朝廷连年收不抵支，频繁征调地方财税以补不足之故。乾道七年（1171），朱熹在知南康军任上应诏上封事言："今民间二税之入，朝廷尽取以供军，州县无复赢余，于是别立名色巧取。"[②] 于是，从高宗朝初年开始，"预借"便成为地方官府缓解财政燃眉之急的"灵丹妙药"。"建炎四年……于民

---

① 关于三司这个机构的沿革历史，参见（宋）王辟之《渑水燕谈录》卷五；（宋）叶梦得《石林燕语》卷六；（宋）宇文绍奕《石林燕语考异》卷六；（宋）赵与时《宾退录》卷七。
② （元）脱脱等：《宋史》卷一百七十四《食货上（二）》。

间预借秋科苗米……""绍兴五年,诏预借民户和买绸绢二分……"①"绍兴六年八月,预借江、浙来年夏税绸绢之半,尽令折米……"②"淳熙十六年……宜兴县预借今年、明年折帛钱共三万一千二百余贯……"③ 早在绍兴二年(1132)即有臣僚上言:"一遇军兴,事事责办;有不足者,预借来年之赋;又不足者,预借后年之赋。虽名曰和,乃强取之;虽名曰借,其实夺之。"④ 此后不断有人上书指陈预借之害,朝廷也隔三岔五地发出一些禁令,但多是姿态性的,没有任何实效。到后来,预借越来越离谱,"自一年、二年以至三年、四年而未止也"⑤。孝宗时朝臣们对此议论纷然,"郡县之政,最害民者,莫甚于预借"⑥。理宗淳祐八年(1248),监察御史兼崇政殿说书陈求鲁痛陈:"预借一岁未已也,至于再,至于三;预借三岁未已也,至于四,至于五。窃闻今之州县,有借淳祐十四年者矣……"⑦ 淳祐八年已预征税收至淳祐十四年,也就是提前预收到 6 年之后! 可见这些州县财政赤字状况严重到什么程度。特别讽刺的是,"淳祐"这个年号一共只用了十二年,史上并无淳祐十四年!

更离奇者,能够预借的税种都预借了,有的地方居然打起了"牙契钱"之类的算盘。牙契钱,亦称"勘合钱","民间典卖田产,就买官契,投纳税钱",就是土地买卖时缴纳的契税。这可不像农地收成或商业经营,有谁能在事先就知道自己将要买卖田产? 更何况买卖的数量? "既

---

① (元)马端临:《文献通考》卷五《田赋考(五)》。

② (元)脱脱等:《宋史》卷一百七十四《食货志上(二)》。

③ (元)马端临:《文献通考》卷五《田赋考(五)》。

④ (宋)李心传:《建炎以来系年要录》卷五十四"绍兴二年丙戌"。

⑤ (宋)朱熹:《晦庵先生朱文公文集》卷十一《庚子应诏封事》。

⑥ 《皇宋中兴两朝圣政》卷五十六"淳熙五年二月戊辰"。

⑦ (明)黄淮、杨士奇编:《历代名臣奏议》卷一百九《仁民》。

无交易,而预借其钱,岂法意哉!"①一些州县官吏却动足了脑筋,按"人户物力大小给目子,科配预借室契纸,候有交易,许将所给空纸就官书填,名为预借牙契钱"。意思就是,按人户预先摊派契税,发给空白凭证,一旦发生了真实交易,买卖双方可以拿了这些凭证去官府填报交易事项……所谓"能催科者为贤",为了敛财,地方官员的"聪明才智"真可谓发挥到了极致!

种种乱象表明,当时的财政已经紧张到了崩溃的边缘。再接下来,便是我们在前面已经看到的贾似道的最后招数:靠滥发纸币、征收土地度日。这也是埋葬300多年宋祚的终章。

那么,贯穿两宋300多年的这个财政噩梦究竟是如何产生的呢?其根源大概并不是历代道德主义者所宣扬的那样全在统治阶级的荒淫无度。这种观点对统治者而言是重要且必要的劝诫与警示,但不足以对真实历史做出合理解释。宋徽宗、蔡京、童贯之流的确可恨且可笑,但实事求是地说,他们的挥金如土并不是造成宋代财政困窘的主因。前文已经说得很明白了,以"明君贤臣立于朝"著称的仁宗盛世,其财政同样岌岌可危。我们甚至可以说宋代的财政梦魇正是始于仁宗朝。王夫之就一反后代儒生陈见,在《宋论》一书中对仁宗朝做了极为苛刻的评价:"神宗之兴怨于天下、贻讥于后世者,皆仁宗启之也。""而朝不能靖,民不能莫,在仁宗之时而已然矣。"②某种程度上看的确如此,宋神宗之汲汲于求治,延请王安石启动喧嚣于朝野的变法,无非是想要尽快填掉仁宗朝埋下的各种坑,其中最迫在眉睫的就是要填掉难以承受的巨大财政窟窿。

---

① (宋)谢深甫等纂修:《庆元条法事类》卷四十八。
② (明)王夫之:《宋论》卷四《仁宗》。

要对此给出令人信服的答案，必须从宋代所面临的特殊问题切入。用今天的话来说，宋代与历史上其他所有中原王朝相比，其所处的"国际环境"和"国内环境"都极为不利。

二、穷吾国用者，兵冗耳

宋"受命"于五代最后一个朝代——后周。五代加起来都不到一甲子，但名义上的中央政权以及地方性政权先后存在过数十个，所以人们也称这一时期为"五代十国"。后周显德七年(960)正月初一，时任归德节度使、殿前都点检的赵匡胤在部下簇拥之下发动"陈桥兵变"，旋即"黄袍加身"，是为宋太祖。

这已是过去几十年里武人第四次拥立天子了！

新生的宋朝此时所统治的地盘只限于中原的一部分，号称"有州一百一十八"，其实只是黄河中下游及淮河流域，至多不过现在四五个省份那么大，不要说南方诸国大部分都还各自为王，就连"十国"中唯一位于北方的割据政权、以太原府为都城的北汉都还有一息尚存。此后，宋太祖和宋太宗又花了近20年时间东征西讨，才逐渐平定南方、巴蜀和中原大部。宋代因积弱、不善战而屡遭后人嗤鼻，但它却是降生于纷飞不断的战火中，而且它的创建者还是靠军功起家的职业军人，中国古代王朝创建者中只此一位。这种独特的出身似乎在冥冥中注定了战争阴霾是这个王朝挥之不去的宿命。

与强敌共平原之利

相比于秦、汉、隋、唐，宋朝的不走运在于，国家在北部和西北边境上面临两个强有力的外族政权的武力威胁。前者是契丹人的辽国，它早于宋朝半个多世纪就已建立并日益壮大，还割取了"燕云十六州"，其领土深入关内。后者是党项人的夏国，称"西夏"，它的兴起虽晚于宋朝，实力上也不如辽国，但对宋朝的袭扰却远多于辽国，北宋中后期大部分重大战事都发生在与西夏之间。

北宋末年，女真人在辽国东北边缘强势崛起，打破了这种"三足鼎立"的僵持格局，随后迅速灭亡了辽和北宋，占领北方大部分地区，建立金国。而偏安一隅的南宋政权其后又陷入与金人的百年军事拉锯中，其间双方互有胜负，南宋在前期隆兴（1163—1164）年间和后期开禧（1205—1207）年间曾有过两次雄心勃勃的"北伐"，但均告折戟。总体上金宋之间也是僵持不下，直到南宋后期，蒙古铁骑席卷欧亚大陆，天下重新归一。同100多年前北宋与辽国俱亡于女真略有不同，北方的金国灭亡后，南宋在独自与蒙古的对峙中仍然苟延残喘了近半个世纪。

简单了解了上述史实后，我们就会知道：整个宋朝，几乎没有一天不笼罩在极为严峻的战争阴影之下。用黄仁宇的话来说，宋朝319年始终处于严酷的生存竞争中，这使得它有一个明确的"国家之目标"，"朝廷成为一个带竞争性的机构"。[1]

中国古代的和平岁月并不比战争年代更长。但汉唐和明清时代的战

---

[1] 黄仁宇：《赫逊河畔谈中国历史》，三联书店，1992 年，第 141 页。

争大多是朝外扩张，主动权掌握在中原王朝手里。一般情况下，中原政权若遇到南方边陲动荡、内部政局不稳定、自然灾害、财政空虚等困难时，只要对北方游牧民族忍气吞声一时，并不至于遭到他们直接的、致命的威胁。大多数时候，他们无非就是名义上不肯称臣，并时不时在边境上发动一些劫掠而已，没有逐鹿中原的野心，也不具备深入内地的能力。昔日汉武帝、唐太宗、唐玄宗不惜耗损国力大动干戈，千里开塞出击，都是企图一举击溃或压服这些生活在马背上的桀骜不驯的民族，企图把他们驱赶到远离中原腹地的漠北和极西，从而一劳永逸地驱散他们的袭扰纠缠。

宋代的边境形势与汉唐时代完全不同，它面临全面入侵，始终在被动防御。都城开封位于一大片地势低洼的平原上，其优势在于便利的水陆交通，劣势是全无军事防务上的凭借。名臣张方平这样描述开封地理形势：

> 今之京师，古所谓陈留，天下四冲八达之地者也，非如函秦天府，百二之固，洛宅九州之中，表里山河，形胜足恃。自唐末朱温受封于梁国而建都，至于石晋割幽蓟之地以入契丹，遂与强敌共平原之利。故五代争夺，其患由乎畿甸无藩篱之限，本根无所庇也。①

虽说立国之初宋太祖一度想要迁都洛阳，但终究因反对声音太大而作罢。在东北方向，宋辽边境距离开封最近处仅有200多里，其间一马

---

① （宋）李焘：《续资治通鉴长编》卷二百六十九"神宗熙宁八年"。

平川，几无任何险要关隘可守。位于涿州附近的一条浅浅的拒马河（时亦称白沟），独木舟就能通过，就是宋辽界河。如果辽人大举南侵，它的骑兵三四天就可以直捣汴梁城下。在西北方向，虽说西夏尚不至于立刻威胁到大宋都城，但宋夏边境距离华夏数千年故都长安也不过几百里而已。设想一下，如果连长安都失于胡人，还有哪个中原统治者有脸面自称"天子"？在如此险峻形势下，宋朝政府几乎没有任何主动选择的机会，就算几十年不打一仗，也不得不时刻为打仗做好准备。钱穆充满同情地用"进不可攻,退不可守"来描述宋代无奈的外部形势,称它是"不设防的国家"。他认为：

> 宋代若能出一个大有为之主，就国防根本条件论，只有主动的以攻为守；先要大大的向外攻击，获得胜利，才能立国；才能再讲其他制度。现在是以防御来保国家，而且是一种劣势的防御，迟早总要失败。再迁就这一形势来决定其他制度，自该无一是处了。[1]

其实，钱先生假想中的那个"大有为之主"的宏伟使命，北宋早期太宗、后期神宗和末期徽宗都不乏雄心想要承担起来。只可惜，实际结果却是先不如人意，后每况愈下，终不可收拾。

站在今天的角度，我们还可知，地球自然环境的长期变迁，是造成宋代先天不幸的一个重要因素。

---

[1] 钱穆:《中国历代政治得失》,九州出版社,2012年，第101页。

浙江大学前校长、现代中国杰出的地理学家和气象学家竺可桢先生在半个世纪前发表的论文《中国近五千年来气候变迁的初步研究》中，通过对史籍中的古代气候水文资料记录，梳理了自有文字记载以来中国历史上的长时段气候变化规律。

大致而言，每500年会出现一个冷—暖循环的周期。

从仰韶文化到殷周之际，是中国历史上的温暖期，平均气温比20世纪高2℃。故而我们可以在先秦文献中找到殷商军队出动"象兵"对付"东夷"的记载，即便当时战场在江南，即"东夷"的地盘上，而不在殷商政权所据的今河南、山东一带，但如果大象能够很好地生存于江南地区，就说明当时亚热带与温带的分界线要比现在北移数百上千公里。

西周经历了一段寒冷期，春秋时期开始又逐步回暖，战国时气候又比现在暖和得多。这段温暖期延续到秦和西汉，从东汉开始再次转冷，新莽、光武、明、章诸帝时的文献充斥着华北春天积雪盈丈、江南夏天结霜以及严重干旱等破坏性气象的记录。到三国时，甚至有记录说长江都曾冰冻而无法行舟！传统上，"秦岭—淮河"一线历来被视为中国南北0℃分界线。这说明，那时的气候比现在要寒冷得多。其实，由暖转寒的趋势早在汉文帝时代就已露出端倪，东汉以后迅速加剧。

中国历史上最近的一次气候显著变冷，发生在明末清初。现代的自然史学家告诉我们，那是地球进入人类文明纪元以后遭遇到的最寒冷时期，他们称之为"小冰河期"（Little Ice Age）。明末几十年里，各地"夏雪不止"之类的反常气候报告雪片般飞到朝廷，这种千年极寒以及它所裹挟而来的严重自然灾害，加剧了人们心头改朝换代和乱世降临的不祥征兆与无力感。

如果我们把竺可桢先生总结出来的中国五千年气候变化循环周期与古代王朝的兴衰史做一个对照的话，就会发现一个十分明显的规律：在温暖期，中国大多经济繁荣，天下统一，国家昌盛；而寒冷期则往往伴随着异族入侵，农民暴动，国家四分五裂……[1] 中国历史上夏、商、东周、秦、西汉、隋、唐均属于气候较为温暖的时期，常年平均温度要高于现代1℃左右——这些都是部分人所认同的强盛时代。

对华夏文明最具破坏性的一次气候由暖转冷恰好发生在中古时期。

竺可桢的研究告诉我们，11世纪是一个重要的分水岭，在度过了隋唐300年温暖期之后，气温再次转入寒冷期，之后的平均温度比今天低1℃。[2] 也就是说，从北宋中前期开始，神州大地又一次笼罩在凛冽的严寒中。据宋敏求《春明退朝录》载，开宝八年（975）十一月，宋军平定江南，要将南唐国主李煜迎至开封，由于汴河封冻，朝廷动用了沿途大批官吏疏通水道，不少人因"击冻"不利而遭受处罚，"甚者劾罪，以次被罚。州、县官降敕而杖之者，凡十余人"。[3] 想来，自然变迁的力量在10世纪下半叶已开始显现。

这是不是宋代和汉代由盛转衰不可忽视的原因之一呢？这里还有一个同样醒目的欧洲案例可以作为参照：曾经不可一世的西罗马帝国从衰落到灭亡的200年，是3世纪中期到5世纪中后期，正好也就是中国中古以前最寒冷的那段时期——魏晋南北朝。

---

[1] 转引自赵红军《中国历史气候变化的政治经济学——基于计量经济史的理论与经验证据》，第22页。

[2] 转引自赵红军《中国历史气候变化的政治经济学——基于计量经济史的理论与经验证据》，第30—31页。

[3] （宋）宋敏求：《春明退朝录》卷上。

那么，究竟是什么原因造成了气温变化与王朝兴衰之间的这种对应规律呢？这得从古代的支配性生产方式和不同民族的经济－社会结构中去寻找答案。

　　中国是一个典型的农耕文明社会，中华文明的发祥地以及古代大部分时期的政治经济中心在黄河流域，也就是温带。在这一地区，一般来说，气候变得暖和（同时也会更湿润）便更有利于农业生产。在靠天吃饭的古代，更多的丰收自然造就更繁荣的社会。反之，寒冷干旱所造成的农作物频繁歉收，必然孕育灾难的种子。

　　但这是从中原王朝社会内部来审视，还不是最根本的原因。历史上，欧亚大陆的北部，在温带的边缘和亚寒带地区，一直生存着不同的游牧民族部落。一旦气候变冷，他们世代赖以生存的大草原会因为寒冷干旱而导致水土冻结、草场退化、绿洲干涸，生存环境显著恶化。更为重要的是，游牧社会相对单一的生存手段和经济特征还决定了他们对自然的依赖性更强，适应性更差。在大自然的沧海桑田面前，游牧社会比农耕社会更加脆弱。于是，逐草而居的他们迫于生计，不得不向温暖的南方迁徙，这就对南部农耕社会的稳定与生存造成了严重冲击。

　　3000 年来，先是西方的犬戎毁灭了西周；西晋之后，晋朝又被赶到了淮河以南；女真人灭亡了北宋、蒙古人荡平了南宋；最后，满人入关，覆灭了王朝时代最后一个汉人政权……相似的剧情几乎在每一轮气候变冷的周期里都要重复上演。

　　有学者利用古代气候重建记录，考察了气候变迁对中国唐末到清朝的战争、动乱和社会变迁的影响。结果发现，寒冷期战争频率显著高于温暖期。70%—80% 的战争高峰期、大多数的朝代更替和全国范围的动乱都发生在气候寒冷期。基于秦朝建立至清朝灭亡两千年的"气候－王朝生命周期"数据研究同样表明，较少的降雨增加了游牧民族向汉人政权的进攻概率。[①]

顺便再提一下，曾经横跨欧、亚、非三大洲，将地中海圈为内湖的罗马帝国，也像宋代一样，是在持续不断的蛮族入侵之下分崩离析的。

在很大程度上，发源于黄河流域的中华民族人口与经济中心在过去五千年里持续南移，也是气候影响的结果。宋代的农业之所以未受气候变冷的破坏，正是因为大力开拓了南方地区。

相比汉唐时代，与宋代短兵相接的北方不速之客一个接一个地出现。如此不利的局势造就了一个极具讽刺意味的现象：最不善战的宋朝却拥有一支王朝时代规模最大的常备军。

天下六分之物，五分养兵

以武力强盛著称的唐朝，常备军力在 60—80 万之间。宋太祖开国时，因疆域狭小，全国军队尚不足 20 万；但随着连年征战和扩张，到太宗末年，总军力已超过 60 万；到仁宗皇祐（1049—1054）初，北宋军队数量攀至峰值，一些研究者认为已超过 140 万，因"（英宗）治平中，兵数少损，隶籍者犹百十六万二千……"[②]100 年间，军队规模扩大了五六倍！此后便再没有低于过 100 万。这个数字一直要到 300 多年后的明永乐（1403—1424）年间才勉强被超越。南宋仅存半壁江山，但面临的军事压力比北宋时更大了不知多少倍。高宗绍兴（1131—1162）初，军力总计 110 万；

---

① 赵红军：《中国历史气候变化的政治经济学——基于计量经济史的理论与经验证据》，第 23—25 页。

② （元）脱脱等：《宋史》卷一百七十九《食货下（一）》。

　　　逝去的盛景：宋朝商业文明的兴盛与落幕

绍兴末又增加 40 万,至 150 万;到孝宗隆兴元年(1163),为筹备全面北伐,一度激增至 200 多万,这大概是王朝史上规模登峰造极的一支军队了。

从北宋建国初期直到宋仁宗庆历(1041—1048)年间,90 年内,北宋禁军和厢军招募士兵的数量,可以说是直线上升的。据《宋史·兵志》和《食货志下》所载,北宋前期四朝统治内,其所养禁军和厢军的数字如下:

太祖开宝(968—976)年间,禁军与厢军总数为 37.8 万。禁军马步合计共为 19.3 万。从总数中减去禁军之数,知厢军应为 18.5 万。

太宗至道(995—997)年间,二者总数为 66.6 万。禁军马步军合计为 35.8 万。从总数中减去禁军之数,知厢军应为 30.8 万。

真宗天禧(1017—1021)年间,二者总数为 91.2 万,禁军马步合计为 43.2 万。从总数中减去禁军之数,知厢军应为 48 万。

仁宗庆历(1041—1048)年间,二者总数为 125.9 万。禁军马步合计为 82.6 万。从总数中减去禁军之数,知厢军应为 43.3 万。厢军数字之所以较前减少,是因为许多地方的厢军升为禁军了。

自庆历以后,北宋职业兵的数字略有减少,所以 125.9 万之数应为北宋一代所豢养的禁、厢军的最高数字。但王铚在《枢廷备检》中却说:"逮咸平西北边警之后,兵增至六十万。皇祐之初兵已一百四十万矣。"王铚的话也当是有根据的,若然,则北宋所养禁、厢军的最高数字便应为 140 万。[①]

放眼当今世界,美国目前的总兵力也不过 140 万左右,而总人口有

---

① 转引自《邓广铭治史丛稿》,北京大学出版社,2022 年,第 69—70 页。

3 亿多，经济和科技实力都冠绝全球。由此可见，就算不动干戈，仅仅供养一支庞大的军队，对于人口刚达到 1 亿的宋朝来说，是一项多么不堪承受的重负！

这就是宋代 300 年财政黑洞的根源。

现实是很残酷的。不要说与辽国和金国爆发全面战争，即便是与西夏展开一场中等规模的局部战役，如果处理不当，战事扩大到一定程度，拖延到一定时间，也足以引发北宋财政的破产。《宋史·食货志》中有这么一句简单记载："宝元元年，入一千九百五十万，出二千一百八十五万……"这是北宋历史上第一次出现巨额财政赤字，按现在的算法，赤字率高达 12% 以上。那么，为什么会突然有这 235 万缗的赤字？原因是李元昊在这一年（1038）公开称帝，不再臣服大宋，长达半个多世纪的宋夏之间时断时续的战端自此开启。时任三司使王尧臣对朝廷摊开账本："宝元元年未用兵，陕西钱帛粮草入一千九百七十八万，出一千一百五十一万；用兵后，入三千三百六十三万，出三千三百六十三万有奇。"[1] 位于宋夏战争前线的陕西一路，战事响起后的钱帛粮草开支是战前的 3 倍之多！南宋理宗宝祐（1253—1258）年间，财政收入 1.2 亿而支出 2.5 亿，也正是应付蒙古大军压境所需。

比较一下唐、宋、明三代军费占国家支出的比例，更有助于看清楚宋代的财政噩梦。

"安史之乱"以前，也就是国家处于中央朝廷全面掌控的情况下，唐代军费开支占国家财政收入约 30%。[2] 此处需要略加说明的是，唐代

---

① （元）马端临：《文献通考》卷二十四《国用考（二）》。
② 参见黄天华《中国财政制度史》，第 905 页。

前期在"均田制＋租佣调制"基础上推行"府兵制"，这是源于南北朝时的西魏和北周的军事制度。所谓"府兵"，平时如普通农民一样耕作，只是农闲时要在地方官府的管理下接受军事训练，或轮流承担治安与守卫任务。一旦有战事，则被编入正式军队开赴前线。充当府兵的成年男丁会分到国家的田地，并且享受免税和免役待遇，因此许多是家族承袭，世代为兵，早年属于特权阶层。但作为对国家恩宠的回报，当他们为国效命的时候，无论上战场还是戍边守卫都没有报酬。不仅如此，还需要自备资粮，立下了战功才有机会得到奖赏，有时也能分得一些战利品。

明代前期养兵费用非常少，这是因为明太祖大力推行"军屯"制度。据说在一些地方，军队屯田的产出不但完全能够满足军队自用，还颇有盈余。[①] 所以，这位洪武皇帝曾得意地说："吾养兵百万，要不费百姓一粒米。"[②] 一些研究表明，明代前期的军屯田地遍布全国，数量惊人，有人估计其总额超过了全国耕地总量的1/3。[③]

无论是府兵制还是军屯制，本质上就是先秦法家耕战思维的翻新，都是一种将国家军事支出成本内部化或隐性化的"军事－财政"安排。从会计算账的角度说，无非是从这个口袋换到那个口袋，但这样的制度对国家的财政政策以及由此延展出来的许多经济政策却会产生无比重大的影响。

府兵制是具有鲜明战时特征的实物性财政制度，对它十分推崇的钱穆先生认为，府兵制的优点在于："无事耕于野，番上宿卫；有事命将

---

① 参见黄天华《中国财政制度史》，第1898—1899页。

② （明）王圻：《续文献通考》卷一百二十二

③ 肖黎、李桂海主编：《中国古代史导读》，第421页。

第十章　何以惟宋　　　　　721

以出，事解辄罢。兵散于府，将归于朝。既免军人专擅兵队之弊，亦无耗财养兵之苦。"他还特地指出，府兵制并非秦汉时期的"全农皆兵"，而是"全兵皆农"。[1] 但这是一种一厢情愿的美化视角。说到底，这种体制的好处是对政府行政管理能力，特别是黄仁宇反复强调的所谓"从数目字上管理"能力的要求比较低，坏处却是不适应正常社会与和平时代，尤其与唐代日益繁荣的商品经济发展趋势格格不入。到唐代中后期，府兵制的实际运营成本变得越来越高昂。此外，随着商品经济的深入发展与科举制度的稳步确立，社会阶层流动性增强，府兵过去仅有的那点身份优越感也荡然无存，府兵制的解体是早晚的事。所以钱穆无奈地总结："唐代的租庸调制与府兵制，是两个古代社会蜕变未尽的制度。"[2] 大多数史学家认为，唐代府兵制的瓦解早在武则天时代就开始了，玄宗在位时，募兵制已经普遍实行。

同样是"兵农合一"体制，军屯制也好不到哪里去。用现在的话来说，这是一种逆专业化的思路，表面上减轻了税收开支，实则降低了全社会的经济效率，造成了更大的损失——全国1/3的土地若是出售给私人，让老百姓耕作经营，不知能创造出多么巨大的财富！特别是非戍边区的内地垦殖，毫无军事上的必要性，还给当地老百姓增添了负担，对国家财政也无裨益。且屯田使得军民杂处，互市交易往来频繁，难免纷乱百出。《文献通考·田赋考》《宋史·食货志》中"屯田"篇几乎就是对屯田之弊的全方位批判。范仲淹、韩琦、张浚、辛弃疾等人无不强烈反对

---

① 钱穆：《国史大纲》，第 412—413 页。
② 钱穆：《国史大纲》，第 424 页。

军屯。[1] 读书不多的明太祖多半没有看过范仲淹等人对这个问题的见解，可能即使有臣下向他说起，他也认为自己比那群书呆子要高明得多。事实是，到明朝后期，朝廷所掌握的官田——其中主要是军队屯田——基本已毁坏殆尽。万历二十八年（1600），国家岁入仅白银400万两，岁出倒有450万两，难以为继。[2] 这是张居正改革的现实背景。

宋代是历史上第一个全面实行"募兵制"的朝代。所谓"募兵"，就是军人由国家发饷招募雇用，养兵和战争费用全部由政府财政承担。这显然是一种更加先进的军事 - 财政制度，放眼当今世界，它仍是现代国家普遍通行的基本制度。但如此一来，国家的军事成本就外在化和显性化了。假如宋代幸运地拥有像明代那样相对和平的国际环境，那么与过去的府兵制和后来的军屯制相比，它所采用的这种先进兵制的巨大优势及其带来的益处就会显现无余。可惜这个假设并不存在，于是就有了宋代高得令人瞠目的养兵费用。

仁宗时，直接隶属中央的禁军年俸50贯，隶属地方或朝廷一些部门的厢军年俸30贯，以后岁有增益。有现代学者曾做过估算，若以禁军每卒岁费70贯、厢军一卒岁费40贯，并以禁、厢军人数对半计，那么养100万军队就要花费5500多万贯钱。这个估计与仁宗末英宗初三司使蔡襄的说法相吻合：

> 今天下大患者在兵：禁军约七十万，厢军约五十万，积兵
> 之多，仰天子衣食，五代而上，上至秦汉无有也……臣约一岁

---

[1] 参见钟祥财《中国土地思想史稿》，上海人民出版社，2014年，第91—92页、103页。
[2] 参见黄天华《中国财政制度史》，第1842页。

总计，天下之入不过缗钱六千余万，而养兵之费约及五千。是
天下六分之物，五分养兵……①

　　再按当时全国总户数计算，大约每 7.7 户老百姓养一个士兵。到了
南宋，养兵费比蔡襄的时代差不多又翻了一倍，即每个兵士年支 100 贯钱，
养一支百万人的军队，每年需要费钱 1 亿缗。按叶适的计算，"以税养兵，
亩四百至千而养一"②。
　　披阅史籍，随处可见宋代有识之士对养兵费用之高的哀叹：

　　养兵之费，在天下十居七八。③

　　每月支用，十分中八分系五军下费耗。④

　　周天下遗利，十分之八尽举以食其兵也。⑤

　　今日财赋岁出以千百巨万计，而养兵之费十居八九。⑥

　　养兵之费乃十八九。⑦

① （宋）蔡襄：《蔡襄集》卷二十二《强兵》。
② （宋）叶适：《习学记言》卷十七。
③ （宋）张载：《张载集·文集佚存·边议》。
④ （宋）徐梦莘：《三朝北盟会编》卷一百七十六。
⑤ （宋）吕祖谦：《历代制度详说》卷十一《兵制》。
⑥ （宋）朱熹：《晦庵先生朱文公文集》卷二十五《答张敬夫》。
⑦ （宋）陆九渊：《象山先生全集》卷二十六《石湾祷雨文》。

逝去的盛景：宋朝商业文明的兴盛与落幕

上述说的都是总量，时人还给我们留下了几笔关于宋代养兵费的地方账目。欧阳修为河北都转运使时曾上书宰相说："河北州府军县……厢禁军马义勇民兵共四十七万七千人骑，岁支粮钱帛二千四百四十五万……"同一时期身在西北的古文运动盟友尹洙说："今西北四帅，泾原、邠宁、秦、延，戍卒十余万，一卒岁给，无虑二万……以十万众较之，岁用二十亿。"[1]一卒岁给 2 万钱，折算一下就是 20 缗，这是北宋中期的水平。

到了南宋，建炎后绍兴中，以刘光世、韩世忠、张俊、王𤫉、杨沂中为五帅的"神武五军"，各有 20 万左右人马。其中仅刘光世军就"月费米三万石，钱二十八万贯"[2]；而四川的吴玠，"岁用至四千万"；至于岳家军，"月用钱五十六万缗，米七万余石，比刘军又加倍矣……"这都还没有算上军马草料和"激赏回易之费"。[3]

作为"当家人"的皇帝心里当然比谁都更清楚这本账。高宗曾说："今天下财赋，十分之八，耗于养兵。"[4]孝宗也曾多次感叹："养兵费财，国用十分几八分养兵。"他逊位时还不忘记叮嘱继任的儿子光宗："当今天下财赋以十分为率，八分以上养兵，不可不知。"[5]

这些议论林林总总，但对养兵费用的估计却是十分一致：不管北宋还是南宋，在静态情况下，用以养兵的钱占了全部财政收入的 4/5。而一旦战事爆发，则会更高。蔡襄所言"天下六分之物，五分养兵"，显

---

① （宋）庄绰：《鸡肋编》卷下。
② （宋）庄绰：《鸡肋编》卷中。
③ （宋）庄绰：《鸡肋编》卷下。
④ （宋）李心传：《建炎以来系年要录》卷一百八十七"绍兴三十年十有二月戊申"。
⑤ 《皇宋中兴两朝圣政》卷六十四"淳熙十六年九月庚申"。

然指的是与西夏战事最烈时，那些年国家财政收入中的 5/6 都用在了军事上……如此惊人的养兵费让当时不少理性务实的朝廷重臣觉得，与其烧钱打仗也解决不了问题，不如向契丹和党项纳岁币买太平。一代名相王旦便对真宗说过这类话："国家纳契丹和好已来，河朔生灵方获安堵，虽每岁赠遗，较于用兵之费，不及百分之一。"[①]

这其实是经济富裕、文化领先的社会里普通人最庸常的权衡，只是那个时代的北方游牧民族中，唯有契丹人在这件事情上与宋人心有灵犀。这大抵因为辽国是一个比北宋立国早得多的政权，已经过了"青春萌动期"，渴望过上安定富足的好日子，所以不像党项、女真和蒙古那样睥睨一切。

毫不夸张地说，巨大的军费开支就像一个无底洞，榨干了宋朝的财政。所以年轻的宋神宗即位后不久就发出叹息："穷吾国用者，兵冗也！"[②]

同样具有讽刺意味的是，最不善战的宋朝还是中国历史上战争理论蓬勃发展和兵书层出不穷的时期。

先秦时代，诸子百家中曾涌现出《孙子兵法》《孙膑兵法》等一批杰出的军事理论著作，这是春秋战国数百年诸侯间争霸、兼并战争的理论结晶。自那以后 1000 多年里，就再没有诞生过什么有名的兵书了。按理说，从汉末、魏晋南北朝到隋唐，战争从未间断过，人们耳熟能详的官渡之战、赤壁之战、淝水之战等都发生在这个时期，许多并不逊色于春秋战国时代的丰富的战争实践可待总结。但不可思议的是，直到积弱的宋代，中国兵学理论才重又进入第二个繁荣期。著名的《武经总要》

① （宋）李焘：《续资治通鉴长编》卷七十"真宗大中祥符元年十一月癸未"。
② （宋）李焘：《续资治通鉴长编》卷二百四十八"神宗熙宁六年十二月乙酉"。

前后两集 40 卷就是北宋时期名臣曾公亮和丁度编撰的，它被誉为"武学百科全书"。而由《孙子兵法》《吴子兵法》《六韬》《司马法》《三略》《尉缭子》《李卫公问对》等 7 部著名兵书构成的《武经七书》，也是由宋代官方组织汇编校订而成。

同春秋战国时代相比，宋代对军事理论的研究是系统性和专业化的，充满了自觉意识。从北宋中前期开始，朝廷便设立规范培养军事人才的专业武学，与太学并列，《武经七书》便是作为武学的教科书而编。这些类书或概论性质的军事著作还有不少，例如大型综合性兵书《虎钤经》就是宋人许洞撰于真宗时的。宋代还出现了许多分门别类的专业类兵书，像研究军事制度的《历代兵制》、讨论城池攻守问题的《守城录》、剖析战法战术的《百战奇法》、点评军事人物和事件的《何博士备论》、记录历代名将的传记《百将传》等。

与此同时，宋代也在武器制造技术上取得了许多重大革新与突破，最具典型意义的是火器的广泛投入应用。它们与兵学理论的百花齐放一样，是时代的一面镜子，映射出有宋一代紧迫的战争形势。

冗官，一官三人共之

在重要性稍低一些的程度上，每一朝都有人指出的冗官、冗员和冗事、冗费，也是造成宋代财政困境的原因。

每个朝代沿袭到一定阶段都会滋生官僚机构臃肿、人浮于事的弊端，但宋代的冗官在性质上也与其他时代不同。这是它不得不面对的另一个特殊问题。

为改善唐末、五代藩镇割据、战乱不绝、频繁改朝换代的严重混乱与失范，宋代汲取总结了前代的经验教训，建立起一整套完备的中央集权制度，以防范武人拥兵自立和地方离心反叛。宋代统治者对这套制度是有足够自信的，这充分体现在它的政治宽容和思想言论自由上。从客观结果看，宋代确实避免了前朝的大多数常见危局，不但军人的躁动始终受到压制，民间的大规模破坏性叛乱也是最少的。

为了稳妥地让五代时期跋扈成性的军人退出政事，受控于制度化的朝廷文官系统，宋代立国之初选择的不是高压和屠戮，而是赎买。司马光《涑水纪闻》中对此有所记述，大意是：宋太祖听了宰相赵普的建议，某日晚朝后与故人石守信、王审琦等饮酒，趁着酒酣耳热之际屏退左右，大叹苦经，说自从坐上了天子之位，一夜安稳觉也没睡过，因为天下觊觎这个位子的野心家太多了！石守信等听了，自然是惶遽不已，不知如何是好。太祖紧接着说："人生如白驹之过隙，所以好富贵者不过多积金银，厚自娱乐，使子孙无贫乏耳。汝曹何不释去兵权，择便好田宅市之，为子孙立永久之业；多置歌儿舞女，日饮酒以终其天年。君臣之间两无猜嫌，上下相安，不亦善乎？"石守信等人听了这番话，"皆再拜谢曰：'陛下念臣及此，所谓生死而骨肉也。'明日皆称疾请解军权。上许之，皆以散就第，所以慰抚赐赉之甚厚，与结婚姻"。这就是所谓"杯酒释兵权"。

这段故事还见于《邵氏闻见录》以及《续资治通鉴长编》等书中，内容大同小异，显然多取自《涑水纪闻》。一场牵一发而动全身的异常敏感的政治博弈被记录得轻描淡写，但其实，真正让那些亲信将领心甘情愿"释兵权"的，可不是那一席温情脉脉的君臣酒宴，而是对他们世代享尽荣华富贵的承诺。前文曾说到过，宋代武将大多非常富有，皇室与武将联姻也特别多，原因便在于此。为了让一大批手握重兵的将军交出权力，从而解除对朝廷和皇位的威胁，朝廷不得不拿出一些尊贵头衔和一笔巨额财富去供养他们和他们的后人。[①]

宋代立国之初，在剪除各地割据政权，完成国家统一的过程中，大多也采取了类似的赎买政策。宋军平定一地，不管对方是投降还是被征服，为了平稳过渡，宋廷一般会原封不动保留原先的地方政府，维持大部分官员的职务俸禄不变，同时再派出自己的官员，通常名为"判知……事"、"同知……事"或"权知……事"之类，按字面意思就是暂时协助原来的官员管一下事。人们要到后来才渐渐发现，真正掌权的正是汴京派来的这些从官职名称上看像是临时工的低品级官员。这样"四两拨千斤"的操作固然手腕高超，却必然生出大量光拿钱不做事的闲职。"三省、密院吏员猥杂，有官至中大夫，一身而兼十余俸，故当时议者有'俸入超越从班，品秩几于执政'之言。"[②] 时间一久，就形成了中国古代最复杂的官僚体系。宋代官制名实淆乱，在历代官职研究中以繁难著称，这是史学界的共识。一个官位上同时有三五个人、一个人头上同时有六七个官职属常见情形，很难搞清楚究竟哪个是真正管事的、哪个头衔是某人的实职。这是一门很深的学问。

"冗官"与"冗费"正是这种赎买政策的结果。应该说，这笔花费最初是划得来的，它以比较小的代价换来了国家稳定。如果不是这样，焉知中国历史上由梁、唐、晋、汉、周凑成的"五代"会不会再多一个短命的"宋"，变成"六代"？但我们知道，任何一种制度和政策一经

---

① "杯酒释兵权"是否确有其事，学术界有很多讨论。但正如不少学者指出的，无论这一事件是否真实发生过，对一批长期执掌禁军重兵的宿将"释兵权"确实是宋初的重大国策，但这是经历了较长时间，分了好几个步骤才完成的。（参见邓小南《祖宗之法——北宋前期政治述略》，第204页）
② （元）脱脱等：《宋史》卷一百七十九《食货志下（一）》。

确立并施行，就会渐渐脱离它创设时的初衷，生长出自身的独立逻辑，并滋养出日益强大的既得利益群体，形成难以改弦更张的路径依赖。神宗元丰（1078—1085）年间官制改革以前，北宋的官僚系统里一直并存着"官""职""差遣"三种身份。其中唯有"差遣"是真正掌权和管事的，而"官"和"职"是地位等级或纯粹的荣誉性头衔，但又不能把它们简单理解为都是虚的……大多数情况下，只要有一个"官"、"职"或"差遣"，就能从朝廷那里领取一份相应的薪俸。

宋代还是中国古代科举制度成熟与完善的关键阶段，科考常态化，每科取士人数少则数百，多则数千，是唐代的数十倍甚至数百倍。宋人入仕当官的途径还远不止于科场，各类名目繁多的恩荫补官、胥吏出职、军功补授、进纳补录等，加在一起的总人数是科举取士的数倍。这使得宋代官僚数量膨胀得非常快。立朝之初，内外官不过三五千人；真宗景德（1004—1007）年间，全国文武百官尚不足 1 万。仁宗皇祐（1049—1054）年间，增至 2 万多；神宗元丰（1078—1085）初，有近 2.5 万；哲宗元祐三年（1088），再增至 3.4 万多人；而徽宗宣和元年（1119），猛增至 5.1 万多人，这还只是已经在任的"正官"，不包括正在等候差遣空缺的各类"选人"。北宋一共 160 多年，差不多每隔三四十年，官员数量就要翻一番。

据载，哲宗元祐（1086—1094）年间，俸禄最高一档的节度使就有 80 多名，其下留后、观察，以及遥领郡州的刺史多至数千名，而学士、待制中外等高官亦有 150 人。[①]

---

① 参见（元）脱脱等《宋史》卷一百七十九《食货志下（一）》。

这就必然导致宋代官场存在严重的人浮于事现象：

> 进士既多，任子亦众，故东坡进策有"一官三人共之"之
> 说，以为居者一人，去者一人，而伺之者又一人。莅官之日少，
> 闲居之日长，而士大夫至于冒法。况今一官而五六人共之耶。[①]

很多候任官员往往一等就是三五年，无差可任，甚至有闲居十年都
补不到一阙的！官场掮客于是也应时而生。南宋末年临安城里有个赫赫
有名的"沈官人"，本吴兴人氏，"专以卖阙为生"。据说他神通广大，
天下州县哪些官职上有哪些空缺，"无一不在其目中"，比朝廷吏部掌管
官吏升迁调动的专门官员还要神通广大。他家的门槛都被那些急于补阙
的候任官员踏烂了。这位沈官人明码标价，甚至在办事之前公然向请托
者索取质押，乃至订立文约，办完后按约兑付，就跟做买卖一样。[②]

宋代官员不仅数量多，俸禄待遇也极为优厚。像宰相、枢密使之类
"执政"，仅月俸便有 300 缗，还有禄粟、春冬服衣赐、茶酒厨料、薪炭
盐、随从衣粮、马匹刍粟等各种固定的待遇。例如，宰相、枢密使春冬
服各给绫 20 匹、绢 30 匹，冬绵又给百两，每月禄粟 100 石、薪柴 1200
束，每年炭 1600 秤、盐 7 石，另给随从 70 人衣粮。参知政事、枢密
副使春冬服给绫 10 匹、春绢 10 匹、冬绢 20 匹、绵 50 两，每月禄粟
100 石、薪柴 400 束，每年炭 360 秤、盐 2 石，另给随从 50 人衣粮……
此外，还有名目繁多的不固定赏赐。自宰执以下，普通官员待遇也都很好，

① （宋）王栐：《燕翼诒谋录》卷三"外官给告浣濯"。
② （宋）周密：《癸辛杂识续集》卷下"卖阙沈官人"。

除俸钱、禄粟之外，地方官还分配职田，最高有 40 顷之多，其他日常所需也应有尽有。[①]

据记载，北宋后期，仅在京百官的"料钱"（大致相当于官俸以外的食品补贴），每年要支出 50 万—60 万贯，全国总计则在此数字的 4 倍以上。[②] 南渡后，政局动荡，国用窘匮，"故例群臣锡予，多从废省"，但绍兴（1131—1162）初年的临安官员每年在这方面的开支仍有近 30 万贯。有个例子被时人当作笑话记录下来：因朝廷规定"从官初除，鞍马对衣之赐……省其半"，于是出现了"马半匹、公服半领、金带半条、汗衫半领、裤一只"的赏赐。当然，实际给的都不是真的半匹马、半领公服，而是减半计算钱缗。[③] 我们由此可以清晰地看到，宋代是由实物经济向货币经济的转折时刻，旧的礼制外衣包裹着新的社会躯体。

宋代官员出差、调动频繁，各级官府都设有专门的"公使库"，用以接待往来公差之人。上至朝廷命官，下到普通吏卒，招待标准根据官员级别和家口数而定。所以宋代官吏赴朝或出差都用不着随身携带资粮及用具，可以从各地公使库获取，精明一点的还会有盈余。[④]

最令现代人难以想象的是，公使库的开销里还专门有酒水一项，谓之"公使酒"，不少官员因私饮或贪墨公使库里的酒而遭到朝廷贬谪。[⑤]《文献通考》载，仅扬州一郡，公使库账本上每年的开销就高达 12 万贯钱；孝宗淳熙（1174—1189）年间，王仲行以兵部尚书衔守平江，与关系密

---

① 参见（元）脱脱等《宋史》卷一百七十一《职官志（十一）》。

② 参见（宋）方勺《泊宅编》卷十；（宋）王得臣《麈史》卷上。

③ （宋）庄绰：《鸡肋编》卷中。

④ （宋）王明清：《挥麈后录》卷一。

⑤ （宋）王栐：《燕翼诒谋录》卷三 "公使库不得私用"。

切的同僚"一饮之费，率至千余缗"；东南和川蜀富庶地区的帅臣、监司们每赴任，号称"上下马"，途经"邻路皆有馈，计其所得，动辄万缗……"① 除此之外，北宋从真宗朝开始，在岭南为官死在任上的，包含因罪谪贬者，官府出钱归葬故乡，并负责将其家眷送回老家安顿。②

后来有人将宋朝政府对待官僚士大夫与对待普通老百姓的态度做过对比："给赐过优，穷于国计易耗。恩逮于百官者唯恐其不足，财取于万民者不留其有余。"③ 更有甚者，在宋代，只要考上了进士，哪怕一辈子都拒绝朝廷的任命差遣，依然有俸禄可领。这的确是一个士大夫的黄金时代！

事实上，宋代政府还经常用一些光给俸禄待遇而不掌实权的闲官职务去羁縻地方上一些落拓豪杰之士，为的是防患于未然。据说这类政策源于三朝名相韩琦。他坐镇西北时，有个名叫张元的"华山狂子"，因为犯事终身不得为官。偏偏他是个志向远大、豪气干云的人，成天作一些豪放怪诞的诗。张元曾向韩琦献策，但没有得到采纳，不久便流窜到西夏，为反叛的李元昊出谋划策，屡屡制造边患。此后韩琦每见有人作那些杀气腾腾的诗词，就会十分担心"此人若不收拾，又一张元矣"，便推荐任官。④ 像这样防止士人不遇而转变为敌人的怀柔政策，本质上也是当时的竞争性"国际秩序"派生出来的问题，恰如春秋战国是中国历史上士大夫最受笼络的时代一样。宋代空前绝后的政治与文化自由，

---

① （元）马端临：《文献通考》卷二十四《国用考（二）》。
② （宋）王栐：《燕翼诒谋录》卷五"优恤士大夫"。
③ （清）赵翼：《廿二史札记》卷二十五《宋制禄之厚》。
④ （宋）陈鹄：《西塘集耆旧续闻》卷六。

也是出于相同的逻辑，这是对高度专制的大一统体制的消解。

为免皇亲干政之祸，宋代严厉禁止宗室子弟入仕担任实职。作为补偿，朝廷会授予地位崇高的虚职，并辅以优厚的物质待遇。这一制度在南渡后有所放宽。承平既久，宗室人数成倍增长，用于供养宗室的费用也与日俱增。

总而言之，宋朝政府供养了很多不干事的闲人。宋哲宗元祐（1086—1094）年间的记录显示，一年的各类官俸支出达 2400 万缗。韩忠彦、苏辙、韩宗道三人于元祐三年（1088）的联名上书中力陈：

> 文武百官、宗室之蕃，一倍皇祐，四倍景德，班行、选人、胥吏率皆增益，而两税、征榷、山泽之利，与旧无以相过。[①]

就是说，政府需要养的各色人等翻倍增长，而财政收入却所增无几。

除此之外，许多人还频繁地提到郊祀之费或郊庙之奉。这是指皇家逢年过节祭祀天地、祖先以及各种礼仪庆典的花销。蔡襄就抱怨过："天下六分之物，五分养兵，一分给郊庙之奉、国家之费，国何得不穷？民何得不困？"[②] 郊祀之费在英宗朝虽略有下降，但至神宗熙宁（1068—1077）末，仍有 800 多万缗。[③] 此费用中的大头是对官员的例赏。如果再把北宋时赐予辽国的"岁币"银 30 万两、绢 30 万匹（实际还有"正

---

① （元）脱脱等：《宋史》卷一百七十九《食货志下（一）》。

② （宋）蔡襄：《蔡襄集》卷二十二《强兵》。曾巩也曾提到，真宗景德间郊祀之费超六百万缗，到仁宗皇祐间翻了一番，达到一千二百万缗。参见（宋）曾巩《元丰类稿》卷三十《议经费札子》。

③ （宋）方勺：《泊宅编》卷十；亦见叶梦得《石林燕语》卷一。

旦衣著四千匹、银器二千两，生辰衣著五千匹、银器五千两")[1]，赠予西夏的茶绢等物以及南宋时支付给金国的岁币也算在内，则又是一笔沉重的开销。

百年之积，惟存空簿

所谓"冗官""冗员""冗事"造成的"冗费"，也给宋朝政府增添了不小的财政包袱。治平四年（1067）正月，神宗即位第三天，时任三司使韩绛和翰林学士张方平二人联名向新帝奏疏，其中有一句触目惊心的话："自康定、庆历以来，发诸宿藏以助兴发，百年之积，惟存空簿……"[2]

按韩绛和张方平二人的说法，似乎"百年之积，惟存空簿"的财政噩梦主要是仁宗时代大手大脚、赏赐无度造成的，这么说有些不太客观。马端临的剖析和总结更加中肯："大概其所以疲弊者，曰养兵也，宗俸也，冗官也，郊赉也。而四者之中，则冗官、郊赉尤为无名。"[3]在他看来，所有"冗费"中，"冗官"与"郊赉"最没有必要，也是最应该被砍掉的。

这些就是熙丰间以司马光为首的反变法派大声疾呼的："国用不足，在于用度大奢。"有宋300余年，每一朝都有人重复提起。早在真宗初年，财政问题还未显现，就有王禹偁主张"减冗兵，并冗吏"；"艰难选举，使入官不滥"；"沙汰僧尼，使疲民无耗"。[4]仁宗宝元二年（1039），

---

① （宋）方勺：《泊宅编》卷十。
② （宋）李焘：《续资治通鉴长编》卷二百九"英宗治平四年正月庚申"。
③ （元）马端临：《文献通考》卷二十四《国用考（二）》。
④ （元）脱脱等：《宋史》卷二百九十三《王禹偁传》。

宋祁指出，"天下有定官无限员"，"厢军不任战而耗衣食"，"僧道日益多而无定数"，此"三冗不去，不可为国"。[①]

至于司马温公们一再建议的"节用"，朝廷也不是没有费过心思。舒缓宽厚的仁宗朝、锐意冒进的神宗朝，甚至聚敛无节的徽宗朝，都不止一次地试图裁减开支，但这些尝试最终都沦为轰轰烈烈的走过场。宋神宗还曾钦命司马光组建专门机构，研究制定裁减不合理开支的办法：

> 神宗嗣位，尤先理财。熙宁初，命翰林学士司马光等置局看详裁减国用制度，仍取庆历二年数，比今支费不同者，开析以闻。后数日，光登对言："国用不足，在用度大奢，赏赐不节，宗室繁多，官职冗滥，军旅不精。必须陛下与两府大臣及三司官吏，深思救弊之术，磨以岁月，庶几有效，非愚臣一朝一夕所能裁减。"帝遂罢裁减局，但下三司共析。[②]

耿直磊落无畏如司马光，也觉得裁减开支兹事体大，需要皇帝本人以及中书门下、枢密院和三司的宰执大臣一起主持大局，才有可能循序渐进地推进。

说到底，这笔账并不难算：相比占全部财政收入 4/5 乃至 5/6 的军事开支，上述这些"冗费"只是小头，就算都节省下来了，也不足以牵动大局，对改善国家财政状况起不到显著作用。王安石因为当过专管此事的三司度支判官，看得比谁都清楚，所以他很少将注意力放在"节用"

---

① （元）脱脱等：《宋史》卷二百八十四《宋庠传》。
② （元）脱脱等：《宋史》卷一百七十九《食货志下（一）》。

上。就连不遗余力地批判了王安石一辈子的朱熹也亲口说过："财用不足，皆起于养兵，十分，八分是养兵，其他用度止在二分之中……"[1] 可想而知，在养兵之外剩余的"二分"螺蛳壳里再怎么动足脑筋，怕也做不成像样的道场。况且，"冗官"与"冗费"涉及一个庞大的既得利益群体，真要采取雷厉风行的措施强行推进，可能引起的反弹也令为政者不无担忧。仁宗时，"议者或欲损吏兵奉赐。帝谓：'禄廪皆有定制，毋遽变更以摇人心'"[2]。

或许还有人会问：为什么宋代财政如此紧张，而朝廷依然投入了那么多资源用于那些看似并不紧急的事情上？例如大力建设官学和社会福利体系。道理也在于此：相比于军费，这些开支皆是微不足道的小钱而已！

所以，真正想要有所作为的皇帝内心里都很明白：要从根本上解决财政问题，除非像汉唐时代那样主动出击，一劳永逸地压服北方民族，随后大规模削减武备。否则，唯有千方百计扩大收入一途，靠"节用"注定是事倍功半的。正如宋神宗在"穷吾国用者，兵冗耳！"这句感叹后紧接着说的："不思议此，而止于粮草校计毫厘，失其要也。"[3]

有人说志存高远的宋神宗37岁就英年早崩，是因河湟开边不利焦虑而死。说起来，宋军在这场与西夏的大规模战争中还是有些斩获的，不能算满盘皆输。而作为统筹全局的皇帝，本也不至于为一两场具体战役的得失焦虑到如此地步。我认为，真正让宋神宗无法释怀的是这场战

---

① （宋）黎靖德编：《朱子语类》卷一百一十。
② （元）脱脱等：《宋史》卷一百七十九《食货志下（一）》。
③ （宋）李焘：《续资治通鉴长编》卷二百四十八"神宗熙宁六年十二月乙酉"。

争的结局对于整个大宋未来国运的意义。他之所以要发动这场开边大战，原本是寄希望于一举击溃西夏政权，就算不奢望彻底消灭它，收复陇右故地，最起码也能在可见的时期内有效地卸掉压力，让西夏问题不再是一个心腹之患。然而战争的实际走向让他认识到，这一目标是不可能实现的，不仅如此，他的后代也将继续生活在夏人的威胁与袭扰中。而他费了那么大的力气，不惜引发朝野纷争，毅然发动变法，不就是为了富国强兵吗？河湟开边的挫折宣告了宋神宗宏伟蓝图的破产：宋朝虽然花费巨大代价占下了一些重要地盘，但西北大格局几乎没有什么改变，大宋也还将继续像过去百年那样得过且过……

这就是宋神宗内心深处的绝望。

三、透过财税看朝代兴衰

独特的财政困境让宋代变得与历史上其他朝代如此不同。

朝廷财政的捉襟见肘、入不敷出，又是如何塑造出一个有利于城市工商业经济发展的繁荣社会的呢？其中的逻辑并不复杂：基于前述国际国内基本形势，宋代为提高政府收入绞尽了脑汁。

宋承唐制，理论上对中唐以来形成的财政制度照单全收。也就是说，依田亩而征收的夏秋两税自始至终都是正统的合法税收，亦即所谓"正税"。事实上，宋代处于农业经济时代，大部分劳动人口从事的是农业，农业税理应是国家收入的主要来源。北宋初年，两税田赋在国家财政收入中一度确实占了最大比重，太宗淳化四年（993）的诏书中便有"军国所资，咸出于租调"之语。[①] 以至道（995—997）末的记录看，来自农业的两税约占朝廷全部岁入的65%。

不过这大概是我们能够找到的最高数值了，自那以后，这个比例就逐年下降，而且下降得非常快。最早在真宗末期、最晚在仁宗中期，农业税占全部税收的比重就已跌至一半以下，秦汉以来一直占比不高的工商业税收历史性地超过两税。在以后的200多年里，两税这种名义上的正税就再也没有在宋代的国家税收中占有过主导地位。到神宗熙宁十年（1077），农业两税进一步下降到只占全部财政收入的30%左右，广义的工商税则两倍于它——短短80年里，税收格局完全颠倒过来。就此意义以及其他许多层面——例如南北经济格局首次翻转等——而言，公元11世纪，是中国经济史上的里程碑时刻。如果仅以经济指标衡量，当时的中国，一只脚已经跨入近现代。

南渡以后，这一趋势加剧。高宗末、孝宗初，包括和买、折帛在内的两税，已经萎缩到仅占全部岁入的20%；到孝宗末、光宗初，再降至15%多一点；而到南宋末年理宗时代，两税仅占财政收入的10%都不到。[②] 所谓"正税"，早就不是政府依赖的主要收入，几乎已退居可有可无的边缘地位。这在近千年前的中古农业时代，无论如何都是一个反常的现象。当代有些研究者甚至得出一个激进的结论：中国国家收入中来自农业税的比例再度回落到南宋末年的水平，一直要等到700多年后的

---

① （元）马端临：《文献通考》卷四《田赋考（四）》。
② 参见黄天华《中国财政制度史》，第1144页；漆侠《宋代经济史（上）》，第403—406页、442—444页。

20 世纪 90 年代！

两税，历来被认为是农业时代最可靠的政府收入，正如农业被认为是最可靠的生计之本一样。但两税实际上也是最缺乏弹性的收入之一，增长的天花板非常低，根本不足以支撑宋朝政府水涨船高的财政开销。并非主政者主观上不想，而是紧迫的时代形势没有给予他们从容践行"务本"与"节用"的机会。据蔡襄统计：早在皇祐（1049—1054）间，若仅有两税收入，朝廷将出现粮 900 万石、绢帛 500 万匹、钱 2200 万贯的巨额亏空。要想增加收入，靠增税显然是不可持续的，不断提高税率的社会成本和风险极大。于是宋朝政府只能在传统的田赋正税之外另辟蹊径，开拓更多收入来源。马端临对南宋财政的观察细致入微：

> 盖南渡以来，养兵耗财为夥，不敢一旦暴敛于民，而展转取积于细微之间，以助军费，初非强民而加赋也。[1]

实际上，南渡以前亦如此，这是有宋 300 多年间主政者一贯的逻辑。

田赋正税在国家税收收入中占比很低且日益下降，是宋代财政区别于其他朝代的鲜明特性。伴随这一趋势自然而然地凸显的是宋代财政的另一重大特征，即我们一再提及的：政府收入中的实物部分很少，货币比重极高。前述太宗朝岁入钱 1600 万缗，已经 2 倍于晚唐时；而理宗朝的 8000 万缗则增至唐朝末的 10 倍！这远远不仅是数量上的扩张，其背后的深刻变化是完全可以推测的。结合政府的收入结构及其长期演变趋

---

[1]　（元）马端临：《文献通考》卷十九《征榷考（六）》。

势，宋代 300 多年间从产业结构、经济模式到社会生活全方位的革命性变迁便可一目了然。

国家利源，榷茗居半

政府首先想到的是增加禁榷收入，而且做得很成功。

所谓"禁榷"，亦称"征榷"，就是对经济运行和社会生活不可或缺的资源性商品或暴利性商品实行国家垄断，以攫取高额垄断利润。自汉武帝正式确立"盐铁官卖"制度以后，"禁榷"就一直是历朝的基础性经济制度。现代国家普遍实行的针对某些商品的"国家垄断"或"专卖制度"，本质上就是古代的"禁榷"。

与前代相比，宋代的"禁榷"制度有两个重要变化或者说鲜明特色，这也是宋代征榷制度比其他朝代都要成功得多的原因。

首先，宋代大大扩展了征榷范围，不仅继承了前代就有的盐、酒、矾等征榷，还新增了茶、醋、香等商品。由于征榷范围的大幅度扩展，它对宋代经济发展和社会生活的影响也比之前更大，由此生出一系列复杂的经济现象，例如本书第二章中讲到的"盐钞茶引"票据交易。

但在另一方面，宋代又大大限制了政府在征榷中的直接介入，而代之以市场化手段，即当时所谓"引法"。在征榷制度的具体实施中，政府十分注重与民间私营机构合作。

按不同模式来分，宋代的"禁榷"大致可分为三种类型：

第一种是从生产、运输到销售都由官府全面、直接垄断经营，汉武帝的盐铁专卖采取的就是这种形式，它是最严格意义上的"禁榷"。但这类征榷在宋代极少，大概仅有盐业中的一小部分，如蜀川官盐井采用这种方式。

第二种是国家不垄断生产和销售，但对某一商品的市场经营设置准入门槛，向特定私商发放许可证，同时征收许可费，有时国家也会参与一些市场批发购销。盐、茶、酒业就是这类征榷中比较典型的，这也是宋代征榷中最常用的模式，占征榷商品和货值的比重也最大。当时有所谓交引法、见钱法、贴射法等多种方式，其本质都是官方授权特许，私商直接经营。

第三种是国家既不直接参与生产和销售，也不对市场进行任何控制，民间商人可以自由经销，但须向国家缴纳特别税。市舶贸易进口的香药、奢侈品等采取的就是这类模式，国家基本不参与这些进口商品的买卖，但以抽解、和买等方法抽取其中相当一部分利润。国家收到的如果是钱，就直接入库；如果是实物，则交付榷货务就地批发转卖给私营商人，折换成钱输京。这实际上已不能算禁榷，按今天的标准，就是税率比较高的"特殊行业"。

由于摈弃了过去那种政府大包大揽的方式，主动引入私营商人参与，宋代征榷制度的实际运作是卓有成效的。"夫欲十分之利皆归于公，至其亏少，十不得三。不若与商共之，常得其五也。"[1]从欧阳修这番话中可知，宋代执政者对征榷中如何最大限度地提高效率、降低成本，有着清醒的认识。我们都知道，在很多情况下，政府是无法完全和有效地代替私营机构的经济职能的。像沿边入中和水路纲运，运输和管理成本极其高昂，唯有依赖充分的市场化运作才行得通。

---

[1] （宋）欧阳修：《欧阳修全集》卷四十五《通进司上书》。

有宋一代，禁榷之法频繁变更，尤以茶法为最，本质上就是官府与私人商业之间的博弈：官府挖空心思，无非是想从禁榷专卖中攫取最大收益。但要想让潜在的超额利润转变为真实的收入，就必须让私商有充分的积极性。这是一个不断摸索和平衡的过程。长期而言，这种征榷模式不但最大化了国家的利益，也培育出一个欣欣向荣的商业市场和一大批经营成功的商人。

在宋代所有禁榷商品中，榷盐收入一直高居首位，在政府财政中占有压倒性的地位。太宗至道三年（997），盐利为 300 余万贯；真宗天禧末增至 350 余万贯，占当时政府货币收入的 13% 多一点。仁宗时再增至 710 多万贯，占政府货币收入超过 18%。到北宋末年，盐利暴涨到 2000 万—2500 万贯之间。120 年里增长了 70 多倍。"政和六年，盐课通及四千万缗，官吏皆进秩。"[①]南渡以后，盐利在国家收入结构中更是占据了畸形的高份额。高宗绍兴末，盐利 1900 余万贯，占货币收入的 54% 还要多。孝宗乾道（1165—1173）、淳熙（1174—1189）年间，盐利绝对数额增至近 2200 万贯，甚至一度创下过逾 3100 万贯的最高纪录。孝宗朝以后，盐利在朝廷岁入中的占比虽稍有回落，但仍占全部货币收入的近 50%。故时人有云"国家利源，醝茗居半"[②]，醝茗就是盐与茶。乾道六年（1170），户部侍郎叶衡奏："今日财赋之源，煮海之利实居其半。"[③]"计每岁天下所收盐利，当租赋三分之一。"[④]

---

① （元）马端临：《文献通考》卷十六《征榷考（三）》。

② （宋）周必大：《周益国文忠公集》卷三四《陈从古墓志铭》。

③ （清）徐松：《宋会要辑稿·食货》二七之三三；（元）马端临：《文献通考》卷十六《征榷考（三）》；（元）脱脱等：《宋史》卷一百八十二《食货志下（四）》。

④ （宋）王象之：《舆地纪胜》卷四十。

《中兴四朝食货志》中的一段话清楚地展现了唐代中叶以来几百年里政府榷盐收入是如何以几何级数增长的：

> 唐乾元初，第五琦为盐铁使，变盐法，刘晏代之，当时举天下盐利才四十万缗。至大历末，增至六百万缗，天下之赋，盐利居半。宋朝元祐间，淮盐与解池等岁四百万缗，比唐举天下之赋已三分之二。绍兴末年以来，泰州海宁一监支盐三十余万席，为钱六七百万缗，则是一州之数，过唐举天下之数矣。[①]

总体上看，南宋时榷盐收入要占到全部财政收入的 40% 左右。[②]

榷酒收入也是宋代征榷中举足轻重的一笔。榷酒之法自汉武帝创立后，历代断续施行，直到今天依然有酒类国家专卖的法令。唐代后期，为增加收入，朝廷加大了榷酒的力度。"建中三年，初榷酒，天下悉令官酿，斛收直三千……委州县综领；酝薄私酿，罪有差。"[③] 宋代延续了唐代的榷酒制度，并极大地扩充了酒类专卖的朝廷收入。北宋初年，朝廷酒利收入每年 200 万贯不到，约占政府全部货币收入的 10%。真宗和仁宗朝，酒利一度大增，最高时占 40% 以上。此后有所回落，神宗熙宁十年（1077），酒利 1300 余万贯，之后 200 年里基本维持在这个水平线上下，约占政府货币收入的 25%，总收入的 20%。

关于宋代酒业，本书第二章介绍城市餐饮业时已有详细的叙述，此

---

① （元）马端临：《文献通考》卷十六《征榷考（三）》。

② 参见郭正忠《宋代盐业经济史》，人民出版社，1990 年，第 675—679 页。

③ （后晋）刘昫等：《旧唐书》卷四十九《食货志（下）》。

逝去的盛景：宋朝商业文明的兴盛与落幕

处需要再指出一点：宋朝政府从榷酒中获得的收入是其他朝代完全无法比拟的，从太宗至道（995—997）中到真宗天禧（1017—1021）末，直至仁宗皇祐（1049—1054）中，酒曲岁课由最初的400万贯增长到800多万贯，直至近1500万贯。虽英宗治平(1064—1067)年以后略有所下降，但榷酒收入在宋代财政收入中也仅次于榷盐和两税，居于所有单项收入中的第三位。[①] 据李心传《建炎以来朝野杂记》载，熙宁（1068—1077）末年，仅两浙路每年的酒利就超过了80万贯。[②]

宋代文献中留下了很多对政府设法卖酒的猛烈抨击，特别是将此与攻击王安石变法联系起来：

> 新法既行，悉归于公，上散青苗钱于设厅，而置酒肆于谯门。民持钱而出者，诱之使饮，十费其二三矣。又恐其不顾也，则命娼女坐肆作乐，以蛊惑之。小民无知，竞争斗殴，官不能禁，则又差兵官列柳杖以弹压之。名曰"设法卖酒"。[③]

苏轼、苏辙兄弟在元祐（1086—1094）初年上疏批评"青苗法"时，也都提到过类似情形："官吏无状，于给散之际，必令酒务鼓乐倡优，或关扑买酒牌子，农民至有徒手而归者。但每散青苗，即酒课暴增……"[④]"群饮者，唯恐其饮不多而课不羡也……田亩种秋，三之一供酿财曲糵，犹

---

① 参见（元）马端临《文献通考》卷十七《征榷考（四）》；（元）脱脱等《宋史》卷一百八十五《食货志下（七）》。

② 周辉《清波杂志》卷六"榷酤"中称60万贯。

③ （宋）王栐：《燕翼诒谋录》卷三"设法卖酒"。

④ （宋）苏轼：《乞不散青苗钱斛状》。

不充用……甚至设法集妓女以诱其来，尤为害教。"^① 这类描述难保没有加油添醋之处，但卖酒关涉到一笔庞大的财政收入，宋政府为此绞尽脑汁却是毋庸置疑的。

榷茶实际上也始自唐朝，但茶在唐代并不普及，中唐以前很少有人注意过这种时髦的新兴饮品。"安史之乱"后军费浩大，茶的生产、销售和消费趋于旺盛，茶利渐渐被朝廷和藩镇注意到。"贞元九年正月，初税茶。……自此每岁得钱四十万贯：茶之有税自此始也。"^② 不过唐代茶利微乎其微，在政府收入中几乎可以忽略不计，所以我更倾向于将榷茶视作一项宋代才真正开始的征榷制度。

入宋后，随着茶在日常生活中的重要性不断提升，榷茶之利大大提高，虽然比不上榷盐和榷酒的收入，但仍为政府提供了一笔极为可观的收入。从北宋前期到徽宗崇宁（1102—1106）间的百余年里，朝廷曾多次变更茶法，只为榨取尽可能多的油水。仁宗嘉祐（1056—1063）间，茶利仅有30万贯出头，后来猛增10多倍，达到400多万贯。^③

榷香，显然是随市舶贸易的兴起而生。关于榷香收入，或者更广义的市舶收入，我在本书第三章讨论宋代的对外贸易时也已有过比较详细的描述。若以价值计，香是宋代所有进口商品中的第一大类，金额大概比其他所有舶来品加起来还要大。整个南宋，市舶收入大体占政府岁入的3%—5%。但在南渡之初和南宋临近灭亡前夕这两个面临危机的时刻，

---

① （宋）周辉：《清波杂志》卷六"榷酤"。

② （宋）王溥：《唐会要》卷八十四《杂税》。

③ 参见(宋)李心传《建炎以来朝野杂记》甲集卷十四。（元）马端临《文献通考》卷十八《征榷考（五）》则言，仁宗景祐中，叶清臣上疏称，景祐元年，天下茶利只及三十四万缗。而到徽宗崇宁元年蔡京议大改茶法时奏，茶利最高时达到五百余万缗。

这部分收入曾两度成为支撑整个政府财政，使之免于和延缓崩溃的中流砥柱，建炎（1127—1130）初年最高时占到过全部岁入的20%。不过，市舶收入并不能全都算作征榷，其中的"抽脚"部分实际是关税而非国家专卖，应当计入狭义的商税。但榷香所得是市舶收入中的大头，这一点是无疑的。

至于榷矾，此处亦简单提一下，矾在当时既是饮用水的净化剂，也是一种极为重要的染色剂，是纺织业不可或缺的重要商品。东京最繁华的地段——东华门外早年曾是矾商聚集交易之地，可见它在当时经济产业中的显赫地位。

榷矾制度自宋朝建立之时就有，据南宋永嘉学派陈傅良说，它起初是宋太祖为对付契丹和北汉政权而专门设立的。太宗、真宗、仁宗三朝，榷矾的年收入时有损益，大致在20万贯。神宗朝变法后，到元丰六年（1083），矾课增至30多万贯，徽宗时代大致维持在这个水平。①

除了上面这几个大项，宋代对于金银铜铁锡等金属矿藏的开采、冶炼、制造和销售亦有专门的禁榷政策，当时称为"坑冶"："官置场、监，或民承买，以分数中卖于官。"②

本书第八章中讲到舒州望江县陈国瑞和平江府姜八郎的故事，两件事情都被当作"见利不忘义"的好事记录下来。但我们从中也可以发现：宋朝政府虽然对银、铜、铁等金属实行禁榷，但似乎并非国家完全包揽

---

① （元）马端临：《文献通考》卷十六《征榷考（三）》；（元）脱脱等：《宋史》卷一百八十五《食货志下（七）》。
② （元）马端临：《文献通考》卷十八《征榷考（五）》；（元）脱脱等：《宋史》卷一百八十五《食货志下（七）》。

下来，而是采取官民合作的政策，即允许私人拥有这些金属矿藏并采掘、冶炼、制造，但在产品销售端则须经国家授权后专卖，或只能出售给国家。不过"坑冶"制度经过多次改变，尤其是在蔡京当国时，"数罢数复"①。这里不加详述了。

如果对绍兴六年（1136）朝廷榷货务总计 1300 万贯征榷所得作一分解，可以得到盐、酒、茶、香、矾等各项禁榷收入所占的份额："大率盐钱居十之八，茶居其一，香矾杂收又居其一"②；其中单盐利一项，又占到朝廷全部岁入的 1/3 还要多。此后二三十年里征榷收入翻了一番，"（绍兴）二十四年，收二千六十万有奇；三十二年，收二千一百五十六万有奇……"③ 如此可以清晰地看到它在宋代财政中一柱擎天的地位。不夸张地说，它是赵宋政权在与外族的严酷竞争中得以存活下来的首要财力保障。这种在宋代全面成型的征榷制度还被后来的元、明、清所继承，成为王朝时代影响最为深远的基本经济制度之一。

两宋 300 多年里，征榷制度日益加强，到北宋末徽宗朝蔡京当权时，征榷的覆盖面更大，管理制度也越来越严密和完备，最高时禁榷收入一度竟达 4000 万贯！以至于时任榷货务主政官员、深为蔡京倚信的魏伯刍厚颜无耻地吹嘘，当时国家富盛已远胜于历来广为人称道的"文景之治"，要求史官记录下来以永垂史册：

---

① （元）马端临：《文献通考》卷十八《征榷考（五）》;（元）脱脱等：《宋史》卷一百八十五《食货志下（七）》。
② （宋）李心传：《建炎以来系年要录》卷一百四"绍兴六年八月"。
③ 同前注。

新法于今才二年，而所收已及四千万贯，虽传记所载贯朽钱流者，实未足为今日道也。伏乞以通收四千万贯之数宣付史馆，以示富国裕民之政。[1]

欲分商贾之利

狭义的商税是宋朝政府除征榷和田赋之外的第三大收入来源。

此处所谓"狭义的商税"，指的是官府禁榷之外普通商品在生产、流通过程中产生的税收。它所对应的是前述"广义的工商业税收"，那是指农业"两税"以外所有产生于工商业领域的政府收入。

中国历史上，政府将工商业从农业管理中分离出来单独征税，是从唐朝开始的。"安史之乱"以后，"诸道节度使、观察使，多率税商贾，以充军资杂用。或于津济要路及市肆间交易之处，计钱至一千以上，皆以分数税之……"[2]

纵观古今中外，当政者认识到商业的价值，都是从税收开始的。唐代首创的这套商税制度在宋代得到逐步完善，从北宋初年开始，政府就花了很多力气将各种商税征收行为法治化和规范化，并制定了中国历史上第一个系统的商税征收制度——《商税则例》。早在太祖建隆元年（960），也就是大宋建政第一年，朝廷即"诏所在不得苛留行旅赍装，非有货币当算者，无得发箧搜索。又诏榜商税则例于务门，无得擅改更

---

① （元）马端临：《文献通考》卷十六《征榷考（三）》。
② （唐）杜佑：《通典》卷十一。

增损及创收"①。

《商税则例》最初似乎是为了杜绝各级官府对商贾擅自增税而出现的。太宗朝也曾多次下诏严禁勒索刁难商贾，并制定了一系列严格的市场管理、统一度量衡器、保护私人财产的政策，从中可见宋代统治者对于工商业的重视。政府在京师、州府县城，直至镇市、墟市、草市、河津渡口等地设置各层级"税场"。如此一来，便从法令制度的"软件"和政府机构的"硬件"两方面入手，形成了中国古代第一个完整的商税征收系统。

宋代的商税征收覆盖生产与生活中的全部物品，"关市之税，凡布帛、什器、香药、宝货、羊彘、民间典卖庄田店宅、马、牛、驴、骡、橐驼及商人贩茶盐皆算"②。不过，从宋太祖开始直到南宋，朝廷多次颁布诏令，对农器、粮食等生产生活必需品免税；对衣服、薪炭、家禽（畜、鱼）、果蔬、食油、盆罐等重要生活物资也推出过免税政策；还偶有针对特殊地区的某些特别免税政策，如"开宝六年，诏岭南商贾赍生药者勿算"；另外，持有现钱过所要征税，持楮币（纸币）则一般不征税……③ 但这些都是纸面上的，具体执行的实际情况取决于不同时期朝廷的大政方针以及不同地区主政者的权衡。

宋代商税分"过税"和"住税"两种：

行者赍货，谓之过税，每千钱算二十；居者市鬻，谓之住税，

---

① （元）马端临：《文献通考》卷十四《征榷考（一）》。
② 同前注。
③ 参见（元）马端临《文献通考》卷十四《征榷考（一）》。

每千钱算三十。大约如此,然无定制,其名物各从地宜而不一焉。^①

过税,即商品运输中的过境税,是指政府在陆路关隘要道、河津渡口之类交通枢纽设置税卡,对商人贩运经过的货物所征收的税种,税率通常为货值的2%,完税后发给商人牒文以资证明。住税则是对在城镇固定市场中交易的商品征税,即在交易所在地缴纳的销售税,税率一般为3%。不过马端临已经明确指出,这两种税率只是"大约如此",具体情况千差万别。此外,究竟是商人每过一州、一县或一镇、一乡就要缴税,还是朝廷只在一些重要的关口征收过税?如今已难以精确考证,大概不同区域的情况也很不相同。反正过税管的只是一段路程,一次贩运商品过程中会被征收多少回过税,取决于贩运的里程长度以及地方上税卡的疏密程度。

对现代人来说,住税是比较容易理解的。过税,本质上是古代经济和区域管理的制度痕迹,是割裂的市场格局之映射。但通过过税,我们可以观察到宋代正在快速一体化的区域乃至全国统一大市场。以浙西接壤安徽的严州^②为例:这是一个算不上富庶的内陆山区郡州,但在南宋时,江东路宣州、徽州等地的土特产——特别是竹木制品——要输往当时的政治、经济和人口中心,即地处浙东的临安和平江、湖州、秀州、越州、庆元等府州,严州是必经之途。由此,过税便成了这里的重要收入来源。当地人说"吾州无利孔,微歙杉,不为州矣"。楼锡(楼钥之兄)主政

---

① (元)马端临:《文献通考》卷十四《征榷考(一)》。

② 即今之桐庐、淳安、建德三县市,北宋时称为睦州,徽宗宣和三年平方腊之乱后改名严州。

严州时，因政策得当，短短 3 个月即征收到木材过税钱 10 万缗。[1] 若以 2% 的过税税率计，则宣城、歙县等地一年仅东输的竹木产品，总市值最少也有 500 万缗！宋代区域性商贸流通的规模由此可窥一斑。

在与辽、夏和金国的"榷场"交易中，政府还向参与交易的商人征收一种特殊的商税。[2]

据北宋时期的记载，太宗至道（995—997）中，商税收入约 400 万贯；真宗天禧末（1021）增至 1200 余万贯；仁宗庆历至皇祐初（1041—1049）再升至 2000 万—2200 万贯；到仁宗皇祐中至嘉祐间（1051—1058），回落至 800 万贯以下；而在英宗和神宗时代，基本维持在 850 万—900 万贯之间……商税最高的仁宗皇祐初，是太宗时的 5 倍还要多，其占政府货币收入的比重，最高时竟高达 56%！这一阶段商税的增加是因为与西夏的战端开启，政府为补军用不足而加大了征税执行力度，许多传统上免税的商品，如蔬菜瓜果等悉数被征税。在平常情况下，商税在北宋政府岁入中占比不足 20%。南宋文献中缺乏商税收入的精确记载，但可以肯定比北宋又有大幅度增加。这是因为，一方面，南宋工商业比北宋更繁荣；另一方面，疆土面积缩小了一半的南宋，平均人口密度比北宋时更大，政府在财政上也只能更加倚重非由土地产出的商税。[3]

从上述商税的变动情况可以观察到，与两税田赋和征榷收入相比，这类狭义商税呈现出一个显著特点：它是相对富有弹性的。也就是说，商税收入的起伏波动很大，一段时期工商业的繁荣程度直接决定了政府

---

[1] （宋）楼钥：《攻媿集》卷八十五《先兄严州行状》。
[2] （元）马端临：《文献通考》卷二十《市籴考（一）》。
[3] 参见漆侠《宋代经济史（下）》，第 1008—1010 页。

能够征到多少商税。就此意义上说，商税的多寡最为考验政府经济政策的合理性：如果政府措置得当，对工商业的保护、鼓励和支持有效，它就能收到更多商税，楼锡主政时的严州便是如此。反之，商税数额有可能一落千丈。在两宋三百多年的大部分时间，商税收入约合全部征榷收入的一半，在政府岁入中居田赋之后，列第三位。但到南宋后期，这部分商税收入已明确超过田赋两税，升至政府收入中的第二位。

商税在宋代的巨大意义不仅在于它在政府收入总盘子中所占的重要地位，更在于它极大地影响和改变了宋朝政府的政治哲学、执政理念和行为方式。正是这笔数额巨大的商税的存在，让宋代统治者无可奈何地搁置了历史上其他朝代一贯秉持的"重农抑商"传统，变得如此"鄙琐"地汲汲于牟利：

> 古人之立法，恶商贾之趋末而欲抑之，后人之立法，妒商贾之获利而欲分之。[1]

尽管宋代官场主流依然固守千年来的轻商传统，不屑于去做征收商税之类的琐屑俗务，"州郡县令亦鄙贱之"，以至于只能将"商税之任，今付之初官小使臣，或流外校尉、副尉"。但朝廷最高层可顾不上士大夫的面子，"康定元年六月壬子，诏：'天下州县课利场务，十分亏五厘以下，州、通、县令罚俸一月；一分以下，两月；二分降差遣。增二分，升陟差遣'"[2]。一地商税的增减，已上升为当时考核州县官员的指标。可

---

① （元）马端临：《文献通考》卷二十《市籴考（一）》。
② （宋）王栐：《燕翼诒谋录》卷五"亲民官监商税"。

以想象，这根指挥棒将会如何有力地驱使各地官员汲汲于改进营商环境。

而为了尽可能征到更多的商税，宋朝政府对财政制度做过大量创新，其中许多已触及古代政治经济制度的边界，旧有的框架几乎只剩下一层窗户纸未被捅破。

所谓"买扑制"就是其中比较值得一提的，说起来这也始于唐朝晚期，到了宋代被发扬光大。宋代商税的"买扑制"最早出现于酒利课税中，即政府经过一定的估算后将某一地方的酒利确定一个额度，谓之"年额"，由当地有实力的酒商承包下来。不管实际销售了多少酒，承包商都向国家缴纳此年额。如有盈余则归承包者所得，不足也由承包者自掏腰包补上，而且可能是预先垫付。

> 宋太祖开宝三年令扑买坊务者收抵当。……扑买之名，始见于此。所谓扑买者，通计坊务该得税钱总数，俾商先出钱，与官买之，然后听其自行取税以为偿也。[1]

此处所言"扑买坊务者收抵当"，意思就是扑买酒税的人须以自己的田产房屋等家业作抵押，万一课额完不成，即以家产抵充。太宗朝以前，买扑的务场"皆有定额，不许增抬价数，辄有划夺"[2]。但真宗时期开始执行"实封买扑制"，即现在所说的拍卖投标制，谁出钱多，即由谁承

---

① （明）邱濬：《大学衍义补》卷三十二《制国用》。
② （宋）刘挚：《忠肃集》卷五《论役法疏》。

包这笔酒税。^① 此后，买扑制还逐步推广到盐业等商业领域中。

　　类似的包税制在欧洲中世纪十分流行，包税商也十分活跃，当时欧洲大小国家和诸侯林立，许多政府处于弱势地位，直接到市场上征收税赋的成本很高，于是就诞生了这种转包风险与收益的财政机制，实际上是把税务这种公共事业交给了专业能力更强、效率更高的私营机构。加上当时欧洲许多政府财政恶劣到寅吃卯粮，经常把税收抵押给银行以获得贷款，故而日益依赖这类呼风唤雨的包税商。但在中国，因为大多数时候有统一的中央政府，不存在竞争性的政权，包税制这类财政手段在历史上并不多见。宋代税务的买扑制度之所以会实行，主要是因为国家不想在课利微薄的地方专门设官监税，增加行政成本，但又不愿意轻易舍弃这部分税利。宋代买扑制通常在年入1000贯以下的地方实行，按马端临的说法，"按坊场即墟市也，商税酒税皆出焉"^②。买扑制的实质，就是政府以出让一部分税利的方法来调动民间力量参与税赋征收，从而达到增收节支的目的。这也是宋朝政府为增加收入而搜肠刮肚的又一鲜明例证。

　　元丰七年（1084），开封府界及天下诸路所有这类坊场共计收到税钱近700万缗，谷、帛近100万石、匹。^③新法施行期间还发生过一桩令人瞠目结舌的荒唐事：因朝廷要求鬻售所有坊场、河渡，司农寺就把各地的祠庙都标价卖了出去，"募人承买，收取净利。官既得钱，听民

---

①　陈傅良则认为，这种价高者得的买扑模式始于熙丰变法期间："自熙宁悉罢买扑酬奖之法，官自召买，实封投状，着价最高者得之，而旧章举废矣。"参见（元）马端临《文献通考》卷十九《征榷考（六）》。
②　（元）马端临：《文献通考》卷十九《征榷考（六）》。
③　（元）马端临：《文献通考》卷十九《征榷考（六）》。

为贾区庙中……"搞得祭祀先贤和土地、火灶等神祇的祠庙每日嘈杂喧闹、乌烟瘴气。时判应天府的名臣张方平将此事上报后，神宗震怒，御笔批示加以严禁。[1]

敛之于细，而积之甚众

契税，旧亦称"牙契"，是现代国家普遍存在的一种重要税种，尽管它在大多数国家的财政收入中所占份额不高。所谓契税，就是指不动产、股票、债券之类资产性商品交易过户时缴纳的税费。对于缴纳者而言，其作用是从国家那里获得对产权转移合法性的确认。有研究认为，契税性质的税赋征收始于东晋时期，但契税成为一种规范化的财税制度，无疑是从宋代开始的。原因在于，契税与资产——当时主要是田宅——交易高度相连，中国历史上土地大规模私有化和市场买卖行为正是始于宋代，契税自然也只可能从那时起才获得了现实意义。

开宝二年（969），北宋政府开始征收"印契钱"，凡买卖田宅、奴婢、牛马，立有契据者，须纳此钱。据嘉祐三年（1058）的规定，田契钱税率为4%，以后不断增加，宣和四年（1122）为6%，建炎三年（1129）增至10%，绍兴五年（1135）又附加"勘合钱"，合计11.3%。到孝宗时，"民间市田百千，则输于官者十千七百有奇"[2]，税率已升至17%以上。田契钱的缴纳，"皆买者独输"，须在交易完成后两个月内缴纳。纳完后，官府会在官方版籍上将这笔资产的所有权从卖方过户给买方。

---

① （元）马端临：《文献通考》卷十九《征榷考（六）》。
② （宋）李心传：《建炎以来朝野杂记》甲集卷十五。

需指出的是，徽宗宣和年以后一再提高的契税中新增的大部分是以所谓"经制钱""总制钱"的名义征收的。[1]

"印契钱"或"田契钱"是一个例外，它实际上是税，却名为"钱"。在宋代，大凡名为"××钱"的，就其字面意思而言，指的是缺乏法律依据的官府收费，带有临时性意味，相当于现在的政府行政性收费。

宋代大概是中国历史上乱收费最多的一个朝代，前述马端临所言"展转取积于细微之间，以助军费"，指的就是这类收费，其中林林总总有所谓"经制钱""总制钱""月桩钱""版帐钱"等。这类行政收费的名目、性质和对象千奇百怪，还有些是罚没款项，但它们有一个共同点：都是在北宋末、南宋初那几十年间创设的，又多是为了贴补当时朝廷异常吃重的军费。下面就介绍一下其中最有代表性的"经制钱"和"总制钱"。

"经制钱"创始于徽宗宣和（1119—1125）末。方腊起事后浙中大扰，朝廷派大军征讨，军用拮据。时任江淮发运使（宋时负责经制东南七路财赋的重要官职）陈亨伯建议，在已有的酒务、酒糟、商税、牙契等税费之上再额外略增一两分，但分列入专门账目，以助军费。这些钱合起来名曰"经制钱"，以其归经制司管理而得名。我认为，经制钱创设的思路其实来源于北宋初年——精确地说是太祖开宝六年（973）——即开征的所谓"头子钱"。征收理由是，两税征收过程中，政府最终收到的税粮会有损耗，因而需要纳税人来补足。这种先例唐朝就有。此后，这类正常税收之上再额外增一分收费的做法以各种名目逐渐扩展到两税正

---

① （元）马端临：《文献通考》卷十九《征榷考（六）》。

税以外的其他工商业领域。这种经制钱曾于钦宗靖康年间被停废，但建炎（1127—1130）后很快便以"总制钱"的面目恢复。而总制钱，实质就是北宋经制钱在南宋的升级版。其一说是北宋末曾任御史中丞的翁彦国所创，另一说是建炎间留守建康府的叶梦得所创，翁彦国在任江南东西路经制使时将其推广。后"令各路宪臣领之，州委通判拘收，季终起发……以总制司为名"①。

如果放到现代财税制度中审视，经、总制钱实际上是因为某一特定重大事件（多为战争）而临时征收的特别附加税。例如，两德统一后，德国为帮助原东德地区重建，新增了一项"统一税"，税率还颇不低。不过在现代法治国家，这种特别附加税一般都是在开征之前就明确设定废止期限。然而在南宋，与金人的战争结束后，总制钱不但被保留了下来，而且还越收越多，"以迄于今，为州县大患"②。

经、总制钱自开征一直到南宋灭亡，便无一日不遭到有识之士的抨击。马端临总结道："汉之告缗，唐之率贷，宋之经、总制钱，皆衰世一切之法也……"③他还叹息，以宋孝宗之英明、孝宗朝文武大臣之贤能，也对它一筹莫展。"寿皇英主，乾、淳间贤俊满朝，而计不及此，惜哉！"④比他更早的叶适在《应诏条奏财总论》中决绝地宣布："总制钱不除，一则人才日衰，二则生民日困，三则国用日乏。"对于"始作俑者"翁彦国其人，叶适给予了猛烈批判。他将经、总制钱，折帛，和买和茶盐

① （元）马端临：《文献通考》卷四《田赋考（四）》；（元）脱脱等：《宋史》卷一百七十九《食货志下（一）》。
② 参见（宋）周辉《清波杂志》卷六"经总制钱"；（宋）叶绍翁《四朝闻见录》卷二乙集"翁中丞"；罗大经《鹤林玉露》乙编卷一"经总钱"。
③ （元）马端临：《文献通考·自序》。
④ （元）马端临：《文献通考》卷十九《征榷考（六）》。

逝去的盛景：宋朝商业文明的兴盛与落幕

禁榷概括为宋朝财政制度中的"四患","四患去则财少,财少则有余,有余则逸,以之求治,朝令而夕改矣"①。

然而经、总制钱的征收,确实巧妙地贯彻了所谓"敛之于细,而积之甚众"的敛财思路。因其所增的一二分税钱多取自卖酒、楼店、牙契之类工商行业,即当时士大夫笼统所称的"兼并之家",甚至最初还因创收总制钱而减免了先前的免行钱、牛畜契息钱等"不便于民者",故而乍看之下"无伤于下户……无害于民"②。而在某些特定年份,这类收费在政府收入中占了很大的比重。据李心传记载,孝宗淳熙十六年(1189),财政总收入为6530余万缗,其中经制钱660多万、总制钱780多万、月桩钱400多万,加在一起竟占了全部收入的近30%③,几乎是名义上的两税正税的2倍!正因如此,"州县之吏固知其非法,然以……钱额太重,虽欲不横取于民,不可得已"④。

在宋代所有行政收费中,没有哪项比僧道度牒更加荒谬和扭曲的了。

所谓"度牒",就是出家人的官方身份证明,一个人在佛寺或道观剃度成为僧尼或道士,需要获得朝廷发放的度牒,才算是政府认可的合法僧道。中国历史上,正式的度牒制度始于唐玄宗天宝六载(747)。对官方来说,这其实是一种登记制度,起初的目的是将日益壮大的佛道宗教势力纳入政府管理之下。出人意料的是,度牒问世后没几年,有人便发现这是一个无本万利的"金矿"——政府无须任何投入,就能从中攫

---

① (宋)叶适:《叶适集》卷十一《财总论二》。
② (元)马端临:《文献通考》卷十九《征榷考(六)》。
③ (宋)李心传:《建炎以来朝野杂记》甲集卷十四。
④ (元)脱脱等:《宋史》卷一百七十九《食货志下(一)》。

取巨额收入。天宝十四载（755）"安史之乱"爆发，"杨国忠设计……于河东纳钱度僧、尼、道士，旬日间得钱百万"[①]。这是政府公开出售度牒的发端。在后来平定"安史之乱"的战争中，发卖度牒竟成了朝廷筹措军费的主要渠道之一，时人称之为"香水钱"。[②]

宋代佛教传播兴旺，真宗天禧五年（1021），全国共有僧人和道士近 48 万人。仁宗和神宗朝稍有减少，直到南宋基本维持在 20 万—40 万人的规模。[③]宋朝政府承袭了唐代的度牒制度，但最初还算比较严格地将其界定为管理僧道的方法，没有视之为一种敛财之道。北宋前一百年，僧道出家剃度有非常严格的标准：但凡大兵出身、脸面不平正、身上有刀枪伤痕，或者有作奸犯科记录的，一概不准落发，唯有"善良者"，还需要具备基本的佛道知识，考试能念诵规定的经文才允许剃度，"如进士应举"。另外，为了扭转江南一带长期佞佛以致僧尼泛滥的局面，太宗时朝廷曾下诏设限，规定"江南、两浙、福建等处诸州，僧三百人岁度一人，尼百人岁度一人……且因寺之大小立额"[④]。宋代度牒也像唐代一样由祠部印制颁发，但比唐时更加精美考究，神宗元丰（1078—1085）年间诏令统一由绫纸制成，印制成本颇不低。

宋代公开发卖度牒始于治平四年（1067）十月，最初每道价格 130 贯，少数地方更高一些，如夔州路可售 190 贯。时英宗驾崩不久，神宗刚即位，

---

① （后晋）刘昫等：《旧唐书》卷四十八《食货志（上）》。
② （宋）赞宁：《宋高僧传·神会》。
③ 关于宋代僧道规模，孔平仲《孔氏谈苑》卷二曰："景德中，天下二万五千寺。"方勺《泊宅编》卷十云："熙宁末，天下寺观宫院四万六千六百十三所，内在京九百十三所；僧尼、道士、女冠二十五万一千七百八十五人，内在京一万三千六百六十四人。"周辉《清波杂志》卷七"僧道数"有记："道士一万人，僧二十万人，乃绍兴二十七年礼部见注籍之数。"
④ （宋）王栐：《燕翼诒谋录》卷三"岁限度僧数"。

接手的是"百年之积,惟存空簿"的烂摊子,急于增加政府收入。自那以后,度牒收入就成为国家财政的重要构成。熙宁变法时期,还有地方官府以发售度牒来筹措青苗本钱:

> 河北转运判官王广廉奏乞度僧牒数千为本钱,于陕西漕司
> 私行青苗法,春散秋敛,与安石意合,于是青苗法遂行。[①]

整个神宗时代,朝廷基本将每年发卖度牒的额度控制在 1 万道以内。如此,朝廷每年能收 100 万贯以上。有人认为,神宗时期全国僧道数量有所减少,与度牒开始收费有直接关系。徽宗崇宁(1102—1106)间,朝廷为开边筹措军费,仅 4 个月就发卖度牒 2.6 万道。大观四年(1110)的度牒发行额更是激增至 3 万道以上,每道的单价也涨到 220 贯,收入超过 600 万贯,几乎与当年的盐利相当。

"自朝廷立价鬻度牒,而仆厮下流皆得为之",天下僧道人数迅速膨胀,"不胜其滥矣"。[②] 在"靖康之难"后最初那段风雨飘摇的时间里,国家总岁入不满 1000 万贯,而发卖度牒的收入竟能维持在 600 万贯左右!当时度牒每道单价已猛增至 512 贯:"绍兴中,军旅之兴,急于用度,度牒之出无节。"匪夷所思的是,南渡之初朝廷是靠卖度牒存活下来的,造成的结果也令人哭笑不得:"时有'无路不逢僧'之语。"[③]

孝宗朝以后一段时间,朝廷发卖度牒采取了减少数额而提高单价的

---

① (清)嵇璜:《续通志》卷三百五十五《宋列传》五十九。
② (宋)王栐:《燕翼诒谋录》卷三"岁限度僧数"。
③ (宋)赵彦卫:《云麓漫钞》卷四。

精明做法。淳熙九年（1182）官鬻度牒压缩至仅 1000 道，但每道单价 500 贯，3 年后升至 700 贯；光宗以后，又涨至 800 贯。[1] 不过，随着"开禧北伐"打响，军费开支无度，度牒量价齐升，单价猛涨至 1200 贯，发行量也泛滥到数十万道。[2] 然而度牒也逃不脱市场规律，就像任何商品一样，由于"给牒颇多"，供过于求，度牒壅积不售、大幅贬值。此后，"州郡至减价以求售矣""民间止直九十已上缗"[3]，有的地方甚至跌至仅值二十余贯。[4] 到后来，度牒价格一落千丈，已无人愿意承买，当局竟采用科配的办法，即以民户土地面积为比例，强销度牒。[5] 此时距离宋朝灭亡的日子也屈指可数了。

不过，宋代度牒制度在 200 余年的实际运作中还产生了另外一些始料不及的经济后果，颇具启发性。

首先，因为度牒蕴含价值，所以自神宗朝开始鬻卖后，很快就演变成了一种支付手段，特别是朝廷现金匮乏之时。元丰元年（1078），神宗赐度牒 1000 道，作为"修治都城诸门瓦木工直之费"；元丰六年（1083），再赐度牒 1000 道，修建京城水门；乾道三年（1167），时任宰相虞允文购买马匹备战，也奏请孝宗"更降度牒四五百道"。如前所述，在慈幼局、居养院、安济坊、漏泽园等社会福利体系建设中，朝廷也主要通过赐发度牒来用于实际支付；而"景定公田法"推行期间，贾似道更用度牒支付强买民田的费用……正如赵瓯北所说："宋时凡赈荒兴役，动请度牒数十百

---

① 参见（宋）王栐《燕翼诒谋录》卷五"出卖僧道度牒"。
② （清）徐松：《宋会要辑稿·职官》一三之三五、三六。
③ （宋）王栐：《燕翼诒谋录》卷五"出卖僧道度牒"。
④ （清）徐松：《宋会要辑稿·职官》一三。
⑤ （宋）真德秀：《西山先生真文忠公文集》卷十七《申尚书省乞免降度牒状》。

道济用。"① 一遇到事情，不论战争还是天灾，政府首先想到的就是发卖度牒，这是最省事的。在宋代的政府财政行为中，度牒经常起到重要的信用支付作用，简直就像今天的支票一样——到后来终于成了"空头支票"。

进而，因为度牒支付功能的广泛运行，它进入民间流通领域后又成了一种有价证券。当度牒的发售数额出现很大变化时，它的价格往往会随之大起大落，巧用时间差，收购、囤积、倒卖度牒就成了一门有利可图的大生意。投机商们"往往珍藏，以邀厚利，增而不已，必有倍之"②。淳熙（1174—1189）年间，两浙、广东和福建等地还有民间用米粮来兑换度牒的记载。③ 在这种情况下，度牒就变成了同茶引、盐钞类似的债券，意想不到地为宋代的金融证券交易市场增添了一种流动性很好的产品。

最后，因为值钱，宋代伪造度牒的地下产业也十分红火。尽管历朝都有严刑峻法，甚而将伪造度牒与伪造诏书同罪，但利之所至，屡禁不止。

汉唐之所不及

与之前的汉唐时代和之后的明清时代相比，宋代中国承受着严酷得多的竞争压力。为了在与经济文化落后但比汉唐时代更加彪悍善战的北方游牧政权的军事对峙中存活下来，宋朝政府不得不供养一支王朝时代规模最为庞大的常备军队。这是一个大到难以承受的财政包袱，这又迫使宋朝政府想尽一切办法争取尽可能多的收入。

---

① （清）赵翼：《廿二史札记》卷十九《新旧唐书》。
② （清）徐松：《宋会要辑稿》职官十三之二四至二五。
③ （宋）董煟：《救荒活民书》卷二《度僧》。

这就是我们前面所说的宋代特殊的路径依赖。

如何能够稳妥地从社会中攫取更多收入？经过短暂摸索后，宋代统治者很快便发现，从当时正蓬勃新兴的城市工商"末业"中征取税赋，要比从农业中征税容易很多。于是，从朝廷到地方官府，渐渐地都把支持城镇发展和促进商业繁荣当作头等大事。而要实现这一目标，采取放任自流的经济政策，允许资本、劳动力和各种生产资源自由流动，必然是最快和最便利之途。

这并非宋代统治者明智的整体规划和主动选择，抑或宋代精英阶层格外具有现代意识，再或普通百姓特别乐于投身工商业，而是上述特殊路径依赖之下自然演进的无意识后果。很大程度上说，是宋代政府财政的"囚徒困境"意外地促成了一个经济繁荣、文化灿烂的"黄金时代"。当然，这肯定不是唯一的动因，历史演进的动力是复杂而多元的。虽然我一再强调历史演进的"路径依赖"，但我并不希望造成读者的误解，即人是历史的奴隶，人们主观的意愿和努力在这种路径依赖之下是微不足道的。明末清初启蒙思想家顾炎武曾历数宋代"过于前人者数事"：

> 如人君官中自行三年之丧，一也；外言不入于梱，二也；
> 未及末命即立族子为皇嗣，三也；不杀大臣及言事官，四也。
> 此皆汉唐之所不及，故得继世享国至三百余年。①

以现代政治的视角来看，其中的第二和第四条，即"外言不入于梱"

---

① （清）顾炎武：《日知录》卷十五。

（梱，门槛之意，此处当代指内廷）及"不杀大臣及言事官"，显然是宋代政治宽松的制度基石。它们都与王朝建立者的个人性格和价值取向直接相关，可以视作典型的主观努力。

即便如此，我们仍然不得不说，贯穿始终的军事压力及其派生出来的财政困境，很可能才是影响宋代政治、经济、社会走向的决定性因素。

这就是我们眼前这幅蔚为壮观的《清明上河图》得以徐徐展开的逻辑起点。纵观古今中外，制度的创设和形成，起初都是为应对一时一地的现实问题，但一种历史趋势一经发动，只要内外约束条件没有重大改变，就会沿着它自身的逻辑持续地展开和演化，一点一滴发展出这种政制创设之始全然不可能预计到的许多悲喜剧……

举个简单的例子：被马端临认为"最为无名"的"经总制、月椿、板帐等钱所取"[1]，与被他斥为"极弊"的"和买""和籴"，两种表面上看十分类似的苛捐杂税，产生的现实后果却很可能南辕北辙。前者是工商业税赋之上的附加费，官府若想要征收到更多经、总制钱，就必须鼓励工商业扩张；后者的摊派对象是农户，尤其是他们中的"上户"，想办法促使更多人安于置田务农，和买的规模才能不断扩大。由此，这两种政策蕴含着截然不同的内在逻辑。它们的持续展开会驱动一个社会的经济结构朝截然不同的方向演进，而其长期结果则完全出乎和买或经、总制钱政策最初制定时的意图。

不止如此，唯有把握了财政问题这把"总钥匙"，我们在理解宋代时才能够事半功倍。例如最典型的，为什么王安石的新法如此聚焦于理

---

① （元）马端临：《文献通考》卷十九《征榷考（六）》。

财？为什么更早一些范仲淹领导的"庆历新政"将精简官僚系统置于其中心议程？

"投机取巧"的工商经济何以能轻易地比"坚实可靠"的农业经济产出更多的税收？宋人自己多半不明白，当时绝大多数有识之士显然认为，这坐实了工商业巧取豪夺的本性。因此我们看到了三百年间充斥着对"兼并""坐息"之类的道德批判。这种思维模式同今天许多人坚定地认为金融、互联网和科技从业者赚钱更多，是因为他们压制盘剥了实体经济一样。

但让这些忧国忧民的有识之士沮丧的是，在宋代的特殊路径依赖之下，不论统治者主观价值立场如何保守，他们在客观上仍然没有任何空间采纳这些正统教义，动用国家力量强行把市井中熙熙攘攘的人群和道路上川流不息的财货驱回到阡陌井然、各安其分的田园乡村中去。若执意这么做的话，且不说别的成本和风险，首当其冲的便是一大笔政府收入的损失。翻阅两宋史籍，我们随处可以看到，从天子到宰臣，从官员到学者，无时无刻不充满了失落与忧患，无可奈何之情跃然纸上。对于恪守正统理想的他们来说，依靠这些"末业"来敛财不啻是饮鸩止渴，每每令他们痛心疾首。他们中亦不乏像范仲淹和王安石这样的雄才大略者，想要对行进在错误方向上的国家加以纠正，将其拉回古代圣贤指明了的正确道路上，但他们的努力都没有取得什么真实成效。三百年宋朝政治深陷于这种特定的路径依赖中难以自拔。

然而今天已有的知识告诉我们，新兴的工商业之所以能够产出更多税收，是因为它的劳动生产率更高。也就是说，投入相同单位的资源和劳动力，工商业比农业的经济产出更高，创造的社会财富更多。这种生产力的提升正是现代国家产业结构升级、国民经济增长与物质财富丰裕的必由之路。假设历史沿着宋代的轨迹继续演进下去，那么这样一个与当时士大夫精英阶层的道德理想背道而驰的经济政治架构显然是有希望推动国家和社会继续现代化的。可惜的是，宋代的财政创新和工商业发展最终未能帮助国家承受住严峻的军事压力，这条演进之路也就倏然而止了。明清两代成功完成宇内一统，解除了宋朝所必须面对的强大的外敌压力以及由此衍生出来的财政困境，换句话说，他们不再像宋朝政府那样缺钱，因而就有了足够的本钱从容地压制在他们看来是祸乱之源的经济社会新趋势，将国家拨回到正确的旧轨道上。这就是我们所说的，从宋代败亡教训中得出的错误反思和总结。

但事实可能正相反，钱决定的逻辑，一定是不完美的，但一般坏不到哪里；人不考虑钱而做出的决定，一定好不到哪里！我们如今清楚地知道，宋代并非亡于逐利忘义，而是亡于最终没有能够成功将巨大的经济优势转化为强大的国家能力，尤其是军事能力，而这个问题又与宋朝统治精英从晚唐五代中汲取的教训有直接而密切的关系。

事实上，宋代从此前的割据战乱中继承了一笔非常复杂的遗产。晚唐与五代是一个重大的转折孕育期，许多在宋代发展起来的新事物与新制度，其种子孕育于隋唐时代，经过唐末五代的发酵，发生了根本性质的变异，最终在宋代开花结果。从天下大势来看，这主要是因为宋代面临的核心问题，晚唐和五代都遇到了，只不过当时的竞争压力来自各个割据政权之间，到了宋代，就转变为与外族政权之间的矛盾。宋时的东亚大陆就是五代时中原神州的放大版，五代是宋代那些试验和创新的预演。

一方面，因为吸取了晚唐五代的教训，宋代极大地强化了中央集权，这不仅反映在军事指挥权上，更体现于财政上。以国家的税收格局为证，唐代中期推行"两税法"以后，各地两税收入中的大部分留存于地方。唐德宗建中（780—783）初年，天下两税总收入折合总计3000余万贯，其中有超过 2000 万贯，也就是 2/3 以上留于地方，上缴朝廷的不足 1/3。到唐朝后期，全国两税收入中有多至 4/5 归地方自行支配。[①] 入宋后，这一趋势彻底逆转，中央赋敛持续增加而地方留存持续减少。宋代的政治权力和财政实力因此呈现出严重的头重脚轻的"倒金字塔"格局，这是一种很不稳定的结构。

另一方面，两宋虽然勉强维持了天下或半壁江山的统一，但又基本沿袭了唐末五代时的弱势——权力和资源虽然由地方尽收于朝廷，但朝廷本身相对于社会而言并不强势。就此意义上说，宋代的政治逻辑和政治风格更接近中国历史上大多数分裂时代，而非那些大一统朝代。政府不得不把全部注意力放在发展经济上，以获得更多资源应对外部武力挑战，这使它无暇兼顾内部政治控制，主动行动的政治空间远小于之前的汉唐时代和之后的明清两代。这是理解宋代相对自由与宽松的政治环境的一个重要维度。

对此，邓广铭先生正确地指出：

> 种种错综复杂的问题，使得北宋最高统治者们实在没有余力再去对文化事业的各方面实行其专制主义。因此，他们对于儒释道三家无所轻重于其间，对于思想、学术、艺术领域的各个流派，也一概采取兼容并包的态度。[②]

① 李锦绣：《唐代财政史稿》（下卷），北京大学出版社，2001年，第1086—1087页。
② 邓广铭：《宋代文化的高度发展与宋王朝的文化政策——〈北宋文化史述论稿〉序引》，载《历史研究》1990年第1期。

邓先生所言宋代面临的"错综复杂的问题"主要包括：如何铲除各地割据势力；如何防范权臣篡位之祸；如何抵御北方强大敌国侵袭；如何禁止百官或士大夫凭借种种因缘而结为朋党，构成分割专制政权的力量……概而言之，其实就是两大生死攸关的使命：对内，彻底终结战火纷飞的国家分裂局面，保持政治统一、政权长治久安；对外，在虎视眈眈的外族政权军事压力之下生存下来，进而争取收回"燕云十六州"。

但邓先生的论述逻辑中缺了一环：为什么这些问题会让宋代统治者放松（放弃）历朝无条件信奉的政治文化专制主义？越是内忧外患，不就越应该加强统一吗？因为宋代最高统治者继承的现实条件以及他们最初的主观价值让这个朝代选择以尽可能和平的"赎买"方式逐步解决上述棘手问题。而一旦步入了这个路径依赖，钱，就变成了压倒一切的中心议题。为了能搞到尽可能多的钱，宋代统治者不得不一再收敛他们内心的权力欲和抱负——众所周知，高压专制也许能带来团结，但不可能造就繁荣。每一代宋朝天子都面临着"为五斗米折腰"的窘迫境地。

在万历十五年之前

战争压力对宋代工商业的意外促进还体现在另一个层面上。

历经晚唐藩镇与五代政权对各自为政的地盘百余年苦心孤诣地经营与开发，到了宋代，中国的经济重心和人口重心已比汉唐时代大大地南移了，而且这种趋势仍在不断加剧。所以宋代的经济发展与人口密度非常不平衡，东南沿海的物质实力远超中原北方，这片人烟稠密的狭小地区承担了国家 2/3 以上的财赋之用。

但宋代持续吃紧的军事形势与此是全然反向的，朝廷陈百万重兵的前线地处经济落后、人烟稀疏的北方。尤其是北宋时，大部分战事在西北发生。也就是说，国家最需要用粮用钱的地方距离产粮产钱的地方有3000里之遥。再加上前述军队与地方官府高度切割，所有军队和物资调动都由朝廷中枢全盘掌控，不允许军地双方自行筹措。这两个因素叠加在一起的后果是，为了应付战争和备战之需，宋代国家内部无时无刻不在进行着长距离、大规模的人员与物资调配和运输。要能够顺利实现这样复杂的多节点长途调输，就必须发展出一整套成熟完备的体系：硬件上，需要有四通八达的陆路转运和运河漕运系统，必要时（例如南宋）还需要借助一部分海舟运输；软件上，必须拥有管理严密、运转高效的专库记账、专款支付和异地结算等高级金融会计手段。正如张方平在评论汴河对开封的重要性时所言：

> 今之京师，……大体利漕运而赡师旅，依重师而为国也。则是今日之势，国依兵而立，兵以食为命，食以漕运为本，漕运以河渠为主。……故国家于漕事至急至重。[1]

特别关注古代财政的历史学家黄仁宇曾留意到宋代的军事部署和后勤支持问题。在他看来，宋朝的供应物资庞大，供应路线漫长，这需要一个"彻底现代化的组织"才能办到，其中包括现代化的度量衡标准、通信手段、商业法规、会计制度以及独立运作的公司法人、官僚系统和监督机制……"统而言之，一切要能在数目上管理。"但以公元11世纪

---

① （宋）李焘：《续资治通鉴长编》卷二百六十九"神宗熙宁八年十月壬辰载张方平之论"。

的技术和行政能力，这是一项不可能完成的使命。甚至过了将近千年，直到 20 世纪初的中国都不具备这种能力。因此，赵宋王朝雄心勃勃的试验"无可避免地须承担其本身过早突出的后果"，"王安石的变法最能将此中情节一览无余地揭露"。在黄仁宇看来，这种"补给上的弱点"是压垮宋朝的重要因素之一。[①]

黄仁宇的结论见仁见智，立于他所宣扬的"大历史"视野，可能是有道理的。然而如果转换一个视角来看，宋代主要因军事需要而产生的这种大规模、长距离物资补给却有力地刺激了经济与商业的现代升级。这不仅体现在道路交通系统和商业交易体系建设上，也令人惊讶地反射到经济制度与商业环境层面。例如前面已经多次论及的，宋朝政府广泛地采用官商合作的办法，以"和籴"、"和买"（就其创设本意而言）、"加饶入中"等许多几近于现代政府采购的创新手段，调动私营商人的积极性，协助政府完成沿边军需供给等各种国家任务和公共产品供应。一个比较有典型意义的例子是，官府早年曾一手包办京城供给和沿边军需物资的调配运输，这就是所谓"纲运"。然而，这种"大国营"弊端丛生：

> 是时，漕运吏卒，上下共为侵盗贸易，甚则托风水沉没以灭迹。官物陷折，岁不减二十万斛。
>
> ……
>
> 所在雇民挽舟，吏并缘为奸，运舟或附载钱帛、杂物输京师，又回纲转输外州，主藏吏给纳邀滞，于是擅贸易官物者有之。[②]

---

① 黄仁宇：《中国大历史》，第 136—137 页。
② （元）脱脱等：《宋史》卷一百七十五《食货志上（三）》。

一些朝廷大臣经过比较和计算后纷纷指出，政府纲运的物资耗损和财务成本要远高于民间私商承包。此后，这类重要军需物资的调输便越来越多仰赖"入中"等基于市场化原则的官商合作来实现。其要旨与调动佛道宗教组织的力量来发展社会福利事业是相同的。北宋中叶以后，供应汴京及北方各路粮食的东南漕运中，一直有相当比重的雇用私营商船。"熙宁二年，薛向为江、淮等路发运使，始募客舟与官舟分运，互相检察，旧弊乃去。"① 还有一部分漕粮则是朝廷直接到市场上去采购来的。私商高效而节约，完全不存在官营纲运的"蠲重留滞之弊"。正如朱熹后来总结的那样，"诸道粮纲岁凡百数，用官舟者多负，而雇商船者不亏。盖商人自爱其舟，故不为奸"②。这是典型的"双赢"：既发展了商业市场、壮大了民间社会，又让国家得到了好处。

宋代的实践留给我们的另一条重要启示是：善的出发点并不必然导向善的结果。以每一个人都很关心的税赋问题为例，政府攫取太甚，无疑会损害民生、扼杀经济。"宽民力""减赋负"一直都是古代儒家政治哲学中最重要的价值观，也十分契合现代宪政制度对"有限政府"或"小政府"的要求，这永远都是一个无比美好的政治理想，我自己也永远都不会支持政府提高其在社会财富中的占有份额。然而，相对于经济自由和产权保护，赋税可能并不是第一位的。为了调动一切内部资源应对严峻的生存竞争，宋朝政府通过持续不断的探索、调整和完善，对国家财政模式做出了数不清的创新，在此过程中，它的聚敛和盘剥也达到了王朝时代的最高程度。平心而论，此后明清两代的赋税比宋代要低很多，

---

① （元）脱脱等：《宋史》卷一百七十五《食货志上（三）》。
② （宋）朱熹：《晦庵先生朱文公文集》卷九十三《左司张公墓志铭》。

但其经济发展状况反而比宋代要退步很多，百姓也没能从这种"宽民力"中获得更多好处。究其根本，将人民束缚在农田或广义的所谓"实体经济"中，阻止资源和劳动力往经济效率更高的地方流动，赋税再低，也不会创造出真正的增长，最终也不可能造就一个繁荣富庶的社会。

宋亡两个多世纪以后，明朝弘治十五年（1502），户部向孝宗皇帝报告，当年的田赋正税约为2700万石粮食，占国家全部收入的3/4。那时正值明朝中叶，这两个数据大致也就是有明一代的基本财政格局，200多年里变化不是很大。如果以两宋319年间粮食价格的折算，明代全部财政收入粗略相当于宋时的4000万缗不到。[1] 对比来看，明代的国家财力比几百年前的宋代要弱上许多！田赋和粮食实物占大头的明清政府收入与工商税和货币占绝大部分的宋代政府收入之间的反差所折射出来的经济结构和生产力水平的大幅退化，是更加令人难忘的。

因此，黄仁宇透过万历十五年这块棱镜看到的那幅无法从前现代突围的困境中的画面，在更早的《清明上河图》时代并不存在。后人做不到的事情，前人未必没有做到过。

历史，并不总是滚滚向前的。

---

① 刘守刚：《财政中国三千年》，上海远东出版社，2020年，第286页。

尾声

一旦兵火

塞下秋来风景异，衡阳雁去无留意。四面边声连角起，千
嶂里，长烟落日孤城闭。

　　浊酒一杯家万里，燕然未勒归无计。羌管悠悠霜满地，人
不寐，将军白发征夫泪。

——（宋）范仲淹《渔家傲·秋思》

　　我们的故事已经讲完了，但又似乎还缺了点什么。

　　说起宋代，今天的中国人总是心情复杂。一方面，这是公认的中国
历史上政治最自由、经济最繁荣、文化最昌盛的朝代。在这些方面，即
使国人念兹在兹的"汉唐盛世"也难望其项背。另一方面，这是中国历
史上国势积弱、领土最狭小的朝代，"文弱不堪"，始终被北方游牧政权
压得喘不过气来，全然不复有往昔雄霸天下的"汉唐气象"。黄仁宇如
此评论道："全宋朝319年的纪录，无非是军事的挫败和退却，所有的
例外则是以'岁币'为名向北方少数民族购得的和平。"[1]

　　宋人自己对此也有十分沉重的认识，《皇宋中兴两朝圣政》中有一

---

[1]　黄仁宇：《中国大历史》，第135页。

段宋孝宗与时任宰辅龚茂良的对话。论及历代政事得失时，孝宗说："本朝家法，远过汉唐，惟用兵一事未及。"强打精神的自我吹嘘之下，是掩饰不住的怅然若失。龚茂良对曰：

> 国家自艺祖开基，首以文德化天下，列圣相承，深仁厚泽，有以固结天下之心。盖治体似成周，虽似失之弱，然国祚绵远，亦由于此。汉、唐之乱，或以母后专制，或以权臣擅命，或以诸侯强大，藩镇跋扈，本朝皆无此等。可以见祖宗家法足以维持万世……[①]

虽说明显含有宽慰皇帝的意思，但龚茂良说的未尝不是事实。

于是就产生了一个"千年之问"：宋代鹤立鸡群的经济文化优势，兼具压倒性的人口规模，为什么未能转化成军事上的优势，以致两宋苦苦支撑，最后仍无力抵挡政治、经济、文化各方面远远落后于自己的游牧社会？

---

① 《皇宋中兴两朝圣政》卷五十四"淳熙三年十月己卯"。

一、"崇文抑武"和"强干弱枝"

传统的解释是：宋代一以贯之的"崇文抑武"国策，刻意弱兵，造成了系统性的军力不振。就是说，后世中国人遗憾地看到的这样一种战斗力疲弱的局面，很大程度上是宋朝统治者有意为之的结果。

这种解释显而易见是有道理的。我们曾不止一次说到，有鉴于晚唐五代藩镇割据、天下纷乱的教训："五闰之乱，大帅、宿将拥兵跋扈，而天子之废置如弈棋，此国擅于将也。"① 宋代建政之初便有计划、分步骤、讲技巧地采取了一整套治术，限制武将权力、削弱军队独立性，甚至打压军人在社会上的身份地位。宋代本身就是靠兵变而立，创建者作为职业军人，格外谙熟武人集团的思维方式和行动逻辑，对付他们的时候也得心应手。

兵不识将，将不知兵

本书主题不涉军事，这里只择要简述一下宋代弱兵的主要做法：

首先是切断军队与地方的联系。按宋代规制，武将不得实任地方官吏，晚唐五代时执掌一方军政大权的节度使不得再兼领支郡。到后来干脆不令归镇，成了纯粹的虚衔，尽管地位崇高。所谓"某地节度使"，根本不在当地任职，更别说带兵了，实际上他待在京城，享有该节度使

---

① （宋）吕中：《类编皇朝大事记讲义》卷三《太祖皇帝》。

的官阶品秩，遥领一份薪俸待遇而已——比在任宰相的薪水更丰。当然，这也有一个漫长和曲折的过程，"经过大约半个世纪的努力方告基本完成：该过程的推进，虽以军事实力为其后盾，却很少以兵戎相见"①。

五代时，节度使"遥领"大藩而不归本镇的情形就已很常见。这类"节度使"与唐代雄踞一方的藩镇领导者已大不相同，他们虽然平时大多生活在京城，但依然手握本镇军政大权，这是所谓"遥领"的字面含义。北宋建隆二年（961）罢宿将典禁兵的重大改变，令禁军将领们"释去兵权，出守大藩"②，反而让这些原本遥领的藩镇领导者各归本镇，只是不再领兵。为赵宋统一天下立下过汗马功劳的王审琦、曹彬、潘美等开国元勋先后都曾有过归镇的经历，据说潘美是其中唯一"不解兵柄"者。③ 在后来的宋人眼里，这似乎是又一种特殊礼遇。"国初，节度使犹有赴治所者，谓之'归镇'，以为异礼。"④ 渐渐地，节度使不再归镇，但礼仪形式上仍煞有介事地在本镇"施政"。"本朝节度使虽不赴镇，然亦别降敕书，宣谕本镇军民。而为节度使者亦自给榜本镇，谓之布政榜。"⑤ 大概一直要到第三代皇帝真宗当政时，节度使才完全变成荣誉性虚衔，与名义上的本镇彻底脱钩，这作为制度固定下来。此后，节度使"皆不签书钱谷事"，"其事务悉归本州知州、通判兼总之"。⑥ 与此相类，观察使、防御使、团练使、刺史等，也都进入了"不亲本州之务"的武臣叙迁序

---

① 邓小南：《祖宗之法——北宋前期政治述略》，第 212 页。

② （宋）李焘：《续资治通鉴长编》卷二"太祖建隆二年七月戊辰"。

③ 参见（宋）邵伯温《邵氏闻见录》卷一；（宋）张镃《仕学规范》卷十引《谈渊》；（宋）王巩《随手杂录》。

④ （宋）徐度：《却扫编》卷上。

⑤ 同前注。

⑥ （清）徐松：《宋会要辑稿·职官》四七之一；（元）脱脱等：《宋史》卷一百六十六《职官（六）》。

列。① 与此同时，不少久居宰执高位的文官也纷纷受封节度使。"国朝既以节度使为武官之秩，然文臣前二府之久次者，间亦得之，盖优礼也。"② 北宋中后期的韩琦、王安石等名相在罢相以后都被册封过节度使，这一武职又变成了重要文官致仕前享受的一项殊荣。

解除了藩镇腹心之患后，军队的指挥调拨权则尽收于朝廷最高军事决策部门——枢密院，而枢密院又在文臣控制之下。

枢密制度始创于唐代宗永泰(765—766)年间。起初只设使而不置院，有点像皇帝的机要秘书，故以亲信内侍（宦官）为之，后来才有相对固定的编制。五代时，作为官家左右手的枢密院权力急剧膨胀，几乎压倒了正式的政府——中书门下。而在这个过程中，它也由内廷向外朝转变。"（枢密使）五代以来始参用士大夫，遂同执政。"③ 也就是说，枢密从服务于皇帝个人的临时色彩很浓的机要班子逐渐变成了一个新的正式政府机构。但五代枢密的职能与事权庞杂紊乱，与政府其他机构边界含混不清。

入宋以后，枢密院的事权与职能边界日趋明晰化，"与中书对持文武二柄"④，并称"二府"，构成朝廷中枢。⑤ 邓小南先生指出，宋承唐五代之制又加以改造而形成的枢密院制度含有两个相反方向上的深意：一方面，它是对中书门下的制衡，分割了许多朝代宰相往往也拥有的军权，

① （元）马端临：《文献通考》卷四十七《职官考》。
② （宋）徐度：《却扫编》卷下。
③ （宋）洪迈：《容斋随笔·四笔》卷十一。
④ （元）脱脱等：《宋史》卷一百六十二《职官志（二）》。
⑤ 关于唐宋枢密制度的沿革，除《宋史·职官志》和《文献通考·兵考》等主要文献，也参见王明清《挥麈后录》等笔记。

逝去的盛景：宋朝商业文明的兴盛与落幕

这是后世史家们常留意到的；另一方面，它也是为了限制枢密使侵夺原本属于宰相的民政权力，又大大削弱了五代时的枢密之权。① 宋代实际上重建了唐五代延续下来的中书与枢密制度，使权力分割更清楚，加之宋代中书与枢密二府内部也都实行集体决策制，一般各有四五位宰相、参知政事和正副枢密使（知枢密院事、同知、权知、签书枢密院事……），所以内外多层次制衡更有效。

庆历初与西夏战事初起，身为谏院首长的富弼力争，中书与枢密彼此隔绝、互不问事是一大弊端，宰相应当兼领枢密院；另一位知谏院张方平干脆提议撤销枢密院。按他的说法，枢密院"古无有也，盖起于后唐权宜之制"，故应并入中书门下。仁宗最后取了折中，他承认枢密院自来就不是一个正式机构，但又认为它应当继续存在，只要由宰相们参与决策，张方平所抱怨的"分军民为二体，别文武为两途"的问题就迎刃而解了。于是，特命时任首相吕夷简判枢密院，次相章得象兼枢密使，而时任枢密使晏殊则也同平章事。② 后来又有论者以为"判"名太重，不久也改吕夷简为兼枢密使。③ 这个安排，其实就是让中书与枢密在处理军国大事时合署办公，不过它也只是特殊时期的特别安排。在官场上长袖善舞、深得仁宗欢心的吕夷简自己其实万分不愿意沾手军政这摊事，他一再辞任。到庆历八年（1048）以后，西夏战事稍稍平息，宰相与枢

---

① 参见邓小南《祖宗之法——北宋前期政治述略》，第 228—229 页、254—256 页。
② （宋）李焘：《续资治通鉴长编》卷一百三十七"仁宗庆历二年七月壬寅""仁宗庆历二年七月戊午"。
③ 宋代宰臣和使相以上高官出任州郡时，皆名以"判"字。"祖宗时，凡官仆射及使相以上领州府，则称'判'。"参见（宋）徐度《却扫编》卷上。

密使就不再互兼了①,枢密制度恢复如初。这便是宋仁宗一贯的为君之道,他总是以最小的政策调整来应对形势变化,竭力避免主动"生事"对社会造成纷扰,给社稷带来不测。也正是凭借着这种如履薄冰、如临深渊的谨慎,他把宋代中国带上了一个开放繁荣之世。

今人做过统计,两宋十八朝枢密长贰凡 724 员,其中文官 659,占 91%;武将 65,仅占 9%。② 而且,武人出任枢密院长官绝大多数都发生在北宋早期。北宋自仁宗朝智勇双全的大将狄青以后,再没有行伍出身的武将担任过枢密院主要负责人。而我们熟知的很多宋代明星政治家和文化大家,像晏殊、范仲淹、韩琦、欧阳修、文彦博、章惇、曾布等,都曾执掌枢密院。王安石变法之初,宋神宗一度想任命自己很尊敬的反变法派领袖司马光出任枢密副使,被这位手无缚鸡之力的伟大史家一口回绝。只此一例,便可窥见枢密院在时人心目中是一个什么性质的机构了。南渡后军事压力骤增,但朝廷依旧没有赋予武将更大的权力。除绍兴中韩世忠、张俊、岳飞等武将曾短暂入职枢密院(那实际上恰是为了解除他们手握的兵权),枢密院最高负责人都是文臣。上过"庆元党籍"黑名单的几位南宋最出名的宰执,像留正、周必大、赵汝愚,以及当时文名很高的楼钥等人,都执柄过枢密院。或许是为更高效地协调军政关系,更可能是权奸专制之用,南宋初年又开始由宰相兼领枢密院,如前所述,这在北宋几乎是不可越界的禁忌。到南宋中后期"开禧北伐"及"嘉定更化"以后,两府合一遂为永制。讽刺的是,当战争的暴风雨越来越

---

① 参见(宋)叶梦得《石林燕语》卷五、卷八;(宋)徐度《却扫编》卷上;(宋)陈鹄《西塘集耆旧续闻》卷四。

② 参见邓小南《祖宗之法——北宋前期政治述略》,第 252 页。

近时，朝廷军事指挥部门的独立性却被进一步削弱，军队将领在决策机制中更加边缘化了。①

但"（枢密）与中书对持文武二柄"这句话其实也不准确。枢密院本身并不是负有全权的军事领导部门——尽管握有全国军队的指挥调动权，它却并不领兵，麾下无一兵一卒。军队将官的任免与考核、兵士的招募和训练，都不归枢密院管。

> 祖宗制兵之法，天下之兵本于枢密，有发兵之权而无握兵之重；京师之兵总于三帅，有握兵之重而无发兵之权。上下相维，不得专制。②

因此，宋代枢密院虽然在政府序列中地位相当高，与中书门下并称"东西两府"，其长官与宰相、参知政事并列"宰执"，但若根据权限和功能做一粗略比照的话，枢密院并不能等同当下的中央军委，而更接近于原总参谋部。宋代制度不但将"军"与"政"分开，还进一步把军队自身的静态管理与动态指挥分拆为两条线。

其次是变革兵制。如前所述，宋代彻底放弃了前代的府兵制，建立起全面的募兵制，军队由政府招募，由国家财政供养。对此，我们之前在分析宋代财政困境时已有过讨论。实际上它也是宋代——特别是北宋前期——朝野争论的焦点话题，就连范仲淹都曾上书痛陈兵民分离、国

① 参见（宋）费衮《梁溪漫志》卷一"都督宣抚等使名""二府总师"；（宋）王明清《挥麈后录》卷十一。
② （宋）范祖禹：《范太史集》卷二六《论曹诵札子》。

家养兵的新兵制所造成的种种弊病。^①然而,正如马端临引《两朝国史志》(记载仁宗、英宗两朝史事)中的评论：

> 虽然,古者寓兵于民,民既出常赋,有事复裹粮而为兵。后世兵农分,常赋之外,山泽关市之利悉以养兵。然有警则以素所养者捍之,民晏然无预征役也。……世之议者不达,乃谓竭民赋租以养不战之卒,糜国帑廪以优坐食之校。是岂知祖宗所以扰役强悍、销弭争乱之深意哉。^②

马端临看到了新兵制在消弭晚唐五代乱象方面的巨大进步,所以不惜把一世伟人范仲淹的论述都归入了"世之议者不达"者。^③任何一项制度的起源总是根植于当时的社会现实,如果随着时间的推移显得越来越不再必要,那么恰恰证明它已经发挥了有效作用。

宋代将全国军队分为禁军和厢军,二者的归属和功能都不同,但本质上则是依战斗力来筛选。宋初,"令天下长吏择本道兵骁勇者,籍其名送都下,以补禁旅之阙"^④。各地骁勇精兵全部转归朝廷直接指挥的禁军,地方不再有正规部队,只留老弱之徒充厢军以供杂役。这便是所谓"太祖……惩唐季五代藩镇之祸,蓄兵京师,以成强干弱支之势"^⑤。对此,

---

① 参见(宋)李焘《续资治通鉴长编》卷一百一十二"仁宗明道二年七月甲申"载范仲淹《陈(救弊)八事疏》。
② (元)马端临：《文献通考》卷一百五十二《兵考(四)》。
③ 关于宋代兵制,还可参阅(宋)王明清《挥麈后录余话》卷一。
④ (宋)李焘：《续资治通鉴长编》卷六"太祖乾德三年八月戊戌朔"。
⑤ (元)脱脱等：《宋史》卷一百七十五《食货志上(三)》。

司马光记载得更详细，他以赞誉的口吻写道：

> 太祖既纳韩王（宋代第一任宰相赵普）之谋，数遣使者分诣诸道，选择精兵。凡其才力技艺有过人者，皆收补禁军，聚之京师，以备宿卫。厚其赐粮，居常躬自按阅训练，皆一以当百。诸镇皆自知兵力精锐非京师之敌，莫敢有异心者，由我太祖能强干弱枝，制治于未乱故也。①

不唯如此，宋代还对军队施行"更戍法"②，使"兵无常帅，帅无常师"，彼此不熟悉，难以结成心腹，其实就是有意识让"兵将分离"。

> 五代承唐藩镇之弊，兵骄而将专，务自封殖，横猾难制。祖宗初定天下，惩创其弊，分遣禁旅戍守边地，率一二年而更。欲使往来道路足以习劳苦，南北番戍足以均劳佚。故将不得专其兵，而兵亦不至骄惰。③

但这种"将不专兵"的制度却也造成时人所谓"兵不识将、将不知兵"的咄咄怪事，其战斗力自然大打折扣。

---

① （宋）司马光：《涑水记闻》卷一。
② 又称"出戍法"。北宋初年太祖采纳赵普建议，以禁军分驻京师与外郡，一般以三年为期，内外轮换，但将领不随之调动。
③ （元）马端临：《文献通考》卷一百五十三《兵考（五）》。

> 及承平既久，方外郡国合为一家，无复如曩时之难制，而禁旅更戍尚循其旧，新故相仍，交错旁午，相属于道。议者以为：更番迭戍无益于事，徒使兵不知将，将不知兵，缓急恐不可恃。[①]

越到后来，甚至在前线统帅军队的主将也多是科举出身的读书人，真正的武将只能充任副职。如此多管齐下，地方厢军被弱化，完全没有了割据一方的武装实力；而中央禁军则因缺乏独立性和机动性，也被缚住了手脚。

天下学士以执兵为耻

在此制度之外，宋代竭尽全力塑造"以文驭武"的政治路线，经营"崇文抑武"的社会风气。自古以来，文臣与武将虽有明确分工，但彼此并没有绝对鸿沟，治国理政与领兵打仗的身份角色相互转换是很常见的。所谓"出将入相"，历来是人臣的至高成就和无上荣誉。从前书生文士投笔从戎，凭借沙场军功飞黄腾达、名垂青史的不在少数。但因为时代与形势不同，国家面临的首要问题也迥然而异，文武之间的影响力此消彼长，"将相失和"或文武失衡的历史剧情也时有上演。唐末五代时，军人集团强势崛起，影响力攀升至历史上的顶峰。那百余年里，武人叱咤风云，你唱罢我登场，文臣几乎沦为附庸。这固然是时局所迫，但却严重扰乱了正常的政治秩序，还频频危及皇权。武将出身的宋太祖登极

---

① （元）马端临：《文献通考》卷一百五十三《兵考（五）》。

建政以后，为避免重蹈覆辙，着力拨乱反正。《宋史·文苑传》有云：
"艺祖革命，首用文吏而夺武臣之权，宋之尚文，端本乎此。"他以后的
连续几代天子也延续和强化了这条基本路线。除了前面讲到的以制度手
段抑制武臣势力，他们还采取各种办法抬高文臣的地位，例如明确定下
"不杀文臣"的"祖宗家法"，倡导和规范科举取士制度，任命文臣逐渐
侵蚀并覆盖过去主要由武将担任的大多数要职。宋太宗对此尤为着力，
他强调"王者虽以武功克敌，终须以文德致治"①。他不仅躬身垂范，还
要求武将们也大兴读书之风。"今之武臣，亦当使其读经书，欲其知为
治之道也。"②淳化三年（992）九月，新修秘阁落成，太宗亲登阁，看到
"多方收拾、抄写购募"而得的数万卷书籍整齐陈列，不禁"喜形于色"。
当晚回到宫里，他还不忘让人召集禁军高级将领到秘阁去读书，并赐酒，
"欲其知文儒之盛故也"③。

　　抬高文人士大夫的地位无疑是政治现实之需，为的是压制武臣。"当
政府在 1143 年把岳飞的相当大的住宅拨给太学作为校园时，仅仅是强
调了这一原则（崇文抑武）而已。"④王船山一针见血地评论道："宋所忌
者，宣力之武臣耳，非偷生邀宠之文士也。"⑤岳飞故宅后来被改作南宋
太学，是否就是一个鲜明的象征？但这大概也与宋太宗身上强烈的文化
人情结不无关系，他是一个酷爱读书的人，曾一再对臣下说："朕无他好，

---

① （宋）李攸：《宋朝事实》卷三"圣学"。
② （宋）司马光：《涑水记闻》卷一。
③ （宋）江少虞：《宋朝事实类苑》卷二引《蓬山志》；亦见（宋）李焘《续资治通鉴长编》卷三十三"太
宗淳化三年八月己未"。
④ ［美］贾志扬：《棘闱——宋代科举与社会》，江苏人民出版社，2022 年，第 140—141 页。
⑤ （明）王夫之：《宋论》卷二《太宗》。

惟喜读书。"① 所谓"宋四大书"——《册府元龟》《太平御览》《太平广记》《文苑英华》中，后3部都是太宗时期编成的；而规模最庞大的《册府元龟》则是他的儿子真宗钦命编纂的。太宗自己还曾说："朕于士大夫，无所负矣。"② 真宗也对宰臣说过："太宗崇尚文史。"③

经过几十年的持续努力，到真宗朝以后，五代的局面被彻底翻转过来，文臣治国的国策稳固奠定，仅仅两代人之前还飞扬跋扈的军功集团和在任武将被排挤出政治权力的中心。王安石年轻时总结说，"本朝太祖武靖天下，真宗文持之"④。30多年后他自己执政时，老资格的文彦博已经敢于当着天子的面公然宣称"（皇权）与士大夫共治天下"了。当时文彦博的职务正是朝廷最高军事长官——枢密使。与此同时，武人的社会地位跌落到了谷底。此后文官士大夫普遍以从军为耻，即使被朝廷委以戍边卫国的重任，也少有乐意改换武职者，"顾以为天下学士以执兵为耻"⑤。而武官出身者想要转为文职则难上加难，就算如愿，往往也会被降级。这方面的例子不胜枚举。

咸平三年（1000）高中状元的陈尧咨是个多才多艺之人，他不但学业精湛，也是北宋前期有名的书法家，还善射术，"百发百中，世以为神，常自号曰'小由基'"⑥。有一年辽使来访，真宗皇帝想要找一个仪表不凡、文辞华美、弓矢精湛的全能臣僚陪同，当时深受真宗倚重的翰林学士晏

① （明）王夫之：《宋论》卷二《太宗》。
② （宋）钱若水：《宋太宗实录》卷二十六。
③ （清）徐松：《宋会要辑稿·崇儒》四之一。
④ （宋）王安石：《临川先生文集》卷七十六《上田正言书》。
⑤ （宋）王安石：《临川先生文集》卷三十九《上仁宗皇帝言事书》。
⑥ （宋）王辟之：《渑水燕谈录》卷九。

逝去的盛景：宋朝商业文明的兴盛与落幕

殊推荐了同为词臣的陈尧咨。他果然不辱君命，真宗十分满意，不久托晏殊带信给陈尧咨，如果肯换武职，可任其为节度使。陈尧咨兴冲冲地回家向母亲禀告，不料老母大怒：你身为科举第一名，父子皆以文章立朝为名臣，[①] 竟为了区区一个节度使那点利禄便逞"卒伍一夫之伎"，对得起先人吗！举着拐杖追打尧咨，把他官服上的金鱼都击碎了。真宗那边等了好久也没得到回复，就亲笔给晏殊写了张小字条询问。阴差阳错的是，太监把天子御书误送到了中书省，而不是晏殊任职的翰林院。执政大臣见了，惶然不知所措，第二天一早只能如实上奏。真宗连忙笑着说，自己写这个字条，是因读不通经义里的一句话，问一下诸位而已。[②]

陈尧咨以母命抗皇命一事，就这样被皇帝帮忙掩饰过去了。但我们能从中看到，武将在当时是多么让人看不起。

如果说这桩逸事多少有些极端的话，南宋初年的另一则故事就更加淋漓尽致地传递出当时弥漫于社会各阶层鄙视武人的习气。照理说，那可是最需要军人冲锋陷阵的时刻。高宗有一天忽然想起一个叫陈桷的人，就对时任宰相秦桧说，陈桷是个人才，不知如今在哪里？可以给他安排一个官职。秦桧大约是不喜欢此人，就拿同名同姓的另一人搪塞皇帝，说陈桷在韩世忠帐下任事，已经辟为宣司参议官。没想到高宗明察秋毫，笑笑说："非也，好士人岂肯从军耶？"[③]

宋代终结了出将入相的悠久传统，319 年间担任过宰辅大臣的都是

---

① 陈尧咨之父陈省华官至京东路转运使、知开封府、左谏议大夫，去世后追赠太子少师、秦国公，两位兄长陈尧叟和陈尧佐也都官至高位。
② 参见（宋）文莹《湘山野录》卷中"择臣僚伴辽使射弓"；亦见（宋）孔平仲《孔氏谈苑》卷四。
③ （宋）王明清：《挥麈后录》卷十一。

文臣。《宋史》中可查到的北宋宰相正职共 71 人，其中 64 人进士出身，竟无一人是武臣！南宋宰相正职有 62 人，51 人科举入第，仅有一位是武臣出身。①

伴随着文武地位的消长，特别是"读书—科举—入仕"的正统上升通道的确立，重文轻武的风气在民间也弥漫开来，并日益成为后世中国社会中牢固的人生价值取向。被人们挂在嘴上的那句著名格言"书中自有黄金屋，书中自有颜如玉"，便出自宋真宗亲笔所写的《劝学诗》；无独有偶，老百姓中广为流传的另一句谚语"好铁不打钉，好男不当兵"（亦有说成"做人莫做军，做铁莫做钉"），也始自宋代。

读过《水浒传》的人都知道，宋人如果犯了法，脸上会被刺字，这是为了便于一般百姓辨识罪犯，防止他们逃亡。宋代法令还明文规定将身上有刺青者排除在很多重要职位和庄重场合之外，像科举考试、高官子孙荫补、落发剃度等，事先都要检查身体，一旦被发现身上有文身，就会被剥夺资格。而当时，当兵人脸上和胳膊上也必须刺字，虽然刺的一般是各自姓名、军队番号或者"义勇""忠勇"之类的字眼，但这种做法十分明显也含有故意歧视折辱军士的意味。

据说对兵勇"黥面"始于篡唐而代之的梁太祖朱温，此举又是与改府兵为募兵的兵制革新有关：

召募之制，起于府卫之废。唐末士卒疲于征役，多亡命者。

梁祖令诸军悉黥面为字，以识军号，是为长征之兵。方其募时，

---

① （元）脱脱等：《宋史》卷二百一十至二百十四《宰辅表》。

先度人材，次阅走跃，试瞻视，然后黥面，赐以缗钱、衣履而隶诸籍。国初因之。①

宋太祖取得天命后的所作所为，多是在"惩五代之弊"，但却把这项多少有些残忍的"弊政"原封不动承袭下来。可见，行伍出身的他要刻意营造这样一种社会风气：将行伍之人视作低贱的下等人。

一代名将狄青脸上就有两行刺字，时人蔑称当兵人为"赤老"。战功赫赫的他荣升枢密使后仍因此不时遭到讥讽，有刻薄的属官发明"赤老枢"这个词送他。②宋仁宗让他去掉脸上的黥文，狄青坚决不肯，他说："青若无此两行字，何由致身于此？断不敢去，要使天下健儿知国家有此名位待之也。"③我们经常在描写宋代社会的章回小说里读到"贼配军"，可知宋代老百姓是把贼、发配犯人与军人连在一起说的。到后来，刺青深受武人青睐。"岳母刺字"的故事家喻户晓。据说，风波亭内刽子手行刑时，岳飞曾脱下衣服向众人展示自己背上印记深深的"尽忠报国"四个字，以此剖白对国家的一片忠诚。"中兴四将"之一张俊麾下的士兵，"择卒之少壮长大者，自臀而下文刺至足"，人称"花腿"。④在这种失衡的文武关系笼罩下，宋代带兵将领和打仗兵勇的素质和战斗力自然很难指望得上了。

宋代自太祖"杯酒释兵权"开始，就对武将采取双管齐下的策略，

① （元）脱脱等：《宋史》卷一百九十三《兵志（七）》。
② （宋）江休复：《江邻几杂志》卷上。
③ （宋）吴曾：《能改斋漫录》卷十二"狄武襄不出黥文"。
④ （宋）庄绰：《鸡肋编》卷下。

政治上高度压制的同时,辅之以利诱与收买,"厚其禄而薄其礼"^①。我们之前也提到过,宋代武臣的待遇非常优渥,家财万贯的武将甚多,皇家也向来有与功勋武将家族通婚的传统,以至于历朝皇后中武将家出身的女子很多。这些举措软化了武将躁动不安的野心。南渡初年,几个骁勇善战的大将治下的部队多以其姓为军号,如"韩(世忠)家军""张(俊)家军""岳(飞)家军"之类,朝廷非常忌讳,一时又没什么办法。某一年,韩世忠突然提出要买下新淦县(今新干县)的官田。高宗听到了非但不加怪罪,反"以为喜",特以御札赐韩世忠,号其田庄为"旌忠"。^②但这柄双刃剑让陷在金钱美色堆里的武臣断了觊觎皇位之念,也让他们在面对敌人时缺乏斗志和能力。与伟大文人层出不穷形成鲜明反差,宋代平庸昏弱的武将比比皆是,而这让武人群体更遭人看不起。

底层士兵的状况可能更糟。募兵制之下,当兵成了一种职业,一种谋生手段。相对而言,宋代是中国历史上老百姓富裕程度较高、生活水平较好的时代,加上歧视武人的社会风气,那些愿意参军当兵的往往来自社会的最底层,其中不乏生计无着落的破产游民。事实上,宋代政府还经常有意识地把征兵当作集中收容整治社会上"无赖不逞之人"的有效渠道;每遇凶年饥岁,各地便大量招募饥民入伍,因此受到朝廷嘉许:

> 自国初以来,其取非一途:……或乘岁凶募饥民补本城,或以有罪配隶给役。是以天下失职犷悍之徒悉收籍之:伉健者迁禁卫,短弱者为厢军。制以队伍,束以法令,帖帖然不敢出

---

① (宋)章如愚:《群书考索》后集卷二十一《张演论》。
② (宋)罗大经:《鹤林玉露》乙编卷二"旌忠庄"。

绳墨。平居食俸廪，养妻子，备征防之用；一有警急，勇者力战斗，弱者给漕挽，则向之天下失职犷悍之徒，今皆为良民之卫矣。[1]

养兵，在宋代竟然衍生成为一种特殊的社会赈济和治理手段。宋代制度之所以要求在士兵脸上和臂上黥文刺字，显然有以下考量：宋军大量招募难民、游手乃至囚徒为兵，给军人刺青，为的也是防止他们开小差当逃兵。老百姓将"贼""配""兵"三者放在一起说，确实也错不到哪里。

直到宋代建立两个甲子以后的元丰五年（1082），神宗皇帝仍不忘对这种政策发出由衷的赞美：

前世为乱者，皆无赖不逞之人。艺祖平定天下，悉招聚四方无赖不逞之人以为兵，连营以居之，什伍相制，节以军法，厚禄其长，使自爱重，付以生杀（之权），寓威于阶级之间，使不得动。无赖不逞之人既聚而为兵，有以制之，无敢为非；因取其力以卫养良民，各安田里。所以太平之业定而无叛民，自古未有及者。[2]

好学而善思的宋神宗显然看到了募兵制的另一层重大好处，即把兵从民中分离出来，把他们隔绝为从生活空间到思想观念、从现实利益到

---

[1] （元）马端临：《文献通考》卷一百五十二《兵考（四）》引《两朝国史志》记。

[2] （宋）李焘：《续资治通鉴长编》卷三百二十七"神宗元丰五年六月壬申"。

精神情感都没有交集的两个截然不同的社会群体。如此，一旦"有事"，兵民就不可能联合。宋太祖当年就曾自信满满地对赵普等说：

> 可以利百代者，唯养兵也。方凶年饥岁，有叛民而无叛兵；
> 不幸乐岁而变生，则有叛兵而无叛民。①

然而，凡事皆有两面，将这批"饥民"及"失职犷悍之徒"收编起来，固然有利于缓解矛盾、改善治安，消除社会上的各种不稳定因素，却造成了军队风纪败坏。兼之宋代募兵制允许军人行军作战时携带家眷，甚至在军中结婚生子。而"更戍法"又令兵将之间相互陌生，缺乏长期在一起操练打仗而结成的生死与共的情感纽带和沟通默契。凡此种种，都是造成宋朝军队战斗力疲弱的重要原因。

从文化意义上看，与武人地位下降相伴随的是整个社会中羁傲不屈的尚武精神和战斗勇气的流失，这大概是影响更为深远的。可以说，正是从宋代开始，中华文明中不复有秦汉、南北朝、隋唐以来一脉相承的雄阔霸气。时人对宋代"仁文有余，义武不足"②和"人心日柔……举为懦弛之行"③便有深切的认识。数百年后，又一次遭遇"以夷变夏"之痛的王夫之发出了如下呐喊：

> 呜呼！宋之所以裂天维、倾地纪、乱人群、贻无穷之祸者，

---

① （宋）晁说之：《嵩山文集》卷一《应诏封事》；（宋）邵博：《邵氏闻见后录》卷一。
② （元）脱脱等：《宋史》卷三百三十四《林广传》。
③ （宋）叶适：《叶适集》卷十二《法度总论二》。

此而已矣。……自轩辕迄夏后以力挽天纲者，糜散于百年之内。呜呼！天不可问，谁为为之而令至此极乎！ [①]

外州无留财，天下支用悉出三司

宋代在政、军、财等所有领域，尤其是财政领域，极大地强化了中央集权，"天下财赋尽输朝廷"，从而造成一种"强干弱枝"的权力与资源形态，这是它不善战的另一个重要原因。在与外敌的军事对抗中，相比于直接的"弱兵"，这种高度中央集权的负面作用一点也不会更小。"弱兵"让军队软弱无能，"强干弱枝"则让地方政府软弱无能。而且，宋代各种细密复杂的制度又让各级官员在行使权力时处处受掣肘，很多时候空有一身的胆识和能力而无所作为。

中国古代地方行政制度的演化变迁历史，是一门非常宏大且专业度极高的学科，这里只能简要介绍一下宋代中央与地方的关系。

宋承唐制，地方行政大略分三个层级：

最高一级是"路"，性质与地域范围同唐朝的"道"大致相当，元代以后形成并延续至今的"省"即源于唐宋之"道""路"。

中间一级又分府、州、军、监四类，基本相当于唐之府州。宋代的"府"就是政治地位比较特殊的州，除京师、陪都等外，常与历朝皇帝的身世有关联；军，顾名思义，早期包含一定的军事防御功能，但大多在不久后变成了纯粹的一级地方行政，只是地域区划比普通州小，一军常只辖

---

① （明）王夫之：《宋论》卷十五《度宗（附：恭帝、端宗、祥兴帝）》。

二、三县；监，是盐、铁及其他朝廷垄断的矿山榷场所在地的建制。粗略说，宋代的府州相当于现在的地级市（地区），而军和监则类似于现在的兵团和矿务局、林业和草原局之类。

最基层一级是"县"，这是中国最古老的地方行政建制，至宋时已至少存在了 1500 年之久。

之所以用"大略"这个词来形容这种三级地方行政管理体系，是因为这只是非正式但现实中的运行状态。理论上，唐宋两代的地方行政均沿袭秦汉以来的传统，只有两级，即郡（府州）县制，"道"与"路"都不是朝廷明文制度中的正式地方政府。唐代的"道"乃是中央派出的监察机构，其首长称"观察使"。"道"的产生是因为天下府州数量太多，当时有近 400 个，朝廷直接管理鞭长莫及，故而按山川形地将全国划分为 10 个渐至更多个"道"，由御史台派出朝官分道考核各州府官员政绩，纠察他们的贪渎。起初，"道观察使"不是固定官职，也没有固定治所，属于朝廷临时差遣。但随着时间推移和形势所需，"道"的实际行政含义越来越大，中唐以后便成了事实上的一级地方政府。宋代的"路"理论上也只是临时性单位，不是正式地方政府层级，但越到后来，许多政策的制定、执行，以及大多数数据的统计，都是按路而非按州县来分类的。纵观中外历史，这类临时性、权宜性的政策安排随时间推移而一点一点演变为固定制度的例子屡见不鲜。这是制度史专业的一个热门研究方向。

唐末五代是一个异常生动的反面教材，给宋代统治者上了无比深刻的一课。为了防患于未然，杜绝地方政府集军事、行政和财政于一体，进而坐大乃至滋生离心倾向，宋代费了极大心血，设计出一整套复杂的抑制性制度。

首先是强化财政上的中央集权。前述，唐代两税中多至 2/3 到 3/4

留存于地方，供地方政府自行支配，朝廷只取剩余部分；宋代税收大部分上缴中央，地方支出中的许多也由朝廷下拨，地方政府平时几无任何积储。

> 宋太祖皇帝乾德三年，诏诸州支度经费外，凡金帛悉送阙下，无得占留。自唐末兵兴，方镇皆留财赋自赡，名曰留使、留州，其上供殊鲜。五代疆境迫蹙，藩镇益强，率令部曲主场、院，厚敛以自奉。太祖周知其弊，后藩郡有阙，稍命文臣权知所在场务，或以京朝官廷臣监临，于是外权削而利归公上，条禁文簿，渐为精密。[①]

这是一种几乎不留余地的彻底的"统收统支"[②]，所谓"外州无留财，天下支用悉出三司"[③]。如此一来，地方没有了对抗中央的经济资源，遑论拥兵自立了。

财税的中央集权操作起来还是比较简单粗暴的，相对来说，宋代对于地方行政权力的分解和钳制更富艺术性，其精细和繁复程度，大概古今中外无有能出其右者。依前述，宋初仿唐之"道"而置"路"，但对其做了大幅改革。虽然"路"的地域区划与"道"很接近，有些甚至完全重合，其性质和管理模式却大不相同。无论从理论还是实践上看，宋

---

① （元）马端临：《文献通考》卷二十三《国用考（一）》；参见（元）脱脱等《宋史》卷一百七十九《食货志下（一）》。
② 现代的统收统支原则施行于部门，而非地区。
③ （元）脱脱等：《宋史》卷一百七十九《食货志下（一）》。

代的"路"比唐代的"道"都更接近固定行政层级，拥有从军事、行政到监察、财税的完备功能。但为了一劳永逸地消弭由此而生的地方势力尾大不掉的隐患，宋代设计出一套极为特殊的路政管理制度，历经前后一百多年的持续探索和不断调整，到北宋后期臻于成熟。

具体而言，"路"没有专门的政府机构，其管理权限掌握在朝廷的"监司"手里。更要紧的是，"路"的事权是不集中的，军、政、刑、财分别散于四个监司。唐代一道只有一个观察使，宋代一路的正式监司官多至四个：即掌兵领军的安抚使、转输财赋的转运使、纠察司法的提点刑狱使和救恤赈民的提举常平使，他们分别也被称为"帅""漕""宪""仓"四史。这种设置无非是为了让路的权力无法集于一人，起到相互钳制和监督的作用。"今之州郡控制按刺者，率五六人，而台省不预，毁誉善否，随其意好，又非唐日一观察使比也。"[①]一般来说，转运使，即"漕使"，是四监司官中最重要的，因有宋一代上上下下始终围着钱转。转运使就是负责把一路的财税输至中央，将中央拨下来的款项分发至本路各州县的，其工作有类于现在的中央财政收缴征集及转移支付。当然它还有不少与财政无关或关系不大的其他职能，另"三史"亦复如此，它们的事权也多有交叉。此处不赘述。

上述监司官都不是地方官，而是朝廷派往地方指挥工作的临时性差遣。事实上，每一路也不同时有帅、漕、宪、仓四史，它们大多都应时因需而置，置史的时间也不同，最晚出现的提举常平使是到了北宋后期哲宗朝才设立的。理论上，不但路监司官，就连府州长官也不是地方官，

---

① （宋）洪迈：《容斋随笔·三笔》卷七。

从其正式名称"知某府／州事"便看得出来，这是中央派去地方指导工作的京官。而且，因为正式的地方行政层级是府州—县二级制，府州长官的上级是中央，所以他们有权也理应直接向朝廷中枢汇报，不需要经过路监司官。此外，可能源于千年以来的郡县制传统，又因为府州才是正式和固定的政府层级，宋代府州长官的寄禄官官职（以此定某官俸禄）、品秩、声望高于路使的情形十分常见，范仲淹、韩琦、欧阳修、文彦博等都曾领着宰执大臣的头衔出判府州。王安石两度罢相后，两度出判江宁府，当然，他实际上没有真正就任过这个相当于今天南京市市长的职务，这只是依依不舍的神宗皇帝觉得必须给予这位政治导师一份待遇而已。但只要王安石头上顶着这份官衔，江宁府所在的江南东路转运使——也就是江宁府事实上的上级——的位子就肯定坐不舒坦：万一在属地施政中哪件事情的经办得罪了王荆公，那可不是闹着玩的！

就这样，不但平行的路监司官之间相互制约，他们还要与实际工作中的下级——府州长官——相互牵制。

但这似乎仍不足以让朝廷感到放心，于是，在宋代的府州一级，又有了"通判"这一古今独有的奇怪官职。按欧阳修《归田录》中所言，通判一职似乎是宋初平定湖南、四川以后开始设置的。但据稍后的高承考证，"通判"之名早已有之：唐时比较大的州置"长史"一名，"通判"可能是时人对它的别称。[①] 宋代做了重大的"制度创新"，其特别之处在于，通判的级别虽低于府州知事，却直隶中央，报告对象并非府州长官。因而"既非副贰，又非属官，故尝与知州争权"。更有甚者，"每云：'我

---

① （宋）高承：《事物纪原》卷六"通判"。

是监郡，朝廷使我监汝。'"后有诏令做了些弥补和改进：除非府州长官同签，诸州通判不得自行发布文书政令。但即便如此，各州通判与州郡长吏不和的情况依然存在。在滁州、扬州、颍州等地当过太守的欧阳文忠公想必也受了本州通判不少气，他以无奈而又诙谐的笔调记述了这么一桩趣闻：

> 往时有钱昆少卿者，家世余杭人也。杭人嗜蟹，昆尝求补外郡，人问其所欲何州，昆曰："但得有螃蟹无通判处则可矣！"至今士人以为口实。①

杨亿一针见血地点破："通判，太宗始置，即古监郡也。"② 说得更露骨一点，既然特意在府州长官身边安插这么一个通判，那么他们与长吏不和，不正是朝廷乐于看到的吗？

在中央政府的部门中，宋代也设有不少既非副职亦非下属的职务，名曰"判官"。重要的路级监司官如转运使边上，往往就置有"转运判官"。履历丰富的王安石早年不但在地方上担任过舒州通判，还在朝中当过群牧判官和三司度支判官。估计这位自视极高、性格执拗的大人物在这些判官位上，与自己的长吏相处得也不会很融洽。

① （宋）欧阳修：《归田录》卷二。
② （宋）杨亿：《杨文公谈苑》。

细者愈细，密者愈密，摇手举足辄有法禁

如果认为这就是宋代为防范地方分离倾向而设计出来的行政管理制度的全部的话，那就大大低估了宋人的创造力。与他们在制度设计方面所展现出来的智慧相比，我们的想象力根本不够用。

在一般人的常识中，但凡一级政府，就会管辖某一片特定地域，且有一个金字塔式的官僚机构，最顶端通常是行政首长。宋人突破了这个常识，他们不但在"路"这一层级的政府中设置多个平行长官，甚至这些长官所管辖的地域范围也不一致。在统治者认为特别重要和敏感的地区，各监司所管辖的路并不完全重叠；又或者，就算路的地域范围一致，不同监司官的治所又不在一地。以同西夏接壤的西北地区为例，转运使路最初仅有陕西一路，后分为两路；但提点刑狱使路则分设永兴军路与秦凤路；而对安抚使来说却又分成永兴军路、鄜延路、环庆路、秦凤路、泾原路和熙河路。[①] 以至于后人做历史研究时如果要统计北宋一共有多少路，先得确定其是哪种性质！再以南方内地的荆湖南路（大致相当于现在的湖南省）为例，该路转运使治所在潭州（今长沙），而提点刑狱使治所却在400里外的衡州（今衡阳）；江南东路（大致相当于现在的江苏南京加安徽皖南部分）提点刑狱使治所也不在江宁府（亦称建康府，今南京），而在近千里外的饶州（今江西鄱阳）；广南东路（大致相当于现在的广东、海南二省）同样如此，其提刑公宇也不设在广州，而在四百多里以北的韶州（今韶关）。

---

① （宋）李焘：《续资治通鉴长编》卷一百三十四"仁宗庆历元年十月甲午"；亦见（宋）朱弁《曲洧旧闻》卷九。

这就好比一个省有三四个职能不同但地位平行的省长，都直接向中央报告，而且这几个省长所管辖的地域区划还不是完全重合的，各自的"省会"也不在一起！当代历史行政地理学专家周振鹤教授将这种设置称为"复式路制"，并认为它有些类似于现代行政管理体制中的"合议制政府"。[①] 表面上看，这些复杂而奇怪的设置多是一些偶然因素或历史沿革的结果。例如，按陆游《笔记》中的说法，庆历（1041—1048）初年永兴军路的拆分，主因似乎是被朝廷派去当地弹压西夏的夏竦、陈执中和范雍三位老资格政坛大佬议事多不合；[②] 而作为安抚使路的熙河路是神宗朝"熙河开边"时从吐蕃人那里得来的，当地人烟稀少、经济贫瘠，或许没有必要设专门的转运使。然深究其内在逻辑，却无不是苦心孤诣的安排，用意自然是让地方官员互相牵制，防止专权。

还有极少数更复杂的特例：

> 淮南转运使旧有二员，皆在楚州，明道元年七月甲戌，诏徙一员于庐州。南渡以后废江淮发运使，而治楚州者移治真州，治庐州者移治舒州，其后又自舒州移治无为军矣。[③]

也就是说，北宋时淮南一路转运使设二员，治所分处两地；而总江淮六路（包含淮南、两浙、江南东西、荆湖南北）又设一员专门负责调

---

① 周振鹤：《中国地方行政制度史》，第 71 页、173 页。
② （宋）周密：《齐东野语》卷八"一府三守"。
③ （宋）王栐：《燕翼诒谋录》卷四"淮南转运使"。

逝去的盛景：宋朝商业文明的兴盛与落幕

度往京师纲运的发运使，他与六路转运使也是平级的。①

　　不止于此，宋代对于官员的转徙调动极为频繁。据南宋后期人罗大经记，诗人杨万里在朝为官时，把足够举家返乡的盘缠存在一个小箱子里，上了锁藏在卧室，并一再告诫家人决不能轻动这笔钱；还有某个记不得名字的临安府尹，也不把家眷接来，随身只带了几个破箱子，用一根扁担挑着放在公厅之上……他们每天都做好收拾行李上路的准备。罗大经自己在太学求学时曾寓居一位大官家，有一天大官命下人买六百贯钱柴火，门下一卒轻笑着对旁边人嘀咕："朝士今日不知明日事，乃买柴六百贯耶！"②京官如此，地方为官者尤甚，甚至许多人都做不满朝廷规定的三年任期，"而方今尤不得久于其官，往往数日辄迁之矣"③。

　　这种缩短任期和频繁调动的吏治，同军队的"更戍法"如出一辙，也是为了不让官员在一地形成势力范围。在充斥于宋代道路河津中的那些长距离、大范围、高频率流动人口中，这些为政府公干的"官"与"兵"（还有学生）是不次于商旅的重要组成部分。也正因为这种走马灯似的轮岗换防，宋代政府行政支出"冗费"并不全是官员薪俸补贴，其中的差旅和接待费用占了相当比重。

　　这种高度中央集权和地方行政多元化、多维度的权力制衡机制固然能够限制地方势力坐大进而威胁国家统一和政权稳定，其精妙细致到甚至已产生了审美价值，但也造成了两大不可克服的缺陷，并对两宋的灭

---

① 北宋时全国共设三个发运司，另两个一为京畿东路发运司，负责开封以东广济河漕运；二是陕府三门白波发运司，负责黄渭陕西前线军粮供应。其中江淮发运司的重要性无疑是首屈一指的。
② （宋）罗大经：《鹤林玉露》乙编卷一"住山僧"。
③ （宋）王安石：《临川先生文集》卷三十九《上仁宗皇帝言事书》。

亡负有不可推卸的责任。

首先是地方的极度空虚贫弱。地方政府缺乏起码的权力，在太平无事的时候都力不从心、捉襟见肘，一遇到重大变故，如外敌入侵或底层民变，则完全丧失对外边防与对内治安的能力。宋代是中国中古以后日益加强的绝对中央集权趋势之肇始。"一兵之籍，一财之源，一地之守，皆人主自为之也。"有所得必有所失，"欲专大利，而无受其大害"①。从根本上说，只有基层繁荣、富裕、充满活力，才会有国家的强盛，"故郡县空虚，而本末俱弱"②。从政治层面看，宋代的繁华就像建筑在泥淖上的摩天大厦。

时人对这种集权制度的严重弊端看得已够清楚。建炎元年（1127）六月，"战时宰相"李纲进奏"控御之策"，控诉了这种强干弱枝国策的"血泪教训"：

> 祖宗革去前弊，削弱藩镇，州郡之权一切委以文吏。非沿边诸路，虽藩府亦屯兵不多，无敢越法行事。以处太平无事之时可也，一旦夷狄长驱、盗贼蜂起，州郡莫有能抗之者，遂至于手足不足以捍头目。③

南宋前期，朱熹在反思"靖康之难"时就也说过："本朝鉴五代藩镇之弊，遂尽夺藩镇之权，兵也收了，财也收了，赏罚刑政一切收了，

---

① （宋）叶适：《叶适集》卷十《始议二》。
② （宋）陈亮：《陈亮集》卷一《上孝宗皇帝第三书》。
③ （宋）徐梦莘：《三朝北盟会编》卷一百九。

州郡遂日就困弱。靖康之祸，虏骑所过，莫不溃散。"① 可惜他的提醒没有起到任何作用。百年后南宋将亡之际，文天祥痛彻地总结："宋惩五季之乱，削藩镇，建郡邑，一时虽足以矫尾大之弊，然国亦以浸弱。故敌至一州，则破一州；至一县，则破一县。"② 但彼时已无力回天。

钱穆先生在对比"安史之乱"与"靖康之难"时指出：

> 惟其地方贫弱，所以金兵内侵，只中央首都汴京一失，全国瓦解，更难抵抗。唐代安史之乱，其军力并不比金人弱；唐两京俱失，可是州郡财力富厚，每一城池都存有几年的米，军装武器都有储积，所以到处可以各自为战，还是有办法。宋代则把财富、兵力都集中到中央，不留一点在地方上；所以中央一失败，全国土崩瓦解，再也没办法。③

其次，这种高度复杂而分散化的权力架构还造成了另一个恶果：不同职能和层级的官员之间相互沟通协调的成本极高。繁荣承平时，官员把手伸到对方地盘里是家常便饭。一到紧要关头，则又相互推诿，谁也不负责任。且如王安石所说：

> 且在位者数徙，则不得久于其官，故上不能狃习而知其事，下不肯服驯而安其教。贤者则其功不可以及于成，不肖者则其

① （宋）黎靖德编：《朱子语类》卷一百二十八。
② （元）脱脱等：《宋史》卷四百一十八《文天祥传》。
③ 钱穆：《中国历代政治得失》，第87页。

罪不可以至于著。①

　　官员走马灯似地换，上下级之间极不熟悉，没有信任，更谈不上好的协作。一项良政尚未见到实效，一桩恶政之弊尚未暴露，主事者早已调离，许多工作都是短期行为。说到底，这样的制度设计本身就意味着皇帝是最终和唯一的责任人。

　　北宋中期，"颇喜言兵"（曾巩语）的苏洵就曾尖锐地批评，宋代的中央集权并不亚于暴秦，然而中央的如此强势导致的却是与希望完全相反的结果：

　　　　吾宋制治，有县令，有郡守，有转运使，以大系小，丝牵绳联，总合于上。虽其地在万里外，方数千里，拥兵百万，而天子一呼于殿陛间，三尺竖子，驰传捧诏，召而归之京师，则解印趋走，惟恐不及。如此之势，秦之所恃以强之势也。势强矣，然天下之病，常病于弱。②

　　两百年后的南宋中后期，叶适把其中的辩证关系讲得更透彻：

　　　　今自边徼犬羊万里之远，皆上所自制命。一郡之内，兵一官也，财一官也，彼监此临，互有统属，各有司存，推之一路犹是也。故万里之远，嚬呻动息，上皆知之，是纪纲之专也。虽然，

---

① （宋）王安石：《临川先生文集》卷三十九《上仁宗皇帝言事书》。
② （宋）苏洵：《嘉祐集》卷一《审势》。

无所分画则无所寄任，天下泛泛焉而已。百年之忧，一朝之患，皆上所自当，而群臣不与也。夫万里之远，皆上所制命，则上诚利矣；百年之忧、一朝之患，皆上所独当，而其害如之何！此夷狄所以凭陵而莫御，仇耻所以最甚而莫报也。①

这些道理，难道宋代的君主都不懂吗？

当然不是！宋太宗某次与侍臣的一番谈话泄露了他们的隐秘心思："国家若无外忧，必有内患。外忧不过边事，皆可预防；惟奸邪无状，若为内患，深可惧也。"② 他显然认为，内患不仅比外敌威胁更大，也更难察防。也许我们应当说，唐末五代的教训对宋代统治者的刺激实在太深、太难以磨灭了！他们反复权衡之下不得不"两害相权取其轻"，无可奈何地在这条险路上一直走到黑。

在这类制度问题上，叶适的观点通常总是最深刻的。他洞如观火般指出：

> 国家因唐、五季之极弊，收敛藩镇，权归于上……故人材衰乏，外削中弱，以天下之大而畏人，是一代之法度又有以使之矣，宜其不能尽天下之虑也。③

---

① （宋）叶适：《叶适集》卷十《实谋》。
② （宋）李焘：《续资治通鉴长编》卷一百一十三 "仁宗明道二年八月丁巳"。杨亿在《杨文公谈苑》的记载大同小异。
③ （宋）叶适：《叶适集》卷十《始议二》。

然而一个多世纪以后，形势发生了翻天覆地的变化。

> 靖康以后，本朝大变，乃与唐末、五季同为祸难之余，绍
> 兴更新以至于今日；然观朝廷之法制、士大夫之议论，提防扃钥，
> 孰日非矫唐末而惩创五季也哉？
>
> 夫以二百余年所立之国，专务以矫失为得，而真所以得之
> 之道独弃置而未讲。[①]

这套曾经极其有效的"专务矫失"的"细者愈细，密者愈密，摇手举足辄有法禁"的"繁密之法"，是否也应做一次"大修"呢？如今回头看，王安石变法是一次重大尝试。悲哀的是，变法的后果却是进一步强化了宋代政治既有的路径依赖。因为变法打开了惨烈政治斗争的潘多拉魔盒，让朝野上下在惶惧不安中凝聚起一个牢不可破的共识：千万不能再更张生事！

二、前现代悖论

传统的解释是有说服力的，"崇文抑武"和"强干弱枝"的制度模

---

① （宋）叶适：《叶适集》卷十二《法度总论二》。

式的确是有宋一代武备长期积弱、无力抵御外侮的直接原因。然而，如果将这个"千年之问"放到本书提出的"技术进步硬约束"与"市场拓展无极限"的框架中审视，可能还会另有启发。

把视野拉得更长一点，不只是宋代，这也是我们读中国历史时最大的疑惑和感叹之一：3000 年来，为什么文明程度远在北方异族之上的中原王朝，在大多数军事对抗中却始终处于下风？"汉唐雄风"只是少数特例，"犬戎灭周""靖康之耻""满人入关"等才是常态。吞并六国、终结战国时代的大秦帝国武力足够强大了，竟也不得不靠劳民伤财修筑长城的笨办法来防御匈奴人南侵。甚至强悍如汉唐，在其初年也遭受过"白登之围"和"称臣突厥"之辱！所谓"弱宋"，只是这部循环往复的历史连续剧中最触目惊心的一幕而已。

农耕文明与游牧文明的千年竞赛

在人类历史进入现代以前，存在过这样一个悖论：先进文明在与落后文明的战争中通常处于下风，我称之为"前现代悖论"。这个悖论还有另一种更醒目的呈现方式：农耕文明在与游牧文明的武力角逐中总是力有不逮。

为什么会有这样的悖论呢？

撇开地理、气候、将领韬略、战士勇气、战术短长等某一场具体战争中的偶然性因素，从长远和宏观看，决定战争胜负的主要因素有三个：

首先是资源的多寡，也就是人们经常说的实力。战争是最消耗资源的，是一切人类集体行为中最昂贵的。人多、钱多，才承受得起打仗的代价，也才有打得赢的可能。

其次是武器装备，这与资源有关，但更多取决于技术。

最后是战斗者本身的组织管理方式，它决定着军事行动的独立性、机动性以及情报和后勤补给等的效率，而军队的组织方式又深深地受到一个社会组织方式的制约。

就第一条，也就是打仗的本钱而论，先进社会拥有对落后社会的压倒性优势，这是不言而喻的：宋朝的人口与财富都数十倍、数百倍于辽、夏、金、元。

然而决定战争胜负的并不是一个社会中的资源总量，而是能够投入于战争中的那部分，这是政府汲取和整合社会资源的能力所决定的。越是先进富裕的社会，其资源总量和人均占有量必然也越大，但政府能够调动的资源占全社会资源总量的比例往往也越低。北宋拥有人口1亿多，养兵100万，将4/5的税收用于军事开支，看起来确乎是个庞大的数字。但女真就算仅有100万人口，其中1/3的人口是战士，而且可以将几乎全部社会财富投入战争。即便不考虑双方将士的战斗力以及其他变量，仅投入战争的资源一项，金人就不见得比宋人差太多。更何况这还是一个动态过程：随着战争的持续推进和领土疆域的改变，游牧政权还会把更多异族——当然也包括大量汉人——裹挟进战争旋涡中，它用于支撑战争的资源会增加，这就进一步改变了双方的实力对比。在南宋末年历时六年的"襄阳之战"中，蒙古军队动员的总兵力不下30万，规模堪比20世纪两次世界大战中的重大会战。当时整个蒙古民族的总人口都不超过200万，哪来那么多将兵呢？围攻襄阳的蒙军主力大部分是华北汉人，还有一部分女真人。而在此前蒙古灭夏和灭金的战争中，主要战力也不是蒙古人，而是西域人。以战养战，是这些"战斗民族"的拿手好戏。

那么，为什么宋朝做不到也像女真和蒙古一样把更多人口与财富投入战争中呢？原因在于：宋朝将大多数社会资源用于发展经济、提高生活水平，由此成为一个先进和富裕的社会。反过来，又因为它是一个富裕的社会，所以养不起更多军队。在任何时代，战争与发展都是对立关系。这不仅是说战争会破坏发展，也意味着一个能够做到"全民皆兵"的社会，必定是落后贫穷的。甚至直到16世纪末的明代后期，在关外崛起的女真后裔还成功地建立起军政合一的八旗制度。从这个意义上说，后人在读历史时经常产生的另一个疑惑"为什么是相对落后的秦国，而非最富的齐国和人口规模与领土面积最大的楚国吞并六国、统一天下"，其答案也在此："商鞅变法"将秦国改造成为一台全民皆兵的战争机器，这就是所谓"耕战"的精髓，而这种变法是难以在其他六国得到彻底推行的。

明白这一点，能够帮助我们更好地理解为什么宋代每一朝的统治精英都把"理财"视为头等大事——他们所做的无非是在自身所处的制约下竭尽全力提高国家攫取和调动社会资源的能力。

当然，即便如此，宋朝的资源优势依然是明显的，这也是它能够在如此不利的情势下与辽、夏、金、元顽强对抗了多年的根源。有现代学者独辟蹊径地评论说："平心而论，与东汉时期缺乏制度创新来有效地面对国家危机不同，在生存竞争的压力下，宋帝国财政制度展现出勃勃的生机，不断地进行调整和完善，以支持帝国对外和对内的支出需要。""因此，问题可能不是宋代为什么这么弱，而是为什么这么强，能够延续近三百年的生命。"[1]

---

[1] 刘守刚：《财政中国三千年》，第197—198页。

就武器装备而论，先进的社会自然也具有优势，但在前现代，这种优势是微弱的，双方之间没有显著差距。正是前现代生产力进步的主要模式造成了我们所谓"前现代悖论"，也就是本书提出的：在"科学革命"和"工业革命"之前漫长的前现代历史中，人类的技术进步是极为缓慢的。如果以一代人、几代人的时间为坐标衡量，能够观察到的技术进步基本可以忽略不计。孙辈、曾孙辈与祖父、曾祖父的生活看不到任何变化的情况，在古代是天经地义，某些前提下没准还会被认为是好事。这是我们思考古代历史时不能忽略的一条"硬约束"。这并不是说前现代历史上从未有过生产力进步和经济繁荣的好时光，必须明白的是，造就盛世的不是技术进步，而是合理的市场制度，细分、合作与扩展才是古代经济增长的支配性动力。那么，反映到武备上，这也意味着，在前现代，先进社会在武器装备技术上相对于落后社会并不会有绝对的领先优势。

此外，古代技术传播的门槛是很低的，它不像现代高技术那样涉及一整套庞大而精细的技术和产业分工体系，只要有一些能工巧匠，掌握了一些制造诀窍，便很容易复制。这轻而易举地抵消掉了发达社会好不容易建立起来的一点点武器装备优势。像宋人发明的"霹雳火"，金人很快就学会了；又如"巨石炮"，并不是蒙古人发明的，后来却成为他们无坚不摧的攻城利器。宋军原本在水战上具有明显优势，但短短十数年内就被蒙古人迎头赶上。到崖山决战时，心存侥幸的宋人发现蒙古海军已丝毫不落下风。可见古代的技术优势是多么不容易长久保持。

在武器装备这个环节，宋朝还有一处痛点：马场的丢失。这是其战力难比汉唐的一大重要因素。众所熟知，在大多数前现代战争中，战马的作用是举足轻重的，它就是古代的坦克和装甲车。中国并非没有产马之地，但因为只有高寒的草原地带才养得出好马，上佳的马场只有两处。

逝去的盛景：宋朝商业文明的兴盛与落幕

其一在"蓟北之野",即今内蒙古东北一带；其二是"甘凉河套"一带，即今西北地区。宋代建政以前，这两块地方就已分别被契丹辽国和党项人掠去，都不在中原王朝掌控之下。我们从《清明上河图》中能够清楚地看到，当时东京城里街市上都是用牛来拉大车的，还能见到驴子和骡子，可见有宋300多年马匹短缺之严重程度。而在北宋与辽、夏的榷场互市中，对方都严禁马匹出境南下；王安石新法的主要内容不过十条左右，其中就有一条旨在鼓励民间饲养马匹的"保马法"。这些都是马匹重要性的体现。放大一点说，战马不继是中原王朝乃至世界上所有农耕社会数千年来与游牧民族作战时的最大短板。"马的驯化对于游牧民族是天赐神兵，对于农耕民族则是一场持续数千年的噩梦。……大约3000年前，骑兵出现了，农耕民族……多个文明的消亡成为必然。"①

五代十国时期，为什么经济实力并不占优的中原政权在与南方及川蜀割据势力的军事竞争中总能占据优势，并且最后也是由宋完成统一？南方比北方更加缺马就是重要原因。据说宋军南伐时，南唐方面千方百计凑到"骑兵才三百"，宋军战胜后还发现，就连这300匹战马也是之前宋廷赠送的。②北宋初期朝廷就一直十分热心"经理蜀茶"，为的就是吐蕃的良马，当时"置互市于原、渭、德顺三郡，以市蕃夷之马;熙宁间，又置场于熙河……"③这就是著名的"茶马互市"。

不用说，南渡后更加缺马了。绍兴四年（1134），复置茶马司，同年及后来的绍兴二十四年（1154），分别恢复了位于川、陕、广西等地

---

① ［美］董洁林：《人类科技创新简史：欲望的力量》，第279—280页。
② （宋）曾敏行：《独醒杂志》卷一"李氏国中无马"。
③ （元）脱脱等：《宋史》卷一百八十四《食货志下（六）》。

尾声 一旦兵火

813

的多个马匹交易博场。南宋朝廷为了鼓励更多进口，在绍兴初曾有规定，凡"买到四尺五寸以上堪坡带马，每一千匹与转一官"①。此外，南宋延续了北宋时不支持外藩朝贡的一贯政策，但很欢迎他们送马来。绍兴二年（1132），有邕州（今南宁）守臣上报，大理国请入贡。高宗直截了当告诉大臣："令卖马可也，进奉可勿许。"②到孝宗乾道（1165—1173）、淳熙（1174—1189）年间，每年大约得马一万匹，这是南宋从西南边民那里买马最多的时候，"自后所市未尝及焉"③。另据洪迈引《五代旧史》记后唐明宗时代的情况，当时养一名骑兵的费用可供五名步兵之用。④如果马匹不能自养而全赖进口的话，靡费显然更大。

综合起来看，宋朝虽然在政治、经济、文化和人口规模等各方面遥遥领先于辽、夏、金、元，但在武器装备上占不到任何便宜。

就上述第三条，即军队本身的组织方式以及由此产生的机动性而论，文明发展程度更高的农耕社会在面对游牧部落时则只剩下短处，而没有一丝一毫长处了。游牧社会的生产与生活特性使得他们天然比定居的农耕民族具有强得多的机动性和集体行动纪律性，更容易做到"全民皆兵"，这让他们拥有了更强的战斗力。有句话叫作"宋廷累议不决，虏骑连夜渡江"，说的正是双方在机动性方面呈现出来的巨大落差。这不完全是宋朝对军队的限制造成的，我们在前文中已经论及，市场拓展与经济发展需要有宽广度、高深度和多层次的合作，人们之间的相互依赖程度也

---

① （宋）周辉：《清波杂志》卷十二"四川茶马"。
② （元）马端临：《文献通考》卷二十《市籴考（一）》。
③ 参见（元）脱脱等《宋史》卷一百八十四《食货志下（六）》;（元）马端临《文献通考》卷十八《征榷考（五）》、卷二十《市籴考（一）》。
④ （宋）洪迈：《容斋随笔·续笔》卷五。

更深。然而战场上的形势却是瞬息万变的，需要快速决断。因此，组织模式越是复杂的先进社会，越不能适应这种前现代技术条件下的战争。而对全民皆兵的游牧社会来说，这其实就是那个时代"集中力量办大事"和"决策落实高效"的所谓"制度优势"。

20世纪美国杰出历史学家威廉·麦克尼尔对中世纪晚期东欧局势的总结，同样适用于几百年前的东亚大陆：

> 游牧民族对分散的农业人口享有的军事优势，……游牧民族有马，可发动长途奔袭，且风险低，因为他们的机动性能使他们大致按其所愿将优势兵力集中于一点，又能在遭遇意料之外的反抗时逃到安全所在。而农耕民族则相反，……只有职业军事力量能够成功应对游牧民族带来的危险；但鉴于其原始农业特性，对于1500年前后多瑙河和庞廷欧洲的农民而言，军事机器的成本高到难以承担。
>
> ……
>
> 到16—17世纪，火枪、常备军和支撑现代文明战争的因素，足以扭转游牧势力和农耕势力之间的古老平衡，驱使游牧势力永久退却……在角色逆转之前……游牧征服者残酷地骚扰先于他们在此定居的居民，在大多数情况下能凯旋，因为那些居民轻于防卫，如同坐以待毙。[1]

---

① ［美］威廉·麦克尼尔：《东欧：草原边疆1500—1800》，八月译，上海人民出版社，2021年，第4—5页。

上述三要素决定了前现代战争的归宿，同时揭示出两个层面的问题：第一，在工业革命之前的前现代世界，农耕文明在与游牧文明的武力抗衡中多处于弱势，这并不是东亚一地的特例。第二，在更深的层次上，它还折射出这样一条真理：建设总是比破坏困难得多。

自我毁灭的种子

然而，游牧民族的这种军事能力是建立在极低的物质生活水平以及相对落后的政治制度和经济结构之上的。人民若想过上安定富足的好日子，就绝无可能长期维持这种可怖的军事能力。

说到底，契丹、女真、党项、蒙古……是游牧者与劫掠者的混合体，而不是定居社会中的生产者与纳税者。因此，每一次，北方游牧势力侵入中原之势如摧枯拉朽，但当他们试图建立自己的国家和稳定的统治时，就立刻捉襟见肘、力不从心了。劫掠的对象已不复存在，昔日的游牧战士不得不依靠自己从事生产或管理，来创造财富，延续生活。继续像过去那样在马背上驰骋，显然不可能支撑得起一个稳定的政权和一个繁荣的社会。于是他们不得不逐渐汉化，或者说将自己改造成一个"文明社会"。一旦走上这条路，他们的武力优势很快便会丧失殆尽。女真人建立的金朝，外表上是宋朝的死仇，内心却深切地仰慕南朝。后来金朝大规模扩建中都（今北京），其城市布局完全仿效东京，甚至连宫殿名称都与东京的一模一样。上至天文历法，下达税收钱币，直到宫廷娱乐，他们都刻意模仿宋人。如此一来，必然会遇到他们以前击败的那些汉人政权一模一样的问题：分工越来越细密、体制趋于僵化、决策日益烦琐……如此种种，反映在军事上，就是行动力的优势遭到削弱。北人刘祁的《归潜志》卷七中有一大段关于金朝末年政治与社会状况的细致描写，我们从中可以清楚地看到，当时金朝所面临的全方位危机与两宋末年简直如出一辙，其民事、军政、吏治、近侍、内宫、士风等各方面弊病几乎就是宋朝的翻版。但其经济、典章、文物等各方面的发展程度则又远逊于同时期的南宋。

事实上，这些异族建立的政权大多"其兴也忽，其亡也速"。因为他们的文明程度毕竟是比较低的，低劣的物质生活水平与落后的社会组织方式让这些游牧文明天然地获得了比农耕社会更高的军事机动性。但这只是"潜力"，要把这种潜力转化为战场上的真实战力，还需要有强有力的统摄者和组织者。在前现代历史上，落后社会中一旦幸运地拥有几代精明强干、励精图治的领袖，就会比先进社会更容易赢得军事优势，也更容易崛起。但他们的力量高度系于铁木真、忽必烈等几十上百年难遇的雄才，所以，他们注定是在少数时间点上喷薄而出，又很快消退，并在大多数时段里湮灭不闻。战国时强秦的崛起与灭亡的根源也在于此。历史上更常见的是：大多数游牧文明尚未崛起，就在无穷无尽的部族内部冲突中自我消耗殆尽了。

在两宋319年的时间里，北方的政权先后经历了辽、夏、金、元。看起来宋朝在与这些政权的武力对抗中一直落在下风，但这些政权自己内部也极其不稳定。无论是契丹、女真，还是蒙古，其社会基础都非常脆弱，他们建立的国家没有一个寿命超过宋朝的。在欧亚大陆的古代历史上，蒙古人绝对是战场上的赢家，但元朝却是中国历史上几个异族政权中最短命的，连一个世纪都不到。原因在于它是其中最拒斥汉化的。以博学多产闻名的南宋前期大文士洪迈虽然"身在此山中"，但已依稀认识到这些游牧民族建立起来的定居政权所必然蕴含的内在不稳定性。他在列举刘聪、石勒、慕容俊、苻坚等的瞬息兴亡后发出如下追问："今之北虏（指女真人），为国八十年，传数酋矣，未亡何邪？"①今天我们甚至可以接着大胆设想，如果南宋能够在蒙古铁骑的压迫之下再坚持三五十年，甚至也像与金国那样形成僵持对峙之势，那么，也许元朝之后的下一个朝代就不是"大明"，而是"大宋"回归了！清朝是例外，原因同样在于汉化，它是汉化最彻底的，汉化得连统治者自身的民族特性都荡然无存。正如马克思在《不列颠在印度统治的未来结果》中写的："野蛮的征服者总是被那些他们所征服的民族的较高文明所征服。"这就是先进文明和先进制度的弹性与优势。

当然，一旦某个游牧政权衰老没落，更北的边缘又会崛起另一个新的，一位研究战争史的朋友用一个形象的词语来概括这种永不会缺失的游牧战士生态位——"北方以北"。威廉·麦克尼尔还写道：

> 在地图上看，他们曾经占据的地域大到不可忽视，然而几乎是一击而溃，绝望的逃亡者四散而去，帝国分崩离析。所有的草原帝国都有一种令人恐惧的脆弱性。这类帝国的特征是依靠伟大的军事胜利而建立，又能几乎在瞬间分裂成游牧生活的最小单位：小的、分散的、父系的宗族——整年在一起放牧牛羊群。
> ……
>
> 然而，随着时间推移，……随着这些游牧征服者的后人定居下来依赖农业，他们失去了机动性，也往往失去勇武的习性。

---

① （宋）洪迈：《容斋随笔》卷九。

阴郁的农民的富有主人，可不像其游牧祖先那样乐意抛下产业。因而，那些因战争而形成的纪律和凝聚力也趋于解体，直到统治集团的有效军事实力减弱到某种程度，以至于一些新的侵略者像突如其来的风暴一样席卷这块土地，并再次开始整个循环。①

但这又带来了另一个问题：为什么同样根植于千年农耕文明，汉唐时代的中原王朝却能够成功应对匈奴人和突厥人的挑战，展现出如此强大的战斗力呢？放到本章提出的分析框架中，有三个解释——

首先，汉唐时代拥有汉武帝、唐太宗、唐玄宗这样兼具豪情、胆识、谋略的雄主，这不是每个时代都会出现的。

其次，汉唐时代尚未有宋代那样高度繁荣的工商经济，其整体生活水平相对而言仍是贫乏的。汉唐时代中原社会的发展程度与宋时相比，与北方民族的差距并没有那么大，所以没有完全陷入我们所说的"前现代悖论"。换言之，可能正因为相对粗鄙和落后，汉唐时代反而获得了前现代的战争优势。内藤湖南提出的所谓"唐宋变革"，就是在揭示唐宋之交发生在政治、经济、文化和其他社会各层面的跃进式"现代化"。

最后，也是最重要的，汉唐时代的社会形态和军事组织方式是相对粗放的，其戍边地区采用军政合一的古老制度，军队拥有高度的独立性和机动性。大部分时间里，汉唐帝国实际上同时存在双重治理方式：在帝国的内部，实行的基本上是专业化的文职政府制度；而在辽阔的边疆

---

① ［美］威廉·麦克尼尔：《东欧：草原边疆 1500—1800》，第 4—5 页。

地区，从社会组织形态、权力运行模式到人民生活方式，与它要对付的那些游牧社会并没有本质上的不同。汉人绝非天生敌不过那些北方异族，但在前现代，若想要在战场上赢得胜利，就要把自己变成他们，至少变得更像他们，恰如他们要想过上安定、富足、文明的好日子，就不得不变得更像我们一样——昔日赵武灵王"胡服骑射"的故事便是很好的例子。但变成他们的教训也是沉重的：社会从此变得不稳定。汉代亡于军阀混战，唐代亡于藩镇割据。与汉代同时的罗马帝国同样逃不过武人拥兵自重、反叛分裂的噩运……他们都被自己的善战所反噬。

这是我们所说的"前现代悖论"的另一面，而这不正是宋代统治者不惜一切代价想要避免的吗？黄仁宇曾总结说：

> 宋朝亘 319 年的奋斗，只证明了中国的南方虽富庶，仍不能在组织上做到整体化，因此敌不过以简单与粗枝大叶精神所组成的北方国家。[1]

而本书的结论正相反：正因为宋朝的政治与经济领先太多，社会组织方式过于现代，才敌不过那些粗放的北方民族！宋代社会的早熟中孕育着自我毁灭的种子。我其实极其不情愿使用"早熟"这样的词，因为"早熟"明显含有"不成熟"的意思。在文明长河的潮涨潮落中，一种社会组织方式或制度体系有没有前景，主要不在于它是否足够成熟和完备，而在于它的核心元素能不能适应自己所处的时代，很好地与之匹配。

---

[1]　黄仁宇：《中国大历史》，第 160 页。

宋人的探索与奋斗超前太多了！

好消息是，现代和未来估计不会再有这种"前现代悖论"的存在基础。

自从人类进入现代以后，文明社会掌握了相对于野蛮社会的压倒性技术优势，而且这种技术上的差距还在加速拉大。在现代和后现代，打仗其实就是在拼技术和金钱。今天，即使一个最尖端武器的设计工程师携带设计图纸叛逃到某个敌国，那个国家若想要制造出这种武器，仍需要发展出一整套的技术和工业配套，以支持这种尖端武器的生产。如果不能从先进国家采购零部件，这个系统要独立自主建设起来，没有相当长一段时间以及一大批相应的专门人才，几乎是不可能的。

在军队本身的组织方式所产生的机动性和战斗力问题上，现代信息技术的突飞猛进也彻底改写了战争形态：无论是军队调动、情报传输还是后勤补给，都可以远程实时掌控。说得极端一点，21 世纪的战争甚至都不需要总司令亲临战场第一线。这样，自然完全没有必要授予前线的将领们完整的军、政、财大权，以便他们随机应变，高效调度。国家对军队的控制力与军队自身的战斗力之间不再有矛盾。

所以，技术是硬约束。宋代悲剧的根源在于：前现代的技术条件无力支持它那套为适应日益繁荣的工商业生活而无意识演化发展出来的制度体系和社会组织方式。

"军事现代化"的正反面

后人对宋代积弱的反思和批评大多集中于我们之前分析过的两点：弱兵和高度中央集权。但如果立足于现代视野，宋代的募兵制以及把军队置于文职政府控制之下，不是所有现代国家的制度吗？即便在当时，宋代的军事管理制度也是有其优越性的。尽管它在与机动性极强的游牧民族的周旋中尽显其不适应性，历史也已证明，宋代政权比辽、金和蒙古都有更强的韧性，因为它的基础牢靠得多，这印证了龚茂良的话："虽似失之弱，然国祚绵远，亦由于此。"两宋三百余年间，军队保持了稳定，不再像唐末五代那样，是威胁国家统一与和平的破坏性力量。的确，现代国家都会给予戍边卫国的军人以崇高荣誉和优厚待遇，但任何稍有头脑的现代人大概都不会认为，一个国家里军人经常对国是政策指手画脚是件好事。从这个侧面看，驯服桀骜的武人，使之服务于国家而不是自身，不正是宋代军事制度的重要成就吗？

至少宋人自己对这种"崇文抑武、强干弱枝"的国策持一边倒的正面看法：

> 太祖深鉴唐末五代藩镇跋扈，即位，尽收诸镇之兵，列之畿甸，节镇惟置州事，以时更代，至今百四十年，四方无吠犬之警，可谓不世之功矣。或云陈希夷之策。①

看来后人越传越神秘离谱，还把它归到了道家仙人陈抟老祖身上。

对于前文述及的宋代社会风气"文弱""懦弛"之类的"千年定论"，近来历史学界也提出了越来越多的有力的挑战。邓小南教授指出：

> 崇文资而抑武职，在一定程度上加剧了文武关系的紧张，

---

① （宋）张舜民：《画墁录》。

甚至造成了新的文武关系失衡；以隔膜于武事的文臣掌管军政事务，也往往造成军事上的决策失当。但如果因此而认为，宋代长期以来军事上的退缩局面系由文臣的懦畏倾向酿成，则未免失之于简单化。文臣固然不熟悉战事，却并不一定选择逢敌退避；武将们通常是长养自行伍，但这也不意味着他们自然倾向于用兵征伐。……（军事局面）与"文资"或"武资"没有固定必然的牵连。①

置于这样的分析框架中，或许还能有助于我们更好地理解宋代历史上的一桩"千古奇冤"：岳飞之死。

这个问题应当分成两个不同的层次。

钱穆先生对北宋之亡的分析并不完全符合史实。"靖康之难"后，虽然汴京失守，全国并未土崩瓦解，南侵的金人遭遇到各地军民的顽强抵抗。建炎、绍兴间抗金战场上所向披靡的不止有"岳家军"，一大批足智多谋、勇猛善战的名将在硝烟纷飞中脱颖而出，"中兴四将"只是其中最耀眼的明星，前面提到过的杨存中、吴玠等人也都不是等闲之辈。"靖康之难"到"绍兴和议"的十五年间，堪称有宋300多年里军队最骁勇善战的一段岁月，也是军人扬眉吐气的黄金岁月。当时，甚至已有大胆的将领敢于就一些朝廷政策公开上书驳斥文臣，竟至于激烈反击："自金人深入中原，蹂践京东西陕西淮南江浙之地，为王臣而弃民，误国败事者皆文臣也；时时有一二竭节死难、当横溃之冲者，皆武臣也。"②

① 邓小南：《祖宗之法——北宋前期政治述略》，第185页。
② 参见（宋）徐梦莘《三朝北盟会编》卷一百四十五。

这在之前是绝对不可想象的！或许正因为朝廷溃散、群龙无首、常规制度完全废弛，武将们才能从过去的重重枷锁中解放出来，才迸发出如此强大的战斗力。

我一点也不怀疑，南渡之初几十年里，如果朝廷赋予这些能干的将领们更多资源，授予他们更大的自主权和独立性，兼之朝中还有像宗泽、张浚、虞允文这样文武双全的出色政治家调度呼应，宋军未见得不能与女真人大战一场。即使不敢奢望一举驱除鞑虏、收复中原，但正面抗击的结局一定不会比"绍兴和议"更坏。按王夫之的分析，女真人的胜利来得过于突然，他们完全没有做好统治全中国的准备。甚至直到金国灭亡，都不具备这个能力。金人想从宋人那里得到的只是称臣、割地、纳贡，这从他们起初扶持张邦昌、刘豫等几个伪政权"而不欲自有"便看得出来，这种思维令其中原政策经常处于摇摆不定之中。[①] 在这种形势下，宋军顺利收复黄河以南的故地，包括东西两京及陕右，是完全可能的。但原先所有的一部分"关南"领土——"东有沧瀛、西有太原"，即今日山西、河北一带，拿回来的可能性不大。他因此怅然而叹："非高宗之志变，秦桧之奸售，宋其兴矣！"[②]

但接下来呢？就算成功收复了全部北地，宋朝注定将变成又一个晚唐。岳武穆、韩蕲王等人确实无不臣之心，却未见得百分之百听命于朝廷。所谓"将在外，君命有所不受"，纵使指挥官一片赤诚，他也必须将一城一池的战役部署放在第一位，然而朝廷却有自己的全盘政治考量，岳飞与皇帝和朝廷之间的实质性冲突即在于此。名臣季陵曾对宋高宗说

---

① （明）王夫之：《宋论》卷九《钦宗》。
② （明）王夫之：《宋论》卷十《高宗》。

过一番话：

> 今天下不可谓无兵，若刘光世、韩世忠、张俊者，各率诸将，同心而谋，协力而行，何所往而不克！然兵柄既分，其情易睽；各招亡命以张军势，各效小劳以报主恩；胜不相逊，败不相救，大敌一至，人自为谋，其能成功哉？①

可见，早在南宋朝廷尚未站稳脚跟、皇帝和大臣朝不保夕的建炎年间，军队便已经有不顾全局、拥兵自重的苗头。更不要忘了，就在季陵说这番话的前一年，亦即建炎三年（1129）三月五日，发生过一场震惊当世的"苗刘之变"：低级武将苗傅、刘正彦借口太监谋反，劫持高宗，逼其禅位给两岁的儿子赵旉。好在吕颐浩、韩世忠、刘光世等文武大臣全力勤王，迅速平定叛乱，高宗得以复位。这年冬天，高宗行至四明时还曾遇卫队叛乱，幸得吴皇后急中生智，谎称高宗外出，才让他免于被生擒。史载，建炎初年，吴氏经常一身戎装、手执利刃侍卫于高宗身边，足见那段时间之凶险。②那几次险象环生的经历促使性格本就自私阴暗的宋高宗更加抱定不惜屈膝称臣纳贡乞和也要收掉武将兵权的决心，再说这不过是对北宋既定国策的延续而已。所以王夫之说："宋氏之以猜防待武臣，其来已夙矣。高宗之见废于苗、刘而益疑，其情易见矣。"③

站在今日的立场上看，宋高宗在形势一片大好之时收兵权、杀良将

---

① （清）毕沅：《续资治通鉴》卷一百七"高宗建炎四年（金天会八年）六月戊寅"。
② （元）脱脱等：《宋史》卷二百四十三《宪圣慈烈吴皇后传》。
③ （明）王夫之：《宋论》卷十《高宗》。

的行径无异于自毁长城，令后人扼腕长叹。但如果从高宗的角度想想，一切就容易理解了：天下有哪个坐在龙椅上的人愿意重蹈唐末那些蜷缩在长安城里的天子的悲惨命运？是的，大唐还在，但皇帝本人却只是藩镇手里的傀儡，甚至是人质和囚徒，连性命都不由自己掌握！宋高宗当然宁愿守着半壁江山，做一个苟安之主。况且，即便从国家利益出发，一旦真的出现了晚唐那种藩镇割据的局面，再要想重新恢复一统就没有可能了，唐朝之亡只是早晚的事，远不如先保有一个统一的半壁江山，徐图后事，来得更有希望一些。唐代节度使那种集军、政、刑于一身的权力一旦放出去，再收回来就非常难了。岳飞和韩世忠们对国家的一片丹心，并不能保证他们的后代同样永无二心。"苗刘之乱"近八十年后，镇守四川的大将吴曦在"开禧北伐"最胶着的关键中途倒戈降金，就是再清楚不过的！说起来他还是中兴名将吴玠之侄孙、吴璘之孙，伯祖和祖父头上的无上光环，也没能阻止他为一己私利蜕变成一个卖国求荣的败类。

至此，高宗和秦桧为什么要反对岳飞、韩世忠乘胜追击、收复失地，甚至削他们的兵权，就完全解释得通了。可以说，这就是宋代长期坚持的基本国策。前文已论证过，如果没有这样的基本国策，中国历史上大概率就不会有 319 年的宋代，而五代则会变成"六代"。即使对宋代政治苛求甚多的船山先生也不得不承认，"向非太宗亟进儒臣以荡涤其痼疾，宋且与五季同其速亡"①。

但这个问题还有另一个层面，即宋高宗和秦桧为何非要置岳飞于死

---

① （明）王夫之：《宋论》卷二《太宗》。

地？这完全不符合宋朝一贯的政治风格，事实上也违背了宋太祖"不杀大臣及言事者"的誓言；再考虑到岳飞在抗金战场上赢得的人望，此事简直有点冒天下之大不韪。它当时就对南宋朝廷造成了重大声誉损失，更令宋高宗和秦桧背负千古骂名，君相二人对此不可能没有过权衡和顾忌。宋代此前确实还从没有一个官居宰执高位的大臣因罪而被公开诛杀的。北宋末年党争如此白热化，也未见哪个人因在政治斗争中失败而被砍脑袋。此后的韩侂胄算是例外，但他是死于一次突如其来的政变，属于非正常事件。按惯常的做法，只要收了岳飞的兵权，辅之以更高的虚职荣誉和利禄待遇，就能解决问题。可见高宗和秦桧对岳飞有多恨，但此恨何来却不得而知。或许，岳飞已经表现出显而易见的抗拒姿态，并且这种抗拒在当时的南宋军队中引发了同仇敌忾，以至于高宗和秦桧感受到了明显的威胁，认为必须采取行动以儆效尤？尤其奇怪的是，秦桧悍然以"莫须有"的罪名置岳飞于死地，除了韩世忠等极少数与岳飞交好的武将，朝中未见有什么人为岳飞辩护，这在台谏系统一贯飞扬跋扈、无所不敢言的宋代，是十分令人费解的。又或者，另有不为人知的其他隐情？

总之，这是一桩谜案，虽然九百年来言者汹汹，但要拿出真正有信服力的解释并非易事。

至于"强干弱枝"，即过度的中央集权，是一个更加复杂的问题，它已经涉及"现代国家建设"这个高度现代性的课题。纵观欧洲历史，无处不在的中央集权本身即现代民族国家有别于帝国、诸侯和城邦之类古代政体的标志性特征之一。宋代中央集权问题，无论放到当时还是现在，都取决于看待它的立场。当代最多的批评是，宋代不惜对外"屈膝投降"而维系皇权一统。这类富含现代民族主义意识形态的话语当然不能说完全没有道理，但古今中外任何政权都希望政局稳定；除了那些社会边缘的野心家和亡命之徒，天下正人君子也都不会希望时局动荡不安。

要说中央集权与地方分权的优劣，重点在于中央集权容易产生不受制约的绝对权力，从而压缩人民自由，而地方分权便于限制权力，保全人民权利。但上述弊端在宋代都不突出，"中央"并没有显示出说一不二的绝对权力，士大夫和老百姓的自由度也是中国历史上最多的。

关于宋代的"法制"，启蒙思想家黄宗羲的一段一般性评论可作为参考：

> 三代之法，藏天下于天下者也：山泽之利不必其尽取，刑赏之权不疑其旁落，贵不在朝廷也，贱不在草莽也。在后世方议其法之疏，而天下之人不见上之可欲，不见下之可恶，法愈疏而乱愈不作，所谓无法之法也。
>
> 后世之法，藏天下于筐箧者也；利不欲其遗于下，福必欲其敛于上；用一人焉则疑其自私，而又用一人以制其私；行一事焉则虑其可欺，而又设一事以防其欺。天下之人共知其筐箧之所在，吾亦鳃鳃然日唯筐箧之是虞，向其法不得不密。法愈密而天下之乱即生于法之中，所谓非法之法也。[①]

黄宗羲是从其一贯的批判绝对君权立场上审视这种"细密之法"的，然而历史地看，在缺乏司法独立和民主选举的现代宪政制度框架，而大众新闻媒体等社会性监督手段也全然不存在的古代，宋代复杂的官僚制

---

① （明）黄宗羲：《明夷待访录·原法》。

度以及由此而产生的多层次权力制衡机制，在这方面发挥了重要作用。毋庸置疑，这种中国历史上绝无仅有的架床叠屋式的政府设计的出发点是维护皇权，但它在实际运作中确实也在很大程度上保障了民间的权利。宋代的士大夫阶层就国家政治自由发表意见的空间之大、勇气热忱之高涨是空前的。就此意义而论，这或许是前现代的社会和技术条件下可能达到的最完备的制度体系了。

三、如果历史可以假设

千年前的东亚大势

不过，上述分析只构成审视这个问题的一般性框架，唯有放到长时段中才有说服力。游牧社会并非总是那么战无不胜，他们的戏剧性崛起比沉闷刻板的农耕社会更加仰赖完颜阿骨打、成吉思汗这类"克里斯玛型"领袖，而这取决于不可测的天意。在历史上的大部分时间里，四分五裂、贫弱不堪才是游牧部落的真相。这也正是更先进的农耕—商业文明能在数千年文明竞赛中最终胜出的原因。

具体到每一场关乎朝代更替的重大战争和事变，其内在动力和逻辑又千差万别。在当代人看来，两宋暮年的剧情有着惊人的雷同之处，似乎南宋之亡只是简单重蹈了北宋的覆辙。应当承认，二者在形式和过程方面确有很大的相似性和可比性，但我们仍然应当对北宋与南宋的覆灭情形做出更加细致的剖析。事实上，北宋之败亡，前述"前现代悖论"的命运只是背景，统治精英的战略失误可能要负直接和更大责任。相比于他们的荒淫奢欲，徽宗君臣在形势判断和战略抉择方面的罪责要大得多！

《剑桥中国宋代史》写道：

> 跟传统史书里目的论的叙述正好相反，要为北宋灭亡负责的既不是徽宗朝廷的肆意挥霍，也不是蔡京政府的政策。造成这个王朝在劫难逃的原因是一系列相互关联的外交和军事危机，这些危机来源于皇帝及其臣子犯下的大错，他们自己最终也无法从危机中解脱出来。[①]

本书第十章中简略概述了北宋时期的天下大势以及北宋在国防上的严重先天不足和后天缺陷。但透过历史的后视镜，我们可以看到，尽管北宋在大部分时间里危机四伏，但只要应对得当，以压倒性的人口优势和经济实力，顺利渡过难关仍是游刃有余的。

当时对北宋真正构成威胁的是北方的辽国，其国祚也比宋朝更悠久。以现代地缘政治理论的话语来说，它与宋朝是两个等量齐观的均势大国。相对地，西夏是一个小国，虽然北宋后半程绝大多数战争都发生在与它之间，但西夏的规模和实力与宋辽完全不在同一个级别，对宋朝构不成根本性的威胁。站在辽国的角度看，形势同样如此。西夏是夹在两大国

---

① ［英］崔瑞德、［美］史乐民编：《剑桥中国宋代史（上卷）》，第535页。

之间的一个"搅局者"，当然有一定的分量。这便是1000年前东亚世界里"两强一弱"的三国鼎立基本态势。

前述所谓应对得当，说到底就是审慎，拒绝军事冒险。仁宗朝40余年就是以这样的保守思维应付过去的，君臣上下抱定"战略防御"的宗旨，近乎本能地倾向于息事宁人，但凡能用钱解决，就决不轻启战端。即使万不得已开战，也随时准备在战局有利时见好就收，在战局不利时找个台阶下。总之，与辽国和西夏的所有冲突最后无不是以和平手段平息的。这种处理"国际争端"的软弱方式令时人充满挫折感，也令后人深感憋屈，它把宋代"不武"的软肋暴露得一览无余。但这其实并不是一种落后的理念，其中包含了成本、风险与收益的通盘考量，是一种渗透着现代国际关系意识的精明战略算计。

而在这场长达一个半世纪的拉锯中，北宋政权之所以能够有惊无险地过关，根本上是因为辽国与西夏同样经不起旷日持久的消耗战——他们的机动性和突击战力的确远胜于宋朝，但宋朝是一个庞然大物，人口规模和经济实力百倍、千倍于他们。我在这里还想指出一点，所谓"崇文抑武"也不能简单地等同于"重文轻武"，我们已经看到，两宋大部分时期，军费开支要占到国家全部财政收入的4/5，甚至更高。宋朝政府将国家资源中的大部分投入了军事，就充分证明它绝没有"轻武"。当然，有宋一代一以贯之的"抑武"国策导致了民间价值取向上的"轻武"，的确是事实，但这是另一个层面的问题了。宋朝军队在战场上固然负多胜少，但如果以现在掌握的全面数据来进一步深入分析，我们能够发现，这些败仗中的绝大多数发生在大举进攻之时，尤其是长距离出击时；每当转入防守战，宋军大多能够让敌人铩羽而归，因为这对军队的机动性和应变能力要求不高，而对人口、钱粮、武器装备等战争资源要求更高。

更重要的是，宋朝的国内政治也比对手那桀骜不驯的部族社会稳定得多。因此，一旦真的陷入大规模长期战争，可以预见的是：辽和西夏没有实力一口吞掉宋朝，宋朝将因战争而陷入财政破产，但辽和西夏自己的前景更加暗淡——很可能从此不复存在了。两败俱伤之下，还是宋朝更打得起仗！

当年范仲淹经略西北时，正是深刻地看到了这一层。他并不急于在一城一池的战斗中击败夏人，而是"兴营田、通斥候，修堡砦……按兵不动，以观其衅"。也就是说，扎牢篱笆，步步为营，使自己无懈可击，让对手无机可乘。如此，兵不轻发却不断挤压敌方的活动空间。"元昊虽强，卒不能渡河而有尺土。此范公之略……"[①] 这展现了一位卓越战略家的视野和韬略。在很大程度上，千余年前汉武帝的大将军卫青所以能够成功扭转汉朝与匈奴之间的战局，采取的也是这种战略。他们都知己知彼，善于以己之长克敌之短，以自己的人口、财力及武备优势一点一点压倒对手。数百年后，王夫之还不忘对明朝之亡做出如下假设："抑使杨镐、王化贞以范公之策保沈、辽，则国必不毙。"[②]

在分别经过真宗朝之前几十年的交手试探以及仁宗朝的数十年冒险挑战后，契丹人和党项人都深切地明白了这个道理：短时间里的突击袭扰战，他们是有很大优势的；正面大举南侵，其结局就很难料了，大军深入宋境很可能得不偿失。辽国的战略指导思想最具典型性，它在辽、夏、金、元几个北方游牧政权中不但国祚最长，而且早于北宋半个多世纪就已建政，汉化程度深，与中原王朝打交道的经验也最丰富。尽管它累败

---

① （明）王夫之：《宋论》卷四《仁宗》。
② 同前注。

宋军，军事优势一目了然，但"澶渊之盟"以后，辽国便彻底放弃了先前一直熊熊燃烧的逐鹿中原的野心。只要不是皇帝亲征的重大战役，通常"不命都统，止遣骑兵六万，不许深入，不攻城池，不伐林木，但于界外三百里内，耗荡生聚，不令种养而已"①。也就是说，确保进退自如，花最小的成本消耗对手，而不是让自己陷入被消耗的窘境。

　　自五代来，契丹岁压境，及中国征发即引去，遣问之，曰："自校猎尔。"以是困中国。②

　　务实明智的契丹统治者很懂得如何利用自己不能算特别大的一点优势来谋求利益最大化，而不是为了不切实际的目标不顾一切将自己拖入灭顶之灾。

　　"澶渊之盟"以后的百余年里，辽国也曾屡屡对宋朝施以军事压力，但都不是真的打算攻城略地，只是为了增添谈判桌上的筹码，即通过这些恫吓威胁以及随之而来的让步从宋朝那里讹诈到更多现实利益，如增加岁币之类。对于宋朝来说，只要止戈休兵，面子上还能过得去，这些都并非不可商量和不可接受，钱不是主要问题。这就是两大国能够在"澶渊体制"的大体框架内磕磕绊绊和平共处120年的基本前提。

　　北宋中后期有一大半时间与西夏之间处于"热战"状态，这是因为双方差距很大，形不成宋辽之间那种均势；另外，西夏建政不久，体量虽小却躁动不安，不像辽国那样成熟老谋，更不容易与中原朝廷达成心

---

① （元）脱脱等：《辽史》卷三十四《兵卫志（上）》。
② （宋）陈师道：《后山谈丛》卷五。

照不宣的默契。虽然西夏对宋朝不构成致命威胁，但宋这一方不善战，始终无力一举解决西夏问题。双方之间的战与和经常是有始无终，基本处于得过且过的状态，谁也占不到太大的便宜。令人略感吃惊的是，善战如辽国，竟也拿西夏没什么办法。

到了北宋末年，"北方以北"的女真人强势崛起，暴风骤雨般地打破了东亚大陆上原来的脆弱均势。

这本是享国已两百年之久的契丹辽朝遭受的严重生存危机，与南边的宋朝并无直接利害关系，假设延续仁宗朝那种保守的国际战略基调，小心翼翼处理，中原宋朝并非没有机会置身事外。北方游牧民族之间类似的战乱和政权更迭频繁如草原上说变就变的天气，其中大多数因为没有对中原王朝产生实质的影响，故而不为人所知。然而，历史却在这里骤然拐了一个急弯，接下来几十年里的惨烈悲壮与可歌可泣，想必读者都有基本了解，这里就不费笔墨了。

可以说，北宋的覆灭一大半是当国者咎由自取，主动引火上身。在我看来，假如当时柄政的换成李沆、王旦、韩琦、富弼这些北宋中前期老成谋国的贤相能臣，事态无论如何也不至于发展到如此不可收拾的地步。遗憾的是，此时世间已无韩琦与富弼，掌舵宋朝这条超级大船的是蔡京、童贯、王黼等"六贼"之辈，站在他们身后的又是那个自命风流、自以为是的徽宗。他们选择的是自作聪明实则最危险的下下策，将国家带进了无底深渊，旦夕之间便葬送了苦苦支撑一百六十余年的祖宗基业。

燕云十六州情结

统一后迅速壮大的女真部族举兵反辽，辽金之间爆发激烈战争的消息传到宋朝，让宋人怦然心动。一个已经在中原王朝压抑了近两百年的心结再度热烈地发酵并在全社会激荡，这个难以拒绝的巨大诱惑就是燕云十六州。它就像一个无所不在的幽灵，即便很少公开显露，却始终牢牢地左右着北宋政治的中心议题。今天，我们读北宋历史时仍会强烈地感受到这一点。辽金大战让宋人看到了一举收复燕云十六州汉唐故土的千载难逢的机会，从宋朝建立开始，他们等这一天足足已经等了五六代人！

近些年有不少历史写作者将北宋之亡归咎于当时弥漫朝野的"燕云十六州情结"。但在当时，宋人收复燕云十六州的主张既没有任何不正当之处，亦非毫无可行性的一厢情愿。

燕云十六州即今日北京、河北及山西一角，自先秦以来一直是华夏文明的核心—次核心地带，那里世世代代生活的也都是汉人，是在五代乱世契丹人武力威逼之下被迫割让出去的。燕云十六州之属于中原王朝，甚至比江南、荆楚、巴蜀之地属于中原王朝更加天经地义。在王朝时代，燕云十六州问题严重地关乎天命的合法性。司马光《涑水记闻》中有这样一段记载：

> 开宝元年，群臣请上太祖尊号，曰：应天广运一统太平圣神文武明道至德仁孝皇帝。上曰："幽燕未定，何谓一统？"遂却其奏。[①]

---

① （宋）司马光：《涑水记闻》卷一。

北宋志怪小说《括异志》中另载有一条"黑杀神降"的故事：开宝年间有个自称"玄天大圣玉帝辅臣"的天神下凡于凤翔府，太祖将其召至京师，特意为他设坛作法。天神对太祖说，天庭一切已就绪，当年"十月二十日，陛下当归天"。太祖听闻，第一反应便是那片飘零在外的北方领土，于是：

> 艺祖恳祈曰："死固不惮，所恨者幽、并未并。乞延三数年，俟克复二州，去亦未晚。"[①]

这当然是无稽之谈，但民间有这样的传闻，足可见燕云之地在宋太祖（以及后来每一位宋朝天子）心目中多么神圣！分量有多么重！宋代君臣"未尝须臾忘燕、幽者也"[②]。他们无不认为，将它从"虏寇"那里夺回来，"解放"那里的汉民，是自己责无旁贷的使命。史学界大多认为，正因为在与契丹的交涉上深受挫折，才有了宋真宗大中祥符（1008—1016）年间荒唐的东封西祀。[③] 燕云十六州一日不回归，中原皇帝就一日不能底气十足地自称"天子"。

即便撇开这种"自古以来"的历史沿革叙事，从法理上说，当时宋人收复燕云十六州的诉求也没有什么不当之处。真宗景德元年（1004），奠定此后120年宋辽关系基石的"澶渊之盟"签订，它的核心内容如下：

---

① （宋）张师正：《括异志》卷一。
② （明）王夫之：《宋论》卷二《太宗》。
③ 但史学界的这一传统主流观点近来遭到了挑战，参见林鹄《忧患——边事、党争与北宋政治》，上海人民出版社，2022年。

双方确认，以白沟河（拒马河）为界，各自退兵，今后不得相扰，各不创筑城隍、开拔河道，并在边境设置榷场互市，共同维护治安；

辽国正式放弃对"关南"[①]的领土主张，作为补偿，宋朝每年赠予辽国岁币银 10 万两、绢 20 万匹；

此后宋辽为"兄弟之国"，辽帝称宋帝为兄，永结友邦。

的确，"澶渊之盟"明确了燕云十六州大部归属辽国的法律地位，从抽象的政治正义出发，按说宋朝是没有理由再对燕云十六州的主权提出争议的。然而，在此后的几十年里，率先单方面违背"澶渊体制"的并不是宋方，而是辽国，而且不止一次。实际上，每当南边的宋朝"有事"时，辽国都会乘人之危，要挟宋朝做出额外让步。"澶渊之盟"过去近 40 年后的仁宗朝，宋夏开战让契丹人嗅到了契机，于庆历二年（1042）强硬地向宋朝索取早已在"澶渊之盟"中解决了归属问题的关南地，迫使宋方增加岁币银 10 万两、绢 10 万匹；此后又 30 年的神宗朝，熙河开边战事吃紧，辽国借机再兴争端，于熙宁七年（1074）指责宋朝河东路侵占契丹领土，又迫使宋方割地数百里。反观北宋方面，每年的岁币都按时足额输至雄州向辽国交割，从无违约。因此可以说，"澶渊体制"的基本框架能够勉强维持、两国能够和平共处两个甲子，主要是宋朝忍气吞声的结果。说得难听一点，这是因为宋朝打心眼里惧战；但往好里说，这是它顾全大局，珍惜来之不易的和平。那么，如今辽国"有事"，宋朝趁机重提燕云十六州问题，不过是以其人之道还治其人之身而已。

总之，无论从历史沿革、法理正义还是现实算计的所有角度来说，

[①] 所谓"关南"，是指燕云十六州中被后周世宗于显德六年（959）北伐时夺取的瀛（今河北河间）莫（今河北任丘）二州。此处的"关"，指北宋时的瓦桥、益津、淤口三关。

宋人在那个时间点上打燕云十六州的主意，都谈不上有什么过分的。我们不能以今人之心度古人之腹，武断地指责时人被"燕云十六州情结"冲昏了头脑。辽金开战对宋朝的确是一次重大机遇，任何有责任心的统治精英都不会甘于让几乎唾手可得的重大国家利益白白溜走而不企图有所作为。就在范仲淹对皇帝说"幽燕遂陷，为中原千古之耻，尚未能雪"①之后八十多年，他的后继者们终于等来了机会。

"封椿库"与"澶渊体制"

问题在于：当机遇出现时，如何才能抓住？

用当代国际政治话语来说，重和元年（1118）宋金"海上之盟"前夕云谲波诡的东亚大陆上，辽国是一个正在迅速衰落的传统霸权，北宋是一个看起来成熟而繁荣的守成大国，而金国则是正在猛烈崛起中的新兴强权。当辽金两者爆发你死我活的全面冲突时，作为守成大国的宋朝怎样做才是最符合自身利益的呢？恰恰是在制定具体操作路线图时，宋徽宗等犯下了不可饶恕的致命错误。他们只从历史中匆忙接过了炽热的"燕云十六州情结"，却未曾从历史中习得北宋能够立国167年不败的政治智慧。

宋朝最大的优势是财力雄厚，最大的劣势是兵不善战。处理任何"国际"问题时，应当立足于这一基本国情。

开国之君宋太祖对此即有着简单但清晰的规划，他觉得可以用钱来

---

① 参见（宋）赵汝愚《宋朝诸臣奏议》卷一百三十四《上仁宗论和守攻备四策·河北备策》。

解决燕云十六州问题。为此，他别出心裁地设"封桩库"，起初是把平定各地割据势力后搜刮得来的金帛收存库中，后又将每岁国家财政的"用度之余"也存于库中。他曾对臣僚说：

> 俟斯库所蓄满四五百万，遣使谋于彼（契丹），倘肯以地（幽、燕之地）归于我，则以此酬之。不然，我以二十匹绢购一胡人首，彼精兵不过十万，止费我二百万匹绢，则敌尽矣。[①]

这就是宋代财政体系中十分独特的"内库"的起源。"封桩库"后改称"左藏库"，太宗时又改为"内藏库"，遂为定制。此后规模不断扩大，库目续有增加，逐渐形成一套制度完备的内库系统。它实际上是独立于三司（户部）管辖权之外的另一套中央财政，其收入很高，支出范围也越来越广。到后来，朝廷正式编制内的财政系统财力经常严重不足，不得不在很大程度上仰赖内库。内库系统也由此成为皇帝直接介入国家财政的有力手段，起到了巩固皇权的重要作用。但内库充作为收复五代失地而准备"专项基金"的功能始终没有淡化，宋太祖设"封桩库"百年后，宋代历史上志向抱负唯一堪比太祖、太宗的神宗皇帝对此仍念念不忘，亲自为库房题诗作为自我激励，并进一步增扩了内库。

> 初，艺祖尝欲积缣帛二百万易胡人首，又别储于景福殿。
> 元丰元年，帝乃更景福殿库名，自制诗以揭之曰：

---

① 《宋史纪事本末》卷七；另见（宋）王辟之《渑水燕谈录》卷一。

五季失图，玁犹孔炽。

艺祖造邦，思有惩艾。

爰设内府，基以募士。

曾孙保之，敢忘厥志。

凡三十二库。后积羡赢，又揭诗曰："每虔夕惕心，妄意遵遗业，顾予不武姿，何日成戎捷。"[1]

据说，熙宁元年（1068），宋神宗准备从全国四大榷场买一批战马，一下子从内库拿出了珍珠 2300 多万颗；到南宋乾道（1165—1173）年间，内库中的所有积贮，折算成钱合计已达 4000 万缗，几乎相当于全国一岁之入！孝宗像其祖父辈的神宗一样，志在收复失地，所以特别留意充实封桩库。[2]

在绝大多数后人眼里，宋太祖把军国大事简化成了做买卖，纯属天真幼稚的异想天开。黄仁宇就认为："经济力量固然可以翻变为军事力量，但是其中又有组织结构的各项原则，并不仅是二百万匹绢，则可以敌对方十万的精兵。"[3] 说得没错，经济实力并不能轻而易举直接转换为军事能力。然而，解决国际问题甚或国际争端难道唯有依靠军事力量一途吗？在我看来，宋太祖的设想不但不幼稚，反而闪烁着处理国际关系的"现代意识"。而在处理与辽国的关系问题上，宋真宗"澶渊之盟"也非但不是什么耻辱，反而充满了真正的大智慧——它以很小的成本为"不善

---

[1]（元）马端临：《文献通考》卷二十四《国用考（二）》。

[2]（宋）洪迈：《容斋随笔·三笔》卷十三。

[3] 黄仁宇：《赫逊河畔谈中国历史》，第 150 页。

逝去的盛景：宋朝商业文明的兴盛与落幕

战"的北宋赢得了100多年和平，仅此一条就足以证明它的巨大成功。

至于那笔令人难堪的"岁币"，就其直接经济价值而言，据现代学者估算，仅占真宗朝政府全部开支的 0.3%—0.5%。反观宋人每年从盟约规定的七个新设権场中赚到净利，则最少在 40 万—50 万贯，足够补偿支付给辽朝的银绢价值。①"岁币"买的其实就是契丹人停止骚扰——这对他们来说成本很低，而抵御这种骚扰对宋朝来说成本极高。因此，双方以"岁币"这种直截了当的方式在这个问题上达成了一揽子交易。说到底，岁币的金额几乎可以忽略不计，一点都不是问题，但它可能对宋人构成了心理上的巨大侮辱和创伤。但话又得说回来，它也不能算太伤国体，后人不能只盯着"岁币"，视之为屈辱纳贡。在当时的具体官方语境里，这是对辽国正式放弃瀛、莫二州的补偿。此外，双方兄弟相称，宋为兄而辽为弟，比起石敬瑭认辽作父，在契丹人面前自称"儿皇帝"，有着天壤之别。这差不多可以说是历史上从来就以"中央天朝"自居的中原王朝与承认对方平等主权的"外国政府"之间的第一个"双边互惠国际条约"，具有划时代的意义。

"澶渊之盟"100多年以后，天下形势发生了根本性变化，但变的是北方，宋朝自身的基本国情一如既往。因此，要想抓住机会收复燕云十六州，仍应牢牢把握住太祖"封桩库"及真宗"澶渊之盟"的内在真谛。

人们常说历史不能假设，但我仍想在此假设一下另一种情况，或许有益于我们拓宽思路，加深对历史的理解。

宋金"海上之盟"的主要内容是：双方南北夹攻，联合灭辽；灭辽

---

① 参见［英］崔瑞德、［美］史乐民编《剑桥中国宋代史（上卷）》，第 244 页。

后，燕云十六州归宋，宋朝原来输辽的岁币转赠金国。应该说，这是燕云十六州问题最直截了当的解决方案，确实也实现了。但如我们所知，后来发生的一系列连锁反应把北宋引向了覆灭。九百年以后做一回"事后诸葛亮"，假如宋廷反其道而行之，即做出与"海上之盟"完全相反的战略抉择，奉行"援辽抗金"的路线，结局又会如何呢？

具体而言，宋朝以钱粮、物资、武器支援战争中的辽国，如果政策上更激进一些的话，甚至还可以提出，在辽国战事危急时派兵进入辽境协同与金人作战。这样一方面锻炼军队，另一方面刺探辽国情报，获得对契丹社会的第一手深入了解，以图长远。这个提议估计会遭到辽国拒绝，但岌岌可危中的契丹人大概率不会谢绝宋朝的钱物援助以及派工匠进入辽境，助其修筑工事、制造武器，这也同样可以起到前面说的效果。根据"澶渊体制"，宋辽是"兄弟之国"，小弟有难，大哥理当拔刀相助。双方之间的这种合作也有较好的互信基础，自"澶渊之盟"以来，两国保持了长期和平，期间有过300多次外交使节互动，称得上"友邦"。

上述假设不但完全可行，而且在当时还真的不止一次闪现过机会。重和元年兵兴之初，有个叫孙尧臣的人，特地以布衣之身来到京师，"扣阍上书，力陈不可，且极言一时之失，逾万言"。其所上万言书中充分预见了灭辽以后将会出现的"唇亡齿寒""四夷交侵"的局面。[1] 其他许多确凿的记载也表明，当时旁观者清的人绝不在少数。[2] 就连蔡绦后来也信誓旦旦地声称，其父蔡京从一开始就反对联金伐辽。[3] 稍后的宣和

---

① 参见（宋）王明清《玉照新志》卷一。
② 参见（宋）岳珂《桯史》卷九"燕山先见"。
③ 参见（宋）蔡绦《铁围山丛谈》卷二。

元年，高丽国王托人给宋徽宗带信，力陈辽国的存在是"为中国捍边"，并提醒中原天子"女真乃新起，不可交也……早为之备"。① 与此同时：

> 契丹为金人攻击，穷蹙无计，萧后遣其臣韩昉来见童贯、蔡攸于军中，愿除岁币，复结和亲。且言："女真本远小部落，贪婪无厌，蚕食种类五六十国，今若大辽不存，则必为南朝忧。唇亡齿寒，不可不虑。"贯与攸叱出之，昉大言于庭曰："辽宋结好百年，誓书具存，汝能欺国，独能欺天耶？"昉去，贯亦不以闻于朝。辽既亡，金人果背约。②

契丹人主动伸出的橄榄枝，就这样被短视的童贯和蔡攸粗暴颟顸地推开了。

那么，假如一切反过来呢？宋朝非但不乘辽国之危废除"岁币"，反而主动大幅增加对其援助的经费，扩大援助的范围，接受了来自宋朝"雪中送炭"的辽国，总要拿出些什么作为回报或交易。此时，宋朝方面便可顺理成章地将燕云十六州问题重新摆上谈判桌。当然，谈判一定会是艰难的，但宋朝方面无须急于一时，可以先易后难，今年用 10 万石军粮换取二三县，明年又以 3000 支强弩"买"回一二州……理由和借口永远都会有，而且比过去辽国以威胁恫吓的方式逼迫宋朝在"澶渊之盟"之外增币或割地要更加"平等互惠"。退一万步说，就算谈不拢，对宋朝而言也不会有什么迫在眉睫的直接损失，大不了就是袖手旁观而已。

---

① （宋）张端义：《贵耳集》卷下。
② （宋）曾敏行：《独醒杂志》卷八"童贯拒契丹求和失策"。

这是一种文质彬彬且步步为营的战略，远比直接加入战争更符合宋朝的"比较优势"。为什么这种策略是完全可行的呢？因为在当时的情况下，辽国实际上是没有选择的。面对强劲崛起的女真人，垂暮的辽国根本无力招架。如果没有外力相助，必亡无疑，真实历史中确实也很快亡了。

继续假设下去，如此"援辽抗金"策略之下，耗上一二十年，燕云十六州也许未必能全部讨回，但收回五六州、七八州，则是完全有可能的，甚至是基本可预期的。就算契丹人心知肚明宋朝在打什么主意，也只能一口吞下这碗苦酒：存活下去才是第一位的，只有先过了女真这道生死关，才谈得上有将来。再说，对地广人稀的辽国来说，燕云十六州几百里汉地谈不上是它的首要与核心利益。更何况，契丹人还会强烈担心，万一己方不留余地一口回绝宋朝的"好意"，宋朝很可能会倒向与金国合作，一起对付自己。宋朝方面则有足够的本钱左右逢源，完全没有压力。

这是一个间接方案，需要更多耐心和智慧。其缺陷是时间会拖很久，收复燕云十六州的目标也很可能不能全部实现，甚至大部分都不能实现，但好处是稳妥，无风险。最重要的是，它可以让宋朝扬长避短，立于不败之地：不直接投入战争而收到战胜之功，至少全无战败之虞。这是一种用钱来解决政治军事问题的思路，是"封椿库"思维精髓的活用，也是"澶渊方案"的复制。

事实上，收复一部分燕云十六州失地还远远不是上面这个"援辽抗金"方案的终极目标。北宋何以能在这段严酷的生存竞争中如履薄冰地延续160余年？一个容易为人忽视的原因前面已略述及的：辽国替它挡住了"北方以北"的那些游牧政权的大部分南下通路。光一个小小的西夏就已令"用兵不及"的宋朝焦头烂额了，没有契丹这道屏障的话，再多直面几个来自蒙古高原的强悍游牧政权，宋朝一定是凶多吉少。相对而言，宋辽两国不但有很多共识，也知根知底。而且，历史的天平长期来看正在缓慢地朝有利于宋朝的方向倾斜。为了圆一个"燕云十六州之梦"，便贸然撕毁与更"文明"和更容易打交道的契丹人之间的长期合约，转而与相对而言更野性和更陌生的女真人直面为伴，让自己陷入失去缓冲的不可测风险之中，是多么不智啊！一个统一而虚弱的辽国（或者其他什么汉化、半汉化游牧社会）才是最符合宋朝长远利益的，宋朝所要做的就是尽量保全但同时又持续削弱它。最佳的结果，是一点一点将它变成不得不深深依赖自己的附庸国家。

当然，事态并不见得会朝上述对宋朝而言最好的方向发展。"援辽抗金"方案的最大变数在于：辽国究竟能不能存活下来？

确实，彼时的辽国已历两百年，到了风烛残年的生命周期尾声。在历史上游牧民族建立的政权中，已算得上长寿了。即使得到了宋朝的钱物和技术援助，也极有可能顶不住女真人的狂暴攻击。王夫之便断言："藉令徽宗听高丽之言……不以一矢加辽，而且输金粟、起援兵、以卫契丹……"而"宋岂能援契丹而存之者？……以瓦解垂亡之契丹，……攻之弗能攻也，则援之固弗能援也。"[1]但我认为，船山先生只是静态地看当时战场上的军事形势。即便最终辽国仍然无法逃过灭亡的命运，它的抵抗却能为北宋赢得重要的时间。并不是说宋朝自己能够在之后的十几年或几十年里做出多么充分的军事方面的准备。事实上，它已经做了

---

① （明）王夫之：《宋论》卷八《徽宗》。

167 年准备，也没有能够准备好，这是由政治制度和社会结构决定的。前文已经充分讨论过，游牧政权的性质注定了金国社会内部同样是不稳定和脆弱的。只要能够熬得过它迅速上升期时的锐利锋芒，北宋就能延续下去，像过去 100 多年那样。"守先皇之成宪，而益之殷忧，待之十年，而二虏已在吾指掌。"①此后会有两种可能性：要么逐渐汉化成为相对稳定的国家，即第二个辽国；要么很快自我瓦解，悄然退出历史舞台。

真实历史中的金国更接近于前者。靖康以后最初几十年里，金国偶尔也会生出趁势扫灭南宋、一统天下的梦想。但发生在绍兴三十一年（1161）的"采石之战"以及海陵王完颜亮之死，是这股"女真飓风"历史曲线的顶点。某种意义上说，"采石之战"和战后双方对签订于绍兴十一年（1141）的"绍兴和议"的修改，便是南宋版的"澶渊之战"和"澶渊之盟"。此后，女真人也像一百多年前的契丹人那样渐成强弩之末，再没有力量继续向南推进，无可奈何地陷入了与南宋长达百余年的相持，并且最终先宋而亡。这就是这类游牧政权的宿命，即使在汉化上已经做得相当成功。

上述这一通纸上谈兵完全是"后见之明"，也没有过多苛责宋徽宗那一代当事的历史人物的意思。但所谓"让历史昭示未来"，无非就是希望能从已经过去且不可更改的过往经历中汲取一些对当下乃至任何时代都有借鉴意义的启发。上述假想中的"援辽抗金"战略回答了如何将经济力量运用于军事冲突以谋求政治利益最大化的国际关系问题。孙子不是早就一言以蔽之了吗："是故百战百胜，非善之善也；不战而屈人

---

① （明）王夫之：《宋论》卷六《神宗》。

之兵，善之善者也。"

历史的台词已经写好

如果北宋之亡主要是战略失误所致，那么南宋之亡则基本是人力不可挽回的天意。

从南宋自身内部来看，"自光宗以后，君皆昏瘝，委国于权奸"[①]。确实，唯一堪称有为之君的宋孝宗以降，皇权失位、权相迭出，政治一日比一日黑暗，对即将面临的深渊全无现实感；而政府财政破产、纸币滥发及由此引发的恶性通货膨胀，又把经济推进了崩溃绝境；与此同时，"庆元党禁"与"嘉定更化"时期理学日益官学化，还折射出思想文化资源的匮乏与僵化。后世研究者对南宋的这些剖析和批评已十分充分，也都很在理。然而，假设宋理宗的龙椅上坐的是宋仁宗，贾平章的位置上换成了真直院[②]，就能挽狂澜于既倒？我们显然不敢抱那样的奢望。只能说，过程会很不一样，但结局不会有什么不同。

相比于之前所有那些旋风一样来来去去的游牧铁骑，蒙古兴起的势能完全不是一个等量级的。我一位书写军事史的作家朋友戏称：它是五千年人类历史上独一无二的"史诗级 bug"。这话一点也不夸张，整个 13 世纪，从儒家中国到伊斯兰中东，直至基督教欧洲，在当时已知

---

① （明）王夫之：《宋论》卷十四《理宗》。
② 南宋末年时人多以"真直院"和"贾平章"这六字工对来指代官场的忠奸善恶。"真直院"即理学名臣真德秀，因他曾官拜"直学士院"；"贾平章"指当时一手遮天的权相贾似道，他曾被授予"平章军国重事"。

的世界中，几乎没有一个现存政权能够在这根"上帝之鞭"（当时欧洲基督徒对蒙古人的称谓）势不可挡的抽打之下自我保全，大概也只有茂密森林、崇山峻岭、远离大陆的海岛，以及南方的炎热气候与水网密布的地形，才能稍稍拖延它所向披靡的步伐。

金亡以后，南宋不得不独自承受蒙古人的重压，依然顽强支撑四十多年。相比一触即溃的中东伊斯兰世界和东欧斯拉夫社会，不得不说已是一个相当了不起的成功！这又一次展现了宋朝政治制度和经济结构的生命力，可以毫不夸张地说，如果不是财政彻底破产，关键位置上将领——如镇守川蜀与襄阳的吕文焕、刘整——的投降，南宋仍能继续与蒙古军对抗若干年。然而，这些终究也只是过程不同，"宋迨理宗之末造，其亡必矣"。历史的台词已经预先写好，结局是无可更改的。

将这场"蒙古飓风"推上历史舞台中央的，有主客观两股动力。除了蒙古人自身所展现出来的超强内在力量，他们还幸运地遇上了恰好在那段时间被发明出来的"巨石炮"。这种无往而不利的攻城利器就是那个时代的核武器，与蒙古民族无人能及的机动性和战斗力结合在一起，书写了一部波澜壮阔的史诗。这也再次印证了本书强调的"技术硬约束"，它的反面就是技术突破在某些历史节点上的决定性推动力。

需要稍加补充的是，技术还有一个"适配"问题。"巨石炮"本身并无太多机密，宋人或阿拉伯人、俄罗斯人都掌握这项技术，基于自身强大的经济和科技实力，宋人比金人和蒙古人研制出了更多高质量火器。问题在于，大炮在进攻石头垒砌的坚固城墙时非常有效，反过来守城就毫无用武之地了，更不能靠它来维护社会秩序。所以，一旦蒙古人建立了自己的政权，身份从破坏者转变为统治者，他们过去那种令人闻风丧胆的优势就荡然无存了。这便是司马迁早在1000多年以前就总结出来的所谓"马上得天下，不可马上治天下"。只是"身在此山中"的当事人，对于一种新技术究竟会对社会和自身产生怎样的长远影响，是看不清楚的。

也许会有人问，为什么南宋后期在蒙金战争中的战略选择与北宋对金辽战争采取的策略惊人地相似，即选择了联蒙灭金的路径，从而重蹈了北宋覆辙？或者说，假如南宋采取上文中对北宋的建议，变为"援金抗蒙"，结果又会如何？

首先，这种战略选择的政治前提是完全不存在的，因为南宋与金国之间并没有北宋与辽国之间那种百余年和平共处、频繁往来的"友邦"关系，哪怕只是表面上的。相反，两国几乎从未停止过战争，甚至直到金国灭亡前夜，它还在十分令人不解地频繁对南宋发动战争。宋金之间缺乏最起码的政治互信，几无任何合作空间。其次，蒙金战争爆发以后，南宋统治精英内部的确对于当时的中原变局有过很多讨论，主流意见也的确主张吸取北宋败亡的教训，不主动介入而招祸上身，只作壁上观。当时，苟安成性的南宋朝廷已不复有收复中原的雄心，只是到了金国灭亡已成定局，它才怀着捞一点是一点的机会主义心理加入了战局。金朝行将就木之际，南宋朝野上下也曾为要不要继续向它输"岁币"而发生过争论。理学名臣真德秀便主张停止纳币，当时一言九鼎的权相史弥远一时也拿不定主意。时任淮南西路转运使，后拜左丞相、平章军国政事的乔行简毅然上书，力请汲取百年前"靖康之难"教训："金，昔吾之仇也，今吾之蔽也。古人唇亡齿寒之辙可覆，宜姑与币，使得拒鞑。"史弥远内心是赞成乔行简的，但此事为一群激昂慷慨的太学生所阻。他们"同伏丽正门,请斩行简以谢天下"①。后来王夫之细致地假设了"联蒙灭金"、"援金抗蒙"和"作壁上观"几种情况,逐一深入分析,得出的结论是,面对蒙古人提出的结盟要求,南宋朝廷实际上连拒绝的可能性都几乎不存在。总之"通蒙古亦亡,拒蒙古亦亡,无往而不亡……"②

南宋末年的形势截然不同于北宋末年,如果说宋徽宗把一手不错的牌打烂了的话,到理宗、度宗时代,则已无牌可出。

————————

① (宋)叶绍翁:《四朝闻见录》卷一甲集"请斩乔相"。

② (明)王夫之:《宋论》卷十四《理宗》。

大约就在张择端挥毫泼墨完成《清明上河图》10年后，徽宗治下的宋朝迎来了他自以为的高光时刻：宋金联合灭辽，宣和四年（1122）新置"燕山府路"，治燕山府（今北京）、涿、檀、易、顺、蓟、景等州；稍后又置"云中路"，领云中府（今大同）及武、应、朔、蔚、奉圣、归化、儒、妫八州。至此，痛失180多年的燕云十六州终于重入中原王朝版图！在西线，自哲宗朝始，历数十年，对西夏的开边行动似乎也进展得顺风顺水。那一刻，这位中国历史上最风花雪月的君王足以志得意满地自诩，开创了自太祖立宋以来无人企及的辉煌伟业。

但这幅盛世荣景连一天都没有能够留住，紧接着的"渔阳鼙鼓动地来"将它撕得粉碎，只留给后人一卷东京往昔繁华的纸上印象。

又过了将近50年，宋孝宗乾道六年（1170），苏州长大的著名诗人范成大奉南宋朝廷之命出使金国。在一路北上前往金中都途中，他经过开封（此时已成为金国陪都，称"南京"），目睹这座占满全体宋人记忆的伟大都城如今处处残荒：昔日的皇家园林东御园（又称"宜春苑"）一片"颓垣荒草"，成了"狐冢獾蹊"；新宋门内外，"弥望悉荒墟"；搜刮无数民膏建成的艮岳已完全颓圮，用来堆砌它的那些专门从江南运来的太湖石，最精美的被金人搬去了中都，其他的则被随手扔在金水河里、大路上；大相国寺，徽宗亲笔题写的寺额还在，但它闻名遐迩的集市上买卖的尽是胡人用的"羊裘狼帽"。

站在御街跨越汴河的州桥上，南望朱雀门，北眺宣德楼，范成大感慨万千，写下了这首流传很广的七绝《州桥》：

州桥南北是天街，父老年年等驾回。

忍泪失声询使者，几时真有六军来？

时光又流淌过60多年，宋理宗端平元年（1234）新年，宋蒙联军发起最后总攻，金朝覆灭。这年七月初五那天，宋军收复了这座令所有南方人魂牵梦萦的北方王城。我们不知道，当第一批南宋将士策马进入死一般寂静荒凉的汴京城时，他们是怎样的心情？相信他们中一定有人潸然泪下，如同朝圣者跋涉万水千山终于抵达心中的圣地。但有了上一次的惨痛教训，他们不会再有100多年前收复燕云十六州时的万丈豪情，一天比一天沉重的阴霾压向他们心头。

这一刻，距离临安的陷落还剩下42年，距离崖山的终章还有45年。

逝去的盛景：宋朝商业文明的兴盛与落幕

后记

　　我从来没有想过会写一本纯历史题材的书，而且规模如此宏大。

　　虽说我从小就对历史怀着浓厚兴趣，成年后也从未停止过对历史的学习和思索，然而这毕竟不是我的专业，我深知自己在这个领域中的短板是很难补齐的。我学的是新闻，职业生涯的一大半岁月都在从事新闻工作，我也确实怀有强烈的新闻理想，迄今仍未磨灭。这是一股与学术理想截然不同的激情。

　　但在这个时代，来自技术变迁以及其他层面的力量都在无情地挤压着传媒业——但愿只是我曾投身其中的那个传统或老派传媒业——的生存空间。眼看着自己脚下那片原本就十分贫瘠的新闻土壤正越来越快地流失，每一个严肃的写作者都面临着沉重的选择。

　　从这个意义上说，转向历史写作大概是一次无奈的撤退。好在对我自己来说，写历史与写当下同样有冲动，而且很可能更加轻松自在。

　　我的背景和旨趣决定了这不是一本寻常意义上的历史书——即叙述一个历史故事、呈现一种历史现象、剖析一段历史沿革……概括起来说，就是还原过去存在过的人和事及其相互关联，让读者更好地理解过去。我的着力点不在于讲故事，而在于回答一个问题：繁荣的社会是如何成就的？其中又包含了一系列问题。而它的反面是：为什么繁荣那么容易被毁掉？

宋代是全面深入地展示、分析这个问题的最佳切入点。

这个问题是非时间性的，对于任何时代都有重大而紧迫的现实意义，当代尤然。由此我自己也找到了历史写作与新闻写作的结合点。

相信读者读到这里，应该已经有了认识这个问题的基本框架。告别在即，我最大的期望是你们能有兴趣继续追问下去……

本书是从经济的视角切入的，并且自始至终围绕着经济这条主线展开，但它显然不是一部"宋代经济史"。想要通过这本书来全方位把握宋代经济的读者，恐怕会失望。我并没有按农、林、牧、渔、工、商、服务业等行业分类来全面叙述宋代经济的样貌，也没有完整介绍宋代的经济制度。我只是有选择地向读者呈现了宋代新出现的前沿经济变化，例如城市网络的兴起、工商业的繁荣，以及货币经济对社会生活的广泛渗透等。我花了很大篇幅在书的最后部分剖析宋代的财政与税收，也是服务于前述问题导向的。

说本书不是"宋代经济史"，还因为它旁涉了许多经济之外的内容，但它更不是一部"宋代社会史"或"宋代文化史"，对于后人持续关注和研究的宋代政治，本书只在尾声中略有提及；而对于宋代在文学、哲学、史学、书法、绘画等方面所取得的耀眼的文化成就，本书要么只字未提，要么只涉及一两点。例如，关于理学，我是在讨论宋代教育普及时略有触及，并没有花太多笔墨讨论理学的思想内容。我关心的主要是商业进步及其成因，还有它所催生的社会变迁。

当然，那些被我忽略的部分绝非不重要，而是与我试图关照的主题并没有直接的因果关系——文学艺术的繁荣或许不能说与经济毫无关系，自由而富裕的社会并不必然滋养出辉煌灿烂的史书与书法，专制而贫穷的时代也并不一定产生不了美轮美奂的诗歌和绘画。

在本书中，我将历史演进置于"技术-制度"的框架内加以审视。在我看来，如果历史的起起落落呈现为一条曲线的话，那么技术和制度分别可以作为它的横坐标和纵坐标。技术是社会生产力的单元底盘，制度将所有这些生产力单元整合在一起，构成一个创造实际价值的生态系统。技术和制度都有可能进步和倒退，但二者又存在着很大不同。

技术的突破充满了偶然，并非任何人的主观愿望和努力可以左右。我认为它主要取决于极少数天才人物的灵感，这是可遇而不可求，甚至不可知的。我们唯一能够确知的是，技术进步是累积和阶梯式的，有了前一阶段的突破，才会有下一阶段的继续突破。它完全不像文学艺术那样，每一代人都可以另起炉灶。18—19世纪"科学革命"以后，技术突破发生的频次相比之前有了飞速的发展，而且还在继续加速。说现代一日抵古代一年，一点都不夸张。我在本书中也特别强调了这种"古今异同"，以期提醒世人，对历史要怀有一种"同情的理解"，摈弃那种想当然地、以今度古的浮夸通病。然而，就每一个当下而言，下一个重大技术突破会朝哪个方向、发生在哪个领域、以何种形式……仍是不可知的。当然，一项偶然的技术发明是半途夭折（如历史上的交子、会子等纸币）、长期陷于停滞（如毕昇的活字印刷术），还是最终得到广泛应用和长足发展（如算盘、罗盘、雕版印刷等），则取决于它生逢的社会土壤（所谓社会土壤，制度是其最重要的组成部分）。技术的突破极难，一旦取得突破，倒退的概率是比较小的。所以我将它视作历史曲线的横坐标。

制度则相反。虽然它决不是人可以依据自己的理想蓝图自由规划和随意修改的，但它却是掌握了正确知识的人完全可能有意识地不断改进的。制度看上去是人制定或设计出来的，但实则只是人的选择，而且选项很有限。制度是最初确立者面临的客观环境和他们主观价值倾向的结合。制度一经确立和推行，就会获得独立自主的生命力，只要内部条件和外部环境没有大的改变，它就会沿着自己的内在逻辑持续展开，并把社会上的各种力量裹挟进来，形成一种日益强大的路径依赖，驱使后来者不得不沿着既有的方向走下去。当然，后来者仍可以审时度势，利用新的社会土壤，抓住机会对既有制度做出调整或根本性变革——前者如范仲淹领导的庆历新政，后者如王安石发起的熙宁变法。无论是制度的起源还是展开过程，人都不是被动的，都可以有所作为。这就为中国古代儒家政治哲学留下了充分的发挥空间。但作为一枚硬币的另一面，制度的倒退是很容易发生的，在真实历史中也的确一再发生。所以我将它比拟为历史曲线的纵坐标。另外，人固然不是制度的奴隶，但也很难说是它的主人。人显然不是制度的建筑师或工程师，就人与制度之间多向度的复杂互动关系而言，两者更像是农人与庄稼、医生与患者的关系。

尤需指出的是，制度的实际推行后果往往与制度的设计初衷大不相同，几至南辕北辙。

历史的演进，在越长期（例如千年时段）和越宏观（例如全球范围）的视野中看，技术的力量就越大。而在短期和局部，制度的力量则可以说是压倒性的。因此，就人类历史的总体演进而言，技术是最重要的动力；而每一个具体的社会究竟是繁荣还是衰败，主要是制度决定的。但好的制度——对应着繁荣的社会——能否存活、维系乃至不断完善、提升，又受到内外两方面的持续压力：

第一，一个制度需要一系列其他制度的支持，因而所谓"先进制度"，是一连串的事件。我们在本书中已经看到，宋代遥遥领先的纸币体系因得不到经济贸易和社会生活层面的其他制度支持而独木难支。

第二，制度与技术存在一个适配问题，不同时代会有适应当时社会现实的最佳制度组合，它反映了那个时代的生产力水平，特别是技术特征。我们通过本书也已经很清楚地了解到，宋代现代化的军事制度因受制于前现代技术条件而在实战中尽落下风。

当制度与制度、制度与技术之间达成某种最佳张力时，社会就繁荣昌盛；反之，社会就衰败没落。这永远都是一个动态平衡。对自给自足的小农经济模式的批判是本书的核心主题，我明确指出，对这种传统经济模式的强势回归是宋亡以后中国历史曲线从顶峰掉头下行——还可以说是第一波"中国式近（现）代化"夭折——的首要原因。然而我也曾简要指出过，以拥有小块土地的自耕农为基石的小农经济模式在它形成时的春秋战国时代和以后很长一段时期内是与社会现实相适应的，它比同时代普遍存在于世界其他文明圈的大庄园/奴隶制经济模式具有显而易见的先进性，因而也是秦汉帝国崛起的经济基础。甚至从北魏孝文帝开始延续至唐代中叶的以均田制和租庸调制为主的土地及赋税制度，也不能简单地视为一种制度逆行。我认为在汉亡后长达四百年的分裂与战乱所造成的人口锐减、土地荒芜、百业萧条的特殊社会现实中，它对于当时的生产恢复和人民安定有着很大的促进意义。只是，经历了隋唐前150年空前的经济繁荣、人口增长以及随之而来的经济社会结构巨大变迁，过去那种均田制之上的小农经济模式才日益不能适应新的社会现实，成为桎梏下一阶段历史进步的障碍。因此，只有最合适的制度，而并不存在一劳永逸的完美制度。其中的最大原因或许就在于技术的变迁总是以所有人都意想不到的方式颠覆既有一切，而众多偶然因素也在这一过程中发挥着神秘莫测的作用。

这便是我努力试图对宋代这幅熙熙攘攘的《清明上河图》做出的解释，我希望它是有说服力的。至于人们能够从这幅《清明上河图》的绘就和破灭中得到怎样的现实启发，显然不是我能够掌控和负责的。

这本书缘起于 2022 年春上海封控时，那是一段永生难忘的日子。禁足在家，身体活动的范围被压缩到不能再局促，而心灵遨游的宇宙却放大至无穷。周遭的所见所闻促使我在更长时段、更广范围内思索社会的兴衰和人的命运。

那两三个月里，我写了一组五篇长文，讨论宋代工商业的繁荣及其给社会带来的全方位进步。这组文章以《清明上河图是如何绘成的？》为总标题发表在《经济观察报》上，总计有近 4 万字。不久后，北京慧新时间文化传媒有限公司创始人和负责人田坤联系到我，他觉得这组文章构成了一本书的基础，建议我将它进一步充实成书。于是就有了这本书的第一声"胎动"。

按田坤与我的最初计划，书稿字数应该在 15 万字以内，这是最受当下图书市场欢迎的。没想到随着写作的深入，我发觉这个题材的线索和头绪以及需要表达的内容越来越多，整整一年后，完稿几乎 4 倍于最初的设想，是一部名副其实的"大书"。这不但出乎田坤的计划，也出乎我自己的意料。所幸田坤是一个经验丰富的出版人，他一再安慰我，让我不必担心厚书的价值。他说，作者的唯一使命是写出好书，剩下的事应该交给像他这样的出版人。过去两年里，他持续不断地给了我许多热情的鼓励和富有价值的意见、建议。如果没有他，就不会有这本书。

我也要特别感谢《经济观察报》的殷练和林密两位女士，我是她们主持的《观察家》栏目的专栏作者，这也是我这辈子供稿最久、最多的一个纸媒栏目，我在其中发表了不下百万字的稿子，前后历时 15 年。如今回想起来，自己都觉得难以置信。《清明上河图是如何绘成的？》系列文章，自然也是发表在这个版面上。这么多年来，她们给了我很多信任与宽容。如果你在本书中读出了我的某种"写作风格"的话，可以说，它就是在她们的版面上逐渐形成的。像她们这样的"编辑匠"如今已经很难再见到了，这也是我越来越少在媒体上发表文章的原因之一。

在本书的写作过程中，我几乎无时无刻不向身边熟识的专业人士请益，交流最多的是南京大学教授景凯旋、知名宋史写作者吴钧和历史畅销书作家张明扬诸师友。我印象特别深刻的是，有一次景凯旋教授就我书里的某个话题连珠炮似地向我发出十数问，末了他说："高质量的博士论文答辩就应该是这样的。"吴钧的宋史功底远胜于我，他经常就我书里的某些观点和结论提出反面意见，与我展开激烈争论。张明扬是战争史领域的专家，我与他讨论得最多的是古代中原王朝与北方游牧民族之间的互动关系。他们对我的真诚建议、提醒和"诘难"，在与我自身的思考碰撞后激发出众多崭新的洞见，并帮助我完善了文本的逻辑结构，弥补了许多漏洞。我对他们怀着真挚的感激。

我在这里还想表达我对邓广铭、漆侠、陈振、张邦炜、虞云国、李华瑞、程民生、王瑞来、刘成国以及龙登高、陈国灿、刘守刚等一大批前辈和同辈学人的敬意和谢意。我在写作本书时参考了他们大量的专著和论文，获得了许多有益启发。特别是我在本文开头已经说过，我非历史专业出身，在宋史专业知识领域的基本功是不扎实的，对古籍文献的阅读和掌握也相当有限，对辽、夏、金、蒙尤其缺乏全面深入的了解。这些学者常年耕耘于宋史及古代经济财政史专业领域，将许多对我的写作来说非常重要的原始材料从浩如烟海的古籍文献中梳理出来，帮助我节省了大量时间精力，少走了很多弯路，也避免了不少错误。

当然，正因为我在专业方面的先天不足，本书不可避免地会存在诸多不当及讹误，甚至严重的"硬伤"。我热切地期待着来自各方面的批评和教诲。

　　本书初稿完成，在2023年清明前后。前一年这个时候封控在家，无法给父母扫墓。2022年年底和2023年年初又正好是父亲去世十周年、母亲去世五周年。这年给父母上坟时，我特地向他们报告，过去一年变故甚多，但我没有完全虚度，埋头写了一本书，有50多万字，是父亲喜欢的历史题材。父亲生前是高中语文老师，兼做过历史老师。他是民国时代的中学生、20世纪50年代的大学生，文史基础非常好。在他的熏陶下，我还没上小学时就已经会背不少唐宋诗词，并且从小就对欧阳修、王安石、苏轼的事迹有着无限景仰。其实父亲一直不希望我以文科为专业，但我后来做了新闻工作，这大概是他最不想看到的。

　　不管怎样，这本书也算是对父亲对我的家庭教育的一种报答。只是父亲虽然熟读历史，但像中国大多数历史爱好者一样，对于经济和财政问题并不十分了解和感兴趣，因此未必能对本书主题产生特别强的共鸣。记得我小时候，他经常眉飞色舞地跟我讲一些唐宋文人的趣闻逸事。印象较深的如这段笔记：

　　　　东坡在玉堂日，有幕士善歌，东坡问："我词比柳词何如？"对曰："柳郎中词，只合十七八女孩儿，执红牙拍板，唱'杨柳岸，晓风残月'；学士词，须关西大汉，铜琵琶，铁绰板，唱'大江东去……'"公为之绝倒。

　　又如：

　　　　东坡有小妹善词赋，敏慧多辩，其额广而凸。东坡尝戏之曰：

　　　　　　　　　　　　　　　逝去的盛景：宋朝商业文明的兴盛与落幕

"莲步未离香阁下，梅妆先露画屏前。"妹即答云："欲叩齿牙无觅处。忽闻毛里有声传。"以东坡多髯。《两山墨谈》所记相戏之语又不同，坡戏妹曰："足迹未出香房内，额头先到画堂前。"以其凸额也。妹答坡云："去年一点相思泪，今日方流到嘴边。"以坡面长戏之。

这类引人入胜的历史故事，我尽量挑了一些与主题有联系的插入书中，希望能让本书更精彩生动，以迎合和吸引像父亲那样的读者。

不知我的才智和努力能不能满足这样的期盼？

2024 年 4 月 29 日—5 月 6 日